論点・西洋史学

金澤周作 監修

藤井崇/青谷秀紀/古谷大輔/坂本優一郎/小野沢透 編著

ミネルヴァ書房

は じ め に

——『概説・西洋史』から『論点・西洋史学』へ——

　本書は，ヨーロッパやアメリカ大陸の歴史を扱う西洋史の大きな流れを解説する書物——共和政ローマの成長や，中世における皇帝と教皇の対立過程，近世の宗教改革と対抗宗教改革の展開や，近代欧米諸国による帝国主義的支配の拡大，現代史を彩る東西冷戦の顛末やEUの生成発展などを一続きの一貫した物語として描く書物（『概説・西洋史』）——ではありません。そのような本は，便利ですぐれたものが何冊もあります。本書は，過去に何があったか，あるいは，なぜ起こったかについて，最大公約数的な「正解」を数珠つなぎにして載せている教科書でもなければ，ある特定の過去の事象について独創的な「主張」を展開する学術書でもありません。本書は，私たちの住む世界に多岐にわたる甚大な影響を及ぼしてきた西洋の過去に関して，真実＝「正解」を求めて幾通りもの「主張」が戦わされているポイント，すなわち「論点」だけを集めた，おそらくこれまでに類書のない試みです（『論点・西洋史学』）。では，なぜこのような本を編もうとしたかを説明したいと思います。

　少し想像してみてください。あの年に起きたあの事件は何と呼ばれているか。あの頃のあの国の大統領は誰であったか。あの技術が実用化されたのはいつ頃のことであったか。あの戦争での民間人の犠牲者の規模はどの程度であったか。——こうした歴史に関する疑問が生じたとき，あなたならどうしますか。

　「インターネットを見る」と答える方が大半でしょう。そして実際，この種の問いの答えを知るのに，ネットほど便利なものはありません。わざわざ教科書のページをめくったり，書店や図書館に行って本を探すまでもなく，手元で，携帯端末から，情報を教えてもらえばことは済みます。ネット上の情報は玉石混淆であるとはいえ，多くの方は，上記のような問題に対する答えを得る程度なら，しかるべき情報源を見分ける力をすでにお持ちのはずです。

　ならば，歴史を学ぶことは，結局ネット検索で尽きてしまうのでしょうか。だとするなら，歴史学の学問的寿命もまた尽きたといわざるをえません。インターネットに常時接続している端末を常に携帯している現代人は，苦労して歴史上の年号や事項や人名を暗記しなくとも，疑問が生じるたびにネットを見ればよいわけです。かつて，博覧強記の人を指して「歩く辞書」と呼んだものですが，今や，誰もが「辞書」以上の情報を「携帯」していて，ある意味過去の誰よりも博覧強記な状態にあるのですから。

　しかし，私たちは，これでコンピューターを使いこなしているといえるのでしょうか。もしかして，私たちの方が「端末」になってしまっていないでしょうか。インターネットが与えてくれる答えを口を開けて待っていることを，「調査」「探究」といってよいのでしょうか。自由に選択しているように見えて実は誘導されているだけかもしれず，主体的に情報を駆使しているように見えて実は思考停止に陥っているだけなのではないでしょうか。

　ここまで，歴史学のことを，あたかも過去に起きた事実をただ掘り起こして並べる作業のように見なしてきましたが，それは，社会一般の，あるいは歴史にあまり関心のない人たちの抱くイメージでもあります。過去の一つひとつの事実が「重要」であることは認めるとしても，歴史につきまとう単調で地味で退屈な印象はぬぐえない，と感じている人が多いのではないでしょうか。小説や漫画，映画やテレビドラマで表現される，魅力的な登場人物が織りなす歴史はまだ面白いのに，まじめな歴史「学」は，聞いたり読んだりして

も受け身になるばかりで自分で考える余地がなく，つまらないものだ，と思っている人も多いでしょう。たしかに一理あります。

　しかし，まじめな歴史「学」ほど面白いものはありません。

　ここで冒頭の問いに戻ってみたいと思います。なぜ「論点」を集めた書物『論点・西洋史学』を作ったのか。その最大の理由は，「論点」に触れ，主体的に自ら思考に誘（いざな）われることこそ，通俗的な「歴史物」では滅多に味わえない，そして，ネット検索では手軽に見つけることのできない，「歴史学」ならではの醍醐味だからです（ただし，通俗的な「歴史物」に意味がないといっているわけではなく，未知の過去への扉が開かれ，想像がかきたてられ，目からうろこが落ちるような体験をさせてくれる教科書や本やテレビ番組などは，とても大切です）。そもそも，歴史の研究者は，上でいうところの最大公約数的な「正解」に納得がいかないから自分で史料を読み，論理的な議論を積み重ねて，何らかの新しい「主張」を唱えたい，そしてできることなら新たな最大公約数的な「正解」に自説を反映させたいと願う生き物です。そして誰かが何らかの「主張」をする領域にはたいてい，同じくらいに説得的な「定説」や「異論」が，場合によっては複数あります。先の例を使うなら，「あの年に起きたあの事件」の名称なら，ネット検索で一瞬のうちに知ることができますが（つまり答えが一つでそのことについて異論がなく，従って「論点」を構成しないということです），その事件が「なぜ」起きたのかや，その事件の歴史的な意義について，答えが一つに定まっているということはほとんどなく，調べるのは容易ではありません。言い換えれば，歴史学が扱う過去の，非常に多くの場所は，その理解をめぐって定説や異論がぶつかり合う，競技場（アリーナ）の様相を呈しているのです。一人ひとりの研究者は，（体育会系でも文化系でもどちらを想像していただいても構いませんが）何らかの種目の出場選手であると表現してもよいでしょう。

　そして，この競技場での試合では，ラウンドごとの切れ目はあっても，終了の笛は鳴りません。歴史学者という出場選手は，概してタフで，そう簡単には白旗を挙げませんし，選手交代（誰かの議論を引き継ぐこと）も認められていますから，戦い（論争）は止むことがありません。そのつどの勝ち負けは，観衆の中でも自ら選手でありかつ鑑識眼の肥えた人たち，すなわち歴史学界の構成員が判定します。こうしたアカデミックな歴史学の持つ論争的な性格にもかかわらず，最大公約数的な教科書類には「異論」の居場所がほとんどありませんし，独創的な「主張」をする歴史書や論文では，必ず「異論」は論破されて退けられます。つまり，競技場での，あるラウンドの切れ目で優勢に見える選手の姿をクローズアップしてしまうのです。しかし，歴史学の観客であるみなさんにとって，スナップショットでしかない優勢な選手の雄姿（結果的に一方的になってしまう主張）を見せられるよりも，一流の選手たちが織り成す，みごとな，ときに美しくさえある一進一退の攻防のさま（オープンエンドな論争）を手に汗握って観戦する方が，はるかに興味深いのではないでしょうか。そして，歴代の出場者の誰が最もすぐれているのか，団体戦の優勢・劣勢の構図や試合の帰趨はどのようなものか，といったことを自分で判断する方が，よほど面白いのではないでしょうか。これを経験せずに歴史学を通り過ぎてしまうとしたら，とてももったいないことです。しかも，この経験を積んでゆけば，敷居の高い歴史書や論文（スナップショット）も面白く読むことができるようになるのですから，なおのこともったいないのです。

　大学などで，わざわざ歴史「学」が教えられているのは，過去のいろいろな出来事に関する最新の知識を受講者に増やしてもらいたいからというだけでなく，過去のいろいろな出来事を考え深める方法の数々を，しっかり身につけてもらいたいからなのです。「論点」はそうした「方法の数々」の宝庫です。「論点」そのものには，暗記すべき「正解」はありません。「正解」に至るであろう複数の道（選択肢）が示されているのです。どの道が最も有望なのかは一概には決められません。ただし，明らかに行き止まりになる間違った道

は見分けられるようになります。「論点」は，あなたならどう考えるのか，と迫ってきます。その挑戦を正面から受け止めて考えてほしいし，友人や教師と議論してほしいのです。その一連のプロセスを通して，あなたは，歴史「学」の醍醐味を追体験しながら，人文社会科学全般に通じる歴史学的な思考法を養うことができます。このスキルは，大学が学生に培ってもらいたいと願っているものです。

＊　　　　　　　＊　　　　　　　＊

　以下では，ギリシア・ローマを中心とする古代から，約千年の中世を経て，近世（16〜18世紀），近代（18世紀半ば〜20世紀初），現代（20世紀初〜）という五つのオーソドックスな時代区分に沿って，全部で139の西洋史学上の重要「論点」（＝有名な競技場）を列挙しました。その執筆者は皆，西洋史学の第一線でそれぞれ何らかの論点をめぐって独自の主張をし，戦っている研究者です。このようなプロの研究者の目利きで，コンパクトにまとめられた項目は，今では古典とされるようなものもあれば，現在進行中のものも含みます。どちらも等しく今知っておく価値があります。概して，激しく争われてきた論点のある領域ほど，研究が「進んでいる」からです。そして，研究が「進んでいる」領域ほど，いい意味での歴史の複雑さと多彩さ（思考停止に陥るような無意味な些末性ではなく，理解が深まりイメージが膨らむ多様性）が示されているからです。目次を見るだけでも，歴史学が，いかに知力と想像力の限りを尽くして論争する学問であるかがわかるでしょう。どこからどう読んでもらっても構いません。どれに目を通しても，非常に説得的な主張が対立しあって火花を散らしていることがわかるでしょう。高校世界史あるいは概説的な西洋史の知識があれば理解がいっそう深まるでしょうが，そのような前提知識が乏しくても大丈夫です。並行して勉強してくれたらと思います。一人で読んでもいいですが，誰かと議論するための素材にしてくれてもいいでしょう。

　あなたがこの先，歴史学の論文を読んだり書いたりするときに，本書を手元に置いて折に触れ読んでいくことから得られるであろう知見と経験は，必ず役に立つでしょう。単なるレポートと違い，論文とは，何かの「論点」をめぐって先行研究者の諸説を批判し，史料に基づいて自説を主張する叙述です。本書に親しむことで，何より，「論点」に敏感になるので，一段も二段も深い批判と分析が可能になるでしょう。本書で紹介した論点以外にも，興奮を呼ぶ論点がまだまだあることを知るでしょう。そして，歴史をよりよく理解できるようになるでしょう。それはとりもなおさず，現在をよりよく理解することですし，現在を生きる自分自身をよりよく理解することにもつながるでしょう。

　最後に断っておきたいことが一つあります。それは，本書は決して，歴史の解釈には正解も優劣もない，といったようなシニカルで相対主義的な態度を推奨するものではないということです（歴史研究者はたいてい，「ポスト真実」の時代と言われる現状――虚偽と真実の間に序列もなければ区別もつかない状態――を憂慮しています）。むしろ，出来合いの，一見それらしい「正解」を合理的に疑い，歴史ならではの，複数性と矛盾しない「真実」ににじりよっていく姿勢を善きものとして大切にします。本書で登場する競技場の参加者はほとんど全員，真摯に歴史の真実を追究する求道者です。それを紹介している各執筆者も同様です。時代の制約や個人的な偏見や政治性が議論に作用するのは避けがたいことですが，ここにはあさましい利己心や体制への追従的思惑は働いていないはずです。もっとも，政治的な圧力や迎合がはっきり表れている歴史研究の現場は日本を含め世界中に存在しており，注意が必要です。しかし，本書所収の諸項目に関しては，とりあえず棚上げして読んでほしいと思います。読者のみなさんが，真善美を追究する学問の素晴らしさに触れてもらえることを，心から希望しています。

　過去の出来事を歴史として叙述するためには，できるだけ信用できる史料を根拠にして，できるだけ論理的な飛躍のないように立論しなければなりません。以下，たくさんの「論点」に触れてゆく際に，この原則を常に頭に入れてほしいと思います。ある主張が説得的かどうかを判定する基準は二つ，**史料的根拠の確かさ**と，それに基づく論証の確かさです。

　一つの例で説明してみましょう。「15世紀末からヨーロッパは大航海時代に突入した」——これは多くの高校世界史教科書で書かれていることです。この主張（解釈）を支える史実として，バルトロメウ・ディアスが喜望峰に到達したとか，コロンブスが新大陸に到達したとか，ヴァスコ・ダ・ガマが喜望峰をまわってインドのカリカットに直航した，といった15世紀末の一連の出来事が挙げられます。さて，それぞれの史実は史料によって裏づけられます。例えば，1492年のコロンブスによる新大陸到達（正確にはサンサルバドル島への到着）という出来事は，コロンブスの『第一回航海の航海日誌』中，1492年10月11日（木）付の記事に出てきます（歴史学研究会編『世界史史料5　ヨーロッパ世界の成立と膨張　17世紀まで』岩波書店，2007年，287-288頁）。

　　「……真夜中の二時，陸地が現れた。…夜が明けた金曜日，（一行は），インディオの言葉でグアナハニー島と呼ばれていたルカヨ諸島にある小島に到着した。…提督は武装した端艇で陸地へ向かった。……」

原本は現存しておらず，ラス・カサスが『インディオ史』執筆の史料として用いるために要約したものだけが残っているのですが（だからコロンブスの日誌なのに「提督」という三人称が用いられています），コロンブスの日誌を積極的に歪曲した形跡はないとされています。なお，グアナハニー島がサンサルバドル島と命名されました。

　このように，航海の当事者が島に到着したのと同じ時期に書き記した，虚偽を述べるいわれのほとんどない信憑性の高い日誌（の信用できる要約）が史料的な根拠になっているので，「1492年のコロンブスによる新大陸到達」は史実として確定でき，同様の手続きで確証された史実を重ね合わせると，「15世紀末からヨーロッパは大航海時代に突入した」と主張（解釈）することに論理の飛躍はないと考えられます。

　繰り返していうなら，歴史に関する主張の是非は，次の二つのレベルで検証されます。

①　史料的根拠の信頼性
②　史実と主張（解釈）の論理的妥当性

　上の例で考えると，①の史料的根拠については，将来，より信憑性の高い史料が出てきて異なる情報を与えてくれない限り，また，『日誌』の要約ででっちあげの偽作であったことが説得的に証明されない限り，これ以上に確かな根拠はないでしょう。こうやって根拠となる史料の信頼性をいろいろな角度から検証し，読む際に注意すべき点を見極め，関係する史料が複数あるならその信頼性の順位をつけることを，「**史料批判**」といいます。次に②に移りますが，史料が信用できるとするなら，そこから引き出される史実や主張（解釈）は妥当なのでしょうか。少なくとも引き出しうる情報のうちの一つは，たしかに，コロンブスによ

るサンサルバドル島への到達を指し示しています。同様に，他の同時期の事例も史実として十分な量で確認されるなら，15世紀末のヨーロッパ人航海者による相次ぐ遠隔地への到達という現象を「大航海時代」の始まりと見てよいように思われます。こうして根拠に基づいて出来事と現象の存在を確定することを「実証」と言います。現在の歴史学の基礎は19世紀のドイツで確立されたのですが，それ以来，**歴史学の基本は「史料批判に基づく実証」**です（上記の①・②の検証作業のことです）。本書で紹介するすべての論点は，この歴史学の基本に照らして考察されなければなりません。

　では，「史料批判に基づく実証」を経た主張「15世紀末からヨーロッパは大航海時代に突入した」は，批判不可能な，異論の余地のない命題なのでしょうか。そうではありません。エンリケ航海王子のアフリカ西岸への探検航海プロジェクトを引き合いに出して「15世紀末」よりも前から「大航海時代」は始まったと主張することもできますし，ヨーロッパの中でも内陸部の東方も含めて「大航海時代」と括っていいのかと反論することもできますし，「大航海時代」と呼ぶほど劇的な発展はなかったという意見もありえると思います。史実のレベルに遡って，コロンブスの新大陸「到達」（一昔前までは「発見」と表現されていました）は一面的な見方であって，当のグアナハニー島の住民や両アメリカの先住民にとってみれば，ときどきあった異人の「到来」の一エピソードにすぎなかったのかもしれず，また，極めて壊滅的な人口減少をもたらすきっかけとなったのだから（病原菌を伴う）異人の「襲来」とすべき，と主張することもできるでしょう。そう，このようにして「論点」は形成されていくのです。批判ができるのは，その主張がしっかりしている証拠です。基本ができていない主張の方こそ，歴史学的には「批判のしようがない」のです。

準備体操2　史料と歴史家の偏見，言葉の力と歪み

　厳密に正確かつ客観的に書かれた史料はありません。偏見のない完璧に公平な歴史家もいません。まずはここを確認しましょう。史料を残した人も，それに基づいて歴史を書く研究者も，欠点のある人間で，誰とも同じでない何者かであり，ある価値観を持ち，国籍や性別や教育・生活水準に規定され，また，生きている世界に蔓延している「常識」を当たり前のものとして受け止める，身体性をまとった時代の子です。皆，何らかの関心や目的を持って（何らかの効果を狙って），与えられた条件の中，限られた能力を用いて書いています。歴史家は史料から，その書き手の「真意」を読み取ろうと苦心したり，また逆に，書き手の「意図に逆らって（意図とは関係なく）」必要な情報を引き出そうとします。

　例えば，近世ヨーロッパの（小）教区（≒村）には，「教区簿冊」という史料がたくさん残っています。そこには，（小）教区の住民の出生（洗礼），結婚，死亡の記録が数百年にわたって記録されています。この記録を作成した当事者は，ただ機械的に，そのつど生じる村人の洗礼，結婚，死亡のイベントを書き継いでいただけです。しかし，20世紀後半の歴史家たちは，この史料に目をつけ，村の人口やその推移，世帯の規模や婚姻年齢，乳幼児死亡率や平均寿命といった情報を引き出していきました。人口動態を明らかにすることが，歴史学的に有意義だと強く信じていたからです（割愛しますが，類似の現象として，20世紀前半には，パンや小麦などの価格に関する各地に散在する史料に，物価の推移を重視する**経済史**研究者が関心を寄せるようになり，やがて上記の人口史とも結びついていきました）。

　よく考えてみれば，村の人口規模など知らずとも（また，パンの価格など知らずとも），17世紀イギリスの「革命」の展開を語ることも，18世紀フランスの宮廷政治を描くこともできそうですし，外国との外交や戦

争のありさまも記述できるでしょう。実際，20世紀前半まで，ヨーロッパ史研究のほとんどはこうした**政治史・外交史**を中心としたもので占められ，それ以外のテーマは重要とは思われていませんでした。これも歴史家の偏見を示す一例です。しかし，20世紀後半から（高等教育機関への進学者数の急増と軌を一にして），一部の王や貴族や将軍や偉人の事績で語られる歴史には，人口の大半を占めていた人々の姿が含まれていないではないか，と問題視する研究者が出てきました。彼らは，史料に声の残りにくい大多数の人々の，歴史的な実態を発掘しようとしました。この新しいアプローチを**社会史**といいます。社会史は貧者や外国人，女性や犯罪者など，これまで光の当てられてこなかった人々に注目しました。こうしたいわゆる「庶民」の暮らしや生き方こそ，究明する価値のあるテーマだとされるようになりました。その反動で，旧来の政治外交史（そして経済史）は一時，時代遅れのテーマのように見なされることもありました。ここにも時代の子たる歴史家の偏見は表れます。

　社会史が蓄積されるにつれて，別の偏見に気がつくことにもなりました。「庶民」の暮らしを追跡する歴史家は，過去に「ユダヤ人」や「異端者」，「孤児」や「老人」，「狂人」や「犯罪者」，「女性」や「黒人」，「資本主義」や「寛容」，「愛」や「恥」の痕跡を見出し，その意義を強調しましたが，知らないうちに，自分の現在の「常識」を過去に投影して，ありもしないカテゴリーを作り出し，それに無理に当てはめては「発見」するというおかしな態度に陥っているのではないか，との批判にさらされるようになりました。たしかに，高等教育を受けた西欧の女性研究者が，「同じ」女性の過去を究明するといっても，例えば400年前の東欧の辺鄙な農村の貧しい女性とその研究者の想像する「女性」イメージの間にはいろいろな意味で大きな隔たりがあるでしょう。また，農村の女性と男性の間に存在した差異は，もしかしたら同じ時期，その女性と都市の有力商人の妻との間に存在した差異よりも小さかったかもしれません。あるいは，英語で「失業」に相当する語は19世紀後半に用いられるようになるのですが，だとすると，17世紀の「失業」を研究するとはいったいどういうことなのでしょうか。

　このような疑問から，1980年代頃から，歴史家たちは，史料に繰り返し現れる言葉（概念）や，分析に用いる言葉（概念）に大きな関心を寄せるようになりました（この関心のシフトを**言語論的転回**と呼びます）。その言葉にどのような意図・意味が込められているのか，どのような力関係が反映しているのか，そこから何が排除されているのか，言葉は現実をいかに方向づけ構築するのか，などなど，要するに言葉やイメージの持つ力に細心の注意を払うようになっています（これに伴って政治への関心も再興しました）。このアプローチは**文化史**と呼ばれることがありますが，21世紀の現在，歴史研究者は皆，たとえ政治外交史をやろうが経済史をやろうが，言葉に無頓着ではいられません。こうして，**史料（書かれた言葉）は過去を見通すための透明のレンズではなく，それ自体が読み解かれねばならない，欠けの多い，多色の，くすんだ窓**なのだと見なされるようになってきました。急進的な歴史家の中には，史料をいくら深く読み込んでも，その史料の文献としての（欠けや色やくすみ自体の意味を含む）内容には迫れても，その先にあると想定されてきた過去の現実には絶対に到達できない，と唱える人も出てきました。文学研究と歴史学研究に質的な差はないという意見も根強くあります。そして，歴史書もまた書かれた言葉ですから，やはり透明ではありえません。くすみを見通す読み方，書き方の工夫が求められます。

　以上のように，いくら歴史学が発展しようと，否応なく言葉（概念）に拘束されざるをえない史料と歴史家とに，視点の偏りはつきまといます（史料には物質的な，歴史家には身体的な制約もかかってきます）。ですから，解釈は同じにならないことが多く，論点が発生しやすくなるのです。

本書の使用法

　本書の以下の構成はいたってシンプルです。古代，中世，近世，近代，現代の順番に，各時代の編者が定めた一定の方針に従って，全部で139の「論点」が選定され，並べられています。

　各項目は，見開き2頁でまとめられています。まず〈史実〉の箇所で，当該論点の背景をなす歴史的な諸事実ないし共通了解が解説されます。なお，「史実」とありますが，項目によっては，そこに記されているのは「ほとんど異論のない歴史的事実」というよりも，「現在の学界で確かだとされている事項」や「その問題に関するおおよその共通了解」である場合があります。柔軟にとらえてくださったらと思います。ここに書かれていることは，たいてい，高校の世界史教科書や，関係する概説書に載っています。もっと詳しく知りたい人はその種の本やあるいはネット情報で補完すればよいでしょう。このようにして，〈史実〉の部分だけを順に読み，適宜補っていけば，それなりに「西洋史」の大きな流れをつかむことができます。

　次に，〈論点〉のパートが来ます。ここでは，だいたい2ないし3つの小見出しに整理して〈史実〉に対するいくつかの主要な論争点がまとめられています。なるべく，どの主張が最も説得的なのかについては，読者自身が判断しなければならないように書かれています。読者の「常識」にぴったり寄り添う説もあれば，それを真っ向から否定する，同じく説得的な説もあります。いずれを採るかで〈史実〉の理解は大きく変わります。十人いれば十通りの受け止め方になるでしょう。

　最後に〈歴史学的に考察するポイント〉欄を設けました。〈論点〉を踏まえたここで提起されている問いに，読者自身が一人で，あるいは数人で話し合って，考えてもらえればと思います。いわば，〈論点〉を有効活用するためのガイドのような機能を果たす箇所です。もちろん，問いはこの限りではなく，独自に別の考察ポイントを見つけてくださっても構いません。

　各項目には，側注の形式で，適宜，語句や事項の補足説明が付されています。日本語の参考文献も同じ場所に紹介してあります。必要に応じて読んでみてください。より全面的で詳細な論争の内容やそれを理解するために不可欠の情報を知ることができるでしょう。なお，重要な欧語文献は，巻末にまとめて掲載してあるので，こちらも必要な方は参照してください。

　項目タイトルの下部には〈関連項目〉欄を付しました。その名の通り，当該項目と直接，間接に結びつく他の項目を列挙してあります。中には時代を越えているもの，一見関係がなさそうなものも含まれています。合わせて読むことで，意外なつながりや類似性などを見出すことができるでしょう。独自に関連する項目を見つけ出して下さったらなおよいと思っています。

　不親切に見えるかもしれませんが，年表や地図，図像や写真の類は原則として載せていません。これらはたいてい，携帯端末で検索すればすぐに出てきますので，そちらを参照してください。

　本書をどのように活用するかは，前提知識の多寡や，学ぶのか教えるのか，といった読者の立場によって千差万別になるはずです。ですので一般化はできませんが，いくつかのアイデアを列挙しておきます。あとは，ご自由にお使いいただき，ぜひ，有効な使用例を，我々にフィードバックしてもらえたなら幸いです。

《使用例》

① 一つの項目をより深く理解してみる——参考文献などで補いながら，自分の言葉で説明し直してみてはいかがでしょう。わかりやすくプレゼンテーションするというのもいいでしょう。これができたら，「理解」した，あるいは人に伝えられる，ということになります。さらに，独自に調べていくうちに，力点の置き所が項目の叙述とは違ってくることがあるかもしれません。そうなれば，今度はご自身と項目執筆者の間に「論点」が発生します。

② 関連項目に指定されている別の項目と結びつけて，共通点や相違点を探ってみる——違う時代の類似した現象（例えばともに甚大な過剰死をもたらした中世の黒死病と近代のアイルランド大飢饉）をめぐり，どのような主張が戦わされてきたかを比較して，気づいた点をメモしておくとよいでしょう。レポートやプレゼンテーションにも適していると思います。

③ 一つないし複数の項目を素材にしてグループで話してみる——どの学説が最も説得的かについて，ディベートをしてみれば，自分の考えが必ずしも他の人のそれと一致しないことがわかりますし，説得すること，されることの難しさも理解できるでしょう。

④ 高校の歴史教科書や大学で用いるテキストの記述，あるいはネット・テレビ・新聞などメディアで流布されている歴史の語り方を，本書の関連する論点と照らし合わせてみる——数ある学説の中から，どのような種類の説が，そうした常識的（最大公約数的）な見解として採用されているのかを確認していけば，一見何の変哲もない，いかにも真実らしい歴史の説明の背後に，どのような異説がいかなる理由で排除されているかを考え深めてゆけるでしょうし，その見解の妥当性を自身で判断できるでしょう。

⑤ 本や論文を読む前に本書に掲載されている論点に目を通しておく——とりわけ本格的な学術書や専門的な論文を読んだり，西洋の歴史に関わる発表を聴いたりする際，あらかじめ関連する論点を頭に入れておくと，おどろくほどに理解がスムーズになりますし，批判点を見出すことも容易になります。

⑥ 新たな項目を自分で作ってみる——本書は西洋史学上の論点を完全に網羅しているわけではありません。大小無数のテーマがそれぞれに論点を抱えているといってもよいでしょう。そこで，関心を抱いたテーマについて，自分で本や論文を調べ，本書と同じ形式でまとめてみてはいかがでしょう。実はこれができたら，歴史学系の学部や学科で要求される「卒業論文」の必須要件である「先行研究の批判的整理」の部分が書けたことになります。逆に，論点を見出せないテーマは（いかに面白いと思っていても）論文にはなりません。

目　　次

はじめに

準備体操 1　歴史学の基本

準備体操 2　史料と歴史家の偏見，言葉の力と
　　　　　　歪み

本書の使用法

I　西洋古代史の論点　　　　　　　　　　*I*

1　ホメロスの社会……………………*2*

2　ポリス形成論…………………………*4*

3　歴史叙述起源論………………………*6*

4　ブラック・アテナ論争………………*8*

5　アテナイ「帝国」と民主政…………*10*

6　アケメネス朝ペルシアの表象と現実……*12*

7　アテナイの演劇と社会………………*14*

8　アレクサンドロス大王と
　　「ヘレニズム論争」………………*16*

9　ヘレニズム期の王権とポリス…………*18*

10　古代ギリシアの連邦とその受容………*20*

11　コイネー………………………………*22*

12　ローマ共和政の本質とアウグストゥス…*24*

13　ローマ皇帝と帝国の統合……………*26*

14　「ローマ化」論争……………………*28*

15　ケルト問題……………………………*30*

16　ローマ帝政期のギリシア……………*32*

17　五賢帝時代と「3世紀の危機」………*34*

18　剣闘士競技……………………………*36*

19　キリスト教の拡大……………………*38*

20　強制国家論の現在……………………*40*

21　ローマ帝国衰亡論……………………*42*

22　ローマ法典と社会……………………*44*

23　古代経済史論争………………………*46*

24　古代の奴隷……………………………*48*

25　古代ローマの家族とセクシュアリティ…*50*

26　古代人の宗教 1：犠牲………………*52*

27　古代人の宗教 2：神話と造形芸術……*54*

28　古代人の宗教 3：国家と宗教…………*56*

29　古代の科学：ガレノスを中心に………*58*

30　「古代末期」論争……………………*60*

31　ビザンツ帝国史の時代区分…………*62*

32　ビザンツ皇帝とは何か………………*64*

II　西洋中世史の論点　　　　　　　　　*67*

1　中世初期国家論………………………*68*

2　カロリング・ルネサンス……………*70*

3　ピレンヌ・テーゼ……………………*72*

4　中世農業革命…………………………*74*

5　中世都市成立論………………………*76*

6　ヴァイキングのエスニシティ………*78*

7　ノルマン征服…………………………*80*

8　封建革命論……………………………*82*

9　「封建制」をめぐる論争……………*84*

10　教会改革………………………………*86*

11　中世修道会……………………………*88*

12　12世紀ルネサンス……………………*90*

13　十字軍…………………………………*92*

14　レコンキスタ…………………………*94*

15　迫害社会の形成………………………*96*

16 13世紀の司牧革命‥‥‥‥‥‥‥‥‥‥‥ *98*

17 神判から証人尋問へ‥‥‥‥‥‥‥‥‥ *100*

18 儀礼とコミュニケーション‥‥‥‥‥ *102*

19 リテラシー‥‥‥‥‥‥‥‥‥‥‥‥‥‥ *104*

20 歴史と記憶‥‥‥‥‥‥‥‥‥‥‥‥‥‥ *106*

21 近代国家生成論‥‥‥‥‥‥‥‥‥‥‥ *108*

22 スイスの起源‥‥‥‥‥‥‥‥‥‥‥‥ *110*

23 タタールのくびき‥‥‥‥‥‥‥‥‥‥ *112*

24 ハンザ‥‥‥‥‥‥‥‥‥‥‥‥‥‥‥‥ *114*

25 14世紀の危機‥‥‥‥‥‥‥‥‥‥‥‥ *116*

26 ジャンヌ・ダルク‥‥‥‥‥‥‥‥‥‥ *118*

27 ブルゴーニュ公の宮廷文化‥‥‥‥‥ *120*

28 イタリア・ルネサンス‥‥‥‥‥‥‥‥ *122*

17 複合国家／複合君主政／礫岩国家‥‥ *158*

18 神聖ローマ帝国論‥‥‥‥‥‥‥‥‥‥ *160*

19 アンシャン・レジーム論‥‥‥‥‥‥‥ *162*

20 17世紀の危機‥‥‥‥‥‥‥‥‥‥‥‥ *164*

21 軍事革命‥‥‥‥‥‥‥‥‥‥‥‥‥‥‥ *166*

22 三十年戦争‥‥‥‥‥‥‥‥‥‥‥‥‥‥ *168*

23 イギリス革命‥‥‥‥‥‥‥‥‥‥‥‥ *170*

24 科学革命‥‥‥‥‥‥‥‥‥‥‥‥‥‥‥ *172*

25 魔女迫害‥‥‥‥‥‥‥‥‥‥‥‥‥‥‥ *174*

26 啓蒙主義‥‥‥‥‥‥‥‥‥‥‥‥‥‥‥ *176*

27 財政軍事国家論‥‥‥‥‥‥‥‥‥‥‥ *178*

28 啓蒙改革／啓蒙絶対主義‥‥‥‥‥‥ *180*

29 アメリカ革命‥‥‥‥‥‥‥‥‥‥‥‥ *182*

III 西洋近世史の論点   *125*

1 世界システム論‥‥‥‥‥‥‥‥‥‥‥ *126*

2 世界分割（デマルカシオン）‥‥‥‥ *128*

3 コロンブス交換‥‥‥‥‥‥‥‥‥‥‥ *130*

4 スペイン帝国論‥‥‥‥‥‥‥‥‥‥‥ *132*

5 オランダの黄金時代‥‥‥‥‥‥‥‥‥ *134*

6 重商主義論と特権商事会社‥‥‥‥‥ *136*

7 資本主義論‥‥‥‥‥‥‥‥‥‥‥‥‥‥ *138*

8 東欧の辺境化・後進性‥‥‥‥‥‥‥ *140*

9 ヨーロッパとオスマン帝国‥‥‥‥‥ *142*

10 人文主義／文芸共和国‥‥‥‥‥‥‥ *144*

11 レス・プブリカ‥‥‥‥‥‥‥‥‥‥‥ *146*

12 主権／主権国家／主権国家体制‥‥‥ *148*

13 宗教改革／対抗宗教改革論‥‥‥‥‥ *150*

14 宗派化‥‥‥‥‥‥‥‥‥‥‥‥‥‥‥‥ *152*

15 社会的規律化‥‥‥‥‥‥‥‥‥‥‥‥ *154*

16 エトノス論‥‥‥‥‥‥‥‥‥‥‥‥‥‥ *156*

IV 西洋近代史の論点   *185*

1 フランス革命‥‥‥‥‥‥‥‥‥‥‥‥ *186*

2 イギリス産業革命‥‥‥‥‥‥‥‥‥‥ *188*

3 生活水準論争‥‥‥‥‥‥‥‥‥‥‥‥ *190*

4 大西洋奴隷貿易‥‥‥‥‥‥‥‥‥‥‥ *192*

5 大分岐‥‥‥‥‥‥‥‥‥‥‥‥‥‥‥‥ *194*

6 民衆運動，民衆文化，
　　モラル・エコノミー‥‥‥‥‥‥‥‥ *196*

7 階級論（ジェントルマン論・
　　ミドルクラス論）‥‥‥‥‥‥‥‥‥ *198*

8 市民結社（ボランタリ・
　　ソサエティ）‥‥‥‥‥‥‥‥‥‥‥‥ *200*

9 消費社会‥‥‥‥‥‥‥‥‥‥‥‥‥‥‥ *202*

10 男女の領域分離‥‥‥‥‥‥‥‥‥‥‥ *204*

11 19世紀のジェンダーと人種‥‥‥‥‥ *206*

12 セクシュアリティ‥‥‥‥‥‥‥‥‥‥ *208*

13 アイルランド大飢饉‥‥‥‥‥‥‥‥‥ *210*

14 移民史論‥‥‥‥‥‥‥‥‥‥‥‥‥‥‥ *212*

15　アリエス論争·················214

16　ボナパルティスム（第二帝政）········216

17　リソルジメント·············218

18　農奴解放·················220

19　南北戦争·················222

20　第三共和政と改革··········224

21　ナショナリズム論（東欧からの
　　アプローチ）··········226

22　ナショナリズム論（南北アメリカ・
　　西欧からのアプローチ）·······228

23　帝国論··················230

24　女性参政権··············232

25　「ドイツ特有の道」··········234

26　社会主義················236

V　西洋現代史の論点　　　　239

1　帝国主義論···············240

2　植民地と近代／西洋··········242

3　植民地と環境·············244

4　第一次世界大戦原因論········246

5　ウィルソンとアメリカの国際主義·····248

6　ロシア革命とソ連邦の成立········250

7　スターリンと農業集団化・工業化·····252

8　世界恐慌·················254

9　混合経済と福祉国家··········256

10　革新主義とニューディール········258

11　ファシズム論·············260

12　ナチズム················262

13　ホロコースト·············264

14　第二次世界大戦原因論·········266

15　冷戦の起源···············268

16　ハンガリー動乱と「プラハの春」·····270

17　ヴェトナム戦争とその影響·······272

18　デタント················274

19　欧州統合················276

20　冷戦の終結···············278

21　新自由主義··············280

22　フェミニズムとジェンダー·······282

23　オリエンタリズムと
　　ポストコロニアリズム·········284

24　「短い20世紀」·············286

欧文参考文献　　289

おわりに　　303

研究者名一覧　　307

人名索引　　312

事項索引　　314

Ⅰ 西洋古代史の論点

E・ドラクロワ「イタリアと「学芸」を踏みにじるアッティラと野蛮人たち」(1847年)

プロメテウスが作った人間を見守る神々，シリア語の銘の付いたモザイク画（3世紀頃），ウルファ（トルコ）

「文明の崩壊」（上）と「多文化主義：ギリシア神話のキリスト教的解釈？」（下）（「古代末期」論争より）

Introduction

　古代史の論点を選ぶにあたり，私は勤務する大学の3年生ゼミをイメージしました。そこでは，西洋古代史の重要な論点に関わる二次文献と，その論点の鍵となる一次史料を組み合わせて講読しています。このような授業に有効な論点をどう選べばよいのでしょうか。まず，専門家向けの「最先端」にこだわるのはやめました。細かすぎ，往々にして抽象的すぎるからです。

　そこで，オーソドックスではありますが，まずは高等学校で用いられている世界史教科書が重視するキーワードや歴史的事象を拾い上げ，これに加える形で，教科書に書かれていない大切なテーマを選んで年代順に並べました。そうすることで，多くの人たちの歴史知識の前提となっていて，しかし同時に暗記科目として批判されがちな高校世界史から，いかに本格的な歴史学的議論へと進んでいけるのか，その具体的かつ多様な道筋を示すことができると考えたのです。可能なところでは，後世の歴史的事象や近現代の歴史学との関係を特に意識した論点を採用し，西洋古代史と現代世界とのつながりが伝わるよう工夫しました。

　すべての項目において，それぞれの論点の深みがわかりやすく提示されています。読者の皆さんが，西洋古代史の面白さ，複雑さ，そして身近さを発見してくださることを期待しています（藤井　崇）。

1 ホメロスの社会

周藤　芳幸

【関連項目：歴史叙述起源論，ブラック・アテナ論争，古代人の宗教2：神話と造形芸術】

 史　実

　ヨーロッパ最古の文学作品は，前8世紀のギリシアで誕生した。ホメロス[1]によって創作されたと伝えられる2つの英雄叙事詩，『イリアス』と『オデュッセイア』である。これらは，ともにギリシア連合軍が10年間にわたってトロイアに遠征したいわゆるトロイア戦争の伝承に題材をとっているが，アキレウスをめぐる戦場での生と死のドラマを緊迫した筆致で描く『イリアス』と，トロイア陥落後にオデュッセウスが故郷に帰還して妻と再会を果たすまでの波瀾万丈の冒険譚を物語る『オデュッセイア』は，ギリシア人が拠るべき行動規範を提示する民族の聖典として，広く後世に受容された。アルファベットで書かれた最初のまとまった文字史料でもあるホメロスの叙事詩には，ある一貫した価値観や制度に基づく社会の姿が生き生きと描かれている。そのため，これらの叙事詩の内容の背景にはモデルとなった社会が歴史的に実在したはずであるという前提のもとで展開されてきたのが，「ホメロスの社会」をめぐる論争である。

論　点

1. トロイア戦争の史実性

　ホメロスの叙事詩はあくまで文学作品であり，これをそのまま歴史の史料として読むことはできない。しかし，ヘロドトスやトゥキュディデス[*]の歴史書の場合も，やはり文学作品としての性格が強いことは確かである。そこで議論の焦点の一つとなってきたのが，ホメロスの社会における最大の事件であるトロイア戦争を，ペルシア戦争やペロポネソス戦争[*]のような史実と見なすことができるかという問題である。この点について，少なくとも古代ギリシア人は，トロイア戦争の史実性に全く疑いを抱いていなかった。彼らはしばしばトロイア戦争を歴史の重要な基準点と見なし，そこからの時系列上の隔たりによって過去を再構成していた。古代の証言は，トロイア戦争の年代を前13〜12世紀とすることでもおおむね一致している。一方で，トロイア戦争の舞台となったトロイアについては，叙事詩の世界が実在したことを信じていたシュリーマン[2]が1870年に発掘を始めて以来，アナトリア北西部のヒサルルックこそがその遺跡と信じられてきているものの，今日に至るまでその根拠となるものは見つかっていない。事情はギリシア側でも同様であり，トロイア戦争が史実であったことは，依然として考古学的には証明されていないというのが現状である。

2. ミケーネ文明とホメロスの社会

　もしトロイア戦争をめぐる伝承の背後に，ギリシアからアナトリアへの大規模な軍事遠征という出来事が存在したのならば，ホメロスの社会は明らかにギリシアでミケーネ文明が繁栄していた後期

▷1　ホメロス
古代ギリシア最大の叙事詩人で，スミュルナの生まれともキオスの生まれともされる。活躍した時代も不明だが，前8世紀前半とするのが現在では一般的。二大叙事詩の作者に関するいわゆる「ホメロス問題」が存在する。

＊　ヘロドトス，トゥキュディデス
Ⅰ-3 側注1，3参照。

＊　ペルシア戦争，ペロポネソス戦争
Ⅰ-3 側注4，2参照。

▷2　シュリーマン
1822〜90年。ドイツで牧師の子として生まれ，長じては実業家として成功した。開国後の日本も訪れている。蓄えた資金で発掘を行い華々しい成果を収めたが，出土品の恣意的な取扱いや，遺物の出土コンテクストについての報告の不確実性などをめぐっては，批判も多い。

青銅器時代のものと考えるのが妥当だということになる。この時代のギリシアでは各地に小規模な王国が存在したが，それらはしばしば叙事詩で活躍する英雄たちの故郷と一致しており，中でもペロポネソス半島北東部のミケーネは，ギリシア連合軍の総大将**アガメムノン**▷³の居城にふさわしい遺跡の規模を誇っている。トロイアの発掘後，1876年にミケーネで後期青銅器時代初頭の竪穴墓を黄金の副葬品とともに発見したシュリーマンは，これこそホメロスの叙事詩で「黄金に満ちたミケーネ」と謳われた都に違いないと確信した。武器などの遺物から推測されるミケーネ文明の性格が極めて好戦的なものであったことも，この仮説を裏づけているように見えた。しかし，20世紀も半ばになると，**フィンリー**＊などの反対者も現れるようになる。フィンリーは，ホメロスの叙事詩の内容に，ミケーネ文明とは相容れない要素が数多く含まれていることから，叙事詩の世界を時間軸の上に位置づけるとすれば，それはいわゆる暗黒時代（初期鉄器時代）とするのが妥当であると主張した。さらに，これと前後してピュロス，ミケーネ，テーベなどの宮殿遺跡から出土する粘土板に刻まれた**線文字Ｂ**▷⁴がヴェントリスによって解読され，とりわけ粘土板に刻まれた情報から復元されたピュロス王国の社会構造がホメロスによって描写された社会とは似ても似つかないものであることが明らかになると，ホメロスの社会を後期青銅器時代のものとする説は，めっきり旗色が悪くなった。

3. エーゲ海の文化伝統とホメロスの社会　　フィンリーは，叙事詩に見られる青銅製の鼎や火葬などの文化要素，さらにはフェニキア人の活動などへの言及を根拠に，ホメロスの社会は主として前10世紀ないし前9世紀のギリシア社会を反映するものと考えた。1970年代以降に，スノドグラスやⅠ・モリスらによって初期鉄器時代の社会構造に関する考古学的な研究が飛躍的に深化させられたことも，この見解にとって追い風となっている。しかし，近年では逆に，ホメロスの叙事詩成立の背景に，先史時代にまで遡る物語の伝統を想定する説も有力となってきている。サントリーニ島のアクロティリ遺跡で発見された船団を描いたフレスコ画や，ミケーネの竪穴墓から出土した「攻城リュトン」のような考古学的証拠は，遠征や攻城を題材とする物語が語り継がれていたことを示唆している。ホメロスの叙事詩は，おそらくこのような物語の伝統の集大成であって，そこに現れる社会を特定の時代と結びつけることが困難であるのも，そのような事情に由来するものと考えるのが適切であろう。

▷3　**アガメムノン**
神話上のミケーネ王で，アトレウスの子，スパルタ王メネラオスの兄弟。『イリアス』は，アガメムノンと英雄アキレウスとの争いを重要なモチーフとしている。
＊　**フィンリー**
Ⅰ-23側注5参照。

▷4　**線文字Ｂ**
ミケーネ時代の後期に各地の宮殿で物資の管理を記録するために用いられていた文字。ミノア文明の線文字Ａを改良してギリシア語を表記できるようにしたものであり，音節文字を基本として，表意文字や数字が併用されている。1952年にヴェントリスによって解読された。

（参考文献）
M・I・フィンリー『オデュッセウスの世界』（下田立行訳，岩波書店，1994年。原著は1954年）。
藤縄謙三『ホメロスの世界』（新潮社，1996年。原著は1965年）。
周藤芳幸『古代ギリシア——地中海への展開』（京都大学学術出版会，2006年）。

歴史学的に考察するポイント
①文学作品を歴史学の史料として用いることは可能なのだろうか。
②シュリーマンは，ホメロスの社会の解釈にいかなる影響を与えたのだろうか。
③ホメロスの社会をミケーネ文明と結びつけることは可能なのだろうか。

2　ポリス形成論

竹尾美里

【関連項目：ホメロスの社会，アテナイ「帝国」と民主政，ヘレニズム期の王権とポリス，古代ギリシアの連邦とその受容，ローマ帝政期のギリシア，古代人の宗教２：神話と造形芸術，中世都市成立論】

📖 史　実

　前8世紀頃から古代ギリシア世界にポリスが出現し，長きにわたりギリシア社会の基盤となった。その過程で僭主政，寡頭政，民主政といった様々な国政を経験するが，各ポリスはあくまで独立自治を重んじ，ポリス同士が大きな統一国家としてまとまることはなかった。ポリスという言葉は都市国家と訳されることが常だが，ポリスの運営が，土地所有に立脚した市民権を有する者たちによって排他的に行われていた点を強調するならば，ポリスをギリシア世界特有の市民共同体と捉えることもできよう。

　景観としてのポリスの規模は大小様々であったが，その多くは守護神を祀る聖域が建てられたアクロポリス（高所の城塞）とその麓に評議会や民会議場といった行政施設に，劇場や体育所，公共施設やアゴラと呼ばれる広場が設けられた都市的な空間を持つ中心市と，共同体の構成員らが居住する集落と彼らが所有する農地が広がる田園部によって構成されていた。その一方で，スパルタのように中心市に完全市民が居住し，周辺に劣格市民を住まわすポリスもあった。また，ポリスとは異なるが外交面では同等の役割を持つ，複数の村落が緩やかにまとまったエトノス*と呼ばれる形態も同時に存在していた。

　このような古代ギリシア特有のポリス世界の広がりはギリシア本土にとどまらず，地中海や黒海沿岸に建設されたギリシア系植民市の建設を通じて拡大した。植民市は植民団を派遣したギリシア本土の母市とは政治的にも経済的にも独立した存在で，後代においても政治・交易活動の重要な拠点となっていった。

⚔ 論　点

1. ポリス中心市の形成をめぐる議論

　ポリス形成の初期段階で，政治機能や祭祀施設を中心市に移し，それに伴って周辺の村落から住人を意図的に集住（シュノイキスモス）させたことが，ポリスの都市的空間を作り出す重要な契機であったと従来から指摘されてきた。これはアリストテレスが『政治学』[41]の中で言及したような古典期アテナイを完成形と見なすポリス観と結びつき，他の都市国家の形成もこれと同様の経緯を辿ったという見方が支持されてきた。一方，1970年から80年代にかけて各地の墓域の調査から前8世紀頃に顕著となる社会の変化についての指摘がなされた。この時期にアテナイやアルゴスで見られる埋葬数の増加を，スノドグラスは人口増加によるものと見なし，人々を統率する新たな仕組みを求める社会の出現を説き，Ⅰ・モリスは墓の造営がより幅広く下層市民にも許可されるようになった結果と見なし，その背景に横並びの市民共同体の

*　エトノス
Ⅰ-10 参照。

*アリストテレス
Ⅰ-29 側注1参照。
▷1 『政治学』
前4世紀の哲学者アリストテレスによる著作。「人間はポリス的動物である」とし，現実の古代ギリシアの国家体制の分析を通じて，その問題点や理想的な国家の姿などを論じた。

形成を指摘した。その一方，コールドストリームのクレタ島のクノッソスの葬制に関する研究では，アッティカ地方とは全く異なる状況が報告されており，従来のアテナイ中心的なポリス形成モデルを，他のエリアに当てはめる点については近年見直しが求められている。

2. 辺境聖域からの視点　都市の中心に位置する聖域がポリス形成を物理的に把握する重要な指標として捉えられる一方，ポリスの辺境に設けられた聖域について着目したのがド・ポリニャックの研究である。そこでは辺境聖域が中心の聖域と共にポリスの領域を確定すると同時に，隣接する集落をつなぐ結節点としての役割を担った可能性も指摘された。また，モーガンはポリスの領域を超えて，多くの個人・都市国家が訪れた**オリュンピア**[▷2]や**デルフォイ**[*]のような国際聖域の存在について，考古資料の変化を辿りながら，これらの聖域がギリシア世界に与えた影響を論じた。参加資格をギリシア人に限定していたオリュンピア祭は，政治的には都市国家の単位で独立していた人々を，ギリシア人という共通のアイデンティティのもとにまとめる役割を果たしていた。

3. 植民市の都市化からの視点　植民市の存在は，ギリシア本土のポリス形成とどのような関係にあると捉えられてきたか。各地の植民市の歴史は，出土した考古史料と関連する文献史料とを照らし合わすことで議論されてきた。例えば**ペロポネソス戦争**[*]について記した**トゥキュディデス**[*]の作品の中で言及されたシチリア植民市建設の歴史は，古典期以前に行われた植民活動について考察する際の貴重な情報源となっていた。その結果，従来想定されてきた植民市建設のプロセスはギリシア本土の都市化を経て，その後植民市に都市化のアイデアが伝わったとするものであった。これに対し，近年**ハンセン**[*]らのポリス研究からの知見では，ギリシア本土と植民市の都市化は並行しており，景観としての都市化の条件が揃うのはむしろ植民市の方が先行していたことが指摘されるようになった。例えば，前8世紀に入植されたイタリアの**メガラ・ヒュブライア**[▷3]は，前7世紀の段階ですでに巨大な神殿を伴う公的施設の建設が見られる。概して，植民市ではギリシア本土よりも早い時期に巨大神殿が建てられており，外の世界と接触する機会が多い植民市の住民が，自分たちのアイデンティティの源となる共同体の空間や祭儀を重要視してきた結果，植民市でこそ都市的な景観が整いやすかったのではないかと考えられている。また，本土の共同体内部で起こる様々な問題（農地不足や対立集団の存在など）を解決する一手段として植民団派遣が用いられたという指摘もあり，植民市建設をギリシア本土のポリス形成と関連づけて今後考察する必要がある。

歴史学的に考察するポイント

①アテナイ以外のポリス形成やその様相はどのようなものだったのだろうか。

②個々のポリスが発展していく過程で，各地の聖域やそれに伴う祭祀は，共同体の中でどのように機能したのだろうか。

③ポリス形成期の植民活動はギリシア本土の母市の発展とどのような関係にあったのだろうか。

▷2　**オリュンピア**
ペロポネソス半島西部に位置する主神ゼウスを祀った聖域。古代ギリシアの四大競技会の一つであるオリュンピア祭が4年に一度この地で開催された。

*　**デルフォイ**
Ⅰ-15 側注1参照。

*　**ペロポネソス戦争**
Ⅰ-3 側注2参照。

*　**トゥキュディデス**
Ⅰ-3 側注3参照。

*　**ハンセン**
Ⅰ-5 側注3参照。

▷3　**メガラ・ヒュブライア**
ギリシアのメガラ人がシケロイ人の王ヒュブロンから土地の提供を受け，前728年頃シチリア東岸に建設した植民市。その経緯についてはトゥキュディデス『歴史』第6巻第4章が詳しい。

（参考文献）
周藤芳幸『ギリシアの考古学』（同成社，1997年）。
桜井万里子編『ギリシア史』（山川出版社，2005年）。
周藤芳幸『古代ギリシア──地中海への展開』（京都大学学術出版会，2006年）。
ロビン・オズボン『ギリシアの古代──歴史はどのように創られるか？』（佐藤昇訳，刀水書房，2011年。原著は2004年）。

3 歴史叙述起源論

師尾晶子

【関連項目：ホメロスの社会，ブラック・アテナ論争，アテナイ「帝国」と民主政，アケメネス朝ペルシアの表象と現実，アレクサンドロス大王と「ヘレニズム論争」，ヘレニズム期の王権とポリス，古代ギリシアの連邦とその受容，古代人の宗教２：神話と造形芸術，歴史と記憶】

史　実

　歴史叙述の起源が古代ギリシアにあるのかどうかについては定かではない。しかしながら，ホメロスの叙事詩に，過去の偉大な出来事とその原因に関心を抱き叙述する姿勢が早くも見られることは特筆に値する。最初の歴史書ともいうべき『歴史（ヒストリアイ）』を著したのは，「歴史の父」ヘロドトス▷1であった。彼は，ホメロスを意識しつつ，自ら調査・探求（ヒストリエー）した事蹟の数々を散文の形でまとめた。自ら収集した証拠に基づいてペロポネソス戦争▷2の歴史を叙述したのがトゥキュディデス▷3の『歴史（ヒストリアイ）』である。ヘロドトスとトゥキュディデスは，19世紀以来の近代実証史学において，それぞれ「物語的歴史家」，「実証的歴史家」として対比され，ヘロドトスの歴史家としての資質は批判にさらされてきたが，近年は，両者の共通性が注目されるとともに，ヘロドトスの再評価が行われている。

論　点

1. 歴史叙述というジャンルの誕生

　ヘロドトスの『歴史』には，荒唐無稽ともいえる神話や伝承が多数含まれている。彼が「物語的歴史家」とされてきたゆえんである。ペルシア戦争▷4の周縁にある様々な物語から構成された『歴史』は，その点で歴史書というよりも文学のジャンルに属するともいえる。この点を強調する研究者は，ヘロドトスの記述を虚偽に満ちたものとし，彼の歴史家としての資質を否定してきた。一方，調査・探求の営みの結果として物語が叙述されたものであることを考慮するならば，ヘロドトスこそ後世の歴史学のジャンルを切り拓いた人物だと位置づけられる。さらに近年の研究では，この調査・探求の姿勢を育んだのは「イオニアの哲学」であったとされる。実際，ヘロドトスに先立ち，過去の出来事に関する叙述を行った文筆家は大部分がイオニアの出身であった。ヘロドトス以前の文筆家の記述した「系譜」，「建国譚」，「年代記」，「民族誌」などは，断片でしか伝わっておらず，その全容は不明である。しかしながら，彼らの試みが，これまでにない新しいジャンルを生み出す礎となったことは確かである。失われた作品については，ヤコービによる歴史家断片集（*FGrH*）が基本史料であるが，現在，多数の研究者の共同編纂による *Brill's New Jacoby Online*（*BNJ*）が有料で公開・更新されている。

2. ポリス史あるいはローカル・ヒストリーの展開

　19世紀の碩学ヴィラモヴィッツは，ローカル・ヒストリーの叙述は歴代神官や役職者，競技優勝者の記録から発展したものであり，最古の歴史叙述のジャンルであると

▷1　ヘロドトス
前485～前424年頃。ハリカルナソス（現ボドルム，トルコ）出身。前444年に南イタリアのトゥリオイ植民に参加し移住した。ペルシア戦争を主題とした『歴史』を執筆した。

▷2　ペロポネソス戦争
前431～前404年。アテナイを盟主とするデロス同盟とスパルタを盟主とするペロポネソス同盟との間に起こった全ギリシア世界を巻き込んだ戦争。前404年にアテナイの全面降伏をもって終戦となった。

▷3　トゥキュディデス
前460年頃～前４世紀初。アテナイ人歴史家。ペロポネソス戦争史を記した『歴史』の作者。『歴史』は前411年夏で断筆となった。

▷4　ペルシア戦争
イオニア反乱に端を発したアケメネス朝ペルシアによるギリシア遠征に伴う戦争で，狭義には，前490年のマラトンの戦い，前480年から前479年にかけて行われたサラミスの海戦，プラタイアの戦いなどの一連の戦いを指す。

▷5　イオニア
エーゲ海に面したアナトリア西部の地域名。北はアイオリス地方，南はカリア地方に接する。この地域の10都市とエーゲ海の島サモスとキオスの12市によってイオニア同盟が作られた。

考えた。これに対してヤコービ以来の研究者は，「年代記」や「民族誌」の出現は前500年頃まで遡るものの，特定のポリスの年代記・地域史を叙述した作品の多くの執筆年代が前4〜3世紀に集中していることから，これらはヘロドトスらの歴史叙述に刺激されて発展したのだと解釈した。彼らによれば，両者はしばしば相互に参照され，ローカル・ヒストリーは普遍的な歴史叙述の補遺や増補となった。近年，R・トマスは，ローカル・ヒストリーをポリス史と命名し，ポリス史の叙述が各地で隆盛した背景には積極的な政治的意図が存在していたと述べ，補遺や増補としての役割を強調してきた従来の説を批判している。ヘレニズム時代以降，ポリスの歴史を披露した碑文，あるポリスの歴史を詳らかにした賢者（ヒストール）を顕彰した碑文が出現し，その数が増大していったことも注目される。ポリスをはじめとする諸集団が，自己のアイデンティティの表明のために，時に捏造をも含む歴史叙述を求めた状況の理解については，アルヴァックスの「集合的記憶」論，アスマン夫妻の「文化的記憶」論を継承発展させて H・-J・ゲールケが提唱した「意図的な歴史（intentional history）」という概念を用いたアプローチも有用である。

3. 普遍史・世界史の展開 アレクサンドロス以降，ギリシア人の知る世界は大幅に拡大した。空間的時間的に知られる限りのすべての世界の歴史を叙述するという姿勢は，すでにヘロドトスに見られたが，普遍史・世界史というジャンルが確立されるのは，前4世紀以降，とりわけヘレニズム時代以降のことである。ローカル・ヒストリーが隆盛した一方で，西方におけるローマの勢力拡大は，これまで研究対象とされてこなかった地域についての探求の必要性を見出し，すべての民族の歴史を叙述しようとする欲求を生み出した。普遍史の創設者とされる**エフォロス**[6]は，著作を主題によって巻に分けた最初の歴史家でもあった。また，自らの体験に基づいた叙述ではなく，文献研究を通じて叙述を行った。こうした手法・様式は，その後の歴史家にも引き継がれた。エフォロスを評価した**ポリュビオス**[7]は，国政に携わる者は歴史書から教訓を得るべきだと述べ，歴史叙述はそれゆえに実用的なもの（pragmatikê historia）であるべきだとした。彼の国制論および混合政体論は，プラトンやアリストテレスの著作にも見られるものだが，ローマ共和政を理想の混合政体と見なし，諸機関のバランスを説いたポリュビオスの思想は，近代の政治思想のモデルとなった。普遍史を叙述した代表的な歴史家としては，**ディオドロス・シクルス**[8]，**ハリカルナソスのディオニュシオス**[9]らも挙げられる。

歴史学的に考察するポイント

①ホメロスの叙事詩とヘロドトスの『歴史』との共通性と相違はどこに見られるだろうか。
②ギリシア人の植民活動は，歴史叙述の誕生と発展にいかなる影響を与えただろうか。
③イオニアの哲学は歴史叙述の誕生と発展にいかなる影響を与えただろうか。
④近年におけるヘロドトスの再評価はいかなる観点からなされたのだろうか。

▷6 **エフォロス**
前400年頃〜前330年。アイオリス地方（現トルコ）のキュメ出身。イソクラテスの弟子とされる。ヘラクレイダイ（ヘラクレスの末裔）の帰還からアレクサンドロス大王の父フィリッポス2世の時代まで，主題別に30巻からなる『歴史』を執筆した。

▷7 **ポリュビオス**
前199年以前〜前120年頃。メガロポリス出身。40巻からなる『歴史』は第一回ポエニ戦争（前264年）から前146年までを扱い，ローマの興隆と地中海征服の経緯を詳述している。

▷8 **ディオドロス・シクルス**
前1世紀，シチリア出身の歴史家。40巻からなる『歴史叢書』を執筆した。トロイア戦争前の時代，トロイア戦争からアレクサンドロス大王の死まで，それ以後の時代の3部からなる。

▷9 **ハリカルナソスのディオニュシオス**
前60年頃〜前7年以降。ハリカルナソス出身。歴史家，修辞学の教師。『ローマの古誌』を執筆。神話時代からポリュビオスの『歴史』の執筆の始まる第一回ポエニ戦争までのローマ史を扱った。

参考文献

藤縄謙三『歴史学の起源——ギリシア人と歴史』（力富書房，1983年）。
桜井万里子『ヘロドトスとトゥキュディデス——歴史学の始まり』（山川出版社，2006年）。
大戸千之『歴史と事実——ポストモダンの歴史学批判をこえて』（京都大学学術出版会，2012年）。

4　ブラック・アテナ論争

庄子大亮

【関連項目：ホメロスの社会，歴史叙述起源論，アケメネス朝ペルシアの表象と現実，植民地と近代／西洋，オリエンタリズムとポストコロニアリズム】

 史　実

　ヨーロッパの源流と見なされる古代ギリシア文明は，諸文明の交差の中で発展した。ギリシア人自身，エジプト[▷1]を先行文明として敬い，両者の密接な関係や類似性について伝えていたし，ギリシア語のアルファベットはフェニキア[▷2]の文字を参照して考案された。ギリシア文明理解において，こうした外部由来の要素は今でこそ前提とされるのだが，歴史研究が発展する近代から，20世紀後半に至るまで，それほど強調されてこなかった。状況が変わった大きな要因に，アメリカで活動した政治学者バナールが著書『ブラック・アテナ[▷3]』（1987年）および続刊で展開した，「ギリシア文明の起源はエジプトやフェニキアにあるという事実がヨーロッパ中心の歴史観によって隠蔽された」という主張と，それをめぐる論争がある。

⚔ 論　点

1．バナールの主張

　バナールによれば，ギリシア文明は，エジプトとフェニキアからの植民に由来して成立・発展したのであり，歴史家ヘロドトスが著書で記した先進文明エジプトについての諸解釈のほか，悲劇『救いを求める女たち』が題材にしているギリシア外からの英雄渡来についての神話に示唆されるように，ギリシア人自身が自文明の植民由来を認めていたという。これをバナールは「古代モデル」と表現する。しかし近代に至るとヨーロッパは，白人のアーリア人[▷4]が北方からギリシアに侵入して単独で文明を創造したという歴史観を喧伝し，「白人の築いた純粋な古代文明」をヨーロッパの祖として讃えた。バナールはその歴史観を「アーリア・モデル」と呼び，ヨーロッパ中心主義，人種差別による歴史の捏造と糾弾する。そして彼は，現代の考古学等の研究成果も反映させつつ，「改訂版古代モデル」として，前二千年紀の前半に始まるエジプトとフェニキアによる植民地化によってこそギリシア文明は成立したと考えた。なお，バナールは2013年に死去し，全四巻の構想だった『ブラック・アテナ』は第三巻までの刊行にとどまった。

2．批　判

　バナールの主張は一部の研究者の支持を得ただけでなく，ヨーロッパ中心主義的な世界観への批判を多くの一般読者に喚起したが，特に古代ギリシアに直接関わる専門家たちからは厳しい批判が寄せられた。例えば，ギリシアは様々なことを外部から学んだが，独自の要素も多くあったわけで，ギリシア文明が植民による借り物のようなものといえるだろうか。先進文明に対するギリシア人の関心を，安易にバナールは植民地化に結びつけていない

▷1　エジプト
前3000年頃に統一王朝が成立した。地中海世界において早期に文明が発展した地で，宗教や建築など様々な面においてギリシアは影響を受けた。ギリシア人のエジプト観については，前5世紀の歴史家ヘロドトスの著書『歴史』，特に第2巻を参照。

▷2　フェニキア
古代の東地中海沿岸部の地域名，およびそこから海上交易を展開した人々の呼称。各地に植民都市を建設し，のちにローマと争うカルタゴがフェニキア人（ラテン語でポエニ）由来の都市として有名。

▷3　アテナ
古代ギリシアで崇められた，知恵と戦いの女神で，特にアテネの守護神。ギリシアの重要な女神を意識した『ブラック・アテナ』という書名は，「ギリシア文明は非白人によって生み出された」との主張を示している。

▷4　アーリア人
ヨーロッパ諸言語と古代インドのサンスクリット語との共通性が近代に認められ，その源の言語を話したと想定される集団を，アーリア（「高貴な」の意）人と呼ぶ場合がある。白人の祖先たるアーリア人が文明を創造したという見方も現れたが，その存在含め，実証されなかった古い仮説である。

か。バナールは古代ギリシア語の語彙の半分以上がエジプトや東方言語に由来すると解したが，例の多くは音韻の単なる類似ともいえ，それだけで植民地化は実証できない。加えて，長年の多様な古代史研究を人種差別にとらわれていると一括できるか，そもそも古代エジプト文明を築き上げた人々が黒人だとカテゴライズされ人種差別につながるという図式が成り立つのか，といった問題もある。バナールはこうした批判に応答してはいるものの，「そのような意図で述べてはいない」という弁明にとどまる部分も多く，主張の積極的な補強・発展には至らなかった。全体的にいって，バナールの主張は歴史的事実の実証となっていない。ただし，バナールの議論が細部においても全て誤りで，批判する側があらゆる点で正しいと見なすのはもちろん安直過ぎる。個々の論点については，各人が古代の断片的な証拠や後世の諸解釈をどう整理したり，取捨選択したりしているのかなどについて，冷静な見極めも必要だろう。

3．論争の影響　バナールの論拠や極端な主張は批判の的となったが，古代ギリシアの成り立ちについての近代における理解がヨーロッパ中心で偏っていたことは，批判者たちも概して認めている。偏った歴史観の再考を強く促したことについて，バナールの問題提起の意義を認めるべきではあろう。それが波及したからこそとも捉えられるのが，エジプトやフェニキアをはじめとした東方からのギリシアへの影響に注目した研究の増加傾向である。今後も，古代ギリシアが外部からの影響を吸収しながら独自性も伴って発展したものであるということをふまえつつ，古代ギリシア文明の実像理解が深められていくと期待される。また，例えば，ブラック・アテナ論争の再考をテーマとして2008年にイギリスで開催された国際会議と，その内容に基づき2011年に刊行された論文集『アフリカのアテナ──新しい議題』など，バナールの議論に対して単なる再批判ではなく多角的再考を試みる動向も認められるように，論争をどう生産的に受け止めていくかも大切ではないだろうか。

参考文献

マーティン・バナール『黒いアテナ──古典文明のアフロ・アジア的ルーツII』（上・下）（金井和子訳，藤原書店，2004-05年。原著は1991年）。
マーティン・バナール『ブラック・アテナ』（片岡幸彦監訳，新評論，2007年。原著は1987年）。
桜井万里子「古代ギリシアの遺産の継承について」『メトロポリタン史学』6号，2010年。
マーティン・バナール『「黒いアテナ」批判に答える』（上・下）（金井和子訳，藤原書店，2012年。原著は2001年）。

歴史学的に考察するポイント
①バナールの主張に妥当性はあるだろうか。逆に，バナール批判は説得的か。限られた史料のもと，ときになぜ相反する解釈が生じるのだろうか。
②特定の立場に偏らない客観的な歴史叙述を志向する難しさや重要性について，この論争からどんなことがいえるだろうか。
③なぜ，どのようにして，古代ギリシアはヨーロッパの源流と見なされるようになったのだろうか。
④この論争は，今後どのような影響をもたらし続けるだろうか。

5 アテナイ「帝国」と民主政

佐藤　昇

【関連項目：ポリス形成論，歴史叙述起源論，アケメネス朝ペルシアの表象と現実，アテナイの演劇と社会，ヘレニズム期の王権とポリス，古代ギリシアの連邦とその受容，ローマ共和政の本質とアウグストゥス，ローマ皇帝と帝国の統合，ローマ帝政期のギリシア，古代経済史論争，古代の奴隷】

史　実

　前508年，ギリシアの都市国家アテナイにおいて，成人男性市民全員に高度な政治参加が認められる民主政（デモクラティア）の制度が確立した。数十年後，東方の大帝国ペルシアが二度にわたって襲来すると，アテナイは他のギリシア都市とともにこれを撃退し，戦後には帝国の逆襲に備えてデロス同盟を成立させた。盟主となったアテナイは，やがて専横的傾向を強め，同盟はアテナイが支配する「帝国」さながらの様相を呈するに至った。前431年，強国スパルタとの間で勃発したペロポネソス戦争は，諸都市を巻き込む大戦争となったが，最終的に前404年にアテナイが敗北し，これにより「帝国」も瓦解することとなった。敗戦国アテナイはすぐさま内戦に突入するが，翌年に民主派が勝利を収め，以後，アテナイでは前322年まで民主政の体制が安定的に維持されることとなる。

論　点

1. アテナイの「帝国化」プロセスとその影響

　諸都市の同盟組織であったデロス同盟は，盟主アテナイが加盟諸都市を「帝国」的に支配する仕組みへと変質し，アテナイの軍事的，経済的繁栄を支える道具となった。それはいつ，いかなる手段によるものであったのか。旧来，トゥキュディデス『歴史』を主史料として行われてきたこうした議論は，碑文研究の進展とともに精緻化された。20世紀後半には，メグズらの研究が示すように，詳細な「帝国化」プロセスが解明されるに至った。ところが同世紀末，定説とされてきた碑文年代に対してマティンリらが異論を提示し始めると，「帝国化」プロセスもまた再検討の俎上に載せられることとなった。今や単線的な「帝国化」像を描くことは難しくなっている。アテナイが国際情勢，国内事情に左右されつつ，いかにして「帝国」的支配をするに至ったのかが，改めて問い直されている。また「帝国」的支配の起源についても，時間的，空間的により広い視野から議論されるようになり，デロス同盟成立以前からの継続性，さらにペルシア帝国からの影響に注目する研究者も現れている。

　さらに近年，アテナイ「帝国」をめぐる議論の中でしばしば目につくようになってきたのは，「帝国」がギリシア世界に及ぼした影響を論ずるものである。むろん「帝国」支配を行うアテナイ自身については，財政上の変化，思想，イデオロギー上の変容，さらには生え抜き神話（アテナイ市民の民族的純粋性を主張する神話）をはじめとする神話の変化に至るまで，種々の議論が活発に行われている。他方，各地で考古学や古銭学，碑文学の成果が蓄積される中，オズボンやフィゲ

▷1　デロス同盟
前478年，アテナイを盟主として成立した対ペルシア軍事同盟。エーゲ海周辺を中心に広範な都市国家が参加。前404年，アテナイのペロポネソス戦争敗戦とともに解体。

＊　トゥキュディデス
Ⅰ-3 側注3参照。

▷2　『アテナイ人の国制』
前古典期〜古典期アテナイの政治史と前4世紀末における同国の法制度が詳細に記された文書。19世紀末に発見されて以降，アテナイ史の基本史料となる。

10

イラ，コンスタンタコプルらのように，アテナイ「帝国」がエーゲ海，東地中海の各地に及ぼした影響，その差異，あるいは諸地域が「帝国化」プロセスの中で果たした積極的役割など，アテナイ以外に視点をおいた議論を展開する者も現れている。

2. 民主政の安定性と社会・文化的影響

旧来，アテナイ民主政は，民主政確立に至るまでの制度的変化や政治的背景，民主政の進展・急進化につながる政治的・社会経済的背景，衆愚政治の到来，民主政の衰退などといった観点から議論が展開されてきた。しかし，前世紀後半には『アテナイ人の国制』[2]や演説などの文献史料が検討し直され，碑文学，考古学が進展した結果，民主政への眼差しも大きく変化した。とりわけ前5世紀末以降を民主政衰退期と捉える見方はおよそ姿を消し，むしろ「帝国」喪失後にいかにして民主政が維持され，社会が安定し続けたかが，問いの中心となった。提示される仮説は実に多様である。法制度の体系的分析を行ったハンセン[3]は，前5世紀末の制度改革こそが，過度な民主化を抑制し，民主政安定に寄与したと主張する。オッバは，市民の集う民会や法廷で政治指導者が演説と説得を繰り返し，大衆と緊張関係を保ちつつも，相互依存の関係を築いていた点を重視する。オズボンは，成人男性市民が民主政経験を共有する一方，奴隷や女性が政治から排除されつつも，男性とは異なる形で民主政と関わっていた点に注目する。またE・ハリスらは，アテナイ民主政成功の鍵を「法の支配」に求める研究を発表している。民主政の安定と成功をもたらした諸要素については，さらに種々の見解が提示されており，各々について批判や論争が展開されている。

アテナイ民主政をめぐる議論の中でもう一つ注目すべきものとして，民主政のイデオロギーが社会や文化に及ぼした影響や相互の関連性について論ずるものがある。種々の社会現象や文化活動に民主政の影響を見出す研究は数多く，例えば，ゴゥルドヒルなどは，公的祝祭における悲劇の上演に民主政イデオロギーを読み取ろうとする。これに対してローズなどは，民主政の影響を過度に読み取ることに対して批判的であり，論争の一つとなっている。スポーツ[4]をめぐっても，とりわけ参加者の社会層に関して，民主化の影響がどのように現れているのか，民主化以前のエリート的側面はいかに解消，あるいは緩和されていったのかといった論点について，プリチャードらが議論を展開している。レトリック[5]の発展，変容と民主政の関わりについても，近年，エドワーズやルビンシュタインらが盛んに研究を発表している。

─ 歴史学的に考察するポイント ─
①アテナイ「帝国」は，どのように始まり，いかなる経過を辿ったのだろうか。
②アテナイ「帝国」は，東地中海のどこに，いかなる影響を与えたのだろうか。
③アテナイ民主政の成功と長期的安定は，何に起因するのだろうか。
④アテナイ民主政は，どの文化的要素に，いかなる影響を与えたのだろうか。

▷3 ハンセン
1940年～。デンマークの古代ギリシア史研究者。アテナイの法制度，古代ギリシアの都市国家（ポリス）について体系的な研究を行い，大きな影響を及ぼした。

▷4 スポーツ（古代ギリシアの）
古代ギリシア世界は運動競技が盛んで，各地に体育館が設置された。またオリュンピア祭をはじめ，大小の体育競技祭が各地で盛んに行われていた。

▷5 レトリック（古代ギリシアの）
古典期アテナイでは民会など公的な場で参加者を説得することで，国家としての意思決定が行われていた。これに伴い，聴衆説得のための修辞技術が発展した。

（参考文献）
師尾晶子「デロス同盟と碑文研究」『歴史評論』667号，2005年。
桜井万里子・本村凌二『世界の歴史5──ギリシアとローマ』（中央公論新社，2010年。原著は1997年）。
ロビン・オズボン『ギリシアの古代──歴史はどのように創られるか？』（佐藤昇訳，刀水書房，2011年。原著は2004年）。
橋場弦『民主主義の源流──古代アテネの実験』（講談社，2016年。原著は1997年）。

6 アケメネス朝ペルシアの表象と現実 阿部拓児

【関連項目：歴史叙述起源論，ブラック・アテナ論争，アテナイ「帝国」と民主政，アレクサンドロス大王と「ヘレニズム論争」，ヘレニズム期の王権とポリス，ケルト問題，オリエンタリズムとポストコロニアリズム】

史　実

　前6世紀半ばにイラン高原に興ったペルシア人たちの国家は，またたく間にメソポタミア，アナトリア（小アジア），エジプトを支配下に収め，オリエント世界を統一した。この国家は伝説上の開祖アケメネスの名にちなみアケメネス朝ペルシア（帝国）と呼ばれる。前5世紀初頭のダレイオス1世[1]，クセルクセス[2]の治世には，ペルシア軍は二度にわたってギリシア本土に侵攻し（ペルシア戦争），アテナイ，スパルタといった主要都市国家と交戦するも，決定的な場面で勝利できずに敗退してしまう。しかし，ペルシア戦争敗北後も帝国の支配は揺るがず，その後1世紀半にわたり国家は存続する。最終的には，マケドニア王国のアレクサンドロス3世（大王）がペルシアを攻め，ペルシア王ダレイオス3世[3]が殺害されたことにより，前330年にアケメネス朝ペルシアは滅亡する。

論　点

1．「バルバロイの発明」

　アケメネス朝ペルシアに関する情報の少なからぬ量は，ペルシア帝国の支配下に暮らしていたアナトリアのギリシア人，もしくはペルシア戦争を戦い勝利した本土のギリシア人によってもたらされる。とりわけ，ペルシア戦争後のアテナイでは，悲喜劇や弁論といった文学作品や壺絵などの工芸作品においてペルシア人が頻繁に登場するようになる。しかし，これらのペルシア人は戦いに敗れ，贅沢におぼれ，さらには感情的で残忍，危険な存在というステレオタイプ化された姿で描写されていた。彼らペルシア人やそのほかの異民族を，ギリシア人たちは「バルバロイ」——本来の意味はギリシア語を話さない人々という意味であったが，やがて「ギリシア人的ではない」とする様々な否定的価値が付与されるようになる——と呼んだ。1978年にアメリカの文学批評家サイードが『オリエンタリズム』を発表し，ポストコロニアリズム[*]と呼ばれる思想が流行すると，バルバロイ研究にもその理論が積極的に援用されるようになった。イギリスの古典学者Ｅ・ホールは『バルバロイの発明』と題された研究書の中で，ステレオタイプ化されたペルシア人は彼らの現実を写し取ったものではなく，ギリシア人が自らを男性的で勇敢，質実剛健で理性的と定義する際に，対比的に都合よく「発明」されたのだと主張した。

2．「ペルシア趣味」の流行

　「論点1」でも述べたように，ギリシア人たちは彼らが打ち負かしたペルシア人を，自らとは正反対の，蔑むべき否定的な存在として作り上げた。その一方で，ペルシア戦争前後を通して，ギリシア人たちはペルシアから影響を受けた，様々な文物を利用して

▷1　ダレイオス1世
第3代ペルシア大王（在位：前522〜前486年）。第2代カンビュセス死後の王位僭称者を排除して，王位に就く。その後様々に国制を整備して，以降のペルシア帝国支配の基盤を築いた。

▷2　クセルクセス
ダレイオス1世の息子，第4代ペルシア大王（在位：前486〜前465年）。治世初期に，自ら軍を率いてギリシアに遠征した。

▷3　ダレイオス3世
アケメネス朝ペルシア最後の王（在位：前336〜前330年）。在位中にアレクサンドロスの東方遠征を経験。最後は側近に暗殺される。

＊　ポストコロニアリズム
Ⅴ-23 参照。

いた。例えば，前5世紀後半にアテナイのアクロポリス南麓に建てられた「ペリクレスの音楽堂」は，ペルシア戦争時に戦場に残されたペルシア大王の野外幕舎を模倣して設計されたと伝えられている。また，ペルシアでは大王などの権力者が利用した日傘（本人が差すのではなく，従者に差させる）もアテナイの女性の間で流行した。これらの現象を考古学者のM・ミラーは「ペルシア趣味（*Perserie*）」と名づけた。「バルバロイの発明」の議論では，ペルシア戦争はペルシア帝国とギリシア人の関係における「転換点」と位置づけられるが，「ペルシア趣味」の議論はむしろペルシア戦争前後の継続性，あるいは戦争を契機とした現象の加速に着目する。

3. ギリシア本土外における交流 「バルバロイの発明」にしても「ペルシア趣味」の流行にしても，これらはアテナイを中心とした，ペルシア人とは日常的に接触することのなかったギリシア人たちが生み出した現象である。一方でギリシア本土以外のアナトリア，エジプト，黒海周辺にも，ギリシア人のコミュニティは多数存在した。そのうちアナトリアに居住したギリシア人は，前6世紀半ば以降ペルシア帝国の版図に組み込まれ，ギリシア人以外の様々な民族と恒常的・直接的に接触していた。例えば，ギリシア史学史の父と称されるヘロドトスの家系には，非ギリシア系のカリア人出身者がいたことが確実視されているのである。アナトリアから出土する碑文や遺構を丹念に読み解いていくと，ギリシア系住民と非ギリシア系住民間の交流の中で，新しい言語や宗教がたえず生み出されていく様子が見出され，前述のギリシア人（自己）と「バルバロイ（他者）」の二項対立には容易に還元されないアイデンティティのあり様を認めることができる。

▷4 **ペリクレス**
古典期アテナイの政治家で，アテナイの最盛期を築いた指導者。パルテノン建設事業を中心としたアクロポリスの再開発を指揮した。

* **ヘロドトス**
I-3 側注1参照。

▷5 **カリア人**
小アジア南西部カリア地方の住民。古代アナトリア諸語の一つであるカリア語を使用していた。

─── **歴史学的に考察するポイント** ───
①ペルシア戦争は，ギリシア人によるペルシア帝国の見方にどのような影響を及ぼしたのだろうか。
②バルバロイを「発明」したギリシア人が，「ペルシア趣味」を流行させたのはなぜだろうか。
③ヘレニズム期が到来する以前，ギリシア人と非ギリシア人との接触のあり方はどのようなものだったのだろうか。
④ギリシア人たちが作り上げたペルシア帝国のイメージは，その後の時代にどのように受容されていったのだろうか。

（**参考文献**）
ポール・カートリッジ『古代ギリシア人——自己と他者の肖像』（橋場弦訳，白水社，2001年。原著は1993年）。
川瀬豊子「古代オリエント世界」永田雄三編『西アジア史II——イラン・トルコ』（山川出版社，2002年）。
阿部拓児『ペルシア帝国と小アジア——ヘレニズム以前の社会と文化』（京都大学学術出版会，2015年）。

7 アテナイの演劇と社会

栗原麻子

【関連項目：アテナイ「帝国」と民主政，ヘレニズム期の王権とポリス，剣闘士競技，古代ローマの家族とセクシュアリティ，男女の領域分離，セクシュアリティ，フェミニズムとジェンダー】

📖 史　実

　古典期のアテナイでは，中心市のディオニュソス劇場で催される合唱と劇の競演が，市民生活を彩る年中行事となっていた。3月の大ディオニュシア祭[1]と1月のレナイア祭[2]では，部族対抗の男性市民および少年合唱と，ポリス選出の悲喜劇作家による新作の競演が行われた。観劇は，個人的な楽しみではなく公的な行事であり，国庫からの観劇料手当によって観劇の機会が保証されていた。ギリシア劇の黄金時代とされる前5世紀アテナイの悲劇作家アイスキュロス[3]，ソフォクレス[4]，エウリピデス[5]，および古喜劇作家アリストファネス[6]の作品は，すでに前4世紀に古典として確立し，今日まで伝えられてきた。

⚔️ 論　点

1. 競争（アゴン）的な政治文化と上演のメカニズム

　歴史学にとっては，劇場を固有の政治文化の中で理解することが重要である。ギリシアでは，演劇だけでなく，詩の朗誦やスポーツ等，各種の競技祭が公的に開催されていた。民会や法廷での政治的パフォーマンスにも共通する，ギリシア人の生活の競争的な性格を，ブルクハルト[7]は，ギリシア文化の根本と見なした。

　劇場のシステムも，この競争的文化の文脈の中で理解される。ウィルソンやチャポによれば，劇場の上演システムを経済的に支えていたのは，富裕者がその費用を負担するコレギア（合唱奉仕）制度であった。アテナイの劇場文化は，名誉を追求する富裕者間の競争を，ポリスが制度内に取りこむことによって成立しており，悲喜劇の上演は，アテナイ民主政と不可分の関係にあったといえる。

2. 中心市の劇場とジェンダー

　1980～90年代にかけて，演劇を，閉じたテキストとしてではなく，観客を巻き込む政治的パフォーマンスと見なす視点が打ち出された。ゴゥルドヒルらは，大ディオニュシア祭を市民統合の儀礼として捉え，観客である市民が，舞台上の登場人物やコロス（合唱隊）[8]と一体化することによって，市民戦士としての「男らしさ」を教えられたと論じている。それに対して，劇場空間で繰り広げられる行列や犠牲獣の肉の分配，運営には，非市民や女性も参加していたことから，そこに可視化される，聖俗の生活の場としてのポリス共同体や，狭義の男性市民社会を超えた社会の統合についての研究が浸透しつつある。

　悲喜劇の作品では，しばしば女性登場人物も主要な役割を担っている。エピクレーロス（家付き娘）や愛人，市場の小売り，女神官といった喜劇の登場人物から，悲劇に登場する伝説上の王家の女性たちまで，その社会的立場も主張も多岐

▷1　大ディオニュシア祭
毎年3月に行われるディオニュソス神の祭礼。初日の行列（ポンペ），2日目の合唱に続いて，3日目以降，中心市のディオニュソス劇場で悲喜劇とサテュロス劇が上演された。

▷2　レナイア祭
ディオニュソス神のために毎年1月に行われ，喜劇を中心とした。大ディオニュシア祭での上演を目指す作家の登竜門としての役割を果たしていた。

▷3　アイスキュロス
前525/4年頃～前456/5年頃。アテナイの三大悲劇詩人のうち最年長。マラトンの戦いに従軍した。作品に『ペルシアの女』，『供養する女』，『オレステイア』等がある。

▷4　ソフォクレス
前496年頃～前406/5年。アテナイ三大悲劇詩人。将軍ペリクレスの友人であり，デロス同盟財務官も務めた。作品に『アンティゴネ』，『エレクトラ』，『オイディプス王』等がある。

▷5　エウリピデス
前485年頃～前407/6年。三大詩人のうち最も若く，アナクサゴラスなどの哲学者と親交があった。『王女メディア』，『アウリスのイピゲネイア』，『ヒッポリュトス』等，19作品が残存している。マケドニア王アルケラオスに招かれ，その地で悲劇作品を上演した。

▷6　アリストファネス
前450年頃～前385年頃。アテナイ市民。ペロポネソス

にわたる。現実のアテナイ女性市民は，経済的権利を制約され，男性親族の法的保護・監視下で，次世代の市民を産むことを期待されていた。彼女たちの生の声は伝わっていないので，その姿は，哲学者の理論，法廷弁論での叙述，墓碑レリーフ，そして悲喜劇作品といった男性目線のフィルター越しに辿るほかない。

悲喜劇の登場人物たちは，能弁で活動的である。例えばアリストファネスの『女の議会』では，女性たちがクーデターを起こして政治参加を要求し，『リュシストラテ』では，アクロポリスを占拠した女性たちが，男性に代わって和平を締結する。女性登場人物による体制批判は，観客の中心を占めていた男性市民によって，内なる他者の提言として受け止められたのだろうか。

かつて悲喜劇作品中の女性たちは，アテナイにおける女性の地位を高く見ようとする「楽観論」の根拠ともされてきた。だが彼女たちが現実のアテナイ女性の声を反映していると素朴に受け止めることは，構築主義以降の歴史学研究では困難になっている。劇中に描かれる女性たちの発言や行動は，主たる観客であった男性市民の想像力の及ぶ範囲内で造形されていた。アリストファネスの古喜劇やメナンドロスの新喜劇の作品の描く女性たちの発言は，一見，社会を風刺しているように見えながらも，現実のアテナイ社会を規定していた男女の役割分担や，女らしさ・男らしさ，異性愛，同性愛や家族制度についての支配的ジェンダー規範の制約のもとにあったのである。

3. アテナイ中心主義からの脱却 ——地域の劇場と再上演

パフォーマンス研究が，アテナイ固有の政治風土と中心市のディオニュソス劇場での上演を重視したのに対して，異なった風土への伝播と再演への注目も高まっている。

アテナイの演劇作品は，初演後ほどなく，イタリア半島南部などギリシア世界各地で再演されていく。アテナイ内部でも，前5世紀から，デーモス（地区）[10]の劇場で人気作品が再演されていたが，前4世紀になると，中心市でも三大悲劇詩人らの「旧作」が，スタンダード・ナンバーとして演劇祭に組み込まれるようになる。さらに，ヘレニズム期のアテナイでは，悲喜劇の古典が，文化資本として管理されるようになった。遍歴する芸能集団が，ディオニュソスの技芸団として組織化されていき，アゴラ（広場）やギュムナシオン（体操競技場）と並んで都市景観の構成要素となった劇場は，ローマ帝政期にも，その重要性を保っていた。

悲喜劇が初演された前5世紀のアテナイ中心市から，それらが再演されたギリシア各地の劇場へ，さらには，これまで衰退期と見なされてきた前4世紀以降の劇場文化へと，研究のターゲットは拡大している。ギリシア演劇を前5世紀アテナイから切り離し，旧作の上演も含めた個別コンテクストの中で捉える必要が高まっているのである。

― 歴史学的に考察するポイント ―
①文化政策上，劇場はどのような役割を果たしたのだろうか。
②アテナイの演劇はどのようなジェンダー認識や他者認識を反映しているのだろうか。
③アテナイの演劇は，ヘレニズム以降の地中海世界にどのように普及したのだろうか。

▷7 ブルクハルト
1818〜97年。バーゼル大学の歴史学・美術史学の教授。ランケに師事したが政治史に反発した。著書に『チチェローネ』，『イタリア・ルネサンスの文化』，『ギリシア文化史』などがある。

▷8 コロス（合唱隊）
悲喜劇に登場する50人ほどの合唱隊であり，劇のプロットに応じて，様々な役柄を演じた。一般市民の見解を伝える役割を担うこともあった。

▷9 メナンドロス
ヘレニズム時代初頭のアテナイで活躍した喜劇作家。家庭や恋愛といった市民生活をテーマとした。

▷10 デーモス（地区）
アテナイは，村落を基盤とする139の行政区に分けられていた。石造の劇場を持ち，独自のディオニュシア祭を催行していたデーモスもあった。

戦争中に活躍した古喜劇作家。女性を主人公にして男性政治を諷刺する『女の議会』，『リュシストラテ』，『テスモフォリアを祝う女たち』の女性三部作のほか，ソクラテスを風刺した『雲』など11本の作品が残っている。

（参考文献）
松平千秋・久保正彰・岡道男編『ギリシア悲劇全集別巻』（岩波書店，1993年）。
中村純「舞台の上の民主政」『世界歴史4——地中海世界と古代文明』（岩波書店，1998年）。
久保田忠利・中務哲郎編『ギリシア喜劇全集別巻ギリシア喜劇案内』（岩波書店，2008年）。
桜井万里子『古代ギリシアの女たち』（中公文庫，2010年）。

8 アレクサンドロス大王と「ヘレニズム論争」 長谷川岳男

【関連項目：歴史叙述起源論，アケメネス朝ペルシアの表象と現実，ヘレニズム期の王権とポリス，コイネー，歴史と記憶】

📖 史　実

前338年のカイロネイアの戦いの勝利によりギリシアの覇権を得た，マケドニア王フィリッポス２世の息子で後継者のアレクサンドロス３世（大王）は，前334年からギリシア連合軍とともにアケメネス朝ペルシアに対する遠征を挙行した。小アジアから勝利を重ねてパレスチナを経てエジプトを征服すると，メソポタミアに軍を進め前330年にはアケメネス朝を滅ぼした。その後はバクトリア，ソグディアナを征服してインダス川流域に進出するが，さらなる東進を部下に拒否されたためそれを断念しスサに帰還した（前324年）。彼は獲得した領土の支配の整備よりもアラビア遠征を優先し，出発しようとした矢先に32歳で急逝した（前323年）。彼の征服によりアジアの広大な地域が地中海世界に接続し，文化や社会をはじめ，その世界を大きく変えていくことになった。

⚔️ 論　点

1. アレクサンドロス大王と彼の遠征をめぐる諸問題

古代ギリシア・ローマ世界にとどまらずオリエント世界などにとっても，アレクサンドロスの成したことは大きな影響を与えたため，研究のテーマは広範囲に及ぶ。例えば彼個人に関するものとしては，彼自身の性格や振る舞い，父フィリッポスや母オリュンピアスとの関係，東征の目的，マケドニアの有力者との同性愛も含む交友関係などであり，一方で遠征における戦略や各会戦の戦術，軍の構成や遠征経路，補給など軍事に関しても盛んに論じられている。さらにその神格化などを含めてギリシア人やエジプト人，ペルシア人などへの支配のあり方，そして彼の東征や支配が，続くヘレニズム世界にいかなる影響を与えたのかなどが絶えることなく考察されている。そして近年，東征時のアケメネス朝の実態をペルシア史に即して捉え直し，ペルシア側から見たアレクサンドロスの東征や支配の現実を解明する姿勢が強まっている。さらに彼のイメージが後世，西洋世界やイスラーム世界においていかに変容したのか，そして次に取り上げるアレクサンドロスをめぐる史料の問題にも注目が集まっている。

2. アレクサンドロスをめぐる史料問題

現存する古代に執筆されたアレクサンドロス伝は５篇を数え，彼とその遠征について多くの情報を伝えているが，近年，この史料をめぐって活発な議論が展開している。これらはすべてローマ期のものであり，最古のディオドロス・シクルス*ですらアレクサンドロスの東征から約300年を経ており，その東征当時，あるいはその後に執筆された，いわゆるアレクサンドロス史家たちの記録を各々が選び取って叙述したものであ

る。そのために多くの食い違いが生じており，アレクサンドロス研究はまず現存史料の各箇所がどのアレクサンドロス史家のものかを確認し，その情報の信憑性を史家の執筆傾向などから議論するという，史料批判を駆使する実証史学の模範のような研究分野と目され，その研究の厚みから熟練のために修行を要する独自の世界を構築してきた。しかしギリシア・ローマ史研究が1970年代以降の知的パラダイムの転換，言語論的転回，それに伴う文学論の進展などを考慮して，新たなアプローチを積極的に模索する一方で，アレクサンドロス研究がそうした動向を無視して伝統的な研究方法に固執しているという批判が，21世紀に入るとなされるようになった。さらにアレクサンドロス史家の叙述の信憑性を測る根拠の曖昧さを指摘し，結局，現存するアレクサンドロス伝で描かれる彼の姿は，ローマ期に皇帝のもとで生きた叙述家たちの造形にすぎないとの意見も提出されている。一方，文学論的アプローチで指摘される，古代の叙述家に特徴的に見られる，彼以前に執筆された様々な叙述の模倣，そしてそれらへの対抗意識などから事実を記述するのではなく，物語が創作される傾向に注意して，アレクサンドロス史家や現存するアレクサンドロス伝の叙述を理解する必要が求められている。さらに近年ブリアンたちは，ここ400年間の研究は同じ史料の解釈による違いの域を出ず，それは結局ギリシア人やローマ人の見た世界を，近代以降の西洋的な視点で補強して創られたイメージを脱却できずにいると指摘しており，ペルシア側の史料を駆使して遠征時の世界を見直し，双方向的に分析することが課題である。

3．「ヘレニズム論争」

アレクサンドロスの東征により出現した，ギリシア人・マケドニア人がエジプトや中近東を含む広大な領域を支配する時代を，19世紀前半にドイツの歴史家ドロイゼン[3]はヘレニズム時代と呼び，ギリシア文化が広がり，そこで東西文明の融合がなされてキリスト教を生み出す素地となったと高く評価した。この認識に対して，どの程度ギリシア文化が支配地に根づいたのか疑義が提出されるようになり，アレクサンドロスや彼の後継者の支配もペルシアの体制を継承したものにすぎないと，現在では考えられる傾向にある。特に従来の認識が，ギリシア人の伝える史料を中心に組み立てられている点に批判が集まっている。そこでアレクサンドロスを含めこの世界を，従来のようにギリシア・ローマ側の史料を中心に理解するのではなく，可能な限りバビロンの天文記録，ギリシア語，そして楔形文字やヒエログリフなど各言語の碑文も含めた同時代の記録を重視し，一方で，アケメネス朝のマケドニア王国への古くからの影響も考慮して，理解する必要があると主張されている。そしてこの姿勢が，いわゆるヘレニズム世界の現実を理解するためにも求められる視点である。

▷3　ドロイゼン

1808〜84年。ドイツ人歴史家。19世紀前半にアレクサンドロス大王以降の歴史を執筆し，この時代が「ヘレニズム」の名称で呼ばれる嚆矢となった。

（参考文献）

ピエール・ブリアン『アレクサンドロス大王』（田村孝訳，白水社，2003年。原著は1974年）。

森谷公俊『アレクサンドロスの征服と神話』（講談社，2007年）。

澤田典子『アレクサンドロス大王——今に生き続ける「偉大なる王」』（山川出版社，2009年）。

ヒュー・ボーデン『アレクサンドロス大王』（佐藤昇訳，刀水書房，2019年。原著は2014年）。

── 歴史学的に考察するポイント ──
①アレクサンドロスは被征服民にとっていかなる存在であったのだろうか。
②彼の東征は地中海世界をどのように変えたのだろうか。
③彼を理解するためには様々な史料をいかに扱えばいいのだろうか。
④彼の後継者たちの支配にとって彼の意義は何であったのだろうか。

9 ヘレニズム期の王権とポリス

藤井　崇

【関連項目：ポリス形成論，歴史叙述起源論，アテナイ「帝国」と民主政，アケメネス朝ペルシアの表象と現実，アテナイの演劇と社会，アレクサンドロス大王と「ヘレニズム論争」，古代ギリシアの連邦とその受容，ローマ共和政の本質とアウグストゥス，ローマ皇帝と帝国の統合，ローマ帝政期のギリシア，ローマ帝国衰亡論】

史　実

　アレクサンドロス大王の死後，数十年にわたる後継者戦争を経て，東地中海・中東地域は，アンティゴノス朝マケドニア，セレウコス朝シリア，プトレマイオス朝エジプトといった大王国や，小アジアのペルガモンやポントゥスに成立した中・小規模の王国が，互いに争う世界になった。強大な軍事力と経済力を手にした王は，王国同士の大戦争を指揮する一方，アレクサンドリア▷1などの大都市経営，新規の植民都市建設，古典の収集・研究と科学振興など，ヘレニズム時代を特徴づける様々な活動を主導した。他方，古典期のギリシア人の重要な政治・社会単位だったポリス（都市）はヘレニズム期にも存続したが，諸王国の支配下に入ることで政治的独立性を弱め，内政の面でも，少数の富裕者が個々の都市を主導する傾向が強まった。

論　点

1. ヘレニズム王権論の展開

　ヘレニズム王権に対する基本的評価は，おおむねアレクサンドロス大王に対するそれと軌を一にして行われてきた。特に文化史的観点から新たな歴史的時代として注目されたヘレニズム時代は，社会史，政治史の分野でも画期とされ，軍事的成功に基づいた強大なヘレニズム期の王権は，それまでのギリシア世界に異質の新しい支配体制と考えられてきた。エジプトとバビロニアに古くから存在した君主政が，ヘレニズム時代にこれらの地域を支配したギリシア人の世界に流入したと解釈されたのである。ここでは，ポリスが「衰退」したヘレニズム期のギリシア人が，君主政という「異民族」の制度を導入したという，ポリス衰退論（後述）とギリシア人中心史観が下敷きとなっている。こうした見解には，近年，主に次の3つの点から批判が寄せられている。第一に，ヘレニズム期以前のポリスは，アケメネス朝ペルシアの君主政を様々な形ですでに体験していた点。第二に，前5世紀に隆盛を誇ったデロス同盟は，ポリスの自治と自由を旗印としながらも所属ポリスに貢納の義務を課すなど，アテナイのエリート層を頂点とする帝国主義的構造をすでに持っていた点。第三に，クセノフォン▷2やイソクラテス▷3といった古典期末期の知的エリートの著作には，すでに強力な一人支配を待望する傾向が強く見られる点，である。特に第一の点について，ヘレニズム諸王国（特にセレウコス朝）をアケメネス朝の後継国家と考えるクールトなどの学説も存在している。

2. ヘレニズム都市論の展開

　著名な古代史家であるロストフツェフ*や村川堅太郎▷4などが主張した古典的ギリシア衰退論では，前5世紀末のペ

▷1　アレクサンドリア
アレクサンドロスの命によって建設されたエジプトのギリシア都市。地中海世界有数の大都市に成長し，人口は100万にも達したとされる。ムセイオンを中心とする文芸・科学研究でも有名。

▷2　クセノフォン
前430年頃〜前352年頃。アテナイ人。軍事に秀で，アケメネス朝の内戦に傭兵団を率いて参加した（『アナバシス』を参照）。ソクラテスの弟子でもあった。歴史書『ギリシア史』などの多数の著作で知られる。

▷3　イソクラテス
前436〜前338年。アテナイの修辞学者。彼が開いた学校からは，優れた弁論家が輩出した。ギリシアの統一とペルシアへの遠征を説き，フィリッポス2世の指導力に期待した。

＊　ロストフツェフ
Ⅰ-23側注4参照。

▷4　村川堅太郎
1907〜91年。戦後の日本を代表する古代史家で，東京大学教授，日本学士院会員をつとめた。ヴェーバーの影響を受けつつ，国制史，社会経済史，社会史に取り組んだ。『村川堅太郎古代史論集』がある。

ロポネソス戦争[*]を契機にポリス市民団の解体が始まり，市民によるポリスへの貢献における平等性が失われると同時に，傭兵の台頭で市民兵制度が崩壊することで，ポリスは前4世紀終わりにマケドニアによる支配を受けることになったとされる。先述のように，このポリスの衰退は王権の伸張とセットとなって，古典期とヘレニズム期の断絶を強調する見方の根拠となってきた。しかし，このポリス衰退論に対しては，主にポリスの決議や奉献を伝える銘文史料を検討したロベール[▷5]，ゴティエ，ハンセン[*]といった研究者によって批判が開始され，現在では，マやハニオティスなど，ヘレニズム期におけるポリスの継続性を強調する研究者が主流をなしている。この継続説では，前2世紀半ばから富裕者がポリスを主導する傾向が強まるが，制度としての民主政は多数のポリスで採用され，民会と評議会が中心となって活発な自治が展開されたとされる。軍事面でも，ヘレニズム期のポリスは独自の軍事力を失うことなく，ポリス同士の争いや王権に対する防衛戦を自律的に戦うことができたと考えられている。

3．王権とポリス

これまでの整理から明らかなように，近年の研究においては，王権もポリスもヘレニズム期のギリシア世界の中で正当にその立場が認められ，多くの研究者が王権とポリスの役割，機能，表象の分析を行っている。こうした動向の中で特に注目すべきは，王権とポリスとのインタラクションに関する研究である。これは，広くは歴史学全体における互酬関係や交渉への関心の高まりに影響を受けたものであるが，ヘレニズム期における王権とポリスのインタラクションにおいては，特に王によるポリスへの軍事的，経済的恩恵の付与とそれに対するポリスの名誉決議による返礼という，ギブ・アンド・テイクの関係が注目を集めている。例えば，前3世紀終わりから前2世紀はじめのセレウコス朝の王アンティオコス3世が，小アジアのテオスというポリスに貢納義務の免除などの特権を与えると，テオスは王に「恩恵者」，「救済者」という称号をおくって彫像を建立し，さらには王を神と見なして犠牲や崇拝を捧げたことが知られている。王権の支配の正当性とポリスの自治と自由は，密接に結びついていた。ヘレニズム期後半にはローマの東方進出によって諸王国は順に姿を消し，ポリスの社会，経済状況にも大きな変化が生じるが，ヘレニズム期における王権とポリスのインタラクションは，ローマ帝国の統治システムにも引き継がれていくことになる。

* ペロポネソス戦争
I-3 側注2参照。

▷5 ロベール
1904～85年。コレージュ・ド・フランスの教授職などの要職を歴任した。20世紀のフランスを代表する古代史家，碑文学者。妻のジャンヌとともに，特にヘレニズム期・ローマ帝政期の小アジアの研究で大きな業績を残した。

* ハンセン
I-5 側注3参照。

参考文献

F・W・ウォールバンク『ヘレニズム世界』（小河陽訳，教文館，1988年。原著は1981年）。

橋場弦編「ギリシアの「衰退」とは何か」『西洋史学』234号，2009年。

フランソワ・シャムー『ヘレニズム文明』（桐村泰次訳，論創社，2011年。原著は1981年）。

南川高志編『B.C. 220年――帝国と世界史の誕生』（山川出版社，2018年）。

歴史学的に考察するポイント

①ヘレニズム期のギリシア世界の「衰退」は完全に否定されるのだろうか。
②ヘレニズム王権は，オリエント世界とどのように関係していたのだろうか。
③ポリスについて，古典期やヘレニズム期という時代区分は可能なのだろうか。
④王権とポリスはお互いの存在なしに存続しえただろうか。

10 古代ギリシアの連邦とその受容 岸本廣大

【関連項目：ポリス形成論，歴史叙述起源論，アテナイ「帝国」と民主政，ヘレニズム期の王権とポリス，ローマ帝政期のギリシア，スイスの起源，イタリア・ルネサンス，オランダの黄金時代，人文主義／文芸共和国，エトノス論，アメリカ革命，欧州統合】

📖 史 実

　古代ギリシアには，ポリスを中心に構成された，連邦と呼びうる政治組織が各地に存在した。こうした連邦は，既存の地域的なまとまりを基礎とし，一共同体では困難な軍事的・経済的目的達成のために形成されたと考えられている。古典期には，ボイオティア地方やテッサリア地方などギリシア本土に連邦が成立していた。特に前4世紀初めのボイオティア連邦では，加盟ポリスの規模に応じて比例的に公職者や義務を割り当てる制度があり，前4世紀半ばには一時的だが，テーバイを中心とした連邦がギリシアの覇権を握った。ヘレニズム時代になると，成立の基盤となった地域的なまとまりを超えて拡大する連邦が現れる。アイトリア連邦は，前3世紀前半に中部ギリシアで急速に勢力を拡大し，デルフォイ*もその影響下に収めた。同時期にペロポネソス半島で拡大したアカイア連邦は，前2世紀初めにはスパルタを含む半島全体を傘下に収めた。そのような連邦を通して，加盟ポリスは自立性をある程度保持しつつ，ヘレニズム諸王国やローマと協力・対立する勢力となることが可能となった。

⚔️ 論 点

1. 近代的なポリス観の見直しと連邦研究

　19世紀に本格的に始まる古代ギリシア史研究は，国民国家形成という同時代の影響を受け，近代国家の枠組みでポリスを論じてきた。連邦は，そのようなポリスと比較して論じられ，それとは異なる共同体とされてきた。20世紀前半を代表する古代ギリシアの連邦研究者ラルセンは，両者を別種の共同体と捉えた上で，連邦はポリスに比するほど洗練された制度を有していたと主張した。

　しかし，20世紀末に様々な近代的概念に疑念が呈される中，近代国家になぞらえて理解されていたポリスについても再検討が進んだ。特にコペンハーゲン・ポリス・センター（CPC）が主導したプロジェクトは，近代的な偏見を取り払い，古代の人々自身のポリス理解に迫った。中でも，独立はポリスの必要条件ではなかったという主張（「従属ポリス」概念）は，連邦研究にも大きな影響を与えた。従来，連邦の加盟ポリスは，独立していないという点で近代国家的なポリス像にそぐわないとされたが，CPCの主張に従えば，そうした加盟ポリスを独立した他のポリスと区別する理由はなくなる。さらに，それまで別種と考えられてきた連邦と（加盟）ポリスの関係を再考する余地が開かれたのである。

2. 古代ギリシアのエトノスとエスニシティ研究

連邦の成立基盤となった地域的なまとまりは，言語や信仰，歴史などを共有し，ギリシア語で

▷1　ボイオティア
中部ギリシアにある地方。アテナイのように1つのポリスとはならず，テーバイを中心に前5世紀初めまでには連邦を形成した。連邦は幾度かの解体を挟んで継続し，その枠組みはローマ時代にも残った。

▷2　テッサリア
ギリシア東北部にある地方。前6世紀後半には一定の自立性をもつポリスなどを基に，4つの地区から構成される連邦を形成した。加盟ポリス同士の争いもあり，前4世紀後半に実質的にマケドニアの影響下に入った。

▷3　テーバイ
ボイオティア地方の主要ポリス。前6世紀には同地方で有力となり，連邦の形成を主導した。前4世紀には同市出身者が連邦の公職者の多数を占めた。同世紀末アレクサンドロス大王に破壊されたが，再建ののち再加盟した。

＊　デルフォイ
Ⅰ-15 側注1参照。

＊　トゥキュディデス
Ⅰ-3 側注3参照。

20

エトノスと呼ばれることがあった。古代の，特にポリス社会の人々は，ポリス以外の共同体をエトノスと見なし，例えば**トゥキュディデス**＊はそれをネガティヴに評価した。そのような「後進的」な地域（例えばアイトリアやアカイア）で連邦が発達したことから，エトノスはその前段階として連邦やポリスに対置されてきた。そのため近代以降もあまり重視されてこなかった。

　しかし，エスニシティは共通のアイデンティティを基礎とし，後天的に構築され，流動的であるとする，20世紀後半のエスニシティ研究の影響の下，90年代にモーガンやJ・ホールなどが古代ギリシアの共同体を捉え直そうと試みた。それと呼応して，エトノスも連邦の単なる前段階ではなく，連邦形成後も並存し，また変化していく集団であると考えられるようになった。つまり，エトノスと呼ばれた地域的なまとまりもポリス同様に連邦を構成する共同体であり，これまで等閑視された両者の関係が，新たな論点となるのである。

3. 連邦の近代における受容　ギリシア・ローマの古典は単なる伝統としてだけではなく，受容された時代に適応する形で，都合よく解釈されてきた。近年は，そうした解釈を積極的に評価する受容研究がギリシア・ローマ史研究でも盛んである。それは受容した時代や社会の特徴を表すと同時に，古典自体の研究にも寄与するとされる。

　アカイア連邦の主要史料である**ポリュビオス**＊の『歴史』は，15〜16世紀にビザンツ帝国からイタリア，17世紀には西欧に伝わった。その独自の政体論がマキャベリなど知識人層に受容されると同時に，古代の連邦の知識も「再発見」される。**エンミウス**[4]がポリュビオスに依拠して著した『古代ギリシア概説』（1626年）は，アカイアや**リュキア**[5]の連邦を高く評価したが，そこには彼のネーデルラント連邦共和国での政治的立場が反映されていた。エンミウスの著作が18世紀にかけて北アメリカにまで普及すると，古代の連邦はアメリカ合衆国憲法をめぐる当時の政治的議論でも受容された。**マディソン**[6]が1787年の憲法制定会議のために古代ギリシアの連邦を研究した成果は，のちに新聞に論説として掲載された（特に『ザ・フェデラリスト』第18篇）。彼は，アカイアやリュキアの連邦と新憲法に基づく合衆国との類似性を高く評価した。憲法への実際の影響については意見が分かれるが，社会の中で古典の知識が当然のように語られる当時の知的状況が窺える。一方で，この受容により，古代の連邦は近代の連邦国家と結びつけて認識され，論点1で示したように，20世紀半ばまで研究の方向性を規定することにもなった。

歴史学的に考察するポイント

①古代ギリシアにおいて，連邦が形成され，発展したのはなぜだろうか。
②ポリスの独立のような近代の偏見は，他にどのようなものがあるだろうか。
③連邦の基盤となったエトノスは，連邦とどのように並存したのだろうか。
④受容研究はギリシア・ローマの歴史研究にどのように寄与するのだろうか。

＊ **ポリュビオス**
Ⅰ-3 側注7参照。

▷4 **エンミウス**
1547〜1625年。ドイツ出身の歴史学者。ネーデルラント連邦共和国のオラニエ公マウリッツとも親交があり，彼の下でフローニンゲン大学の設立に寄与し，初代総長となった。

▷5 **リュキア**
小アジア南西部にある地方。ヘレニズム時代に連邦が形成され，その制度に関する記録は，ストラボンの『地理誌』に残されている。モンテスキューもまた，『法の精神』の中でその連邦を高く評価した。

▷6 **マディソン**
1751〜1836年。アメリカ合衆国の政治家。新憲法の起草や，ハミルトンらとともにその批准に大きく寄与したことから「アメリカ合衆国憲法の父」とされる。のちの第4代大統領。

参考文献

合阪學『ギリシア・ポリスの国家理念——その歴史的発展に関する研究』（創文社，1986年）。
藤井崇「古典の復興と人文主義のリアリティ——ヘレニズムの歴史家ポリュビオスの近世西ヨーロッパにおける受容」南川高志編『知と学びのヨーロッパ史——人文学・人文主義の歴史的展開』（ミネルヴァ書房，2007年）。
岸本廣大「「エトノス」に基づくアカイア連邦の公職制度と統合政策——古代ギリシアの共同体を捉える新たな視角」『史林』96巻2号，2013年。
岸本廣大『重層的な古代ギリシアの共同体に関する研究——コイノン・エトノス・ポリス』（京都大学博士学位請求論文，2015年）。

11 コイネー

石田真衣

【関連項目：アレクサンドロス大王と「ヘレニズム論争」，ヘレニズム期の王権とポリス，「ローマ化」論争，オリエンタリズムとポストコロニアリズム】

📖 史　実

　アレクサンドロス大王が遠征を行った広大な領域には，ギリシア・マケドニア人を支配者とする王朝が並立することとなった。その結果，これらの地域では，在来の文化とギリシア系の文化が様々な形で接触し，双方向的な文化変容が生じた。ギリシア語で「共通の」を意味する「コイネー」とは，狭義において，ヘレニズム時代からローマ時代にかけて使用されたギリシア語を指す。『新約聖書』も「コイネー」で書かれている。アッティカ方言を基にするコイネー・ギリシア語は，地中海世界において一定の均一性を保ちながらも，各地域の書記の慣行の中で独自の変容を遂げた新たな言語様式として定着していった。しかし，主として広義における「コイネー」とは，言語だけでなく法慣習や建築様式なども含め，あらゆる方面において「共通の文化」を意味する概念である。

⚔ 論　点

1. ギリシア文化の普遍性　ギリシア・マケドニア人に支配されたエジプトやシリア，バビロニアなどの地域では，ヘレニズム時代におけるギリシア風の都市建設やギリシア語の普及など，数多くのギリシア文化の痕跡を発見することができる。20世紀前半のヘレニズム史研究を集大成したターン[1]は，ヘレニズム世界を「一つの変化し拡大した世界」と見なした。それによると，ギリシア文化の普及に伴い，オリエント各地の地域性は徐々に失われていった。やがてこの世界はローマ帝国に吸収され，そしてまたギリシア・ローマ風の文明を作り上げていく。この時代に共通の言葉（コイネー）によって表現された，文学や哲学などのあらゆる学問は，ギリシア文明の知の発展であり，ローマ時代以降も上層階層の人々の身につけるべき教養となった。その一方で，この時代においてもなお残存している各地の在来文化の痕跡は，研究者によってギリシア化の限界として見なされた。このような見解の背景には，ルネサンス以来のヨーロッパ世界において，古代ギリシア文明が自己のアイデンティティの拠り所とされたことと，ギリシア人による原住民の支配というコロニアルな対立図式が潜んでいる。

2. ヘレニズム文化の多様性　1980年代にポストコロニアル[*]の視座が提供されてからは，オリエント世界の人々にとってヘレニズムとは何であったかを問うことが重要課題となった。そこで明らかになったのは，文化変容の過程やその程度が，各地域によって様々な様相を見せているということである。ギリシア化の限界と見なされた在地の文化や慣習は，新来のギリシア文化と接触しながらも，固有の慣習を維持した証拠として切り離された。こうした捉え方は，ヘ

▷1　ターン
1869〜1957年。イギリスのヘレニズム史家。彼の古典的著作『ヘレニズム文明』は，ギリシア文化の普及拡大を強調しつつも，政治・経済・社会・宗教など，多分野にわたってヘレニズム世界の広がりを精緻に描写した。

＊　ポストコロニアル
Ⅴ-23 参照。

22

レニズム世界の均質性を見直し，文化の多様性を解明しようとする，その後の研究の基本姿勢となった。その一方で，在来文化の継続を強調する視点は，ギリシア文化とオリエント文化の相互影響を最小限に見積り，両者が在地社会において分離していたとする見方にもつながった。近年の考古学と歴史学の総合的な成果によれば，とりわけ物質文化においては，ヘレニズム時代以前から始まっていた東地中海世界における活発な交易活動を通じて，共通の文化（コイネー）が形成されつつあった。それは多様な文化の相互作用によって生じたものであると考えられている。

3. ヘレニズム社会の実態 ──エジプトの事例 エジプトを例に挙げて，ヘレニズム時代の言語や法のあり方に目を向けてみよう。ヘレニズム時代のエジプトでは，エジプト語を表記するデモティック（民衆文字）の行政文書や契約書が，次第にギリシア語で書かれるようになっていった。しかし，この変化は，ヘレニズム時代に限定されるものではなく，数世紀にわたる緩やかな変化であった。デモティックは1世紀になっても使用され続けた。エジプト語を排除しようとするプトレマイオス王朝の政策や社会的風潮のもと，デモティックが使用されなくなったという従来の見方は修正されている。近年では，ギリシア人書記や，ギリシア語を書くエジプト人書記が増加し，こうしたバイリンガルな環境の中で，文書の書式もハイブリッドなものへと変化していったことが明らかにされている。

司法面においては，ギリシア系住民たちの多様な法慣習，いわゆる「諸都市の法」の差異は在地社会の中で急速に縮小していき，共通の法（コイネー）として王朝の法体系の中に組み込まれていった。その一方で，エジプト在来の法は維持され，共通の法に取り入れられることはなかった。この多元的な法システムは，特に前2世紀以降，民族的混淆の進行に伴い，多様な文化的アイデンティティを持った在地住民によって選択的に利用されるようになっていったということがわかっている。

ヘレニズム社会の基調は，多様な文化が並存しながらも相互に影響し合う**多文化性**である。コイネーとは，あらゆる文化的・社会的背景をもった住民たちの相互交流によって生まれた新しいヘレニズム文化であるといえよう。そのような社会の実情に即した複雑な文化変容のプロセスは，ギリシア語・現地語双方の文字資料や考古学資料などの総合的な分析によって解明されつつある。

* 多文化性
Ⅰ-30 側注5および Ⅴ-22 側注3参照。

参考文献

W・W・ターン『ヘレニズム文明』（角田有智子・中井義明訳，思索社，1987年。原著は1952年）。

大戸千之『ヘレニズムとオリエント──歴史のなかの文化変容』（ミネルヴァ書房，1993年）。

周藤芳幸『ナイル世界のヘレニズム──エジプトとギリシアの遭遇』（名古屋大学出版会，2014年）。

石田真衣『〈研究動向〉ヘレニズム期エジプトにおける嘆願書研究のいま』『歴史学研究』965号，2017年。

歴史学的に考察するポイント

①コイネーはどのような人々によって生み出されたのだろうか。
②コイネーの形成にヘレニズム王朝の政策はどのような影響を与えただろうか。
③ローマ時代以降，コイネーはどのように変容していったのだろうか。
④他の時代や地域における多文化社会の変容プロセスと比較してみよう。

12 ローマ共和政の本質とアウグストゥス 丸亀裕司

【関連項目：アテナイ「帝国」と民主政，ヘレニズム期の王権とポリス，ローマ皇帝と帝国の統合，古代経済史論争，ビザンツ皇帝とは何か，レス・プブリカ】

▷1　グラックス兄弟

農地を持たない無産市民の増加を受けて，富裕者が不法に占有する公有地（国有地）の回収と，その無産市民への分配を提案・推進したが，元老院をはじめとする富裕層の反対に遭って死に追いやられた。

▷2　カエサル

前60年，ポンペイウス，クラッススとともに三頭政治を結成。前58年からガリア（現フランス）に侵攻し，ローマの属州に編入する。軍事的名声を高めるにつれて反カエサル派と対立を深め，内乱を引き起こした。

▷3　ポンペイウス

前70年代から前60年代にかけて幾多の軍事的功績を挙げた。カエサル，クラッススと三頭政治を結成するも，クラッススの死後，反カエサル派に接近し，内乱で反カエサル派を率いた。

▷4　オクタウィアヌス

カエサルの又甥。暗殺されたカエサルの遺言によってユリウス・カエサル家の相続人に指名され，カエサルの政治的後継者を自任するアントニウスと覇権を争った。

▷5　アントニウス

カエサルの下で内乱期の軍事・政治に活躍し，カエサル暗殺時点でカエサル派の最有力者の一人だった。クレオパトラ7世と結んでオクタウィアヌスと争ったが，前30年に敗れて自殺した。

▷6　ゲルツァー

1886〜1974年。20世紀前半にドイツで活躍した学者。1912年に発表した『ローマ

史　実

　イタリア半島の一都市として成立した古代ローマは，前6世紀末頃に共和政を樹立すると，前2世紀半ばには地中海世界一円を支配する巨大帝国へと発展を遂げた。前2世紀後半，ローマの政治や軍事を主導してきた元老院を無視して改革を試みた**グラックス兄弟**◁1の登場を契機として，政治的に混迷を極める時代が始まった。その後，政治や帝国統治の問題に対処する過程で，次第に軍隊指揮権の強大化や政治権力の集中が進行し，**カエサル**◁2と**ポンペイウス**◁3による内乱が勃発した。これに勝利したカエサルが暗殺されると，**オクタウィアヌス**◁4と**アントニウス**◁5が権力を争い，オクタウィアヌスが内乱の最終的な勝者となった。彼は「共和政」（レス・プブリカ）の回復を宣伝する一方で，徐々に政治と軍事の権限を獲得しながら支配者としての地位を確立し，「アウグストゥス」の名を得て初代ローマ皇帝として新しい統治体制を築いた。

⚔ 論　点

1．共和政の実像

　20世紀初頭以来，共和政から帝政成立に至るまでのローマ史は，ローマ社会に広く浸透した保護者（パトロヌス）と被保護者（クリエンテス）の互恵的な関係「クリエンテラ」によって説明されてきた。**ゲルツァー**◁6は，共和政期に最高公職コンスルを輩出し続けた有力家系の出身者（ノビレス）が保護者として多数の市民を被保護者として抱えており，彼らを公職選挙や法案採決が行われる民会に動員することで政治権力を独占したと主張した。それ以降，市民はノビレスに従属するだけの存在とされ，共和政期の政治史はノビレスの党派の合従連衡によって展開したと叙述された。また，互恵的で非対称な様々な人間関係の実態が分析され，**属州**＊やその外にも拡がるノビレスの人的ネットワークの存在も明らかにされると，人的紐帯が巨大帝国をローマの中枢と結びつけていたと説明された。しかし，複雑な人間関係が解明されるにつれて，人々の意思決定要因が改めて問われることとなった。

　1980年代になると，**F・ミラー**＊は，立法民会に際して演説でもって市民の説得を試みる政治家に注目し，説得という行為と，ノビレスが投票者を民会に動員したとするクリエンテラ論の説明との矛盾を指摘し，これを批判した。古来，ローマの共和政体は，絶大な権限を持つコンスルの「一人支配」，国政を主導する元老院の「少数者支配」，民会で投票する市民の「多数者支配」の混合政体といわれるが，クリエンテラ論が前二者に注目したのに対し，F・ミラーは後者の側面を強調したのである。この批判を経て，市民の政治参加における能動性を一定程

度認めた上で、「コンティオ」という集会での政治演説や、浮動票獲得のための選挙運動などが、市民の意思決定を誘導する方法として注目された。一方、政治家に求められる様々な資質がノビレスに独占されたこと、また、コンティオや民会は主宰公職者の決定的な影響力のもとで運営されたことなど、市民の意思決定におけるノビレスや公職者の主導権の強さも改めて確認されている。

２．アウグストゥスの権力

内乱を経て成立した背景から、成立直後のローマの帝政には軍事政権という性格が強い。前27年にアウグストゥスが軍隊の駐屯を必要とするほぼすべての属州の統治とその軍隊の指揮権（インペリウム）を元老院より委ねられたことをもって帝政が成立したとＴ・モムゼン*が主張して以来、「ローマ軍の最高指揮官」という皇帝像が研究者の間で共有されている。ただし、前27年以降もアウグストゥスは様々な権限を獲得しており、いつ、どのようにアウグストゥスの法的地位が確立したかという問題は間断なく議論されている。

他方、アウグストゥスが『業績録』◁7（Res Gestae Divi Augusti）の中で「権威（アウクトリタス）では万人にまさったが、権限では同僚以上のものを何一つ持たなかった」と自身の地位を説明していることから、その権力を制度の外に見出そうとする潮流がある。クリエンテラ論を援用して帝政成立を論じたプレマーシュタインやサイム◁8は、共和政末期の内乱を経てノビレスのクリエンテラや党派が統合され、アウグストゥスは「全帝国の保護者」として皇帝の地位を築いたと主張した。

こうした皇帝像も広く研究者に受容されているが、上述のクリエンテラ論への批判を経て、近年では新たな皇帝像が模索されている。ガリンスキーは、当時の芸術・建築・宗教などに国家と関連づけて示されるアウグストゥスの「権威」を読み解き、アウグストゥスをその権威により国家に関わるあらゆることを後援・保証する「恵与者」だったとする。イェーネは、「全帝国の保護者」としてすべての義務に応えられなくなったアウグストゥスは前２年に獲得した『祖国の父』（パテル・パトリアエ）の称号により、父として忠誠を求めつつ、公正な裁定者であることを強調したと主張する。また、先の『業績録』の記述から「権威」はアウグストゥスの統治理念のように解されてきたが、この記述は「元老院の第一人者」（プリンケプス）の称号獲得（前28年）という特定の出来事を示すものでしかないとしてその重要性の過大評価に慎重な態度をとるロウエの見解も、新しいアウグストゥス像を模索する上で注目すべきだろう。

─ 歴史学的に考察するポイント ─
①共和政期のローマ市民は何に基づいて政治的な意思決定をしたのだろうか。
②政治家や公職者と市民の間にどのような関係があったのだろうか。
③ローマの共和政が内乱に至った政治的・制度的問題点は何だろうか。
④いつ、何をもってローマの帝政は成立したといえるだろうか。

共和政期のノビレス貴族』（Die Nobilität der römischen Republik）でクリエンテラ論の前提となる学説を提示し、その後のローマ史研究の方向性を決定づけた。カエサルやポンペイウスらの伝記的研究も読み継がれている。

* 属 州
Ⅰ-13 側注２参照。
* Ｆ・ミラー
Ⅰ-13 側注５参照。
* Ｔ・モムゼン
Ⅰ-14 側注２参照。

▷7 『（神アウグストゥスの）業績録』
アウグストゥスの軍事的・政治的業績とそれらに与えられた栄誉や、彼が公共建築物の造営・見世物の開催・退役兵の入植・市民への贈与等に供出した金額を彼自身がまとめたもの。アンカラに現存する神殿の壁面に刻まれた碑文などにより現在に伝わっている。

▷8 サイム
1903〜89年。20世紀半ばにイギリスで活躍した学者。『ローマ革命』（The Roman Revolution）（1939年出版）は、ローマ帝政の成立を描く研究書としてのみならず、ムッソリーニやヒトラーへの批判の書としても広い読者を得た。

（参考文献）
吉村忠典『古代ローマ帝国の研究』（岩波書店、2003年）。
安井萠『共和政ローマの寡頭政治体制』（ミネルヴァ書房、2005年）。
ロナルド・サイム『ローマ革命』（逸見喜一郎ほか訳、岩波書店、2013年。原著は1939年）。
丸亀裕司『公職選挙にみるローマ帝政の成立』（山川出版社、2017年）。

13 ローマ皇帝と帝国の統合

志内一興

【関連項目：アテナイ「帝国」と民主政，ヘレニズム期の王権とポリス，ローマ共和政の本質とアウグストゥス，「ローマ化」論争，ローマ帝政期のギリシア，五賢帝時代と「3世紀の危機」，剣闘士競技，強制国家論の現在，古代経済史論争，ビザンツ皇帝とは何か，神聖ローマ帝国論，帝国主義論】

📖 史　実

　イギリスの歴史家ギボン▷1は大著『ローマ帝国衰亡史』（1776年）の中で，「ローマの平和」時代のうちでもいわゆる「五賢帝」の時代（96～180年）を，「人類の状態が最も幸福にして繁栄した時代」と称賛した。この時代のローマ帝国には6000万人以上の人々が暮らし，支配領域は，北は現在のイギリス南部から東はイラクにまで達していた。当時の交通・通信環境のもとでは，中央のローマ市から帝国の端まで人や情報が到達するのに，1カ月から2カ月かかるほどの広さだった。ところがこの広大な帝国の支配のために，ローマから各地に派遣されていた官僚的人員の数は驚くほどに少なかった。ローマ帝国の安定的な統合は，官僚制のない「小さな政府」のもとで実現されたのである。

⚔ 論　点

1. 官僚的人員
――元老院議員と騎士

　前3世紀半ばから海外に進出したローマでは，イタリア半島諸都市の有力者や，新たに獲得された属州▷2の徴税を請け負うなどして財をなした商人たちの重要性が次第に高まっていく。彼らは徐々に「騎士」と呼ばれるようになり，元老院議員▷3家系の1つ下の社会層を形成するに至った。そして前27年，帝政ローマ時代を開始させたアウグストゥスは，官僚的ポストに任命するなどして，騎士を帝国統治に積極的に活用した。アウグストゥスによる活用の意図について，ヒルシュフェルトやシュタインといった研究者は，反抗的だった元老院議員たちから行政ポストを奪い，それを自分に忠実な騎士に委ねるためだったと解釈した。またボールスドンは，騎士の起用を各職務の重要性と関連づけ，上級の公職は元老院議員に，下級の公職は騎士に割り当てられたと論じる。一方で新保良明はこうした通説を疑問視する議論を展開し，騎士の起用はあくまで，行政効率を高め，属州に赴任する元老院議員数を抑えて元老院での議事を活性化するためであったとしている。

2. ローマ帝国の
都市と自治

　帝政前期のローマでは，元老院議員および騎士のための官僚的ポストの数は大変少なかった。2世紀半ばの時点で，元老院議員官僚はおよそ160人，騎士官僚は110人で，あわせても270人程度だったと試算されている。官僚的人員がこれほど少なく済んだ理由について，研究者たちはほぼ一致して，ローマが支配下の諸都市に自治を大きく委ねていたためと考えている。

　各都市の自治の中核にあったのが「都市参事会」である。これは，各地の名望家層からなるおおむね100人程度の機関で，その成員が任期1年の公職を無償で

▷1　ギボン
1737～94年。ギボンはローマ滅亡の原因について，蛮族からの攻撃が，キリスト教の拡大等によりローマの内部が揺らいでいたところに加えられたためと説明し，後世に強い影響を与えると同時に大きな論争を巻き起こした。

▷2　属州
ローマがイタリア半島外に有し，属州総督を派遣して統治した海外領土。

▷3　元老院議員
ローマの貴族からなり，共和政時代には国政での中心的役割を果たしていた。帝政時代にはその性格は変貌し，巨額の財産を持つ人々からなる，ローマ帝国第一の社会的身分を形成するに至った。

務め，また莫大な私費を投じて公共奉仕を行っていた。背景にあったのは「エ
ヴェルジェティズム[4]」と呼ばれる古代人の心性である。奉仕の負担は大きく，2
世紀後半には参事会入会者の確保が難しくなり始めたと，研究者たちは長らく論
じてきた。そして身分の固定化や公共奉仕の義務化へと向かい，帝政後期の「強
制国家[*]」に帰着したとするのである。一方でガーンジィは，参事会への入会意欲
には全く衰えが見られないとして，身分の固定化をもたらしたのは，子供への確
実な世襲を望んだ参事会員家系の人々であり，彼らが平民に対し参事会への門戸
を閉ざしたのだと論じて通説を真っ向から否定した。

3. ローマ帝国とローマ皇帝の支配

ではこうしたローマ帝国の頂点に立つローマ皇帝の支配
が，ほとんど反乱を招くこともなく，広大な帝国を長期
にわたり安定的に統合できた理由は何だったのだろう。19世紀来の法制史学者た
ちは，皇帝の持つ様々な法的権限を数え上げ，それをもとに皇帝支配を理解した。
帝国に広がる人的なつながりに着目し，皇帝はそうした社会的ネットワークの頂
点にいたと考える研究者もいる。また皇帝の宗教的権威に要因を求める議論もあ
る。一方でF・ミラー[5]は，皇帝をローマ世界最高の調停者と見なし，支配下の都
市や住民からの訴えかけがあって初めて動く「受動的支配者」として描き出した。
つまりローマ皇帝の支配を，上からの強制力としてではなく，下から支えられた
ものと見る新たな視角が提示されたのである。その議論をさらに進めたアンドー
は，「ローマ皇帝の支配は正当である」という認識が「総意（コンセンサス）」と
なって，徐々に当時の人々の心に根づいていったことを支配安定の主因と考えて
いる。つまりローマの支配は，統治システムといった外的要因のみならず，人々
に広く共有された内的意識にも支えられていた。だからどんな人物が皇帝位に就
こうとも，帝国全体の安定や属州民からの忠誠心には揺るぎが見られなかったと
したのだ。また近年，上記のようなローマの支配姿勢が，諸都市の支配層の権勢
維持のためにも好都合だったことに着目する議論も展開されている。

▷4 エヴェルジェティズム（恵与志向）
フランスの歴史家ヴェーヌが『パンと競技場』（法政大学出版局）で強く打ち出した概念。古代世界では高位の人には「気前良さ」が求められ，それを期待通り示した人の支配に人々は従ったという心性を言い表している。Ⅰ-25 側注4も参照。

＊ 強制国家
Ⅰ-20 参照。

▷5 F・ミラー
1935～2019年。現代イギリスの歴史家。長年ロンドン大学とオックスフォード大学で教授職にあり，2010年には騎士に列せられた。紹介したのは1977年出版の *The Emperor in the Roman World* での議論だが，邦訳はまだない。

歴史学的に考察するポイント
①ローマはその「小さな政府」で広大な帝国をどのように維持したのだろうか。
②ローマ帝国内の諸都市はどのように自治を行ったのだろうか。
③ローマ皇帝はどのように統治して「ローマの平和」を実現したのだろうか。
④支配された人々が数百年にわたってローマ支配を受け入れたのは，一体なぜだったのだろうか。

参考文献
J・P・V・D・ボールスドン『ローマ帝国——ある帝国主義の歴史』（吉村忠典訳，平凡社，1972年。原著は1970年）。
クリストファー・ケリー『ローマ帝国』（藤井崇訳，岩波書店，2010年。原著は2006年）。
新保良明『古代ローマの帝国官僚と行政』（ミネルヴァ書房，2016年）。
メアリー・ビアード『SPQR——ローマ帝国史Ⅱ』（宮﨑真紀訳，亜紀書房，2018年。原著は2015年）。

14 「ローマ化」論争

南川高志

【関連項目：コイネー，ローマ皇帝と帝国の統合，ケルト問題，ローマ帝政期のギリシア，剣闘士競技，移民史論，植民地と近代／西洋，オリエンタリズムとポストコロニアリズム】

📖 史　実

　イタリア半島中部の小都市から出発したローマは，前1世紀後半には地中海を囲む諸地域を領有する大帝国となった。その後も帝国支配地の拡大は続き，イタリア半島とは気候・風土の異なるアルプス山脈北方の地も広く領有するに至った。そして，北はブリテン島，南はエジプト南部，西はモロッコ，東はイラクにまで到達した広大な帝国領には，イタリアの皇帝政府の統治が行き渡っただけでなく，ローマ市やイタリアの文化と生活様式も伝播した。イタリアの外の帝国領である属州*には都市が数多く建てられ，また旧来の部族国家の首邑等もローマ風の都市へと整備された。都市ではローマ市民権◁1を保持する者が増え，ラテン語やローマ法が用いられ，ローマ風の宗教も信仰されるようになった。人々は，広場や公会堂，劇場や円形闘技場，そして公共浴場を備えたローマ風都市の生活を享受したのである。こうした現象を，歴史学者は「ローマ化」と呼んで，ローマ帝国の歴史や意義の説明に長らく用いてきたのであった。

⚔ 論　点

1．「ローマ化」概念の誕生

　近代歴史学が誕生した19世紀ドイツにおいて，今日のローマ史研究の基礎を築いたのはＴ・モムゼン◁2であったが，彼はローマ帝国各地にローマ風の生活様式が伝播していく過程を，「ローマ化」という言葉を用いて説明した。モムゼンは，この言葉によって，帝国が均質化していく過程を表現しようとした。ところが，20世紀初頭，イギリスの学者ハヴァフィールド◁3は，この「ローマ化」を使って，ローマが43年に侵攻を開始しその大半を属州にしたブリテン島について説明した際，この言葉をモムゼンとは違う意味で用いた。彼は，地域による違いはあるにしても，「ローマ帝国は迅速かつ効果的に属州の人々を，秩序正しく合理的な文明へと同化させた」と述べ，「ローマ化」に「文明化」の意味を込めて用いてローマ属州ブリタンニアの変化を論じたのである。ハヴァフィールドは歴史研究と考古学研究の両方を精力的に進めたが，ローマ帝国史の研究を当時の政治と結びつけてその意義を語った。当時のイギリスは，インドなどを植民地として支配下に置く帝国であった。

2．「ローマ化」概念への批判

　ハヴァフィールドの「ローマ化」は，その後ローマ史研究とローマ考古学研究の主導概念として国際的にも広く用いられた。この概念を証明するためであるかのように，帝国各地に所在したローマ都市やローマ軍の要塞，ウィッラ（農業屋敷）などの跡で，積極的な発掘活動が展開された。

▷1　ローマ市民権
ローマ市民であることに伴う諸権利で，民会での選挙権・被選挙権，所有権，婚姻権などである。他の諸集団にも与えられ，その保持者は拡大した。

▷2　Ｔ・モムゼン
1817～1903年。ローマ法学者，ローマ史研究者で，ベルリン大学教授として活躍。『ローマ史』でノーベル文学賞を受賞。自由主義政治家としてビスマルクと対立した。

▷3　ハヴァフィールド
1860～1919年。オックスフォード大学教授を務め，主にローマ時代のブリテン島の歴史研究，考古学研究を行った。ローマ研究学会の初代会長としても活躍した。

しかし，1990年代以降，**ポストコロニアリズム**＊の立場をとるイギリスの考古学者たちが，「ローマ化」概念やハヴァフィールドの立場は帝国主義時代の産物で，帝国主義的，植民地主義的であると批判し，「ローマ化」概念の使用を拒否するようになった。ハヴァフィールドの理解に従えばブリテン島ではローマが来て初めて文化も歴史も生まれたことになると批判者たちは主張し，「ローマ化」に含まれる文明化や進歩の意味を否定して，先住者たちの歴史と文化を重視する姿勢を強調した。ローマ人が居住・駐屯したところばかりを発掘する方法にも批判が向けられた。

3．「ローマ化」論争の意義　　　「ローマ化」概念批判とともに「**クレオール化**」[4]など新しい概念も提案されたが，21世紀に入ると，「グローバル化」をローマ帝国に適用して説明しようという動きも出て，その議論のために国際研究集会まで開かれた。しかし，歴史学者の多くは現在も「ローマ化」を使い続けている。ただ，属州がどの程度ローマ風になったのかという問いについては，近年の実証研究は否定的な回答をすることが多い。「ローマ化」が進んだ地域とされてきたイベリア半島南部についても，その進展を疑問視する研究結果が提示されている。逆に，ローマ帝国の東半分，いわゆるギリシア語圏の地域は，ヘレニズム時代以来の都市が栄え，ローマ風の文化や生活様式の伝播の影響が少ないと見られてきたが，再考の余地があるかもしれない。実際，今日アテネの街を訪れ古代遺跡を見る者は，ローマ時代の遺跡の多さに驚かされるのである。

21世紀初頭のローマ帝国史研究者の多くは，帝国の政策として「ローマ化」がなされたわけでも，属州となった地域の人々がローマ風の生活や物品を希求したわけでもなく，ローマ風の生活様式を取り入れるか否かは，在地の有力者の判断に拠っていたと考えるようになった。学界では，属州住民側の主体性，特に属州エリートの主導権や選択を評価するようになっているのである。

「ローマ化」が進んだ地域とされた北アフリカは，19世紀にフランスの植民地になって後，発掘と研究が進んだが，フランスの植民地支配の正当性の主張や独立後の反植民地主義と絡んで，ローマ時代の意義の解釈が変化してきた。「ローマ化」に関する論争は，ローマ帝国の歴史的意義に直結し，ローマ帝国が人類の歴史にいかなる影響を及ぼしたかという問いに関わるが，同時に，ローマ帝国の歴史的意義の解釈を通じて，現代人に歴史認識や世界認識を問うてもいるのである。

— 歴史学的に考察するポイント —
①「ローマ化」された都市の人々は，田園生活よりも幸福感を得たのだろうか。
②フランスはなぜ北アフリカのローマ史研究を推進したのだろうか。
③古代の帝国の理解に「グローバル化」概念は有効なのだろうか。

＊　ポストコロニアリズム
Ⅴ‐23 参照。

▷4　**クレオール化**
クレオールとは主に中南米や西インド諸島などで生まれ育ったスペイン系などのヨーロッパ人をいうが，「クレオール化」の概念は，ヨーロッパと非ヨーロッパの言語が接触して変化した言語（ピジン語）が母語として話されるようになった「クレオール語」の性格を捉えて提案されている。

（**参考文献**）
クリストファー・ケリー『ローマ帝国』（藤井崇訳，岩波書店，2010年。原著は2006年）。
南川高志『海のかなたのローマ帝国——古代ローマとブリテン島』増補新版（岩波書店，2015年。原著は2003年）。
南川高志編『B.C.220年——帝国と世界史の誕生』（山川出版社，2018年）。

15 ケルト問題

疋 田 隆 康

【関連項目：アケメネス朝ペルシアの表象と現実，「ローマ化」論争，ヴァイキングのエスニシティ，人文主義／文芸共和国，エトノス論，欧州統合】

史 実

ケルト人はドナウ川流域を原住地としていたが，前 4 世紀初めには一時的にローマを占領，前 3 世紀初めにはデルフォイ[1]に侵入するなど，勢力を広げていき，前 3 世紀には東は小アジア内陸部から，西はブリテン諸島やイベリア半島まで，北欧，イタリア，ギリシアを除くヨーロッパの大部分に住みつくようになった。前 2 世紀以降，アイルランドやスコットランドを除き，ローマ人によって征服され，ケルト文化はギリシア・ローマの古典文化とキリスト教文化の普及によって上塗りされたが，残り火のようにヨーロッパの文化に影響を与え続けており，地名やハロウィンの習慣などに，消しきれない痕跡が残されている。また，エンヤ[2]や U2[3] などアイルランド出身のアーティストの成功，1990年代以降の EU の拡大といった要因により，ケルトへの注目が高まると，「ヨーロッパ最初の民族」としてケルト文化の基層性が強調されるようになった。

論 点

1．文学研究からの批判

中世以降にアイルランドなど，いわゆる「ケルト的辺境」に残された言語や文化は古代のケルト文化を継承したものと考えられてきた。中世のアイルランドで書かれた物語は，ケルトの口承を記録したものであり，時折現れるキリスト教的なモチーフは修道士による挿入だと見なされていたが，1970年代頃から文学研究では，修道士が書きたかったのはキリスト教的な教えであり，読者に飽きずに読ませるために，物語を創作したと考えられるようになった。その際にケルトのモチーフを利用した可能性はあるが，少なくともケルトの口承を記録したものという考え方は否定され，古代のケルト文化が「ケルト的辺境」で継承されてきたという考え方にも疑念が生じることとなった。

2．考古学者の批判

19世紀半ばにハルシュタット[4]とラ・テーヌ[5]が発掘され，1870年代に両遺跡の名にちなみ，西ヨーロッパの鉄器時代がハルシュタット文化とラ・テーヌ文化に二分されると，これらの文化は古典文献で「ケルトイ」「ガッリ」と呼ばれている人々と結びつけられ，古典文献の記述と鉄器文化の広がりの最大公約数がケルト人の勢力圏と考えられるようになった。1980年代から一部の考古学者は，ケルト文化の継承に対する疑念に触発され，このようなケルト観に疑問を持ち，特にブリテン諸島へのケルト人の渡来に関して，そのような歴史的事実は存在しなかったと主張し始めた。

彼らの主張は，古典文献におけるケルトの定義は曖昧で，ケルト人の起源や分布に関しても明らかでなく，ラ・テーヌ文化の分布は，ケルト語の分布と部分的

▷1 デルフォイ
ギリシア中部フォキス地方の都市。オリュンピアと並ぶ古代ギリシアの聖地で，アポロンの神殿とその神託で有名。1987年世界遺産に登録。

▷2 エンヤ
アイルランド出身の女性ミュージシャン。1988年発表の「オリノコ・フロウ」が世界的に大ヒットし，ケルト音楽ブームの火付け役となった。

▷3 U 2
1976年に結成されたダブリン出身の 4 人組ロックバンド。北アイルランド問題など，様々な社会問題に対するメッセージ性の高い曲で常に注目を浴びる。

▷4 ハルシュタット
オーストリアのザルツカンマーグート地方の町。古くから岩塩の鉱山で栄え，1846年，ケルト人の墓が発見された。1997年世界遺産に登録。

▷5 ラ・テーヌ
スイスのヌーシャテル湖畔の地名。19世紀半ば，ヌーシャテル湖の水位が下がった際にケルト人の遺物が発見された。

にしか一致しない。また，ブリテン島の居住者がケルトと呼ばれるのは，16世紀以降のことであり，古典文献には基づいておらず，古代のエスニック・グループと考古学の文化を同一視することは誤りである，といったものである。

このような主張は，主としてブリテン島の鉄器時代を対象としていたこと，および，「ケルト否定論」が展開されたのが，『スコットランド考古学誌』などの国際的知名度があまり高くない学会誌だったため，当初はイギリスの考古学界以外ではほとんど注目されていなかったが，ジェームズの『大西洋のケルト人』(1999年)が一般向けに「ケルト否定論」を紹介し，イギリスの新聞書評などでも大きく取り上げられたことから，広く認知されるようになり，2000年代初めにケルト人をめぐる論争を引き起こすこととなった。

3．ケルト論争　ケルトをめぐる論争において，特に争点となったのは「ケルト概念」が創られたものだとしたらその意図はどこにあるのか，そして当時の人々のアイデンティティはどのようなものだったのか，といった問題である。例えば，J・D・ヒルなどの否定論者は，「ケルト」というのはギリシア人やローマ人によって押しつけられたラベルであり，自らを「ケルト人」と自覚していた集団は存在しないと主張している。その上で上述のような「ケルト概念」の創造を，近代の政治的な意図と鉄器時代研究の退屈さに帰している。一方，擁護派のミゴー夫妻は「ケルト否定論」もまたイングランドの反大陸的な感情およびアイルランド，スコットランドなどへの支配権を失いたくないという政治的動機に起因すると反論したが，ジェームズは否定論の立場の研究者たちの経歴からそのような政治的動機を否定した。

もう一つの論点はケルトをめぐる学説史である。否定論の先駆的存在であるコリスは，古代のブリテン諸島の人々を「ケルト人」と呼んだのは**ブキャナン**[6]の『スコットランド史』(1582年)が最初であり，ケルト人をケルト語を話す人々と定義したのは**ペズロン**[7]以降のことだと主張した。以後この主張が繰り返されているが，ブキャナンの『スコットランド史』はラテン語で書かれたフォリオ版で数百頁に及ぶ大著でありながら，コリスをはじめ誰も典拠となる個所を明示していない上に，実際にはブキャナンは「ケルト人 Celtae」という言葉を用いていないなどの問題点もある。

近年では分子生物学を応用し，DNA鑑定を用いて，ブリテン諸島の人々がケルト人の原住地とされる中央ヨーロッパの人々とは別系統だと示した研究などがあるが，どこまで一般化できるかが今後の課題であろう。

── 歴史学的に考察するポイント ──
①ギリシア人やローマ人による古代の民族のラベリングは無意味だろうか。
②古代の人間集団において当事者のアイデンティティを現代と同じように考察することは有効だろうか。
③ブキャナンが本当に「島のケルト」を作り出したのだろうか。
④DNA鑑定などを用いた最新の研究方法はどのくらい有効なのだろうか。

▷6　ブキャナン
1506〜82年。スコットランドの人文主義者。『スコットランド史』はスコットランドの歴史をイギリスの嘘から解放することを目指した野心的な著作。

▷7　ペズロン
1639〜1706年。ブルターニュ出身のシトー派修道士。1703年出版の『ケルト人，またの名ガリア人の民族と言語の古き時代』はその後のケルト観に大きな影響を与えた。

参考文献

田中美穂「研究動向「島のケルト」再考」『史学雑誌』111編10号，2002年。
疋田隆康「書評：Carr, G. & Stoddart, S. (eds.), *Celts from Antiquity*, Cambridge, 2002」『西洋古代史研究』3号，2003年。
鶴岡真弓『ケルト──再生の思想』(ちくま新書，2017年)。

16 ローマ帝政期のギリシア

桑山由文

【関連項目：ポリス形成論，アテナイ「帝国」と民主政，ヘレニズム期の王権とポリス，古代ギリシアの連邦とその受容，ローマ皇帝と帝国の統合，「ローマ化」論争，キリスト教の拡大，古代の科学：ガレノスを中心に，カロリング・ルネサンス，12世紀ルネサンス，イタリア・ルネサンス，オリエンタリズムとポストコロニアリズム】

 史　実

　ローマは，初代皇帝アウグストゥスの時にはすでに，東地中海のギリシア文化圏の大半を属州*として直接支配していた。周辺にはヘレニズム期以来の諸国家が小規模ながら残っていたが，属州化の進展により2世紀初頭にはユーフラテス以西から全て消滅した。以後，帝国領はメソポタミア北部まで漸進し，このことはパルティア*やササン朝*との抗争の激化を招いていった。

　ギリシア文化圏の内，小アジアやシリアの都市はヘレニズム期から引き続き経済的に繁栄し，多くの有力者が帝国支配層へ進出した一方，ギリシア本土はそれらの点で見劣りしていた。だが帝国中央が過去（前5世紀前後の「古典期」）のギリシア諸文芸を教養として重視したことを背景に，本土はアテナイを筆頭に「発祥」の地として尊崇されるようになった。ギリシア文化圏を股にかけた弁論家ら知識人の活動の思想的影響は，帝国全体に及んだ。これは，古典期との対比で，「第二次ソフィスト運動」や「ギリシア・ルネサンス」と呼ばれる。

　論　点

1. ローマ帝国支配下でのギリシア人のアイデンティティ

　ローマ帝政期のギリシアは，オリヴァやジョーンズ*らの浩瀚な研究の存在にもかかわらず，帝国の周縁的存在にすぎないとして，1970年代までは研究者の関心の埒外にあった。ヘレニズム諸大国が滅びローマの一元支配が決定的となる中，ギリシア諸都市が独立や軍事力を失っただけでなく，文化的社会的活力をも低下させたと見なされていたからである（帝政期のローマ人がそのように認識していたことも大きい）。当時の文芸もプルタルコス*ら一部を除き，古典期を過度に理想視して，その模倣にすぎない美文の追求に堕したと酷評されてきた。

　だがこうした理解は，80年代以降ポストコロニアリズム*の影響などを受け大きく見直され，オルコックやウルフ，スウェインの研究を嚆矢としてローマ帝国支配とギリシア人の心性との関係について考察が深められていった。過去の理想化という現象はより精緻に分析され，人々が外部勢力ローマの支配下でもギリシア人たらんとした，アイデンティティ再構築の一環であり，「衰退」の証拠と考えるべきではないことが通説となった。第二次ソフィスト運動の担い手たちの文芸作品は文化的葛藤を示す史料として読み直され，個々の作品について詳細な分析が進んだ。そればかりか，この運動が，東部だけでなく帝国中央や西部を巻き込むものであった点も掘り下げて検討され，ローマとギリシア双方向の文化交流としての側面や，後のキリスト教やイスラーム文化に与えた影響など多様な方向に

* 属　州
Ⅰ-13 側注2参照。

* （アルケサス朝）パルティア
Ⅰ-17 側注10参照。
* ササン朝（ペルシア）
Ⅰ-17 側注7参照。

▷1　ソフィスト
本来は「賢者」という意味の一般的な表現だったが，前5世紀後半には，ギリシア各地を回って弁論術を講じ，人気を博した職業教師を特に指すようになった。「第二次ソフィスト運動」の名は，2，3世紀のギリシア知識人フィロストラトスが，主としてローマ帝政期のソフィストを「第二の」と位置づけたことによる。弁論術に限らず，帝政期のギリシア文芸全般の隆盛を指して用いられることが多い。
* ジョーンズ
Ⅰ-21 側注2参照。
* プルタルコス
Ⅰ-25 側注3参照。
* ポストコロニアリズム
Ⅴ-23 参照。

関心が向けられるようになってきている。

2．アテナイとギリシア諸都市の変容

こうした状況を象徴する存在として注目されたのがアテナイである。ローマ共和政期末には政治的勢いを失っていたこの都市は，帝政期に入ると，皇帝をはじめとするローマ支配層から種々の恩恵を受け，ギリシア文化の代表的存在として返り咲いた。近年の研究は，当時のアテナイが古典期の「復活」を謳った一方，その背景にはギリシア人以上にローマ中央の意向も働いていたのであり，現実のアテナイの姿は，あくまでも「ローマン」アテナイであったことを明らかにしている。

アテナイだけではない。考古学調査とそれに伴う碑文史料の蓄積を受けて，近年，ギリシア諸都市の内実に関する研究も活況を呈してきた。その結果，これらの都市がローマ皇帝崇拝の導入などにより，帝国中央の好意を獲得して都市の繁栄を維持しようとしたこと，それにより都市内部が様々な変質を遂げていったことが浮かび上がってきている。どの都市も，程度の差はあれアテナイと同様，過去のギリシアとの連続性を強調しつつも，ローマ帝国支配に対応していく中で意識的あるいは無意識的に変容していたのである。

3．広義のギリシア世界──「中東」の文化的多層性

以上の研究動向は，アレクサンドロス以降にギリシア都市が建設された，シリアや小アジア東部などの「中東」（広義のギリシア）にも当てはまる。この地域は従来ローマ帝政史研究において，ギリシア本土や小アジア西部以上に周縁として扱われていた。だが，80年代のバワーソックによる属州アラビア研究やD・L・ケネディらによる東方辺境研究を皮切りに，90年代のF・ミラー[*]やサルトル，イザクの広くローマ期「中東」を扱う大著などを経て研究が爆発的に進展した。これらの研究では，帝政期にこの地へのローマの支配と領域拡大が本格化した点が強く意識される。小アジアと異なり早くから正規軍が置かれたことから，軍団駐屯地や退役兵植民市の文化的社会的役割の如何なども論点となっている。ただし単純な「ローマ化」は否定される。むしろ，ローマ支配と手を携えてギリシア都市文化が普及したこと，それに対してより古い文化的背景を持つ「中東」の人々がどのように向き合い，多層的文化状況が生み出されたのか，さらに，そうした状況が信仰や儀礼などで（例えばシリアの神々の崇拝やキリスト教），帝国全体にいかなる影響を与えたのかに関心が向けられている。

＊　F・ミラー
I-13 側注5参照。

┌── 歴史学的に考察するポイント ──────
①ギリシア人はローマ帝国による支配をどのように意識したのだろうか。
②ローマ人はギリシア文化をいかに理解し，取り入れていたのだろうか。
③この時代のギリシア都市はそれまでといかなる点で異なっていたのだろうか。
④「中東」において，ギリシア文化，ローマ文化，それらより古い様々な文化は，どのように影響を与え合っていたのだろうか。
└────────────────────

（参考文献）
藤縄謙三編『ギリシア文化の遺産』（南窓社，1993年）。
ファーガス・ミラー「紀元66年，132年のユダヤ人反乱とローマ帝国」（桑山由文訳）『西洋史学』198号，2000年。
桑山由文「元首政期ローマ帝国とギリシア知識人」京都女子大学史学会『史窓』65号，2008年。
クリスファー・ケリー『ローマ帝国』（藤井崇訳，岩波書店，2010年。原著は2006年）。

17 五賢帝時代と「3世紀の危機」　井上文則

【関連項目：ローマ皇帝と帝国の統合，強制国家論の現在，ローマ帝国衰亡論，古代の科学：ガレノスを中心に，「古代末期」論争，14世紀の危機，17世紀の危機】

📖 史　実

96年から180年にかけてのローマ帝国は，五賢帝時代と呼ばれる。五賢帝とは，ネルウァ[1]，トラヤヌス[2]，ハドリアヌス[3]，アントニヌス・ピウス[4]，マルクス・アウレリウス・アントニヌス[5]を指す。五賢帝時代が終焉した後，セウェルス朝[6]（193〜235年）を経て，ローマ帝国は動乱の軍人皇帝時代（235〜284年）に突入した。この時代，ローマ帝国は東方からはササン朝ペルシアの[7]，ライン・ドナウ川方面からはゲルマン系諸民族の激しい攻撃を同時に受け，皇帝の地位は著しく不安定になり，帝国が一時的に3つに分裂したこともあった。しかし，軍人皇帝時代の動乱は，268年以後に帝位についた一連のバルカン半島出身の軍人上がりの皇帝たちの手によって収拾された。

⚔️ 論　点

1. 五賢帝時代という時代区分　五賢帝時代は「ローマ帝国の最盛期」とされ，この最盛期は，養子皇帝制度に基づいて「賢帝」が連続して選出されたことによってもたらされたと考えられてきた。しかし，南川高志が明らかにしたように，「賢帝」選出の背後では政治的暗闘があり，理想的な養子皇帝制度が存在していたわけではなかった。さらに五賢帝最後のマルクス・アウレリウスの治世は異民族との戦争や疫病に苦しみ，最盛期と呼びうる状況が五賢帝時代を通じて続いたわけでもなかった。

1971年にブラウン*は，200年頃から700年頃にかけての時代を，古代末期と呼び，王朝や政治体制による時代区分にとらわれない，新たな時代概念を提唱した。このブラウンの見方に従うならば，五賢帝時代には，古代末期に先立つ一つの時代が終焉を迎えつつあったのであり，マルクス・アウレリウス帝の治世には古代末期の特徴がすでに現れつつあったのである。また，地理的には，古代末期と呼ばれる共通の時代を体験したのは，ヨーロッパだけではなく，イランまでをも含む地域であったとされている。五賢帝時代については，「ローマ帝国の最盛期」という固定観念にとらわれることなく，より広い視野で再考する必要があるだろう。

2. 3世紀は危機の時代か？　欧米では伝統的に，セウェルス朝の時代から軍人皇帝時代にかけての時期をまとめて「3世紀の危機」の時代と認識し，「危機」は政治，社会経済，文化，宗教などのあらゆる面で，帝国全域に一様に及び，この「危機」の中，前期ローマ帝国（元首政）は崩壊したとされてきた。

しかし，1990年代以後，このような見方に疑問が呈されるようになった。ヴィ

トシェルは，3世紀における帝国西方の諸地域，すなわちイタリア，スペイン，北アフリカ，ガリア北部・ゲルマニア・ラエティア，ブリテン島の社会経済的状況を考古学資料に基づいて検討した結果，各地域の状況は違いが大きいと指摘し，帝国を一様に襲った危機という歴史像を否定した。加えて，3世紀には，経済構造などの帝国の根幹に関わるレベルでの変化は生じていないと指摘して，前後の時代との連続性を強調することで，3世紀をローマ帝国の画期・断絶の時代と見ることも批判したのである。同時期には，危機という言葉を使うこと自体にも批判が向けられるようになり，価値判断を含まない「変化（change）」や「変容（transformation）」という言葉が，危機に代わって広く使われるようになった。

一方でこのような動向に対しては批判もある。2006年にリーベシュッツは，帝国が3世紀に経験した対外戦争や内乱，疫病，激しいインフレなどは危機と表現する他ないと改めて主張し，とりわけ同世紀半ばに公共建造物や公的・宗教的碑文の建立が帝国全土で停止したことを重視した。リーベシュッツは，これらの現象の背後に都市エリートの意識の変化を読み取り，ここに前期ローマ帝国の終焉を認めたのであった。

「3世紀の危機」をめぐる論争は，単なるレッテル貼りの問題のように見えるかもしれないが，そこでは歴史を継続と断絶のどちらの相に重きをおいて描くかという歴史家の姿勢そのものが問われているのである。

3．世界史的変動の中で 「3世紀の危機」をどのように評価するにせよ，この時期にローマ帝国が激しい異民族の侵入と政治的分裂を経験したことは疑いない。同様の現象は，遠く中国でも見られた。220年に400年以上続いた漢[8]は滅び，続く三国時代以後，政治的分裂の時代に入った。異民族の蜂起と侵入も同様に起こり，4世紀にはゲルマン諸王国の時代を彷彿とさせる五胡十六国[9]の時代となる。

同じ220年代には，漢とローマ帝国の中間に位置し，東西交易の繁栄に重要な役割を担ってきた**アルサケス朝パルティア**[10]と**クシャーナ朝**[11]がともにササン朝ペルシアによって滅ぼされた。3世紀には漢，クシャーナ朝，パルティア，ローマ帝国というユーラシア大陸の東西に連なる巨大国家が，いずれも大きな変動を被っていたのである。3世紀のローマ帝国史は，このようなユーラシア規模での変動の中で理解しなければならないし，その試みは，近年，欧米でようやく本格化してきている。

歴史学的に考察するポイント

①五賢帝時代という時代区分は妥当なのだろうか。

②3世紀は，ローマ帝国史の中でどのように位置づけられるのだろうか。

③3世紀にユーラシアの諸帝国を襲った変動の背景には何があったのだろうか。

ティアを倒して建国され，メソポタミアとイランを支配した。651年にイスラーム勢力によって滅ぼされた。

* **ブラウン**

Ⅰ-30 側注4参照。

▷8 **漢**

前202年に劉邦によって建国された。8年に王莽の簒奪を受けたが，劉秀によって25年に再興。184年の黄巾の乱以後，著しく衰退し，220年に滅んだ。

▷9 **五胡十六国**

五胡とは，非漢族の匈奴，鮮卑，羯，氐，羌を指し，304年から439年までこれらの民族の建てた国が華北で興亡した。最終的に北魏が華北を統一した。

▷10 **アルサケス朝パルティア**

遊牧民パルニ族によって前247年頃に建国され，メソポタミアとイランを支配した。224年にササン朝ペルシアによって滅ぼされた。

▷11 **クシャーナ朝**

1世紀に中央アジアに興り，最盛期にはインド北部にまでその領土を広げた。王カニシカは，仏教の庇護者として名高い。

参考文献

ピーター・ブラウン『古代末期の形成』（足立広明訳，慶應義塾大学出版会，2006年。原著は1978年）。

南川高志『ローマ皇帝とその時代』（創文社，1995年）。

井上文則『軍人皇帝のローマ』（講談社，2015年）。

18 剣闘士競技

本村凌二

【関連項目：アテナイの演劇と社会，ローマ皇帝と帝国の統合，「ローマ化」論争，強制国家論の現在，古代の奴隷，古代の科学：ガレノスを中心に】

▷1　エトルリア
エトルリア人はローマ以前のイタリア半島の最も重要な先住民だった。前6世紀初めにはイタリア半島北中部から南部のカンパニアへとその勢力は拡大したが，その後，ローマの侵攻を受けるようになる。

📖 史　実

　剣闘士競技は，エトルリア^{◁1}時代に遡るといわれてきたが，昨今ではカンパニア起源説が通説であり，前4世紀の初めには剣闘士競技の事例がある。当初はイタリア半島内部で開催されていたが，ローマの覇権の拡大とともに，西地中海地域のみならず，東地中海地域でも，興行として広く好まれた。

　剣闘士には様々な種類があった。最も人気の高い出し物だったのが網闘士と追撃闘士の対戦である。網闘士は素顔のままで身軽く，素早く動くことができる。これに対して，追撃闘士の防御はかたいので，動きは鈍くなる。熟練した者が命がけで技術を競い合う戦いであれば，観衆の熱い視線をあびていた。このような剣闘士興行が開かれる円形闘技場の痕跡が，ローマ帝国全土で300ほど確認されている。

論　点

1. 剣闘士競技の面白さとはどのようなものだったのか

　例えばトラキア闘士と魚兜闘士の対戦で見てみよう。トラキア闘士はほぼ正方形の比較的軽い小ぶりの楯をもち，魚兜闘士は重量のある長方形の大きな楯をもっていた。脚の防具については，魚兜闘士のものは軽装であったが，トラキア闘士のものは長くて大きい重装備であった。魚兜闘士の武器は真っ直ぐな剣（gladius）であったが，トラキア闘士は湾曲した剣（sica）をもっていた。魚兜闘士は剣で突き刺すのであり，トラキア闘士は切りつけることになる。トラキア闘士の足先は素足だったので，その部分に魚兜闘士が重い楯を思い切り叩き落とせば，痛みで身動きできなくなったにちがいない。だが，そこにはトラキア闘士の側の思惑もひそんでいる。素足の部分に隙を見せるふりをするのだ。敵の魚兜闘士が重い長方形の楯をふり落とす瞬間は絶好の狙い目になる。フェイントをかけて誘いこみ，楯をふり落とさせる。そのとき敵の肩から胸の部分が露になれば，そこを切りつけるか突き刺すか，するのである。

　このような駆け引きは，目の肥えた剣闘士ファンにはこたえられない面白さであっただろう。熟練度の高い剣闘士どうしの対戦が，闘技場に響きわたる勇壮な音楽とともに，観衆の熱狂をよびおこした様がしのばれる。

2. 「ローマの平和」の時代に見世物がなぜ好まれたのか

　観衆を魅了する高水準の戦いでは，一方の死か降伏かで終わることが多かった。降伏の態度がなされたとき，殺すか生かすかには，これまでの戦績や戦いぶりが考慮された。しばしば，大衆はその決定を主催者にうながすのだった。

近年の考古学調査は，敗北した剣闘士がどのような殺され方をしたかも明らかにしている。最後の決定に従って，喉を刺された遺骸の事例は少なくない。だが，試合中に，膝に近い大腿部を刺された遺骸もあり，頭蓋骨に三叉の鉾を突き刺された遺骸もある。おそらく，それらの傷が致命傷になったのであろう。死者が出ると，黒装束に死神を模した仮面のカローン（冥府の河の渡守り）役が登場し，死者の額を小槌で強打してその死を確認した。このような儀礼業務は正規の手続きというよりも見世物を活性化するのに役立ったという。

剣闘士競技の中で血しぶきがあがるなどという光景はそれほど多くなく，むしろ真剣勝負の緊迫感が観衆をひきつけるものだった。だから，緊張感のない競技には観衆の怒りが爆発し，敗者に近い剣闘士は罰として殺されるに値するものだった。そこには，流血を見たいというよりも，手に汗をにぎるような真剣勝負の戦闘を見たいという観衆の切なる願望があったのだ。

3. 剣闘士競技はなぜ廃れたのだろうか　「パンとサーカス[*]」とよばれる穀物や見世物の提供は，ローマ帝国の古代地中海都市という枠組みの中で大きな意味をもっていた。そこでは，民衆に恩恵を施すという行為そのものが為政者の栄誉を高めるものであったからだ。

4世紀になると剣闘士の見世物が廃れていったが，キリスト教徒の為政者が剣闘士競技の廃止を率先して行ったわけではない。むしろ，この時期の皇帝にはもはや剣闘士競技のような武骨な見世物を提供することなど気乗りのしないことだった。流血と死を目の前にして軍人精神を鍛えるなどという名目は無用の長物にすぎなくなっていた。かつて皇帝は毅然たる元老院貴族の頂点にいたはずなのに，もはや元老院貴族もふくめてすべてが臣下となっていたからである。

臣下となった元老院貴族，さらには地方都市の名望家層にすれば，住民の守護者として活動することに，どれほどの気概を感じられたであろう。彼らは住民を生き生きとさせる義務感など感じなかった。むしろ，都市に住む貴族や富豪は姿を消し去りつつあり，農村に本拠を移す者たちすら目立つようになったのである。もはや都市そのものが活気を失っていたと言ってもよい。少なくともローマ帝国の西部にあっては，それが大まかな概略である。

[*]　「パンとサーカス」
Ⅰ-31 側注4参照。

参考文献

本村凌二『帝国を魅せる剣闘士——血と汗のローマ社会史』（山川出版社，2011年）。

阿部衛「剣闘士興行における auctoramentum——ラリヌム決議を中心に」『西洋古典学研究』63巻，2015年。

増永理考「ローマ元首政期小アジアにおける見世物と都市——アフロディシアスの事例を中心として」『史林』98号，2015年。

歴史学的に考察するポイント
①ローマ帝国において剣闘士興行はなぜ広く受容されたのだろうか。
②剣闘士興行を提供する立場の者は何を狙っていたのだろうか。
③流血の見世物を受容する民衆の心性は近現代人とどう異なるのだろうか。
④古代末期という時代はそれ以前の時代とどのような差異があるのだろうか。

19 キリスト教の拡大

大谷　哲

【関連項目：ローマ帝政期のギリシア，ローマ帝国衰亡論，古代ローマの家族とセクシュアリティ，古代人の宗教１：犠牲，古代人の宗教３：国家と宗教，「古代末期」論争，ビザンツ帝国史の時代区分，迫害社会の形成，魔女迫害，ホロコースト】

📖 史実

　30年代のイエス[1]による短い宣教期間の後に成立したキリスト教は，誕生の地ユダヤからローマ帝国全土へ都市を拠点に展開し，信徒数を増大させていった。時に周辺社会との衝突を伴ったものの，３世紀初頭まではおおむね平穏にその勢力を伸長させ，帝国に広がる教会ネットワークを構築していく。３世紀半ば以降，信徒数の増大に伴い，社会の中で注目される機会の増えたキリスト教徒は時に帝国政府の介入を招くほどの紛争に巻き込まれることが増えた。３世紀末にはディオクレティアヌスによる弾圧があったものの，コンスタンティヌスによる支持を得て以降，帝国の主要な宗教の地位を占める存在へと変貌する。

⚔️ 論点

1．拡大の時期と分水嶺

　西洋古代世界へのキリスト教の拡大に関する歴史学上の議論は，キリスト教が拡大していった理由はどこにあったのかを様々に推測する作業から，具体的な拡大の時期とそれを準備した要因は何であったのかを考察する段階へと発展した。かつて，初期キリスト教史の研究とは迫害と殉教の歴史の研究であり，「殉教者の血は教会の種」と述べた教父テルトゥリアヌス[2][3]の言葉に象徴されるように，迫害に負けず雄々しく殉教[4]を遂げる信徒の姿が，ローマ世界に生きる人々にインパクトを与え，迫害ごとに入信者が増加したことが強調された。しかし，ローマ帝国政府による組織的な迫害政策は３世紀末までほぼなく，従ってかつて研究者が探し求めたキリスト教徒迫害の法的根拠なども存在を否定されるに至っている。保坂高殿が詳細に論じたように，ローマ帝国政府は３世紀までキリスト教徒をその信仰そのものを理由として迫害する法律も政策も用いたことがなかった。

　そこで旧来説とは異なる新しいアプローチを示したのは，宗教社会学者スタークによる信徒数増加の数量化の試みである。教会初期から公認前後の仮定信徒数（1000人〜600万人）から，10年で40％の増加率があったと推計すると，３世紀中頃，キリスト教徒の信徒数グラフは急激な上昇を示す。この時期以降の古代史料におけるキリスト教徒への言及増加や帝国政府の教会政策の変化と符合するため，ローマ社会史研究者K・ホプキンス[*]などがこうしたアプローチに積極的に反応し議論を深めた。

2．3世紀の信徒数増加と社会学的アプローチ

　伝統的にキリスト教は社会的弱者のうちに信徒を確保してきたとされてきたが，ミークスがパウロ[5]の伝道経路に関する社会学的研究を導入し，教会は初期段階から，社会的・経済的な

▷1　イエス
前7/前4？〜30？年。キリスト教の始祖。ガリラヤのナザレ出身で30歳頃から「神の国は近づいた」と宣教を開始したが，反乱を疑われローマのユダヤ総督により処刑された。

▷2　教父
古代・初期中世のキリスト教徒のうち，著作活動によって信仰の確立に大きな働きがあったと教会から歴史の中で認められてきた人物たち。Ⅱ-2 側注２も参照。

▷3　テルトゥリアヌス
155？〜220？年。北アフリカのカルタゴ生まれ。主にラテン語で執筆した教父。『護教論』などで熱狂的なキリスト教擁護論を展開した。

▷4　殉教
古代キリスト教徒は，法廷で信仰放棄を要求されても，これに抵抗した者を殉教者と称え，その最期の様子を殉教伝に記録して信仰のよりどころとした。

＊　K・ホプキンス
Ⅰ-24 側注６参照。

▷5　パウロ
？〜65？年。イエス死後に信仰に目覚め，教会の指導者の一人としてローマ帝国各地で宣教を行う。彼の名による書簡集と，伝道を記した『使徒行伝』が新約聖書に収録されている。

力を持つ帝国のエリートたちにも積極的にアピールしていたという説が他の研究者たちにも受け入れられるようになっている。社会上層の人々は伝統的なギリシア的教養の持ち主でもあり，彼らに受け入れられる形で聖書の諸文書を解釈することがキリスト教教義を発展させる要因となったことは現在では一般的な見方である。

聖書に記されるイエスや使徒たちの奇跡譚やローマ知識人のキリスト教徒に関する描写（それはしばしば「ペテン師」的なものであった）から，古くから**ハルナック**やタイセンは聖書学の研究を活用し，キリスト教会が担った癒しや奇跡の力に引きつけられた新たな信徒の存在をも考察してきた。「奇跡」とは病者救済活動としてキリスト教拡大の要因であったとされ，現在でも少なくない研究者に継承される論点である。社会学的アプローチはさらに，教会内における女性の地位の高さと家庭内での伝播の重要性を挙げる。間引きや出産に関する医療水準の低さから女性の生存率が低いローマ社会にあって，女性信徒の生存率の高さが信徒数増加につながったとするのである。

3. 帝国政府とのつながりと教会の社会的機能　キリスト教の拡大においてもう一つの分水嶺とは，コンスタンティヌス以降の帝国政府と教会の深いつながりである。帝国政府の支持は明らかにキリスト教の拡大と教会勢力の伸長の重要な要因となった。しかし，コンスタンティヌスが個人としてキリスト教信仰にどれほど内面的に帰依していたかと，帝国政府がキリスト教会という組織に何を期待していたかの議論は**ジョーンズ**以後多くの研究者によって取り組まれてきた。**ブラウン**は特に教会が，それ以前のローマ帝国には存在しなかった組織力を生かして，**貧者**救済など，国家の行政を代替する社会的機能を果たしたことをよく示しつつ，教会が帝国行政に組み込まれていく過程を明らかにし，以後の研究に一つの方向性を与えた。ブラウンの主張は３世紀を「不安の時代」と呼び，一神教宗教の流行をローマ帝国社会の衰退期と重ねた，ドッズらに代表される歴史観への批判でもあった。古代末期世界へと変質していく地中海世界とキリスト教の関わりをどのように想定するかは，中世社会との時代区分論につながる論点であり続けている。

▷6　ハルナック
1851〜1930年。ドイツの神学者，教会史家。キリスト教がギリシア文化に適応したことが信仰拡大につながったとの立場で教理史を体系化した。

＊　ジョーンズ
Ｉ-21 側注2参照。
＊　ブラウン
Ｉ-30 側注4参照。
▷7　貧者
古代ユダヤ・キリスト教では単に経済的欠乏を意味せず，貧者の救済は支配者にとって社会正義の維持を示す機会であったとブラウンは指摘する。

（参考文献）
保坂高殿『ローマ帝政初期のユダヤ・キリスト教迫害』（教文館，2003年）。
Ａ・Ｈ・Ｍ・ジョーンズ『ヨーロッパの改宗──コンスタンティヌス《大帝》の生涯』（戸田聡訳，教文館，2008年。原著は1948年）。
ピーター・ブラウン『貧者を愛する者』（戸田聡訳，慶應義塾大学出版会，2012年。原著は2002年）。
ロドニー・スターク『キリスト教とローマ帝国』（穐田信子訳，新教出版社，2014年。原著は1996年）。

―― 歴史学的に考察するポイント ――
①キリスト教と他の宗教にはどのような相違点・類似点があったのだろうか。
②キリスト教を新たに信仰する人たちは何を求めていたのだろうか。
③キリスト教が拡大する際，信徒たちは自覚的に「改宗」していたのだろうか。
④帝国と教会は，互いに何を求めて結びついたのだろうか。

20 強制国家論の現在

大清水　裕

【関連項目：ローマ皇帝と帝国の統合，五賢帝時代と「3世紀の危機」，剣闘士競技，ローマ帝国衰亡論，ローマ法典と社会，「古代末期」論争】

📖 史　実

　3世紀の半ばに続いた政治的混乱の後，**ディオクレティアヌス**◁1は半世紀ぶりに安定した政権を確立した。284年に即位した彼は，同僚の皇帝たちとともに打ち続く内乱を鎮圧した後，305年に退位するまで，**属州***を再編し税制や軍制を改めるなど様々な改革を行ったのである。ディオクレティアヌス退位後に再発した内戦を制して単独支配者となった**コンスタンティヌス**◁2（在位：306〜337年）も，その改革の方向性を引き継ぎ，発展させた。彼らの発布した法には，都市参事会員が租税負担を逃れようとするのを禁ずる内容や**コロヌス**◁3の土地への緊縛を示す内容が見られ，帝政後期の社会の一面が垣間見える。

⚔ 論　点

1. 「専制君主政」と「強制国家」をめぐる研究史　アウグストゥスによる新体制が「元首政」と呼ばれたのに対し，T・モムゼン*以来，ディオクレティアヌス以降の帝政は「**専制君主政**」*と呼ばれることが多かった。この時代には，「危機」の時代を経て皇帝権が強化され，官僚制と軍隊が肥大化する一方，それらを支える税収を確保するために地方都市に対する統制が強化され，農民は土地に縛りつけられた，とされたのである。ヴェーバー*やロストフツェフ*に代表されるこのような帝政後期の社会像は，後に「強制国家」と呼ばれ，我が国でも弓削達*によって論じられた。その際，しばしば参照され根拠とされたのが，皇帝たちの名で発布された法である。しかし，「ローマ帝国の衰亡」を前提としたこのような見方には，古代末期研究の進展とともに修正が迫られる。

　古代末期における都市自治については，1979年と1981年に2分冊の形で刊行されたルプレの大著『帝政後期における北アフリカ都市』が，法史料だけでなく碑文史料やキリスト教関連史料も用いて，古代末期にも都市自治が存続していたことを論証した。以後，イベリア半島やイタリア，小アジアなど，他地域でも古代末期に都市自治が存続していたことが指摘されるようになった。

　農民，とりわけコロヌスと呼ばれた小作人が土地に緊縛されるようになったとする見方に対しては，それが17・18世紀フランスの歴史叙述に影響された見方であると指摘した1982年のカリエの論文以降，奴隷制に代わるものとして法的にコロナトゥスという制度が存在したか疑問視されている。根拠とされる法文を収録する『**テオドシウス法典**』◁4についても，法典の編纂が発布から時を経て行われたために生じた問題や個々の法が発布された背景について研究がなされ，同時代社会の実態に即した史料解釈が進んでいる。

側注

▷1　**ディオクレティアヌス**
イリュリア地方（現在のバルカン半島）出身。軍人から皇帝となり，政治的混乱を収拾して後期帝政の基礎となる様々な改革を行った。
* **属州**
Ⅰ-13 側注2参照。

▷2　**コンスタンティヌス**
ディオクレティアヌスの後継者の一人だったコンスタンティウスの息子。キリスト教の公認やコンスタンティノープルの建設で知られる。

▷3　**コロヌス**
帝政後期の法文において小作人を示す言葉。ただし，本来は小作人だけではなく，農民や植民市（コロニア）の住民を意味した。
* **T・モムゼン**
Ⅰ-14 側注2参照。
* **専制君主政**
Ⅰ-31 側注3参照。
* **ヴェーバー**
Ⅰ-23 側注3および Ⅴ-12 側注3参照。
* **ロストフツェフ**
Ⅰ-23 側注4参照。
* **弓削達**
Ⅰ-25 側注8参照。

▷4　**『テオドシウス法典』**
5世紀前半に皇帝テオドシウス2世の命令で編纂された法典。コンスタンティヌス以降の諸皇帝が発布した法の抜粋がテーマ別に収録されている。

2. 都市自治と都市参事会員の役割　ディオクレティアヌス時代に確実に大きな変化が見られたのが地方統治の分野である。帝政前期のローマ帝国は整備された官僚制を持たず，都市自治に地方統治の多くを依存していた。ディオクレティアヌスの時代には，それまで50ほどであった属州が100程度に細分化されたことが史料上確認でき，都市自治に対する統制が強化されたと考えられてきた。しかし，地方社会の実情を示す各地の碑文からは，属州の細分化によって属州総督が都市行政に対する介入を強化した様子は読み取れない。同時代の史料からは，皇帝は依然として地方都市を支えるべき存在とされていたと考えられる。

　また，帝政後期の法には，都市自治を担う**都市参事会員**[5]たちが租税負担を逃れようとする様子が数多く記録されており，彼らの負担増加が想定されてきた。しかし，これらの法は法典編纂の結果残されたものであり，この時代に都市参事会員の負担が急増した根拠とはならない。租税負担を逃れようとする動きは帝政前期にも知られている。他方，各都市で租税徴収を担った都市参事会員の横暴を非難する史料も残されており，徴税業務を介した富の蓄積が行われた可能性も指摘されている。重税に喘ぐ帝政後期の都市参事会員というイメージにも注意が必要である。

3. コンスタンティヌス時代のコロヌス　コンスタンティヌスの発布した法に，土地に縛られたコロヌスが初めて確認されるのは事実である。その後も，コロヌスの土地への緊縛を示す法文はたびたび発布されており，帝政後期に徴税が強化され，小作人が農地に縛りつけられるようになったことを示しているように見える。

　しかし，これらの法は原則として個別事例に対応したものと考えられており，一般化は難しい。類似の内容が繰り返されている点についても，膨大な法文の中から法典編纂の過程で類似の内容を含むものが集められた結果と想定され，小作人の土地への緊縛が一般化したとは断定できない。法の規定が社会の現実を反映したものか，あるいは当局の理想を示したにすぎないのか，についても見方は分かれている。

　また，コロヌス自体は帝政前期から存在が確認されており，すでに地主への依存が強まっていたという研究もある。法史料だけを根拠としてローマ社会が4世紀に大きく変化したと断定するのには慎重であるべきだろう。個々の史資料の生み出された背景をふまえた精緻な研究が求められている。

> **5 都市参事会員**
> ローマ帝国の地方都市の自治を担った都市参事会の構成員。人数は都市の規模によって異なるが，100名程度とされることが多い。

（参考文献）
弓削達「ドミナートゥスの成立」『岩波講座世界歴史3——古代3』（岩波書店，1970年）。
坂口明「二世紀および三世紀初頭のコロヌスの法的・社会的地位」『史学雑誌』86編4号，1977年。
大清水裕『ディオクレティアヌス時代のローマ帝国』（山川出版社，2012年）。

歴史学的に考察するポイント
①「専制君主政」や「強制国家」は帝政後期を示す表現として適切だろうか。
②帝政後期に地方都市のあり方は大きく変化したのだろうか。
③コロヌスの地位は帝政後期に大きく変化したのだろうか。

21 ローマ帝国衰亡論

西村昌洋

【関連項目：ヘレニズム期の王権とポリス，五賢帝時代と「3世紀の危機」，キリスト教の拡大，強制国家論の現在，ローマ法典と社会，「古代末期」論争】

史　実

　1〜2世紀に強勢を誇り，3世紀半ばに極度の政情不安を経験したローマ帝国は，ディオクレティアヌス・コンスタンティヌス両帝の諸改革により新たな基盤を固め再び帝国としての安定を取り戻す。だがこの4世紀の後期帝国も同世紀末年を迎えると内部の分裂や外敵の侵入といった深刻な危機に見舞われ，東帝国がその後も命脈を保った一方，西帝国は5世紀の間に急速に弱体化し政治上は消滅した。ローマ帝国，特に西帝国の滅亡は古来より多くの作家・学者の関心を引いてきたが，18世紀後半のギボン*以降，ローマ帝国の滅亡とその原因をめぐる考察は，強大国の衰亡を論じる議論のモデルとなったこともあり，歴史学界に一定の地位を獲得するに至った。これが「ローマ帝国衰亡論」である。

論　点

1．内因論

　帝国滅亡の原因を問う衰亡論は，大別して内因論と外因論に分けることができる。このうち内因論とは帝国の内部に原因を見出すものである。内因論者たちが提出した滅亡の原因は多岐にわたる。ギボンは帝国の巨大さそのものとそれがもたらす悪徳に究極的な原因を見出した。後期帝政を「専制君主政*」，「強制国家*」として理解したT・モムゼン*も，国家体制が社会の萎縮と沈滞をもたらしたと考えている点で内因論に属する。帝国内部の制度や組織に問題を見出す論者は常に存在しており，20世紀末のマクマレンも制度・機構の肥大化がもたらす腐敗が衰退を招いたとの立場をとる。他方，キリスト教が帝国社会に悪影響を及ぼしたとの見解も以前から根強く，近年ではW・V・ハリスが，キリスト教が帝国内部の分裂・不和を悪化させ国家の資源動員能力に負荷をかけた点を強調している。また異民族との関連では，帝国内部の異民族蔑視や排外意識の拡大により異民族の受容・統合に失敗したことや（弓削達*，南川高志），近年の研究がローマ人—異民族間の接触・相互作用は以前思われていたよりも頻繁であった点を指摘していることを受けて，地方住民が帝国中央ではなく外部の異民族との結びつきを強めたこと（イネス，ハルソール）に滅亡の原因を見出す論者も存在する。

2．外因論

　外因論の場合，帝国滅亡の原因を「野蛮人」と呼ばれた**帝国外の異民族**◁1による「移住」ないし「侵略」に帰す点で一貫しており，内因論ほど多様ではない。「ローマ文明は天寿を全うしたのではない，暗殺されたのだ」とのピガニヨルの言（20世紀半ば）がこの立場を代表する。注意すべきなのは外因論が後期帝国の内部を肯定的に理解する態度と結びついていたところ

＊　ギボン
Ⅰ-13側注1参照。

＊　専制君主政
Ⅰ-31側注3参照。
＊　強制国家
Ⅰ-20参照。
＊　T・モムゼン
Ⅰ-14側注2参照。

＊　弓削達
Ⅰ-25側注8参照。

▷1　帝国外の異民族
ローマ人が「野蛮人」と呼んだ帝国外に住む人間集団のこと。衰亡論においてはもっぱら，ゴート族，ヴァンダル族，フランク族といったヨーロッパ国境線の向こうに住む人々を指す。

である。ジョーンズ[2]による包括的な後期帝国研究も，帝国滅亡の原因を外に求めることによって可能となったものである。近年のヘザーとウォード＝パーキンズもこの系譜に属する。この２人は徹底的な外因論をとり帝国内部に衰退の徴候を全く認めていない。このような立場の背景には先に言及した近年の異民族研究の進展も関わっている。民族移動期の異民族は４世紀にはすでにローマ文明に馴染みの存在だったことが指摘されているが，これは，「野蛮人」はそれほど野蛮で非文明的な存在ではなく，それゆえたとえ帝国内部が健全でも帝国と渡り合う能力をその時点でもう彼らは獲得していたとの理解につながるからである。

3. 内因論と外因論の相互影響と衰亡論の今後

こうしたことから内因論と外因論は互いに対立するだけではなく，歴史研究上相互に影響し合う性格を持っていることが指摘できる。上記の通り，外因論をとることは後期帝国内部の研究を進展させる結果を生んだし，民族移動の影響の大きさを強調するとしても，文明が破壊されたことに力点を置けばそれは外因論に，異民族の流入に帝国が対処できなかったことに着目すればそれは内因論に傾くからである。また近年では「古代末期論」の登場に影響されて，衰亡論そのものの相対化も生じている。この立場に立つ論者にとって重要なのはローマ帝国の衰退や滅亡ではなく，古代文明がキリスト教を媒介とし，変容しつつも後世に受け継がれ，ヨーロッパ文明の伝統を形成している点である。このような論調の変化には多文化主義[*]やヨーロッパ統合といった同時代的な関心が作用していることはたびたび指摘されてきた。ただし，それは現代の歴史研究者に限ったことではなく，ローマ帝国衰亡論自体に常につきまとう要素である。この問題を扱う論者は，いかなる立場をとろうとも，各人の生きている同時代の社会状況や思潮と全く無縁でいることはおそらくできない。そのため，ローマ帝国衰亡論を扱う場合，各論者の生きていた時代環境に注意する必要があるが，同時に議論のすべてを同時代的な問題意識に還元することなく歴史学の課題として接する冷静さ・慎重さも求められるだろう。

▷2 ジョーンズ
1904〜70年。イギリスの古代史家。ここで言及している1964年の大著『後期ローマ帝国（The Later Roman Empire）』は，半世紀以上を経た今でも参照に値する記念碑的研究である。

* 多文化主義
I-30 側注5参照。

歴史学的に考察するポイント

①末期のローマ帝国はどの程度「衰退」していたのだろうか。
②ローマ帝国と異民族との関係はどのように理解すべきだろうか。
③ローマ帝国は国家の盛衰を議論するモデルとして今でも有効だろうか。
④各論者はどのような同時代的な問題意識を持っていると考えられるだろうか。

(参考文献)
米田利浩「ローマ帝国の変容と没落」山本茂ほか編『西洋の歴史〔古代・中世編〕』（ミネルヴァ書房，1988年）。
南川高志編「ローマ帝国の「衰亡」とは何か」『西洋史学』234号，2009年。
ブライアン・ウォード＝パーキンズ『ローマ帝国の崩壊——文明が終わるということ』（南雲泰輔訳，白水社，2014年。原著は2005年）。

22 ローマ法典と社会

田中　創

【関連項目：強制国家論の現在，ローマ帝国衰亡論，「古代末期」論争，ビザンツ帝国史の時代区分，中世初期国家論，ピレンヌ・テーゼ】

史　実

　2世紀後半から3世紀前半にかけて，帝国の高位官職に就いた法学者たちが，現実の統治経験に裏打ちされた高度なローマ法学書を大量に残した。そのため，この時期はローマ法の古典期とされる。しかし，3世紀の動乱を経た後のローマ帝国では，元老院の権能が実質的に縮小し，法源としての元老院決議も確認されなくなる。また，法学者たちが自らの名のもとに著作を残す事例もなくなり，あるテーマに則って勅法と法学者著作を集めて注釈を施した無名氏の法著作類に限られるようになる。その一方で，法制定の権能を独占した皇帝は勅法をしばしば発布し，それらはときに勅法集にまとめられた。これらの帝政後期の法著作に現れる法概念には古典期のそれから乖離したところが頻繁に見られ，それは特に帝国西部において顕著である。これに対し，帝国東部では**コンスタンティノープル**[*]やベリュトス（現ベイルート）で法学著作を教材とする法学校が発達した。そこから輩出された人材の寄与もあって，**ユスティニアヌス**[▷1]のもとでそれまでに世に出された勅法や法学者著作を体系的にまとめ上げた法典『ローマ法大全』が編纂され，この作品が中世社会に古典期のローマ法を伝えることとなった。

論　点

1. 伝統的な見方とそれに対する「卑俗法」という概念

帝政後期の法は，法解釈が皇帝に独占され，法学者による柔軟な思考の展開が封じられたとして長らく否定的に捉えられるのみだった。そして，古典期の厳密で高度な法原則から逸脱したところが古代末期の法に見られるのは，実務家たちによる法原理の無理解と歪曲を示すとされた。古代末期の弁護人たちが**修辞学**（レトリック）[▷2]に多くを頼ったこともこの傾向を助長したとされてきた。

　これに対し，レヴィは1930年代から1950年代にかけての一連の研究で「卑俗法」という概念を提起した。彼は，ローマ法が各地で適用される際に，司法・行政の現実的必要に迫られて現地の慣習や法実践が入り込み，皇帝の勅法がそれを追認したために，古典期と異なる法原則がローマ法史料に見られるようになったと考える。そこで彼は，多様な法関連史料から，現実社会に根づいた法原則や法概念を抽出し，それらを「卑俗法」という概念で包摂しようと試み，カーザーがこれを継承して体系的にまとめ上げた。ヴィーアッカーは，古典主義的な法原則を維持する層と「卑俗主義」的な法原則を新たに採用する層が社会には並存しており，両者のあり方と法運用の実態を問うべきと批判したものの，古代末期の史料に確認される非古典的なところを，帝政前期の法学者著作から知られる古典的

ローマ法と対置する形で捉える点では共通していた。

2. 近年の古代末期論における法への評価 20世紀末の古代末期研究の影響を受けて,「古典的」なローマ法をもっぱらの基準として古代末期の法を捉えようとする姿勢は低調になり,むしろ古典期の法律運用の実態や,古代末期の法史料が作成された経緯の綿密な分析・検討が個別に進められるようになっている。リープスやオノレは,古代末期の無名の法学者たちの姿を現存史料から掘り起こし,依然として法学者たちが社会内で重要な役割を果たしていたことを明らかにした。また,ハリーズやハンフレスはそれまであまり着目されてこなかった法史料以外の文献史料を活用することで,地方社会と中央政府との間で展開した法をめぐるやり取りを生き生きと描き出し,それまでしばしば「衰退」とされてきた変化を,動態的な発展過程として捉えようとしている。また,単なる詭弁という否定的評価が下されがちであった修辞学についても近年では見直しがなされ,法廷弁護での法の運用方法を解明するための有用な視点が提供されつつある。

3. 西欧世界におけるローマ法の伝承 東ローマ（ビザンツ）ではローマ法著作が残された一方で,西欧世界では,「部族法典」に象徴されるゲルマン法がゲルマン人に,ローマ法がローマ人に用いられるという属人法原則が採用され,後者は卑俗化していったと長らく見なされてきた。そして,経済活動の縮小と複雑な契約の不在もあいまって,西欧中世では高度なローマ法学者著作は長らく顧みられることなく,ようやく11世紀末になって再発見されたと理解されてきた。しかし,近代以降の国民国家的な視点をもとにして,ゲルマン人・ローマ人という民族集団とそれぞれの法体系を自明のものとする旧来の理解は批判にさらされ,近年では「部族法典」とされてきた法も,現地のローマ人たちの法慣習に基づいて編まれたものではないかという指摘がなされつつある。また,すでに帝政前期から地方ごとの慣習の違いが極めて大きく,古典法がそのまま適用されていたわけではないこと,キリスト教会の教会規定をはじめとする世俗権力外の法規範が種々存在したこと,抄録のローマ法典が伝承・活用されていたことなどが改めて注目されている。このため,法の運用に関しても,ゲルマン人侵入前後をめぐる断絶よりも,むしろ継続性に着目して西欧世界の地域差を捉え直す試みが強まりつつある。

歴史学的に考察するポイント

①古代・中世の裁判や紛争解決は現代のものと何が同じで何が違うのだろうか。
②古代末期の人々はどのように自分自身の所属集団を理解しただろうか。
③法典の編纂は古代社会においてどのような意味を持っただろうか。
④どうして11世紀末になると西欧で法学者著作が再注目されたのだろうか。

参考文献

船田享二『ローマ法』第1巻（岩波書店,1968年）。
カール・クレッシェル『ゲルマン法の虚像と実像』（石川武監訳,創文社,1989年。原著の論文は1968〜86年）。
谷口貴都「「ローマ卑俗法」の概念について」『高岡法学』1巻,1990年。
ピーター・スタイン『ローマ法とヨーロッパ』（関良徳・藤本幸二訳,ミネルヴァ書房,2003年。原著は1999年〔英語版〕）。

23 古代経済史論争

池口　守

【関連項目：アテナイ「帝国」と民主政，ローマ共和政の本質とアウグストゥス，ローマ皇帝と帝国の統合，古代の奴隷，ピレンヌ・テーゼ，資本主義論，生活水準論争，消費社会】

側注

＊ デロス同盟
[I-5] 側注1参照。

▷1 アンフォラ
ワインやオリーブオイルを輸送するための土器。難破船に確認されるアンフォラの類型やスタンプが，海上交易や農業経済の実態を知る上で役に立つ。

▷2 オスティアとポルトゥス
テヴェレ河口の港町オスティアは良港を持たなかったため，クラウディウスおよびトラヤヌスが海岸沿いに巨大な人工港ポルトゥスを築造した。

▷3 ヴェーバー
1864〜1920年。ドイツの著名な社会科学者。『プロテスタンティズムの倫理と資本主義の精神』が有名だが，『古代農業事情』など古代史の重要な業績もある。
[V-12] 側注3も参照。

▷4 ロストフツェフ
1870〜1952年。ロシア生まれの古代史家。革命後にアメリカに亡命してイェール大学などで教授職。「都市ブルジョワジー」をギリシア・ローマ文化の担い手と見なした。

▷5 フィンリー
1912〜86年。戦後のアメリカで政治思想を疑われて大学の職を失い，イギリスに渡ってケンブリッジ大学で教鞭をとる。20世紀後半の古代史学界に多大な影響力を及ぼした。

📖 史 実

　前5世紀，ギリシア連合軍を率いてペルシア戦争に勝利し，デロス同盟[＊]の盟主となったアテナイは，ラウリオンで奴隷使用により産出した良質の銀により経済的繁栄が支えられ，穀物輸入やオリーブオイル輸出などの貿易を盛んに行った。一方，スパルタの経済活動は基本的に支配領域内にとどまり，他の諸ポリスの経済活動はアテナイ型とスパルタ型の間に位置した。古代ローマでは，共和政末期を中心に戦争捕虜が奴隷としてイタリアに流入し，農業その他の経済活動に多数使用された。イタリアのワインやスペインのオリーブオイルがアンフォラ[▷1]に詰められて海上輸送され，首都ローマは外港であるオスティアとポルトゥス[▷2]を通じて，北アフリカ産の穀物など大量の物資を輸入した。

🛡 論 点

1．論争の展開

　古代経済に関する論争は19世紀末のドイツで経済学者ビュッヒャーと歴史家E・マイヤーとの間に始まった（ビュッヒャー・マイヤー論争）。前者が家内経済を基本とする古代経済の閉鎖性を強調して近代経済学の概念を適用不可としたのに対し，後者は古代経済と近代経済との間に経済成長などの類似性を認め，ホメロスの時代からギリシア古典期，さらにヘレニズム時代にかけて段階的に産業と貿易が発展して，ローマ時代には「資本主義」が発達したと述べたのである。ビュッヒャー説はヴェーバー[▷3]からの支持を受けたが，マイヤー説はベロッホに引き継がれて優勢を保ち，さらに後者の流れを汲むロストフツェフ[▷4]の『ローマ帝国社会経済史』（原著は1926年）が，考古学史料を含む多様な史料を用いてローマ経済の発展，および近代経済との類似を強調し，このようなモダニズムがしばらくは優位にあった。ところが，ポラニーの経済人類学の影響を受けたフィンリー[▷5]の『古代経済』（1973年）は，古代人が経済的合理性を欠いていたこと，経済活動がもたらす利潤よりも地位や名声に関心があったこと，自由市場の存在と機能は限定的だったことなど，古代経済と近代経済の質的な差異を力説し，そのプリミティビズムが新たな通説となってその後の議論に多大なる影響を及ぼした。フィンリー説への批判は様々に提起されてきたが，それを根底から覆すというよりも修正を試みる形で，今日も議論が続いている。

2．経済史研究と考古学

　フィンリーの『古代経済』が社会や文化に焦点をあてた質的な議論に特化したのは，統計処理に役立つデータが決定的に不足していたことが背景にあった。それまでの考古学は大きな建造

物や美術的価値の高い遺物に主たる関心を向けており，経済の概観に役立つ広範なデータの収集は進んでいなかったが，その後，発掘データは洗練され増加してきたし，フィールド・サーベイ[6]により遺跡の分布と経時変化を読み取ったり，難破船，アンフォラ，食器などをもとに交易のルートと規模を析出したり，花粉・種子・骨など動植物の遺物を分析して農畜産業や食習慣について知見を得るといった新たな手法も考案・導入されて，一定の統計処理が可能となってきた。考古学史料は調査や解釈の方法に課題を含む場合も多いが，そのことに注意を促しつつもデータの活用へと誘うグリーンの『ローマ経済の考古学』（原著は1986年）が刊行されて以来，古代経済史研究と古典考古学の距離は接近し，近年では航空写真の撮影，3次元レーザースキャン，地中レーダー探査など先進的な技術も応用されている。このような現状も踏まえ，オックスフォード大学では2005年から「ローマ経済プロジェクト」と銘打って，データの収集・分析と成果の公表を進めている。

3. ローマ帝政期の経済成長 フィンリー説に対する修正論は，地域的偏差や経時変化の可能性を念頭においたものが多い。現在のヨーロッパ，北アフリカ，中近東の広大な領域にまたがり1000年以上にわたる古代世界の経済を単一的に捉えるのは無理であって，地域や時代によっては近代経済との類似も認められるのではないか，という疑問である。再考の対象はやはり，経済的繁栄を謳歌したローマ帝政初期を中心とする時代であり，考古学史料も駆使した近年の諸研究によれば，この時期までに帝国の人口は増大して都市が発達し，貿易量は拡大，人々の生活水準は向上したと考えられるので，実質的な経済成長を想像するのも不可能とはいえない。しかもこれらの指標は帝政後期から中世にかけて落ち込み，元のレベルを回復するのは近世ないし近代であることが多いので，帝政初期に関する限りはモダニズムが部分的に復権し，近代経済学の概念や理論を用いて古代経済を説明しようとする試みも増えつつあるのが現状である。

▷6 **フィールド・サーベイ（表面踏査）**
主に農村部で遺構の観察や（土器片など）遺物の収集を行い，そのデータから遺跡の空間的分布と定住形態の時間的推移を読み取る手法。

（**参考文献**）
ケヴィン・グリーン『ローマ経済の考古学』（本村凌二監修，池口守・井上秀太郎訳，平凡社，1999年。原著は1986年）。
M・ロストフツェフ『ローマ帝国社会経済史』（坂口明訳，東洋経済新報社，2001年。原著は1926年）。
池口守「ポルトゥスおよびオスティアの倉庫と港湾都市の盛衰」坂口明・豊田浩志編『古代ローマの港町——オスティア・アンティカ研究の最前線』（勉誠出版，2017年）。

歴史学的に考察するポイント

①古代経済を単一的・静態的に捉えることはどの程度可能だろうか。
②古代に「資本主義」や経済成長を認めることができるだろうか。
③考古学史料は古代経済史研究にどのように活用できるだろうか。
④近代経済学の概念や理論は古代経済を説明するのにどの程度役立つだろうか。

24 古代の奴隷

福山佑子

【関連項目：アテナイ「帝国」と民主政，剣闘士競技，古代経済史論争，古代ローマの家族とセクシュアリティ，大西洋奴隷貿易，農奴解放，南北戦争】

史　実

　ギリシア・ローマ世界において，人間には自由人と奴隷という法的区分が存在した。奴隷は人ではなくモノとして扱われ，所有主の私有財産として農場や鉱山などで労働に従事したほか，国家や都市の仕事に従事する公共奴隷，家内奴隷も多数存在した。ローマの場合全人口の15〜20％程度が奴隷であったとされ，戦争捕虜として奴隷身分となった人々のほか，奴隷身分の母親から生まれた子や嬰児遺棄された子も奴隷の供給源であったとされている。ギリシア（アテナイ）では奴隷は解放されても**メトイコイ**▷1（在留外国人）身分とされて市民権を獲得できなかったのに対し，ローマでは解放されて自由人になると市民権を獲得することができ，資産の形成や子孫が官職へ就任する道を開くことが可能になった。帝政期には遺言で一度に解放できる奴隷の割合に制限が設けられるほど多くの奴隷解放が行われてもいる。奴隷に対する認識は古代においても時代や地域によって様々であり，奴隷とは理性を欠いた存在であるとして奴隷制を肯定する**アリストテレス**＊のような意見もあれば，奴隷を自由人と大差ない存在とする**セネカ**▷2のような意見もある。

論　点

1．奴隷研究の展開

　マルクス＊が自由人と奴隷の関係に階級闘争を見出した19世紀半ば以降，奴隷研究は被抑圧者による解放運動の分析を中心として進められた。**シチリアの奴隷反乱**▷3や**スパルタクス**▷4蜂起といったローマの対外進出に伴う支配と抑圧に対する抵抗に焦点をあてた土井正興など，古代は奴隷制社会であったという視点から当時の社会構造を分析する研究が20世紀半ば以降に多数行われている。また20世紀前半には奴隷供給の枯渇がローマ帝国の衰退を招いたという**ヴェーバー**＊の意見も大きな影響を与えていた。しかし20世紀後半からは，ギリシア（アテナイ）の社会において奴隷とは市民が市民らしく生きるために必要な余暇を作り出す不可欠の要素であったとして両者の関連を指摘した**フィンリー**＊（フィンレイ）の研究のように，奴隷を支配と被支配という二項対立的な構造で捉える見解からの離脱が進んでいる。例えば，奴隷の仕事とされてきた鉱山労働等に自由人も従事していたことなど，奴隷と自由人という区分が絶対的なものではなかったという認識は広く共有されつつあり，近年の社会史的観点からの奴隷像の再検討や社会的流動性の研究につながっている。

2．社会の中の奴隷

　近年の奴隷研究では，奴隷とは単に使役される存在ではなく古代社会の一部を成す存在であったという視点からの研

▷1　メトイコイ
ギリシアの在留外国人の身分。アテナイでは市民を後見人とすることで居住権が認められていた。また，彼らは市民と同様に公共奉仕義務を負っていた。
＊　アリストテレス
Ⅰ-29側注1参照。
▷2　セネカ
1世紀中頃にローマで活躍したストア派の哲学者。ネロの教師を務めたことでも知られる。
＊　マルクス
Ⅳ-7側注1参照。
▷3　シチリアの奴隷反乱
前2世紀後半にシチリアで勃発した二度の奴隷反乱。奴隷制農牧畜業が南イタリアやシチリアで拡大する中で生じた。
▷4　スパルタクス
前73年にカンパニア地方を起点として生じた奴隷反乱の主導者。トラキアで生まれ，カプアで剣闘士奴隷として扱われていた。
＊　ヴェーバー
Ⅰ-23側注3およびⅤ-12側注3参照。
＊　フィンリー
Ⅰ-23側注5参照。

究が盛んに行われている。アリストテレスのように奴隷を「生きている道具」と評する意見も存在したが，彼らは被支配者であると同時に「家」の一員でもあった。奴隷の家族関係や奴隷解放に焦点をあてたブラッドレーによる研究以降，人口動態の観点から家内出生奴隷が奴隷の供給源として一定の役割を果たしたことを示す研究や，碑文史料を用いたプロソポグラフィ[5]分析を元に商工業者の多くが被解放自由人（解放奴隷）であったと示すことで奴隷身分からの社会上昇の実態を明らかにする研究など，ローマ史を中心に奴隷と社会との関わりを解き明かそうとする研究が多数行われている。被解放自由人については，彼らが解放後も「家」の一員として元主人の社会的影響力を利用しながら活躍の場を得ていたことを示したムーリッツェンの影響も大きい。

3．ローマ社会の流動性　ローマの支配領域拡大に伴い地中海地域における人的交流が活性化したことを示したK・ホプキンス[6]やP・A・ブラントによる研究以降，奴隷の供給源や地理的な移動を切り口として古代の社会構造を再検討しようとする研究も行われている。例えばシャイデルはイタリアにおける奴隷の人口推計を再検討した上で，その職業，地域，性別ごとの差異を提示している。また，帝政期のローマでは帝国西部で急激な人口増加の痕跡が確認できるが，例えばギリシア系の名前を持つ医師や教師のように，その中には帝国東部から富や職を求めて移動してきた被解放自由人が多数含まれていたとも墓碑から確認できる。奴隷たちは帝国内を移動して故郷の文化や知識を伝えることで，各地に新たな文化を生み出すという文化創造の役割も担っていた。加えて，奴隷の身分から解放されることによって法的・社会的身分の上昇が可能であったという点も，ローマ社会の流動性をめぐる論点の一つである。奴隷解放の手続きや奴隷・被解放自由人の法的身分についての議論など，法史料を用いた研究が多数行われているほか，上述の碑文史料を用いた被解放自由人の実態についての社会史的分析もその一部をなしている。

▷5　プロソポグラフィ
特定の集団に属する人物の出身地，経歴，職業，家族などの情報を集めることで，その特徴や人的紐帯を明らかにする研究手法。

▷6　K・ホプキンス
1934〜2004年。20世紀の古代史研究者。経済・社会学的手法を取り入れた研究を行うことでローマの社会史研究を刷新した。

━━ **歴史学的に考察するポイント** ━━
①古代社会において奴隷はどのような役割を担っていたのだろうか。
②ギリシアとローマの奴隷観にはどのような差異と連続性があるのだろうか。
③ローマの社会的流動性において奴隷はどのような存在だったのだろうか。
④古代の奴隷制と中世，近現代の奴隷制との違いはどのようなものだろうか。

参考文献
M・I・フィンレイ編『西洋古代の奴隷制』（古代奴隷制研究会訳，東京大学出版会，1970年。原著は1960年）。
本村凌二『薄闇のローマ世界──嬰児遺棄と奴隷制』（東京大学出版会，1993年）。
小林雅夫『古代ローマのヒューマニズム』（原書房，2010年）。
ロバート・クナップ『古代ローマの庶民たち──歴史からこぼれ落ちた人々の生活』（西村昌洋監訳，増永理考・山下孝輔訳，白水社，2015年。原著は2011年）。

25 古代ローマの家族とセクシュアリティ 髙橋亮介

【関連項目：アテナイの演劇と社会，キリスト教の拡大，古代の奴隷，男女の領域分離，セクシュアリティ，フェミニズムとジェンダー】

史　実

　他の社会と同じように古代ローマにおいて家族は，生活をともにする人間集団の最小の単位である。家族は経済活動の基本的な単位であり生業を身につける場であり，貴族の子弟にとって祖先の偉業を模範として学ぶ場でもあった。そして家の祭壇や竈で祀られる神々はローマ人の身近な信仰の対象であった。だが家族を意味するラテン語「ファミリア familia」・「ドムス domus」には奴隷や離れて暮らす親族も含まれることがあり，私たちの感覚と必ずしも一致しないことに注意が必要である。古代ローマの家族に関する史料には，結婚や相続に関する法文，家族への気遣いやどのような人物が望ましい結婚相手かを知らしめるキケロ[1]や小プリニウス[2]ら貴族の書簡，セネカ[*]やプルタルコス[3]などの知識人の著作といった社会の上層の様相を伝える史料に加え，帝国各地で建てられた墓碑やエジプトからのパピルス文書などがあり，様々なアプローチが可能となる。

論　点

1．家族の構成

　家族構成への理解は注目する史料とその解釈に応じて変化している。20世紀半ばまで主流であった，法文に基づく研究は，強い権限を持ち財産権を有する家父長が息子とその妻，孫を統べる，男系三世代からなる大家族を典型的としてきた。だが20世紀後半以降，文献史料から前2世紀までに夫婦と未婚の子からなる核家族がイタリアでは一般的となっており，また墓碑に記された親族関係の分析から帝政期にも核家族が優勢だったと示された。さらに人口学の知見は，平均寿命が短く，男性の晩婚傾向がある古代ローマでは三世代同居の可能性が低かったと指摘している。しかし核家族説に批判がないわけではない。論拠となる墓碑銘は死者の記念や相続行為のために作られ，現実の家族構成を必ずしも反映しているわけではない。そして一人の人間が経験する家族の形は流動的であり，一家族の構成や規模も通時的には変化するという「家のライフ・サイクル」を考慮すると，典型的な家族形態を見出そうとする試みの意義も疑われるのである。

　それでもローマ人が生きた世界を理解するために家族のあり方を問う重要性は失われていない。近年の研究は家族の多様性を認め，様々なテーマへの関心を広げている。例えば，ローマやイタリア以外の地域の状況，家屋の遺構を利用した生活空間の再構成，おじ・おばといった親族の役割，老人や幼児への接し方などを挙げることができる。

2．ローマ帝国支配下の地域の変化

　ローマの支配下に入った地域では，家族のあり方にも変化が生じることがあった。例えばエジプトからは，

▷1　キケロ
前106〜前43年。ローマ共和政末期の政治家。弁論，弁論術・修辞学についての著作，哲学書，友人・縁者宛の書簡など多くの著作を残し，後世への影響も大きい古代ローマの文人・知識人でもある。

▷2　小プリニウス
61年頃〜114年以前。帝政期ローマの政治家，弁論家。10巻からなる『書簡集』はローマ貴族の交友関係や関心事，属州総督の任務を明らかにする。『博物誌』を著した同名の人物は叔父で養父である。

＊　セネカ
Ⅰ-24 側注2参照。

▷3　プルタルコス
45年頃〜120年以後。ローマ支配下のギリシアに生きた伝記作家，哲学者。伝記は『英雄伝』に，倫理に関する諸著作は『モラリア』にまとめられている。

▷4　ヴェーヌ
1930年〜。現代フランスの西洋古代史研究者。アナール学派第三世代に属し，コレージュ・ド・フランスの同僚フーコーとも親交が深かった。主著『パンと競技

日常の行政や経済活動を記録したパピルス文書が多く出土しているが，そこからは兄弟姉妹婚の慣習がローマ帝政期に隆盛したことがわかる。この近親婚は３世紀初頭のローマ市民権付与まで違法ではなかったものの，ローマ人に（そして私たちにも）異様に思われていた。だが，その流行はローマの支配によって，しかし意図せずして，もたらされたと考えられる。ローマは属州統治のために地方エリート層の安定した存続を望み，エジプトにも地方富裕層の創出と身分の固定化が図られた。これに対してエジプト人は家産を分散させずに円滑に次世代に伝えるために，ローマ期以前から存在した在地の婚姻慣習を用いたのである。ローマの支配は画一的な文化をもたらしたわけではなく，地方の多様性を促進することもあったのである。なお，兄弟姉妹婚をした夫婦は養子による義理の兄弟姉妹で血縁関係はないのではないかという指摘がある。にわかには信じがたい近親婚への懐疑としてうなずけるものの，配偶者ではない兄弟姉妹にも用いられる「父と母とを同じくする姉妹／兄弟」という史料中の文言を，ある場合は文字通り受け取り，別の場合には疑い養子を指すと解釈できるとしたら，家族関係の探求には大きな困難が伴うことになってしまう。

3．結婚観をめぐる議論

実態としての家族がいかなるものであれ，共和政末期から帝政前期にかけて結婚観が変化したとの主張がある。ヴェーヌ[4]やフーコー[5]の研究を参照しつつ本村凌二は，家名を重んじる結婚から夫婦愛を重視する結婚へと転換が生じたとする。そして「対としての夫婦」という観念が結婚外の性関係を忌避する心性を生み出していったと主張する。ホラティウス[6]やユウェナリス[7]らの風刺詩から性に対する感性の変化を読み取る本村の議論を，同じ風刺詩に描かれる性的に奔放な女性に注目し，家父長権が弱体化し「自由な」女性が現れたとする弓削達[8]の議論と比べると史料の扱いの斬新さが際立っている。キリスト教の普及に先立ち家族や性に関する道徳観と感性の変化があったとの指摘も重要である。その一方で，感性の歴史を書くことには難しさがつきまとう。感性の変化はエリートたちに限られた現象だったのか，それとも，より多くの人々にも生じたのか。家と家とを結びつけるという結婚の政治的な役割や頻繁に起こっていた離婚・再婚とどう整合的に理解するのか。議論に用いられる史料の選択は恣意的になされてはいないのか。変化が見られなかったり，想定された感性の変化に逆行する状況が見出されることはないのかといった疑問がある。そして何より，夫婦関係について史料は男性によって書かれており，女性の声に直に接することができないのである。

── 歴史学的に考察するポイント ──
①異なる家族のあり方を示す史料があった場合，どのように説明できるだろうか。
②特定の家族関係が強調されたり目立つ場合，それは史料の残り方によるものか，それとも現実の変化によるものだろうか。
③異なる家族像・結婚観を研究者が提示してきた背景は何だろうか。

『場』をはじめ多くの著作が日本語訳されている。

▷5　フーコー
1926〜84年。現代フランスの哲学者。狂気や刑罰，性が西洋の歴史でどのように理解されてきたかを問うた。晩年の未完の作品『性の歴史』では西洋古代における性をめぐる倫理を主題とした。

▷6　ホラティウス
前65〜前８年。ローマの詩人。アウグストゥスに仕えたマエケナスの庇護下で『歌集』，『風刺詩』，『書簡詩』などを著し，ウェルギリウスとともに古代ローマの代表的詩人として知られる。

▷7　ユウェナリス
50年頃〜130年頃。ローマの詩人。１世紀末以降の退廃と悪徳を厳しい言葉で批判する『風刺詩』を著した。同時代人にはあまり注目されず，４世紀以降に読まれるようになった。

▷8　弓削達
1924〜2006年。ローマ史研究者。『ローマ帝国の国家と社会』，『地中海世界とローマ帝国』に代表されるローマ帝国の社会と支配構造，また初期キリスト教史を研究し，日常史・社会史（『素顔のローマ人』），古代末期（『永遠のローマ』）についても先駆的な研究を行った。

（参考文献）
弓削達『素顔のローマ人』（河出書房新社，1975年）。
樋脇博敏「ローマの家族」『岩波講座　世界歴史４』（岩波書店，1998年）。
本村凌二『愛欲のローマ史』（講談社，2014年。原著は1999年）。
樋脇博敏『古代ローマの生活』（角川書店，2015年）。

26 古代人の宗教１：犠牲

山内暁子

【関連項目：キリスト教の拡大，古代人の宗教２：神話と造形芸術，古代人の宗教３：国家と宗教，儀礼とコミュニケーション】

📖 史　実

　古代ギリシア・ローマの多神教の人々はオリュンポス十二神を筆頭とする神々への犠牲を宗教生活の中心とし，牛・羊・豚などの動物を捧げた。神官が動物を殺害して内臓で吉凶占いをした後，参加者たちは肉を分配・共食した。人々は犠牲を敬虔▷1の証と考えており，祈願や呪詛などの文言を伴って，戦争の開始や外交条約の締結時，国家あるいは家内や私的な祭祀においても犠牲が供された。ギリシア人の多神教はローマ人の信仰と習合し，ローマの「レリギオ（国家宗教）」に包摂されるが，犠牲観には徐々に変化が生じた。帝国のキリスト教徒迫害の中で，多神教に帰依する証拠として供儀執行証明書が必要とされる事例もあったが，犠牲よりも献酒や焚香に重きが置かれるようになった。キリスト教が国家宗教とされた391年には多神教の犠牲は「異教」の儀式となり，その祭壇は破壊の対象となった。

⚔️ 論　点

1．「殺す人」と共同体

　多神教の犠牲式については，古代ギリシア史の分析が中心となってきた。アテナイで行われたブーフォニアと呼ばれる儀式では牛が奉納されるが，儀式中の裁判では牛を殺害した実行者は「マカイラ（供儀用のナイフ）」であったと宣言される。ブルケルト▷2はブーフォニアで罪の意識が共有・統制されることが共同体形成の基盤となったと考える。「ホモ・ネカーンス（殺す人）」という書物の名は，殺害としての犠牲に由来する。ブーフォニアはブルケルトに先んじてモイリが取り上げ，狩人の不安を解消する儀式行動であり，神々への奉納ではないと主張した。つまり「殺す」という観点からは，古代人がなぜ神々に奉納したのかという疑問に答えることはできない。殺害としての犠牲は，共同体を基礎づける理論として20世紀後半まで存在感を保持したが，神々への奉納としての犠牲について探求を深めるには至らなかった。

2．殺すこと・食べること

　ブルケルトと時を同じくして，社会史・政治史でもヴェルナン▷3が新たな議論を提示した。重要なのは犠牲に続くシュンポシオン（宴会）と，そこに集う政治仲間たちの人的紐帯であり，犠牲は「共食」の前座にすぎないのだ。ヴェルナンによれば犠牲とは「殺して食べること」であり，ブルケルトの「殺害」とヴェルナンの「共食」は議論の重点の変化であり，同じテーマの表裏でもあった。アナール派*のインパクトを受けて社会史的考察が興隆する中で，人々の社会的身分と儀式の関わり，犠牲の行列にみる社会的／政治的シンボリズムといった，政治的祭典の文脈から犠牲を読み直

▷1　敬　虔
敬虔の概念の広さは，対概念である不敬虔の適用範囲にも表れている。親不孝から誓約の不履行，聖域での殺人，また前399年にソクラテスが処刑されたのも不敬虔／不敬罪（アセベイア）であった。

▷2　ブルケルト
1931～2015年。不安と供物については『人はなぜ神を創りだすのか』で再び論じられ，古代オリエントの影響を「東方化革命」とした書物も知られる。その人類学的視点は宗教史だけでなく，ギリシア史全体の裾野を広げた。

▷3　ヴェルナン
1914～2007年。古代社会比較研究センターを創設し，『ギリシア人の神話と思想』など神話学や構造主義の業績で高名だが，心性史・政治史までその関心は広く，ドゥティエンヌと著した論文集により犠牲研究に大きく寄与した。

*　アナール派
Ⅱ-18 側注１参照。

す作業が多く試みられた。このようなテーマの分析は多様な成果を残したが，犠牲よりも「共食」あるいは犠牲に続く何か他のものを論じ，ここでもまた神々への奉納は検討されなかった。

３．奉納／交信としての犠牲

上記の議論については，Ｒ・Ｃ・Ｔ・パーカーの講演録において巧みにまとめられている。パーカーも指摘するように，神々への奉納，あるいは神々との交信を目的とした犠牲が今後考察されねばならない。これらの議論はギリシアを中心としており，ローマ社会の犠牲について議論が尽くされているとは言いがたい。ローマ宗教史研究において「伝統宗教」としての多神教の犠牲は，ミトラス教*やイシス崇拝*といったオリエント起源の宗教儀式に比べて議論される機会が少なかったこと，さらに帝政後期にかけて神々への犠牲の意義が徐々に形骸化し，むしろ香の焚き上げ（焚香）が重視されるようになった経緯が背景にあると考えられる。ところが，近年ネイデンは犠牲の際に動物の肉の一部を焼いて天空に煙を上げること，すなわち神々との意思の疎通を図ることが儀式の中心であると主張した。ネイデンによる「煙」[4]を核とする犠牲の再定義は，「神々との交信である」奉納としての犠牲や，動物の「殺害」自体をさほど重視しないローマについての議論を促進するだろう。

ギリシア史においては，碑文史料の精査が進んだことで犠牲式の用語の分析が深まり，犠牲における「オリュンピオス／クトニオス」[5]の区分が検討されるなど，犠牲式の意味，あるいは「理念」に踏み込む議論が現れた。一方で，犠牲式の実際に迫る試みも存在する。ファン・ストラーテン『ヒエラ・カラ』は，犠牲を描いた図像，つまりギリシア人が日常的に使用していた陶器画（壺絵）を文字史料と合わせて検証し，エクロスは碑文・図像に加えて骨のデータ集積を利用することで，新たな考察を続けている。「ヒエラ・カラ」は文献で「犠牲の良いしるし」を表す古代ギリシア語だが，犠牲獣の尾骨の様子であったことが壺絵に描写され，動物考古学[6]は尾骨の残存状況によって儀式の実態を裏づけている。21世紀のデータ分析技術により，オリエント起源の動物犠牲がギリシア・ローマ共通の宗教的慣習となり，神との意思疎通手段としての「奉納」であったことを，新たな側面から見る可能性が広がりつつある。

＊ ミトラス教
Ⅰ-28 側注７参照。

＊ イシス崇拝
Ⅰ-28 側注５参照。

▷4 煙
犠牲に使う「テュエイン」という用語は，菓子やお香が焚き上げられる時にも使用され，煙が天空に上がる様を指している。「煙」に着目すれば，神々との交信という観点が重視される。

▷5 オリュンピオス／クトニオス
ゼウスやアポロンなど「オリュンポスの天空の館に住む」神々と，ハデスら冥界／クトーン（大地・地下）の神々の区分。スタンダードな犠牲と，例外的儀式の差異を分析する議論。

▷6 動物考古学
遺跡から出土した骨の堆積物の分析データを利用した考古学的手法。従来の犠牲研究を支えてきた文献や碑文，図像史料を客観的に支える証拠として注目される。

（参考文献）

ヴァルター・ブルケルト『ホモ・ネカーンス』（前野佳彦訳，法政大学出版局，2008年。原著は1972年）。
ロバート・Ｃ・Ｔ・パーカー「古代ギリシアの供儀――大問題」（佐藤昇訳）『クリオ』25号，2011年。
高畠純夫・齋藤貴弘・竹内一博『図説古代ギリシアの暮らし』（河出書房新社，2018年）。

歴史学的に考察するポイント

①古代多神教の人々はどのような目的で犠牲を捧げていたのだろうか。

②犠牲をギリシアとローマ共通のトピックとして論じる難しさはどこにあるのだろうか。

③犠牲を「奉納」の視点から考えることで，何が明らかになるのだろうか。

27 古代人の宗教2：神話と造形芸術 福本　薫

【関連項目：ホメロスの社会，ポリス形成論，歴史叙述起源論，古代人の宗教1：犠牲，古代人の宗教3：国家と宗教，歴史と記憶】

📖 史　実

　古代ギリシア世界は神々で溢れ，膨大な神話が存在した。神話における神々や英雄は理想的ではなく，競い合い，罵り合い，かと思えば仲直りし，ともに歌う。ともすれば現代人の目には単なる面白い物語として映るこれらの神話も，特定の経典を持たなかったギリシア人にとっては一義的には信仰の礎であった。前8世紀に**ホメロス**[*]とヘシオドスが登場し，英雄譚や神々の系譜が叙事詩にまとめられた。トロイア戦争にまつわる「**叙事詩環**」[▷1]も，ホメロスの影響のもとで生み出されたと考えられる。その後，詩や演劇においても神話は繰り返し取り上げられ，新たな息吹が吹き込まれた。

　造形芸術は古代人の傍らで，神話世界を思い起こさせた。神域における神の像や神殿装飾は神々の威光を表し，人の驕慢を戒めた。他方，工芸品などの身近な媒体におけるそれらは，物語の面白さや魅力を人々に伝えた。

⚔️🛡️ 論　点

1．叙事詩の誕生と神話表現

　ホメロスと，現在では失われたトロイア戦争にまつわる「叙事詩環」の諸作品の成立過程は，同時代史料を欠くため確かなことはわからない。そこで有益な資料となるのは，神話を表す造形作品群である。前8世紀の終わり頃から，陶器やブロンズの小型作品に何らかの説話を表している例が見られるようになり，前7世紀になるとその数は急増する。アールベルクやフィッチェンらを中心に，これらの作例の収集と地域分布の分析，主題の特定が1960年代に進められた。他方，こうした前8世紀末に始まる神話の造形化は，ホメロスの『イリアス』，『オデュッセイア』の成立に促されて起こった，とその背景はやや単純化して捉えられる傾向にあった。造形芸術に限らず，他の「叙事詩環」の詩も，ホメロスから派生的に生み出された，と見なされてきたのである。

　しかし，2001年にJ・S・バージェスは，一群の初期の神話を表す作品群がホメロスの両叙事詩からそれほど主題を採っておらず，他の叙事詩か，もしくは古くからのトロイア戦争の伝承自体を参照している可能性が高いことを指摘した。少なくともアルカイック期の段階では，ホメロスの影響力は未だ弱かった，と見なすバージェスの見解は，ホメロス叙事詩の栄光を全ての前提としてしまうこれまでの研究のあり方に一石を投ずるものである。

2．神域における神話表現

　ギリシアの神域で最も重要だったのは，神に犠牲を捧げるための祭壇であり，しばしば神殿よりも前に

＊　ホメロス
Ⅰ-1 側注1参照。

▷1　叙事詩環
前7世紀から前6世紀にかけて成立した，ギリシア神話を主題とする叙事詩群の総称。トロイア戦争を扱ったものが特に有名で，一般にはホメロスの二大叙事詩を補うように，トロイア戦争の前史や後日譚を歌うその他の6つの詩が制作されたと考えられている。

▷2　イオニア式
ドーリス式，コリントス式と並ぶ，ギリシア建築の三大オーダーの一つ。前6世紀に小アジアのエーゲ海沿岸地域であるイオニア地方で成立した。縦溝入りの細く優美な柱に，下向きの渦巻きを伴う柱頭を有するのが特徴である。

▷3　フリーズ
ギリシア建築の壁体上部に配される帯状装飾。ドーリス式神殿では交互に繰り返

設置された例が見受けられる。神の家たる神殿の建設はようやく前 8 世紀頃に本格化し，次第に装飾彫刻で飾られた荘厳な外観を獲得していった。神殿の装飾に選ばれたのは，デルフォイのシフノス人の宝庫に見られるように，人間界の出来事が神意によって定められていることを示す神話主題である。

　しかしながら，アテナイのパルテノン神殿は例外である。内室の壁体上部を一周する**イオニア式**のフリーズ浮彫の主題が，4 年に一度行われた大**パナテナイア祭**の市民の祭礼行列とそれを迎えるオリュンポス十二神と考えられ，仮にそうであれば，生ける人間を神域に表すという驕慢を犯していることになるためである。この問題を解消しようと，フリーズの主題をアテナイ固有の神話的内容と解する説，あるいは，特定の祭りではなく，アテナイの宗教文化を集合的に表しているとする説が唱えられた。これに対して長田年弘は，フリーズを神殿装飾という文脈ではなく，アクロポリスへの奉納浮彫の伝統の中に位置づけた場合，神々と市民が対峙するというフリーズの表現は何ら不自然ではないことを指摘する。パルテノン・フリーズ研究は，アクロポリス全体の宗教的環境を勘案した解釈が試みられている。

3．神話と政治　　古代世界において，造形芸術は多かれ少なかれそれを制作した共同体の思想を反映するものであった。1972年にボードマンは，特定の歴史上の出来事を背景に，神話を表す造形芸術の意味内容を読み解くという手法に先鞭をつけた。前560年頃から陶器の装飾画に**ヘラクレス**を表すものが増加し，とりわけ女神**アテナ**に伴われて戦車に乗り，神格化されるという主題が見られるようになる。ボードマンは，追放された**ペイシストラトス**が，女神アテナの格好をさせた乙女とともに戦車でアテナイに帰還したというヘロドトスの伝える逸話（1 巻69）に着目し，僭主が自らをヘラクレスになぞらえ，さらにそのような出来事を反映してヘラクレスと女神アテナの戦車図像が前 6 世紀中頃に増加した，と解釈した。

　この説には，僭主政が成立する前，また崩壊した後も同様の作例が見られることなどから批判的意見もあるが，造形芸術の意味内容を同時代の社会を背景に紐解こうとする研究手法は，現在でも多くの追随者を生んでいる。しかし，行き過ぎた政治的読解が神話の本来の存在意義を見誤らせる，とのセッティスの注意喚起もまた忘れるべきではないだろう。

▷ される正方形と 3 本の溝のパネルよって，イオニア式では建物を全周する一つながりの浮彫装飾によって形成される。

▷4　**パナテナイア祭**
毎年 7 月に行われた，アテナイ最大の祭。4 年に一度の大祭では，市民を中心とした多くの人々が大行列を組み，アクロポリスで女神アテナに犠牲を捧げた。

▷5　**ヘラクレス**
ギリシア神話上最大の英雄。ゼウスと人間の女性アルクメネの間に生まれ，12の功業を成し遂げた。ゼウスの本妻ヘラには疎まれたが，死後は神格化されたとされる。

＊　**アテナ**
Ⅰ-4 側注 3 参照。

▷6　**ペイシストラトス**
アテナイの僭主。前561年に権力を握り，後に二度追放されるも返り咲き，僭主政を樹立した。土木事業を起こし，パナテナイア祭を再興し，学芸を奨励するなどした。前 4 世紀のアリストテレスによれば，彼の治世は黄金時代と称されたという。

参考文献
サルヴァトーレ・セッティス『ラオコーン——名声と様式』（芳賀京子・日向太郎訳，三元社，2006年。原著は1999年）。
長田年弘「「記憶」と「敬虔」の径庭——アクロポリス奉納文化におけるパルテノン・フリーズ」『西洋美術研究』17号，2013年。
芳賀京子ほか『西洋美術の歴史 1　古代——ギリシアとローマ，美の曙光』（中央公論新社，2017年）。
バルバラ・グラツィオージ『オリュンポスの神々の歴史』（西村賀子ほか訳，白水社，2017年。原著は2013年）。

┌─ **歴史学的に考察するポイント** ──────
│　①叙事詩が造形化されていく過程はどのようなものだったのだろうか。
│　②聖域において神話はどのように機能したのだろうか。
│　③造形芸術を通して，歴史的な出来事を考察することは可能だろうか。
└─────────────────────

28 古代人の宗教３：国家と宗教　小堀 馨子

【関連項目：キリスト教の拡大，古代人の宗教１：犠牲，古代人の宗教２：神話と造形芸術，ビザンツ皇帝とは何か，儀礼とコミュニケーション】

📖 史　実

　古代ギリシア世界ではアテナイのような民主政都市国家（ポリス）の分立が続いたのに対し，古代ローマは単一のポリスが地中海全域を支配する領域国家に発展して帝国へと進んだ。どちらでも宗教は「（彼らの考える）神々に関する事柄」（儀礼・神話体系）全般を指し，現在の一神教的な「信仰」とは異なる。国家が各種儀礼を行い，全市民に参加の義務があるポリスや帝国の「公的」宗教に対し，個人あるいは特定集団が主体となる「私的」宗教もおおむね認められていたが，その普遍性がゆえにローマ帝国から弾圧されたキリスト教のような例も存在した。

論　点

1. 古代ローマの宗教における公的宗教と私的宗教の問題

　古代ローマ人の国家祭祀は公的宗教（cultus deorum publicae）と私的宗教（同 privatae）に分かれている。従来は現代英語の public と private の意味の区別と同じように，「公私」の別を表すと考えられてきた。しかし，この半世紀の諸研究により，前者は国家によって定められた場所，すなわち神殿および公共広場にある祭壇で祭儀（犠牲式）を執り行い，後者は各家庭に設けられた祭壇で祭儀（捧げ物を伴う礼拝）を執り行う，という違いにとどまると示された。

　神官職は国家の官職の一つであり，当初は神官団内での互選であったが，後に公職選挙と同様の形式で行われた。神官職は専門職でも世襲職でもなかった。最高政治決定機関である元老院が宗教的な事柄に関して新たに決議を為す場合は，第一に戦争や和平協定などの国事行為の是非を卜する鳥占い[1]，第二に報告された凶兆をもたらした神格を犠牲式の際に行われる内臓占い[2]によって特定し，当該の神格を宥める犠牲式の挙行，第三に新たな神格の導入であり，それぞれに専門の神官職がいた。上記は政治的な事柄と同様の手続きに則って決議された。

　祭日は国家の祭暦に定められており，執行方法はローマ人の伝統的慣習（モース・マイヨールム mos maiorum）に則るよう要求される点では，両者とも国家の管理下にあった。また家庭内の祭儀でも家父長の権限のもとで女性ならば女性，市民男性なら市民男性など各祭礼への参加資格のある成員のみが参加し，かつ祭礼参加は市民の義務であった。個人に参加の自由決定権がないため，「私的宗教」の中に「内面の信仰の自由」は認められない。従って publicae/privatae に「公的／私的」の訳語を当てるのが適当であるかどうかも再検討の余地があるとするのが最近の学説の傾向である。

▷１　鳥占い
古代ローマで用いられた卜占の方法。王政期には一定の方角に現れる猛禽の数が多いほど吉兆とされたが，共和政期には家禽の餌の食べ方を用いた。

▷２　内臓占い
古代ローマで用いられた卜占の方法。犠牲式に捧げた獣の内臓が正常であれば捧げ物が神に嘉された吉兆と見なされた。臓器形態異常は凶兆であった。

▷３　モース・マイヨールム
古代ローマ人が大切にした社会的規範「祖先の美風」。法律のように文字に記されていないが，私生活から政治，軍隊全てに及ぶ暗黙の行動規範であった。

▷４　キュベレ

２. 共和政末期のローマ国家宗教と東方諸宗教の流入の因果関係

「共和政末期にはローマの元来の宗教は衰退して形骸化しており，人々の心の隙間を埋めたのが，東方から流入した諸宗教であった」という定説はこの半世紀で覆されつつある。古代ギリシア・ローマの宗教は都市共同体（国家）の宗教であり，聖典および心に内面化された信仰体系を有する性質の宗教ではなく，神々との交流の手段として多彩な祭儀の体系を有する性質の宗教である。

ローマの公的祭儀である２つの卜占（鳥占いと内臓占い）の内，内臓占いはエトルリア起源が定説であるが，さらに遡って東方起源である可能性が指摘されている。共和政期中期（前３世紀）から帝政期中期（３世紀）にかけて東方（オリエント）から様々な神の祭儀が新たに導入された。

キュベレ神（マグナ・マーテル女神）崇拝（小アジア）[4]，**イシス・セラピス**崇拝[5]（エジプト）などは，ローマ市内での神殿建立が元老院決議で許可された。

夜間に飲酒と性的放埒を伴うという理由で前186年に元老院決議で禁止された**バッカナリア**[6]（ディオニュソス崇拝）も，昼間に小人数の男性のみで執り行う，という形式に変更することで，祭礼自体の挙行は許可された。またキュベレ神崇拝は神殿が奉献されて祭礼の挙行が許可されたといっても，祭儀の頂点となる男性神官が自らを去勢する儀礼には，ローマの市民男性は参加を許されなかった。

バビロニアの占星術師などは何度もローマから退去を命じられているが，これは実態としては法令の効果が一時的なものであったことを示唆する。

帝政期に軍隊を中心に隆盛を誇った**ミトラス教**[7]は特徴的な入信儀礼を伴う密儀宗教であったが，ユダヤ教やキリスト教のように他の神々の崇拝を禁じる唯一神教的な要素は有していなかった。３世紀以降にはミトラス教をはじめとする太陽神信仰が盛んになり，キリスト教公認への道を拓いた。

以上のように，東方の諸宗教は「ローマ市民に相応しい方法・形式」に祭儀の一部を変更することによって，最高決議機関である元老院の許可の下に都市ローマに導入されたのであり，ローマの古来の祭儀への参加を妨げるものではなかった。それゆえ，形骸化した公的宗教に満足しない人々の心の隙間に流入した，というのは一面的な観点である，とするのが最近の傾向である。

小アジア全土で崇拝された大地母神にして豊饒多産の女神。彼女に仕える神官は自宮した去勢者で剣・盾・太鼓・シンバルを騒々しく奏しながら踊り狂った。

▷ 5　**イシス・セラピス**
イシスはエジプトの女神で神々の母と呼ばれギリシアのデメテル等と同一視された。セラピスはオシリスがヘレニズム時代にギリシアのゼウスやアスクレピオスと混淆して広く崇拝された新たな神格。

▷ 6　**バッカナリア**
酒神バックス（ギリシア語でディオニュソス）の祭礼。夜間に男女が混交して性的放埒を愉しむ志向が強かったため，前186年ローマの元老院によって弾圧を受けた。

▷ 7　**ミトラス教**
アーリア系の光明神・太陽神。ゾロアスター教以前のイランの最高神。ヘレニズム時代に西方に伝播し，ローマでも特に軍隊から大いに支持を得た。

（参考文献）
キース・ホプキンズ『神々にあふれる世界』（小堀馨子・中西恭子・本村凌二訳，岩波書店，2003年。原著は1999年）。
本村凌二『多神教と一神教』岩波新書，2005年。
小堀馨子「古代ローマ社会におけるローマ人の宗教意識序説──古代ローマ宗教の研究史概観」市川裕・松村一男・渡辺和子編『宗教史とは何か』下巻（リトン社，2009年）。
小堀馨子『共和政期ローマにおけるローマ人の宗教についての一考察──religio概念を手がかりとして』（東京大学博士学位請求論文，2013年）。

歴史学的に考察するポイント

①ローマ人は「公」と「私」の境界をどこに置いていたのだろうか。
②国家ローマは犠牲式および卜占による神々との交流で何を得ていたのだろうか。
③ギリシア・ローマの国家宗教はオリエントの影響をいかに多く被っていたのだろうか。

29 古代の科学：ガレノスを中心に　澤井　直

【関連項目：ローマ帝政期のギリシア，五賢帝時代と「3世紀の危機」，剣闘士競技，科学革命】

 ## 史　実

古代の医師は各種薬物や身体についての科学的探求を行っていた。2世紀のローマで活躍したガレノスは古代医学の集大成となる著作群を残した。特に身体に生じる不具合やその解消法を知るための必須の知識として，ガレノスは解剖観察に積極的に取り組んだ。西欧とイスラーム圏においてガレノスは大きな影響力を保ち続けた。西欧でガレノス解剖学やガレノス医学が否定されるに至ったのは16世紀半ば以降のことだった。

論　点

1．古代の医師による解剖

古代の医師は治療者として患者に関わるとともに，各種薬物や人体の理解に努めていた。アリストテレス[1]の動物学関連の著作に見られるように古代における生物の身体への関心は高かったが，医師は治療との関わりから身体構造・機能の理解を深めようとしていた。体表からは見ることのできない内部構造の理解は，治療に直結する薬効や診断法などの知識とともに職業者としての医師に必要なものだった。

前3世紀のアレクサンドリア[*]ではヘロフィロスやエラシストラトス[2]が人体解剖を行ったと伝えられている。胃に続く腸管の始まりの部分（現在の「十二指腸」）が指の幅12本分の長さであることからヘロフィロスが「ドーデカダクテュロン」（「十二指」）と呼んだという記録は，実際に人体を解剖していたことを窺わせる。

このアレクサンドリアの解剖以降，切開を用いた身体探求の試みはいったん途絶えるが，1世紀のローマ帝国において再び動物解剖を用いた解剖研究が再燃し，2世紀の医師は解剖学に高い関心を抱いていた。

2．ガレノスの解剖学と科学的営為

2世紀のローマで活躍したガレノスは実践家として剣闘士競技者の治療や皇帝マルクス・アウレリウス[*]の薬の処方に携わるとともに，多種多様な医学文献を吸収し，自身の経験・観察を元にした知見をギリシア語で残した。ガレノスが扱うのは身体を構成する元素，身体各部の構造と機能，診断法，治療法，健康法，医師のあり方などの医学諸分野にわたる幅広い主題である。

ガレノスが医学における基本分野として重視したのが解剖学だった。他の医師の見解を深く理解した上で，動物の死体および生体を積極的に解剖し，既存の知識の正しい部分と誤っている部分を確認し，喉頭の筋の運動を司って発声に関与する神経を同定するなど，多くの新知見を加えた。ガレノスの解剖学書は動物解剖に基づいていたが，動物と人体には共通する部分が多く，人体構造の記載とし

▷1　アリストテレス
前4世紀の哲学者。哲学や倫理学だけでなく，物質，運動，生物などの自然学においても後世に強い影響を与えた。古代の医師の自然理解にもアリストテレスの影響が見られる。
＊　アレクサンドリア
I-9 側注1参照。
▷2　ヘロフィロス／エラシストラトス
前3世紀のアレクサンドリアで活躍した医師。どちらも解剖研究を行ったことで古代の医師にその名が記憶されていた。人体の生体解剖を実施したという非難も残っている。
＊　マルクス・アウレリウス
I-17 側注5参照。

て読むことも可能だったため，後世には人体の記述として受け入れられるにまで至った。

　ガレノスはギリシア文化色の濃い東方の都市で医学・哲学を学んだ後に，ローマに赴いた。ローマでは皇帝のための調合や有力な政治家の私邸での解剖示説やその家人の治療などによってエリート社会の中で地位を築き，親交を深めたエリートのための覚え書きとして書かれた著作も多い。公開の場では別の医師を相手に解剖や治療に関する論争を行って自身の技量を誇示した。当時は第二次ソフィスト[*]運動が隆盛を極めていたが，エリート社会との交流や，技量の誇示，ギリシア語による執筆といった点はソフィストと重なる部分が多い。

　ガレノスは解剖学や医学諸分野での知識や技術の探究にとどまらず，自らの成果を競合する相手からの批判に堪える確実な知見として確立し，それを公開して書籍として残していた。この一連の活動が2世紀のローマ帝国における科学的営為だった。

3．古代医学の影響　　多くの古代の医師の著作は失われたが，ガレノスの著作は後の時代の人々が保存のための努力を払うに値するものとして認められ，繰り返し写本が作られた。現存する古典ギリシア語著作の8分の1はガレノスの著作である。シリア語[◁3]やアラビア語やラテン語にも翻訳され，ヨーロッパだけでなくイスラーム圏にも長く伝えられた。

　自然学におけるアリストテレスや，天文学や地理学におけるガレノスと同時代のプトレマイオスと同様に，ガレノスは科学革命期までの西欧医学における絶対的権威だった。その権威への挑戦はガレノスが注力していた解剖学から起こった。

　16世紀半ば，アンドレアス・ヴェサリウス[◁4]はガレノスの解剖学著作に精通し，同時代の医師がガレノスによる知見を信奉する中で，ガレノスと同様に解剖観察を重視する態度に重きを置いた。人体解剖において詳細な観察を行うことによりガレノスにおける動物由来の見解が否定され，人体解剖に基づく近代解剖学が築かれ，さらに医学諸分野でも新たな理解が提示されるようになった。

* ソフィスト
Ⅰ-16 側注1参照。

▷3　シリア語
同じくセム語派に属するアラビア語が主要言語となる以前の中東における覇権言語。多くのギリシア語書籍がシリア語に翻訳され，シリア語訳を元にアラビア語訳が作られることも多かった。

▷4　アンドレアス・ヴェサリウス
1514～64年。自ら執刀して説明を行う新しいスタイルの人体解剖を導入した。その解剖学書は詳細な記載とともに精緻な解剖図を伴い，近代的解剖学の範となった。

（参考文献）
G・E・R・ロイド『後期ギリシア科学』（山野耕治ほか訳，法政大学出版局，2000年。原著は1973年）。
ロイ・ポーター『人体を戦場にして』（目羅公和訳，法政大学出版局，2003年。原著は2002年）。
スーザン・マターン『ガレノス——西洋医学を支配したローマ帝国の医師』（澤井直訳，白水社，2017年。原著は2013年）。

───　歴史学的に考察するポイント　───
①解剖を例に古代の科学は稚拙なものだったかどうかを評価してみよう。
②近代的な解剖学の成立にガレノスはどのような役割を果たしたのだろうか。
③古代の科学知識はどのようにして後世に受け継がれたのだろうか。

30 「古代末期」論争

南雲泰輔

【関連項目：五賢帝時代と「３世紀の危機」，キリスト教の拡大，強制国家論の現在，ローマ帝国衰亡論，ローマ法典と社会，ビザンツ帝国史の時代区分，中世初期国家論，ピレンヌ・テーゼ，欧州統合】

📖 史　実

　「古代末期」とは，古代世界からの連続的・継続的側面の存在に加えて，深甚な変容の継起が人々の心性に不可逆的な変化を惹起した，移行の時代を指す分析概念である。ローマ帝国の再編（政治・行政の改革と崩壊，社会の階層分化），ササン朝ペルシア帝国やアラブ・イスラーム勢力の台頭，ゲルマン・スラヴ・ブルガール・アヴァールら諸民族の移動・建国といった世界史的な大変動を背景に，都市の衰退と農村の繁栄，活発な商取引，法典の編纂，聖人伝・教会史の執筆，個性的な美術工芸作品の制作がなされ，さらにはキリスト教（指導者としての司教や，禁欲修行者・柱頭聖人ら「聖人」が登場）と異端（アレイオス派，ネストリオス派，単性論派），ギリシア・ローマの伝統宗教（いわゆる「異教」），ユダヤ教，ゾロアスター教，マニ教，イスラームなど諸宗教の併存状況が現出した。

⚔ 論　点

1．「古代末期」概念とブラウン

ギボン*が『ローマ帝国衰亡史』で描いた衰退と崩壊に特徴づけられる時代像とは異なり，古代と中世に挟まれた時代を「古代末期」（英：Late Antiquity，仏：Antiquité Tardive，独：Spätantike，伊：Tarda Antichità，西：Antigüedad Tardia）と呼び，単なる過渡期でなく独自の価値ある時代として評価する試みは，19世紀後半から20世紀初頭のリーグルまで遡る。20世紀前半にはピレンヌとドプシュが各々ローマ衰亡とアラブ・イスラーム勢力およびゲルマン人との関係をめぐる議論を行って，現在にまでおよぶ強い影響を学界に残した。第二次世界大戦後，文献学・プロソポグラフィ*・考古学などの研究蓄積に加え，文化人類学をはじめとする隣接諸科学の影響を受けながら，イギリスのジョーンズ*，ドイツのデーマントやティンネフェルト，フランスのピガニョルやマルー，イタリアのマッツァリーノやモミリアーノらの業績によって，衰亡論的解釈からの転換の素地が準備された。1970年代に入り，中世史研究者として訓練を受けたというブラウン◁⁴が，本格的に「古代末期」論を展開し始めた。ブラウンは従来のローマ帝国衰亡論を「メロドラマ」「アナクロニズム」と断じ，のちに「長い古代末期」と称されることになる，長期的・広域的な変容過程を理解するための独特な分析概念「古代末期」を提唱した。この概念は，200年から700年に至る約５世紀間の時代範囲と，西欧からイランに及ぶ地理的範囲を考察対象とし，政治・行政・軍事・経済的側面よりも社会・文化・宗教的側面に，西方世界よりも東方世界に，各々着眼する特徴を持つ。

＊　ギボン
Ⅰ-13 側注 1 参照。

▷ 1　リーグル
1858～1905年。オーストリアの美術史研究者。主著『末期ローマの美術工芸』（井面信行訳，中央公論美術出版，2007年）。

▷ 2　ピレンヌ
1862～1935年。ベルギーの中世史研究者。主著『ヨーロッパ世界の誕生——マホメットとシャルルマーニュ』（中村宏・佐々木克巳訳，創文社，1960年）。

▷ 3　ドプシュ
1868～1953年。オーストリアの中世史研究者。主著『ヨーロッパ文化発展の経済的社会的基礎——カエサルからカール大帝にいたる時代の』（野崎直治・石川操・中村宏訳，創文社，1980年）。

＊　プロソポグラフィ
Ⅰ-24 側注 5 参照。

＊　ジョーンズ
Ⅰ-21 側注 2 参照。

▷ 4　ブラウン
1935年～。アメリカ合衆国で活躍する「古代末期」研究者。アイルランド出身，オックスフォード大学で学ぶ。主著『古代末期の世界——ローマ帝国はなぜキリスト教化したか？』（宮島直樹訳，改訂新版，刀水書房，2006年）。

2. 「古代末期」論の席巻と「新しい衰亡論」への対応

1990年代に入ると衰亡論は「消えゆくパラダイム」（パワーソック）と呼ばれ，これに代わる新たな時代理解の概念として「古代末期」が英米学界を席巻した。1995年に米国で学会「古代末期の境界変動」が発足したほか，20世紀後半の「古代末期」研究の集大成『古代末期——ポスト古典期の世界への手引き』（1999年）や定評ある概説書『ケンブリッジ古代史』第14巻として『古代末期』（2000年）が刊行された。他方，「衰亡」を忌避し，「バラ色」とも評された楽観主義的な「古代末期」論に対し，ジャルディナ，リーベシュッツ，ウォード＝パーキンズ，ヘザー，ゴールズワーシーら古代史研究者は，考古学資料やゲルマン人研究の成果に基づき，崩壊・衰退の現実を直視すべく，強い懸念と批判を表明した。この「新しい衰亡論」を受けて，ビザンツ史研究者でもあるキャメロンは，「古代末期」概念成立の時代背景を分析した。彼女は，ブラウン的な「古代末期」概念は，20世紀後半に特有の思潮たる**文化多元主義・多文化主義**の影響下に成立した特殊英米的な学説だと論じた。この間，英米学界の動向と関連しつつも，フランスでは，キリスト教考古学国際会議（1986年，於リヨン他）準備のため1983年に設立された後期古代協会が学術雑誌『後期古代（Antiquité Tardive)』を創刊し（1993年～），欧州ではEU統合を背景にヨーロッパ科学財団が国際研究事業「ローマ世界の変容」を組織して，「ヨーロッパの形成」が議論された（1993～98年）。

3. 21世紀の「古代末期」論

21世紀を迎え，「古代末期」論は新段階に入った。上記フランスの学術雑誌『後期古代』を補完すべく米国で創刊された『古代末期研究雑誌』（2008年～）や，『ブラックウェル古代末期必携』（2009年）・『オックスフォード古代末期便覧』（2012年）では，「古代末期」概念の学説史的位置づけや概念の内実に関わる再検証，特に研究者間で多様に設定されてきた時代範囲の曖昧さなどが活発に議論されたことに加え，史資料論をはじめ「古代末期」の諸相について各論的な研究が著しく深化した。他方，「新しい衰亡論」による批判を受け，「崩壊」の事実を容認するという重大な転換が起こった。さらに，第22回国際歴史科学大会（2015年，於中国・済南市）に基づく論集では，従来型の時代区分とも見紛う「短い古代末期」論が提唱され，時代範囲のさらなる多様化とともに，時代区分への関心の希薄化も起こりつつある。なお，2017年にオンライン・ジャーナル『古代末期研究』が米国で創刊され，2018年には「古代末期」に関する初の包括的事典『オックスフォード古代末期事典』が刊行された。

┌─ **歴史学的に考察するポイント** ─────────────
│ ①「古代末期」の時代区分・地理範囲は，どのように設定すれば説得的だろうか。
│ ②「古代末期」論争の学説史的意義は，どのように評価できるだろうか。
│ ③「古代末期」の理解や評価について，各国学界で類似や相違はあるだろうか。
│ ④ある学説が登場・優勢・劣勢となる時代的文脈は，どのように説明できるだろうか。
└──────────────────────────────

▷5 **文化多元主義**（cultural pluralism）・**多文化主義**（multiculturalism）
一国家・一社会の中で，異なる複数の文化の共存と多様性を積極的・肯定的に承認し，各々の文化とそれを保持する集団に固有の価値や権利を尊重し擁護しようとする考え方。多文化主義はより実践的で先鋭的とされる。カナダ・オーストラリア・アメリカ合衆国のような移民国家では，20世紀後半に新たな国民統合の原理として制度化が図られ，大きな影響力を持った。Ⅴ-22 側注3も参照。

(参考文献)
南雲泰輔「英米学界における「古代末期」研究の展開」『西洋古代史研究』9巻，2009年。
ベルトラン・ランソン『古代末期——ローマ世界の変容』（大清水裕・瀧本みわ訳，白水社，2013年。原著は1997年）。
ジリアン・クラーク『古代末期のローマ帝国——多文化の織りなす世界』（足立広明訳，白水社，2015年。原著は2011年）。
南雲泰輔「西洋古代史の時代区分と「古代末期」概念の新展開」『思想』1149号，2020年。

た中央集権的な支配体制や，新たな地方軍事・行政制度である**テマ制度**[◁5]が挙げられることが多い。テマ制度の起源について，かつては**ヘラクレイオス**[◁6]（在位：610〜641年）による導入とする説が有力で，それに基づき，610年をもって初期と中期の区切りとするのが通説であった。しかしテマ制はイスラームの進出に対する対応として，数世紀かけて漸次的に形成されたとする反論があり，近年では7世紀末〜8世紀初に成立の画期を求める新説も出されている。他方，公用語がラテン語からギリシア語に変わるのはやはりヘラクレイオスの時代であり，逆に，中央集権的な官僚制が整うのは9世紀を待たねばならない。国際経済に視野を広げて，イスラームの進出による地中海商業の途絶を指摘する「**ピレンヌ・テーゼ**」をビザンツ帝国に適用できるかも議論となっている。

3．後期ビザンツ時代の始まり

テマ制度によってイスラームの攻勢を乗り越え，皇帝を頂点とする官僚制機構のもと中期のビザンツ帝国は発展を続けた。帝国の繁栄は11世紀半ばと12世紀末の混乱で終わりを告げる。中期＝繁栄の時代から後期＝衰退の時代への転換点をどこに求めるかについても諸説ある。帝国が最盛期を迎えた**バシレイオス2世**[◁7]（在位：976〜1025年）の没後に生じた内乱と，トルコ人や西欧勢力の進出に注目し，1025年から後期が始まるとする説，ビザンツ帝国特有の皇帝専制体制が緩んで，西欧の封建制に近い政治体制に転換したコムネノス王朝の成立（1081年）を画期と見る説，さらには**第4回十字軍**[◁8]の征服によっていったん都コンスタンティノープルが失われた1204年を後期の始まりとする説などである。かつては国内の状況に注目して，皇帝専制体制が崩れてゆく1025年ないし1081年が画期とされることが多かったが，近年では1204年以降を後期とする説が有力となりつつある。例えば『ビザンツ年報（Byzantinische Zeitschrift）』誌の文献目録は，政治史の項目を84号（1991年）以降，4〜6世紀，7〜12世紀，13〜15世紀と三区分するようになった。

　ビザンツ帝国の終わりについては1453年のコンスタンティノープル陥落とすることでほとんど異論はない。

▷5　テマ制度
軍管区制ともいう。軍団（テマ）を各地に駐屯させ，各軍団の司令官が駐屯地域の防衛のみならず行政も行う制度。軍団兵士には土地が支給され，平時は農業に従事した。

▷6　ヘラクレイオス
ビザンツ皇帝，在位：610〜641年。ササン朝ペルシア帝国に勝利した後，新興のイスラーム教徒アラブ人に敗れ，シリア・エジプトなど東方の領土を失った。

＊　ピレンヌ・テーゼ
Ⅱ-3 参照。

▷7　バシレイオス2世
ビザンツ皇帝，在位：976〜1025年。貴族を抑えて皇帝独裁体制を確立し，ブルガリアを併合するなど版図も拡大して，ビザンツ帝国の最盛期を現出した。

▷8　第4回十字軍
1202〜04年。ローマ教皇インノケンティウス3世が提唱した十字軍。ヴェネツィアの協力を得てエジプトへ向かう予定であったが，行き先をコンスタンティノープルに変更し，1204年4月この町を征服した。

(参考文献)
井上浩一『ビザンツ帝国』（岩波書店，1982年）。
ゲオルグ・オストロゴルスキー『ビザンツ帝国史』（和田廣訳，恒文社，2001年。原著は1963年）。
根津由喜夫『ビザンツの国家と社会』（山川出版社，2008年）。
中谷功治『テマ反乱とビザンツ帝国』（大阪大学出版会，2016年）。

── 歴史学的に考察するポイント ──
①ローマ帝国の終わりはビザンツ帝国の始まりだろうか。
②アラブ人やトルコ人の進出，十字軍の到来といった外的な要因はビザンツ帝国の変化にどれほど影響を与えただろうか。
③王朝や皇帝を単位として時代を区分することはどんな意味があるのだろうか。

32 ビザンツ皇帝とは何か

中谷功治

【関連項目：ローマ共和政の本質とアウグストゥス，ローマ皇帝と帝国の統合，古代人の宗教 3 ：国家と宗教，ビザンツ帝国史の時代区分，神聖ローマ帝国論】

📖 史　実

　ビザンツ皇帝は古代のローマ帝国皇帝の継承者であった。共通語がギリシア語となってからも，自らを「ローマ人の皇帝（バシレウス・トン・ロマイオン）」と称した。ちなみに，「ビザンツ」という呼び名はこの国家が滅びた後につけられたものであった。

　終身である皇帝の位が継承される場合も，ローマ皇帝同様，血統で受け継がれることもあれば，武力によって帝位が簒奪されることもかなり多かった。一点だけ違いがあるとすると，彼はキリスト教徒でなければならなかった。結果として，キリスト教を信奉するビザンツ皇帝とは「神の代理人」たる専制君主である，という建前はゆるぎないものとなった。

　第 4 回十字軍により国家が一時的に解体すると，都コンスタンティノープル※を奪還したビザンツ皇帝に往年の輝きは見られなくなる。彼らは新興オスマン帝国※のスルタンの臣下となったり，救援を求めてヨーロッパ各国を遍歴したりもした。帝国が滅亡へと向かう14・15世紀，「ローマ皇帝」とは名ばかりとなっていた。

論　点

1. 戦う皇帝と戦わない皇帝　ビザンツ皇帝は軍隊の最高司令官であることが当然とされた。けれども，キリスト教を国教化させたテオドシウス 1 ◁1
世以降の皇帝たちの治世を概観すると，その振る舞いは大きく変貌していったことが判明する。 5 世紀から 6 世紀のほとんどの皇帝は出征することなく（軍人出身であっても），コンスタンティノープルの宮廷に座していた。帝位簒奪の事例もこの時代は皆無に等しかった。

　けれども，ササン朝やイスラーム勢力の侵攻を受けた 7 世紀以降に状況は一変する。軍隊を率いて親征する皇帝が復活し，中には戦死する者も出た。戦う皇帝という伝統の復活は，帝国を統治する上での諸制度が時代ごとに大きく変化しても，10世紀および11世紀の一時期を除くと国家の最後まで継承されていった。

　一方で井上浩一によれば，ビザンツ皇帝は古代ギリシアやローマの「尚武の気風」を必ずしも継承していなかった。「戦う皇帝」に代わって「平和の皇帝」という姿が史料や現実の振る舞いから確認できるという。ビザンツ帝国にあっては，戦争は必要悪という位置にあったと考えられるというのである。

2. ビザンツ皇帝の本質　かつて（西）ドイツの研究者ベックは，ビザンツ皇帝◁2
の成立要件を彼らの即位のプロセスから探った。その結果， 4 〜 5 世紀の過渡期を経て，皇帝即位には①元老院による選出と②首都の

＊　第 4 回十字軍
Ⅰ-31 側注 8 参照。
＊　コンスタンティノープル
Ⅰ-31 側注 1 参照。
＊　オスマン帝国
Ⅰ-31 側注 2 参照。

▷1　テオドシウス 1 世
在位：379〜95年。軍人出身の皇帝で，帝国を東西に二分して二人の息子に遺贈した。

＊　ササン朝（ペルシア）
Ⅰ-17 側注 7 参照。

▷2　ベック
1910〜99年。ミュンヘン大学教授。修道士経験を持ち，神学文献から教会・世俗文学に精通，独自の国制論をはじめとするビザンツ論を展開した。

64

馬車競技場（ヒッポドローム）での軍隊と市民による歓呼が不可欠であるとした。以上は古代ローマの共和政や元首政の伝統を引き継ぐものだったとベックは主張する。彼によれば，この伝統こそがビザンツ皇帝の本質であり，キリスト教による権威づけ（例えば**聖ソフィア聖堂**での戴冠など）は本質ではない。この長期にわた◁3 る約束事をベックは「書かれざる憲法」と呼び，法律に縛られない存在であるとされるビザンツ皇帝も，実際には立法者として法律を遵守するのが通例であったように，この原則に則って即位したのだと主張した。

　以上のベックによる独自の皇帝理解（国制論とも呼ばれる）は，表立って反論を受けることは少なかった。けれども，その後の研究者たちはベックに一定の敬意を払いつつも，キリスト教やその前身であるユダヤ教など，古代ローマ帝国に由来しない要素をたよりに皇帝というユニークな存在にアプローチした。また日本では井上浩一が，時代ごとに皇帝の性格は変化しており，「書かれざる憲法」というベックの考え方に異議を唱えている。実際，後の時代になると皇帝は即位に際して塗油を受けるなど，西方の王権の影響を受けるようになった。

3．皇帝教皇主義　皇帝教皇主義とは，ビザンツ皇帝が教会に対して，信仰に関わる事項も含めて，制限のない権能を有することを示す慣例的表現である。世界史の教科書では「皇帝は教会の首長をも兼ねて」と紹介されたりした。

　けれども多くの研究者は，この用語はビザンツ史の現実から見て不正確で誤解を招く恐れありとする。皇帝が教会トップのコンスタンティノープル総主教を兼務することはなかったし，皇帝権と教権の実際の関係はもっと複雑であったからである。

　一方でビザンツ皇帝はコンスタンティノープル総主教や高位聖職者の任免権を事実上握っており，**ニケーア公会議**以降その職権として公会議を招集・主催した。◁4 彼らが教会の所管事項にしばしば介入したのも事実であった。有名な出来事としては，8～9世紀の**聖像破壊**（イコノクラスム）や末期のカトリックとの**教会合同**◁5 ◁6 をめぐっての皇帝のリーダーシップが想起されるだろう。

　他方で教会側からは，世俗権力と教会権力の並立を主張する動きも見られた。さらに，皇帝が若年ないし不在であった緊急時には，総主教が国政のリーダーとして政治を仕切った事例もある。実際，総主教は皇帝のそばにあって国家官僚的な地位を占めており，両者はおおむね協調的であったといえる。西方カトリック世界との強烈な対比を予想させる皇帝教皇主義という用語は，「国家による教会のコントロール」といういささか強調し過ぎのイメージを喚起させかねず，現実を反映した言葉とはいえないだろう。

歴史学的に考察するポイント

①ビザンツ皇帝は古代のローマ皇帝とどのような点で違っていただろうか。
②ビザンツ国家はどの程度まで専制国家といえるのだろうか。
③ビザンツ帝国はどのような戦争の仕方をしたのだろうか。
④ビザンツ帝国千年の歴史はどのように把握することができるだろうか。

▷3　**聖ソフィア聖堂**
「ニカの乱」後にユスティニアヌス1世が再建した大聖堂。帝国の滅亡までギリシア正教会の大本山であり，イスタンブールの現アヤ・ソフィア博物館。

▷4　**ニケーア公会議**
325年にコンスタンティヌス1世が小アジアのニケーアに司教らを集め，信仰の統一を図った最初の普遍公会議。アリウス派を異端とし，ニケーア信条を採択した。

▷5　**聖像破壊**
726年にレオン3世が開始し，中断をはさみつつ843年まで続いた運動で，聖像（聖画像，イコン）に対する崇敬を偶像崇拝として禁止した。

▷6　**教会合同**
1054年のギリシア正教会とカトリック教会の相互破門の後も合同への試みが断続的になされたが，今日に至るまで実現していない。

参考文献

渡辺金一『コンスタンティノープル千年——革命劇場』（岩波新書，1985年）。
中谷功治「ストゥディオスのテオドロスと「姦通論争」（759-811年）」『西洋史学』186号，1997年。
井上浩一『ビザンツ——文明の継承と変容』（京都大学学術出版会，2009年）。
ハンス＝ゲオルグ・ベック『ビザンツ世界論』（戸田聡訳，知泉書館，2014年。原著は1978年）。

Ⅱ　西洋中世史の論点

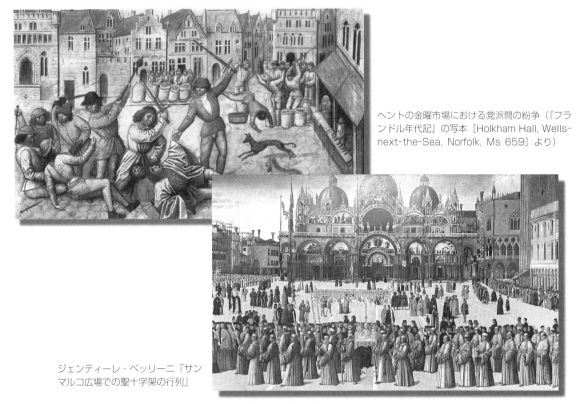

ヘントの金曜市場における党派間の紛争（『フランドル年代記』の写本 [Holkham Hall, Wells-next-the-Sea, Norfolk, Ms 659] より）

ジェンティーレ・ベッリーニ「サンマルコ広場での聖十字架の行列」

「混乱」と「秩序」

Introduction

　中世という時代は，長らく，ヨーロッパ文明の起源を宿す古代と，その後継者を自負する近代を輝かせるための影の役割を負わせられてきました。これによって，野蛮で，停滞した「暗黒の中世」というイメージも生じてしまいます。しかし，中世研究者の多くは，こうした単純で一面的なイメージを払拭しようと多くの努力を積み重ねてきました。その結果，古代や近世・近代との境界線は以前ほど自明のものではなくなりつつありますし，人やモノ，知識の動きもローカルな枠組みを越えて活発に展開されていたことが明らかになっています。人と人との関係も，生々しい暴力と強権的な縦の支配のみによって規定されていたわけではありません。様々な立場の人々が，共に問題を解決するために指針とした作法やしきたりにも光が当てられつつあります。では，そうした新たな中世像は，具体的にどのような創意工夫や試行錯誤の上に形成されているのでしょうか。ここでは，それらの点がよくわかるような論点を選んでみました。隣接諸科学の方法論を導入することに貪欲な中世史家たちの多岐にわたる論争は，この時代の研究がもつ尽きることのない豊かな魅力と可能性を示しているのです（青谷秀紀）。

1 中世初期国家論

加納　修

【関連項目：「古代末期」論争，カロリング・ルネサンス，ピレンヌ・テーゼ，封建革命論，「封建制」を
めぐる論争，神判から証人尋問へ，近代国家生成論，レス・プブリカ，主権／主権国家／主権国家体制，
複合国家／複合君主政／礫岩国家】

📖 史　実

476年に西ローマ帝国が滅亡した後，その領土にはゴート人やブルグンド人，ヴァンダル人などのゲルマン人たちが定着し，王国を築くことになる。その中で最も長く存続し，後の中世ヨーロッパの基盤を築いたのが，481年にメロヴィング家のクローヴィスによって建設されたフランク王国である。751年にはカロリング家のピピンがクーデターを起こし，ローマ教皇ザカリアスの承認のもとメロヴィング朝に取って代わって支配者となり，カロリング朝が開かれた。ピピンの息子カール大帝（シャルルマーニュ。在位：768〜814年）の時代には，フランク王国の版図は，西はピレネーから東はエルベ川まで拡大した。カール大帝は西暦800年には，失われていた西ローマ皇帝の称号を復活させ，王であると同時に皇帝として王国の民を支配したのであった。しかし，その息子ルートヴィヒ敬虔帝の死後843年のヴェルダン条約によって王国は 3 分割され，さらに870年のメルセン条約を経て，フランス，ドイツ，イタリアの原型が形成された。

⚔🛡 論　点

1．中世に国家はあったのか

西洋中世，とりわけその初期の政治体に国家という概念を当てはめることが適切かどうかについては，これまでに多くの議論が積み重ねられてきた。角川書店の『世界史辞典』（2001年）では，「国家」は16世紀に西欧で形成された政治体制，近代主権国家を指すとされ，古代や中世にこの言葉を用いるのは誤用であるとされているが，これは政治学の立場に基づく狭い理解である。とはいえ中世史家の間でも，中世国家を語ることを躊躇する歴史家は少なからず存在する。例えば，デイヴィースは，中世の政治体制は権力者個人の人格や**家産機構**と密接に結びついており，それに「国家」ではなく「領主支配」（lordship）という言葉を当てるべきとする。他方でレナルズは，**ヴェーバー**による国家の定義を緩やかに捉え，中世国家を「多かれ少なかれ画定された領域の内部で，支配者もしくは統治体が正当な物理的暴力行使を，多かれ少なかれ成功裏に統制する人間社会の組織」と見なし，そうすることで中世の多様な政治権力を比較しながら研究することを促している。現在では中世，そして中世初期に国家が存在したとする見方を認める研究者や，中世初期に独自の政治構造を「国家」という観点から捉えようとする研究が増えてきている。

2．国家と社会

メロヴィング朝フランク王国について考えるなら，およそ 7 世紀頃までは，**租税制度**など古代ローマの制度的なインフラ

▷ 1 　家産機構
権力者が人間関係や財産を
自分の家産のように取り
扱っている集団や国家の組
織。Ⅲ-12 側注 2 および
Ⅲ-17 側注 1 も参照。

＊　ヴェーバー
Ⅰ-23 側注 3 および Ⅴ-12
側注 3 参照。

▷ 2 　租税制度
ローマ帝国末期の租税制度
は，カピタティオ（人頭
税）とユガティオ（地租）
から構成されていた。

が地域的な差異を伴いながら存続したことが明らかになっている。佐藤彰一が主張するように，700年頃以前のメロヴィング国家は，なおローマ的な制度や法に強く規定されていたとする見方が有力である。これに対して，この時期以降の政治権力は制度的な枠組みの中で行使されるのではなく，社会的な諸関係の網の中に埋め込まれていたと考えられている。かつてカロリング王権は中央集権的な体制を築こうとしたと捉えられてきたが，現在では王権は地方の有力者を庇護関係に取り込み，彼らとの協力のもとに統治する仕組みを作り上げようとしたと見なされている。そこでは，王権を含めた有力者たちが親族・盟友関係を取り結んだり，合意を達成したりすることで，政治秩序が構築されたのであった。近代国家をモデルとするならば，カロリング朝フランク王国は「国家」なき社会ということになるが，それでも中央たる王権は権力を構造化する力を具えていたのであり，社会的な諸関係を政治権力という観点から再検討する必要がある。

3．国家と教会　カロリング国家のもう一つの大きな特徴は，国家が信仰共同体としての教会と同一視されうるという点にある。山田欣吾は，一方で教会や聖職者が宮廷や王国統治全般，さらには軍役奉仕において不可欠の役割を担っていたこと，他方でカロリング期に抽象的な国家観が形成されず，王国が理念的に教会と見なされていたことを根拠として，カロリング王国は「政治化された宗教的共同体」にほかならなかったとする。カロリング期の「国家」（res publica）が，具体的人格としての王の活動もしくは活動対象を示すものでしかなかったとする見解は，いまや多くの研究者によって放棄されているが，カロリング王国が王権自身によってもキリスト教共同体として観念されていたとする事実は否定しようがない。オランダの歴史家デ゠ヨングは，カロリング期においては，逆境や災害や疫病の流行などに際して罪を償うことで対応することが一般的になっていたとして，カロリング国家を「贖罪国家」と形容している。

歴史学的に考察するポイント

①フランク王国以外のゲルマン諸国家の性格はどのようなものだったのか。
②ローマ的な制度や法とは具体的にどんなものだったのか。
③政治理念と現実の政治との関係をどのように捉えることができるだろうか。
④カロリング国家とそれ以降の国家との間にはどんな相違があるのか。

参考文献

山田欣吾『教会から国家へ——古相のヨーロッパ』（創文社，1992年）。

『岩波講座 世界歴史7 ヨーロッパの誕生』（岩波書店，1998年）。

佐藤彰一『中世世界とは何か』（岩波書店，2008年）。

2 カロリング・ルネサンス

多田　哲

【関連項目：ローマ帝政期のギリシア，中世初期国家論，ピレンヌ・テーゼ，12世紀ルネサンス，リテラシー，イタリア・ルネサンス】

📖 史　実

　「カロリング・ルネサンス」という語は，フランスの中世史家アンペールが自著（1839〜40年）の中で，次のように述べたことに起源を持つ。フランク王国カロリング朝の第2代カール大帝（シャルルマーニュ）は，学校を創設し，文学・芸術・神学を興隆させた。こうした動きは，人間精神の再生，古代の復興などの点で，後代のイタリア・ルネサンスなどと同様の性格を持っている。そしてこの第一のルネサンスは，後のルネサンスの先駆であったとする記述である。アンペールによる約180年前の説は，現在でもほとんど形を変えずに知られている。例えば『詳説世界史』（山川出版社）によれば，中世のルネサンスの一つとしてカロリング・ルネサンスが取り上げられ，「大帝は宮廷にアルクインら学者を多数まねき，そこからラテン語による文芸復興がおこった」とされる。カロリング時代に生産された写本は約7200点が残存しており，この時期の文化の隆盛は疑いようがない。中でも特筆すべきは，古典古代の著作が精力的に筆写されたことであり，この活動が多数の名作を忘却から救った。

論　点

1. 先駆的ルネサンスであったのか

　カロリング・ルネサンスに関する研究が進んでくると，この文化に人間精神の再生といった要素が薄いことが判明してきた。古い因習から人間が解放されて，個人が創造性を発揮するような場面は，カロリング時代にはなかったと主張されるようになってきたのである。一方で古代の復興という点についても，留保がつけられている。古代の文学に範をとった作品が生み出されているが，それは形式的借用だとの説もある。また古代作品の写本が作成されたことは事実としても，異教的性格をもつ**古典古代**[1]の作品よりも，キリスト教会の**教父**[2]の作品の方が好んで筆写されたこともわかってきた。

　このように考えていくと，カロリング・ルネサンスにイタリア・ルネサンスの先駆的要素を見ることは，極めて難しくなってきた。カロリング時代の文化に「ルネサンス」という語を冠することにも，異論が生じてきたのである。

2. カール大帝は類稀なる復興者であったのか

　カール大帝は在位中に学芸振興や学校創設を命じ，また一世代後に書かれた『**カール大帝事績伝**』[3]でも知を愛する者として描かれている。これらのことから，大帝とカロリング・ルネサンスは，直接結びつけられてきた。しかし，文化的活動は彼が死去して停滞したわけではなく，むしろいっそうの発展が検出されるようになった。そこでカロリング・ルネサンスの終了時期は現在，9世紀末に置かれている。問題となるの

▷1　古典古代
古代のうちでも，後世のヨーロッパにとっての古典を生み出した，ギリシア・ローマ時代のこと。カロリング時代には，カエサル，タキトゥス，リウィウス，ウェルギリウスなどの作品が筆写・収集された。

▷2　教　父
正統性・聖性が認められた古代のキリスト教の著作家で，ギリシア教父としてアタナシオス，ラテン教父としてアウグスティヌスなどが知られている。 Ⅰ-19 側注2も参照。

▷3　『カール大帝事績伝』
ザンクト・ガレン修道士ノトケルスが，カール大帝の曽孫にあたるカール3世肥満王の依頼で，887年までに執筆した。

は開始時期である。カロリング時代に先行するメロヴィング時代にも，文化は退廃していなかったことが，近年明らかになった。他方で，カール大帝以外のゲルマン諸王も，同様に文化保護を行っていたことも，強調されている。

ルネサンスの原義は復興，ないしは再生である。カールは，復興・再生に値することを行ったのか。そして，彼の文化事業は初期中世で抜きん出た価値のあるものだったのかが，問われている。

3. カロリング・ルネサンスはなぜ生じたのか

カロリング・ルネサンスは文化の隆盛という結果として現れている。この現象が知られた頃，目的と結果は同一だと見なされていたようである。すなわちカロリング・ルネサンスの目的は，文化振興そのものであると。この考え方は，前述の『カール大帝事績伝』における記述とも合致する。しかしその後，文化的ルネサンスはあくまで副産物であり，カール大帝が意図したのはキリスト教社会のルネサンス（復興・再生）であるという，大胆な仮説が提示された。この仮説は大きな影響力を持ったが，全面的な賛同が得られたわけではない。ただし，文化的ルネサンスの底流に，宗教的な動機が存在したことは，かなり明確になってきた。教父の著作が多く筆写されたことは，その一つのあらわれである。そして古典古代の作品の写本が作成されたことにも，宗教的な意図があったのではないかと，主張されるようになってきた。例えば古典古代の作品は，文法学・修辞学・論理学といった自由学芸*を学ぶために利用された。カロリング時代において，文法学は神の知恵の神秘を解明するため，修辞学は聖書に記された比喩を理解するため，また説教術を身につけるため，論理学は神学に役立てるためのものだった，というのである。

カロリング・ルネサンスは，現代的観点から評価しがちである。それは前述の古典保存のほか，書体や楽譜の考案など，今日にも大きな刻印を残している運動だったからである。しかし，カロリング時代の状況に即して，この運動の動機を理解する必要がある。

歴史学的に考察するポイント

①高校世界史の教科書でカロリング・ルネサンスの説明を読み，それが歴史学的に正しいものか，考えてみよう。

②「ルネサンス」というレッテルを一度剥がしてみて，カロリング時代の文化をながめてみよう。

③カール大帝は通常，偉大で傑出した皇帝として記憶されている。しかし文化の面でも，本当にそうだったのだろうか。

---

*　自由学芸
Ⅱ-12 側注1参照。

▷4　書　体
カロリーナ（カロリング）小文字体は，15世紀のユマニストが筆写の際に模範とした書体である。このユマニスト小文字体が，のちにイタリアの印刷業者に採用され，ここからローマ字活字体が誕生した。

▷5　楽　譜
ヨーロッパ最古の記譜法といわれるネウマ譜は，カロリング時代にはじめて使用された。

参考文献

上智大学中世思想研究所編訳『中世思想原典集成6　カロリング・ルネサンス』（平凡社，1992年）。
甚野尚志・益田朋幸編『ヨーロッパ文化の再生と革新』（知泉書館，2016年）。
越宏一編『ヨーロッパ中世美術論集5　中世美術の諸相』（竹林舎，2018年）。

3 ピレンヌ・テーゼ

山田雅彦

【関連項目：古代経済史論争，「古代末期」論争，ビザンツ帝国史の時代区分，カロリング・ルネサンス，中世農業革命，中世都市成立論，ヴァイキングのエスニシティ】

 ## 史　実

　ベルギーの歴史家ピレンヌ*（1862〜1935年）の，古代から中世への移行に関する見解は「ピレンヌ・テーゼ」と呼ばれ，歴史学界に大きな影響を与えた。7〜8世紀のイスラーム教徒の地中海地方への進出が，西ローマ帝国崩壊後も続いていた地中海商業を麻痺させ，カロリング朝西ヨーロッパ世界は農業社会として始まるという構想がそれである。1928年のオスロの歴史学会で公にされ，没後の1937年に『マホメットとシャルルマーニュ』としてまとめられた。論点は多いが，カロリング朝のもとで一大幣制改革が行われ，金貨は製造されず，小型のデナリウス銀貨の発行のみに切り替えられたことが重要な論拠の一つとなっている。また，若い頃から手がけていた中世都市形成・発展の問題もこのテーゼに連動し，1920年代の著書では，カロリング時代の都市には見るべきものもなく，中世都市は10世紀以降の「商業の復活」以降に生まれるとされた。

論　点

1. 古代から中世への移行に関する論争

　古代から中世の移行に関するテーゼは，当初から賛否両論の大論争を引き起こしたが，死後もその反響はほぼ20世紀を通して続いた。元々，欧米ではゲルマン人の侵入と定着が起きた5世紀前後をもって中世世界の形成と見るのが定説であったが，彼の見解は定説の抜本的見直しを喚起するものであった。例えばドプシュ*はピレンヌ学説に批判的であったものの，その批判は8・9世紀の断絶という点に注がれており，ローマ文化・社会のフランク王国時代への連続性に関しては，同じ方向にある。

　以後，西ローマ帝国の滅亡をもって古代世界の終焉と断じる向きは大きく後退し，むしろローマ的な諸制度・慣行のメロヴィング朝，さらにはカロリング朝に至るまでの残存・変容に関して議論は深まっている。1980〜90年代にはフィスカリスト▷1と呼ばれる一群の研究者も登場し，ディオクレティアヌス*期からカロリング朝までを国制史的な観点から一括して取り扱ってみせた。現在は，かつて移行期と呼ばれたこの時代を「ポスト・ローマ期」と称して総合的に取り扱う傾向が見て取れる。

2. カロリング家の貨幣改革に関する新たな展望

　ピレンヌ・テーゼの核心をなす金貨から銀貨への転換は，歴史学と古銭研究から多くの批判にさらされた。そもそも，イスラームという外部インパクトについて，ロンバールのようなイスラーム史研究者は，早くから断絶よりは交流の新しい側面を照射し，商業活動の全面的後退に疑念を呈していた。その後の貨幣史研究は，7世紀を通し

＊　ピレンヌ
Ⅰ-30 側注2参照。

＊　ドプシュ
Ⅰ-30 側注3参照。

▷1　フィスカリスト
フィスクス（fiscus），すなわち国庫に由来する。フィスクスは皇帝領，そして王領と意味は変化するが，一貫して公権力による財政管理の連続性を強調する学派。デュルリアなど。

＊　ディオクレティアヌス
Ⅰ-20 側注1参照。

て西欧における金貨の発行が縮小していくことを共通に認めつつも，その完全な消失を想定しない。近年では，8〜9世紀のカロリング王国の南部を中心に，ビザンツ帝国とイスラーム世界由来の金貨が一定量は流通していたことを捉えて，デナリウス銀貨の価値体系もそれに連動していた可能性さえ指摘されている。

　そもそも，銀貨の登場も8世紀後半の幣制改革が最初なのではなく，それよりも約1世紀は遡って年代づけられてきている。戦後の諸研究からは，フランク王国はすでに7世紀の頃からスカンディナヴィアやブリテン諸島との間で盛んな通商関係を結び，すでに670年代の頃には北海沿岸域には共通の銀貨流通圏が形成されていたことは確実といえる。8世紀後半の貨幣改革もこの延長線上の出来事でしかない。総じて，外部世界との交流の途絶どころか，むしろ形を変えた活発な相互交流により，カロリング朝のデナリウス銀貨の登場が準備されていったプロセスが示されつつある。

3. カロリング朝の社会・経済の再評価

　カロリング時代の西ヨーロッパが農業経済を基本とする社会に「後退」するという逆説的な中世社会形成論は，ヴェーバー*の内陸経済論と合わさって我が国の社会経済史学界で広く受容されたが，カロリング期の経済と社会に関するその低い評価は様々な批判にさらされた。

　まず，「後退」という論点をめぐって，森本芳樹やフルヒュルストらは，**所領明細帳**[2]の分析を通して農業経済の活発な成長局面を照射するとともに，荘園経済の余剰が活発な商品貨幣流通を内部から生み出すとした。ピレンヌが「取るに足らないもの」と位置づけた多数のカロリング期地方市場に関する記述も見直され，デナリウス銀貨の登場も少額貨幣の必要性から説明された。しかし最近では，ドゥヴロワは西欧内の銀の総量を勘考して，市場での貨幣使用の程度をやや低めに捉えようとしている。

　後者の見解と関連して，農業経済の不安定な状況を認めつつ，むしろカロリング国家が修道院に**流通特権**[3]を付与するなどしてその経済力を動員し，財の偏在に対応したとする，丹下栄の見解もある。いわば経済の不安定と不均質ゆえに，商品貨幣流通が内部から生じざるをえなかったとする論法である。

　最後に，カロリング時代の都市不在論をめぐっても，領主の主導下での経済的集散機能の諸相が明らかになるとともに，初期集落の形成と発展につながる多様な施設の複合に注目する見解も出ている。今後は「中世都市」に先行するこれら「初期都市」について，別個の議論をしていく必要がある。

歴史学的に考察するポイント

①古代から中世への移行は今後どのように語られるべきだろうか。
②社会経済史の観点から，カロリング朝という時代はいかなる時代といえるだろうか。
③囲壁をめぐらす自治都市が発達する以前のヨーロッパ中世初期の都市的な集落について，独自の議論を深めることは可能だろうか。

---

* ヴェーバー
Ⅰ-23 側注3および Ⅴ-12 側注3参照。

▷2 所領明細帳
修道院を中心に伝来する，所領管理のために作成された台帳系史料。おおむね，領主直営地と農民保有地の配分，毎年の賦役や物納などの農民の負担を記載する。

▷3 流通特権
フランク王国では人や物の流れを対象にして港や集落で種々の税（teloneum など）が課されていたが，カロリング王家は主要な教会や修道院を対象に，これらを免除する旨の特権状を多数発行した。

参考文献

アンリ・ピレンヌ『ヨーロッパ世界の誕生——マホメットとシャルルマーニュ』（佐々木克巳・中村宏訳，創文社，1960年，新版1986年）。

丹下栄『中世初期の所領経済と市場』（創文社，2002年）。

森本芳樹『西欧中世初期農村史の革新——最近のヨーロッパ学界から』（木鐸社，2007年）。

4 中世農業革命

丹下　栄

【関連項目：古代経済史論争，ピレンヌ・テーゼ，中世都市成立論，封建革命論，イギリス産業革命】

▷1　重量有輪犂

犂刃，犂先に加えて撥土鈑と車輪を備える。犂刃と犂先（鉄製）で深くえぐった土を撥土鈑で反転させ，地表の雑草を地中に埋め込むとともに畝を作る。車輪は土をえぐる深さを一定にする働きをする。粘土質の肥沃な土壌の耕作を可能にしたが，使用時には複数の役畜（牛または馬）による牽引が不可欠であった。

重量有輪犂（16世紀）

▷2　3年輪作

耕地を3分割し，冬畑（秋に小麦，ライ麦等を播種，翌年春〜初夏に収穫），夏畑（3年目の春に燕麦，豆類等を播種，同年秋に収穫），休閑（4年目の秋にふたたび冬畑とするまで耕作せず，放牧した家畜の糞尿によって土中の栄養分を回復させる）という3年周期のサイクルをそれぞれの部分で始期をずらして行う。従って農民は毎年冬畑，夏畑，休閑地（放牧地）という3つの部分で作業することになる。

▷3　軽量犂

撥土鈑や車輪を持たず，犂先で表土を引っ掻いて毛管現象を断ち切り土中の水分が蒸発するのを防ぐ。砂質土壌の耕作に適合し，地中海沿岸など乾燥地帯でひろく用いられた。

軽量犂

📖　史　実

　中世の西欧，特にロワール川とライン川に挟まれた地域では11〜13世紀に，肥沃だが粘り気が多い重粘土壌の耕作が可能な**重量有輪犂**◁1，連作（同じ作物を連続して栽培する）による耕地の劣化を休耕によって防ぎながら，より効率的に耕地を運用する**3年輪作**◁2の導入が進み，水車や鉄製農具の普及，さらに開墾による耕地拡大も相まって農業生産力の大幅な上昇が実現する。食糧生産に必要な人数が減少した結果，食糧を自身では生産せずに市場で購入し，手工業や商業に専念する人口が増加する余地が生じた。これによって分業が進展し，近代社会の成立に向かう基礎条件の一つが整えられた。

⚔　論　点

1．中世農業革命の要因

　農業生産力の増大をもたらした要因として，ブロックなど20世紀前半の歴史家は人口増加による食糧不足に着目した。一方1960年代，デュビーとL・ホワイトは生産力増大のきっかけとなったのは農耕技術の革新，特に重量有輪犂と3年輪作の出現であると考え，この現象を中世農業革命と呼んだ。それが生じた時期については，デュビーが想定した11〜13世紀（ホワイトは9〜10世紀を想定）が現在歴史家の共通認識となっている。しかし1990年代以降，技術史家たちは，重量有輪犂が北欧ではすでに9世紀以前に実用化されており，また無輪ながら撥土鈑を持つものなど多様な形態の犂が各地で使われていたことを明らかにしている。フルヒュルストも現在のベルギーにあたる地域の知見から，同じ地域内でも**軽量犂**◁3と重量犂が土壌の性質（砂質土か重粘土壌か）に応じて使い分けられていたことを指摘し，軽量犂が重量有輪犂に取って代わられるという現象は決して普遍的なものではないと論じた。ちなみにスカンディナヴィア半島をフィールドとする考古学者ミルダルも同様の結論に達している。彼やそのグループによれば中世農業革命の要因としてより重要なのは新しい技術の出現ではなく，むしろすでに実用化された技術の新しい組み合わせ（technical complex の革新），その効果的な利用を可能にする社会関係の成立であった。また人口増加と農業革命との関係についても，フォシエやフルヒュルストは農村部の過剰人口が周辺都市や新たに拓かれた中東欧の新村などへ流出した例を挙げ，効率的な農耕技術はもっぱら人口増加への対処策として導入されたとする見解を批判している。

2．中世農業革命の推進者

　フルヒュルストはフランドル海岸部における開墾について，大修道院やフランドル伯などの有力者が肥

沃な土地を開墾すると同時に，その耕作に適した技術を導入して中世農業革命を推進したという見通しを提示した。現在多くの研究者が開墾における領主層のイニシアティヴを認めているが，デイアーは実際にこうした技術が活用されて生産性が高まるには領主から耕作の一切を任されるようになった**保有農民**[14]がその技術を受け入れることが不可欠であると指摘し，実質的に農業経営の主導権を握った農民もまた農業革命の推進者と見なされるべきことを示唆した。コメもまた，領主による水車の建設と**使用強制**[15]が普及した理由として農民が粉挽きの時間を節約して農作業にあてるため，あえて強制を受け入れたという事情を想定するパランの説を紹介し，農業革命進行のイニシアティヴを領主・農民のいずれか一方に帰そうとする指向を戒めている。またデュビーは，西欧において**シャテルニー**[16]を形成した領主（城主）層が平和維持の見返りに域内からの貢租徴収を強化し，農民は生産力向上への努力を余儀なくされたと論じている。このように中世農業革命を推進した主体については，研究者それぞれの視点や問題意識に応じて様々な見解が成立可能といえる。

3. 農業革命は「歴史の進歩」か

デュビーやホワイトは，農耕技術の革新によって単位面積あたりの収穫量が増えるとともに作物が多様化し，農地（周期的に耕地と放牧地に充当する）のみによって非農業人口を含む人間の生存に必要な食糧をまかなえるようになったこと，特に夏畑で栽培され馬の飼料となる燕麦の普及が農耕馬の使用を促進し，生産性の向上に大きく貢献したことを高く評価した。一方ウィッカムは，中世農業革命以前の時期，生命維持には農業生産物だけでなく森林で採取した動植物の食糧化が不可欠であったことを認めつつ，そのことを農業技術の劣悪さ，歴史の「遅れ」を示すものとのみ捉える見解には与しなかった。中世初期における開墾の停滞や森林資源利用の抑制は自然環境の破壊を防いでその持続的利用を可能とし，また食糧調達方法の多様性は飢餓に対する農民の抵抗力を高めていたというのである。フォシエもまた，農業革命に伴って進行した開墾が森林資源を大幅に減少させ，この時期にすでに様々な社会的軋轢を引き起こしたことに注意を喚起している。ちなみにデュビーも後年，中世農業革命に対する評価をより控え目なものに修正している。このように，農業生産（特に農耕）にのみ着目し，その生産性向上をもって良しとする見解には現在多くの角度から批判が加えられている点を見逃してはならない。

歴史学的に考察するポイント

①中世農業革命はどのような点で「革命的」といえるのだろうか，またいえないのだろうか。

②新技術の導入と社会の変化はどのような関係を持っているだろうか。

③中世農業革命はその地域の気候風土・環境からどのような影響を受け，またそれにどのような影響を与えているだろうか。

▷4 **保有農民**

領主（地主）から土地を借りて耕作し，代償として地代を納める農民。11世紀以降になると農作業の一切を任され領主に対しては定額地代（生産物や貨幣）のみを負担する，農業経営に関しては自有農民（自作農）とさほど変わらない自律性を持つ者が増加してきた。

▷5 **使用強制**

水車・パン焼き窯などの施設を領主が独占的に建設し，農民にその利用を強制するもの。領主の農民に対する経済外的強制（土地貸借以外の契機による支配）の典型とされ，シャテルニーを形成した城主にとっても権力基盤，収入源として重要な意味を持った。

▷6 **シャテルニー**

王を頂点とする権力秩序が弱体化した中世中期（11～13世紀）において，各地に城塞を築いた（多くは王などの許可を得ずに勝手に建設）城主が周辺に作り上げた権力空間。比較的狭い空間に住む住民のすべてに対して安全保障をするとともに警察権・裁判権を独占的に行使して秩序維持にあたった。

参考文献

リン・ホワイト・Jr.『中世の技術と社会変動』（内田星美訳，思索社，1985年。原著は1962年）。

ロベール・フォシエ『ヨーロッパ中世社会と農民』（渡辺節夫訳，杉山書店，1987年。原著は1984年）。

ヴェルナー・レーゼナー『農民のヨーロッパ』（藤田幸一郎訳，平凡社，1995年。原著は1993年）。

堀越宏一『中世ヨーロッパの農村世界』（山川出版社，1997年）。

5　中世都市成立論

河原　温

【関連項目：ポリス形成論，ピレンヌ・テーゼ，中世農業革命，ハンザ】

📖 史　実

　ローマ帝国の崩壊後，ローマの都市的伝統は地中海沿岸地域を中心に5世紀以降も存続したが，ローマ帝国領北部（北西ヨーロッパ）では，中世初期を通じて都市の存続，発展は限られていた。しかし，相対的な平和期に入った紀元1000年以降，商業活動の活性化（「商業の復活」）により，ヨーロッパ各地で都市的集落の成長・発展が生じた。商人定住地や修道院などの新たな核となる場を中心に，都市はイタリアやフランス，ドイツ，低地地方などにおいて成長を遂げた。12世紀に北フランスの諸都市は，フランス王から「コミューン特許状」を獲得する。そこでは，都市の「自由と自治」が商人を中心とする誓約団体により法的に獲得された。領主制によって支配される「不自由」な封建社会の中の「自由」の砦として都市は，近代ヨーロッパ社会の先駆けをなす社会空間となったと見なされた。都市は，また市壁を通じて，周辺の「不自由」な農村地域から法的にも視覚的にも区別された世界となった。中世都市内部では，市民権を持つ住民を中心に同職ギルドや兄弟会など様々な絆を通じて都市民同士が相互に結び合う水平的関係が形成され，都市共同体としてのアイデンティティが醸成された。

⚔ 論　点

1．古典的解釈　近代歴史学が成立した19世紀後半のヨーロッパにおいて，歴史家たちは，中世という時代に近代の先駆的形態を見ようとし，12世紀の北フランス都市における「コミューン」運動を，中世都市の住民たちの政治的権利獲得の運動として高く評価した。ベルギーの歴史家**ピレンヌ***は，『中世都市——社会経済史的試論』（1927年）において，こうした19世紀後半のリベラルなブルジョワ市民の意識を反映し，社会経済史的視点から12世紀における遠隔地商人の商業活動を起動力として，都市の成長・発展を位置づけた。そこでは，遠隔地商業を営む商人の活動が中世都市成立の主たる要因として強調されている。また，ドイツの社会学者**ヴェーバー***は，中世都市の共同体の歴史的独自性を，中国やイスラームの「専制的」都市と比較しつつ論じた。ヨーロッパ中世の都市は，領主支配に対する市民的「自治」と「自由」を共同体的結合（誓約団体）により実現した歴史上ユニークな事例とされたのである。こうした法制史的，制度的視点から解釈する中世都市の成立論と近代の先駆けとしての中世都市の独自性の強調は，その後もプラーニッツらによって北西ヨーロッパ（ライン川・セーヌ川間）における宣誓共同体の形成をもって中世都市の成立を論じる定説を形成した。

2．経済史的解釈

中世都市成立の起動力を12世紀における商業の「復活」と定住した遠隔地商人の役割に求めるピレンヌ的見解は，中世初期，特にカロリング期以降の西ヨーロッパの**古典荘園制**研究をはじめとする経済史研究の進展によって近年修正されてきた。11〜12世紀の遠隔地商人の活動以前に，すでにカロリング期からヨーロッパの農村では商品・貨幣流通が進展しており，カール大帝による銀本位制の採用は，カロリング期のヨーロッパ内陸経済の活性化を示すものとして積極的に評価されるようになった。そうしたカロリング期から11世紀に至るヨーロッパの農業生産の増大と商品＝貨幣流通の連続的な発展の中で，〈地域中心〉としての定住地が周辺農村との交流を通じて都市として成長したと考えられるようになった。そうした見解においては，都市的集落と農村的集落は法的にも，景観的にも峻別されえず，むしろ都市と周辺農村の相互依存的な関係により両者の並行的発展があったとする見解が有力となっている。

3．法制史・制度史的解釈

20世紀半ば以降，中世都市の有する「自由と自治」の評価をめぐり，王や領主により都市に付与された特許状（特権）が再検討されるようになった。例えば，都市の「自由」と「自治」を示すものと捉えられてきた12世紀のフランス王によるコミューン特許状は，同時代の農村共同体にも付与された慣習法特許状の一形態であり，都市内の「平和」を維持することが目的であって，都市住民の特権的な「自由」と「自治」を必ずしも示すものではなかったとする見解（プティ＝デュタイィ）が有力となった。また，初期の都市主導層には，「自由」な商人だけではなく，不自由身分の家人（ミニステリアーレス）や教会庇護民（ケンスアーレス）たちも含まれており，都市共同体成立の主導層として「自由」な商人をもっぱら強調する見方は修正されつつある（シュルツ）。中世都市の「自由」（リベルタス）という概念についても，フェルメーシュらにより，身分的な「自由」という意味以外にも多様な意味合いがあったことが論じられており，近代社会における「自由」や「自治」とは異なる文脈において中世都市の「自由」や「自治」の概念を再検討する必要がある。

さらに，オットカールや，エネンのように，北西ヨーロッパの都市とイタリアなど南欧都市の法的，構造的差異をふまえながら，都市領主（司教や世俗領主）と都市共同体との関係を一方的な支配・被支配関係と見なすのではなく，相互依存的関係として見ることで，中世都市の成立を単線的にではなく，様々な都市類型に従って複合的に解釈しようとする見解もある。

歴史学的に考察するポイント

①中世都市の成立にとって必要な条件とは何であっただろうか。
②中世都市において「自由」とは何を意味していただろうか。
③中世ヨーロッパにおいて都市が果たした役割とはどのようなものであっただろうか。

▷3　**古典荘園制**
9世紀頃からロワール・ライン川間の北西ヨーロッパで発展した領主による大土地所有制である。領主直営地と農民保有地の二元的構成で，賦役に基づく領主＝農民関係が形成された。

▷4　**ミニステリアーレス**
「家人」と訳される。元来，西欧中世の所領管理の役人であったが，11，12世紀以降，特にドイツにおいて国王，諸侯，司教などの有力領主の下で軍事的，行政的管理職に登用され，都市では有力な社会層を形成することもあった。

▷5　**ケンスアーレス**
「教会祭壇民」と訳される。教会に托身してその保護下に入り，商業活動などにおいて教会の特権を享受した俗人市民たちである。彼らは，しばしば都市の主導層を構成し，自治の担い手ともなった。

（**参考文献**）

ハンス・プラーニッツ『中世都市成立論——商人ギルドと都市宣誓共同体』（鯖田豊之訳，未来社，1959/1995年）。

マックス・ヴェーバー『都市の類型学』（世良晃志郎訳，創文社，1969年）。

エーディト・エネン『ヨーロッパの中世都市』（佐々木克巳訳，岩波書店，1987年）。

アドリアーン・フルヒュルスト『中世都市の形成——北西ヨーロッパ』（森本芳樹ほか訳，岩波書店，2001年）。

アンリ・ピレンヌ『中世都市——社会経済史的試論』（佐々木克巳訳，講談社学術文庫，2018年）。

6 ヴァイキングのエスニシティ　　小澤　実

【関連項目：ケルト問題，ピレンヌ・テーゼ，ノルマン征服，タタールのくびき，エトノス論】

 ## 史　実

　現在のデンマーク・ノルウェー・スウェーデンを出自とし，8世紀後半から11世紀半ばにかけて周辺世界に拡大した集団をヴァイキングと呼ぶ。19世紀以来，ヨーロッパ諸国の歴史学では，キリスト教世界を略奪する侵略者として位置づけられる一方，北欧本国のナショナルヒストリーでは，農村生活を送りながら時に海外遠征を行う自由農民として描出された。

　一般的に彼らヴァイキングの本来の**エスニシティ**[1]はスカンディナヴィア人と考えられている。しかしヴァイキングは，3世紀近くにわたり，古北欧語をコミュニケーション手段としながらアメリカ大陸から西ユーラシア世界まで広範囲に拡大し，銀を主たる交換手段とした交易ネットワークを形成した上で，「ヴァイキング世界」というべき活動空間を成立させた。彼らは10世紀以降，現在に連なる国家を形成する過程でデーン人・ノルウェー人・スヴェーア人といった帰属エスニシティを構築する一方で，「ヴァイキング世界」各地の現地集団と混交し，地域に応じてエスニシティの構成要素を変化させるエトノジェネシス（民族生成）を繰り返した。このようなヴァイキングの動きを受けて近年の研究では，「ヴァイキング・ダイアスポラ」という言い方も現れてきた。

論　点

1. 「デーンロー」とロシアの起源　ヴァイキングのエスニシティに関して大きな歴史的論争を引き起こしたのは，イングランドの「デーンロー」をめぐる議論とロシアの起源論争である。

　890年頃，イングランド王アルフレッドとヴァイキングの首領グスラムは，ハンバー川以南をイングランド人の，以北をデーン人（ヴァイキング）の法慣習が優先すると定めた協定を取り交わした。これにより後者にヴァイキングが優勢的に定住しその法慣習を機能させた「デーンロー」（デーン人の法）が成立した，とされてきた。その根拠としてイギリスの歴史家ステントンは，北欧語起源の地名が「デーンロー」に集中していることを挙げた。他方で，12世紀の歴史記述『ロシア原初年代記』によれば，862年に北欧からルーシの首領らを招致したのがロシアの起源とされていた。しかしこの点をめぐっては，**ルーシ**[2]（ヴァイキング）に主導権を認めるノルマン説と現地スラヴ人に優勢を認めるスラヴ説が，19世紀以来大きな対立を見せていた。その後ロシア内でヴァイキングの定住などを示唆する考古学的な発見が相次ぐことで，ロシア社会成立期におけるヴァイキングの関与は疑いのないものとなった。

▷1　エスニシティ
本項においては，ある特定集団における生物学的・遺伝的要素に基づく構成要素ではなく，歴史的文化的に構築される構成要素ないしはその構成要素を保持する集団を指す。Ⅲ-16 側注1も参照。

▷2　ルーシ
9世紀以降，現在のロシアに移動し定住したスカンディナヴィア人はルーシ（Rus'）と呼称された。語源については議論があるが，9世紀にはすでに，ラテン語，アラビア語，ギリシア語などの周辺地域の史料で「ルーシ」として認識されていた。

　現在では,「デーンロー」とロシアのいずれにおいても, ヴァイキングが現地社会にある程度の変化を与えたことは確かだとしても, 北欧からの移住者数は限られ現地住民と混交して北欧色を薄めたことから, 現地の政治経済社会構造を彼らが根本から変化させたとする議論は修正を余儀なくされている。

2. アイスランド人の DNA 研究　アイスランドは870年頃にノルウェー人が植民を行うことで現地社会が成立したと長年考えられてきた。その根拠は, 13世紀の写本が残る『植民の書』◁3 に, ノルウェー王権による迫害を逃れて移住した集団がアイスランド人の祖先であると記述されていたことにある。しかし, 国から委託を受けた民間企業が医療目的でアイスランド国民全体の DNA を調査した結果, とりわけ植民期の女性はアイルランドやスコットランドから移住した可能性が高いことが判明した。すなわち, 植民初期のアイスランドには, 『植民の書』で証言されるノルウェー人だけではなく, ブリテン諸島周縁部出身の女性が多かったことも意味する。これは DNA 研究という最新の科学技術が歴史学に大いに貢献した一つの事例である。現在では類似の調査が, アイスランドだけではなくブリテン諸島に移住したヴァイキングの影響や民族移動期のゲルマン人の民族構成調査などでも試みられつつある。

3. エスニシティとイデオロギー　エスニシティは必ずしも先天的に備わる生物学的要素ではなく後天的な文化的要素であるとするエトノジェネシスの考えは, 必ずしも古くから意識されていたわけではない。論点1が盛んに議論されていた19世紀末から20世紀前半は, 先天的要素に基づく民族考古学が盛んであった時代でもあり, 特定の民族集団には言語や居住地域などに応じて特定のエスニシティ要素が割りあてられていた。そうしたエスニシティ決定が極端な形で現れたのがナチズム期のドイツである。ヒムラーのもとで組織された擬似学術組織「祖先の遺産」◁4 (アーネンエルベ) によれば, スカンディナヴィア人こそが金髪碧眼で隆々たる体躯を持つ「アーリア人*」という擬似民族を最も完全に体現する理想の集団と考えられた。その結果, アーリア人の最も顕著な事例として, ヴァイキングの活動や文化 (例えばルーン文字◁5) などが民族遺産として尊重されるべき対象として扱われた。

　起源論争にせよナチズムにせよエスニシティの問題はイデオロギーと容易にリンクしうる。それは, 昨今の民族主義思想や排外ナショナリズムの台頭とも密接にリンクしながら, DNA 研究の登場でより先鋭化する可能性も指摘しておかねばならない。

歴史学的に考察するポイント

① 異文化圏の歴史記述はヴァイキングをどのような集団として捉えたのか。
② ヴァイキングは各地域でどのような集団に変化したのか。
③ エトノジェネシスのような歴史事象の分析概念は, どのような場合に適用可能であり, どのような場合に不適切であるのか。
④ 新しい科学技術と歴史学はどのような点において協業可能か。

▷3 『植民の書』
アイスランドの植民と定住の過程の古アイスランド語による記録。全体は2部に分かれ, 前半では9〜10世紀の植民プロセスが, 後半では植民者のリストと短い家族史が記されている。

▷4 「祖先の遺産」
1935年からドイツの敗戦まで, ナチスドイツ支配下の学術機関を支配した組織。ヴィリゲートなど, ヒムラー周辺に出入りする非学術的な人物などの影響を受けていた。他方でルーン学のクラウゼや中世ラテン語のレーマンなど高名な学者も参加していた。

＊　アーリア人
Ⅰ-4 側注4参照。

▷5 ルーン文字
2世紀頃ゲルマン世界でラテンアルファベットの影響を受けながら成立した文字体系。もともと24の線刻文字から成っていたが, 8世紀頃, 利用空間と音韻体系の変化に伴って16文字へと減少した。北欧では中世に入っても商人らにより利用され続けていた。

参考文献

W・デイヴィス『オックスフォードブリテン諸島の歴史3　ヴァイキングからノルマン人へ』(鶴島博和監訳, 慶應義塾大学出版会, 2015年)。

小澤実・長縄宣博編『北西ユーラシアの歴史空間——前近代ロシアと周辺世界』(北海道大学出版会, 2016年)。

小澤実・中丸禎子・高橋美乃梨編『アイスランド・グリーンランド・北極を知るための65章』(明石書店, 2016年)。

7 ノルマン征服

中村敦子

📖 史　実

1066年1月，イングランド王エドワードが没すると，王妃の兄弟で有力貴族ゴドウィン家出身のハロルドが王位を継いだ。それに対し，約束や血縁を根拠にノルウェー王ハーラルやノルマンディ公ギヨーム2世が王位継承を主張する。英仏海峡を越えて軍を率いてきたギヨームはイングランド南岸に上陸し，ハロルド軍と対峙した。ハロルドのイングランド軍は，北部に侵入していた北欧勢力を打破した直後，ギヨーム上陸の報に急遽南下したばかりだった。ヘイスティングスの戦いと呼ばれる1066年10月14日に行われた両軍の激戦を制したギヨームは，戴冠してイングランド王となった。イングランド史におけるノルマン朝の開祖ウィリアム征服王である。彼はノルマンディ公でもあり続け，故地ノルマンディと行き来しながらイングランドを平定，家臣たちとともにイングランドと大陸にまたがる所領を支配した。ギヨームの後継者たちもイングランドとともに大陸所領を維持し続け，数百年にわたってイングランド王とフランス王の間でイングランド王の大陸所領をめぐる複雑な争いが続くのである。

⚔️ 論　点

1．イングランド国制史の観点

「ノルマン征服」は，狭くはヘイスティングスの戦いを中心としたノルマンディ公ギヨームによるイングランドの征服活動だが，広くはヴァイキングたちの活動を含むノルマン征服前の北欧世界と英仏の関係から，征服後のイングランド統治体制の確立，周辺への拡大，その影響，大陸諸国家との関係を含めた長期かつ多様な事象である。だが，ノルマン征服の近代的な研究は，19世紀のスタブズ以来，「イングランド国制史」（日本でのイギリス国制史）の枠組みの中でのノルマン征服評価が中心だった。20世紀後半まで，中世イングランドの封建制がアングロ・サクソン期に由来するのか，ノルマン征服により大陸からもたらされたのかをめぐる論争が繰り広げられた。現在は封建制の概念自体が批判されており，「中世イングランドの封建制」という観点も土台から再検討されている。また，当時の社会については，征服王の指示で行われた土地調査の結果がまとめられた**ドゥームズデー・ブック**という稀有な史料が現存し，特別に豊かな情報が得られる点も，大陸社会と比較する際には意識されるべきであろう。

2．「ノルマン帝国」論

上述のとおり，かつてはイングランド国制史の観点は大前提で，近代国家の枠組みを過去に投影し，自立的成長を読み取ろうとしていたため，ノルマン征服についても周囲との関係性は見

逃されがちだった。ただし，北フランスとブリテン島全体や北欧世界の中で捉える流れもあった。20世紀初頭からハスキンズやダグラスらが，ノルマン征服，そしてイタリアへの進出を含めノルマン人のヨーロッパでの活動について先駆的な研究を行っている。

　20世紀後半に入ると，ル゠パトゥーレルによる「ノルマン帝国」論が，ノルマン征服研究の視角を転換する。彼は，征服王以降君主たちが支配した領域全体を「ノルマン帝国」と呼び，イングランドとノルマンディの一体化を主張したのである。この見解はイングランドとノルマンディの地域的差異を過小評価していると批判される一方，ル゠パトゥーレルが重視した相互の交流と影響を具体的に検証しようとするその後の研究活動によって，「イングランド国制史におけるノルマン征服の意義」というそれまでの視座から，対象とする時代や地域，事象を多方面に拡大し，ノルマン征服の研究視角を大きく広げたのである。

3．国家から交流へ　ノルマン征服はノルマンディ公によるイングランド征服という事件だったが，圧倒的にイングランド側から研究されてきた。地方史の伝統の強いフランス史では，ノルマン征服はノルマンディ史の一部とされるか，フランス王権による国家統合の面から，フィリップ2世のノルマンディ没収が注目されるなど，イングランド史と異なる要素に力点が置かれていた。近年は英仏の共同研究プロジェクトが進められ，ブリテン諸島とヨーロッパ大陸の多様な交流の歴史が明らかになりつつある。また，ベイツは征服王に始まる支配における人的ネットワークを捉え直し，その構造を「ノルマン人の帝国」と呼ぶ。鶴島博和は北海と英仏海峡を取り囲む「環海峡世界」での交流の中で生じたイングランド王国の構造変化に光を当てる。これらは，北欧世界を含む大陸ヨーロッパ全体の中にノルマン征服を位置づけようとする現在の潮流の中，国家の枠組みを前提とせず，関係性と交流を重視する見解と言えよう。こうして，国制史を越え，騎士文化，教会，建築や交易といった，社会の多様な側面におけるノルマン征服の影響の程度や地域的差異が注目され，研究の深化と多面化はさらに進んでいる。

歴史学的に考察するポイント

①イングランド史の枠組みでノルマン征服を考察する視点は今も有効だろうか。問題があるとするなら，それ以外にはどのような枠組みが可能だろうか。

②イングランドにおける封建制の成立という国制史的視角ではなく，文化や社会史的視角からノルマン征服を捉えると，どのように評価できるだろうか。

③「ノルマン征服」は「特別な事件」だったのだろうか。ある事件に特別な歴史的意義を認めて研究するという思考の背景には，何が隠れているだろうか。

参考文献

朝治啓三・渡辺節夫・加藤玄編著『中世英仏関係史1066-1500——ノルマン征服から百年戦争終結まで』（創元社，2012年）。
鶴島博和『バイユーの綴織を読む——中世のイングランドと環海峡世界』（山川出版社，2015年）。

8 封建革命論

轟木広太郎

【関連項目：中世初期国家論，中世農業革命，「封建制」をめぐる論争】

📖 史　実

　紀元千年以降，フランスを中心とした地域では，攻撃・防御用の建造物である城が数多く築かれるようになった。そして，それを所有する城主と配下の戦士たちが，城の周囲約十数キロにわたって，裁判権や軍事徴発権など，かつてはカロリング国家に属した公的権限を奪取して，在地支配を確立していった。ちょうどこの時期は，戦士層の暴力を制限しようとする「神の平和」運動[▷1]が教会や君侯の主導のもとに始まり拡大していった頃でもある。他方，やはり紀元千年をはさむ数十年の間に，当時の証書史料の大部分を占める修道院文書に変化が生じていた。*miles* および *servus* といった，それぞれ「騎士」「農奴」を意味する用語が頻出するようになるほか，文書の形式も，１人称で統治者が特権を付与する正式な体裁のものに代わって，３人称で事実を物語る非公式的な形式が多数を占めるようになっていった。

⚔ 論　点

1．「紀元千年の革命」論

　紀元千年の急激な社会構造の変容というテーゼの嚆矢となったのが，デュビーによるフランス東南部マコネの地域研究（1953年）である。デュビーによれば，10世紀末まで，カロリング朝的な国家体制は地方の伯によりまだ維持されていた。伯は地域の有力者を招集した裁判集会を組織し，マコネの公的秩序に関わる主導的地位を保っていた。しかし，紀元千年を過ぎてほどなくすると，この体制は急速に瓦解する。伯に代わって，城を支配拠点とする戦士たちが裁判権や軍事的徴発権など，それまでは公的次元に属した諸権限を周辺住民に対して行使し始めたというのである。デュビーはここにカロリング国家から封建社会への急激な転換を見て取り，こうした新しい在地領主権をバン領主権[▷2]（「バン」は「罰令」の意）と呼んだ。またこの変化は，バン領主のもとに戦士集団が形成されるとともに，周辺地域の様々な地位の農民層（自由農民や，土地領主に服する隷属農民）が一円的な支配のもとに組み込まれる過程と相呼応して進行し，ひいては，騎士身分と農奴身分の形成につながったと論じた。さらに「神の平和」運動については，上記のような城主層による武力を背景とした在地支配確立の動きに対する教会からの反応として位置づけた。

　その後フランスの他地域を対象とした研究でも，デュビーの革命論を裏づける見解が積み重ねられていった。それらを総合したものとして，ポリー＆ブルナゼルの研究をあげることができるだろう。

▷1　「神の平和」運動
10世紀末より南西フランスで始まった，高位聖職者および君侯らによって領主・戦士層の暴力の抑止を目指して組織された運動。聖遺物が動員され，神に誓いを立てるなど，宗教的運動としての性格も色濃い。

▷2　バン領主権
農民に地代や農耕賦役を課す「土地領主制」に対して，「バン」すなわち罰令権によって特徴づけられる領主権。裁判権とそれに伴う罰金の徴収，軍事物資の徴発や城警護賦役などからなる。

2．革命論に対する反論

革命論に対して，1990年代以降，一連の反論を繰り広げたのがバルテルミーである。バルテルミーの所論はいささか複雑であるが，全体としては，ロベール家（カペー家の前身）のウードの西フランク王即位（888年）の前後から，すでに中央宮廷が機能を発揮しなくなり始めたとする点では19世紀の古典学説に近い。つまり，封建社会の成立をより早い時期に位置づけるわけだが，この「封建社会」に，戦争と紛争処理の新しい様式に基づいた独特の社会システムを見出す点に，バルテルミー説の特徴がある。まず封建社会の戦争の主たる形式は，血で血を洗う復讐戦のようなものではなく，敵方の所領に対する攻撃であって，それも，通常は相続財産に関わる紛争の一環としてなされる。他方，戦争あるいは紛争は激化するままに放置されるのではなく，当事者の朋輩や封主・封臣らが機を見て間に入り，妥結にむけて動き始めるのがふつうである。もし当事者がそれを無視し，行き過ぎた実力行使を推し進めるなら，それは仲裁者らの離反を招き，かえって当事者の勢力を削ぐ結果をもたらしたという。こうした研究は主として10〜12世紀を対象とした紛争研究の成果に負うところが大きいが，バルテルミーはいくつかの記述史料から，すでにこうした状況が9世紀末以降現出しており，11世紀にいたっても続いていたと主張するのである。

また最新の考古学調査から，すでに10世紀中から城の建設が広まり始めていたと推論し，史料上 *miles* と呼ばれていなくとも，城を保有した伯・諸侯クラスの貴族は騎馬戦士団をすでに抱えていたと，いくつかの史料から主張する。同じく *servus* の語も，封建革命論が想定するのとは異なり，11世紀においてすら一様な身分を指すのでは全くなく，中世初期からすでに多様な形態で存在してきた隷属的農民におおまかに一つの語があてられたにすぎないとする。すなわち，紀元千年前後の修道院文書の用語の変化は，現実の反映ではなく記述スタイルの変化にほかならないという。

1990年代半ばからは，バルテルミーの批判に刺激されて，英米の研究者の間でも革命論に対する再検討が進められた。チェイエットやS・D・ホワイトは，デュビーの用いたマコネ地方の史料を再調査し，紀元千年前後で，伯の法廷での紛争処理のやり方が変わらないことを見出し，バルテルミー説を補完したが，他方，ビッソンのように，バン領主制による裁判を通じた農民支配の過酷化を改めて強調する見解も見られる。

──　**歴史学的に考察するポイント**　──
①封建革命論は厳しい批判にさらされているが，どのような論点をどのような形で継承できるだろうか。
②バルテルミーの封建社会像自体もいくつかの仮説に基づいているが，今後検証が必要なのはどういった点だろうか。

参考文献

下野義朗『西欧中世社会成立期の研究』（創文社，1992年）。
轟木広太郎『戦うことと裁くこと──中世フランスの紛争・権力・真理』（昭和堂，2011年）。

9 「封建制」をめぐる論争

江川　溫

【関連項目：中世初期国家論，ノルマン征服，封建革命論，14世紀の危機，神聖ローマ帝国論，アンシャン・レジーム論】

📖 史　実

　以下に叙述するのは20世紀後半まで史実と見なされてきたことである。西欧では中世初期から領主制が拡大しつつあったが，カロリング国家が分裂し，外民族侵入が激しくなった９，10世紀から，各王国で戦士的領主および教会領主が分権的に割拠する体制が支配的となった。戦士的領主層の中には諸侯から小領主に至る諸階層があったが，彼らの相互関係を律するのは主に封建制（ドイツ語の借用でレーン制ともいう）であった。２人の人間が契約によって主君と家臣になり，主君からは庇護が，家臣からは**助言と軍事的奉仕**◁1が提供される。また代替わりごとに契約のための儀礼（臣従礼）が繰り返される。多くの場合この契約には主君からの**封土**◁2貸与が伴った。後には封土貸与が主従関係の前提と見なされ，主従関係の設定によって家臣側が元々保有していた**自有地**◁3が封土に転化したりした。封建制はゲルマン古代やメロヴィング時代のいくらかの要素が出発点となり，カロリングの君主が作り出した家臣制度，**恩貸地**◁4制度を経由して社会全体に拡大したものである。各国の王権は12世紀以降，戦士的領主層を統制し，自らの支配に服させようと努めるが，その際にも封建制は手段として存分に活用された。

🛡 論　点

1. レーン制としての封建制と支配類型・社会類型としての封建制

　上記のような封建制理解は近世以来の国制史，法制史研究が徐々に形作ってきたもので，19世紀以降の厳密な研究によってさらに磨き上げられた。このような研究方向の一つの到達点が1944年に刊行されたガンスホーフの概説書『封建制度』であり，レーン制としての封建制の標準理解を示す書物とされている。

　他方で18世紀からは国家の統一と法の下の平等を求める立場から，封建制を領主支配と同一視してその廃絶を求める主張が出てきた。この主張はフランス革命の時に明文化され，19世紀を通じて叫ばれた。**マルクス主義***はこの主張に合わせる形で，中世，近世の領主支配を封建的生産様式と特徴づけた。現代歴史学でも封建制をこのような形で理解する見方は存続している。

　マルクス主義の立場には立たない歴史学者・社会科学者にも，レーン制としての封建制をより広い歴史的文脈に位置づけようとする志向は見られる。**ヴェーバー***は封建制を世界史上の「支配の諸類型」の一つと考え，その中でのタイプ分けを試みた。その影響を受けたヒンツェは世界史の中で封建制的な支配が出現する状況について比較考察した。ブロックは西欧の中世盛期には領主階級内部および領主領民関係において人格的な「従属の紐帯」が支配的になったと考え，これ

▷2　**封土**（feodum）
元々の所有者（封主）から他者（封臣）に無償で貸与されたと見なされる所領。封臣がこの封土を保有し続けるためには封主に家臣として仕える義務があり，そのため無条件で領有される所領としての「自有地」よりは保有権が制約されていると見なされる。

▷3　**自有地**（allodium）
他者の権利が及ばない完全所有の土地財産として，封土や領主権下の農民保有地と対比されてきた。しかしレナルズによれば，上級権力によるいかなる統制も受けない所有なるものは歴史的に存在したことのないフィクションにすぎず，中世盛期の自有地も政治的支配者の認可によって保有されるものと観念されており，場合によっては没収されえた。

▷4　**恩貸地**（beneficium）
所有者以外の人間が相対的に有利な条件で借用し続けることができる土地ないし権利。カロリングの君主たちは戦士団の増強のために教会所領を収用し，家臣たちに恩貸地として無償で貸与しつつ，彼らに軍事的義

を助長した社会的条件を広く射程に入れて「封建社会」を論じた。

2. 中世盛期に封建制はどれほど支配的だったのか

他方で，レーン制としての封建制がカロリング時代にその原型を与えられ，10，11世紀に西欧諸国の戦士的領主層の中で一般化したという通説に対しては，古くから疑問も提起されてきた。20世紀の初めにフラックは，フランスではこの時期に国王と諸侯，伯との間で封建的主従関係は実質的に失われ，ただ国王に対する臣民としての忠誠のみが希薄化しつつ存続したと考えた。20世紀半ばにストレイヤーは西欧全体について，カロリング時代から11世紀ぐらいまで王侯や地方有力者の間を結ぶ封建制と彼らと下級戦士の間に成り立った封建制はかなり相違しており，12，13世紀になってこの2つのレベルの封建制が融合したと見なした。

3. レナルズによる問題の刷新

レナルズが1994年に公刊した書物『封と家臣』は，大胆な仮説によって，この問題をめぐる研究状況を一新した。彼女はまず，この時代に封建制以外に戦士的領主階級の個々人を結びつけ秩序化する手段は何もなかったという古くからの前提を否定し，彼女の以前の著作『王国と共同体』（1984年）の結論を承けて，当時の人々は王国も諸侯領も政治的共同体と観念しており，そこにおける有力メンバーには，その財産に見合う形で共同体の維持と防衛に貢献する責務が想定されていたとする。

また彼女は西欧の法の社会的なあり方について論じ，1100年に一つの分水嶺を見る。それ以前の法は基本的に慣習法であり，戦士的領主階級の保有する土地のほとんどは，由来や名称（恩貸地，封土，自有地など）がどうあれ，長期的に特定の制約ないし義務と結びつけられることはなかった。1100年を過ぎて，戦士階級への統制を強化しようとする王権，諸侯権と職業法律家が結びつき，戦士階級の個々人は主君から特定の土地を封土として保有しているがゆえに軍事的奉仕その他の義務を負うのだとする新しい論理が徐々に構築されていった。こうして12，13世紀には大部分の土地が新しい意味における封土となり，その保有者は改めて誰かの家臣となった。近世，近代の法制史がカロリング時代の制度と13世紀のそれを直結したことが大きな誤りを生んだという。

彼女の主張は通説の根拠の薄弱さを鋭く突いているが，中世盛期に人と人との従属の紐帯がなかったことを証明しているとは言えない。今後重要となってくるのは当時の支配の領域性と人格性の絡み合いを具体的な地域について明らかにすることであろう。

┌─ **歴史学的に考察するポイント** ─────
①カロリング国家が存在した地域以外で，どの程度レーン制は機能していたのだろうか。
②マルクス主義的な封建的生産様式という考え方は，現代においてどの程度有効だろうか。
③日本史では「封建制」をどのように捉えてきただろうか。
└──────────────────────

務を課した。これが「国王の命による恩貸地」で後の封土の原型とされる。

* **マルクス主義**
Ⅴ-24 側注2参照。

* **ヴェーバー**
Ⅰ-23 側注3およびⅤ-12 側注3参照。

（参考文献）

O・ヒンツェ『封建制の本質と拡大』（阿部謹也訳，未来社，1966年）。

F・L・ガンスホーフ『封建制度』（森岡敬一郎訳，慶應通信，1968年）。

M・ブロック『封建社会』（堀米庸三監訳，岩波書店，1995年）。

江川溫「ソシアビリテと支配の構造　スーザン・レナルズの中世社会論」二宮宏之編『結びあうかたち──ソシアビリテ論の射程』（山川出版社，1995年）。

10 教会改革

藤 崎 　衛

【関連項目：中世修道会，十字軍，迫害社会の形成，13世紀の司牧革命，神判から証人尋問へ，宗教改革／対抗宗教改革論】

📖 史　実

　神聖ローマ皇帝ハインリヒ３世（在位：1039～56年）は1046年にスートリとローマで教会会議を開催して，教皇座に対するローマ貴族の影響力を排除し，自らドイツ人教皇を選任した。その後も皇帝は複数の教皇を擁立したが，そのうちの一人レオ９世（在位：1049～54年）は，**シモニア（聖職売買）**[1]を悪弊と見なして根絶を図り，**ニコライティズム（聖職者妻帯）**[2]を排して聖職者独身制の確立を目指す改革派の側近とともに，教皇主導の改革運動を本格的に開始した。初期の運動は皇帝権との協調のもと進展したが，「**ディクタトゥス・パパエ**」[3]を記したことで知られる教皇グレゴリウス７世（在位：1074～85年）に至り，皇帝就任前のドイツ王ハインリヒ４世（在位：1056～1105年）との間で聖職叙任権をめぐる激しい闘争が展開された（叙任権闘争）。王がイタリア中北部のカノッサで教皇に屈服するなど教皇側に有利な展開となったかに見えたが，さらなる事態の収拾は両者没後の1122年のヴォルムス協約締結まで持ち越される。この協約で皇帝は指輪と杖による聖職の授与を放棄したが，教皇は皇帝が帝国内の聖職者に**俗権（レガリア）**[4]を与えることを認めた。

⚔️ 論　点

1. 研究史における用語の問題　教会改革は，カトリック教会史においても西洋中世史全体においても，極めて重要な出来事である。しかし他方で教会改革がどのような歴史的事象であったか，その全貌を明確に把握することは困難であった。それはとりもなおさず，用語の問題に起因する。「グレゴリウス改革」，「叙任権闘争」など複数の用語が単独で，あるいは並立して使用され，ときに混同して用いられることがある。研究史におけるこのような状況をふまえ，現在では教会改革全体に複合的な性格があることを認め，ローマ教会の首位性の問題，ドイツ国内の政治的問題，各修道会の改革への関与，ヴォルムス協約締結前後の情勢など，様々な観点から総合的に明らかにしようという姿勢が主流となっている。

　従ってフリシュおよびその視点を継承した野口洋二のように，グレゴリウス７世の思想とその影響力に焦点を当てた一連の研究は，基礎的なものとして評価される一方でグレゴリウスを過大に扱っているとする批判があり，「グレゴリウス改革」や「叙任権闘争」といった呼称の問題も，教会改革全体を示すものではなく，長い改革における一局面の呼称であると見なさなければならない。

▷1　シモニア（聖職売買）
聖職者の地位など霊的なものを金銭によって売買すること。教会改革においては宗教的精神と教会法に反する瀆聖的行為として批判され，排除の対象となった。

▷2　ニコライティズム（聖職者妻帯）
従来，聖職者の妻帯は一般的であったが，教会改革においては婚姻による教会財産（聖職禄）の私物化や聖職者の霊性低下が問題視され，妻帯を弾劾するとともに独身義務の順守を新たに掲げた。

▷3　ディクタトゥス・パパエ
1075年，グレゴリウス７世が作成した27の命題。ただし，公式に発布された文書ではない。教皇座の神的起源，神聖性，不可謬性，普遍性を主張し，教皇首位の裁治権を確立しようとする思想が明確に述べられている。

▷4　俗権（レガリア）
君侯が保有した貨幣鋳造権，関税徴収権，市場開設権などの諸特権のこと。国王は自身への奉仕の見返りとして聖職者にこれを与えることもあった。

2. グレゴリウス 7 世とその事績について

関口武彦は教会改革を三期に，シンメルペニッヒは五期に分けているが，いずれもドイツ王権と教皇権との関係が軸となる。また改革は10世紀にはすでに開始していたことが判明している。その現象の一つが修道院への**免属特権**[◁5]付与である。これにより修道院は司教の権限から切り離され直接教皇の保護下に入ったが，ドイツでは王国修道院に対して与えられた免属特権を根拠に王権の拡充が図られ，教皇もまたドイツにおける影響力を保持した。このような相互協力関係は教会の道徳的刷新，つまり教会改革においても効力を発揮した。

叙任権闘争の局面ではこの関係が根底から覆されたが，その背景には改革が進展するにつれ，教会内で俗人の教会への関与もシモニアと見なす論調が一般化したこと，また改革の指導者として自意識を転換させた教皇が王権を疎外し始めたことが挙げられる。しかしグレゴリウスの修道士的道徳性を強調したハウクやそれに影響を受けたフリシュがグレゴリウスの改革を中世初期以来の首位権思想に基づく宗教的闘争と定義づけたのに対し，マルテンス，カスパー，バラクロウらのグレゴリウス像においては，教皇権の普遍化を目指した先鋭的かつ教権的な政治運動であったと位置づけられる。

いずれにせよグレゴリウスの死によって叙任権闘争が一段落ついた後も，俗人による叙任権の問題は未解決のまま残された。

3. ヴォルムス協約前後の状況

教会改革の終期をヴォルムス協約に置き，1123年の第一ラテラノ公会議において「改革後の時代」が始まるとする見方がある一方で，協約前後の状況を綿密に検討し，1140年代まで改革が継続したとする場合もある。いずれもグレゴリウス 7 世が残した混乱の収拾を図り，聖俗の和平を模索しつつ協約へと近づいていく過程を真の叙任権闘争と見なしているという点では一致しているが，後者については近年活況を呈している教会会議に関する議論，教皇個人の伝記研究，あるいは12世紀に生起した複数の**シスマ**[◁6]やシスマ終結直後の第二・第三ラテラノ公会議（1139年および1179年）に関する研究などを基礎にしつつ，12世紀においてもなお教皇による諸改革が必要であったことを明らかにしている。

歴史学的に考察するポイント

①シモニア（聖職売買）やニコライティズム（聖職者妻帯）が悪弊とされたのはなぜだろうか。

②グレゴリウス 7 世の「ディクタトゥス・パパエ」にはどのような思想が見られるだろうか。

③フランスやイングランドなどドイツ以外では，教会改革はどのように進展したのだろうか。

▷5 **免属特権**

ある個人や集団，領域が，教会法上服すべき者の統治権ではなく，他の高位の権威のもとに委ねられる特権のこと。例えば特定の修道院や修道会が司教権の下を離れ，教皇に直属して保護を与えられる場合，「免属特権を持つ」という。

▷6 **シスマ**

教会の一致が破綻した状況のこと。初代教会以来，異端の出現，東西教会の分裂，対立教皇の選出などに起因する多くのシスマが発生した。

参考文献

野口洋二『グレゴリウス改革の研究』（創文社，1978年）。

G・バラクロウ『中世教皇史』（藤崎衛訳，八坂書房，2012年）。

関口武彦『教皇改革の研究』（南窓社，2013年）。

B・シンメルペニッヒ『ローマ教皇庁の歴史——古代からルネサンスまで』（甚野尚志・成川岳大・小林亜沙美訳，刀水書房，2017年）。

11 中世修道会

大貫 俊夫

【関連項目：教会改革，迫害社会の形成，13世紀の司牧革命，リテラシー，歴史と記憶】

📖 史　実

　修道士は，世俗を離れ禁欲・清貧を守り，祈りの生活を送ることで死後の救済を追求する人々のことである。しかし，孤独の中で厳しい生活を続けることはよほどの人格者でないと困難である。そこで古代以来，修道士は寄り集まり，共通して遵守する戒律※を定めて修道院を作っていた。11世紀後半に西方カトリック世界で社会全体を巻き込む宗教運動が起こると，修道制はますます多様化し新たなステージに到達することになる。すなわちシトー会，シャルトルーズ会，プレモントレ会，騎士修道会，托鉢修道会といった修道会◁1（ordo）の誕生である。修道会は個々の修道院の独立性を担保する点で従来の（クリュニーなどの）修道制とは一線を画す。傘下の修道士たちは共通の修道生活を送り，独自のアイデンティティを共有する。そのために修道会は，地域を超えて広がる複数の修道院を連合体として束ねるため，成文化された会則を制定し，修道院長による年次総会を開催し，母修道院長による娘修道院の視察などを行った。このような仕組みを持つ修道会の成立があったからこそ，12～13世紀において修道院の数は爆発的に増加したのである。ここでは，修道会のモデルとしてシトー会を例に挙げ，その成立をめぐる問題について考えてみたい。

⚔️ 論　点

1．古典的理解

　シトー会はいつ成立したのであろうか。古典的理解では，1098年にモレーム修道院を逃れた修道院長ロベールと志高い修道士たちがシトーに新修道院を作った。続く第3代シトー修道院長スティーヴン・ハーディング◁2の時代に傘下の修道院数が急激に増加していき，1120年までにいわゆる「シトー初期文書群」に含まれる『創立小史（Exordium parvum）』（シトー創立に関する歴史叙述）や『愛の憲章（Carta caritatis）』（諸制度を定めた会則集）が作成された。こうして修道会としての体制が整い，そのやり方は他の修道会によって模倣されていったと理解されてきたのである。1970年頃まではシトー会の成立について言及していない概説書も多く，例えば今野国雄『修道院』では，シトー修道院から修道会がどう成立したのか判然とせず，当初から修道会が存在していたかのように叙述されている。ノウルズ『修道院』も同様である。レッカイ『シトー会修道院』は，「シトー初期文書群」の史料上の性格が厳しく批判されていることを指摘するが，『創立小史』の内容の事実性を疑うことはなかった。

2．バーマン説の衝撃

　こうした古典的理解を，大胆な解釈によって根底から覆そうとしたのがバーマンである。この間，「シトー初期

＊　戒　律

Ⅱ-16側注1参照。

▷1　修道会
複数の修道士共同体（修道院，修道分院，聖堂参事会など）が束ねられた組織体で，12世紀以降に登場し教皇や公会議によって認可された。それぞれの目的に応じて基本となる戒律（アウグスティヌス，あるいはベネディクトゥスのもの）を選び，これに独自の規範を組み合わせ，個性的な組織運営を行った。

▷2　スティーヴン・ハーディング
？～1134年。イングランド生まれ。ロベールとともにシトー修道院を創建し，1109年に3代目の院長になると典礼改革に尽力し，ミラノやメスに修道士を派遣して聖歌を転写させた。彼の時代に初めて傘下の修道院が生まれ，統一的な修道生活を送る必要から会則が整備された。

文書群」の各文書の成立年代は特定できず，12世紀を通じて徐々に改訂されていたという事実はすでに研究者の間で共有されていた。バーマンは2000年に出版した著書で，「シトー初期文書群」の最も古い写本が1160年代に作成されたことを根拠に，修道会の成立を従来の理解より半世紀も遅いこの時期に措定したのである。バーマンによると，シトー会の土台を築いたクレルヴォーのベルナールが死去すると（1153年），シトー会士たちは自らのアイデンティティの出所を探し求めるようになり，1160年代に『創立小史』を著したのだという。総会についても同様で，1134年と1152年のものとされる決議が伝来しているが，彼女はその年代推定を否定し，12世紀半ばまでは総会制度は確立していなかったと考える。こうしてバーマンは，シトー会は1160年代にようやく成立したのだと主張した。様々な点から従来のシトー会像を覆そうとしたその著作は，出版直後に専門誌『シトー（Citeaux）』で特集が組まれ辛辣な批判を受けるなど，衝撃を持って受け止められた。

3．その後の展開と課題　バーマン説にはいくつもの欠陥があり，現在ではそれを全面的に支持する人はいない。まず，そもそも何をもって「修道会」とするのか，という定義の問題があろう。バーマンは徹底した形式主義をとり，総会や視察等，確固たる制度が恒常的に実施されるようになって初めて修道会の成立を認めるが，複数の修道院が生活スタイルやアイデンティティを共有していたら，もはやそれは修道会と呼んでよいのではないか，というのがマグワイアの指摘である。また総会についても，決議文は残していないものの，修道院長による集会が1119年まで遡れるという事実は無視できない。総会はそれを規定した『愛の憲章』が作成された当初から不変の制度だったわけではなく，修道会の変化に対応して柔軟に変わり，ある時から決議文を残すようになったのであろう。

　バーマン説はその主張の大半が退けられたが，それが批判的に受容されるプロセスによって，修道会研究は格段に進展した。シトー会の文書主義は先進的であるように見えるが，総会決議録の写本はわずかしか残っておらず，修道院長はどのように決議内容を修道士たちに伝えていたのか不透明である。メモを読み上げ，そのメモは廃棄してしまったのか。規範文書から理解される一見堅固そうな組織も，張りめぐらされていたように見える情報ネットワークも，私たちの思い込みなのかもしれない。こうしたことは，史料が限定的にしか伝来しておらず，いまだ口承文化が根強かった時代における組織・制度を理解する上で，常に念頭に置いておかねばならないだろう。

歴史学的に考察するポイント
①中世に成立した各修道会について，シトー会と同様の問題はないか調査・検討してみよう。
②修道会の起源や理念に関する言説の神話化について，伝来している史料と関連させながら考察してみよう。
③制度がいつ始まったのかについて断定的に語ることの危険性を理解しよう。

参考文献
ルイス・J・レッカイ『シトー会修道院』（朝倉文市・函館トラピスチヌ訳，平凡社，1989年）。
灯台の聖母トラピスト大修道院編訳『シトー修道会初期文書集』（灯台の聖母トラピスト大修道院，1989年）。
杉崎泰一郎『修道院の歴史』（創元社，2015年）。
佐藤彰一『贖罪のヨーロッパ——中世修道院の祈りと書物』（中公新書，2016年）。

12 12世紀ルネサンス

小澤　実

【関連項目：ローマ帝政期のギリシア，カロリング・ルネサンス，レコンキスタ，迫害社会の形成，13世紀の司牧革命，歴史と記憶，イタリア・ルネサンス】

📖 史　実

　12世紀ルネサンスは中世ヨーロッパの歴史上幾度もおこる古典文化復興運動の一つである。この運動は大きく分けて２つの側面を持つ。一つは，教会や修道院に蓄積されていたラテン語写本が再発見されることで，韻文・散文・歴史記述などの文芸文化が栄え法学などの実学が進展したことである。もう一つは，ラテン西方ではさほど伝承されていなかった古代の学知が，トレドや南イタリアにおいてギリシア語やアラビア語からラテン語に翻訳され共有されたことである。その結果として，12世紀のヨーロッパでは，**アリストテレス**らに基づく経験的かつ論理的思考法を中心に，三学四科で構成される**自由学芸**や神学・医学・法学といった専門学の研究が進展した。そうした学問を研究し専門家を社会に供給する場としての大学も，ボローニャ・パリ・オックスフォードをはじめとしてヨーロッパ各地に成立した。

🛡 論　点

1. ハスキンズ『12世紀ルネサンス』

　ブルクハルトが『**イタリア・ルネサンスの文化**』（原著1860年）で称揚した14世紀のイタリア・ルネサンスに先立つ12世紀の文化復興運動の全体像を初めて私たちに提示したのは，アメリカの歴史家**ハスキンズ**である。彼は『12世紀ルネサンス』（原著1927年）において，上記「史実」にある内容を主張した。本書を著したハスキンズの意図は，従来ルネサンスとの対比で「暗黒時代」と見なされていたラテン西方世界における中世文化の再評価を図り，近代世界を支えた知的体系やそれを講じる大学のような施設の成立をもって近代世界の源泉として中世を位置づけることにあった。

2. 個別論点の深化

　ハスキンズの著作以降，12世紀の「先進性」や豊かさを論じる研究者が急増した。第一に，ハスキンズの論点をふまえる形で，12世紀に成立したテクスト分析を深化させる研究である。中世のローマ法や教会法の成立とその注釈活動，国単位・地域単位・教会修道院単位の歴史書生産，教会・修道院の典礼テクストなどの校訂と分析は飛躍的に進化した。一つの画期となったのは，ハスキンズの著書の刊行50周年を記念して行われた大規模研究集会の記録であるR・L・ベンソン＆コンスタブル編『12世紀のルネサンスと革新』（1982年）である。本論集は，当時において一流とされた各分野の専門家が，ハスキンズ以来の研究成果を俯瞰している。第二に，12世紀ルネサンス論に刺激を受ける形で，東ゴート宮廷，アイルランド，ノーサンブリア，カロリング朝，ウェセックス王国，オットー朝，さらにはビザンツ帝国のマケドニア朝な

側注

＊　アリストテレス
Ⅰ-29側注1参照。

▷1　自由学芸
効果的な文章表現を培う文法学・論理学・修辞学の三学と，世界を理解するために必要な算術・幾何・天文学・音楽の四科で構成される，古代以来西欧世界で知的活動の基礎とされてきた学問体系。

＊　ブルクハルト
Ⅰ-7側注7参照。

▷2　ハスキンズ
1870～1937年。アメリカにおける西洋中世研究の創始者の一人。とりわけノルマン人と中世文化史に関わる研究で著名。ハーバード大学時代の学友であるウィルソン大統領の顧問として1919年のパリ講和会議にも出席した。

ど，12世紀に先行する多数の中世ルネサンス論が俎上に載せられた。それぞれの「ルネサンス」の規模や特徴が古典復興という本来の意味での「ルネサンス」に合致するかどうかは議論があるが，中世世界の多極性や古代復興意識の遍在を明らかにしたという点では大きな意味を持つ。とりわけ，戦後盛んになった初期中世研究により，カロリング期の文化復興の重要性に注目が集まり，書記文化のみならず美術・建築・音楽，さらには感性に至るまでの革新が論じられるようになった。第三に，ラテン語テクストの生産を支えた宮廷・教会・修道院という場や古代学知の流入を促進した十字軍や地中海交易といった社会環境に関する研究の進展である。12世紀ルネサンスがイスラームとの異文化交流による結果であることはすでに認識されていたが，知的活動の前提には社会の変化があることが強く認識された。堀米庸三編『革新の12世紀』（1976年）は，こうした流れを受けての早い段階での成果であった。

　以上のような研究により，12世紀ルネサンスは，単純に12世紀における知的運動であるのみならず，ラテン西方世界ならびに外部世界の知的遺産を継承した巨大な社会運動の一部をなすとの認識が進むことになった。

3. 12世紀ルネサンスはヨーロッパの現象か？

しかし12世紀ルネサンスに関して西洋中世学者は長年大きな論点を見落としていた。つまり12世紀ルネサンスで翻訳された**アリストテレスをはじめとする古代のテクスト**[3]は，ビザンツ帝国の**コンスタンティノープル**[*]やアッバース朝のバグダードなどで保存され研究されていたという点である。すなわち12世紀ルネサンスの源泉となった翻訳テキストは，ビザンツ帝国やイスラーム圏という知的先進地における古代知の研究成果に基づくテキストなのである。そうであるならば，12世紀ルネサンスは，ラテン西方内部で完結した運動ではなく，ユーラシア西方における古代知の継承革新運動の一部にすぎないという認識を我々は持たねばならない。とりわけ科学テクストに注目した伊東俊太郎，グタス，山本啓二，高橋英海，バーネットらの研究は，こうした西ユーラシア規模での知的運動の様態を明らかにしつつある。さらにいえば，とりわけバグダードにおける古代知の深化は，その後モンゴル帝国やオスマン宮廷などにも継承され，ユーラシア規模の知的運動へと接続するグローバルな動きを持つ。

▷3　アリストテレスをはじめとする古代のテクスト

フランスの中世史家グゲネムの『モン・サン・ミシェルのアリストテレス』（2008年）は，アリストテレスの著作が，12世紀ルネサンス以前に，アラビア語を介することなく，ヴェネツィアのヤコブスらによってギリシア語からラテン語に翻訳されていたと主張する。議論の学問的妥当性も議論の的になったが，西欧文化にイスラーム圏の影響は見えないとする主張は，当時フランス社会を覆っていたイスラモフォビア（イスラーム嫌い）の社会的空気が重なり合うことで，学術界を超えた賛否両論を巻き起こした。

＊　コンスタンティノープル

Ⅰ-31側注1参照。

参考文献

D・グタス『ギリシア思想とアラビア文化――初期アッバース朝の翻訳運動』（山本啓二訳，勁草書房，2002年）。

G・コンスタブル『12世紀宗教改革――修道制の刷新と西洋中世社会』（高山博監訳，慶應義塾大学出版会，2014年）。

Ch・ハスキンズ『12世紀のルネサンス――ヨーロッパの目覚め』（別宮貞徳・朝倉文市訳，講談社学術文庫，2017年）。

松本涼他「古典再読――ハスキンズ『十二世紀ルネサンス』を読み直す」『西洋中世研究』10号，2018年。

Ch・バーネット「十二世紀ルネサンス」（阿部晃平・小澤実訳）『史苑』80巻1号，2020年。

――**歴史学的に考察するポイント**――

①イタリア・ルネサンスとそれに先行する中世ルネサンスは何が違うのか。

②12世紀ルネサンスはラテン西方世界にどのような影響を与えたのか。

③中世人は古代の知識をなぜ必要とし，どのように理解し，どのように利用したのか。

④ユーラシア規模における異なる言語や文化の翻訳過程において，何が継承され何が省略されたのか。

13　十字軍

櫻 井 康 人

【関連項目：教会改革，レコンキスタ，迫害社会の形成，ヨーロッパとオスマン帝国】

📖　史　実

　十字軍とはキリスト教会のために戦うことで贖罪を得ることである。それは，1095年のウルバヌス2世による提唱によって組織された第1回十字軍（1095〜1102年）に始まり，1798年のナポレオンによるマルタの占領で終わる。その目的地は聖地周辺域に限定されず，バルト海から北アフリカに至るまで様々な場所で展開された，連続性を持つ運動である。

　論　点

1.「総体主義」と「民衆主義」　「史実」欄における説明は，史実というよりは十字軍学界における現段階での「十字軍」の定義である。「十字軍」の定義に関する議論の開始は，1935年にドイツの歴史家エルトマンが公にした『十字軍思想の起源』に求められる。その結論は，「十字軍」の理念はウルバヌス2世の呼びかけ以前からヨーロッパ世界で醸成されており，そこではキリスト教会の解放とそれによって得られる贖罪こそが重要であり，聖地エルサレムであれその他の場所であれ（前者を「聖地十字軍」，後者を「**非聖地十字軍**」と呼ぶこととする），その目的地は重要ではなかった，というものである。同書の公刊が全体主義体制をとるナチス政権下であったことは忘れてはならないが，後に「総体主義（Generalism）」と呼ばれる彼のテーゼは，「十字軍」の本質を「贖罪」と定義した点で画期的であった。

　それに異を唱えたのは，**アナール派**に属するフランス人歴史家ドゥラリュエルである。彼は，1941〜54年にかけて公にした一連の論文「十字軍理念の形成についての論考」の中で，「十字軍」の本質が贖罪であることは受け入れつつも，重きをおいて考えるべきは，贖罪価値を認定する側に立つ教皇ではなく，贖罪を求める民衆たちであり（**民衆十字軍**），彼らこそが「十字軍」精神（＝集合心性）の本質であった，と主張した。そして彼によって，「十字軍」研究の中に，ドイツの実証主義研究が産み出した「総体主義」に対抗する形で，フランスの社会史研究が産み出した「民衆主義（Popularism）」という2つ目の学派が誕生した。

2.「伝統主義」　ただし，「総体主義」と「民衆主義」には共通する問題点があった。それは，ともに「十字軍」の本質を贖罪としつつも，それがその他の贖罪とどのように異なるのか，すなわち贖罪という点において「十字軍」をどのように定義するのか，ということに関する考察を行っていない，という問題である。これを出発点として検討を進めたのが，ドイツ人の歴史家H・E・マイヤーである。1965年に公刊した『十字軍の歴史』において，彼は

▷1　**非聖地十字軍**
非聖地十字軍には，レコンキスタや，アルビジョワ十字軍やフス派十字軍に代表される対異端の十字軍，ドイツ騎士修道会によるプロイセン植民を中心とするバルト十字軍などがある。Ⅱ-15 側注1および Ⅲ-8 側注2も参照。

＊　**アナール派**
Ⅱ-18 側注1参照。

▷2　**民衆十字軍**
民衆十字軍には，第1回十字軍時のものの他に，「少年十字軍」（1212年），「第一次羊飼い十字軍」（1251年），「第二次羊飼い十字軍」（1309年），「第三次羊飼い十字軍」（1320年）などがある。

「民衆主義」ではなく「総体主義」の立場を取りつつも、「十字軍」の本質である贖罪を、聖地巡礼によって獲得されるものとして限定的に考え、「十字軍」の範囲を「聖地十字軍」に制限したのである。ここに、第三の学派である「伝統主義（Traditionalism）」が登場することとなった。

3. 「多面主義」における「十字軍」の定義

それに真っ向から反論したのが、第四の学派であり、現在においては主流となっている「多面主義（Pluralism）」である。「多面主義」は、1970年にイギリス人の歴史家であるライリー＝スミスが『十字軍とは何であったのか？』を世に出したことで生まれた。彼は、「十字軍」の本質を教皇に端を発する十字軍特権、すなわちキリスト教会の敵からキリスト教世界を防衛することによって獲得される贖罪であるとして「伝統主義」を退け、「総体主義」を継承する。ただし、十字軍特権はあくまでもウルバヌス2世によって創出されたものであること、教会の防衛は多局面で展開されたが、その中でも聖地エルサレムの重要性が最も高かったことを主張することで、「総体主義」をも修正する。

このような「十字軍」の定義は、付随的に次のような見解を導く。極端にいうと十字軍特権を付与された者が1人でもいる限り、「十字軍」は成立する。従って、「十字軍」とは断続的に組織されたのではなく、連続性を持つ運動であり、その回数を数えることは不可能である。「第○回十字軍」という呼び方は、あくまでも後世から見てわかりやすくするために、大規模な遠征につけられた歴史用語にすぎない。そして、現在のところ、一連の「十字軍」運動が終焉するのは、永続的に十字軍特権が付与された聖ヨハネ（マルタ）騎士修道会が、ナポレオンによってマルタ島を占拠されることで一時的に消滅した1798年である、と（13世紀までの十字軍運動を「盛期十字軍」、それ以降のものを「後期十字軍」として分ける場合もある）。

4. 「十字軍」の残響——「似非十字軍」と「疑似十字軍」

なお、十字軍研究者たちは、19世紀以降の「十字軍」を「似非十字軍（pseud-crusades）」や「疑似十字軍（para-crusades）」と呼び、18世紀以前の「十字軍」とは別物として扱う。現代世界でもしばしば用いられる「十字軍」という言説は、過去の歴史の文脈ででではなく、現代社会の抱える様々な問題の中で考えられるべきものなのである。

▷3 似非十字軍・疑似十字軍
似非十字軍とは「十字軍」という単語をレトリックとしてのみ用いたものであり、疑似十字軍とは殉教・贖罪といった「十字軍」の性格を模倣したものである。

（参考文献）
櫻井康人「宗教運動と想像界〈1〉十字軍運動」佐藤彰一・池上俊一・高山博編『西洋中世史研究入門　増補改訂版』（名古屋大学出版会、2005年）。
八塚春児『十字軍という聖戦——キリスト教世界解放のための戦い』（NHKブックス、2008年）。
櫻井康人『図説十字軍　ふくろうの本／世界の歴史』（河出書房新社、2019年）。

歴史学的に考察するポイント

①どの学説がもっとも妥当に思われるだろうか。

②十字軍運動の主体として、「十字軍」を呼びかけた側（教皇庁）に焦点を当てるべきだろうか、それとも呼びかけられた側（「十字軍士」や民衆）に焦点を当てるべきだろうか。

③十字軍運動の本質や性格を考える場合、「聖地十字軍」に焦点を当てるべきだろうか、それとも「非聖地十字軍」に焦点を当てるべきだろうか。

14　レコンキスタ

阿部俊大

【関連項目：封建革命論，12世紀ルネサンス，十字軍，スペイン帝国論】

📖　史　実

711年，当時拡大を続けていたイスラーム勢力はアフリカから西ゴート王国に侵攻し，これを征服した。キリスト教勢力はイベリア半島北部に細々と存続するのみとなったが，彼らは次第に国家としての体制を整え，イスラーム勢力に対する反攻を開始した。このキリスト教勢力とイスラーム勢力の争いと，前者による後者の支配地域の征服活動を，レコンキスタ◁1（reconquista，スペイン語で「再征服」）と呼ぶ。13世紀半ばにはキリスト教のカスティーリャ王国・アラゴン連合王国・ポルトガル王国がイベリア半島の大部分を制圧した。カスティーリャ王国とアラゴン連合王国が合同したスペイン王国◁2が，1492年に最後に残ったイスラーム国家のグラナダ王国を征服し，800年近くにわたったレコンキスタは終結した。

⚔️　論　点

1.　「98年の世代」——イスラームとの対峙への否定的評価

メネンデス゠ピダルなど，19世紀から20世紀前半にかけてのスペインの知識人は，イスラームとの対峙がもたらした負の影響を強調する傾向が顕著であった。米西戦争◁3における敗北（1898年）から，自国の後進性や弱体を痛感し，政治や社会の変革を求めた彼ら，いわゆる「98年の世代」◁4の知識人たちは，イスラーム勢力の侵略とそれに起因するキリスト教徒のイベリア半島征服運動が，心性の面でスペイン人に負の影響を与え，スペイン社会が本来歩むべき正常な発展を妨げたという見解を唱えている。彼らは，イスラーム勢力との数百年に及ぶ対峙が，軍事を偏重し生産活動を軽視する気風を育て，また教会の特権的な地位の強化を招くなど，社会の後進性を加速させたとしている。またサンチェス゠アルボルノスは，西ゴート王国とフランク王国の類似点を列挙し，イスラームの侵入がなかったら，スペインもフランスのような歩みを辿ったであろうという言説を展開している。これらの見解は，スペインの後進性を外的要因に求めようとするスペイン人知識人の意識を背景としているが，簡単に否定できない，興味深い視点も有している。

2.　異文化への中世西欧の窓——イスラームとの対峙への肯定的評価

その一方で，外国人研究者は20世紀半ばから，イスラーム文明やユダヤ人の存在がもたらした，スペインというより西欧世界全体への，有意義な影響をしばしば強調してきた。

7世紀に勃興したイスラーム勢力は，ギリシア゠ローマ文化，イラン文化，インド文化など各地の文化と接触し，吸収して高度な文化を発展させていた。サザーンやハスキンズは，12世紀ルネサンスと呼ばれる西欧の学問発展の要因とし

▷1　レコンキスタ
後代の学術用語で，中世のスペイン人たち自身が使っていた言葉ではない。この呼称自体に，「キリスト教徒側にとって正当な戦争である」という主張が含まれている点に注意しよう。

▷2　スペイン王国
この時点では，正確にはカスティーリャ王国とアラゴン連合王国が同君連合を組んだにすぎないが，一般にはこの時点からスペイン王国と呼称される。

▷3　米西戦争
1898年，キューバのスペインからの独立運動を支援するアメリカ合衆国と，スペインの間で行われた戦争。スペインは数カ月で敗北し，キューバの独立承認を強いられた他，フィリピン・グアム・プエルトリコなど，残っていた植民地のほとんどをアメリカに奪われた。また，新興国であるアメリカにあっさり敗れたことで，国際的な地位や発言力も失墜した。

▷4　98年の世代
1898年に新興国アメリカに大敗したことで，スペインの後進性を自覚し，政治や社会の変革の必要性を訴えた当時のスペイン知識人たちの呼称。

て，イベリア半島経由でイスラームの文物がラテン・カトリック世界に与えた刺激を指摘している。論理学・数学・医学・天文学など，多岐にわたるイスラーム世界の文献が，イベリア半島でアラビア語からラテン語に翻訳され，西欧にもたらされた。また，砂糖や米，柑橘類などの農作物や，製紙法や航海術などの技術，画法や楽器，チェスなどの遊戯やコース料理といった生活文化もイスラーム世界からイベリア半島経由で導入され，西欧文明の発展に大きな影響を与えた。

3. 国制研究の深化とアプローチの多様化

これら2つの傾向に共通しているのは，文化や社会への関心の強さと，政治構造への相対的無関心である。中世イベリア半島の政治や社会については，カスティーリャの事例を念頭に，「断続的に戦闘や征服が続いていたため，戦争遂行型の国家となり，指導者である国王の権威や権力が強化された」「不断にフロンティアが存在していたため，農民は開拓や軍役に参加する中で比較的高い地位を得られた」といった先入観で片づけられがちであった。

しかし，1960年代頃から社会経済史的なアプローチも進み，フロンティアが国王や農民だけでなく，在地の貴族や教会にも勢力を伸ばす機会を与え，彼らの台頭が進んだことが明らかになってきた。キリスト教圏がイスラーム圏に対し，軍事的優位に立ったのも，彼らのような軍事貴族層中心の社会が形成されたことが重要な要因であったと考えられるようになった。このような変化を受け，1980年代頃からは，個別の教会（騎士修道会や修道院，司教座）や貴族，また個別の地方や国王都市など，中間権力ごとの研究が進められ，また，国王はレコンキスタが落ち着いた中世後期以降，どのようにこれらの中間権力に対するコントロールを維持し，統合していったのかといった点に関心が集まった。

さらに，同じ頃からカタルーニャでは，西欧でも特に早い時期から多くの文字史料が残されていたことから，封建的主従制度，農奴制や領主制，約定や識字文化といった，西欧全体に共通する事象の，地中海世界における発展過程や特徴を探る試みがなされている。

このように，研究対象となる地域・時期・テーマが多様化する中で，イスラーム教徒との接触（例：学者，奴隷，捕虜，海賊，支配下住民）や地中海商業といった古くて新しいテーマについても，地域や時期を分けた詳細な研究が行われるようになり，欧米学界における中世イベリア半島へのアプローチは多様化している。

▷5 約定
公的な権力が衰えている状況下で，一定の社会的秩序を維持するため，領主などの私人間で結ばれた様々な協定の総称。相互不可侵の協定や奉仕とその対価の取り決めなど，内容は様々だった。

（参考文献）

C・サンチェス・アルボルノス『スペインとイスラーム——あるヨーロッパ中世』（北田よ志子訳，八千代出版，1988年）。
D・W・ローマックス『レコンキスタ——中世スペインの国土回復運動』（林邦夫訳，刀水書房，1996年）。
関哲行・立石博高・中塚次郎編『世界歴史体系　スペイン史（1）古代〜近世』（山川出版社，2008年）。
R・W・サザーン『ヨーロッパとイスラーム世界』（鈴木利章訳，ちくま学芸文庫，2020年）。

歴史学的に考察するポイント

①レコンキスタは対外進出志向やカトリック信仰の強さも生み出したのだろうか。それらの特徴が，大航海時代やイエズス会の世界宣教にも影響したのだろうか。
②レコンキスタの世界史的意義——西欧とイスラームの接触——について考えよう。
③異民族・異教徒との対峙という事態は，政治構造や社会にどんな影響を与えたのか。それらの影響は，カスティーリャやカタルーニャなど，地域で異なるのか。英仏独など，西欧となぜ，どのように異なる特徴を持つことになったのだろうか。

15 迫害社会の形成

図師宣忠

【関連項目：キリスト教の拡大，教会改革，12世紀ルネサンス，十字軍，13世紀の司牧革命，リテラシー，近代国家生成論，ジャンヌ・ダルク，魔女迫害，ホロコースト】

📖 史　実

　西欧中世においてキリスト教の異端は11世紀に至るまで事実上その姿を消していた。しかし，1022年にオルレアンで異端が火刑に処されたのを皮切りに，フランス，イタリア，ドイツなど西欧各地で新たな異端集団の出現が続々と報告され始める。こうして12世紀に顕在化した異端の脅威を前に，ローマ＝カトリック教会は抑圧・弾圧という対応をとっていく。武力による異端「カタリ派」の根絶を目指した**アルビジョワ十字軍**（1209〜29年）を経て，1230年代以降には，とりわけ「異端的邪悪に対する審問」（異端審問）が，異端その他の宗教的な罪に対する抑圧・迫害の手段として積極的に用いられていった。

🛡 論　点

1. なぜ中世ヨーロッパにおいて迫害が行われたのか？

　19世紀以来の「暗黒の中世」観においては，迫害は中世の「野蛮」と「迷信」を象徴する出来事とされてきた。第二次世界大戦を経ると，迫害は決して過去の遺物などではなく，「ホロコースト」に代表されるような近代が抱えるアポリアと見なされるようになり，中世はそうした近代の諸悪の歴史的根源として捉えられた。しかし，そこでも中世における迫害自体は自明のものとされ，中世の人々が「なぜ」迫害したのかという問いはほとんどなされることはなかった。

　イギリスの中世史家ムーアは『迫害社会の形成──西欧における権威と逸脱』（1987年）という本の中で，12世紀以降の異端に対する迫害がなぜ，どのようにして起こったのかを問い直し，12世紀の西欧が「迫害社会」に「なった」のだという議論を展開した。本書は，中世ローマ＝カトリック教会の異端に対する反応を社会的・政治的な闘争として捉え，迫害現象が成立する歴史的諸条件を考察した最初の本格的試みである。

2. ステレオタイプと排除のカテゴリー

　ムーアによると，異端迫害とは異端増加に呼応した教会による対策の結果であるという単純な図式で捉えきれるものではない。じつは12世紀に迫害され始めたのは異端だけではなかった。異端と並んで，ユダヤ人，ハンセン病者，同性愛者，売春婦，浮浪者など，いずれもが「穢れ」や「汚染」という共通の言説と結びつけられ，彼ら／彼女らを社会秩序への「脅威」と見なす「幻想」が生み出された。そこではそれぞれの多様な信仰や実践など個別的な違いや複雑な現実は無視され，「悪魔」と結びつけられるステレオタイプな「恐怖」のイメージが増幅される。こうして排除のカテゴリーが形成され，異端やその他の周縁的社会集団に対する

▷1　アルビジョワ十字軍
12世紀半ば以降，南フランスや北イタリアにおける二元論的な異端「カタリ派」（「アルビジョワ派」）の蔓延が危険視されていた。ローマ教皇インノケンティウス3世は，キリスト教世界の内部に存在する信仰の敵＝異端に対する初めての十字軍としてアルビジョワ十字軍を提唱し，武力による解決を図ろうとした。

迫害が起こる素地ができ上がっていったという。

　さらにムーアは，こうした権力の側の幻想に基づく迫害・排除のメカニズムの発展が12世紀における西欧の社会・政治秩序の移行と軌を一にしていたとする。統治制度の専門職化が進展する中で，学識あるエリートの文化的所産である正義や法といった抽象的観念に基づく支配が展開されていくが，マイノリティへの迫害は，こうした教会や国家を担う支配エリートたちの凝集性を高め，統治技術を発展させていった。その結果，迫害・排除は正当化され，推進されることになったという。もちろん12世紀以前に周縁的な社会集団が寛大に扱われていたというわけではない。しかし，12世紀以降，社会的周縁が体系的に創出されることで，習慣的かつ永続的に迫害を行う社会が形成されたのである。

3．「迫害」をめぐる中世理解の変容

　従来，12世紀はポジティブな時代として描かれてきた。例えば，ハスキンズはこの時代のラテン的学識を「12世紀ルネサンス」として高く評価し，またストレイヤーは，12・13世紀における支配の官僚制的中央集権化の開始を「近代国家の起源」として位置づけた。しかし，ムーアによれば，ラテン的学識と官僚制は進歩よりもむしろ権力と結びついている。学問の中心としてのパリ大学の誕生，英仏の国王統治の中央集権化，官僚的な文書利用の増加，神判から異端審問への移行……かつては文明化への一歩や「理性の勝利」と見なされてきた諸要素は，ムーア以降，権力と社会組織の関係，統治のあり方の変化という観点で捉え直されることになった。

　ただし，ムーアの議論は例えば「悪魔によるキリスト教世界の転覆」といった誇張されたレトリックと現実の迫害現象との関連を十分に解き明かしているとは言えず，また迫害社会論は西欧全般に遍く適用できるというものでもない。異端は創り出されたという主張は，教会エリートの言説から導き出されるが，一方で異端審問記録などの史料から迫害された側の人々の声を読み解くことも同時に必要ではないか。こうして1990年代以降の諸研究は，異端集団と迫害する権威との実際の関係性，あるいはハンセン病者の扱いや反ユダヤ主義の動きの地域的・時代的な偏差など，ムーアの議論を発展的に継承しながらも，各地域・時代の社会の様相をより具体的に明らかにしてきている。

参考文献
ジョセフ・ストレイヤー『近代国家の起源』（岩波書店，1975年）。
ノーマン・コーン『魔女狩りの社会史——ヨーロッパの内なる悪霊』（山本通訳，岩波書店，1999年）。
小田内隆『異端者たちのヨーロッパ』（NHK出版，2010年）。
チャールズ・H・ハスキンズ『12世紀のルネサンス——ヨーロッパの目覚め』（別宮貞徳・朝倉文市訳，講談社学術文庫，2018年）。

歴史学的に考察するポイント
①迫害のレトリックはどのように現実の迫害行為を正当化し，推進したのか。
②レッテルを貼られた社会集団とは実際にはどのような人々だっただろうか。
③迫害の実態に迫るにはどのような史料が活用できるだろうか。
④迫害の仕組みを他の時代，他の地域の状況と比べてみよう。

16 13世紀の司牧革命

赤江雄一

【関連項目：教会改革，中世修道会，12世紀ルネサンス，迫害社会の形成，宗教改革／対抗宗教改革論】

📖 史　実

　教皇インノケンティウス３世（在位：1198～1216年）が1215年に開催した第四ラテラノ公会議は，すべてのキリスト教徒は少なくとも１年に一度，１人で自らの罪をすべて司祭に告白しなければならないと初めて定めた（第21決議文）。これを受けて各地の大司教・司教らは自らの管轄下の在俗司祭の教育レベルの向上を目指した。並行して教皇権は，フランシスコ会とドミニコ会（正式名称はそれぞれ「小さき兄弟会」と「説教者修道会」）の設立を認めた。「托鉢修道会」と呼ばれるこれらの**修道会**は，当時創設されて間もない大学に進出し，教養ある都市民や異端との論争に対応できる学問的訓練を積んだ神学・哲学者を輩出しただけでなく，説教をはじめとする司牧活動を支援する著作の著述および筆写を活発に行い，特に都市で説教を行った。宣教のためモンゴルやインドへ赴いた托鉢修道会士もいた。

＊　修道会
Ⅱ-11 側注１参照。

🛡 論　点

1. 「司牧革命」と告白の義務化

　「司牧」とは羊飼いが自分の羊の面倒を見るように，聖職者が自らの監督下の人々の宗教生活を支える活動を意味する。11世紀の「教会改革」は，聖職者と教会の組織と権威に関心を寄せ，異端の排除に神経を尖らせたとはいえ平信徒（俗人）の信仰自体にはあまり関心を示していない（マンセッリ『西欧中世の民衆信仰』）。これに対して，教皇権は第四ラテラノ公会議においてはっきりと，文字通りすべてのキリスト教徒を教化し規律化する組織的な取り組みへと舵を切ったとボイルやC・モリスは1980年代に論じた。モリスはこれを「司牧革命（パストラル・レヴォルーション）」と呼んだ。少なくとも年１回の「罪の告白」をすべての平信徒が行うことを義務化するとは，平信徒自身がそもそも何が罪か，救いとは何かをある程度知っている状態を前提とする。聴罪を行う聖職者も信仰についての知識を知っているだけでなく，平信徒に伝える能力をもっていなければならない。「司牧革命」とは，こうした司牧を行う能力をもつ聖職者をどのように確保するかという問いに直結していた。

　この時期に司牧に関する著作が多数現れた。ボイルはこれらを「司牧支援著作（パストラリア）」として捉えて様々なジャンルに分類し考察を加えた。シュナイヤーは西ヨーロッパ中の図書館や文書館に所蔵されていた説教写本の目録を作成して，その膨大な数とそれぞれの概要を明らかにした。

▷１　聖ベネディクトゥスの『戒律』
529年頃，ヌルシアのベネディクトゥスが，イタリアのモンテ・カッシーノに創設した修道院のために，彼が540年頃定めた戒律。徐々にあちこちの修道院でこの戒律が採用されるようになり，修道生活における標準的な戒律となった。有名なクリュニー修道院，そして12世紀のシトー会なども同戒律に従う。

2. 托鉢修道会士の説教をはじめとする司牧活動

　そもそも修道士自身が聖職者ではなく俗人を司牧する立場ではなかったし，**聖ベネディクトゥスの『戒律』**に従う伝統的修道院は理念的にも教会法的にも俗人の司牧からは距離をとる

存在だった（ただし俗人の司牧に関わった側面も存在する）。これに対して托鉢修道会が画期的なのは，司牧こそを自らの存在意義とした点である。ダヴレイは，シュナイヤーの目録を活用して現存写本数が100超の13世紀の説教写本に注目し，その大多数が托鉢修道会士によって説教者の参照用に著述された範例説教集であり，写本の筆写とそれらを用いた口頭での説教は「活版印刷以前のマスメディア」と呼びうるほどの規模で行われていたと論じた。関連して，聴衆の1人が聞き取った説教を書き起こした説教筆録の研究（大黒俊二），俗人が耳にしたであろう教説を範例説教から復元し分析する研究（ハンスカ等），マスメディアとしての説教の諸相を探求する研究（赤江雄一），さらに托鉢修道会士と俗人が司牧を通じて取り結んだ信仰世界の研究等が進んでいる（『西洋中世研究』特集）。なお，中世後期にかけて聖ベネディクトゥスの『戒律』を守るベネディクト修道院やシトー会も俗人の司牧に積極的に関わっていた側面も論じられつつある（大貫俊夫）。

3．在俗聖職者による司牧

カトリック世界では司教区の末端は（例えばイングランドでは12世紀までに9000余の）教区に分かれ，その教区教会には教区司祭（あるいは彼を補佐する助祭ら）が置かれていた。彼ら在俗聖職者のそもそもの任務が各教区の俗人の司牧である。しかし，托鉢修道会が13世紀以降に果たした大きな役割は，在俗聖職者が全キリスト教徒の告白の義務化を担うだけの質を，少なくとも全体としては当時は有していなかったことを物語るものと理解されてきた。近年，キャンベルやリーヴスは13世紀の司牧のあり方の変化をイングランドの事例に則して総合的に再検討しつつある。特にキャンベルは司牧革命という用語を避けて12世紀から見られる一連の司牧の潮流を強調し，これまでの議論は在俗聖職者の質を低く評価し過ぎで，史料には再解釈の余地があると論じる。この動きは，12世紀後半に確立し13世紀以降広範に普及していく煉獄の概念を論じたル＝ゴフの『煉獄の誕生』の再読を要求しているともいえるだろう。人々の魂，知と信の問題であると同時に教会の「行政」をめぐる問題でもある司牧は注目すべき歴史研究の一焦点である。

▷2 煉獄
天国と地獄の中間にある場所。人は，死後天国か地獄かのどちらかに皆が直ちに行くのではなく，比較的軽い「罪」をおかした者は「煉獄」で罪をあがない，その後天国に行くことができると考えられた。

参考文献
ジャック・ル＝ゴフ『煉獄の誕生』（渡辺香根夫・内田洋訳，法政大学出版局，1988年）。
R・W・サザーン『西欧中世の社会と教会──教会史から中世を読む』（上條敏子訳，八坂書房，2007年）。
特集「托鉢修道会の信仰世界」『西洋中世研究』9号，2017年。

歴史学的に考察するポイント
①中世の教会はどの程度効果的に平信徒（俗人）の司牧を行っていただろうか。
②16世紀の宗教改革はそれ以前の中世の教会を堕落した存在と考える。13世紀以降の「司牧革命」とどのように整合的に考えられるだろうか。
③司牧革命における托鉢修道会士の説教と宗教改革における印刷術はどのような点が似ており，どこが異なっているか。

17 神判から証人尋問へ

轟木広太郎

【関連項目：中世初期国家論，教会改革，迫害社会の形成，13世紀の司牧革命，儀礼とコミュニケーション】

📖 史　実

　おおよそ 6 世紀から12世紀にかけて，ヨーロッパ社会では裁判の主たる証明方法として神判や法廷決闘が用いられた。神判には様々な種類があり，例えば被疑者が熱した鉄を握り，数日後に火傷がただれているかどうかに応じて有罪か無罪，あるいは勝訴か敗訴を判定するものや（ただれていなければ無罪あるいは勝訴），被疑者の手足を縛って水の中に放り込み，体が浮くか沈むかに応じて裁判の結果を決めるもの（沈めば無罪あるいは勝訴）があった。法廷決闘も一種の神判であったが，事件当事者双方が参加するという点がふつうの神判とは異なり，武器をもっての闘いの勝敗がそのまま裁判の勝敗に直結した。これらが行われる直前には，司祭による鉄や水あるいは武器を聖別する儀式があり，それを通じて神の意思が顕現すると見なされていた。

　他方で，12世紀のうちに別の証明方法，すなわち，裁判官が証人に尋問を行ったり，当事者の提出した証書を吟味したりする方法が次第に広く行われ始めるようになっていった。そして1215年には，ローマ＝カトリック教会によって，神判への聖職者の関与を禁ずる決定がなされた。

⚔️ 論　点

1．進歩主義的見方への挑戦　　かつて主流を占め，そして現在でもよく見られるのが**進歩主義**的見方であり，それによれば，神判や法廷決闘などは「非合理的な」証明方法だと規定され，証拠主義の「合理」性と対比される。こうした見方の代表者としてファン・カネヘムの名をあげることができる。彼は12世紀の都市法において法廷決闘や神判の免除規定が次々と現れることを時代の変化として捉え，これを市民的合理主義に帰した。

　これに対して古代末期の研究で著名な**ブラウン**は，神判・法廷決闘を中世前期社会の構造との関連性において説明するという新しい見解を提示した。ブラウンによれば，中世前期の共同体は農村的でコンパクトな人的まとまりからなり，緊密な人間関係を特徴としていた。そうした構造を持つ社会は成員間の親密さを生み出す一方で，争いや犯罪がいったん生じてしまうと，それが日常的な人的関係に絡めとられてしまい，きっぱりとした解決の糸口を容易に見出せないという弱さを露呈する。そこに神判の有効性と意義が生じる。それは神の介在の力を借りて共同体を非日常的儀式の舞台へと移行させ，日常のやりとりの次元では不可能であった一刀両断の解決を可能にさせた。そもそも火傷のただれ具合というのも曖昧な基準で，それをあえて決定することが共同体の意思統一の機会ともなった

* **進歩主義**
Ⅲ-3 側注 1 参照。

* **ブラウン**
Ⅰ-30 側注 4 参照。

というのである。またこの時代はグレゴリウス改革以前であり，聖なるもの（神意，奇蹟）へのアクセスが聖職者に独占されていなかったことも「神の裁き」の前提をなしていたという点をあわせてブラウンは強調している。

それゆえ12世紀以降の神判の衰退は，都市化の進展によってそれまでのコンパクトな共同体が解体され始めたこと，そしてグレゴリウス改革の進展に伴い，聖なるものへのアクセスが制限され始めたことによると結論される。

2．バートレット説　ファン・カネヘムとブラウン双方に反論して自説を展開したのがバートレットである。バートレットは，1215年のローマ＝カトリック教会による禁止令[1]を神判衰退の直接の原因とする点で，両者と意見を異にする。彼は，ファン・カネヘムが強調した12世紀に神判・法廷決闘免除を都市領主から付与された都市はごく少数にとどまり，しかも対象の多くは農村的性格を色濃く残す共同体だったと主張した。また，当事者に自由な証明手段の選択が与えられたことを記した史料を挙げて，免除は必ずしも神判・法廷決闘が行われなかったことを意味しないと指摘する。

またブラウン説に対しては，神判・法廷決闘に限らず，法的決定はおしなべて共同体の意思統一的側面を持つものだと批判する。そして，成員同士の水平的人間関係だけでなく，神判を法的に規定した中世前期の統治者による支配という垂直的な側面の重要性を示唆する。

なおわが国では，高橋清徳がファン・カネヘムとバートレットの見解をふまえつつ，12世紀に神判・法廷決闘に代えて宣誓を選択した都市民は，合理主義ではなく一種の身分意識（法廷決闘は騎士，神判は農奴のもの）に則って行動したのではないかという興味深い仮説を提示している。

3．証人尋問について　神判・法廷決闘と比べて，新しい証明方法である証人尋問はそれほど大きな論点とはなってこなかった。それはやはり証人尋問が「合理的な」証明方法だと見なされており，それゆえその進展は歴史の当然の成り行きと見なされたからであろう。しかし，証人尋問は最近の学界では徐々に大きな注目を集めつつあり，論集やモノグラフもいくつか出てきている。13世紀以降は裁判だけでなく，行政においても権利調査・確定の方法として利用が大々的に進んだことにくわえ，1230年代に生まれた異端審問も，証人尋問に立脚した宗教裁判であったといえる。より広い見地からいえば，証人尋問は噂や世評，自白と拷問といった要素とも切り離しがたく結びついており，中世後期の知と権力の問題を考えるときに見逃せない要素といえる。

歴史学的に考察するポイント

①ブラウン説は社会学的説明の傾向が強いが，歴史学的にはどこまで有効だろうか。

②バートレット説は1215年の決定を重要視しているが，このインパクトはどのようにすれば検証可能だろうか。

▷1　**1215年のローマ＝カトリック教会による禁止令**　この禁令は第4回ラテラノ公会議による決議を指す。この公会議では他にも，年1回の告解の義務化，対異端対策，ユダヤ人政策など重大事案の決定がなされた。

参考文献

ロバート・バートレット『中世の神判——火審・水審・決闘』（竜嵜喜助訳，尚学社，1993年）。

高橋清徳「《中世都市versus神判》論とそのパラメーター——バートレット＝カネヘム論争へのノート」『千葉大学法学論集』11巻1号，1996年。

轟木広太郎『戦うことと裁くこと——中世フランスの紛争・権力・真理』（昭和堂，2011年）。

18 儀礼とコミュニケーション

服部良久

【関連項目：中世初期国家論，神判から証人尋問へ，リテラシー，ブルゴーニュ公の宮廷文化】

📖 史　実

　儀礼とは言葉，身振り，物の操作により社会や政治のあるべき秩序を象徴的に表現する行為であり，古今東西，儀礼を持たない社会は存在しない。リテラシーが低く，文字メディアが十分に機能しない時代，社会では可視的なパフォーマンスが，これに立ち会い，見守る人々の理解と記憶を促した。中世の儀礼は教会の典礼，儀式として発達し，その影響を受けつつ世俗社会においても権力，身分，秩序に関連する様々な儀礼が生まれた。戴冠，叙任（聖職者，騎士，都市の顕職等），授封，和解（降伏）などで行われる公的儀礼は観衆の前で行われ，その事実と意味を周知・確認させる手段であった。アナール派[◁1]の歴史人類学的アプローチをリードしたJ．-C．シュミットやル＝ゴフは人類学のモデルを意識しつつ，史料の精緻で独特の読解により，中世人の様々な儀礼的行為の解読を試み，ドイツのアルトホフは王や貴族の間で行われた降伏・和解・友好の儀礼が政治秩序において不可欠の役割を果たしたことを強調した。

⚔️🛡️ 論　点

1．史料と方法的問題

　中世の世俗儀礼の史料としては，カロリング時代から現れる王の戴冠式文，騎士叙任[◁2]や宮廷祝祭，君主・教皇の会見について記した文学作品や年代記，中世後期では七選挙侯による国王選挙や宮廷での皇帝奉仕について詳述した「金印勅書」などが重要である。しかしそのような儀礼の研究は，ファン＝ヘネップの「通過儀礼」，ターナーの「象徴儀礼」，ギアツの「劇場国家[*]」のような人類学の方法や概念を用いることが多い。これに対しビュクは，機能主義的な人類学の非ヨーロッパ社会の調査に基づくモデルを，中世史の考察に持ち込むことを危険視する。アルトホフが儀礼における主体のメッセージと観衆の受容・理解の一致を想定していることを批判するビュクは，儀礼的行為自体の多義性や，「演出」する支配者の意図が受容されずに混乱を招く危険性をも伴ったことを指摘し，コジオルらの儀礼的行為を軸に据えた初期中世史研究に対しても総じて懐疑的である。同様にムグランも，儀礼のメディア機能の一貫性・安定性を想定しているように見えるアルトホフに批判的で，儀礼が参加者（観衆）の理解（集合表象）と一致しなければ，そのコミュニケーション機能は疑わしいと述べる。

　たしかに同じ宮廷集会や君主会見を記した年代記にも，儀礼の記述の有無，解釈の差違など大きな離齬があり，中世の儀礼研究には人類学とは異なる史料論的問題があることは考慮しなければならない。儀礼を伝える史料記述者の立場，意

▷1　アナール派
1929年に創刊され現在も続くフランスの歴史学雑誌『アナール（年報）』を活動のプラットフォームとして活躍する歴史家たちの総称。フェーヴルとブロックを創始者に持ち，ブローデル，ル＝ロワ＝ラデュリ，シャルチエなど現代の歴史学に甚大な影響を及ぼした研究者を多数擁する。政治史中心の旧来のオーソドックスな歴史学に比し，学際性を重んじ，柔軟に研究課題を設定する点に大きな特徴がある。

▷2　騎士叙任
貴族身分の若者が戦士として成人するための儀礼であり，教会での潔斎，祈りの後，剣帯や拍車の装着，主君の剣の背による一打ちなど一連の行為よりなる。12,13世紀の年代記や騎士文学に頻出する。

＊　劇場国家
Ⅱ-27 側注3参照。

図と，それぞれのコンテクストを明らかにすることは，中世儀礼史研究の重要な課題である。

2．政治的コミュニケーション・メディアとしての儀礼　　アルトホフによれば中世の政治における儀礼は，公的な場で権力の正当性や重要な決定などの事実を明確に「公衆」に伝えるための複合的なコミュニケーション・メディアであった。儀礼の背景をなす秩序観，世界観，規範意識は公衆（観衆）に共有され，儀礼の意味は一様に理解されており，それゆえ儀礼はメッセージを集団的に伝達し，集合記憶に刻み込む政治的コミュニケーションの不可欠の手段であった。しかしビュクらが指摘し，アルトホフも後に認めたように，同様な儀礼的行為が様々な状況において，異なる意味を持ちえたことは否定できない。他方，一致した理解と受容を欠く儀礼は全く意味がなかったとのムグランの指摘にも問題がある。儀礼のプロセスは，その執行者の演出意図の成否のみならず，当事者（演者）の意図と観衆の期待や理解がインタラクティブに交錯するコミュニケーションのプロセスとして理解されねばならない。

3．儀礼の効果と意義　　政治的儀礼は和解，友好，服従，権限授与（授封）などに関する原則的，一般的な決定と合意を公に示す象徴的な行為であるが，具体的内容の理解については，当事者の口頭の了解や，経験的な知識と慣行に委ねられた。紛争収拾後の和解儀礼などでは，この曖昧さに当事者双方が多少とも自身の裁量で判断する余地があり，こうしたコミュニケーション慣行が緩やかな平和と秩序の維持を容易にした。儀礼が支配権力の弱さを補う機能を有したのかという問いに対して一義的に答えることは難しいが，儀礼の理解と影響が，同時代人の秩序観との調和，関係者（儀礼の演者，演出者）の合意を前提にしていたことを考えれば，そのような問いはあまり意味がないとも言える。「支配権力」もまた，そのような前提を基盤としており，人々の価値・規範意識や合意により支えられ，かつ制約もされたからである。

　支配権力の儀礼を，その正統性や権威の演出といった一方的な目的を想定して解釈してはならない。重要なのは，儀礼にアクティブに関わる者のみならず，周縁的な参加者，観衆との相互関係を可能な限り視野に収めることであり，さらには儀礼とその構成要素を，年代記作者など儀礼を伝える叙述者が属す，同時代の文化全体との関連において解釈することである。コジオルが述べるように，儀礼が何を意味するかではなく，儀礼の意味が文化システムの中でいかに形成されるかを考えねばならない。

歴史学的に考察するポイント

①戴冠式や騎士叙任に教会聖職者はどのように関与したのだろうか。
②儀礼の次第を演出したのは誰だったのか。
③儀礼行為が象徴的に表現する秩序は，現実の秩序と一致していたのだろうか。
④政治的儀礼は権力を強化することに役立ったのだろうか。もしそうであればなぜか。

参考文献

ジャック・ル＝ゴフ『もうひとつの中世のために──西洋における時間，労働，そして文化』（加納修訳，白水社，2006年）。
池上俊一『儀礼と象徴の中世』（岩波書店，2008年）。
ジャン・クロード・シュミット『中世歴史人類学試論──身体・祭儀・夢幻・時間』（渡邊昌美訳，刀水書房，2008年）。

19 リテラシー

大黒 俊二

【関連項目：カロリング・ルネサンス，中世修道会，迫害社会の形成，13世紀の司牧革命，歴史と記憶，イタリア・ルネサンス】

 ## 史　実

　リテラシーとは「日常語で実生活に必要な文章を読み，書く能力」というのが一般的な定義であり，高度な文章表現・読解力はこれに含まれず，従って「実用的リテラシー」と呼ばれることもある。多様な史料から一定集団内でこうした能力を有する者を数え出し，百分率で示した数値がリテラシー研究における「史実」に相当する。こうした史実＝数値を収集し，それらを都市・農村間，地域間，男女間，宗教間などで比較し，その相違から社会変化を読み取ろうとするのが近現代を対象とするリテラシー研究の一般的な方法である。

論　点

1．二重言語体制

　しかし，以上のような方法を中世史に適用しようとするとただちに壁に突き当たることになる。壁となるのは上の定義中にある「日常語」である。というのも近現代の場合，読み書きは日常語で行われるため日常語でのリテラシー測定に問題はないが，中世においては「書く」という行為は日常語とは別の言語すなわちラテン語*で行われていたからである。中世では長く書き言葉はラテン語，話し言葉はそれぞれの土地の日常語（当時は◁1「俗語」と呼ばれた）という二重言語体制が支配的であった。ラテン語は中世の人々にとって一種の外国語であり，長期の学習によって学ぶほかなく，従って少数のエリートの言語であった。こうした少数者の読み書き能力で社会全体の動向を代表させることはできない。さらに，そもそも一定集団内でのラテン語リテラシー所有者を測定しうるような史料は存在しない。すなわち中世を対象とするリテラシー研究は，日常語をもとにした史実＝数値を得ることができないため，近現代史を対象とするものとは異なったものにならざるをえないのである。

2．俗語の書字言語化

　とはいえ，二重言語体制という西洋中世固有の条件は中世一千年が経過するうちに変化し，中世末期には近代以降と同様の状態が生まれてくる。それは俗語の書字言語化である。長く声のみにとどまっていた俗語は13世紀以降次第に文字に記されるようになり，それとともに文法や正書法，教育機関も整備され，人々が俗語で書く機会が増えてきた。こうした発展の結果，中世末期の14〜15世紀には民衆が俗語で書くことは珍しくなくなり，近代以降と同様の条件が揃ってくることになる。この時点に至ると近現代史におけるリテラシー研究の方法が適用可能となる。例えば1427年フィレンツェの戸別財産申告書（自筆）から算出された成人男性の実用的リテラシー69.3％という数字は，近代以降の数字と同質の数字ということができ，このこと

は当時のフィレンツェがすでに近代社会の性格を帯び始めていることを示している。

3. 読みと書き，限界リテラシー，代筆

書字言語がラテン語に限られ，ラテン語を行使しうる層が極端に薄かった13世紀までの時代についてリテラシー研究は大きな意味を持たない。しかし，二重言語体制が揺らいでくる一方で近代的な日常言語体制が姿を現し始める中世末期は，こうした移行期ゆえにリテラシー研究に独自の貢献をなしうる。その一つは読みと書きの距離を垣間見ることができる点である。リテラシーは「読み書き能力」とも訳されるように読めれば書けると思われがちだが，時代を遡るほど両者は分離し，読めるが書けない層が大きくなる。読みから書きへの距離，読みのみのレベルにとどまった識字層の厚さ，これらを数値化することは不可能としても——なぜなら，リテラシーは書きの能力で測る以外方法がないからである——，中世末期はこの層の厚さを実感させる記録を多く残しているのである。第二に，「限界リテラシー」と呼びうるような，かろうじて書ける程度の稚拙とも悪文ともいえる文字記録が多く残っているのもこの時代の特徴である。多くの場合，それらは困難な状況に追い込まれた者がやむをえず筆を執って書いたもので，そこには教養人が書いた美文には見られないなまの生活感情，表現の直接性，「書く」という行為の原初的な姿を見ることができる。第三は，代筆[2]が持つ重要性に気づかせてくれる点である。読み書きできないあるいは不自由な者は，書く必要が生じたときにはしばしば代筆に頼った。日常語の読み書きがある程度普及すると代筆しうる者も増え，読み書きが困難な者も代筆を通じて文字文化に参入することが可能となるのである。

歴史学における論点の対立は通常研究者間あるいは学説間の対立として現れる。中世を対象とするリテラシー研究にもその種の対立はなくはないが，より大きな対立は，上に見たように中世と近現代ではリテラシーという概念の内容が根本的に異なる点にある。日常語での読み書き能力という近現代のリテラシーは我々にも理解しやすいが，二重言語体制や俗語の書字言語化という中世固有の言語事情と切り離せない中世のリテラシーは，簡単には理解しがたいものである。中世のリテラシーを考察するとは，それゆえ中世文化の我々にとっての異質性を意識し，異文化として中世を理解しようとする試みにほかならないのである。

▷2 代筆

中世の代筆には本文でふれたもの以外に，権力者のための代筆という別の形態があったことに留意すべきである。君主や高位聖職者などはみずからペンを執って書くことはなく，書く必要があるときは書字の専門家に代筆させた。なぜなら「書く」という手作業は職人技に属し卑しい行為と見なされていたからである。

歴史学的に考察するポイント

①リテラシーの概念は通時代的なものではなく歴史的に変化する。とすれば，中世固有のリテラシーの特徴とはどのようなものだろうか。

②リテラシーから見た場合，中世はいつ終わり近代はいつ始まるのだろうか。

③数値化しえないリテラシーの重要な特徴とはどのようなものだろうか。

参考文献

カルロ・チポラ『読み書きの社会史——文盲から文明へ』（佐田玄治訳，御茶の水書房，1983年）。

大黒俊二『声と文字』（岩波書店，2010年）。

20 歴史と記憶

鈴木道也

【関連項目：歴史叙述起源論，アレクサンドロス大王と「ヘレニズム論争」，中世修道会，12世紀ルネサンス，13世紀の司牧革命，儀礼とコミュニケーション，リテラシー，エトノス論】

＊　ヘロドトス
Ⅰ-3 側注1参照。

▷1　オットー・フォン・フライジング
12世紀前半の歴史家。オーストリア辺境伯レオポルト3世の子。パリで学び，その後シトー会の修道士，次いでフライジング司教となる。代表的な著作として『二つの国についての年代記もしくは歴史』および『皇帝フリードリヒ伝』がある。

＊　アウグスティヌス
Ⅱ-2 側注2参照。

📖 史　実

　なぜ歴史を書くのか。古代ギリシアのヘロドトス＊は「人間界の出来事が時の移ろいとともに忘れ去られる」ことを恐れて『歴史』を記した。漢代の司馬遷は「この作品が世に流布し後世に残ったなら，私は何万回刑にあおうとも悔いはしない」との覚悟をもって『史記』をまとめあげた。これに対して12世紀の歴史家オットー・フォン・フライジング▷1は，「我々の罪は数知れず，この世は戦火に引き裂かれ不道徳が蔓延しているのであるから，まもなくこの世は終わりを迎えるのである」と記し，作品を通じてこの世界の死亡予告を行う。中世の史書には，こうした悲観的な，しかしその後に「神の国」の訪れを予示する点では楽観的ともいえるキリスト教的終末思想が現れている。

　中世初期は文字文化よりも口承文化が優越し，ラテン語を読み書きできるのは教会関係者だけであった。しかしこうした状況でも，知的探求の成果としてこの世界の成り立ちと行く末を書き記そうとする者たちがいた。彼らはアウグスティヌス＊の『神の国』などを手本に，聖書の世界と目の前の世界を結び合わせて史書をまとめ上げた。ただしその内容は限られた集団の中でのみ共有され，広く人の目に触れることはなかった。ところが中世の中期，11，12世紀になると，あらゆる領域で文字による記録の数が飛躍的に増大する。文字文化の優越，記憶から記録への変化を革命と呼ぶ者もいる。史書の位置づけも変化した。細々と歴史を書き継いできた修道院に加え，都市そして世俗の有力家門も，記憶の中の過去を取捨選択して文字で書き留め，それに権威を与えて自らの存立基盤にしようとする。キリスト教共同体の歴史を記す「普遍年代記」は12世紀にその存在感を増すが，同じ12世紀から13世紀にかけて，都市や国家（王国）の多様な姿を表象する「都市年代記」や「王国年代記」も出現している。

⚔ 論　点

1．歴史，その始まり　『旧約聖書』と『新約聖書』に基づく聖書的な歴史観が優越していたとしても，異教的なローマ帝国の存在は，かつて存在していた古代東方の国々への関心を生み出す。それらは，ある集団の歴史を記す際に，例えばトロイア起源神話などの形で具体的叙述として現れる。こうした叙事詩的な出来事や人物の役割について考えることは史書の「個性」を考える上で重要であり，1970年代末にスピーゲルが先鞭をつけて以降，多くの研究者が研究を進めてきた。近年ではゴリエ゠ブガサらのアレクサンドロス大王に関する大規模な国際共同研究が知られている。この共同研究が明らかにしたのは，

古代世界の現実から切り離されてキリスト教的世界観に組み込まれた，理想的でありながらも極めて中世的な統治者としてのアレクサンドロスの姿である。聖書的な歴史か，それとも叙事詩的な歴史か，中世の史書をそうした単純な二項対立で捉えることはできない。

2．ラテン語あるいは俗語 世俗文学の成長が民衆語（俗語）を発展させ，民衆語を用いる諸「国民」が自意識を育んでいくと考えたのはアウエルバッハである。この考え方の中に史書を組み込み，俗語史書の出現を国民意識の形成と結びつける傾向がある。上で紹介したスピーゲルも，一貫してこのような理解を示している。しかしリュジニャンあるいはベルトランなどが指摘するように，国家の形成と俗語の浸透は必ずしも一体的なものではなく，史書で用いられる言語もラテン語から俗語へという一方向的なものではない。ラテン語あるいは俗語の史書が編集され，選ばれ，普及する背景は多様である。

3．溢れる情報の整理 図書館や文書館に現存する文献の多寡と，現実に作成された数は一致しないが，中世中期に一種の情報爆発が起きていたことは間違いないだろう。イギリスの文化史家バークは，目次やページ番号など，増大する記録を効果的に整理する当時の情報管理術に注目している。13世紀の歴史家ヴァンサン・ド・ボーヴェ[▷2]は，「記憶の失われやすさにより，記されたこと全てを等しく心にとどめておくことができない」と嘆いている。中世の歴史家たちの試行錯誤を経て古代ギリシア・ローマの作品は整理され，古典としてルネサンス期に伝えられていく。古典作品が継承されていく過程を近代まで辿ろうとするのがグラフトンである。

4．記憶と記録 〈史実〉のところで用いた「記憶から記録へ」という表現は，クランチーの研究によって広く知られるようになった。しかし文字文化の優越によって記憶の役割が失われるわけではない。文字化された記録，人々の記憶，なお残る口承の伝統，そして種々の象徴的行為，これらが複雑に絡み合い，全体として中世人の歴史意識を形成していた。その総合的分析がロジエ＝カタシュらによって試みられている。さらに政治文化研究の第一人者ゴヴァールは，近著の中で，歴史的記憶が曖昧であること，あるいは特定の記憶を忘却すること／忘却させることの意味を問い直している。

― 歴史学的に考察するポイント ―

①史書には内容が異なる複数の写本が伝来している。写本間の異同は単なる誤記とは限らない。個々の写本に施された改変は，いかなる意図によるものなのだろうか。

②時代を下ると色鮮やかな挿絵や挿図を含んだ史書が現れる。図像とテクストはどのように補い合って，あるいは対立しているのだろうか。

③中世の史書は大部分が過去の作品からの引用，つまりコピペで成立しているが，そこに編者自身の言葉を見つけることも可能である。名もなき彼らは一体何を語っているのだろうか。

▷2 ヴァンサン・ド・ボーヴェ

「百科全書の時代」と呼ばれる13世紀の前半に活躍した学者（1194年頃～1264年頃）。ルイ9世の庇護を受け，パリの北にあるロワイヨモン修道院で百科全書的著作『大いなる鑑』を編纂した。膨大な引用からなるこの大著は『自然の鑑』，『学問の鑑』，『歴史の鑑』からなる。

（参考文献）

佐藤彰一『歴史書を読む──『歴史十書』のテクスト科学』（山川出版社，2004年）。

ジャック・ル＝ゴフ『歴史と記憶［新装版］』（立川孝一訳，法政大学出版局，2011年）。

三佐川亮宏『ドイツ──その起源と前史』（創文社，2016年）。

21 近代国家生成論

上田　耕　造

【関連項目：中世初期国家論，迫害社会の形成，スイスの起源，14世紀の危機，ジャンヌ・ダルク，ブルゴーニュ公の宮廷文化，主権／主権国家／主権国家体制，複合国家／複合君主政／礫岩国家，軍事革命】

 ## 史　実

「近代国家」は，いつ，どのようにして誕生したのか。その起源は，中世にまで遡ることができるのか。近代国家生成論では，こうしたことが議論される。

国境線が引かれ，国の枠組みがはっきりとしだすのは，近代以降のことである。中世において国と国との境は曖昧であった。そもそも中世には，現在のようなイタリアやドイツといった国は存在しない。2つの国が誕生するのは，19世紀のことである。中世のイタリアには，ヴェネツィアをはじめ都市を中心とした勢力が並存し，ドイツには神聖ローマ帝国という枠組みはあったが，その内部では多くの領邦*や都市が自立しており一体性はなかった。

そんな中，イングランドでは13世紀から議会が登場し，国を動かす主要機関へと成長していく。フランスでは12世紀あたりから国王が，地方で独自の支配を展開していた貴族たちを，自らの統制下に収めていく。中世の時代に中央集権化が進められた両国は，その後，主権国家へと姿を変え，近代国家を代表する国として位置づけられるようになる。

論　点

1. 近代国家の起源はどこに？　ストレイヤーは，1970年に出版した『近代国家の中世的起源』において，近代国家の起源を中世に求めた。ストレイヤーは国家の定義として次の3つの指標を示す。①時間，空間における連続性，②常設的政治制度の形成，③国家に対する忠誠。この基準のもと，彼はヨーロッパにおける近代国家は，1100〜1600年の間に出現した原型の上に築かれているとする。特に1100〜1300年の間に，イングランド，フランス，そしてスペインでは，国の時間，空間的連続性が生まれ，その中で行政，司法，財政の各制度が整えられていった。一方，こうした現象がドイツでは起こらず，イタリアでは一時的な現象としてしか起きなかった。

ストレイヤーはさらに，1300〜1450年までの間は，ペストの影響や英仏百年戦争などの戦禍により社会が停滞し，国家の発展が一時抑制されたと述べる。しかし，これを乗り越えた15世紀末からは，国家の完成に向けた動きが活発になる。行政部門の専門分化や地方と中央とを結ぶ役人の増加などにより，官僚組織の整備が進み国家の発展がもたらされた。

2. 国家を生み出し成長させるものとは？　1984年から始まったフランス国立科学研究センターにおける「近代国家の生成」研究計画，そしてこの計画を引き継いだヨーロッパ科学財団のプロジェクト「13〜18世紀のヨーロッパ

における近代国家の諸起源」では，近代国家の形成とその起源に対する新たな論が展開された。「近代国家の生成」研究では，文化とイデオロギー，領域・法・政治システム，財政と徴税，教会と国家，都市・ブルジョワジーと国家，国家と貴族制の7つのテーマが設定され，国家形成に対する多様な視点からのアプローチがなされた。2つのプロジェクトを指揮したジュネは，一連の研究成果として，近代国家は1280〜1360年の間に西ヨーロッパ諸国で誕生し，これよりも起源を遡ることはできないとした。ジュネが近代国家成立の指標として注目したのは，税制であった。例えばフランスでは，13世紀末にイングランドに対する**ガスコーニュ戦争**[1]が起き，戦費調達のために財政改革が必要となった。また14世紀の初頭には国王課税に対する臣民の承認を得るべく，**三部会**[2]が開催された。税制の確立に伴って中央集権化は進み，国の一体性は増した。

税制に注目すると，ストレイヤーが国家発展の停滞期と捉えた1300〜1450年の時期にも，別の評価を与えることができる。英仏百年戦争が続く中で，これまで不定期でしか徴収されてこなかった税が，恒常的に徴収されるようになる。会計検査院から租税院が分離したのも百年戦争の過程においてであった。その他，この戦争中には**勅令隊**[3]も創設され，軍制改革も進んだ。こうした事実からすると，英仏百年戦争期はフランスが近代国家へと発展を遂げる一過程に位置づけることができる。

3. 「諸侯国家」の存在と近代国家生成論

英仏百年戦争期に，フランスでは諸侯領においても，財政制度の整備と官僚制の発展が見られた。諸侯主導のもと，14世紀末〜15世紀初頭にかけて，所領内に会計検査院が創設され，この機関を中心として諸侯の支配圏内に官僚組織が定着していく。この点を明らかにしたのが中世フランス国制史家のルゲであった。彼は国家的な発展を遂げる諸侯領に「**諸侯国家**」[4]（État princier）との名前をつけた。しかし，16世紀初頭に全ての諸侯領は王領に統合されてしまう。同時に「諸侯国家」の統治組織も，王国の統治組織の一部に組み込まれた。地方に官僚組織が導入されていたことで，フランス王国の国家的発展は一気に進み，また王権の地方への浸透もスムーズに進んだ。それゆえ「諸侯国家」は，後の王国の発展を促す存在であったとしばしば評価される。

近代国家生成論では，近代における国家の完成を終着点としつつ，様々な出来事が国家の成長を促す一つの要素として位置づけられていく。しかし，それはあくまで近代国家の完成から逆算した形で物事を評価しているにすぎず，いわば，時代遡及的な歴史観といえる。「諸侯国家」が成長を続けていた時，それが王国の一部になるかどうかは，わからなかったはずである。確かに歴史の流れは決まっている。ただし，それが予定調和として進んだわけではない。

歴史学的に考察するポイント

①近代国家の起源はどこにあるのか。
②近代国家形成の指標を何に求めるか。
③中世後期のフランスにおける「諸侯国家」の位置づけとは。
④時代遡及的な歴史観の問題点とは。

▷1 **ガスコーニュ戦争**
1293〜1303年にガスコーニュ地方で起きた英仏間の戦争。英仏百年戦争の前哨戦として位置づけられる。発端は両国船団の戦闘であったが，当時の英王と仏王との複雑な関係性が戦争を激化させた。

▷2 **三部会**
聖職者，貴族，都市住民に分かれた3つの部会からなる議会。主に課税に対する議論がなされた。1302年パリで開かれたのが最初の三部会である。

▷3 **勅令隊**
1445年シャルル7世の勅令に基づいて創設されたフランスの常備軍。封建軍および傭兵主体の軍隊からの転換が，勅令隊創設によって図られた。

▷4 **「諸侯国家」**
中世後期フランスに存在した諸侯領の別称。この時期，諸侯の支配領域は婚姻政策や買収によって拡大した。そこに諸侯は独自の司法体系を築き，財政組織を整備していった。ブルゴーニュ公，ブルターニュ公，ブルボン公の所領がこれにあたる。

（参考文献）
ジョセフ・ストレイヤー『近代国家の起源』（鷲見誠一訳，岩波新書，1975年）。
佐藤猛『百年戦争期フランス国制史研究——王権・諸侯国・高等法院』（北海道大学出版会，2012年）。
上田耕造『ブルボン公とフランス国王——中世後期フランスにおける諸侯と王権』（晃洋書房，2014年）。

22 スイスの起源

田中俊之

【関連項目：古代ギリシアの連邦とその受容，近代国家生成論，ハンザ，神聖ローマ帝国論，アメリカ革命】

▷1　原初三邦

スイス中央山岳地域の3つの領域ウーリ，シュヴィーツ，ウンターヴァルデン。1309年にニトヴァルデンとオプヴァルデンを合わせてウンターヴァルデンと呼ぶ。「永久同盟」ではニトヴァルデンのみ同盟に参加したとされている。

▷2　盟約者団

ドイツ語でアイトゲノッセンシャフト（Eidgenossenschaft）。スイスでは，まとまった一つの領域が他の領域と相互援助を誓約することによって同盟を結び，それが増幅・拡大していき，一つの盟約者団を形成した。

📖 史　実

　1315年，モルガルテンの戦いでハプスブルク軍を破った現在のスイス中央山岳地域の原初三邦▷1は内部で相互援助同盟を結び，対外的危機にむけて結束を固めた。原初三邦はその後，周辺の大都市などと個別に同盟を結ぶことによって同盟強化を図り，対外的事案の処理を通じて次第に盟約者団▷2としての自意識を高めていく。盟約者団は14世紀末以降，ハプスブルク家との対立激化に伴ってさらに巨大化していき，頻発するハプスブルク家との軍事衝突をことごとく制し，シュヴァーベン戦争での勝利（1499年）を経て神聖ローマ帝国から離脱した。18世紀になって，「1291年8月朔日」の日付のある永久同盟文書が発見されると，それを根拠に盟約者団の起源を遡らせ，19世紀末には1291年を建国の年と定め，毎年8月1日には建国祭が催されることとなった。

⚔ 論　点

1. 対ハプスブルク防衛同盟説　これまでスイスの歴史は，原初三邦の農民による同盟を核とした盟約者団形成の歴史として，ハプスブルク家との闘争を通じ，どのように同盟ネットワークを拡大し，現在に至る盟約者団国家としての輪郭を作り上げていったのかを解明することを主眼としてきた。ヴィルヘルム・テルをはじめとする英雄伝説や，16世紀に書かれたエギディウス・チューディの国家的歴史叙述は，ハプスブルク家による抑圧的支配への抵抗とハプスブルク家支配からの解放・独立という対ハプスブルク闘争史観を醸成し，ゲーテやシラーなどドイツ古典主義文学にも影響を与えた。こうして19世紀末のスイスの人々は，農民による国家形成とハプスブルク家打倒の歴史という魅力的かつ明快なストーリーを礼賛したのである。同時に，1291年の永久同盟文書は盟約者団の起源として揺るぎない存在感を示し，歴史家たちはこぞって，そこにスイスの原点，対ハプスブルク闘争の芽，そして対ハプスブルク防衛としての意義を見出そうとした。そして1315年のモルガルテン同盟文書をこの永久同盟文書をさらに具体化した更新文書であると見なし，両文書間の連続的発展性を強調することによって，ハプスブルク家による圧政に屈しない勇壮な農民の姿を紡ぎ出したのであった。日本では，瀬原義生，森田安一がこの見方に立って，日本における一般的スイス史像を定着させた。

2. ラント平和同盟説　永久同盟ならびにモルガルテン同盟を対ハプスブルク防衛同盟と見ることに反対する立場は，すでに20世紀前半には存在していた。両同盟文書のどこにもハプスブルク家を示す直接的文言が見

られないことは早くから指摘されていたし，各条項は13・14世紀に広く見られた地域同盟や都市同盟と同様の典型的な**ラント平和同盟**であることを示しているという。日本では，斎藤泰がこの立場をとる。またイム＝ホーフが指摘したように，永久同盟，モルガルテン同盟を西部のブルゴーニュ盟約者団，北東部のボーデン湖周辺の諸都市同盟と並ぶ第三の同盟組織と見れば，両同盟の意義を相対化して捉えることができるであろう。

3．経済的視点から 近年はラント平和同盟説のほうが優勢ではあるが，対ハプスブルク防衛同盟説もその主張を譲らない。新たな史料の発見はいうまでもなく，新たな視点に基づく史料解釈もまた俟たれるところである。そんな中，サブロニエが着目したのは，スイス中央山岳地域における地域経済の変化とその影響であった。この地域では13世紀後半以降，いくつかの修道院による大農場経営の組織化が進んで商品流通が活発になり，それがコモやミラノなどアルプス以南の北イタリア諸都市やルツェルンやチューリヒなどアルプス以北の諸都市からの需要を促し，結果として地域間の経済交流が進んで市場が拡大し，このことがこの地域を勢力下に置きたい複数の政治勢力の関心を呼び起こしたというのである。つまり，その政治勢力はハプスブルク家とは限らない。サブロニエの見解は，これまでの政治史一辺倒の姿勢を是正するとともに，経済的視点から両同盟とハプスブルク家との関係に再考を促すものとして，極めて画期的だというべきであろう。しかしその主張が史料的に直接的ではない点が一部の歴史家たちの反発を招くことになった。例えばフィスターは，サブロニエのその他の主張，例えば「1291年8月朔日」とされる永久同盟文書の作成時期や，永久同盟を結んだウーリ，シュヴィーツと3つめの邦に関する主張を含め，サブロニエの主張は荒唐無稽で学問的に価値がなく，言語道断だと切り捨てる。若い世代の歴史家たちは，サブロニエに倣って13世紀後半以降の地域経済の活性化に言及しながらも，両同盟とハプスブルク家との関係に立ち入ることには消極的である。しかしサブロニエが投じた一石は，修道院と農民との関係にとどまらず，都市，在地貴族，国王それぞれの動向へのアプローチにも新たな可能性を拡げるものであろう。スイスの起源をめぐる議論はこうして，波瀾ぶくみながらも次のステージへと進みつつある。

▷3 **ラント平和同盟**
13〜15世紀の神聖ローマ帝国では，都市，農村，諸侯らがラント（領域）内でのフェーデ（暴力犯罪，自力救済）の抑止を目的として，しばしば同盟を結んだ。中世における下からの紛争解決・平和構築システムの形成と位置づけられる。II-25 側注2も参照。

歴史学的に考察するポイント
①なぜ対ハプスブルク防衛同盟説は19世紀末の人々に受け入れられたのか。
②13・14世紀にラント平和同盟が結ばれた背景とは何か。
③スイス中央山岳地域を勢力下に置きたい政治勢力とはどこか。
④スイスの起源をめぐる議論にどのような可能性を見出せるか。

参考文献
斎藤泰「原スイスの永久同盟文書——1291年同盟文書と1315年更新文書」『西洋史研究 新輯』12号，1983年。
U・イム・ホーフ『スイスの歴史』（森田安一監訳，刀水書房，1997年）。
森田安一『物語スイスの歴史』（中公新書，2000年）。

23 タタールのくびき

宮野　裕

【関連項目：アレクサンドロス大王と「ヘレニズム論争」，ヴァイキングのエスニシティ，ノルマン征服，東欧の辺境化・後進性，農奴解放】

*　ルーシ
Ⅱ-6 側注2参照。

▷1　ウルス
明確な地理的国境を持つ領域国家ではなく，人間集団を中心として構造化される「くに」。土地所有観念の比較的薄い，主にユーラシアの遊牧民の世界で使われる概念である。

▷2　カン
ユーラシアの遊牧民の首長を指す言葉。従って，モンゴル・タタールに限らず使用例が散見される。時代と場所によりカガン（可汗），ハンともいう。

▷3　「大オルダ」
ジョチ・ウルスの崩壊過程において，1433年に黒海沿岸のステップで成立した遊牧国家。内憂で衰え，さらに15世紀半ばにはクリミア・カン国の攻撃を受けてヴォルガ沿岸に移動した。アフマト・カンの時代（1459〜81年）にポーランドやオスマン帝国と友好関係を結ぶもロシアに自立を許し，1502年に崩壊。

📖　史　実

　タタール人（ロシアやヨーロッパでモンゴル人はしばしばタタール人と呼ばれた）が13世紀前半のユーラシアに大帝国を樹立する際，ヨーロッパ方面に大遠征が行われた。当時のルーシ*諸公国（ロシアなどの祖にあたる国々）はこれに打ち破られ，帝国の，その北東部を支配したジョチ・ウルス▷1（いわゆるキプチャク・カン国）▷2の支配下に入り，カンに税を納め，時に遠征への同行を命じられた。こうしてタタールのくびきにつながれたルーシ諸公国は，13世紀半ば頃からウルスの間接支配下に移った。すなわちカンが承認した大公が代理人として，ルーシ諸公国からの徴税を担ったのだが，その際にはカン配下の役人と軍が度々同行した。こうした軍を利用し，あるいはカンから直接軍を引き出してライバル諸公の弱体化に成功したのが北東ルーシのアレクサンドル・ネフスキー公や南西ルーシのレフ・ダニロヴィチ公であった。この手法は特に前者の子孫であるモスクワ諸公に引き継がれ，イヴァン1世はタタールの力を借りてライバル諸公を蹴散らした。力をつけたモスクワ公国はドミトリー・ドンスコイ公の治世において，ルーシ諸公国の中心に成長し，1380年にはクリコヴォ平原で宗主国であるウルスの将軍ママイを破るに至る。しかしその後もモスクワ公国は懲罰遠征などを受け，タタールに服し続けた。そしてクリコヴォの戦いから100年後の1480年，侵攻してきたタタール軍（諸カン国の一つにあたる「大オルダ」▷3の軍）をモスクワ大公イヴァン3世がウグラ川で退けた。一般にタタールのくびきに終止符を打ったと理解される出来事である。

　論　点

1. タタールによる被害の実態をめぐる議論

　タタールはその侵攻時，あるいはその後の遠征や蹂躙でルーシ諸公国やその後継国にどの程度の被害をもたらしたのか。ルーシが総じて多くの被害を被ったことについて，異論はほぼない。ただし，同時代の文献史料には具体的な記述が少なく，それゆえ研究者の叙述も曖昧なことが多かった。例えば，同時代のヨーロッパと並ぶ発展を遂げていたルーシの手工業や諸都市が壊滅的打撃を受けたとか，農村も荒廃した，といったものである。しかし1960年代以降，居住地の廃墟から被害の程度が検討されるようになり，具体的な地域や数字が提示されている。セドフは，スモレンスクやウグリチ地方で11〜13世紀の居住地がその後大きく減じたと指摘する。C・ゲールケは，北東ルーシでは33〜50％の都市が，南西ルーシでは50〜66％の都市が13世紀に壊滅したと論じる。今後は数字の精緻化，地域ごとの算出，産業の衰

退規模のような別の基準での問題解明も期待される。

2. ロシア史に及ぼした影響に関する議論　長期的にくびきはロシアの歴史にどのような影響を及ぼしたのか。第一に、くびきはロシアに壊滅的打撃を与え、その歴史発展を遅らせたとする見方がある。第二に、被害を認めつつも、ロシア史には大きな影響をもたらさなかったとする立場がある。これはロシアの国家発展を自立的なものと見なし、かつ外的影響を最小限に見積もる研究者（かつての国家学派）がとったものである。第三に、ユーラシア学派[4]のように、くびきはロシアにほとんど被害を与えず、分裂しつつあったルーシ諸公国をむしろ復活させ、ロシアを生み出したと肯定的に評価する立場がある。しかし近年は以上のような大雑把な議論ではなく、具体的な影響をとりわけ政治や社会の制度等に見ていく研究が出ている。例えば我が国では栗生沢猛夫が、モンゴルの保証制度を題材に、ロシアの制度的側面へのくびきの影響を考察している。

3. タタールのくびきはいつまで続いたのか　一般に、ロシアは1480年の「ウグラ川の対峙」とこれに続くタタールの撤退の結果、くびきから抜け出したとされてきた。ところが、「対峙」は多くの年代記で詳述されるものの、この事件をきっかけにくびきが外れたと直接言明する同時代史料はない。ロシアとくびきとの関係に言及する同時代人は、ポーランドのドゥウゴシュだけである。彼は「対峙」の前に死去したにもかかわらず、すでにその年代記においてロシアがタタールのくびきから離脱したと記している。したがって、1480年にくびきが外れたとする見方は、同時代に生じたものではなかったのである。1480年説を最初に唱えたのは19世紀のカラムジンであった。彼は根拠を明示せずに「対峙」事件を「我々の隷属の終わり」と見なし、これが20世紀に入ってから定説になったのである。

これに対し、1502年まで「大オルダ」が続いたこと、この年にクリミア・カン国のモスクワへの行軍があり、以後モスクワがクリミアに貢納を続けたことに基づき、くびきは16世紀にも続いたとする見方がある。逆に、時期を前倒しし、1472年の戦いをもってロシアはカン国に納めてきた「モンゴル税」の支払いを停止し独立国家意識の萌芽を見た、とする意見もある。なお、南西ルーシ（現ウクライナやベラルーシ）でのくびきの状況とその終焉の問題については、研究がまだ乏しい。

> **4 ユーラシア学派**
> ロシアでは古くから、ロシアがヨーロッパであるかどうかについての議論が展開されてきたが、ロシアはタタールのくびきの下で生まれたユーラシア国家であると考えるのがユーラシア学派である。この学派は総じてくびきについて、分裂していたルーシ諸公国がロシアに生まれ変わる触媒になったとしてこれを肯定的に捉えている。ただしその理論はやや大雑把であり、また抽象的でもある。

歴史学的に考察するポイント

①タタールの侵攻はどれほどの被害をもたらしたのか。
②ロシアの歴史はタタールのくびきによってどう変わったのか。
③くびきの排除（あるいはくびきそのもの）は何を指標とすべきなのか。

（参考文献）
栗生沢猛夫『タタールのくびき──ロシア史におけるモンゴル支配の研究』（東京大学出版会、2007年）。
濱本真美『共生のイスラーム──ロシアの正教徒とムスリム』（山川出版社、2011年）。
杉山正明『モンゴル帝国と長いその後』（講談社学術文庫、2016年）。

24 ハンザ

小野寺利行

【関連項目：古代ギリシアの連邦とその受容，中世都市成立論，スイスの起源，オランダの黄金時代，重商主義論と特権商事会社】

📖 史　実

　12世紀，北ドイツの商人たちは北海・バルト海地方各地を訪れて取引を営むようになる。旅先では安全で円滑な取引を確保するため現地の権力者から特権を獲得する必要があった。そのため，商人たちは各地で団体を結成した。このような商人の団体としてハンザは生まれた。

　13世紀から14世紀にかけてハンザは次第に変化する。ハンザ商人たちが市民となっている都市同士が結びつき，都市の団体としてのハンザが成立した。この新しい団体が安全で円滑な取引を確保する役割を担い，都市の代表の集まる**ハンザ総会**▷1で都市間の利害調整と合意形成が行われた。商人の団体も在外交易拠点の**商館**▷2として都市の団体に管理されるようになった。

　中世末から近世にかけてハンザはさらに変質していく。ハンザ都市の数が減少し，商館も閉鎖が相次いだ。取引面では発展したハンザ都市もあったが，組織としてのハンザは衰退する。そして1669年のハンザ総会に参加したのは九都市の代表だけだった。その後もハンザはリューベック・ハンブルク・ブレーメンの同盟として存続したが，1669年をハンザの終わりの年とするのが一般的である。

論　点

1. 都市の団体としてのハンザ　ハンザは一般的に「ハンザ同盟」と呼ばれ，都市同盟の一つに数えられることが多い。これは，19世紀から20世紀前半頃までのハンザ観を反映したもので，ザルトリウスやデーネルをはじめとする当時の研究者たちはハンザの本質を都市の団体に求めていた。

　この視点に立つと，ハンザは，都市の連合体がハンザ総会での決議などを通じて個々の都市や商人を保護または統制する強固な組織ということになる。さらに，ハンザが北海・バルト海地方の君主や諸侯に対して外交的にも軍事的にも拮抗する，時にはそれらを凌ぐ力を有することもあったことから，ハンザは政治的な組織であると理解されてもいた。

　従って，都市の団体としてのハンザという見方に依拠すると，ハンザの最盛期は，ハンザが周辺諸国を圧倒し，北海・バルト海地方における一大勢力となっていた時期となる。それは，デンマークやイングランドとの戦争に勝利し，自らの商業上の利益や権利を確保していた14世紀後半から15世紀後半にかけての時期に相当する。

2. 商人の団体から都市の団体への転換　20世紀半ば以降，新しいハンザ像が提示されるようになった。それは，商人の団体としてのハンザが都市の

団体へと次第に転換していったという見方である（**商人ハンザと都市ハンザ**）。こ[▷3]のような見解は，A・ブラントなどによって先鞭がつけられたが，ドランジェの通史によって広く知られるようになった。

　この見方によれば，都市の団体はハンザの本質ではなくなった。反対に，都市の団体に先行する商人の団体の意義が評価された。安全で円滑な取引の確保というハンザの役割も，商人の団体から都市の団体が引き継いだものとされた。また，ハンザは都市同盟とは異なる存在であることも強調された。ハンザは強固な組織をもたず，ハンザ都市全体に適用される条約のようなものもなく，ハンザ都市の数もはっきりしない緩やかな組織だったからである。さらに，そもそもハンザは商業的な団体であり，政治的・軍事的な都市同盟とは本質的に異なっていたと説明される。

　ハンザの最盛期の評価も変化した。14世紀後半から15世紀後半にかけて都市の団体が行っていたことは，それまでに商人の団体が各地で獲得していた特権を確保することであった。つまり既得権の維持を図る守勢の時代だったことになる。

3. 商人と都市の団体としてのハンザ　20世紀末以降，ヘンやハメル＝キーゾウなどによって，ハンザ像はさらに変化する。それはハンザについての従来の見解をより推し進めたものである。つまり，ハンザが商業的な団体で緩やかな組織である点がより強調されている。近年ではハンザを商人と都市の団体として捉えるようになっている。

　安全で円滑な取引を確保することは，商業的な団体であるハンザの最大の目的である。その目的の達成には，従来考えられていたような商人の団体や都市の団体といった組織だけでなく，個々のハンザ商人のつながりという人的ネットワークも大きな役割を果たしていたと考えられるようになった。

　また，中世末から近世にかけてのハンザの衰退も相対化されている。ハンザ都市の減少や商館の閉鎖といった組織としてのハンザの衰退を示す現象は単純な衰退としてではなく，政治・経済・社会の変化に対応してハンザが変化した結果と見なされる。取引の発展もヨーロッパの経済構造の変化に対応したものと考えられるようになった。つまり，中世末から近世にかけては，ハンザにとって衰退というよりも変化の時代だったといえるだろう。

歴史学的に考察するポイント

①ハンザの成立や繁栄，衰退はいつなのか，それはどんな理由・視点によるものなのか。
②ハンザはどうやって安全で円滑な取引を確保していたのか。
③ハンザ商人同士はどのようにして人的ネットワークをつくっていたのか。
④個々のハンザ商人やハンザ都市の活動をハンザ全体の中にどうやって位置づけることができるか。

▷3　**商人ハンザと都市ハンザ**
この時期から，このような商人の団体としてのハンザを「商人ハンザ」と，都市の団体としてのハンザを「都市ハンザ」と呼ぶようになった。

参考文献
高橋理『ハンザ「同盟」の歴史——中世ヨーロッパの都市と商業』（創元社，2013年）。
斯波照雄・玉木俊明編『北海・バルト海の商業世界』（悠書館，2015年）。
フィリップ・ドランジェ『ハンザ　12-17世紀』（高橋理監訳，奥村優子・小澤実・小野寺利行・柏倉知秀・高橋陽子・谷澤毅訳，みすず書房，2016年）。

25 14世紀の危機

加藤　玄

【関連項目：五賢帝時代と「３世紀の危機」，中世農業革命，「封建制」をめぐる論争，近代国家生成論，ジャンヌ・ダルク，17世紀の危機，アイルランド大飢饉】

📖 史　実

　1315〜22年に北西ヨーロッパの大部分を襲った飢饉は，経済における後退と停滞の時代の幕開けとなった。こうした後退と停滞は，1320〜40年代の税負担の増加，貨幣の改悪によっていっそう悪化し長期化した。飢饉による人口減少と経済の不安定化に加え，1348年からの黒死病など相次ぐ疫病はさらなる窮乏を生み，都市や農村での民衆暴動や百年戦争の長期化に伴う社会の混乱も追い打ちをかけた。この時期にも経済の改善の兆候は見られたものの，一般的には短期で局所的であり，ヨーロッパにおける実質的な経済の回復は，15世紀の後半に至ってようやく認められた。この状況を歴史家たちは「14世紀の危機」と呼び慣わしてきた。

⚔️ 論　点

１．社会経済的「危機」

　多くの歴史家は，1300年頃，もしくは1315〜22年の大飢饉の時期に，交易，人口，生産と物価の重大な変化を見る。他方，1348〜50年の黒死病を決定的な転換点と見なす歴史家もいる。

　アーベルやポスタンら20世紀半ばの歴史家たちは，**マルサス主義**[△1]の影響の下，中世ヨーロッパの社会経済を人口と環境の諸変化に応じて拡大・収縮する大きな周期の一部として描いた。この見方によれば，12〜13世紀に拡大を続けた人口が，1300年頃に限界に達し，14世紀後半に減少に転じて，経済の収縮をもたらしたのである。他方，ヒルトンやボワのような**マルクス主義**[*]の歴史家は，「危機」を封建社会の内部矛盾として説明した。領主は奢侈品に富を蕩尽し，ほとんど投資を行わないばかりか，重い地代を課して農民を過剰に搾取し，農民による農業技術の改良も妨げられた。しかし，14世紀になると，地代徴収への農民の抵抗と農業利益の減少が領主の窮乏を招き，封建制は危機を迎えた（「封建制の危機」説）。

　ペロワ，モラ，ヴォルフらフランス人歴史家によれば，14世紀の「危機」は，反乱，**フェーデ**[△2]，戦争といった混乱の雰囲気を醸成し，1320年代，1350年代，1380年代頃には都市や農村で窮乏した民衆による暴動やユダヤ人迫害が起きた。フランスやイギリスでは，地代収入が減少した領主は君主に戦争の遂行を促し，給金，官職，年金への依存を強めた。君主権力が比較的弱体な東中欧やスペインでは，領主は農民層の解放の動きを抑え，「**再版農奴制**」[△3]を課すことに成功した。

　商業的成長を重視するマンローやブリットネルは，14世紀半ばの疫病は，14世紀最初の数十年に始まった景気後退の傾向を長期にわたって持続させ，強化したと主張する。14世紀初頭にはすでに交易量が減少し，新設された都市や市場が衰退し始めていた。14世紀前半には，人口減少からくる労働力不足，戦争による交

▷１　マルサス主義

トマス・ロバート・マルサスの『人口の原理』（1798年）に由来する社会経済思想。食料供給が一定量（算術的に）しか増加しないのに対し，人口は抑制されなければ一定の割合で（指数関数的に）増加するとの前提に立ち，人口の増加が食料供給の増加を上回ると，飢餓や貧困などが発生し，人口の抑制・減少といった調整が行われると主張した。Ⅳ-13 側注１も参照。

＊　マルクス主義

Ⅴ-24 側注２参照。

▷２　フェーデ

中近世社会において，家族や一族のような社会集団間に発生した長期にわたる抗争。ある集団の構成員が別の集団の構成員によって，攻撃・侮辱されたり，そのような扱いを受けたと感じたりした場合，集団同士が暴力を伴う敵対関係に入る。当事者が殺害されても，その復讐の連鎖が数世代にわたって続くこともしばしばであった。

▷３　再版農奴制

16世紀以降，西ヨーロッパで穀物需要が増加したことを背景に，領主が自由農民を農奴化し，その賦役労働によって輸出用穀物の生産を直接行う経営形態。エルベ川以東のプロイセンで典型的に発達し，中世の農奴制を強化したという意味で，「再版」の語が付せられた。

易路の寸断，重税による商業的利益の侵蝕が起きていたのである。

2．政治的軍事的「危機」　コンタミーヌによれば，戦争によって中世末期のラテン・キリスト教世界は不安に駆られ，深刻な政治的対立により分断され，経済的に弱体化し，人口は激減した。戦争とそれに伴う窮乏は，フランスにおける「14世紀の危機」の描写の不可欠の要素であった。

13世紀末までに，君主はより大規模な軍隊を招集し，長期間維持することが可能になったため，14世紀以降の戦争は大規模化・長期化した。貴族にとって戦争は身代金と掠奪による利益獲得の機会であったが，軍事行動は建造物の破壊，農作物への損害，交易の阻害を派生させた。封建義務ではなく給金で雇用された傭兵は平時にも武装し掠奪を行ったため，秩序は悪化し，フェーデが増加した。

グネによれば，君主らは戦争の遂行に強い関心を寄せる一方で，官僚制や法制度を蔑ろにし，奢侈品購入など非生産的用途に支出を向けた。王国支配者層は，親族間の対立という火種を抱えつつ，勝利による束の間の結束と敗北による分裂との間で，不安定に揺れ動いていた。

3．批判とその他の視点　上記のような説明には多くの異論もある。例えば，経済の収縮につながったとされる人口の減少は，人口と資源の間に均衡をもたらし，商品の新たな市場を創出したとも評価される。地代収入が減少しても領主は水車や竈，市場税，裁判権など様々な収入源を維持していたとして，領主の窮乏を疑問視する歴史家もいる。また，「民衆の窮乏化」と暴動との因果関係は必ずしも明確ではない。社会経済的な意味での「危機」という概念自体も批判にさらされた。すでに1949年にペロワは，「危機」という言葉は，経済的な後退だけでなく転換点をも示しうるため，曖昧であると指摘していた。現在のイタリアの歴史家は「危機」よりも，「転換」や「変質」という言葉を好んで使用する。

戦争に関しては，百年戦争でさえも長期間の休戦を含んでおり，イングランド，スペインはいうまでもなく，フランスの大部分も無傷であった。一般化されがちな野武士団の掠奪やフェーデや小競り合いは，程度の差はあれ，局所的な現象であった。農民に与えた経済的な損害という点からは，野武士団による掠奪も，伝統的な領主の搾取や新設された国王課税も，何ら変わりないといえる。また，14世紀の戦争は，中央集権的な裁判や行政という統治上の発展の所産でもある。そのため近年では，中世末期を「近代国家」の誕生の時期として捉える視点につながるという指摘もなされている。

┌─ **歴史学的に考察するポイント** ─
①マルサス主義やマルクス主義に基づく問題意識と解釈は今でも妥当か。
②当時の史料状況から「危機」の性質を測ることができるだろうか。
③他の時代，他の地域と比べてどの程度「危機」的だったのか。
④「14世紀の危機」の例外はあるだろうか。

参考文献

Ph・ヴォルフ『近代ヨーロッパ経済のあけぼの——中世の秋から近代の春へ』（山瀬善一・尾崎正明監訳，晃洋書房，1993年）。
M・モラ，Ph・ヴォルフ『ヨーロッパ中世末期の民衆運動——青い爪，ジャック，そしてチオンピ』（瀬原義生訳，ミネルヴァ書房，1996年）。
近江吉明『黒死病の時代のジャクリー』（未来社，2001年）。

26 ジャンヌ・ダルク

加藤　玄

【関連項目：迫害社会の形成，近代国家生成論，14世紀の危機，ブルゴーニュ公の宮廷文化，魔女迫害】

📖 史　実

　1337年に仏王フィリップ6世は，英王エドワード3世が仏王国内に**封土**※として保持していたギュイエンヌ公領を没収した。エドワードは仏王位を主張して反撃し，1世紀以上に及ぶ断続的な百年戦争が始まった。15世紀に入ると，1415年のアザンクールの戦いでの勝利によって，戦況は英側に有利に展開した。仏王シャルル6世が精神疾患で統治能力を失う中，ブルゴーニュ公フィリップと同盟した英王ヘンリ5世は，1420年の**トロワ条約**▷1でシャルル6世の後継者となった。廃嫡された王太子シャルル（後のシャルル7世）はロワール川以南の地域を支配した。1429年，農民の娘ジャンヌ・ダルクの助けで，包囲されていた王太子派の拠点都市オルレアンが解放され，ランス大聖堂でのシャルルの成聖式が実現した。しかし，その後ジャンヌは捕縛されて英側に引き渡され，1431年にルーアンで裁判にかけられ，異端者として断罪された後，処刑された（異端裁判）。1435年のアラス条約でブルゴーニュ公と和解したシャルル7世は，1453年に英軍の大部分をフランスから駆逐した。1456年にはジャンヌに対する裁判の有効性が改めて審理され，異端判決は無効とされた（無効裁判）。

⚔️ 論　点

1. 2つの裁判の歴史的文脈

　「異端裁判（処刑裁判）」と「無効裁判（復権裁判）」の記録が残されたため，農民出身の女性としては例外的に，ジャンヌ・ダルクの生涯はよく知られている。異端裁判は教会による裁判であり，ボーヴェ司教が裁判長を務めたが，英王ヘンリ6世の管理下のルーアン城内で開催された。このため，すでに18世紀から異端裁判は政治的で不当との批判にさらされた。裁判官たちは，ジャンヌが神の使いではなく悪魔に唆された異端者であると示すことで，彼女の助けで成聖式を実現したシャルル7世の王位の正統性を否定しようとした。また，カトリックを擁護する歴史家は教会を免責し，イングランド人と「手先」であるボーヴェ司教とにジャンヌ断罪の全責任を帰した。例えば，無効裁判の証言を抜粋・編集したペルヌーは，異端裁判の政治性を批判し，無効裁判の証言内容の信憑性をほぼ無条件で受け入れた。

　しかし，英軍を駆逐したシャルル7世が渋る教会を説得して開始させた無効裁判も，異端裁判で毀損されたシャルル自身の名誉回復を目的としていた。審理では，すでに1442年に死去していたボーヴェ司教がスケープゴートとして断罪された。無効裁判もまた，異端裁判同様，当時の政治状況を色濃く反映していたのである。

＊ 封　土

Ⅱ-9 側注2参照。

▷1　トロワ条約

暗殺されたジャンの後を継いだ新ブルゴーニュ公フィリップは英王ヘンリ5世に接近し，1420年5月に両者の主導でトロワ条約が締結された。これにより，ヘンリ5世はシャルル6世の娘カトリーヌと結婚し，仏摂政となり，シャルルの死後は，後継者として仏王位を継承することが定められ，王太子シャルルは廃嫡された。この条約で2つの王冠を同一の王が代々受け継ぐことになるため，英側にとっては「最終的和平」であった（英仏二重王国）。しかしながら，条約で想定されていた順序とは逆に，まず1422年8月にヘンリ5世が死去し，ヘンリ6世が幼少で即位した。次いで同年10月にシャルル6世が死去した。前述の規定に従えば，ヘンリ6世が仏王位を継承することになるが，王太子シャルルもシャルル7世として仏王への即位を宣言した。

2．実像からイメージへ

20世紀後半におけるジャンヌは，ペルヌーの影響で「殉教者」として描かれた。しかし，2つの裁判の主たる関心が彼女の人となりではなく，異端か否かの判定にあったため，裁判記録からジャンヌの実像を探る試みは困難である。

近年，ボーヌは裁判記録以外の関連史料も博捜し，ジャンヌに対して「同時代人たちが抱いた複数かつ多義的イメージ」という新しい視角を提示した。例えば，ボーヌは予言／預言，魔術，民間信仰などを検討し，ジャンヌの様々なイメージが形成される当時の「心性」を描いた。また，ボーヌは中世社会に厳然と存在した年齢，身分や性別など様々な壁を乗り越えたジャンヌの越境性を強調した。女性が10代で結婚するのが珍しくない時代に大人と子供の間の存在「乙女（＝未婚）」であり続け，男装し，平民でありながら戦場で貴族を従えたのである。女預言者として登場し，魔女や異端者として謗られ，後に聖女として崇められたジャンヌのあり方は，特にアメリカで盛んなジェンダー史の研究者からも注目されている。

なお，フィクションの題材として好まれるが，学術的には疑わしいジャンヌの「生存説」や「庶子説」の検討については，高山一彦の著書に詳しい。

3．ナショナリズムを越えたジャンヌ・ダルク像へ

無効裁判から数世紀後，ジャンヌはナポレオンによって忘却の淵から救い出された。ヴィノックが詳らかにしたように，ジャンヌは，ミシュレのような19世紀の共和主義者にとっては「民衆の代表」，カトリック教会においては「聖女」（1920年5月6日に列聖），排外主義を掲げる政党である今日の国民連合（旧・国民戦線）を支持する民族主義者にとっては「愛国の乙女」であった。

しかし，フランスの国家形成や国民の記憶にジャンヌ・ダルクを位置づけるという視点が帯びるナショナリズム的性格からの脱却も模索されてきた。百年戦争は英仏間でのみ戦われたわけではなく，フランスの有力諸侯ブルゴーニュ公の動向が戦況を左右した。フランスの分裂は，ジャンヌを取り巻く環境にも影響を与えた。例えば，ジャンヌの出身地ドンレミ村はブルゴーニュ派とアルマニャック（王太子）派の支配領域の狭間にあった。彼女を捕らえたのはブルゴーニュ軍，処刑裁判を主導したボーヴェ司教やパリ大学もブルゴーニュ派であった。

また，ドイツ人研究者クルマイヒが指摘するように，ジャンヌのイメージ形成には，優れて国家的（ナショナル）な性格と，より普遍的な国境横断的（トランスナショナル）な性格とがあり，その相互作用の検討が新たな展望を拓くであろう。そのためには非フランス人研究者の視点も不可欠である。

歴史学的に考察するポイント

①2つの裁判史料では，ジャンヌの描かれ方はどのように異なっているか。
②ブルゴーニュ派のパリ住民の『日記』でジャンヌはどのように描かれたか。
③日本におけるジャンヌ像の受容の歴史はどのようなものか。

▷2　ブルゴーニュ派とアルマニャック派

1407年にシャルル6世の弟オルレアン公ルイが，従兄弟のブルゴーニュ公ジャンの命令により暗殺され，内乱が起こった。「ブルゴーニュ派」とはブルゴーニュ公に与する党派の呼び名である。他方，暗殺されたオルレアン公の長男シャルルが1409年にアルマニャック伯ベルナールの娘ボンヌと結婚すると，伯ベルナールはブルゴーニュ派と対立する派閥（旧「オルレアン派」）の長となったため，「アルマニャック派」の呼称が生じた。シャルルがアザンクールの戦いで捕虜になったため，1418年にベルナールがブルゴーニュ派によってパリで暗殺された後もこの名称が残った。1419年にモントロー橋の上で王太子シャルル（後のシャルル7世）の側近がジャンを暗殺すると，アルマニャック派は実質的には王太子派と融合したが，「アルマニャック派」は呼称として残り続けた。

参考文献

高山一彦編訳『ジャンヌ・ダルク処刑裁判』（白水社，2002年）。

ミシェル・ヴィノック「ジャンヌ・ダルク」（渡辺和行訳）ピエール・ノラ編『記憶の場——フランス国民意識の文化＝社会史』（第3巻）（谷川稔監訳，岩波書店，2003年）。

高山一彦『ジャンヌ・ダルク——歴史を生き続ける「聖女」』（岩波新書，2005年）。

コレット・ボーヌ『幻想のジャンヌ・ダルク——中世の想像力と社会』（阿河雄二郎ほか訳，昭和堂，2014年）。

27 ブルゴーニュ公の宮廷文化

青谷秀紀

【関連項目：儀礼とコミュニケーション，近代国家生成論，ジャンヌ・ダルク，イタリア・ルネサンス，複合国家／複合君主政／礫岩国家】

📖 史　実

フランス・ヴァロワ王家出身のブルゴーニュ公フィリップ・ル・アルディ（豪胆公）は，1369年にフランドル伯の娘マルグリットと結婚し，84年以降は同伯領の統治にもあたった。以後，4代にわたってブルゴーニュ公家は，ブラバント公領やホラント伯領などネーデルラント諸邦を次々に獲得し，独仏間に一大支配領域を形成する。いわゆるブルゴーニュ公国である。公のもとでは，公国各地の貴族からなる**金羊毛騎士団**が結成され（1430年），十字軍遠征への誓約をなす「雉の宴（1454年）」に代表される桁外れに大規模な祝宴が開催されるなど，豪奢で華やかな宮廷文化が成立した。また，宮廷のパトロネージのもと，**俗語**[*]の文学・歴史作品や写実主義的な絵画，ポリフォニー音楽などの芸術も大いに栄えた。

🛡 論　点

1．文化史的解釈

オランダの文化史家ホイジンガは，1919年に刊行した『中世の秋』で，こうしたブルゴーニュ宮廷で繰り広げられる祝祭や儀式を，名誉と名声を追い求める人々が過ぎ去りし日の騎士道的な夢と理想を追い求めて熱中する空疎な遊びと捉えた。そして，公や宮廷貴族のパトロネージのもと発展した芸術は，象徴主義的な思考を特徴とする中世精神が衰退し，目に見えるものすべてを形式的に描き尽くそうとするこの時代の風潮を体現するものであると指摘した。そこでは，冗舌なジョルジュ・シャトラン[▷2]の歴史叙述も，驚異的な細密描写に基づくヤン・ファン・エイクの宗教画も，細大漏らさず現実を写し取ろうとする，そうした風潮の発露と解釈される。このような見方は，当時主流であった，中世とルネサンスを峻別し14世紀からの古典の復興と個人主義の成立を唱える**ブルクハルト**[*]的ルネサンス観，ブルゴーニュ公国を近代ベルギー国家の雛形と見なす**ピレンヌ**[*]のナショナリスティックな歴史像，写実的なフランドル絵画に革新的な近代性を見出す美術史家たちの北方ルネサンス論に反するものであった。ホイジンガは，ブルゴーニュ宮廷を衰えゆく中世文化が最後の輝きを放つ舞台とすることで，中世後期を行き過ぎた近代の起源探しの場とすることに異を唱える。そうして，新たな文化が胎動する土壌で，死にゆく文化がそれと有機的な関係を取り結びながら共存していたことを提示しようとしたのである。

2．政治文化史研究からの反論

刊行当初，実証主義的な歴史学の世界ではさほど評価されることがなかったものの，文化の諸相を通じて人々の思考と生活の諸形式を浮かび上がらせようとする『中世の秋』は，1970年代以降，**アナール派**[*]などによって心性史研究の古典と位置づけられるようになる。そうした

▷1　金羊毛騎士団
十字軍に関連して組織された騎士修道会（聖ヨハネ騎士修道会，テンプル騎士修道会，ドイツ騎士修道会など）をモデルとして，14世紀以降，西欧各地の王侯貴族により結成された騎士団の一つ。騎士団には，他にイングランド王家のガーター騎士団やフランス王家の聖ミカエル騎士団などがある。

＊　俗　語
Ⅱ-19 側注1参照。

▷2　ジョルジュ・シャトラン
1414年頃～1475年。フランドル出身で，第3代フィリップ・ル・ボン（善良公）と第4代シャルル・ル・テメレール（突進公）に仕えた歴史家・詩人。ブルゴーニュ公の活動や宮廷生活を間近で観察し，記録したフランス語による大部の『年代記』が代表作。

＊　ブルクハルト
Ⅰ-7 側注7参照。

＊　ピレンヌ
Ⅰ-30 側注2参照。

＊　アナール派
Ⅱ-18 側注1参照。

評価の一方，1980年代以降のブルゴーニュ公国史研究の分野では，ホイジンガが提唱した，過去の騎士道的理想にとらわれ，形式的で内実を欠くブルゴーニュ宮廷文化という像は批判にさらされている。例えば，儀礼を通じた象徴的コミュニケーションによる政治社会関係の形成・再編に注目する**ブルゴーニュ劇場国家論**によれば，宮廷で，そして宮廷人参加のもと都市で繰り広げられる祝祭は，ときに演劇的装置を駆使して公国の政治社会秩序が表現され，これについての合意形成が図られる場であった。また，芸術はパトロネージを通じて，そしてその視覚的表現や言語的表現を通じて社会的威信を浸透させる手段であった。『中世の秋』とは異なり，これらの議論では，儀礼やパトロネージにおける都市や都市エリートの主体的な役割が大きく取り上げられていることも強調しておこう。こうした儀礼研究は，公国の中央集権的な行財政機構の整備に関する考察ともあわせて，ルネサンス的，近世的な政治文化や国家形成が発展した時期として公国後期を位置づける傾向にある。ただし，その中央集権的な国家像に対しても，近年，ステインが複合君主政的な公国の実態を指摘しており，今後は，かかる背景に照らしたうえで改めて宮廷文化の意味を問い直していく必要があるだろう。

3．美術史的反論　本格的な美術史的研究の文脈で『中世の秋』が正面から論じられることは意外に少ないが，批評家のトドロフは，ヤン・ファン・エイクが描くアルノルフィニ夫妻の姿に中世の穏やかな黄昏を見るホイジンガの視点を否定しつつ，15世紀フランドルの肖像画におけるルネサンス的な個の発見を主張している。それと同時に，個よりもイデア全般を重視する**新プラトン主義**的な15世紀イタリアの思想的傾向を指摘し，イタリア中心的なルネサンス観を批判している点も重要である。また，美術史家のベロゼルスカヤは，イタリア・ルネサンスの先進性とブルゴーニュ文化の後進性を結局は承認してしまうホイジンガのスタンスを指摘した上で，実際には，ブルゴーニュの芸術が，表現やパトロネージのあり方に関してイタリアを含むヨーロッパ各地で広範な影響を及ぼし，ルネサンス文化の発展に大きく貢献したとの見方を提示している。同じく美術史家であるリッダーボスも，ホイジンガが初期ネーデルラント絵画の内容ではなく形式の分析に重きを置きすぎていると批判する。巨匠たちの代表的作品の意味と機能を都市の社会的，宗教的，そして政治的コンテクストから浮かび上がらせる彼の研究は，上記の政治文化史的反論と共鳴する内容をもつといえよう。

▷3　ブルゴーニュ劇場国家論

人類学者ギアツが，バリ島の政治文化の考察に基づいて提唱した劇場国家論を下敷とする議論。公国史研究の泰斗プレヴニールとブロックマンスの著書『ブルゴーニュ期ネーデルラント *The Burgundian Netherlands*』（1986年）を嚆矢とする。本来のバリ劇場国家論では，実態としての権力を表現・演出するために壮麗な儀礼が存在するのではなく，演劇的装置である儀礼こそが政治空間を生み出し，その儀礼を取り仕切る者が支配者たりうるとされる。

*　新プラトン主義
Ⅱ-28 側注2参照。

参考文献

ツヴェタン・トドロフ『個の礼讃——ルネサンス期フランドルの肖像画』（岡田温司・大塚直子訳，白水社，2002年）。

マルク・ボーネ『中世末期ネーデルラントの都市社会——近代市民性の史的探究』（ブルゴーニュ公国史研究会訳，八朔社，2013年）。

特集「ブルゴーニュ公国と宮廷——社会文化史をめぐる位相」『西洋中世研究』8号，2016年。

ヨハン・ホイジンガ『中世の秋』（上・下）（堀越孝一訳，中公文庫，2018年）。

歴史学的に考察するポイント

①ホイジンガの問題意識は今でも妥当だろうか。

②何をもって「中世的」あるいは「ルネサンス的」と言えるのだろうか。

③ネーデルラントとイタリアの関係はどのようなものだったのだろうか。

④方法としての文化史と美術史にはどのような相違があるのだろうか。

28 イタリア・ルネサンス

徳橋　曜

【関連項目：古代の科学：ガレノスを中心に，カロリング・ルネサンス，12世紀ルネサンス，ブルゴーニュ公の宮廷文化，人文主義／文芸共和国，宗教改革／対抗宗教改革論】

📖 史　実

　14世紀イタリアで，古代ローマに関心を向ける新しい文化が生まれた。その中心は**ラテン語**の修辞学・文法等に関わる知識人・学者で，彼らがラテン語や哲学，歴史等を「人間性の研究」（studia humanitatis）と称したところから，この思想潮流は「人文主義」と呼ばれる。彼らは失われた古代の知見や技法を復活させて当代（現代）に活かそうとした。ここから展開した一連の文化的動向を，歴史的にイタリア・ルネサンスと称する。人文主義者は「古代」に固有の時代性と価値を見出し，これを自らの時代と隔てられた別の時代と認識したため，古代・中世・当代（現代）という時代区分が初めて意識されることともなった。

　古代に倣う文学・思想や建築，美術が大きく開花したのは14世紀末から15世紀で，古代の彫刻や遺跡，建築論等も参照され，その成果が絵画や彫刻，建築に反映された。また古代ギリシアへの関心もすでに14世紀末にあったが，特に15世紀前半，西欧に対オスマン帝国の支援を求めるビザンツ帝国の使節に学者が同行したため，その学識が西欧の知識人を刺激した。ビザンツ皇帝マヌエル2世の使節としてイタリアへ来たクリュソロラス，フェラーラ＝フィレンツェ公会議（1438～39年）に出席するビザンツ皇帝ヨアンネス8世に随行したゲオルギオス・ゲミストス（プレトン）とベッサリオンが知られる。その結果，15世紀後半にギリシア古典の研究が本格化するとともに**新プラトン主義**的思想も広まったのである。こうした文化的潮流はイタリア外の学者や芸術家をも魅了し，16世紀にはフランス，イングランド等，各地で独自のルネサンス文化の展開を見ることになる。

⚔️ 論　点

1. 時代概念としての「ルネサンス」　ルネサンス（Renaissance）とは「再生」を意味するフランス語で，19世紀の歴史家ミシュレが，著書『フランス史』のうちで16世紀を対象とした第7巻に「ルネサンス」の副題をつけたのが，時代概念としての初出とされる（彼は文中で，この時代を「世界の発見，人間の発見」と強く関連づけている）。その後，スイスの歴史家**ブルクハルト**[*]が著書『イタリア・ルネサンスの文化』で，ルネサンスの概念を近代的人間性や個人の発現と結びつけ，中世の宗教性や集団性に対置して見せた。近代への転換点としてのルネサンスという概念は，これによって定着する。20世紀前半にイタリアの歴史家シャボーが，近代国家の萌芽としての「ルネサンス国家」を論じたように，ルネサンスは一種の時代精神として概念された。

▷1　ラテン語
中世では一般に学問・法律・宗教の世界の共通言語であったが，イタリアにおいては一般の人々にも比較的身近なものであった。イタリアの俗語（日常語）に近い言語であるうえ，土地売買契約などの公正証書や公文書で必ず用いられたためである。

▷2　新プラトン主義
2～3世紀のアレクサンドリアで発展した神秘主義思想で，プラトンの思想にユダヤ教やゾロアスター教，グノーシス主義等の要素が組み込まれている。

＊　ブルクハルト
Ⅰ-7 側注7参照。

2．ルネサンス概念の見直し

中世と対比されるルネサンスという時代概念の妥当性には，20世紀末までには疑問が呈されるようになった。中世の社会や文化に関する実証研究が進み，かつてのように「進んだ近代」に対する「暗黒の中世」という評価が困難になったためである。例えば，デュビーやル＝ゴフの研究は，中世人の精神世界や社会のあり方を，史料をふまえて鮮やかに示し，ヨーロッパ中世史研究に広く影響を与えた。また，**フーコー**[*]等の論考を通して近世・近代社会の規律化に目が向けられたことは，近代の「合理性」への肯定的評価を問い直す契機ともなった。そもそも15世紀イタリアの社会には，13，14世紀と大きく異なる「ルネサンス」固有の社会体制や政治があったわけではなく，また16世紀のイタリア社会の大きな変容も，「ルネサンス」という固有性で捉えるべきではない。少なくとも歴史学の文脈では，「ルネサンス」を一つの時代概念とすることは難しいという認識が共有されている。

3．文化としての「ルネサンス」

14〜16世紀イタリアに我々の想起する「ルネサンス」という言葉や概念は存在しなかったが，従来と異なる姿勢で古代を捉える新たな文化動向が生じたことは否めない。自身も画家であるヴァザーリは，著書『画家・彫刻家・建築家列伝』（1550年）で当代における古代芸術の「再生（リナシタ）」（rinascita）を語っている。古代の精神や学芸を当代のモデルと見なした文化人にとって，古代ローマ帝国解体以後の時代は古代の価値が忘れ去られた時代であった。それゆえ，15世紀の人文主義者ビオンドに見られるように，彼らは自らの時代とその手本たる古代との間に挟まれた時代を「古代と当代の中間の時代」と位置づけて，「中世（メディウム・アエウム）」（medium aevum）という概念を生み出した。このように，同時代的にも新たな時代の自覚，自分たちの時代はそれ以前の時代とは異なるという意識を見出せるのである。

実際，こうした意識が反映された美術や建築には「ルネサンス的」と特徴づけられる様式があり，文学や哲学にも固有性がある。ルネサンスは単に近代歴史学が生み出した概念にすぎないわけではない。美術史，建築史，思想史等において，イタリア・ルネサンスは時代的特徴を持つ一つの文化と捉えられる。ただし，そこに過剰に近代性や合理性を付すことはできない。また，従来と異なる新しい時代が意識される一方で，その新たな文化動向や世界観に中世から継承した側面があることも忘れてはならない。我々がルネサンス文化と呼ぶものは，中世末期の社会の中で展開したのである。

* **フーコー**
I -25 側注 5 参照。

<参考文献>

ピーター・バーク『新版イタリア・ルネサンスの文化と社会』（森田義之・柴野均訳，岩波書店，2000年）。
ヤーコプ・ブルクハルト『イタリア・ルネサンスの文化』（I・II）（柴田治三郎訳，中公クラシックス，2002年）。
野口昌夫編『ルネサンスの演出家 ヴァザーリ』（白水社，2011年）。
特集「中世とルネサンス──継続／断絶」『西洋中世研究』 6 号，2014年。

─ 歴史学的に考察するポイント ─

①「ルネサンス」という概念を歴史学的にどう捉えるべきだろうか。
②「ルネサンス」をめぐり歴史学と美術・建築史や思想史とで捉え方が異なるのは，なぜなのだろう。
③どのようにして「ルネサンス」という歴史的概念に近代性が付与されていったのだろう。

Ⅲ　西洋近世史の論点

J・リュイケン「アムステルダムにおけるアネケン・ヘンドリクスの火刑」（1571年）

A・C・G・ルモニエール「ジョフリン夫人のサロンにおけるヴォルテール『中国の孤児』読書会」（1812年）

「迷信」（魔女狩り）と「啓蒙」（サロン）

Introduction

　西洋史では，中世と近代にはさまれた16世紀から18世紀末にかけての時期を「近世」と呼びます。「主権」や「資本主義」のように，私たちが「常識」として知る言葉には，この時期にその意味が見出されたものが数多くあります。ですから，かつての西洋史研究では，「近世」を「近代の初期」と考え，私たちが生きる時代の出発点として探索する傾向がありました。確かに，この時期は「コロンブス交換」や「科学革命」のように，ヨーロッパを起点に世界中のあらゆる地域を包摂する歴史が生み出されていました。これはヨーロッパが経験した新たな局面です。しかし近年の研究は，この時期の新たな局面を私たちの「常識」を前提に解釈するのではなく，古代や中世の系譜を踏まえた歴史に即しつつ再検討することに挑んできました。この章で紹介する論点の数々は，いずれもが「近世」が「近代の初期」としての意味だけではなく，独特な個性をもった時期であることを明らかにしています。読者のみなさんは，私たちの「常識」にとらわれず「近世」そのものの姿を明らかにしようとした論点に触れることで，革新的な西洋史研究の醍醐味を知ることになるでしょう（古谷大輔）。

1 世界システム論

島田竜登

【関連項目：オランダの黄金時代，資本主義論，東欧の辺境化・後進性，イギリス産業革命，大分岐，植民地と近代／西洋】

史　実

　17世紀初めまでにオランダは世界経済の中心となり，その後はイギリス，さらにはアメリカ合衆国へと世界経済の覇権国は変遷していった。こうした中核地域は自由な契約労働に基づく資本主義的生産に特化したが，一方，東ヨーロッパやアメリカ大陸は当初には辺境地域とされ，穀物や砂糖などの農業生産に特化した。東ヨーロッパでは**再版農奴制**が，アメリカ大陸では黒人奴隷を酷使する生産体制が構築された。また，南ヨーロッパは中核地域と辺境地域の中間地帯である半辺境地域とされ，地主小作制が発展した。こうした中核（中心）・半辺境（半周辺）・辺境（周辺）という地域的分業に基づく経済システムを，ウォーラーステインは近代世界システムと名づけた。このシステムは経済的に密接に連関した世界システムである。次第に地理的に拡大し，最終的に地球上の全ての地域はこの近代世界システムに包摂された。

　歴史上，世界システムは数多く存在したが，この近代世界システムは中核地域での資本主義的生産を基盤とする。そのうえ，辺境地域や半辺境地域において，それぞれ特徴的な生産が貿易を通じて中核地域と連結され，広い地域にわたる経済的連関を特徴とする。歴史上に見られた他の世界システムが帝国としての政治的統合を目指したのとは大きく異なっていた。そして，この特異な近代世界システムは，現在では地球全体を覆うようになった。なお，先述したように，正確には世界システムは歴史上多数にのぼり，そのうちの一つが近代世界システムということになるが，一般に近代世界システム論のことを世界システム論と称することがしばしばある。

▷1　再版農奴制

16世紀以降，西ヨーロッパで穀物需要が増加したことに応じてエルベ川以東の東ヨーロッパでは領主が農奴への支配を強化して，輸出用穀物生産の増大を図った（Ⅱ-25 側注3も参照）。

論　点

1. 近世から現代までの連続性　ウォーラーステインの近代世界システム論は，現代の世界経済の起源について，16世紀という近世にまで遡ると主張する。通常であれば，18世紀後半から19世紀前半にかけてのイギリス産業革命以後に，近代経済ができ上がっていったと考えがちであるが，ウォーラーステインは，近世期に近代世界システムという特殊な経済システムが発生し，それが時間の経過とともに継続，発展したと論じたのである。特にイギリスに先立つオランダの発展を重視し，それが現代まで連綿とつながっているという連続性を提示している点で斬新である。近代世界システムの発生は，いわゆる15世紀末に始まる大航海時代と事実上，同一であり，後述するようにシステムの地理的拡大と軌を一にしていた。

2．一国史を越えた広域性　近代経済の特徴を工業化といった視点で捉えるとすると，イギリスに始まった産業革命が西ヨーロッパ諸国やアメリカ合衆国，さらにはロシア，日本などに伝播したという一国単位的な経済史の見方が通常であるといえる。それに対して，近代世界システム論は，一国という単位を超えた広域的なシステムとして近代経済を16世紀にまで遡って歴史的に捉える。結局，大航海時代の幕開けにより開始された商業革命で，西ヨーロッパ経済はヨーロッパ各地だけでなく，大西洋をまたいだ経済連関が成立した。そして，この経済システムが地理的に拡大し，現在では地球を覆うまでに至ったということで，16世紀以降の世界の一体化を構造的に捉える見方を提示した。

3．外部世界の存在　近代世界システム論が描き出す「世界」は，地理的に見て，本来，地球全体を包括する概念ではないことに注意しなければならない。当初は西ヨーロッパを中心に，東ヨーロッパやアメリカ大陸のみをカバーする経済システムであった。この近代世界システムに包摂されない地域は「外部世界」と呼ばれる。外部世界は近代世界システムの枠外にあり，例えばオランダとアジアとの貿易は近代世界システムにとって大きな重要性をもたない。ウォーラーステインによれば，近代世界システムとは，Modern World-Systemと表記される。このハイフンに注意されたい。「世界」とはいえ，それは地球全体を示すのでなく，システムが機能する地域を「世界」と捉えるのである。

　近代世界システム論に関する批判の一つは，この外部世界についてである。特にアジアの位置づけに問題があるとされ，その批判の背後には，20世紀後半以降，アジア経済が顕著に発展し，現在では中国やインドが世界経済の原動力となっていることにある。ウォーラーステインへの批判者であるフランクによれば，そもそも17世紀の世界経済の中心はオランダではなく，中国やインドといったアジアであった。彼は『リオリエント』において，18世紀までの世界貿易史を分析し，18世紀までアジアが世界経済の中心であったと論じた。近代世界システム論的には外部世界と捉える地域を世界経済の中心であったとするのである。さらに，19世紀以降には西洋諸国が世界経済の中心的な地位を占めたが，21世紀には再びアジアが復活し，世界経済の中心となるとフランクは示唆した。その意味で，近代世界システム論は西洋中心主義的な歴史解釈であると批判する。

参考文献

アンドレ・グンダー・フランク『リオリエント——アジア時代のグローバル・エコノミー』（山下範久訳，藤原書店，2000年）。
Ｉ・ウォーラーステイン『近代世界システム』（全4巻）（川北稔訳，名古屋大学出版会，2013年）。
川北稔『世界システム論講義——ヨーロッパと近代世界』（筑摩書房，2016年）。

歴史学的に考察するポイント

　①17世紀のオランダは，世界各地とどのような貿易を行っていたのだろうか。特にオランダ東インド会社によるアジアとの貿易は世界システム論ではどのように解釈されるのか。
　②大航海時代が始まると，アメリカ大陸と西ヨーロッパとは，どのような経済的連鎖を持ったのか。
　③外部世界はどのようにして近代世界システムに包摂されたのか。

2 世界分割（デマルカシオン）

　合田昌史

【関連項目：十字軍，レコンキスタ，スペイン帝国論】

📖 史　実

　大航海時代初期，スペインとポルトガルは非キリスト教世界を分割する野心的言説を表明した。1493年5月，スペインは教皇から諸勅書を得て，アソーレス諸島とヴェルデ岬諸島の西100レグアの大洋上に引かれる分界線の西側を征服予定領域として獲得したが，ポルトガルの抗議を受け，翌年6月トルデシリャス条約が締結された。分界線はヴェルデ岬諸島の西370レグアの地点に移され，東側がポルトガルの征服予定領域とされた。1500年カブラルがブラジルを「発見」すると，条約に基づいてポルトガル領とされた。条約に東半球の線引きは含意されていなかったが，1512年頃までに分界線が地球の反対側に及ぶという対蹠分界の解釈が両国で共有され，マゼランの航海を機に，香料の原産地モルッカ諸島の領有権をめぐって**対蹠分界線**の位置に関する議論が生じた。1529年のサラゴサ条約で同諸島の領有権はポルトガルが得たが，対蹠分界線は画定せず，占有や征服の実態とは別に，東アジア諸地域の領有権に関する議論は続いた。

　南米の征服・入植が進むと，17世紀末，今度はラプラタ川北岸の領有権をめぐって大西洋分界線の位置が議論の対象となった。だが，第三国を排除する世界分割論が共有される限り，交渉自体は決裂しなかった。1750年，ついにトルデシリャス条約は破棄された。分界線を大きく西へ踏み越えたブラジルの領域が承認され，代わりにフィリピンへのスペインの権益が認められた。

論　点

1．分界の起源

　ペレスは，分界の起源をレコンキスタ時代に遡らせる。12世紀半ば〜14世紀初頭のレオン・カスティーリャ王はアンダルスの征服予定地をあらかじめ分配するべくアラゴン王らと諸条約を結んだ。分界はこれらを起源とし，一種のフロンティアであったというのである。この説の背景には，大航海時代を中世的拡大の延長（連続）と見なす二つの理念がある。一つは失われたキリスト教世界の回復を目指すレコンキスタ＝「西方十字軍」の理念，もう一つは西ゴートの王統を継承するレオン・カスティーリャ諸王は旧西ゴート領（マグリブの一部も含む）を回復する権利を持つとする新ゴート主義。

　ただし，この学説には連続性の論証の点で問題がある。まず，レコンキスタ三強の一角を占めたポルトガルは未征服地分配から排除され，むしろムスリム支配地やナバラと並び分配の対象とされていた。また，中世の二国間条約には第三国を縛る国際法的な基盤が欠けていた。そして，回復の地理的範囲はカナリア諸島とその対岸付近にとどまった。

▷1　対蹠分界線
16世紀初頭から認められる分界の解釈。大西洋に引かれた分界線は東半球に及ぶ「子午環」であって，これによって非キリスト教世界はあらかじめポルトガルとスペインの間で二等分割されていた，と見なすもの。

これに対してトゥデラ＝イ＝ブエソは，対象を15世紀に絞り，回復の限界外で征服権を贈与できる教皇の権威を両国が取り込んだという立場をとる。ポルトガルがボジャドル岬通過（1434年）でいち早く回復の限界を越え，西アフリカ・ギネーの奴隷貿易で収益を上げると，1452〜56年の教皇勅書類によってギネーの征服・通商等の独占権がポルトガル王とエンリケ親王に，ギネーからインドまでの諸地域の精神的統括権・聖職叙任権がエンリケのキリスト騎士団に付与された。しかし，後発のスペイン（カスティーリャ）は1479年に結んだ条約で勅書類を修正させ，カナリア諸島の領有権を得た。他方，ポルトガルもスペインに付与された1493年勅書類をトルデシリャス条約で修正させた。

この学説では勅書類は二国間条約によって乗り越えられたとするが，スペインが分界線を西へ移動させる譲歩をしたゆえんを説明できない。そこで合田昌史は，スペインが1493年9月26日勅書によって無限のフロンティアを与えられ，「インドまで」とされたポルトガルより有利となっていた点を強調する。ポルトガルは1514年11月3日勅書でようやく対等となった。勅書類は分界の基盤であり，二国間条約によって乗り越えられていないのだ。

2. 布教保護権の展開 両王権に与えられた勅書は，非キリスト教世界の支配権が神からキリスト，ペテロを経て教皇に伝わったとする教皇権至上主義に立脚していた。13世紀のホスティエンシスに代表されるこの立場は中世末の知識人らの間で少数派となっていたが，シスマ[*]や公会議主義の台頭に直面し，オスマン帝国の圧力に危機感を募らせた教皇はこの立場に回帰し，キリスト教世界の拡大に寄与する両王権に征服予定地を贈与した。これは，海外教会・修道院の設立や聖職者・騎士修道会への支援という義務と抱き合わせであったが，ボクサーによると，この義務は権利でもあった。王室は司教区の設定や聖職者の推薦等，海外教会の統括・人事権といった権利も得ていた。これがイベリア両王権による海外教会の支援制度，布教保護権である。スペインは1508年の勅書で新世界の布教保護権を獲得し，ポルトガルは1534年以降ゴア，マラッカ，マカオへと保護権下の司教区を拡充した。高瀬弘一郎は，16世紀末〜17世紀初頭，それぞれポルトガル王とスペイン王の支援を受けたイエズス会士と托鉢修道会士が分界と布教保護権を念頭に日本布教を争っていたと初めて論証した。これを基礎に，平川新らは，布教・征服が一体となった両国の進出が近世日本の国家意識を変革させたとする「イベリア・インパクト」論を展開している。

＊ **シスマ**
Ⅱ-10 側注6参照。

参考文献

前川貞次郎「法王設定境界線問題に関する考察」『史林』28巻4号，29巻1号，1943〜44年。

高瀬弘一郎「大航海時代イベリア両国の世界二等分割征服論と日本」『思想』568号，1971年。

合田昌史『マゼラン——世界分割を体現した航海者』（京都大学学術出版会，2006年）。

歴史学的に考察するポイント

①分界の二国間条約は教皇勅書を乗り越えたといえるのか。
②教皇権至上主義はなぜ再び力を得たのか。

3 コロンブス交換

安村直己

【関連項目：世界システム論，スペイン帝国論，資本主義論，大分岐，アイルランド大飢饉，植民地と環境，ヴェトナム戦争とその影響】

📖 史　実

　米国の歴史家クロスビーが1972年に世に問うた用語で，1492年にコロンブスが新世界に上陸して以後，旧世界と新世界の間で病原菌やウイルス，動植物，人間集団，文化要素が交換され始めたことを指す。新世界の先住民は1492年以前，旧世界との恒常的な交流がなかったため旧世界の病気に対して免疫を有さなかった。それゆえ，コロンブス上陸とそれに続く遠征を通じて様々な病気が流行し，カリブ海の先住民は半世紀あまりで絶滅に追い込まれ，1510年代以降は大陸部でも人口が激減していった。クロスビーによれば，スペイン人によるアステカやインカの征服の成功は主として病原菌のせいだとされる。

　スペイン人は故郷から小麦や米，種々の果樹，馬・羊・豚等の家畜や技術を新世界に持ち込み，さらに先住民に代えてアフリカから黒人奴隷を導入し，砂金に代わる収入源として移植した旧世界原産のサトウキビの耕作や製糖にあたらせた。新世界原産のタバコに目をつけたイギリス人は北米で黒人奴隷制タバコ・プランテーションを展開するに至る。一方，新世界から旧世界に持ち込まれたトウモロコシが中国などでの山間部の開発を可能にし，ジャガイモはヨーロッパの冷涼な地域で主食となり，19世紀の人口爆発の条件を整えることになった。これが両世界で生態系を激変させたことも，クロスビーは見逃さない。

　クロスビーはさらに，コロンブス交換により地球上の遺伝的多様性が失われてきたとし，1492年は地球史上の巨大な転換点であると主張するに及んだ。

⚔️ 論　点

1．コロンブス交換の功罪　18世紀イギリスの経済学者アダム・スミスは『諸国民の富』の中で，歴史上最も重要な出来事の一つとしてコロンブスのアメリカ「発見」を挙げている。スペインによる征服の意義を否定している彼は，16世紀にラス・カサスが告発した新世界の先住民人口の激減を知っていた。これを差し引いた上で，発見／交換が後世に残した功績，つまり地球規模の交易網の確立を重要視したのである。

　1970年代初頭，米国ではベトナム戦争の泥沼化等で従来の**進歩主義**的価値観が揺らぎ始めてはいたが，スミス的な1492年解釈を見直す機運はなく，クロスビーが原稿を持ち込んでも断られ続けたという。しかし，刊行されると読者の反応はよく，全米諸大学で教科書に指定されたこともあり，売り上げを伸ばした。その結果，少しずつ1492年の負の遺産を再評価する動きが一般読者にも広まり，米国内外で公的記憶の書き直しと多様化が進められた。コロンブスによる新大陸「発

▷1　進歩主義
古代ギリシア的な循環史観やキリスト教的終末論とは異なり，近代ヨーロッパでは人間，社会は不断に進歩するという考え方が主流となった。これを進歩主義という。

見」500周年にあたる1992年を「記念」する一連の行事は「2つの世界の遭遇」と命名されるに及んだ。

2．負の遺産と正の遺産　負の遺産のうち，北米十三植民地も含む新世界全域での先住民人口の激減に関する**歴史人口学**の成果が外部に伝わったのはクロスビーの功績だが，彼の問題提起が最大の貢献をなしたのは疫病の歴史であり，マクニールが1976年に公刊した『疫病と世界史』はその嚆矢といえる。さらに『銃・病原菌・鉄』のダイヤモンドへと，ヨーロッパ中心主義的かつ人間中心主義的な歴史解釈を否定する流れが継承される。一方，日本では見市雅俊『コレラの世界史』をはじめとし，疫病と社会の関係を問い直す歴史研究が増えている。

　環境史へのクロスビーの寄与も無視できない。新世界については，メルヴィルが1994年，メキシコ中央部における乾燥化の原因を，疫病で死亡した先住民の耕作放棄地でのスペイン人による家畜の放牧に求める説を世に問うなど，彼の後継者が着実に育っている。

　他方で，負の遺産を認めた上で正の遺産を実証しようとする動きも見られ，日本ではクロスビーとの関係に濃淡はあるが，川北稔『砂糖の世界史』や八杉佳穂『チョコレートの文化史』などを生んできた。山本紀夫は『コロンブスの不平等交換』でさらにふみこみ，正・負の再評価を試みている。

3．コロンブス交換のその先へ　クロスビーの問題提起を全否定する研究者はいないが，その先に向かう努力は重ねられてきた。例えば，1492年以後の交換の担い手や経路に関し，彼が重視するスペインと新世界を相対化する流れは，2010年にケンブリッジ大学出版会から刊行されたC・H・パーカーの著作に明らかである。日本でも木村和男は2004年に『毛皮が創る世界』を公刊し，北米に入植したフランス人，イギリス人による毛皮貿易が北米とロシア，中国をつなぐ過程を活写している。

　それに対し，コロンブス交換を当時の人々がどう捉え，いかに生き延びようとしたのかというミクロな視点が，クロスビーのコロンブス交換に欠けていることは否めない。フランス人歴史家グリュジンスキの2008年の著作はある意味，この欠点を補正する側面を有しており，クロスビーの問題提起を発展的に継承するための一つの方向性を示唆しているのではないか。

　コロンブス交換は，歴史学を革新するための概念装置，ないし対話の相手としての役割をまだ終えていない。

歴史学的に考察するポイント
①コロンブス交換の視点から日本史を見直すと，何が浮かび上がるだろうか。
②この視点から見直すべき西洋史上の出来事としてはどんなものがあるか。
③この視点から読み解くと，現代世界のどんな問題が見えてくるだろうか。

▷2　歴史人口学
歴史学の一分野。ヨーロッパ史では，教会の管理する出生，結婚，埋葬の記録などをもとに，人口がミクロ・レベルでどう変化したのかを検証し，マクロな社会変動との連関を探ろうとしてきた。

参考文献
増田義郎『ビジュアル版世界の歴史13巻 大航海時代』（講談社，1984年）。
角山栄『茶の世界史』（中公文庫，2007年）。
アルフレッド・クロスビー『ヨーロッパ帝国主義の謎』（佐々木昭夫訳，ちくま学芸文庫，2017年）。

4 スペイン帝国論

安村直己

【関連項目：レコンキスタ，コロンブス交換，オランダの黄金時代，ヨーロッパとオスマン帝国，神聖ローマ帝国論，帝国主義論】

📖 史　実

　カスティーリャ女王イサベルの夫であるフェルナンドが1479年にアラゴン王位に就くことで，いわゆるスペイン王国が成立する。2人は1492年，国内最後のイスラーム王国グラナダを征服すると同時にコロンブスの航海を支援し，アメリカ大陸を「発見」させる。帝国化はここに始動するが，彼らの孫のカルロス1世が神聖ローマ皇帝に即位し，ヨーロッパ，アフリカ，アメリカ大陸，アジアで領土を獲得して以降，王国の版図がスペイン帝国と呼ばれるようになっていく。カルロスの子，フェリペ2世が1580年，ポルトガル王位に就くと，さらに拡大した帝国は「太陽の沈まない国▷1」と形容される。拡大の原動力はアメリカ植民地で産出される銀であり，これは帝国内外をつなぐ媒体でもあった。

　17世紀に入ると帝国の膨張は停止し，ヨーロッパではオランダ，ポルトガルを失い，アメリカ大陸でもイギリス，フランスの進出を許してしまう。19世紀初頭にナポレオンが本国に侵攻すると，アメリカ植民地の大半が独立運動を開始し，1820年代までに独立を達成する。スペイン帝国は，1898年に**米西戦争**＊で敗れ，フィリピン，キューバ等を喪失したことで終焉を迎えたとされる。

⚔ 論　点

1. 軍事的優位の神話　上記の通説を世に広めたエリオットの『スペイン帝国の興亡』を読むと，スペイン帝国は軍事力を背景に建設されたと感じざるをえない。ローマの劫略やアントウェルペンの攻囲，オスマン帝国に対するレパントの海戦とともに，アメリカ大陸でのアステカ王国，インカ帝国の征服などが脳裏を去らないからである。これに対し，ケイメンは，16世紀にスペインが強大な軍事力を誇ったというのは神話だと主張する。なぜなら，陸軍の将兵の大半は非スペイン人であり，海軍もイタリア諸邦の協力なしには機能しえなかったからである。ケイメンによれば，帝国の拡大は，軍事力の行使やカルロス，フェリペの征服欲ではなく，主として王家間の婚姻政策を通じて領土を相続したことによる。アメリカ大陸でも先住民社会内部の政治的対立が征服を可能にしたという。

2. 脱神話化の行き過ぎ？　16世紀スペイン帝国の強大さが神話化されているのは確かである。また，スペイン人だけでなく，オランダ人やイギリス人もまた16世紀後半以来，帝国との戦いを軸に据えて国民の結束を図るために神話化に加担してきたという指摘にも，頷かれる。けれども，16世紀のスペインが軍事のみならず，外交，経済，行政，文化等でも西ヨーロッパで遅れた国家，

▷1 「太陽の沈まない国」
ポルトガル王国が子を残さずに没すると，ポルトガルの王女を母とするフェリペ2世が王位継承権を主張した。これにより，ポルトガルがアフリカ，西・南アジア，東南アジア，東アジアに築いていた拠点とブラジルが，フェリペ2世の領地に加えられ，こう呼ばれたのである。

＊　米西戦争
Ⅱ-14 側注3参照。

社会であり，外部勢力に依存せざるをえなかったと主張するのは行き過ぎだろう。スペイン帝国が外交，経済，文化面で依存していたイタリアに統一国家が存在せず，スペインと同様にフランス，イギリス，ドイツの国民的アイデンティティが未熟で中央集権化も進まず，ときにマザランのような外国人を登用した歴史は，スペインだけが遅れていたと言い切れないと教えてくれる。海外帝国の建設を正当化する政治思想に目を向ければ，パグデンが明らかにしたように，16世紀以降，スペインが先行し，イギリスやフランスはそれに対抗するために新理論の形成に向かった事実も，ケイメンの主張に反する。これらの事実を無視してスペインの遅れを強調した上で，帝国建設においてスペイン人が果たした役割はリーダーシップだといわれても，にわかに納得しがたい。

　脱神話化はケイメンの『スペインを想像する』（2008年）において，スペイン帝国は16世紀に繁栄を極め，17世紀に衰退したという時期区分も批判するに至る。しかし，イギリスのドレークが私掠船によるアメリカ銀の奪取を図る一方で，エリザベス１世はスペイン大使とスペイン語で会話していた事実と，16世紀末以降，スペインの知識人が衰退を阻止しようと努め，オランダ，イギリス，フランスは衰退に付け込んでアメリカ大陸に植民地を形成するに及んだ事実を合わせると，従来の時期区分にも一定の合理性があると考えるべきではないか。

3．論争を越えて　ケイメンとその主たる論敵であるエリオットの間で，建設的対話が行われてきたとは言いがたい。それに対し，フランス人歴史家グリュジンスキは，スペイン帝国の枠組みを前提としつつ，スペイン本国の中心性を相対化する試みを通じ，図らずも２人をすり合わせる役目を担ってきたと思われる。

　グリュジンスキはスペイン帝国をカトリック王国と呼ぶ。それは，地球上の諸地域を接続するネットワークの束からなる，複合的・重層的・動態的な空間である。彼はそこで生じた様々な衝突や混交，創造に目を向ける。そこから，ナポリに暮らす人文主義者やアンデスから国王にスペイン語の建白書を送る先住民，チロル地方で生まれてメキシコ北部で布教に従事するイエズス会士らを同一空間内の知的主体として同列に扱う視座が立ち上がる。グリュジンスキはこの方向性を『世界の四つの部分』（2004年）で展開していくが，これは，イギリス人やオランダ人が実はスペイン帝国の維持に貢献していたとするケイメンの主張と共鳴しているようにも思える。

　脱中心化された時空としてスペイン帝国を捉え直す試みは，まだ緒に就いたばかりである。

── **歴史学的に考察するポイント** ──
①帝国は16世紀，内外で暮らす人々にどんな影響を与えたのだろうか。
②17世紀のスペインの知識人たちは衰退の原因を何に求めたのだろうか。
③アメリカ大陸における帝国の衰退を象徴する出来事は何だろうか。

参考文献
増田義郎『略奪の海カリブ』（岩波新書，1989年）。
小特集「グローバル・ヒストリー」『思想』937号，2002年。
J・H・エリオット『歴史ができるまで』（立石博高・竹下和亮訳，岩波書店，2017年）。

5 オランダの黄金時代

大西吉之

【関連項目：古代ギリシアの連邦とその受容，世界システム論，スペイン帝国論，資本主義論，17世紀の危機，イギリス産業革命，大分岐，重商主義論と特権商事会社】

📖 史 実

　現在のオランダとベルギーに相当する低地諸国は，16世紀後期にハプスブルク帝国による統治に反旗を翻した結果，北部（現オランダ）が連邦共和国として独立した。これと前後して，同国は急速な発展によってヨーロッパ随一の経済大国になった。こうしてオランダが大きな繁栄を享受した17世紀を「黄金の世紀」と呼ぶ。その特徴は，海との深い関わりにある。オランダ商人はバルト海貿易や対アジア貿易を事実上支配した。アムステルダムはヨーロッパの中央貨物集散地となり，**オランダ東インド会社（VOC）**◁1はアジアにおいてヨーロッパ最大の勢力であった。漁業ではニシン漁業で存在感を示した。農業は穀物を輸入に頼りつつ，市場取引を前提とした酪農や園芸，工業用作物（麻，亜麻，染料やホップなど）の生産に傾注した。工業は南部（現ベルギー）から亡命した職人がもたらした新技術によって毛織物業が復活したほか，造船業や帆布生産が発展して海運業や漁業に高性能の船舶を提供した。また，輸入原料を精製・加工する輸出向けの「トラフィーク」も有名である。総じて生産性の高い経済活動がもたらしたオランダ社会の繁栄は，市民の旺盛な購買意欲に支えられた絵画文化の開花や，同じく市民の遺贈・募金に基づく救貧活動の充実にも見て取れる。しかし，18世紀には経済成長が止まり，長い停滞の時代が到来すると，イギリスやフランスをはじめとする周辺諸国の成長により，オランダの経済的地位は相対的に低下した。本格的な工業化は遅く，19世紀後半のこととされる。

⚔️ 論 点

1. 否定的な評価　ドッブや**ホブズボーム**＊といった**マルクス主義**＊歴史学者は，共和国経済が産業革命に直結しない資本主義的段階にあったと考えた。いわゆる戦後歴史学を代表する大塚久雄も，商業資本が経済を支配したオランダと，産業資本が成長し勝利するイギリスとの違いを強調した。また，**アナール派**＊のブローデルによれば，オランダ共和国の繁栄は前近代的であり，ヨーロッパ中央市場の機能がイタリア都市からアントウェルペン，アムステルダムへと引き継がれた結果にすぎなかった。他方で，ヨーロッパの工業化を論じるにあたって，そもそもオランダの発展に関心を払わない論者も多い。産業革命による急激な経済成長を「離陸」と名づけた**ロストウ**＊はその一人である。近年，注目されているポメランツの「大分岐」論も，同じカテゴリーに分類されるだろう。彼（とその支持者）は主として近世の中国（長江デルタ）とイギリスとの類似点を強調した上で，1750年前後に後者の経済発展が前者を引き離した原因について論

▷1　**オランダ東インド会社（VOC）**
林立するアジア貿易会社による過当競争や破産を回避すべく，政府が介入した結果，諸会社が合同して生まれた特権会社。1602年の設立から200年近くにわたってアジアでの貿易や植民地経営を独占的に行った。

＊　**ホブズボーム**
Ⅳ-3 側注2参照。

＊　**マルクス主義**
Ⅴ-24 側注2参照。

＊　**アナール派**
Ⅱ-18 側注1参照。

＊　**ロストウ**
Ⅳ-2 側注3参照。

じているが，近世オランダは考察の対象に入らない。以上の諸学説は，それぞれ立場を全く異にしているものの，イギリス産業革命を世界経済史上の画期と見なすがゆえに，共和国の繁栄を（産業革命の前提条件を整えた一つの要因としても）重視しないか，あるいは論じないという共通点を持っている。しかし，産業革命以前のイギリスがすでに高度な資本主義経済を発展させていた事実を考えると，イギリスと同等以上の経済発展を遂げた共和国の事例を軽視することには再考の余地が（大いに）ある。

2．肯定的な評価　共和国経済の黄金時代を高く評価する立場は，産業革命以前に近代経済にとって重要な何かが生まれたとの認識を前提にしている。従属派*のウォーラーステインによれば，各地に支配・従属関係をもたらす「近代世界システム」が16世紀のヨーロッパに生まれ，その中で，オランダ共和国は非常に効率的な生産能力によって生産，商業，金融のすべてで最高の競争力を獲得した（ヘゲモニー*国家）。この地位を獲得した国は過去，オランダ，イギリス，合衆国の3カ国に限られており，17世紀オランダ経済の重要性は，絶頂期の英米に匹敵する。また，ド゠フリースとファン゠デァ゠ワウデは，近世のオランダこそ長期にわたる持続的な経済成長を達成した「史上初の近代経済」であると主張した。その後，数量的経済史研究は「小分岐」（近世に低地諸国やイギリスといった北海地域が発展し，生産性や所得水準において，その他のヨーロッパ各地に優越した現象）の解明に取り組み，その起源を中世に求めている。こうした動向はイギリス産業革命の重要性をますます相対化するとともに，共和国の経済史的重要性を強調する効果を及ぼしている。ただし，かくも長期の持続的成長を達成したオランダがなぜ早期の産業革命を実現しなかったのか，という問題は依然として存在する。この問いにも正面から向き合うべきだろう。

*　従属派
Ⅴ-2 側注1参照。

*　ヘゲモニー
Ⅳ-17 側注2参照。

――**歴史学的に考察するポイント**――
①アンガス・マディソンによる一人当たり実質 GDP 推計（『経済統計で見る世界経済2000年史』柏書房，2004年，311頁）を用いて「小分岐」を確認した上で，共和国経済の特徴を説明してみよう。
②「近代世界システム」論と「史上初の近代経済」論との理論的な違いとは，どのようなものだろうか。わかりやすく説明してみよう。
③ヨーロッパにおけるイギリス産業革命以前の経済発展を研究することは，私たちにとって，どのような意義があると考えられるだろうか。

参考文献
イマニュエル・ウォーラーステイン『近代世界システム 1600-1750』（川北稔訳，名古屋大学出版会，1993年）。
J・ド゠フリース，A・ファン゠デァ゠ワウデ『最初の近代経済』（大西吉之・杉浦未樹訳，名古屋大学出版会，2009年）。
K・ポメランツ『大分岐』（川北稔監訳，名古屋大学出版会，2015年）。

6 重商主義論と特権商事会社 　大峰真理

【関連項目：ハンザ，世界システム論，オランダの黄金時代，17世紀の危機，大西洋奴隷貿易】

📖 史　実

　「重商主義」は近世ヨーロッパにおいて実践された経済財政政策であり，時代と地域に応じて多様な性質が観察される。例えば，ブリテン諸島のそれは貿易と産業の発展のために実業家が進めた運動として評価される一方で，フランスのそれは国庫を富ませるために王国官僚が推進した運動として説明される。しかしいずれの場合も，貿易収支を好転させて貴金属貨幣を国内に流入させ富の蓄積を目指す点は共通しており，各国はこの目的を実現するための最も有効な手段の一つとして特権商事会社を設立し，国際商業における優位性および覇権の構築を競った。

🛡 論　点

1. 「重商主義」をめぐる議論

　「重商主義」という用語と概念は，同時代のものではない。命名は古典派経済学者らによるものであり，彼らは保護と規制によって国富の蓄積に励んだ時代と政策を批判した。アダム・スミスらは，国家による保護と規制は人間の自由な活動を妨げ，「見えざる手によって導かれる」正義と秩序が構築されなくなる，として「重商主義」を位置づけた。また彼らは，「重金主義」を源流とする「貨幣崇拝」に根拠をおく経済政策を「貨幣と富との混同」と見なし，許容しなかった。一方，19世紀後半以降のドイツ歴史派経済学者たちは，社会政策の必要性と実践を論じる中で，「重商主義」時代を国民国家経済が編成される極めて初期的な段階と捉え，社会問題を解決するために必要な「上からの経済政策」の原初的形態であったと評価している。

2. 「重商主義」の時代性

　経済学者による多様な解釈・批判・評価の対象とされてきた「重商主義」であるが，歴史研究の対象としてその時代的文脈を理解する必要がある。

　近世ヨーロッパ諸国は，基本的に貴金属貨幣を使用して経済活動を営み，自国内流通貨幣の管理を財政の基盤におくので，より多くの貴金属を自国に引きつけ貯めおくことを通して国力の強大化を目指した。ポルトガルとスペインによって牽引された「大航海時代」と「ヨーロッパ世界の拡大」を経て，オランダ（ネーデルラント共和国）は，17世紀前半に毛織物業と海運業の発展に依拠しながら国際商業・世界経済の覇権を手にする。世紀の半ばまでにブリテン諸島とフランスから発信された経済学的著作（マンの『外国貿易によるイングランドの富』）や経済政策立案（フランス商務総監ラフマや同宰相リシュリューによるもの）は，まさにオランダの覇権に対抗するためのものである。17世紀後半にフランス財務総監コルベー

▷1　重金主義
金銀など貴金属の所有量を増やすことによって国の財政を富ませようとする経済政策。

＊　歴史派経済学
Ⅲ-7 側注1参照。

ルは，保護関税と特権マニュファクチュア[2]創設によって国内産業を育成し，海運
力の増強と特権商事会社の設立を通して貿易を振興させ，地球規模で営まれる商
業取引を王権による統制のもとにおこうとする。自国の利益を追求するために繰
り出される保護関税政策は，当然，他国による報復関税の設定を喚起する。1667
年に始まるフランス・イギリス・オランダによる「関税戦争」はその典型である。
その後，スペイン・ポルトガル・プロイセンなどがイギリス・フランスによる貿
易の独占に挑む政策を発するので，国際競争は激しくなり，覇権をめぐる政治
的・軍事的対立の時代を迎える。

3. 特権商事会社の時代性

覇権競争に邁進する近世ヨーロッパ諸国は，特定の
個人や団体に特権を付与し，「重商主義」を実践す
るための組織を編成した。リスボンに本拠地が置かれたギニア会社（1463年）は，
王権が発する独占権のもとで国王官僚がアフリカ産金の取引と管理を行う「初期
的重商主義（重金主義）」の具現である。1555年にはイングランドでモスクワ会社
が設立され，北回り航路でアジアを目指すと同時に，当時，食糧として，また燃
料や蝋燭製造業のための原料として需要が大きかった鯨漁を独占したが，これは
のちのオランダとの北海・白海通商ルートをめぐる競争の時代を準備する。「貿
易差額論―重商主義」は，①香辛料と茶を主要な商品とするアジア海域と②毛
皮・タバコ・砂糖そして奴隷を商品とする環大西洋地域で展開される。①はレ
ヴァント会社（1592年改組）や各国が組織する東インド会社によって営まれ，②
はバージニア会社（1606年），マサチューセッツ湾会社（1628年），ニュースウェー
デン会社（1637年），ハドソン湾会社（1670年）やオランダ西インド会社（1621年），
スウェーデンアフリカ会社（1649年），フランス西インド会社（1664年），王立アフ
リカ会社（1672年），ブランデンブルク・アフリカ会社（1682年）などが実践した。
特権商事会社の中には外交交渉権や軍隊保有権および貨幣鋳造権を与えられたも
のもあり，それらは王権の代理者として国の経済政策を実行し，商業覇権争奪を
展開する。この「王権（政治権力）の代理者として覇権争奪を実践する会社」と
いう性質は，19世紀ヨーロッパによるアジア・アフリカ地域植民地化の時代にお
いて，領域支配の最前線で活用されることになるのである。

▷2　マニュファクチュア
16世紀後半にイングランド
毛織物製造分野で始まった
生産様式。工場制手工業と
もいう。

(参考文献)
荒井政治・竹岡敬温編『概
　説西洋経済史』（有斐閣選
　書，1997年）。
羽田正『興亡の世界史15
　――東インド会社とアジア
　の海』（講談社，2007年）。
福井憲彦『興亡の世界史13
　―― 近代ヨーロッパの覇
　権』（講談社，2008年）。

─ 歴史学的に考察するポイント ─

①ヨーロッパが求めた商品の多様性と推移は社会の何を体現しているだろうか。
②国名を冠した特権会社を構成した従業員はどのような人たちだろうか。
③「絶対的価値である貴金属貨幣」に執着した17世紀とはどのような時代か。

7 資本主義論

佐々木博光

📖 史　実

　資金を投資して利益を回収する営みの歴史は古く，それは何も近代ヨーロッパに限った現象ではなく古今東西に見られた。資本主義という用語の指す現実は，資本主義という言葉が誕生する前にすでに存在した。ヨーロッパでも最初はその他の文化圏同様それは商人資本主義という形をとった。当時の資本主義は非資本主義的な構造やメンタリティの中の小さな端緒，わずかな痕跡にすぎなかったが，1800年頃に本格化した工業化と結びつくことで，それはいまや経済の支配的調整メカニズムとなり，社会・文化・政治に強い影響を及ぼすまでになった。工業化の初期には企業家自らが事業に投資し，回収した利益をそれに再投資した。しかし産業革新を興すために信用が重要性を増し，徐々に資本家と経営者の分離が一般的になった。資本主義の拡大に伴い，18世紀の啓蒙思想家たちが抱いていた，この新しい経済メカニズムが道徳の醇化に貢献するという期待は潰え，代わって批判的な論調が支配的になった。

⚔️🛡️ 論　点

1. 資本主義の精神と文化ペシミズム ——ゾンバルトとヴェーバー

　資本主義という概念は，19世紀の中葉，フランスのルイ・ブランやプルードンといった社会主義者により，資本家による搾取や階級間の格差の拡大を批判する文脈で登場した。その後それがドイツのアカデミズムの世界に移ると，文化を破壊すると感じられた側面がやり玉に挙がった。ゾンバルトは，資本主義概念をアカデミックな社会科学の世界に紹介した『近代資本主義』（1902年）以降の著作で，中世来のユダヤ人の商業・金融活動に資本主義の黎明を見た。しかし彼にとって重要なのは，メカニズムではなくそれを下支えした「資本主義の精神」であり，ユダヤ人のエゴイズム，私利私欲，抽象といった資質がそれには最適であった。ゾンバルトにとって資本主義はおよそ文化の名に値するもの一般の衰退を意味した。ロマン主義的な反資本主義が反ユダヤ主義と結びついた。ゾンバルトの資本主義論には文化ペシミズムが濃厚であった。これに対して**ヴェーバー***は資本主義が近代的な条件下で取りうる最も効率的な経済システムであるという点を堅持する。彼は市場向け生産の合理化という観点に立ち，それがカルヴァン派信者の禁欲道徳がもたらした予期せぬ結果であったという。ヴェーバーも文化を破壊する資本主義の非人間的な性格に複雑な感情を漏らしている。ゾンバルトやヴェーバーのような知識人は，資本主義が経済的合理性の点で優れていることは認めるが，それが文化を破壊する性質を秘めることを憂えたのである。

2. 大転換
——伝統主義 vs 資本主義

在来の資本主義論は金融，商業，投資，流通，生産のどこにウエイトを置くかは別として，市場システムの自己調整機能に全幅の信頼を置いた。かくなる市場システムは歴史上に前例のない虚構にすぎないとして，これに異を唱えたのがカール・ポラニーである。彼によれば，市場の拡張は必ずそれを阻止しようとする対抗運動に遭遇する。このような対抗運動は社会の防衛にとって決定的に重要であったが，それは市場の自己調整機能，従って市場システムそれ自体とも両立しなかった。しかも本来利潤の追求を最優先し，市場経済の恩恵を最も受けると思われがちな資本主義的生産様式それ自体もまた，自己調整的な市場の崩壊的な影響から保護されなければならなかったのである。ヴェーバーはひとたび資本主義の精神が出現すると，旧来の伝統主義的な諸要素は駆逐され消滅すると考えた。しかしポラニーの議論を借りると，伝統主義はしぶとく生き残り，資本主義システムに歯止めをかける役割を担い続ける。これは歴史派経済学◁1が前提とする発展段階論に対する原理的な挑戦といえた。

3. 大分岐
——ヨーロッパ的な現象か

ヴェーバーは予定説に強いられたカルヴァン派の禁欲道徳に資本主義精神の萌芽を見た。しかしひとたび資本主義の精神が生まれると，順応できないものは淘汰される運命にあり，結局宗派の別は意味を失う。主張の主であるヴェーバー自身は，彼のテクストで，宗派が意味を失ったはずの時代に，宗派と資本主義精神の親疎を示すという統計にこだわり，いたずらに議論を混乱させているのだが。資本主義のグローバル化に伴い平準化の波は宗派ばかりか国境をも越えるに至った。西洋が他世界に先駆け経済成長に離陸したのは，些細な偶然的要因によるものであることを強調する大分岐論のような議論も登場している。しかし世界の現状を見渡せば，成長ばかりでなく資本主義の弊害についても世界規模の視野に立った議論が必要ではなかろうか。西洋化の影響にさらされた国・地域で，ヴェーバーが資本主義の行く末に見たような殺伐とした状況に最も深く落ちているのはどこか。資本主義の解毒剤として伝統主義が温存された西洋がそうであるとは思えない。自虐気味に我々こそが資本主義の本家であると名乗る，掟破りの逆大分岐論が飛び出す日が遠からずやってくるかもしれない。

▷1 歴史派経済学
18世紀のドイツでは歴史的な因果考察が学問研究の方法として定着した。19世紀には経済学の分野で特に因果的な歴史研究が盛んになり，ロッシャー，クニース，シュモラー，ヴェーバー，ゾンバルトらが輩出した。メンガーを祖とするオーストリアの理論学派が「歴史学派」と揶揄したことが名前の由来である。

（参考文献）
カール・ポラニー『［新訳］大転換——市場社会の形成と崩壊』（野口建彦・栖原学訳，東洋経済新報社，2009年）。
K・ポメランツ『大分岐——中国，ヨーロッパ，そして近代世界経済の形成』（川北稔監訳，名古屋大学出版会，2015年）。
ユルゲン・コッカ『資本主義の歴史——起源・拡大・現在』（山井敏章訳，人文書院，2018年）。

歴史学的に考察するポイント

①資本主義論の歴史を振り返り，資本主義批判の論点を整理してみよう。
②市場システムに対抗する贈与経済の存在を，実例を挙げて説明してみよう。
③現在どんな資本主義論を立てるのが得策かを考えてみよう。
④東アジアの視点から実際に資本主義論を立ててみよう。

8 東欧の辺境化・後進性

秋山晋吾

【関連項目：世界システム論，ヨーロッパとオスマン帝国，レス・プブリカ，宗教改革論，対抗宗教改革論，複合国家／複合君主政／礫岩国家，啓蒙改革／啓蒙絶対主義，農奴解放，ナショナリズム論（東欧からのアプローチ）】

 史　実

　ヨーロッパの東部，すなわちドイツ東部・オーストリアからロシアにかけての地域をヨーロッパ西部とは異なる世界と見なす認識は，近世の終わりにかけて形成されていき，18世紀の啓蒙期に明確になった。ロシア帝国の台頭，ポーランド分割に象徴される政治的不安定さ，農奴制に依拠した農業と農村の情景などが，西欧とは似て非なる存在としての東欧像を生み出した。18世紀末から19世紀前半にポーランドやハンガリーで展開した政治・社会改革は，それらが西欧をモデルとして進められたという意味で，東欧の「後進性」認識を背景としていた。こうした「遅れた東欧」という認識枠組みは，19世紀の「**東方問題**」や1848年革命の顛末によって強化され，東西の経済格差の拡大と第一次世界大戦前のバルカン半島の「ヨーロッパの火薬庫」視を経て，20世紀後半の冷戦下でのヨーロッパ東西分断と東欧の社会主義化によって固定化された。しかし，こうしたヨーロッパの非対称な二元性は，近代に生み出された認識枠組みの一つにすぎず，ヨーロッパの多様性はより柔軟に考える必要がある。

論　点

1. 文明・宗教の境界をめぐって　ヨーロッパの東西の違いを論じる際，東西キリスト教会の境界線がしばしば言及される。この観点からすると，ボスニアからハンガリーを経てポーランドに至る地帯が東西の境界線であり，西方教会にとっての「東の辺境」ということになる。確かにこの「辺境」は中世に展開されたキリスト教布教の最前線であったが，**ドイツ騎士団**の東方進出に先立って**コンスタンティノープル**からスラヴ語圏への布教活動が行われているように，西方教会だけでなく東方教会にとっても同様に異教的「辺境」であった。西方教会の優位が認識され，布教が西方発に収斂されていくのは，オスマン帝国の拡大，**東西教会合同**の試み，そしてビザンツ帝国の滅亡を経験する15世紀頃を待たねばならない。また，中世の間も，また，西欧が宗教改革を経験する近世においてさえも，キリスト教化の対象たる「辺境」＝異教的世界は，東方にだけではなく，西欧自体にも遍在していた。異端や宗教改革の諸運動が繰り返し生じたのみならず，教会にとっての教化・規律化の対象としての民衆は，はるか東方だけでなく，自らの足下にもいたのである。

2. 国家の形成と展開をめぐって　東方への布教にせよ，民衆の教化にせよ，こうした認識がキリスト教化を先進性／後進性の指標としていることに留意しなければならない。それは，国家形成を論じる際にも問題になる。

▷1　東方問題
18世紀後半から顕著になったオスマン帝国の弱体化に伴い，バルカン半島・東地中海地域への西欧諸国・ロシアの進出，それと連動した帝国領内でのナショナリズム運動，帝国の諸改革が，第一次世界大戦まで国際関係の主要な焦点の一つとなった。
＊　1848年革命
Ⅳ-17 側注1参照。
▷2　ドイツ騎士団
十字軍運動の中で12世紀末にパレスチナで設立された騎士修道会だが，13世紀にポーランド王の招聘を受けて，異教徒プロイセン人の征服・改宗に携わり，16世紀まで持続する騎士団国家を形成した。
＊　コンスタンティノープル
Ⅰ-31 側注1参照。
▷3　東西教会合同
西のローマ教会と東のコンスタンティノープル教会は1054年に互いを破門して分裂するが，1438〜39年のフェラーラ・フィレンツェ公会議で東方教会がローマ教皇の権威を認めることなどを条件とした東西合同の方針が示された。その後も東方教会全体としての合同は行われなかったが，16世紀末のポーランド，17世紀末のトランシルヴァニアで大規模な合同教会が成立したほか，東地中海各地でもローマ教皇の権威を認めて「ギリシア・カトリック」となる教会・信徒が出現した。

例えば，中世のハンガリーやボヘミアの国家成立は，キリスト教の受容と対になって論じられるが，それはヨーロッパの国際関係をキリスト教徒諸侯の間に限定する理解が前提となっているからである。しかし，中近世の国際関係は，キリスト教化前の部族・政治体やオスマン帝国など異教の国家をも包摂して機能していたのであり，それを見落とすべきでない。

国家に関しては，東欧の後進性の指標として，近世における君主権の弱体と絶対主義の未発達が指摘される。この理解の仕方は，中世の分権的な国家から絶対君主制による中央集権化を経て近代国家が成立するという発展段階を前提とするために生じる。しかし，複合国家論などによって西欧諸国家の集権度合いや絶対君主の絶対度合いに疑問が呈されていること，東欧の諸国家が近世を通じて身分制議会を発展させていたことを視野に入れると，そうした発展段階とは異なる，近代国家に至る多様な過程を考察できる。それは，近代のナショナリズムを西欧＝「市民的ナショナリズム」／東欧＝「民族的ナショナリズム」[4]と二分化して論じることの問題性を考える上でも重要であろう。

3. 経済的従属関係をめぐって　ヨーロッパの東西に関する3つめの論点は，西欧に対する東欧の経済的従属性である。中世末から近世にかけて，エルベ川を境とする東西で農業の発展と領主支配の型が二分化されていき，西では領主支配が弛緩して農民の自立性が高まり（グルントヘルシャフト），東では領主支配が強化され農民の農奴化が進展した（グーツヘルシャフト，再版農奴制）[5]とする理解である。ウォーラーステインの世界システム論における中心／周辺論（近代世界システムの形成は，15～16世紀頃から西欧が，東欧を食料供給地域として経済的に従属させていくプロセスが端緒となる）にも通じるこの東西二元論は，強い領主と弱い農民というセットが，東欧における都市化・工業化の遅れ，市民層の未発達，国家の弱体，つまり総じて「近代化の遅れ」の諸要素を包括して議論できる利点のゆえに，広く人口に膾炙してきた。しかし，近世以降に農業・畜産業生産物が西欧市場向けに飛躍的に増加したのは東欧の一部地域だったし，農民に対する領主の支配力が逆に弱まる地域もあったことからも指摘できるように，このような東西の対比は，西欧を理念化＝理想化してしまうだけでなく，東欧のみならず西欧自身も（そして世界の各地域も）内包している多様性を軽視・無視してしまうという落とし穴を有していることに意識的でなければならない。

歴史学的に考察するポイント

①ヨーロッパを歴史的に地域分けする基準は，東西以外にもあるだろうか。
②地域の区分けや相互の関係は，どのように生成・変容・終焉するのだろうか。
③先進と後進，中心と周辺を論じる基準は何であり，何を前提とするのだろうか。
④ヨーロッパ以外をも視野に入れると，どう位置づけが変わるだろうか。

▷4　**市民的ナショナリズムと民族的ナショナリズム**
ナショナリズム論の古典の一つである *The Idea of Nationalism*（NY，1944）においてハンス・コーンは，ナショナリズムを，西欧（仏英米など）で現れた合理的な自由意思に基づくリベラルなそれと，東欧（ドイツ以東）の非合理的で文化的・言語的同質性に基づくエスニックなそれに分類して説明し，その後のナショナリズム論でも広く応用された。Ⅳ-21 および Ⅳ-22 も参照。

▷5　**グルントヘルシャフトとグーツヘルシャフト**
ヨーロッパ農業二元論とも呼ばれるこの類型は，19世紀後半の経済史研究で指摘されて以来広く受け入れられた。前者では領主（地代領主＝グルントヘル）に対する農民の貢租が現物または貨幣で行われていたのに対し，後者では農民は領主（農場領主＝グーツヘル）の直営農場での賦役・強制労働を課せられていたとされる。Ⅱ-25 側注3および Ⅲ-1 側注1も参照。

参考文献
P・F・シュガーほか『東欧のナショナリズム』（東欧史研究会訳，刀水書房，1981年）。
W・レーゼナー『ヨーロッパの農民』（藤田幸一郎訳，平凡社，1995年）。
I・ウォーラーステイン『近代世界システムⅠ』（川北稔訳，名古屋大学出版会，2013年）。

9 ヨーロッパとオスマン帝国　　　黛　秋津

【関連項目：アケメネス朝ペルシアの表象と現実，十字軍，スペイン帝国論，主権／主権国家／主権国家体制，神聖ローマ帝国論，オリエンタリズムとポストコロニアリズム】

📖 史　実

　アナトリアで勃興し，14世紀にバルカン半島へ進出したオスマン国家は，1453年にはコンスタンティノープル*を征服して東ローマ帝国を滅亡させ，以後ここを拠点にアジア・アフリカ・ヨーロッパにまたがる巨大帝国に成長した。16世紀前半のスレイマン1世の時代には，オスマン帝国の存在は，ハプスブルク君主国をはじめとするヨーロッパ諸国にとって大いなる脅威となった。しかし16世紀後半以降ヨーロッパでの領土拡大はほぼ停止し，1683年の第二次ウィーン包囲を契機とする神聖同盟▷1との戦いに敗れた結果，1699年のカルロヴィッツ条約でハンガリーをはじめとする中欧の大規模な領土を失う。そして18世紀後半以降，ロシアに対して戦争で敗北を重ね，また西欧列強もオスマン帝国から様々な利権を得るなど，ヨーロッパ諸国の進出を受けた。オスマン帝国もこうした圧迫に対抗すべく近代化改革を行うものの力の差は埋まらず，19世紀以降激しくなった帝国内の民族運動の影響もあり，第一次世界大戦後に崩壊した。

⚔ 論　点

1. オスマン帝国とヨーロッパの力関係をめぐる議論

両者の力関係は，①オスマン帝国の絶対的優位の時期（16世紀前半），②オスマン帝国の優位の喪失期，③優位に立ったヨーロッパのオスマン帝国への進出期，という変遷をたどる。このうち①についてはほぼ議論の余地はないが，②と③の時期をめぐってはいくつかの議論が存在する。かつてのヨーロッパ側の学説の中には，②の時期をほとんど設けず，1571年のレパント海戦でのヨーロッパ側の勝利を，力関係の逆転とするものも多かった。しかし，この戦争でヨーロッパ側は，目的としていたキプロス奪回に失敗し，さらに17世紀末までオスマン側がわずかながら領土を拡大していることから，現在ではこのような見方は支持されていない。近年は，②の時期を16世紀後半から18世紀後半まで設定して，17世紀末を一つの区切りとする考え方が一般的であり，前半をオスマンの優位が緩やかに解消されていく時期，後半を両者の力の均衡がかろうじて保たれている時期と考える。また③については18世紀後半を，ヨーロッパ優位が明確になりオスマン帝国への列強の進出が本格化する転機と捉える。

2. 「東方問題」の始まりに関する議論

「東方問題」*とは，ヨーロッパ列強のオスマン帝国に対する優位が明らかとなった後，オスマン帝国の分割をめぐり列強間で現れた政治外交上の諸問題の総称である。この問題は長らく近代ヨーロッパ政治外交史における中心的な問題の一つとされ，これまで

＊　コンスタンティノープル
Ⅰ-31 側注1参照。

▷1　神聖同盟
1684年にローマ教皇インノケンティウス11世の呼びかけにより結成された対オスマン同盟。神聖ローマ帝国，ポーランド・リトアニア共和国，ヴェネツィア共和国から成り，1686年にロシア帝国が加わった。1699年のカルロヴィッツ条約をもって解消された。

＊　東方問題
Ⅲ-8 側注1参照。

に多くの研究がなされてきたが，この問題の始まりの時期設定についていくつかの見解が存在する。そのうち最も早い時期として17世紀末のカルロヴィッツ条約とする考え方があり，20世紀前半のイギリスの歴史家マリオットなどがこの見解を取る。しかしより多くの研究者は，ロシア・オスマン間の和平条約である1774年のキュチュク・カイナルジャ条約をその始まりと見なしている。この研究の嚆矢である19世紀のソレルは，1770年代のポーランド分割と同時に同条約を重視し，また20世紀半ばに活躍したヨーロッパ国際関係史研究者のM・S・アンダーソンも同様の見方をする。

３．オスマン帝国「衰退」論

一方，この問題は帝国の「衰退」をめぐる議論とも密接に関わる。従来の学説ではおおむね次のような説明がなされていた。スレイマン１世の時代以降，宮廷内ではハレムをも巻き込んだ権力闘争と腐敗が，また社会ではヨーロッパの「価格革命」の影響による帝国内でのインフレとそれに伴う**ティマール制**[2]の解体が進んだ。その結果，アナトリアで農民反乱が頻発するなど帝国は動揺し，また徴税請負制の導入などによりアナトリアやバルカンなどの各地方に有力者層が台頭した。彼らは政府の力を排除して地方に一円的な支配を敷き，こうした地方分権化が帝国の弱体化と衰退をもたらした。このような状況の中でヨーロッパとの力関係は逆転し，列強の進出を招いた。

しかし21世紀に入り，従来のオスマン「衰退」論に一石を投じる考え方が現れた。オスマン史研究者のテズジャンは，1580年から1826年までの時期を『第二のオスマン帝国』と名づけ，その前後の時期とは異なる政治社会的特徴を有していたと主張する。彼は，17〜18世紀の政治と社会の変化を，領土拡大の停止と貨幣経済の浸透への対応のために生じた，従来の家産的帝国から制度的帝国への移行の結果と捉え，これを「衰退」とする見方に異議を唱える。すなわち，オスマン帝国は衰退したのではなく，ヨーロッパの技術革新による発展の速度がオスマン側のそれを上回った結果，力関係の逆転が起こり，ヨーロッパとの比較において相対的に，オスマン社会の変容があたかも「衰退」のように捉えられた，ということになる。

▷2　ティマール制
オスマン帝国における封土制。ティマールとは，封土のうちの多くを占める最小の広さの封土を指し，スィパーヒと呼ばれる騎士は政府よりその徴税権のみが付与され，それと引き換えに軍役の義務を負った。17世紀頃から次第に形骸化したが，制度的には19世紀まで存続した。

参考文献

鈴木董『オスマン帝国』（講談社現代新書，1992年）。

新井政美『オスマンvs.ヨーロッパ』（講談社選書メチエ，2002年）。

河野淳『ハプスブルクとオスマン帝国』（講談社選書メチエ，2010年）。

歴史学的に考察するポイント

①オスマン帝国とヨーロッパ諸国との力関係が変化した背景は何か。

②「東方問題」という問題設定の有効性と限界は何か。

③16〜18世紀のオスマン帝国の変容は「衰退」なのか，そうではないのか。

10 人文主義／文芸共和国

小山　哲

【関連項目：キリスト教の拡大，カロリング・ルネサンス，12世紀ルネサンス，イタリア・ルネサンス，レス・プブリカ，宗教改革／対抗宗教改革論，科学革命，啓蒙主義】

📖 史　実

「人文主義」とは，ルネサンスの時代に，古典的な文献を，カトリック教会の伝統的な権威にとらわれずに原典に立ち返って読み直し，批判的に研究し，新しい解釈を行うような知識人の姿勢や知的な潮流を指す。人文主義者が研究の対象とした文献には，古代ギリシア・ローマの古典だけでなく，聖書をはじめとするユダヤ・キリスト教の成立に関わるテキストも含まれていた。14世紀のイタリアで始まったこの新しい知的運動は，15世紀後半から16世紀にかけて，アルプス以北の諸地域にも拡大していった。人文主義者たちは，ラテン語[*]を共通語として，政治や宗派の境界を越えて互いに交流した。こうして形成された近世ヨーロッパの知識人のネットワークを「文芸共和国」と呼ぶ。

⚔️ 論　点

1. どのような点で新しかったのか　ギリシア・ローマの古典は，14世紀以前の時代においても，知られていなかったわけではない。「カロリング・ルネサンス」や「12世紀ルネサンス」のように，中世を通じて古典復興の波は繰り返し見られる。とすれば，14世紀以降の知的な運動には，それ以前の古典の復興とは異なる新しい特徴が認められるのだろうか。この問題をめぐってしばしば指摘されるのは，14世紀以降の古典の読解に見られる人間中心的な傾向である。人文主義の原語にあたる「ヒューマニズム[▷1]」（humanism）は19世紀に創られた単語だが，「フマニタスの研究」（studia humanitatis）という表現は，ブルーニ（1370〜1444年）のような当時の知識人がすでに用いている。教会の権威から離れて自由に研究することで，埋もれていた古典が発掘され，既知の文献も新たな視点から再解釈された。このような古典の批判的研究を通して人間性（フマニタス）の存在意義を探求した点に，この時期の知的運動の新しさがあったと考えるのである。しかし，中世の知識人が人間性を単純に否定していたとはいえないし，ルネサンスの知識人の多くは，彼ら自身の主観においては敬虔なキリスト教徒でもあった。他方で，聖書や教父[*]の著作の文献学的研究が宗教改革の前提を作ったともいえる。中世の古典復興と人文主義との関係，人文主義とキリスト教との関係については，今後も議論が続けられることであろう。

2. 何が文芸共和国の形成を可能にしたのか　文芸共和国の成立を可能にした要因の一つは，知識人の共通語としてのラテン語の存在である。ラテン語による文芸共和国（respublica litteraria）という表現は，15世紀から人文主義者によって用いられた。近世の後半になるとラテン語に代わってフランス語が

---

* ラテン語
Ⅱ-28 側注1参照。

▷1 ヒューマニズム
人間を人間たらしめる性格（人間性）を重視する思想。本文で記された人文主義のほかにも，17〜18世紀の英仏を中心に普遍的人間性を求めた市民的ヒューマニズム，18〜19世紀に人間の自己救済を目指したドイツ人文主義，資本主義で疎外された人間性の回復を目指した社会主義的ヒューマニズムなど，様々な形態が見られた。

* 教　父
Ⅰ-19 側注2および Ⅱ-2 側注2参照。

知識人の共通語となり，文芸共和国もフランス語で République des Lettres と表記されるようになる。この概念の日本語訳は，「文芸共和国」の他に「学芸共和国」「学問の共和国」「書物の共和国」など一定していないが，いずれにせよ，ここでの「文芸・学芸」は，詩や小説や戯曲などの文学作品と学術的著作や科学的論考をともに含む，広い意味での知的な探求と創造の成果を指している。人文主義者たちは，互いに訪問し合い，著作を読み合い，書簡をやり取りして議論した。このような交流を可能にした背景として，15世紀後半から**活版印刷術**が普及▷2し，書物が商品として広範に流通したこと（印刷革命），16世紀から郵便が徐々に整備されて機能し始めたこと，中世以来の大学に加えて学術協会やアカデミーなどの知的活動の拠点が形成されたことなど，メディア史や科学史・学問史との関連も重要である。

3. 文芸共和国は何をもたらしたのか　ポーランドの歴史家ポミアンは，近世という「絶え間のない戦争と宗教をめぐる暴力の時代」に文芸共和国によってヨーロッパの文化的統一が実現されたと指摘している。国家や宗派の境界を越えて，大西洋岸から東中欧にかけての空間が情報のネットワークによって結ばれたのである。文芸共和国の時代は，ヨーロッパがその外部へと勢力を拡大していった時代でもあった。海外で布教するイエズス会士の報告や，東インド会社の通信網などを介して，文芸共和国の情報ネットワークはヨーロッパ外の空間とも接続していた。イギリスの歴史家バークは，「知識の社会史」という視点から，近世に生じた「情報経済」の変革について論じている。人文主義だけでなく，17世紀の科学革命や18世紀の啓蒙主義も近世に形成された知識の体系と情報のネットワークの存在を背景としていた。他方で，文芸共和国は，万人に平等に開かれていたわけではない。共通語の運用能力，身分，ジェンダーなどの要因によって，情報の回路にアクセスできるかどうかは大きく左右された。その意味では，文芸共和国もまた，近世の身分制社会の構造に根ざした現象であったともいえる。

▷2　活版印刷術
活字を並べた組版による凸版印刷。版木に文章を彫りこむ木版印刷は唐代の中国で始まり，粘土製の活字の印刷は宋代に，金属製の活字の印刷は13世紀の高麗で実現されていたと言われる。ヨーロッパでの活版印刷は15世紀半ば頃にマインツのグーテンベルクにより創始されたと言われ，その独占が崩れると急速に普及した。

（参考文献）
ピーター・バーク『知識の社会史——知と情報はいかにして商品化したか』（井山弘幸・城戸淳訳，新曜社，2004年）。
ピーター・バーク『ルネサンス』（ヨーロッパ史入門）（亀長洋子訳，岩波書店，2005年）。
H・ボーツ，F・ヴァケ『学問の共和国』（池端次郎・田村滋男訳，知泉書館，2015年）。

歴史学的に考察するポイント
①古典の研究から，どのようにして新しい知的変革が生じたのか。
②古代から近代までの各時代に，聖書はどのような言語で読まれてきたのか。
③文芸共和国に参加できなかったのは，どのような人々だろうか。
④私たちは「グローバルな文芸共和国」に生きているといえるだろうか。

11 レス・プブリカ

中澤達哉

【関連項目：ローマ共和政の本質とアウグストゥス，中世初期国家論，イタリア・ルネサンス，人文主義／文芸共和国，主権／主権国家／主権国家体制，啓蒙主義，アメリカ革命】

 史　実

英語の republic の語源は，ラテン語の res publica（レス・プブリカ）である。レス・プブリカとは文字通り，「公のもの」という意味である。この語は，紀元前509年に王政ローマのタルクィニウス・スペルブスが追放された後の新体制を指す概念として登場した。それが Res publica Romana，すなわち「ローマ共和政」ないし「ローマ共和国」である。共和政下の政治家キケロ*は，著書『国家論』において，レス・プブリカとは人民（populus）のものであり，法への合意の下，公共善が実現されている国家のことであるとした。ルネサンス期のマキャヴェッリは，1517年の『ローマ史論』において，レス・プブリカを人民にとっての「幸福の国」と形容した。共和政・共和国と訳されるレス・プブリカは，以後，近現代に至るまで，各国・各地域の政治的現実に呼応しながら，その意味内容を変化させ，漸次的に発展していくのである。

* **キケロ**
Ⅰ-25 側注1参照。

論　点

1. 市民的人文主義のレス・プブリカ　近世史家バロンは，都市自治型のフィレンツェと君主政型のミラノとを比較の上で，ローマ共和政に類する政治的自由の理想を追求し守ろうとするフィレンツェの「徳」ある市民による政治参加の実践を，「市民的人文主義」と形容した。イタリア・ルネサンス期の市民的人文主義に基づき近世の「共和主義」が誕生した，との従来の把握はこうして成立したのである。国境を越えて市民が躍動する場としての文芸共和国（respublica litteraria）は，市民的人文主義のレス・プブリカの系譜に連なる。

バロンと同様，共和主義の源流をフィレンツェの市民的人文主義に見るポーコックは，著書『マキャベリアン・モーメント』において，市民的人文主義がマキャヴェッリの『ローマ史論』を通じてイングランド，さらに大西洋を超えてアメリカに到達したと述べ，人文主義から啓蒙思想へと至る共和主義の「大西洋的伝統」の存在を指摘した。ファン゠ゲルデレンとスキナーも同様の認識のうえに立っている。かれらは，パーマーの「環大西洋革命」論および「民衆政革命」論を思想史的に補強したものといえる。また，アーレントに見るように，政治学も市民的人文主義のレス・プブリカ理解の影響を受けている。

2. 君主政（選挙王政）のレス・プブリカ　とはいえ，市民的人文主義に特化したレス・プブリカ理解は一面的でもある。そもそもマキャヴェッリによれば，「幸福の国」レス・プブリカは君主政・貴族政・民衆政のどれを通じても実現しうる。ただ専制とだけは相容れない。理想は上記3つの混合政体であ

り，その実例はローマ共和政，スパルタ，ヴェネツィアなどの，君主や統治者を選挙によって選んだ国家だった。かのキケロもまた，長期的には「一人支配の王政」，「少数者支配の貴族政」，「多数者支配の民衆政」の混合政体，すなわち選挙制が望ましいと結論していた。混合政体として選挙王政が最適であるとの意味合い，つまりレス・プブリカは君主政と両立するという古典古代の理解は，マキァヴェッリを通じて，ルネサンス期のヨーロッパ，とくに中・東欧に「王のいる共和政」論として浸透していたのである。

　実際に，1955年のローマ国際歴史学会議で，ポーランドの歴史家レシノドルスキがパーマーの西欧・北米偏重の環大西洋革命論に反駁を加え，ポーランドとハンガリーへの拡張を主張した。オパリンスキは，市民的人文主義の概念を援用しつつも，都市ではなく領域国家の共和主義の水脈として，選挙王政下のポーランド＝リトアニア共和国における貴族共和政を論じた。近年，スキナーも，君主政のレス・プブリカに着目するなど，ケンブリッジ学派にもポーコックと異なる多様な潮流が存在している。

3. 君主政（世襲王政）のレス・プブリカ　ところで，カール大帝のカロリング朝は，キリスト教的神権政治に基づく「一人支配」の世襲王国であった。その基盤となったのは，ローマ帝政の**神寵帝理念**のほか，旧約聖書のヘブライ王権や新約聖書の神権政治の像である。だが，何より留意すべきは，カロリング朝の世襲王政も当時，レス・プブリカの一形態と認識されたという事実である。このレス・プブリカは，選出行為を通じて民意を介在させるローマ共和政のレス・プブリカと明らかに異なった。他の政体と混合しない純粋な「一人支配」のもとでも公共善を実現できるとする世襲王政の成立はやがて，近世西欧においてボシュエやフィルマーの**王権神授説**，ボダンやホッブズの主権論にインスピレーションを与えることになる。

　カントロヴィッチの『王の二つの身体』における王朝の威厳と連続性や，ハーバーマスの『公共性の構造転換』で展開された（国王の身体が公的秩序を体現するという）「代表具現公共圏」論は，結果的にこの「一人支配」のレス・プブリカの存在を指摘するものとなった。

　さて，私たち現代人は，君主政と共和政を両立しない／対立するものとして考えてしまいがちである。しかし，そもそも共和国／共和政とはレス・プブリカ（公けのもの／幸福の国）の訳語であることを念頭に置くとき，近世史のみならず西洋史全体をみる私たちの視野は格段に広がるのである。

歴史学的に考察するポイント

①バロン，ポーコック，パーマーの問題意識と解釈は今でも妥当か。

②西欧，北米，中・東欧以外では，いかなるレス・プブリカ論が展開されたか。

③フランス革命以後の「王のいない共和政」の歴史的意味は何か。

▷1　神寵帝理念
帝政ローマ期パレスチナ・カイザリアの司教エウセビオスは，著書『コンスタンティヌスの生涯』を著し，皇帝は神によって選ばれるだけでなく，神の恩寵を受ける存在であるとする神寵帝理念を定式化した。この理念はのちに専制君主政期の皇帝権を支える論拠となった。

▷2　王権神授説
王権を神からの直接的な付与と捉え，それゆえに王権は神に対してのみ責任を負うのであって，人民にも教皇にも皇帝にもいっさい拘束されないとする政治思想である。この思想はのちに教皇の権威からの王権の独立，人民に対する絶対支配の論拠とされた。

（参考文献）
エルンスト・H・カントロヴィッチ『王の二つの身体——中世政治神学研究』（小林公夫訳，平凡社，1992年）。
ユルゲン・ハーバーマス『公共性の構造転換——市民社会の一カテゴリーについての探究　第二版』（細谷貞雄・山田正行訳，未来社，1994年）。
ジョン・A・ポーコック『マキャベリアン・モーメント——フィレンツェの政治思想と大西洋圏の共和主義の伝統』（田中秀夫・奥田敬・森岡邦泰訳，名古屋大学出版会，2008年）。
クエンティン・スキナー『近代政治思想の基礎——ルネッサンス・宗教改革の時代』（門間都喜郎訳，春風社，2009年）。

12 主権／主権国家／主権国家体制　古谷大輔

【関連項目：近代国家生成論，14世紀の危機，レス・プブリカ，複合国家／複合君主政／礫岩国家，アンシャン・レジーム論，17世紀の危機，三十年戦争，啓蒙主義，ウィルソンとアメリカ国際主義，欧州統合】

📖 史実

　ヨーロッパでは，およそ14世紀以降，農業危機や黒死病の流行などを背景に教皇と皇帝の普遍的権威が失墜しつつあった。これに伴い各地で住民らが自らの権利を求めて内乱をおこす一方，一部の君主は混乱に乗じて複数地域に影響力を発揮し，身分・地域・言語の差異にとらわれない超越的な権力を築こうとした。16世紀以降，現実の諸問題に対応できる権力のあり方について考察する主権論が登場し，住民を統べる法の命令者として君主に最高権力が認められ，その適用範囲を「領域」とする発想も生まれ，実際の主権国家の形成が進んだ。戦争と平和は主権者の専権事項とされ，1648年のウェストファリア条約に象徴される条約群に基づく国際関係——主権国家体制——も構築された。やがて主権をほぼアプリオリに君主に認める社会から，住民の合意によって特定の主権者に与える社会へと置き換える可能性が構想される。アメリカ革命やフランス革命などを通じて人民を主権者とする国家が実現され，対内的には人民主権，対外的には主権国家の不可侵を骨子とする世界が築かれていった。

⚔️🛡 論点

1．創られた主権論　主権とは，頻発する宗教内乱や戦争といった課題に直面した16世紀以降の学識者が，「公共善」を実現するために錬成した概念である。フランスの法学者ボダンが主権を「国家の最高権力」として以来，主権論は住民を統べる絶対的意義を国家に与えてきた。国家の存在理由を論じた「国家理性」論では，君主も住民も拘束される法共同体というヨーロッパで歴史的に育まれてきた政治秩序理解に基づきつつも，次第に主権者の命令に住民が包摂される一元的な国家観が強化された。目指される理想であった主権はこうして一人歩きを始めた。

　君主＝主権者論は，啓蒙の18世紀に，住民の合意を重視する社会契約論に立脚した人民主権論へと置き換えられていく。19世紀は，イギリスの議会主権やドイツの国家法人など，地域ごとの個性に従う国家統治が整序された時代だが，この頃確立した近代歴史学は，国家統治に関わる同時代的課題をにらみつつ，主権国家や主権国家体制の来歴を主たる実証研究の対象とした。しかしそれらの分析は，国家が一元的に住民を統治する国家観を暗黙の了解としていた。

2．近世国家の実像　20世紀になると，住民一人ひとりが，一方的に国家の支配を被るのではなく，多様な社会集団を介して権力を行使する存在でもあったことが発見され，近世由来の一元的国家観を前提とした主権論

▷1　**国家理性**
国家や国制の維持を最高の目的としながら，その実現には宗教や倫理などを犠牲にすることも辞さないとする思想。近世には国家理性は君主や王権により体現されたが，近代の国民国家では国益という観点から国家の必要性を説く場合に想定されている。

の再考が促された。ブルンナーやコンツェらドイツの構造史研究者や，これに刺激された成瀬治や村上淳一ら日本の国制史研究者は，主権論を批判し，近世の独特な政治秩序を，中世に来歴をもつ身分集団が独自の権利を議論する中で築かれた身分制国家として論じた。

　一元的国家観を前提に「初期近代」の主権国家と見なされてきた絶対王政も，日常に潜む多様な権力を分析する社会史や民衆史の進展を受けて，諸社会集団の権力関係が錯綜するアリーナだと目されるようになった。ムーニエの農村史やマンドルーらの心性史に触発された二宮宏之は，フランス絶対王政の実態を，日常レベルで自生した社会的結合*の網の目に即して実現された社団的編成の観点から論じた。中世以来の来歴をもつ諸社会集団が自発的に権力を行使しながら，君主と政治共同体の統治を実現し，既存の政治秩序に変動をもたらした政治社会の姿は，主権国家論が前提とした「領域」という発想にも再考を促す。主権論の創造を一つの契機に「初期近代」として語られてきた近世は，これら批判的議論を通じて中世や近代とは異なる時代として理解されるに至った。

3. 神話としての主権国家体制　20世紀後半以降，主権国家体制と呼ばれた国際秩序の形成も再検討されている。従来，主権国家体制論において，住民に対して絶対的権力をふるう主権者の所掌する領域を範囲とした主権国家は，相互に水平的な外交関係を築いたと理解されてきた。しかし近年，政治共同体に制約された君主権力や，国と国の境界を越えて連帯する政治共同体の姿が明らかにされている。

　ボーラック，オヅィアンダー，テシィケらは，君主による統治が進んだ近世国家が，実際には中世以来の封建関係を基盤とする家産的権利の網の目に拘束された存在であると主張する。長らく主権国家体制確立の画期とされた1648年以降のウェストファリア体制も，古来の領主や都市の諸権利を追認した不均質な関係だったと論じる。明石欽司は，従来の主権国家体制の解釈が外交条約を実定法として理解しようとした18世紀以降の国際法研究の中で創造されたのだと指摘する。これらは「ウェストファリア神話」批判として知られ，一元的国家観のような後世の観点を過去に投影する姿勢に警鐘を鳴らしている。

* 社会的結合
Ⅲ-19 側注2参照。

▷2 家産
家族の共同生活や家業を経営するうえで必要となり，家長の管理下にある財産を指す。君主から見れば家産は自らの領地経営を通じた支配の基盤となるため，国家も君主の私的な財産と見る「家産国家」という考え方が19世紀に登場した。Ⅱ-1 側注1およびⅢ-17 側注1も参照。

参考文献
吉岡昭彦・成瀬治編『近代国家形成の諸問題』（木鐸社，1979年）。
ベンノ・テシィケ『近代国家体系の形成——ウェストファリアの神話』（君塚直隆訳，桜井書店，2008年）。
近藤和彦『近世ヨーロッパ』（世界史リブレット，山川出版社，2018年）。

― 歴史学的に考察するポイント ―
①主権は，16世紀以降どのような課題に対応すべく議論されてきただろうか。
②従来の主権理解により，近世ヨーロッパの実態はどのように歪曲されたか。
③今日の私たちが暮らしているのは「主権国家」であると言えるのか。

13 宗教改革／対抗宗教改革論

塚本栄美子

【関連項目：中世都市成立論，教会改革，13世紀の司牧革命，資本主義論，人文主義／文芸共和国，宗派化，神聖ローマ帝国論，三十年戦争】

 史　実

　宗教改革は，1517年ルターが贖宥状の効力に疑義を唱えるべく「95カ条の論題」を発表したことに始まる。「聖書主義」「信仰義認」▷1「万人祭司」▷2を基本とする彼の考えは，活版印刷*や説教師たちによって広められ，各地で宗教改革運動を引き起こした。1524年のドイツ農民戦争はその頂点ともいえる。一方，聖俗の権力者であった教皇や神聖ローマ皇帝は，既存の秩序を維持すべくルターらに厳しい態度をとった。だが，宗教改革が政治化する中で，改革者支持の諸侯らは，1529年「プロテスタント」の由来となる抗議を行うなど皇帝らと対立した。両者の対立は，1555年アウクスブルクの宗教和議によりルター派も容認されることでひとまず決着がつくが，政治・社会を巻き込んだ混乱はその後も続いた。こうした事態に，カトリック教会は，トレント（トリエント）公会議（1545～63年）を通じて，教皇の至上権とカトリックの根幹に関わる教義を再確認し，宗教裁判所の設置や禁書目録の作成により異端取り締まりを強化した。こうした態勢立て直しの動きを「対抗宗教改革」という。

論　点

1. 宗教改革へのまなざし ──断絶と連続

　宗教改革は，キリスト教共同体としての中世ヨーロッパ社会を崩壊させ近代社会を招来したとして，20世紀のある時点まで「近代化」とともに語られてきた。プロテスタンティズムにその推進力を見たヴェーバー*や，宗教改革と農民戦争に「初期市民革命」を見たマルクス主義*的な歴史家らはその代表である。

　だが，1960年代以降，こうした「断絶」を前提とする議論に対して，中世との連続性にも着目した研究が登場する。中でも，原理的に平等な構成員が「自由と自治」を守ろうとした中世来の都市共同体と宗教改革思想の親和性を明らかにしたメラーの『帝国都市と宗教改革』（1962年）の影響は大きい。彼の議論を農村共同体にまで拡大したブリックレも，1300年から1800年に至る長期的な視座にたって平民を担い手とする共同体主義論を構築している。

　こうした研究は，ツヴィングリやブツァー，再洗礼派▷3などルター以外の宗教改革への関心を喚起した。と同時に，識字を前提としない視覚（大判の一枚絵など）や聴覚（説教や讃美歌など）に訴えるメディアの役割や，慈善・社会福祉のあり方，家庭内での女性の地位など社会史的な研究を促し，「様々な宗教改革」研究の地平を拓いた。

▷1　信仰義認
カトリックでは，人が神から罪の許しを認めてもらうには，教会の認める善行を積む必要があった。これに対しルターは，救いはそもそも神からの一方的な恵みによるものであり，キリストの贖いを信じるだけで十分であるとした。

▷2　万人祭司
カトリックにおいては，聖職者と一般信徒とは明確に区別され，前者に優位性が認められた。これに対しルターは，神の前ではこうした区別なくキリスト教徒はみな平等であるとした。

*　活版印刷
Ⅲ-10 側注2参照。

*　ヴェーバー
Ⅰ-23 側注3および Ⅴ-12 側注3参照。

*　マルクス主義
Ⅴ-24 側注2参照。

▷3　再洗礼派
その名は，幼児洗礼を否定し信仰の自覚に基づく成人洗礼を行ったことに由来する。彼らは，徹底した聖書主義で急進的な改革をも辞さなかったため，カトリックはもちろん宗教改革主流派からも厳しく弾圧・迫害された。

2. 「対抗」ではない，自発性と独自性を求めて

「対抗宗教改革」という語を時代概念として用いたのは，プロイセンの歴史家ランケであった。宗教改革を前提としたカトリックのリアクションという含意の強いこの語は，宗教改革と近代化を結びつける議論も手伝って「宗教改革 vs 対抗宗教改革」という二項対立的な見方を助長した。

こうした傾向に疑義を唱えたのが，宗教改革に先立つカトリック教会内部の自己改革運動に目を向けた，マウレンブレッヒャの『カトリック改革（katholische Reformation）の歴史』（1880年）である。彼の視点を引き継いだイェディンは『カトリック改革（Reform）か対抗宗教改革か』（1946年）の中で，中世来の自己改革の動きを宗教改革（Reformation）と区別すべく Reform で表し，宗教改革の反動で生じた改革には対抗宗教改革という語を残した。これにより，中世後期から近世のカトリック改革の自発性と独自性を表出したのである。

続いて注目すべきは，ドリュモーが『ルターとヴォルテールの間のカトリシズム』（1971年）で，あえて「対抗宗教改革」と「カトリック改革」の両用語を使わずに「近世カトリシズム」を叙述した試みである。これを受けて1990年代にはJ・W・オマリーが「改革」に縛られない視点のメリットから「近世カトリシズム」を時代概念として採用し，広く受け入れられた。

3. 類似点へのまなざし，長い宗教改革，複数形の宗教改革

ドイツ語圏では，もう一つ別の角度から「対抗宗教改革」が見直された。20世紀中頃ツェーデンが，各宗派教会の形成に見られた類似性に目を向けたことがきっかけである。これに棹さしたのが，シリングの「宗派化」論である。宗派化とは，カトリック，ルター派，カルヴァン派という主要宗派がそれぞれ当局に受容され，それに基づき信仰・教会制度，国家・社会制度，人々の日常生活や心性までもが組み替えられた過程を意味する。そこで問題とされたのは，一連の経緯と影響の類似性であった。結果として，相違点を強調する「対抗宗教改革」なる語は「カトリックによる宗派化」に取って代わられた。

また，宗派化研究は，16世紀前半に集中していた宗教改革史研究に「長い16世紀」を意識させ，中世後期から17，18世紀までを射程に入れた「長い宗教改革」という視座を提供した。もちろん，宗派化論にも批判は多く，その一つに，官憲から認められなかった宗派への考察が欠落している点がある。こうした反省は，「様々な宗教改革」とともに，「カトリックの宗教改革」も含めた「複数形の宗教改革」という叙述を促し，我々を目的論的な議論から解放した。

歴史学的に考察するポイント

①宗教改革はいつ始まりいつ終わるのか。
②宗教改革は「長い中世」の終わりか，それとも「近代の始まり」か。
③カトリック教会は共同体主義の流れにどのようなスタンスをとったのか。

（参考文献）

P・ブリックレ『ドイツの臣民——平民，共同体，国家　1300〜1800年』（服部良久訳，ミネルヴァ書房，1990年）。

R・W・スクリブナー，C・スコット・ディクソン『ヨーロッパ史入門　ドイツ宗教改革』（森田安一訳，岩波書店，2009年）。

A・プロスペリ『トレント公会議——その歴史への手引き』（大西克典訳，知泉書館，2017年）。

14 宗派化

高津秀之

【関連項目：古代の宗教３：国家と宗教，中世都市成立論，主権／主権国家／主権国家体制，宗教改革／対抗宗教改革論，社会的規律化，複合国家／複合君主政／礫岩国家，神聖ローマ帝国論，三十年戦争】

史　実

1517年のルターの「95カ条の論題」の発表から半世紀のうちに，ヨーロッパの「キリスト教共同体」は，複数の宗派に分裂していく。プロテスタントの教義は，ルター派の「アウクスブルクの信仰告白」（1530年）などの信仰告白▷1によって規定された。カトリック教会も，トリエント公会議（1545〜63年）後の「トリエント信仰宣言」（1564年）によって，プロテスタントに対抗する宗派教会としての性格を強めた。

各宗派は信仰の普遍性を主張して独自の教義や制度を確立していく。この「宗派化」（Konfessionalisierung）を通じて，宗派ごとの統合が進められた一方，宗派内の意見対立が顕在化し，ルター派の厳正ルター派とフィリップ派▷2の争いなどが起こった。また宗派間の対立も激化し，フランスでは聖バルテルミの虐殺（1572年）のような事件が起こった。神聖ローマ帝国では，1555年のアウクスブルク宗教和議によって「一人の支配者のいるところ，一つの宗教」の原則が確立し，宗派的分裂が決定的となった。やがてその一地域のボヘミアで，三十年戦争が勃発する。この戦乱の中で，「宗派の時代」は過ぎていった。1648年のウェストファリア条約の締結後，荒廃したヨーロッパは，信仰ではなく国家理性*を指導原理とする主権国家が鎬を削る政治空間として，再生を果たすことになる。

論　点

1. シリングの宗派化論とその例外　1980年代，シリングは，宗派化における支配者たちの役割を強調するとともに，近世における宗派化と主権国家の発展との関連を論じて画期的であった。支配者は教会条令を定め，教会巡察を実施した。聖職者や俗人の巡察官が聞き取り調査を行い，聖職者の能力や信徒の生活態度，教会や学校，救貧施設の運営実態を把握し，必要に応じて指導した。聖職者は官僚機構に組み込まれ，教会だけでなく，教育や婚姻，貧民救済の問題にも関わった。聖職者の養成機関として大学が創設され，奨学金などの制度が整備された。こうして進行した被支配者の信仰の画一化は，支配者の権力の深化・拡大に寄与したのである。

しかし，シリングの図式が当てはまらない地域も多い。フランス王アンリ４世は1598年にナント王令を発してプロテスタント信仰を容認して王国の平和を回復したし，ハンガリー，ポーランドなどの東欧地域でも複数宗派が共存する事例が多く見られる。シリングが自説のよりどころとした帝国のルター派地域でも，支配者の思惑通りにいかないことがあった。

▷1　**信仰告白**
元来は罪を告白する（confess）ことを意味したが，宗教改革期にはプロテスタント諸宗派の信仰原理・教義を定めた文書を意味するようになった。「アウクスブルク信仰告白」以外にも，「四都市信仰告白」（1530年）や「スイス信仰告白」（1536年）などがある。

▷2　**フィリップ派**
フィリップ・メランヒトンを支持するルター派内部の穏健派。聖書が明確にしていない「重要でない事項」（Adiaphora）に対する判断を保留して「仮信条協定」（1548年）への妥協を図るなど宗派間の融和を目指し，救済における自由意志の意義を一定程度認め，聖餐論についても妥協的な説を主張するなどして，厳正ルター派と対立した。

*　**国家理性**
Ⅲ-12 側注１参照。

2．宗派化の内実　宗派的アイデンティティは教会儀式の実践を通じて強められるため，人々は規則正しく教会に通うように指導された。カトリックは聖母崇拝や聖人崇敬の意義を強調するとともに聖体行列などの行事を重視し，プロテスタントは言葉による祈りを重視した。賛美歌や宗教劇は教義を教えるためだけでなく，信徒の一体感を高めるために活用された。学校や家庭でも，**教理問答書**◁3を用いた信仰教育が行われた。他宗派を批判し，自宗派の優越性や正当性を強調した印刷物も流布した。クラーナハの描いた「キリストの受難とアンチキリストの受難」（1521年）や，対立する宗教改革者を風刺した「M・ルターの解剖」（1567年頃）などである。カトリック教会の祭壇には，ルーベンスなどバロック期の画家によって，聖母や聖人，異端を滅ぼす大天使ミカエルが描かれた。宗派的アイデンティティのよりどころとして歴史の共有も図られ，イングランドの宗教改革者フォックスは『殉教者列伝』を，オランダの再洗礼派ファン・ブラフトは『殉教者の鑑』を著した。また，1517年10月31日の「修道士ルターが「95ヵ条の論題」をヴィッテンベルクの城教会の扉に掲示した」という真偽不明の出来事は，記念行事を通じて人々の記憶に刻印された。

　しかし，こうした教育や宣伝の効果を疑問視する説もある。効果の程度は都市と農村など社会環境の違いに左右されたし，信徒が受け入れない場合は限定的であった。そもそも信徒の多くは形式的に宗派に所属するのみで，宗教問題に無関心であったとするのである。

3．寛容と個人主義　宗派化が不徹底である場合，宗派の異なる人々が隣り合わせに暮らすことになった。彼らは好むと好まざるとにかかわらず，カプランのいう「寛容」について実地に学ぶことになる。異宗派間の交流があり，異なる宗派の男女が結婚することもあった。カトリックとルター派の市民がいた帝国都市アウクスブルクでは，異宗派婚は稀ではなく，夫婦どちらかが相手の宗派に改宗する場合もあった。

　多宗派社会には多数派と少数派が存在したが，後者は前者からの差別や迫害にさらされ，しばしば亡命を余儀なくされた。カルヴァン派の都市ジュネーヴには，「異端に汚染された都市」ルッカからの亡命者をはじめとするイタリア人の集団がいた。差別や迫害を恐れ，自らの信仰を偽る人々もいた（ニコデミズム）。「長い中世」という歴史観を提唱するル＝ゴフのように，宗教改革と宗派化を中世からの発展の中に位置づける研究者もいる一方で，こうした宗派化のもたらす対立や葛藤，疎外感の中から「個」としての存在を意識せざるをえなくなり，近代的な自我，個人主義が誕生したとして，その画期的意義を強調する意見も出てきている。

┌─ **歴史学的に考察するポイント** ─────────────
│　①宗派化が近世的な主権国家の確立に果たした役割はどのようなものだったか。
│　②宗派化はいかにして，またどの程度まで達成されたのか。
│　③宗派化と寛容思想，個人主義との関係はどのようなものだったか。
└─────────────────────────────

▷3　**教理問答書**
信仰教育である教理問答（Katechismus）は，宗教改革以前から実施されてきたが，これを重視したルターは，1529年に『小教理問答』，『大教理問答』を出版した。以後，キリスト教信仰の諸問題を問答形式で説明する教科書が宗教改革者たちによって著された。

（参考文献）
中村賢二郎『宗教改革と国家』（ミネルヴァ書房，1976年）。
塚本栄美子「16世紀後半ブランデンブルク選定侯領における「信仰統一化」——教会巡察を中心に」『西洋史学』171号，1993年。
リヒャルト・ファン・デュルメン『近世の文化と日常生活3　宗教，魔術，啓蒙主義——16世紀から18世紀まで』（佐藤正樹訳，鳥影社，1998年）。
永田諒一『ドイツ近世の社会と教会——宗教改革と信仰派対立の時代』（ミネルヴァ書房，2000年）。
踊共二「宗派化論——ヨーロッパ近世史のキーコンセプト」『武蔵大学人文学会雑誌』42巻3・4号，2011年。
蝶野立彦『十六世紀ドイツにおける宗教紛争と言論統制——神学者たちの言論活動と皇帝・諸侯・都市』（彩流社，2014年）。

15 社会的規律化

鈴 木 直 志

【関連項目：13世紀の司牧革命，儀礼とコミュニケーション，宗教改革／対抗宗教改革論，宗派化，三十年戦争，財政軍事国家論，啓蒙改革／啓蒙絶対主義，植民地と近代／西洋】

▷1　新ストア主義
1600年前後のネーデルラントで，ユストゥス・リプシウスら古典文献学者によって推進された精神運動。その国家哲学や政治思想は，恒心や規律，禁欲などの古代ローマのストア哲学に基づくもので，ヨーロッパ諸国に広く受容された。

▷2　ポリツァイ条令
ポリツァイ（近世においては「よき秩序，よき社会状態」を指す。19世紀以降に「警察」という狭い意味になる）を目指す法。帝国や領邦，都市の当局が，公共の福祉の増進を目的にして発した法命令で，例えばラント条令や鉱山令などがそれである。

 史　実

　中世社会がほころぶ中，またとりわけ宗教改革に伴う激しい戦乱が続く中，ヨーロッパでは命令＝服従関係に基づく新しい秩序が強く求められるようになった。憎悪や残虐が荒れ狂う戦争状態を終わらせるために，厳格な秩序を樹立して，諸悪の根源たる人間の倫理的弱さを克服しようとしたのである。古代ローマの中にその解決策を見出した**新ストア主義**▷1は，強力な国家と社会の規律化の必要性を説き，大いに注目された。社会的規律化は，こうした社会的要請を受けて誕生した絶対主義国家により推進されたものである。初めに規律化されたのは，この新しい世俗的政治秩序の指導層（君主，官僚，将校など）であった。君主は起床から就寝に至るまで厳格に規定された日常生活を送り，常備軍は命令＝服従関係が最も徹底した規律の訓練場となった。指導層に普及した規律はやがて社会の隅々まで行き渡る。その主な媒体となったのが，あらゆる生活領域に細かな規範を定めた**ポリツァイ条令**▷2である。浮浪人や乞食などの社会的周縁の者には労働刑や矯正院を通じて規律が強いられた。規律や服従を重んじる行動様式と思考は，こうして社会全体に浸透していったのである。

論　点

1. 近世ヨーロッパの根本的な社会的過程

　社会的規律化は，ドイツの歴史家エストライヒの提唱した概念である。その出発点になったのは第二次世界大戦後の絶対主義研究の進展──絶対主義による集権化が実現したのはせいぜい中央レベルで，それ以外の社会の広い領域には権力が行き届いていなかったことが判明した──であった。エストライヒはこの認識を前提にした上で，絶対主義の政治史上の成果（集権化や制度化）だけでなく，より広い社会史・精神史上の成果（人々の行動様式や考え方の変更）をも表現するものとして，社会的規律化を提示したのである。このコンセプトの要点は，規律を内面化して自制心を備えた人間という，中世には稀だった新たな人間のタイプと，共同生活の合理的な秩序がこの過程を通じてもたらされた，というところにある。その意味で規律化は，人間と社会を根底から変容させる過程なのである。こうして浸透する規律の内面化は，エストライヒによれば近代人の精神・心性に不可欠な土台であった。19世紀以降に盛んになる社会の民主化も，この精神的土台なくしては成立しないとされる。

2. 規律化と宗派化

　エストライヒの構想において社会的規律化はもっぱら世俗的過程であり，その主体は絶対主義の担い手である君主，

官僚，軍隊であった。これに宗教的要素を補完し，議論を深化させたのが宗派化論である。16世紀後半には新旧どちらの宗派であれ，国家と緊密に結びついた宗派教会が，**教会規律**を通じて信徒たちの信仰生活を強く律した。それだけでなく，教会は喧嘩や酔っ払いの規制など，教区民の風紀を監視して彼らの社会生活を，また夫婦喧嘩への介入や逸脱した性生活の抑制などを通して，人々の私生活をも規律化したのであった。絶対主義国家の統治権力が不十分だった都市や農村のレベルでは，教会による宗派化という形で社会的規律化が進行したのである（シリング）。ただしこのような見方に対しては，国家と宗派化が常に結びついていたわけではないとの批判もある（H・R・シュミット）。それによれば，宗派化＝規律化の過程で重視されるべきは国家の影響ではなく，むしろ教区民の共同体であり，彼ら自身の隣人関係に基づく統制や自己規整機能の方であった。

3. 規範の貫徹をめぐる議論 エストライヒはポリツァイ条令に注目したものの，その実態についてはほぼ言及しなかった。ポリツァイ研究や歴史犯罪研究は，規範の貫徹度合いをめぐる議論を惹起して規律化論に貢献した。そこで明らかにされたのは，近世においては末端の統治権力がかなり未発達で，法は繰り返し公布されたもののほとんど遵守されなかったという事実である。さらにまた，当時の司法において住民は，法令にただ服従するだけの受け身の存在ではなかったことも明らかになった。彼らは，交渉やコミュニケーションを通じて，統治権力に頼らない当事者間の紛争解決を活発に行っていたのである。こうした実態が解明されるにつれて規律化論は疑問視され，中にはこれを，国家の作用を過大評価した一面的な議論だと見なす研究者も現れた（ディンゲス）。だがその一方で，この評価にせよ元々のエストライヒの規律化論にせよ，規範の作用を直線的に捉えているという批判もある（ヘルター）。社会的規律化は実証的に示される歴史的現実と考えるのではなく，あくまでも社会全体が目指した方向性や過程を示すものとして理解せねばならない，という主張がそれである。

▷3 **教会規律**
教会の秩序と教養を維持するためになされる様々な措置のこと。その目的は処罰し，犯罪者の烙印を押すことではなく，当事者を悔い改めによって聖餐共同体である信徒団体に復帰させることであった。

― 歴史学的に考察するポイント ―
①絶対主義の歴史的意義はどこに見出すことができるだろうか。
②社会的規律化の過程の中で，国家と住民はそれぞれどのような役割を果たしていたと考えればよいだろうか。
③近代以降に見られる規律化現象はどう位置づけられるだろうか。フーコーの規律化論も参照しつつ考えてみよう。

（参考文献）
G・エストライヒ「ヨーロッパ絶対主義の構造に関する諸問題」F・ハルトゥングほか『伝統社会と近代国家』（成瀬治編訳，岩波書店，1982年）。
G・エストライヒ『近代国家の覚醒』（阪口修平・千葉徳夫・山内進訳，創文社，1993年）。

16 エトノス論

中澤達哉

【関連項目：ポリス形成論，中世初期国家論，ヴァイキングのエスニシティ，歴史と記憶，啓蒙主義，ナショナリズム論（東欧からのアプローチ），ナショナリズム論（南北アメリカ・西欧からのアプローチ）】

史　実

　ヘロドトス*は著書『歴史』で世界の構成単位をギリシア語でエトノス，すなわち地理的・文化的に区別される集団と考えた。その際，エトノスの身体的特徴は遺伝的形質というより地理的位置の結果と把握した。これに対して，古代末期には，ローマ帝国による異邦の民に対する支配と関連して，血統・慣習に基づくエトノスとしてのゲンスと，権利と忠誠に基づく法的集団としてのポプルスとから，ローマが構成されるという理解が深まった。中世のヨーロッパでは，ゲンスは単に共通の出自を持つ集団として理解され，同じくラテン語のナティオと互換性をもって使用されるケースも散見されるようになる。やがてルネサンス期のローマ法継受を通じて，近世ヨーロッパでは，公法上の主体概念としてのポプルスやナティオ，私法上の主体概念としてのゲンス（エトノス）は区別される形で一定の定着を見ている。

　なお，19世紀の民族学（ethnology）の発展に伴い，植民地世界を含む「共通の言語・慣習・宗教を共有する集団」ないしは「対面的共同性を有する集団」として，エトノスを拡張的に把握する方法が確立した。国民国家形成後の概念であるエスニシティ◁1と異なり，拡張化されたエトノスについては，以下の3つの異なる把握が提示されることになる。

論　点

1. 形質人類学・社会生物学的原初主義

　形質人類学◁2のヴァン＝デン＝バーグは，繁殖成功率の高い遺伝形質が生き残るというダーウィン流の「自然選択」（natural selection）の結果，特定の血族が強化され，その血族の環境「適応度」が高まると主張した。ここで彼は，生物学上の「適応度」を社会学の「包括的適応」と関連づける。つまり，人間は他者を遺伝子的に関連する同じ血族と認識すれば，協力して行動し相互の適応をさらに高め，「血族選択」（kin selection）を開始するのだという。加えて，人間が血族よりもさらに大きなエトノスやネイションを形成するには，血族選択の上に，「相互利益の共有」，そして「強制力」が必要であるとした。社会生物学的な把握によって，エトノスの形成を，遺伝子的素因を含めた本源的な問題に還元したところに，社会生物学的原初主義の特徴点がある。

2. エスノ象徴主義・エトニ論

　エスノ象徴主義（Ethno-symbolism）によれば，エトノスとは神話・記憶・シンボル・価値などの文化的構成要素を礎に前近代から持続する集団であり，近代的ネイションの起源でもある。なぜ

なら，近代の知識人はナショナリズムを唱える際に，前近代からのエトノスの歴史・文化的枠組みに必ず依拠していた。ゆえに，エトノスの基盤を有する民衆はこれに共鳴し，ネイションに強い忠誠心を抱くことになったのだという。概してエスノ象徴主義は，近代ネイションを理解するには前近代のエトノスの考察が必須であると主張する。

　民族学者のA・D・スミスは，近代ネイションの核を「エトニ」（ethnie）と措定し，ネイションには前近代の「エトノス的な起源」が存在するとした。エトニとは，①空間的に限定され階級横断的に存在する日常生活上の集団的凝集性（垂直的エトニ），②階級に限定されながら空間的に不均等に拡大する貴族的伝統（水平的エトニ）であり，これらが近代的なネイション形成に際して，その文化的構成要素として機能したと考えたのである。

3. 社会構成主義・構築主義　以上の人類学や民俗学の把握に対して，近年，歴史学から強い批判が寄せられている。中世史家のギアリーは，近代史研究もまた「近代ネイションに先行する前近代のエトノス集団」の確固たる存在を証明しようとしてきたとして，その誤りを指摘し，この事態を「汚された初期中世」と表現した。実際に彼は，フランク人やランゴバルト人などの中世初期のエトノスが，特定の言語と生活様式を有したという事例は史料上確認できないと主張した。ギアリーによれば，エトノスは容器のようなものである。その中身は入れ替わり，器の規模も常に可変的であったという。つまり，連続性の象徴であったエトノスそれ自体の構築性が指摘されたのである。今日のネイションやエスニシティの基盤にすらならないという，**社会構成主義**的な結論であった。

　同様に二宮宏之は，エトノスを**ソシアビリテ***の一環をなす可変的・流動的な文化集団と捉え，集団形成のプロセスを重視した。また近世史家のマークスは，エトノス構築における排外主義的要素を宗教改革に求め，その性質の近代ネイションへの横滑りを実証した。同じくヴィローリは，古典古代の祖国愛の概念から共和政体や自由への愛の意味が消え，エスノセントリックな愛がこれに置き換わる過程を実証した。中世に構築されたエトノスが近世に補強され，近代において選択的に援用される過程の全容が示されつつある。

　以上のように近年の中・近世史家は，近代以前のエトノスそれ自体とその社会的現実および現象を，人々の接触や交渉の結果による産物であると理解している。こうした歴史学による社会構成主義的なエトノス像の提示は，近代ネイション研究の従来の認識に深刻な再考を迫ることになるだろう。

▷3　社会構成主義
社会構成主義（social constructivism）は本来，社会学の概念である。社会的な現象や現実，さらにそれらがもつ意味は，人間関係ないしは人々の交渉の結果として構築されたものと捉える。従来のネイション研究の構築主義と異なり，構築の契機を近代の産業化や資本主義化のみに求めず，いかなる時代にも起こりうる現象として認識したことに特徴がある。

* ソシアビリテ
Ⅲ-19 側注2参照。

（参考文献）
アントニー・D・スミス『ネイションとエスニシティ——歴史社会学的考察』（巣山靖司・高城和義訳，名古屋大学出版会，1999年）。
マウリツィオ・ヴィローリ『パトリオティズムとナショナリズム——自由を守る祖国愛』（佐藤瑠威・佐藤真喜子訳，日本経済評論社，2007年）。
パトリック・J・ギアリー『ネイションという神話——ヨーロッパ諸国家の中世的起源』（鈴木道也・小川知幸・長谷川宜之訳，白水社，2008年）。

─── 歴史学的に考察するポイント ───
①人類学や民俗学による理解と歴史学による理解との相違は何か。
②ネイションやエスニシティと区別してエトノスを論じる意味は何か。
③エトノスの歴史的実態はいかなるものか。

17 複合国家／複合君主政／礫岩国家 古谷大輔

【関連項目：近代国家生成論，14世紀の危機，レス・プブリカ，主権／主権国家／主権国家体制，アンシャン・レジーム論，17世紀の危機，三十年戦争】

 史　実

　教皇と皇帝の普遍的な権威が失墜しつつあったヨーロッパでは，地方政体の領主の中に，複数の地域に影響力を拡大して身分・地域・言語の差異にとらわれない勢力圏を築く者が現れた。この勢力圏の多くは，特定の君主が中世以来の来歴をもった王国・公領・伯領などの領主を兼任する**家産経営**▷1の延長線上に築かれたが，複数の政体を束ねた君主が「公共善」の実現を建前に「主権」を主張するようになった点でそれまでの家産経営とは一線を画した。また，こうした勢力圏の多くは全体を包括する国名や法，制度などがなく，一定の領域内で統一された国家経営が実現された近代以降の主権国家とは，その姿が異なる政治秩序だった。君主とその勢力圏に入った政治共同体との間で築かれた複合的な政治秩序は，それぞれの歴史学者の観点に従って「複合国家」や「複合君主政」，「礫岩国家」などの呼称で論じられている。

論　点

1．複合的な政治秩序の「発見」　19世紀後半以降，国家が一元的に住民を統治するといった国家観を暗黙の了解とした研究は，領域性に基づいた国家経営など，近代国家の初期形態として近世国家を理解しながら検討されていた。20世紀後半以降，近世を近代の前史として見なす解釈が批判される一方，住民自身が多様な社会集団を介して権力を行使する存在だったと見る多元的な国家観に裏づけられながら，近世における政治秩序の再検討が進められていった。

　信仰や王位継承をめぐる係争，公共善や主権をめぐる論争など，近世の諸課題に対応しようとした政治秩序の特徴は，人文主義が見出した共和主義の意義を検討したポーコックらの議論と呼応しつつ，ケーニヒスバーガーやエリオットらイギリスの歴史学者の研究から明らかにされていった。ケーニヒスバーガーは，多くの政治秩序がもった代表議会に着目しながら「政治共同体と君主による統治」と呼ばれた政治主体の複合性を指摘し，こうした特徴をもつ秩序を「複合国家」と称した。エリオットは，多様な地方政体と「対等な合同」を実現した君主政に，不安定な近世の情勢下で「柔軟性と生存能力」をもった政治秩序の姿を見出し，そうした秩序を「複合君主政」と称した。

2．「君主支配の共和的統治」の姿　ケーニヒスバーガーやエリオットらに先導された複合的な政治秩序への理解は，今日の歴史学者の間で近世に見られた特徴として共有されている。中でもスウェーデンの

歴史学者グスタフソンは，中世から近代へ向かう歴史の選択肢の一つとして，複数の自律的権力がモザイクのように結びついてできた政治秩序を「礫岩国家」と称している。

「礫岩」のような政治秩序は，近代以降，一つの主権国家として統合の度合を高めたか，あるいは複数の主権国家に分裂したため，近代的領域国家の枠組みを過去に遡らせても捉え難い。複数の政治主体が共存しながら相互に権力の均衡を図った「混合政体」の姿も，主権国家を雛形とする近代的歴史観から脱却しない限り見えてこない。今日の研究は，君主政への政治的，社会的，文化的統合の文脈に応じて，「礫岩」を構成する「礫」にあたる地方政体，社会集団，宗派共同体などを分析している。権力関係が複雑に絡み合うアリーナである君主政の下で共存した様々な人間集団に，「君主支配の共和的統治」という観点から光を当てることで，近世の政治秩序の理解は刷新されつつある。

3. 北西ユーラシアの政治秩序がもつ個性　「君主支配の共和的統治」は，北西ユーラシアに位置するヨーロッパの政治秩序がもった個性とも言える。戦争や反乱などの緊急事態に際して，近世の人々は，自らの生活や信仰の権利を求めて複数の君主政を戦略的に渡り歩いた。しかしながら興味深いことに，戦国期から江戸期の日本を対象とした朝尾直弘らの**公儀国家**論や，東南アジアを対象としたウォルタースの**マンダラ国家**論など，同時代のユーラシア周縁部を対象とした研究で，共同体の安定を目指した人間集団の戦略の中に複合的な政治秩序の実現を確認する研究が相次いでいる。

今日の歴史学界ではヨーロッパ中心主義が批判され，日本，東南アジア，ヨーロッパ各々の文脈に応じた個性が，そこに実際に生きていた人々の認識に即して描かれている。しかし今後は，例えばリーバーマンの『奇妙な並列』が，これら三地域において上位権力が各々の共同体の権利を許可することで脱中心的で多様性に寛容な「**憲章国家**」が築かれたとして比較を試みたように，歴史の当事者には気づきえなかったであろう大胆な構図を活用して，ユーラシア規模での「近世」の意味を検討することも求められていよう。

▷2　公儀国家
公儀は江戸期には将軍や大名の支配領域や政治組織を称したが，公儀国家論は，地方における領主・領民間の衆論という観点から，江戸期の幕藩体制が戦国期以来の地方における平和契約が重層的に重なり合いながら成立した点を重視し，幕藩体制を地域別編成の観点から刷新している。

▷3　マンダラ国家
4世紀以降の東南アジアにおける国家は，領域的単位を基盤に中央と地方の支配を区分する発想をもたず，人民の忠誠のネットワークを基盤に地方の権力体を包摂する中規模権力体，それらを包摂する大規模権力体が複合する多重的な権力の連合であったとされている。

▷4　憲章国家
リーバーマンは，10～19世紀の東南アジアにおける国家形成をユーラシア規模の観点からヨーロッパ，日本，中国などの事例と比較した研究『奇妙な並列』において，枢要な文明圏の周縁部に位置しながら特権の勅許を与えられたエリートによって維持された国家を「憲章国家（Charter State）」と呼んでいる。

参考文献
『岩波講座世界歴史第16巻主権国家と啓蒙』（岩波書店，1999年）。
古谷大輔・近藤和彦編『礫岩のようなヨーロッパ』（山川出版社，2016年）。
近藤和彦『近世ヨーロッパ』（世界史リブレット，山川出版社，2018年）。

歴史学的に考察するポイント
①近世の政治秩序は，中世の神聖ローマ帝国や今日のEUとどこが異なるか。
②「君主の共和的統治」という解釈は，従来の一元的な国家観をどう改めるか。
③近世の政治秩序は，同じ頃の日本や東南アジアの秩序とどこが異なるか。

18 神聖ローマ帝国論

皆川　卓

【関連項目：ローマ皇帝と帝国の統合，「封建制」をめぐる論争，近代国家生成論，主権／主権国家／主権国家体制，宗教改革／対抗宗教改革論，複合国家／複合君主政／礫岩国家，三十年戦争，欧州統合】

 ## 史　実

　西中欧から西欧や東中欧，南欧の一部に勢力圏を広げた神聖ローマ帝国は，962年にオットー1世が教皇からローマ皇帝に加冠され，世界統治を標榜したことに始まるとされるが，制度的裏づけはなく，皇帝は地方の諸侯や都市すら統制できなかった。ようやく14世紀以降，皇帝を選出する「選帝侯」が特定され，諸侯や都市が「領邦」を形成する中，オーストリアのハプスブルク家を皇帝とし，相互平和と外部からの防衛を担う「帝国改造」を進め，16世紀には合意に基づく領邦の連合体となる。彼ら「帝国等族」は，1495年には相互の暴力を永久に禁じ，代わりに紛争を裁く裁判所を設置して慢性的な武力紛争を克服した。1517年に始まる宗教改革は，統治権の正統性を支えるキリスト教信仰の分裂を生み，再び皇帝・諸侯・都市の対立をもたらす。彼らは1555年のアウクスブルク宗教和議の下，帝国の維持で一致するが，対立を深めて三十年戦争（1618～48年）に至る。1648年に周辺諸国を保障国としてウェストファリア条約が締結されると，領邦は地方の統治単位，帝国はそれらの紛争解決・安全保障共同体として，帝国解体の1806年まで相互に補完する体制が維持された。

 ## 論　点

1．帝国の政治的機能　近世の神聖ローマ帝国は有名無実という認識が近代には一般的だった。近代に希求された集権的な主権国家とは対照的で，秩序の崩壊と映ったからである。しかし20世紀の植民帝国の崩壊や国家間連合，民主的チェック体制の発展の下で，主権国家を絶対視しない風潮が生まれてくると，帝国改造によって帝国と領邦が担った政治的役割と関係の解明に研究努力が注がれる。こうして帝国改造の経緯，帝国等族が構成する帝国議会や**帝国裁判所**の活動，皇帝や選帝侯団体のリーダーシップ，安全保障を担った**帝国クライス**の役割，そしてそれらを動かす人的ネットワークが明らかにされた。神聖ローマ帝国は全人民を統治する発想を持たなかったため，国民国家ドイツの前身と見なすことはできないが，領邦単独では困難な安全保障を提供していたという見方が有力である。

2．帝国のイメージ　同時代人が帝国をどのような秩序と理解したのかも重要な論点である。キリスト教世界全体の支配者を自任した帝国は，中世後期のカトリック思想の影響で，皇帝を頭，諸侯や都市，人民を体や手足になぞらえ，神の霊力（聖霊）によって生きる有機体として理解された。このイメージは近世の帝国が危機に見舞われた時にも繰り返し喚起され，分裂を防い

▷1　オットー1世のローマ皇帝加冠

ローマ帝国はアジア世界や新大陸を知らなかった当時のキリスト教世界の人々にとって，世界を支配した帝国であり，その皇帝への加冠は，世界統治の使命を与えられたことを意味していた。そのため800年に行われたカール大帝の加冠から神聖ローマ帝国が存在するという説もある。

▷2　領　邦

13～15世紀に有力領主や都市が皇帝からの特権の獲得や他領主からの権利の購入・交換，城塞・都市の新設，在地貴族の結集など，様々な方法で権力を集中して築いた領国。皇帝を封主と認めたため，完全な主権国家とはならなかった。

▷3　帝国裁判所

帝国等族が判事を選出する帝国最高法院と皇帝が判事を任命する帝国宮内法院を指す。特に後者の裁判権は皇帝と封建関係を結ぶ周辺国にまで及んだ。いずれも専門的な法律家が領邦間の争いや領邦君主とその臣民の争いを，ローマ法や慣習法に基づいて裁いた。

▷4　帝国クライス

帝国等族（＝領邦）同士を地域ごとに連合させ，帝国法に違反する暴力の抑止と，帝国防衛のための軍隊の供出に責任を負わせる制度。身分別に権利が制約された帝国議会などと異なり，構成諸邦の地位は平等であった。近代国際機構論にも影響を与えた。

だ。しかし帝国の実際の権力統合は各領邦単位で進み，帝国はそれらを連合させる形でのみ存続した。15世紀の帝国改造を完全に受容したのは，おおよそ現在のドイツの領域に限られた。さらに宗教改革の結果，それらが異なる宗派に自らの権威を依存するようになると，帝国は皇帝を「頭」と認めつつも，疑似主権的な領邦の連合であることを隠せなくなる。彼らを支えるラインキンク，リムネウス，コンリンク，プーフェンドルフなどの法律家や官僚，学者は主権が帝国にあるのか，領邦にあって帝国はその連合体なのかを論ずるようになる（帝国公法学）。

　だが，より人口に膾炙したのは「ゲルマン人の直系子孫＝ドイツ人」という，人文主義者（ツェルティス，ベーベル，ベアトゥス＝レナヌスなど）の考案になる一種の虚構だった。15世紀末に登場する国号「ドイツ人の神聖ローマ帝国」はその表れである。このイメージは，宗教改革による教育制度や著作物の広がり，標準ドイツ語表記の成立に促され，エリートから市民層に拡大した。18世紀の帝国は「ドイツ帝国」とも称されるようになる。この自己理解の多元性は，西中欧のアイデンティティの理解に不可欠な視点である。

3．主権国家体制への抑制力

神聖ローマ帝国と国民国家ドイツの連続性が否定された反面，帝国をヨーロッパ全体の安定的要素として評価する傾向が強まっている。17〜18世紀のヨーロッパは，一定領土に排他的権力を及ぼす主権国家が併存する「主権国家体制」とされてきたが，当時の国家がまだ君主の家産*（家族の財産）の性格を残し，単一国民や国家の外交権独占が未形成な段階（社団国家，礫岩国家）にあって，各国の排他性はさほど強くないことが明らかになった。その中にあって神聖ローマ帝国は，古くからのキリスト教的権威やヨーロッパに広がる封建関係，諸侯と近隣王室との親族関係など，普遍的秩序という中世的伝統を利用し，周辺国の王侯を封建家臣として領邦君主の一員に迎え入れ，領邦君主を各国君主家として送り出し，あるいはキリスト教防衛の同盟国や条約保障国として迎え入れた。このようにして帝国は他のヨーロッパ諸国と結びつき，中世以来の紛争解決ツールを用いてヨーロッパの相互対立を緩和した側面が再認識されている。

歴史学的に考察するポイント

①近世の神聖ローマ帝国を機能させた諸制度および担い手の実態とは何か。
②有機体・国家連合論・ドイツ人観念が，近世以降の西中欧の自己理解に与えた影響はいかなるものであったか。
③近世ヨーロッパの諸国間関係における神聖ローマの役割を通して，近世ヨーロッパの主権国家体制を見直してみよう。

---

* 家　産
Ⅲ-12 側注2参照。

▷5　ヨーロッパに広がる封建関係
領域的に限定された主権が存在しない中世には，勢力圏の離れた君主と領主や都市が封建的主従関係を結ぶことがあり，特に神聖ローマ皇帝は，近世を通じて現在のイタリアやフランス，チェコ，ポーランド，ベネルクスの領土にまで封建関係を維持した。

（参考文献）
M・シュトライス編『17・18世紀の国家思想家たち』（佐々木有司・柳原正治訳，木鐸社，1995年）。
P・H・ウィルソン『神聖ローマ帝国 1495-1806』（山本文彦訳，岩波書店，2005年）。
明石欽司『ウェストファリア条約　その神話と実像』（慶應義塾大学出版会，2009年）。

19 アンシャン・レジーム論

林田伸一

【関連項目：「封建制」をめぐる論争，主権／主権国家／主権国家体制，啓蒙改革／啓蒙絶対主義，フランス革命，階級論（ジェントルマン論，ミドルクラス論）】

史　実

「アンシャン・レジーム（旧体制）」という言葉は，フランス革命期に生まれた。厳密に言えば，フランス革命勃発の直前に出版されたパンフレットや陳情書には，すでにこの言葉が現れていたが，それらは，そこで問題とされている特定の制度を古いものとして批判するという限定された意味で使われていたにすぎなかった。ところがフランス革命期に，革命が進展する過程で，この言葉は，過去の政治・社会・文化を総体として強く否定し，断罪するために使われるようになっていった。「アンシャン・レジーム」という言葉がそうしたイデオロギーの次元ではなく，フランス革命に先立つおよそ3世紀の時代を指す用語として使用され，その時代の国家や社会の性質が検討されるようになるのは，19世紀半ばに**トクヴィル***が『アンシャン・レジームと革命』を著し，また19世紀後半に実証に基礎を置いた学問としての歴史研究が形成されて以降のことである。

＊　トクヴィル
Ⅳ-7 側注3参照。

論　点

1．伝統的政治＝制度史の解釈　19世紀後半に形成され20世紀前半にかけて発展したフランスの歴史研究の主流は，政治＝制度史であり，自分たちが眼前にしている近代国家とその担い手であるブルジョワジーの発展過程を肯定的に跡づけるという傾向を強く持っていた。そうした視点からすると，アンシャン・レジームは，中世封建社会の権力分立状態が克服され王権による公権力の一元化が進んだ時期として，また，しだいに台頭するブルジョワジーが貴族と対立し，中央集権化を進める王権に手を貸す時期として位置づけられた。もちろん，フランス革命の前後に大きな断絶を見るのだが，他方で，アンシャン・レジームは中世を克服し近代を準備した時期と考えられたのである。

2．マルクス主義史学の解釈をめぐる論争　階級対立を基本的な視点とする**マルクス主義***の立場からすると，アンシャン・レジームは，貴族階級が支配する封建制の下にある。ここで言う「封建制」とは資本主義社会に先立つ社会構成体を指していて，「封建制」を封（レーエン）関係に基づくものに限定して解釈し，それゆえ中世に固有のものとする政治＝制度史における使い方とは意味するところが異なっている。こうした立場からの研究として，旧ソ連の史家ポルシュネフの『1623年から1648年におけるフランスの民衆蜂起』（1948年）があった。彼は，この時代に頻発していた民衆蜂起を初めて本格的な検討の俎上にのせると，この蜂起を封建的勢力に対する階級闘争と捉え，これを抑圧する絶対王政を封建的勢力のための国家と見なした。

＊　マルクス主義
Ⅴ-24 側注2参照。

こうした解釈を批判したのが，フランスのムーニエである。政治＝制度史研究の系譜に連なり，絶対王政を封建貴族の勢力を抑えて統一的な権力を樹立するもの，と考えていたムーニエにとっては，ポルシュネフの主張は受け入れがたいものだった。また，ムーニエはこの論争を契機に，アンシャン・レジームのフランス社会を階級社会ではなく身分制社会だとする所説を形成することになった。この時代は，社会的評価や名誉が基準となって階層的に序列化されていたのであり，経済的基準による19世紀的な階級概念を当てはめるのは誤りである，というのである。しかし，こうした社会的序列とその意味づけについては，当時の支配的階層の観念をムーニエが無批判に取り入れた結果ではないか，との指摘が社会史研究のグーベールからなされた。このグーベールやリシェは，マルクス主義歴史学ともムーニエとも異なる見解を示した。彼らは，少数の支配的階層（「名望家」▷1と呼んでも「エリート」と呼んでもよい）と人口の大多数を占めるその他の者との間に境界線があるとする。そして，この支配的階層は，身分の枠組みを超えているが，階級へとまとまる方向性も有していない，と考える。

3. 社会的結合関係からのアプローチ　階級社会か身分社会か，というアンシャン・レジームについての社会構造論的な関心は，その後しだいに薄れ，代わって，人々が社会でどのような関係を相互に取り結んでいたかが問題にされるようになった。それを検討することで，社会集団・諸制度・民衆蜂起のような運動，の性質をあらためて考察し，同時にそれらの変容の契機を探ろうとするのである。この背景には２つの研究潮流がある。第一は社会史研究のソシアビリテ▷2論であり，第二は，ムーニエの論に端を発する人脈関係についての研究の進展である。ムーニエの身分制社会論には批判が多かったが，彼が身分制社会論と関わらせて指摘したアンシャン・レジームに固有の人脈関係の問題は，ケタリングら特に英米系の歴史家たちによって深められた。

社会的結合関係の視点は，日本におけるアンシャン・レジーム研究にも取り入れられている。二宮宏之は，絶対王政というこの時代の支配形態を考察するには，官僚制など国家の諸制度の発展や**王権神授説***などの政治的イデオロギーからのアプローチでは不十分であり，社会に存在する職能や地縁のきずなに結ばれた団体の存在に着目する必要があると述べる。自生的な存在であったこうした団体を，特権の付与と引き換えに法的団体（社団）として再編成したところに絶対王政の権力基盤がある，と説くのである。

┌─ **歴史学的に考察するポイント** ─
│ ①「アンシャン・レジーム」という言葉は，16世紀から18世紀のフランスの実態をよく映しているだろうか。
│ ②アンシャン・レジームは，それに先立つ中世，その後の19世紀とどのような点で異なり，どのような点で共通性を有しているだろうか。
│ ③それぞれの時代・地域において，社会集団はどのように形成され，また変化するのか。
└─

▷1 **名望家**
この表現でグーベールやリシェが指しているのは，直接的（領主的諸権利により）間接的（国庫収入の再分配により）に農民の生産に依存して収入を得ている者たちである。こうした者たちは旧来の身分の枠を越えて存在している。一方，その他の点では利害が異なり対立がしばしば表面化するため，一つの階級を構成しているとも捉えられない。収入を得る方法のほかに，生活様式や心性など文化的な面での共通性も指摘されている。

▷2 **ソシアビリテ**
ソシアビリテ（社会的結合関係）論は，1970年代以降，フランスをはじめとする歴史学界の重要なテーマの一つであった。ソシアビリテの概念を歴史研究に最初に導入したのは18・19世紀の南仏に存在したアソシアシオンに着目したモーリス・アギュロンだった。その後，この概念は他の歴史家たちの注目するところとなり，固有の社会的紐帯の上に成立する社会・文化の独自性の解明に役立てられている。

＊　**王権神授説**
Ⅲ-11 側注2参照。

（参考文献）
トクヴィル『旧体制と大革命』（小山勉訳，ちくま学芸文庫，1998年）。
ウィリアム・ドイル『アンシャン・レジーム』（福井憲彦訳，岩波書店，2004年）。
二宮宏之『フランス　アンシアン・レジーム論』（岩波書店，2007年）。

20 17世紀の危機

金澤周作

【関連項目：五賢帝時代と「3世紀の危機」，「封建制」をめぐる論争，14世紀の危機，世界システム論，オランダの黄金時代，資本主義論，アンシャン・レジーム論，軍事革命，三十年戦争，イギリス革命，イギリス産業革命，大分岐】

📖 史　実

　17世紀，ヨーロッパは「危機」的であった。ドイツの地を荒廃させた三十年戦争や，ブリテン諸島を分断したイギリス革命（その一部としてピューリタン革命），フランスではフロンドの乱，ロシアやスイスを含む多くの地で農民反乱などが頻発した。それだけでなく，15世紀後半以来好調で膨張していた経済活動がついに収縮に転じ，新大陸やアジアとの交易で栄えていたスペイン，ポルトガルが勢いを失くし，経済・文化の中心であった地中海のイタリア諸都市が相対的に地位を低下させ，ヨーロッパ的規模では人口が停滞するなど，様々な負の指標が観測された。18世紀半ば以降の人口急増や産業革命と比べると対照的である。現代の歴史家たちは，これを「17世紀の危機」と呼ぶ。

🛡 論　点

* ホブズボーム
Ⅳ-3 側注2参照。

1. 経済史的な解釈

　1954年，イギリスの経済史家ホブズボーム*は，学術誌『過去と現在』上に，「17世紀ヨーロッパ経済の全般的危機」と題する長い論文を発表した。ここで掲げられた課題は，中世から16世紀まで続いたがブルジョワ革命も産業革命も起きなかった「封建制経済」が，なぜ，いかにして18世紀後半以降の「資本制経済」——このもとでブルジョワ革命と産業革命が生じた——へと「移行」したのか，という謎の解明であった。それを解く鍵が2つの経済体制の時代の間をつなぐ17世紀にあると見た彼は，この世紀の「危機」を詳述した上で，次のように解釈した。封建的社会という枠組みがまだ残る16世紀に経済はたしかに拡大していたが，中世以来の古い構造の内部での膨張であったために，新しい経済主体（資本家層）はやがて構造の壁（既存の利害や価値観やルール）に成長を阻まれ，構造自体も，新しい力の突き上げによって大きく軋んだ。言い換えれば，経済という膨らむ風船と，それを入れている経年劣化した箱がともに歪んでしまったことが，「危機」の原因に他ならないというのである。そして，首尾よく「危機」を克服したのがイングランドであり，ピューリタン革命で王権を打倒したことによって，いち早く資本家的企業を可能にする経済体制（新しい箱）へと転換し，その後18世紀後半には「産業革命」を成し遂げた（風船のさらなる膨張）。つまり，17世紀の危機は，封建制経済が資本制経済へ移行するために不可欠の，産みの苦しみだったというわけである。

2. 政治史的な解釈

　これに異を唱えたのが，同じくイギリスの政治史家トレヴァ゠ローパーの「17世紀の全般的危機」（1959年）であった。『過去と現在』誌に発表されたこの論文では，「危機」に相当する諸現象が

▷1　ブルジョワ革命
力をつけてきた革新的なブルジョワ層が主導して旧態依然の貴族層から権力を奪取する，近代化に不可欠な暴力的体制転換。イギリス革命とフランス革命が典型とされ，これらは長らく，世界史上の他の諸革命の性質を評価する基準となってきた。しかし，マルクス主義的な階級闘争史の図式に史実を無理に当てはめるところもあり，近年ではこの概念の有効性は疑問に付されている。Ⅳ-1 側注6およびⅤ-24 側注2も参照。

あったことはホブズボームに同意しつつも，これを経済の次元で解釈し後の産業革命と結びつけることを否定した。そして，17世紀に固有な国家と社会の関係調整，すなわち政治を見ることこそが「危機」の謎を解く道だと主張した。議論の概要は次の通り。中世後期から16世紀を経て17世紀に至る間，ヨーロッパで優勢になっていった国のあり方は「ルネサンス国家」（中央の宮廷に権力が集中する国制）であった。そして，ルネサンス国家とその寄生者たちが，都市や農村など地方の富を搾取し肥大化していく傾向が17世紀に進行し，中央のみが富み栄え，地方が疲弊したことによって，弊害や不満が蓄積し，ヨーロッパで全般的な「危機」がもたらされた。この「危機」を，フランスなどでは，自己改革によって，より合理的な支配形式である絶対王政を樹立することで克服した。対照的に，イングランドの王権は絶対王政への転換に失敗し，ピューリタン革命を招いてしまった。

3．その他の解釈　ホブズボームとトレヴァ゠ローパーの論争以降，英語とフランス語を中心に優に100を超える関連研究が発表されている。様々な領域で新たな事例やデータが提供されて，17世紀の危機の性質をめぐり，甲論乙駁の状態である（なお，ピューリタン革命〔イギリス革命〕の議論と解釈は，危機論とは全く異なる次元に移行した）。中でも重要なのは，G・パーカーらが提起する気候とグローバルな観点であろう。「17世紀の危機」はヨーロッパの出来事として語られることが多かったのだが，この時期がちょうど地球規模の「小氷期[＊]」にあたることから，厳冬，冷夏，旱魃，洪水といった気候不順が，めぐりめぐって国家崩壊，民衆反乱，戦争，過剰死をもたらしたのだと主張するのである。この因果関係を受け入れるならば，「危機」はヨーロッパだけにとどまらない。中国でも明清交替をはじめ深刻な政治的・経済的「危機」が見られた。日本についても，徳川幕府成立直後の17世紀前半に「危機」が見出されている。一揆や蜂起が頻発し，一連のキリシタン弾圧のクライマックスとして天草四郎を首領とする島原の乱がおこり，異常気象により寛永の大飢饉が生じた。世界各地での「危機」への対処の違いから，18世紀初頭にはすでに「大分岐」の兆しが看取できるともいう。果たして，「17世紀の危機」はどこの危機で，どのような意味を持つものだったのだろうか。

＊　小氷期
Ⅲ-22 側注1参照。

参考文献

H・トレヴァ゠ローパー他『十七世紀危機論争』（今井宏編訳，創文社歴史学叢書，1975年）。
ブライアン・フェイガン『歴史を変えた気候大変動』（東郷えりか・桃井緑美子訳，河出文庫，2009年）。
小山哲「17世紀危機論争と日本の「西洋史学」」『西洋史学』260号，2015年。

── 歴史学的に考察するポイント ──
①ホブズボームやトレヴァ゠ローパーの問題意識と解釈は今でも妥当か。
②何をもって「危機」の性質を測ることができるだろうか。
③他の時代，他の地域と比べてヨーロッパはどの程度「危機」的だったのか。
④「17世紀の危機」の例外はあるだろうか。オランダの歴史を想起しよう。

21 軍事革命

古谷大輔

【関連項目：「封建制」をめぐる論争，主権／主権国家／主権国家体制，17世紀の危機，三十年戦争，啓蒙改革／啓蒙絶対主義】

 史　実

　近世ヨーロッパでは戦争の様相が大きく変化した。15世紀までには，長弓を携えた歩兵戦術が優勢となり，騎兵主体の戦術からの転換が見られた。ここに中国やイスラーム世界で生産されていた火砲が徐々に導入される。火薬を使った小銃や大砲などがヨーロッパでも生産されるようになると，古代の戦闘陣形の探求とも相まって16世紀には槍や銃を携えた歩兵を主体とする戦闘隊形が編み出された。火砲による包囲戦に対抗するべく稜堡式城郭▷1が普及する一方，海戦でも大砲で艤装したガレオン船▷2による砲撃戦が主流となった。火砲戦術とそれに対応した城郭，砲艦などの技術はアジアやアメリカにも普及し，世界各地で戦闘の姿を一変させた。加えて，このような軍需品やそれを操る兵員を徴発できる新たな国家機構が整備されると，軍隊の規模は飛躍的に増大した。火砲戦術の導入とそれに伴う変化を，欧米の歴史学研究者は「軍事革命」と呼ぶ。

論　点

1．戦争と国家形成　欧米では，19世紀後半以来，「いかにして一定の領域内で主権を行使しうる統一国家が形成されてきたか」という関心から，戦争と国家形成を互いに関連づけて議論する傾向が強かった。政治権力の自律性を軍隊や警察といった「暴力装置」の独占によって説明したヴェーバー*は，近代国家の発展を刺激した要因として戦争を重視したし，彼と同時代に活躍したヒンツェは，軍事防衛の必要という文脈から政治組織の構築を論じた。

　「軍事革命」という概念自体は，近世スウェーデン史研究者ロバーツによって1955年に初めて用いられた。ロバーツの「軍事革命」は，火砲を戦力として有効化した横隊戦術▷3に「革命」を見出し，その時期を1560年代から1660年代に限定していた。彼の議論の背景には，欧米の歴史学界における戦争と国家形成に関する伝統的な関心に加えて，『過去と現在』誌上で起きていた「17世紀の全般的危機」論争があった。この論争で提起された「ルネサンス国家」は，この時期に権力を集中させた国家と社会の関係を再考する議論だったが，ロバーツの「軍事革命」も，戦術の革新という視点から「17世紀の全般的危機」の時代における新たな政治権力と国家機構の登場を問うものだった。

2．「軍事革命」批判　ロバーツの「軍事革命」は，新戦術の採用を実現した近世ネーデルラントやスウェーデンの国家経営の革新にまで触れた。これに対し，スペインで上記二国に先行する横隊戦術の例を指摘したG・パーカーや，横隊戦術の経費が当時の国家財政にとって大きな負担ではな

▷1　**稜堡式城郭**
防御陣地である保塁を角形に構築し，その斜辺に大砲を配置して防御力を高めた城塞。大砲の十字砲火を可能にするため城塞を囲む保塁は全体として星形に配置された。その築城方式は，15世紀のイタリアで始まったことからイタリア式築城術，あるいは17世紀後半にルイ14世の技術顧問としてこの築城術を完成させた建築家の名前からヴォーバン様式とも呼ばれる。

▷2　**ガレオン船**
16世紀前半以降のヨーロッパで主流となった櫂を使わない全装帆船。風による横流れが少なく速力も出たため遠洋航海に用いられるだけでなく，多数の大砲で艤装することで軍事にも用いられた。近世ヨーロッパの海戦は単縦陣の戦列を構成して砲撃戦を行うことが主流だったため，大砲で艤装された軍用の帆船を戦列艦とも呼ぶ。

*　**ヴェーバー**
Ⅰ-23 側注3および V-12 側注3参照。

▷3　**横隊戦術**
近世ヨーロッパの陸戦は歩兵を横列に並べる戦隊を主軸に行われた。戦列歩兵を主軸とする戦術は16世紀にスペイン軍が用いた槍兵と銃兵を連携させるテルシオ戦術で有効性が見出された後，八十年戦争期にオラニエ公マウリッツがオランダ軍に大隊戦術を導入することで機動性を高め，三十年戦争期にグスタヴ2世アド

かった事実を指摘したＩ・Ａ・Ａ・トムスンなど，実証的な研究に基づく批判がなされた。さらにパーカーは，横隊戦術に注目するよりは政治権力に多大な人的・物的動員を必要とする稜堡式城郭の建設に「革命」の画期を見出し，稜堡式要塞とその攻城戦術の世界的な普及がアジアやアメリカも含めて現地における新たな政治秩序の形成を刺激したと論ずることで，「軍事革命」を世界史的な議論へと昇華させた。

　しかし近年では，戦術の革新のみがヨーロッパにおける政治秩序に「革命」的転換をもたらしたのではないとする見解が強い。特に，「封建国家」から「国民国家」へと至る国家形成史の観点にたった「軍事革命」批判の急先鋒が，ブラックである。彼は，マッチロック式**マスケット銃**の発明と火砲戦術の普及した◁4
1470〜1530年代を封建領主層と君主の関係の再編期，フリントロック式マスケット銃が発明された1660〜1720年代を絶対王政における常備軍の整備と海軍の増強期，そしてフランス革命戦争での国民軍の勝利に始まる1792年から1815年を国民国家の勃興期として，それぞれ重視している。

3．「軍事革命」の現在　ブラックは長期的な観点から「軍事革命」を批判したが，それでもヨーロッパ各国の軍隊の規模を飛躍的に増大させた1660〜1720年代の変化が重大だったと論じている。これはその後の近代国家の展開を想定した解釈である。ロバーツもブラックも，近代国家の原点を戦争に求める視線を共有している。こうした戦争を原因とした漸進的で目的論的な近代国家形成観を批判する者は，14世紀の「歩兵革命」，15世紀の「砲兵革命」，16世紀の「要塞革命」，17世紀の「銃器革命」，18世紀の「軍隊の巨大化」を分類したロジャースのように，各々の時代における戦争の変質は，「断続平衡」的（突発的でランダム）なものであったと主張する。パーカーらが論じるように，火砲や要塞など戦争の技術と戦術の革新が，ヨーロッパ以外（例えば日本）で実現された点を踏まえるならば，戦争の歴史は「断続平衡」的な歴史観が試される領野と言えよう。

ルフの率いるスウェーデン軍が歩兵・騎兵・砲兵の三兵科を連携させる三兵戦術へと発展させた。

▷4　**マスケット銃**
手持ちの火薬兵器は13世紀頃に中国で実用化されたが，14世紀前半以降のヨーロッパで小銃としての発展を遂げる。マスケット銃は施条のない銃身の先端から弾丸と火薬を装填する小銃であり，17世紀までは火縄で点火するマッチロック式が主流だった。点火方式は17世紀後半に火打石を用いるフリントロック式，19世紀半ばに雷管式へと改良された。

歴史学的に考察するポイント
①「断続平衡」的に進行した戦争の変化を「革命」と呼べるだろうか。
②戦争と国家の変質をヨーロッパとアジアの間で同列に論じられるだろうか。
③近代国家への漸進的で目的論的な視線を批判できる議論は他にどのようなものがあるだろうか。

参考文献
ジョフリー・パーカー『長篠合戦の世界史——ヨーロッパ軍事革命の衝撃1500-1800年』（大久保桂子訳，同文舘出版，1995年）。
マイケル・ハワード『ヨーロッパ史における戦争』（奥村房夫・奥村大作訳，中公文庫，2010年）。

22 三十年戦争

斉 藤 恵 太

【関連項目：主権／主権国家／主権国家体制，宗教改革／対抗宗教改革論，宗派化，社会的規律化，複合国家／複合君主政／礫岩国家，神聖ローマ帝国論，17世紀の危機，軍事革命，「ドイツ特有の道」】

📖 史 実

　三十年戦争は1618年に勃発し，1648年のウェストファリア条約で終結した。主な戦場は神聖ローマ帝国である。現在のドイツを超えて中欧を広く覆ったこの帝国では，大小強弱，様々な諸侯，司教，都市の領域が割拠していた。皇帝はそれら諸身分の頂点に立ったが，直接支配したのはオーストリアをはじめとするいくつかの家領だけだった。その一つベーメン（ボヘミア）で，皇帝がプロテスタントの弾圧と中央集権化を押し進めたことが争いの発端となった。元々高い自立性を有していたプロテスタント貴族が蜂起したのである。この反乱は帝国諸侯の宗派対立や政治的利害と絡み合い，帝国を二分する内乱へと発展した。さらに，皇帝は同じハプスブルク家のスペインから支援を受けたのに対し，反皇帝陣営にはデンマーク，スウェーデン，フランスが加わり，内乱は列強の争いへと拡大する。戦争が終わる頃には，帝国だけでなくヨーロッパの様相が変わっていた。

⚔️ 論 点

1. 戦争の惨禍をめぐって

　長らく歴史家の争点となってきたのは人的被害の問題である。帝国は三十年戦争で壊滅的打撃を受けたとする見方もあれば，惨禍を「神話」と断じる見方もある。近年では被害の地域差が認識される一方，帝国全体として見た場合は3〜4割程度の人口が失われたとされている。ただしすべてが暴力に起因するのではない。「小氷期」とよばれる17世紀の厳しい気候やそれに伴う不作，飢饉，疫病，そして暴力が相乗的に作用した。

　戦争の暴力の代名詞だった傭兵を見る目も変わりつつある。社会史の進展とともに，傭兵も指揮官から経済的に搾取される弱者としての側面を持つことが明らかになってきた。また軍隊を傭兵隊長に「外注」することと国家的に運営・統制することとの間で君主たちがいかに折り合いをつけようとしたのかが議論されている。一般的に都市や農村は権力者たちのそうした試行錯誤の被害者といえるが，地域社会も受動的立場にとどまらず，軍隊の存在をローカルな政治や経済に利用しつつ戦禍を乗り切ろうとした。この点を強調する研究も多い。

2. 神聖ローマ帝国の形骸化？

　三十年戦争の政治的帰結を論じる上で重要なのは，帝国の分権的な秩序がウェストファリア条約によって保障されたことである。以降，帝国の諸身分は，「領邦」と呼ばれる各領域内で支配権を強化していく。この過程は，より下位の権力者を体制に取り込む形で進んだ。貴族をはじめとする領邦内部の権力者は，自分たちの自立性を主張するよりも，領邦君主の官庁や軍隊で仕えることに活路を見出した。こうした変化を領邦にお

側注

▷1　小氷期
地球の歴史の中で，人類の文明は氷期と氷期の間の「間氷期」に位置する。ただし間氷期の中でも比較的温暖な時期と寒冷な「小氷期」とが数百年単位で繰り返されてきた。17世紀はこうした長期的変動の中での小氷期にあたり，寒冷化が著しかった。

▷2　傭 兵
17世紀半ばまで，軍隊は国家ではなく個々の傭兵隊長によって組織・運営され，戦争の時だけ君主から雇い入れられるのが一般的だった。傭兵隊長は部隊の指揮官であると同時に経営者であり，配下の傭兵に対して給金を出し惜しんだり横領することが多かった。

＊ 領邦
Ⅲ-18 側注2参照。

ける「絶対主義」の成長と見るか，あるいは領邦君主と貴族が互恵的な関係を築く「交渉」の過程として捉えるべきかが議論されている。

　領邦という枠組みが三十年戦争後に重要性を高めたことは，帝国の形骸化や皇帝の権威失墜の証と見なされることが多い。だがこうした見方を批判する動向も目立つ。帝国は，例えばルイ14世治下のフランスのように侵略的な「強国」にはならなかったが，三十年戦争後も150年にわたって存続し，諸領邦が平和的に共存するための大枠として機能した。また対外的にも，フランスやオスマン帝国の侵攻に対して集団的な防衛力を発揮することになる。そして帝国がそれらの対外危機を乗り切る上でハプスブルク家の果たした指導的な役割は，皇帝の威信回復を伴ったのだった。

3. 近世ヨーロッパ史の中の三十年戦争

　ヨーロッパの次元で三十年戦争の帰結を論じる際に重要なのは，帝国政治の国際化である。1648年の講和では，スウェーデンとフランスが帝国国制の保障国とされ，両国は皇帝が領邦の自立性を脅かした場合には公然と介入できるようになった。これによって中央集権化の可能性に歯止めがかけられ，同時に帝国の内政が国際政治と不可分に結びついた。また領邦の君主には，帝国内外の諸勢力と外交し同盟を結ぶ権利が認められた。ただしこの権利は，皇帝と帝国に敵対しないことが条件とされた上，領邦君主の間では選帝侯や公，伯といった身分差が意味を持ち続けた。領邦は上位権力を認めない主権国家になったのではなく，皇帝を頂点とする垂直的で階層的な秩序の枠内にとどまったのである。こうした見方が概説書でも普及し始めた。

　他方でヨーロッパのレベルでは，三十年戦争を経て水平的な秩序が確立したとする見方が強い。国の大きさや政治制度，信教も異なる諸国家が対等に並び立つ秩序，いわゆる主権国家体制である。しかし近年では，各国の支配者が持つ称号や家格の差が三十年戦争後も大きな影響力を持ち続けたことが見直されている。また，国際秩序の単位をなす国家が内部に抱えた複合性に目が向けられるようになった。近世の国家は一枚岩ではなく，多様な法，慣習，特権を持つ諸地域や諸団体が離合集散の可能性を保持したまま集塊する「複合国家」だった。そうした特質を共有する近世ヨーロッパ諸国が，各々の国のかたちを模索していく上で三十年戦争の持った意味が改めて問われている。

　歴史学的に考察するポイント
　①三十年戦争はどのような点で歴史的な画期と見なしうるだろうか。
　②同時代の他国の内乱と比べて三十年戦争はどのような特徴を持つだろうか。
　③三十年戦争論の変遷はドイツ近現代史の歩みとはどう関係しているだろうか。

参考文献
鈴木直志『ヨーロッパの傭兵』（山川出版社，2003年）。
C・ヴェロニカ・ウェッジウッド『ドイツ三十年戦争』（瀬原義生訳，刀水書房，2003年。原著は1938年）。
ピーター・H・ウィルスン『神聖ローマ帝国 1495-1806』（山本文彦訳，岩波書店，2005年）。
近藤和彦『近世ヨーロッパ』（山川出版社，2018年）。

23 イギリス革命

後藤はる美

【関連項目：複合国家／複合君主政／礫岩国家，アンシャン・レジーム論，17世紀の危機，アメリカ革命，フランス革命】

▷1　アルミニウス主義
ネーデルラントの神学者J・アルミニウスの提唱したプロテスタント神学。W・ロード大主教のもとで重用されたが，予定説の否定と儀礼の復活がカルヴァン派の反感を買い，カトリック回帰と見なされた。

▷2　国民契約
スコットランドの「真の宗教」である長老主義教会の保全を誓約。1638年2月に始まり，スコットランドの政治国民の大半が署名した。

▷3　カトリック反乱
1641年10月にアルスタ地方で始まったカトリックによる反乱。プロテスタント入植者の「大虐殺」が報じられた。クロムウェルのアイルランド征服とドロヘダ，ウェクスフォードの「大虐殺」（1649年）はその報復戦でもあった。

▷4　厳粛なる同盟と契約
議会派と契約派の軍事同盟。「宗教改革と宗教の擁護，王の幸福，および三王国の平和と安全」を掲げ，長老主義に基づく単一の教会統治機構の実現を条件に，議会派に軍隊派遣を約した。

▷5　統治章典
護国卿と21人の国務委員による統治と，イングランド375議席，ウェールズ25議席，アイルランド・スコットランド各30議席の計460議席からなる一院制議会を定めた成文憲法。クロムウェルはこれを受諾して初代護国卿となった。

＊　マルクス主義
Ⅴ-24 側注2参照。

📖 史　実

　1625年，チャールズ1世は，父ジェイムズ6世／1世のもとに集まったスコットランド，イングランド，アイルランドの3つの王冠を同時に継承した。しかし16世紀以来，宗教改革が異なる形で展開した結果，複合王政下の3つの王国における王政と議会のありかたや，教会制度と法体系の違いはますます顕在化していた。さらに「17世紀の危機」の悪条件下で，三王国を同時に，しかし別個の王国として統べたチャールズ1世の統治戦略は各地で様々な軋轢を生んだ。

　イングランドでは，議会外課税やアルミニウス主義[1]の宗教政策，寵臣重用の親政（1629～40年）をめぐり，議会との対立が激化した。長老主義を国教とするスコットランドでは，イングランド式祈禱書の導入が暴動を招き（1637年），国民契約[2]で結ばれた長老派と王の間で「主教戦争」（1639，40年）が勃発した。王は11年ぶりにイングランド議会（短期議会，1640年）を召集するも戦費調達に失敗し，敗戦処理のため議会を再召集した（長期議会）。さらに同会期中にアイルランドでカトリック反乱[3]（1641年）が発生すると，鎮圧軍指揮権をめぐって王と議会は決裂，エッジヒルで戦端が開かれた（1642年）。

　議会派は，スコットランドとの厳粛なる同盟と契約[4]（1643年）と新型（ニューモデル）軍創設により優勢に転じ，ネーズビーで王党派に勝利した（1645年）。この過程で台頭したクロムウェルは，独立派の軍部を率いて議会から長老派を追放し（1648年），チャールズ1世処刑・貴族院廃止（1649年）を断行して共和国（コモンウェルス）を宣言，次いでアイルランドとスコットランドを制圧して戦争を終結させた（1651年）。さらに，1653年に長期議会を解散して自ら護国卿に就任したが，イギリス史上初の成文憲法（統治章典[5]），三国の代表を擁す一院制議会をはじめ，同体制下で行われた国制上の実験は，クロムウェルの急逝（1659年）で未完に終わった。これらの動きを何と呼ぶか。それ自体が歴史家の論争の核となってきた。

⚔️ 論　点

1. 「ピューリタン革命」と近代的市民社会論

　日本で未だ馴染み深い「ピューリタン革命」は，1873年にガードナが用いた呼称である。彼やマコーリら近代歴史学の創成期を担った歴史家は，17世紀前半を議会制民主主義の画期と位置づけ，進歩的なピューリタンが議会において自由を代表し，絶対王政を打倒して共和政を樹立する「大きな物語」を描いた。いわゆるホイッグ史観である。革命を近代社会への必然の通過点とするこの解釈は，20世紀後半にはマルクス主義＊史家の「市民革命」論に接ぎ木された。C・ヒルの『ピューリタニズム

と革命』（1958年）に始まる研究は，王と議会の対立を特権身分と台頭する市民の階級闘争に読み替えて，イギリスをロシア，中国に至る世界革命の起点に据えた。近代市民社会への発展段階論は大塚久雄ら戦後史学派の関心と合致して，日本でも広く受容された。

2. 「地方の反乱」と修正主義

しかし1960年代に，史料に基づく実証研究が地方の複雑な実態を解明し始めると，これらの解釈は目的論／還元論として退けられた。革命を中央に対する地方の「大反乱」と再定義したエヴェリットの研究（1966年，1969年）を経て，1970年代にはラッセルの『イングランド革命の起源』（1973年）やモリルの『地方の反乱』（1976年）が現れた。ラッセルは議会政治の，モリルはチェシャ州の分析を通じ，革命前夜には一貫した思想対立はなかったと論じ，広範な中立派の存在や短期的な情況性を強調した。「王殺し」は，革命のゴールではなく予期せぬ「結果」となった。

のちに「修正主義」とも呼ばれる一群の研究以降，研究の焦点は革命の起源から過程へと移行した。同時に，宮廷と議会を越えて，地域共同体での複雑な宗教改革の受容や，忠誠心，信仰，社会層と家系を横断した王党派／議会派の対立と動員が問題となり，以後のテーマの多様化の素地となった。

3. 「三王国戦争」とイギリス革命

1640年代の動乱は，なぜあの形をとったのか。この残された問題に，ラッセルとモリルは複合君主政としての「ブリテン」の視角から接近した（1990年代〜）。そこでは革命と内戦の展開の鍵は，柔軟性を欠くチャールズ1世の三王国運営の失敗と，政治的・宗教的に異なる課題を抱えた三王国間の「玉突き現象」に求められた。同時に，イングランド中心の従来の研究に代わり，革命の舞台はスコットランド，アイルランドを含めたブリテン諸島へと拡大した。「イングランド内戦」は「ブリテン内戦」となり，祈禱書暴動（1637年）に始まり1651年まで続く，複数の戦争と革命が連結した，「三王国（諸）戦争」（Wars of the Three Kingdoms）と位置づけ直された。British Revolution（「イギリス革命／ブリテン革命」）もまた，この動向を反映した呼称である。さらに，近年では大陸諸国の参戦を加味した歴史像も示されているほか，狭義の国制史の枠を越えて，記憶やジェンダーといった視点を取り入れた研究が盛んである。

┌─ 歴史学的に考察するポイント ─
①17世紀半ばのブリテン諸島の動乱は，いかなる点で革命的だった（革命的でなかった）といえるだろうか。
②それぞれの呼び名の長所と短所を考えてみよう。
③「名誉革命」（1688／89年）とは，いかなる点で連続性が見られるだろうか。
④「イギリス革命」は，後世の複数の「革命」とどんな違いがあるだろうか。

＊ 市民革命
Ⅲ-20 側注1およびⅣ-1 側注6参照。

（参考文献）
R・C・リチャードソン『イギリス革命論争史』（今井宏訳，刀水書房，1979年）。
岩井淳・指昭博編『イギリス史の新潮流』（彩流社，2000年）。
『思想』964号（2004年）および『思想』1063号〔アイルランド問題〕，2012年。
J・ウァーモルド編『オックスフォード・ブリテン諸島の歴史 7』（西川杉子監訳，慶應義塾大学出版会，2015年）。

24 科学革命

坂本邦暢

【関連項目：古代の科学：ガレノスを中心に，12世紀ルネサンス，イタリア・ルネサンス，人文主義／文芸共和国，軍事革命，イギリス産業革命】

📖 史　実

　16世紀から17世紀の西洋では，自然の理解に大きな変化が生じた。特に天文学，物理学の分野で顕著であり，数学による自然理解の開始という特徴を持っていた。革命の始まりは，コペルニクスが1543年の『天球回転論』の中で，従来の天動説に代わる地動説を提唱した時点に求められる。この新説の発展に決定的な役割を果たしたのは，ケプラーであった。ティコ・ブラーエによる正確な天文観測の記録を引き継いだケプラーは，1609年の『新天文学』の中で，惑星が円ではなく，楕円軌道を描いて太陽の周りを回転していることを明らかにした。同時代人であるガリレオ・ガリレイもまた地動説を支持し，その正しさを説く『二大世界系についての対話』を1632年に出版した。しかし同書は教皇の怒りを買い，ガリレオは自説の撤回を強いられた。ガリレオはまた地上での物体の運動の研究を進め，物体の落体法則を発見した。その成果は1638年の『新科学論議』に収められている。ケプラーにせよガリレオにせよ，世界を数学的な法則が支配していると確信していたが，この信念を一貫した世界観の形に定式化したのが，デカルトであった。数学者でもあった彼は，世界は巨大な機械であり，そのために数学的に記述可能だと主張した。コペルニクスやケプラーの天文学と，ガリレオの地上の力学の成果を統合したのが，ニュートンである。デカルトらが発展させた数学的な道具を駆使し，天体の運動と地上の物体の運動が，同じ法則に従っていることを発見したのである。1687年の『自然哲学の数学的諸原理』（いわゆる『プリンキピア』）で達成されたこのニュートン的統合をもって，コペルニクスから始まる科学革命は完成を見る。

⚔️ 論　点

１．その他の学問領域との関連

　初期近代の自然の理解に生じた巨大な変化を，科学革命と表現することは，20世紀前半から中頃にかけて，コイレやバターフィールドによって行われるようになった。この時期に大きな変化が生じたという点については，今日でも大きな異論はない。問題視されてきたのは，科学革命という理解の枠組みが，歴史家の関心を天文学・物理学・数学の分野に過度に集中させてきた点である。このような関心の偏りにより，そもそも天文学や物理学の領域での変化も十分に理解できなくなっていたのではないかという批判が寄せられている。

　例えばイエイツは，自然理解の変化の原因を，天文学や物理学の分野だけに求めるのは，時代錯誤を犯してしまっていると批判した。むしろ，現代では科学と

は認められないような領域に注目せねばならないという。例えば，ルネサンス期に隆盛した魔術は，自然の力の人間による操作を目指していた。この知的伝統があってはじめて，自然を人為的な介入を通じて解明するという近代科学の前提が生まれえたのだという。

　また，ディーバス，プリンチーペ，W・ニューマン，ヒライらの研究は，かつては疑似科学として軽視されていた錬金術[1]を本格的な歴史研究の対象とし，科学革命についての歴史記述に変更を迫った。アラビア世界からラテン中世を経て，初期近代に黄金時代を迎えたこの伝統は，中世以来支配的であったアリストテレス*の哲学とは異なる物質に関する理解を生み出すことになる。この新たな理論が，機械論[2]的な自然観の確立に一役を担ったことが明らかにされている。

2．より広い歴史的状況との関連　科学革命についての伝統的な記述が抱えるもう一つの問題は，天文学・物理学・数学の領域を，より広い歴史的状況から切り離してしまう点にある。例えば，ガリレオの『二大世界系についての対話』は，職人たちの活動をほめたたえることから始まる。またデカルトが世界を機械と見なすとき，彼が念頭においていたのは職人が制作する時計であった。これらの点は，彼らの思考が同時代の技術上の発展と切り離せないことを示している。ここから，科学革命の立役者を職人と考えるツィルゼルや山本義隆の研究が生まれた。

　またシェイピンとシャッファーは，単なる物理学史上の論争と考えられていた，ボイルとホッブズの真空の有無をめぐる論争は，実のところあるべき政治体制をめぐっての対立の反映であったと指摘している。この見解には多くの批判も寄せられている。しかしいずれにせよ，科学の研究が周りの世界から隔絶されて行われることはありえないということは，現在の科学史研究の大前提となっている。

▷1　錬金術
卑金属から金と銀をつくり出そうとする理論と実践の総称。紀元後三世紀のギリシア・エジプト世界で生まれた。西欧では中世以降，健康をもたらす医薬を調整するための知も錬金術がもたらすと考えられるようになった。

***　アリストテレス**
Ⅰ-29 側注1参照。

▷2　機械論
世界を一つの機械（たとえば巨大な時計）と見なす世界観のこと。このように理解された世界では，部分と部分のあいだの接触と力の伝達だけで，あらゆる現象が引き起こされることになる。

歴史学的に考察するポイント
①16世紀から17世紀にまたがって100年以上かけて進行したと考えられる事態を，「革命」という名で呼ぶのは適切だろうか。
②科学者による自然研究は，それが行われている場所にある政治的・文化的・宗教的状況にどの程度左右されるのだろうか。
③科学についての歴史が主題とするかつての「科学」は現代の科学とどれくらい重なるのだろうか。

参考文献
アレクサンドル・コイレ『閉じた世界から無限宇宙へ』（横山雅彦訳，みすず書房，1973年）。
佐々木力『科学革命の歴史構造』（講談社学術文庫，1995年）。
ローレンス・M・プリンチーペ『科学革命』（菅谷暁・山田俊弘訳，丸善出版，2014年）。

25 魔女迫害

小林繁子

【関連項目：キリスト教の拡大，迫害社会の形成，神判から証人尋問へ，儀礼とコミュニケーション，主権／主権国家／主権国家体制，宗教改革／対抗宗教改革論，宗派化，社会的規律化，科学革命，啓蒙主義，ホロコースト】

📖 史　実

　「悪魔と契約を結び集団をなして人畜に害をなす」とされた魔女はヨーロッパ各地で訴追の対象となり，15世紀から18世紀までに４万人以上の老若男女が処刑された。ドミニコ会の異端審問官インスティトーリスによる『魔女への鉄槌』（初版1486年）は，悪魔との契約・悪魔との情人関係・**害悪魔術**[◁1]・**魔女集会**[◁2]といった典型的な魔女像を示した最初期の書物とされる。こうした魔女像は民間信仰に根ざす部分もあったことから，**悪魔学**[◁3]の諸著作，ビラやパンフレットなどの印刷物を介して広く一般に受け入れられた。魔女迫害の最盛期は1580年代以降に訪れるが，裁判の舞台は教会の異端審問所ではなくもっぱら世俗の裁判所だった。裁判では拷問によって自白と「共犯者」の名前が引き出され，しばしば迫害は連鎖化・大規模化した。特に神聖ローマ帝国では1590年代から1630年代にかけて各地で連鎖的な裁判が生じたが，科学革命の進行した17世紀末頃に収束していった。

⚔ 論　点

1．上からの迫害と規律化

　魔女裁判はなぜ「暗黒の中世」ではなく16・17世紀に集中したのか。トレヴァ゠ローパーはこの問いへの回答として「魔女－熱狂説」を提唱した。キリスト教神学に根ざす悪魔学という知的背景に加え，宗教改革を契機とした宗派対立と緊張関係こそが魔女迫害の土壌となったというものである。この説は19世紀以来魔女迫害の犯人とされてきたカトリック教会の責任を相対化し，魔女迫害の展開をヨーロッパ規模で捉えた巨視的なものだった。しかし彼がエリートの言説に焦点を当て裁判の実相や民衆文化を分析対象としなかったことは，批判を受けることになった。**アナール派**[*]のミュシャンブレッドは魔女信仰の土壌となった民衆文化と世俗支配者の利害を同時に射程に捉えた「文化変容」モデルを提唱し，魔女迫害を16世紀に始まるフランス絶対主義国家成立過程の副産物と理解した。「神と王権両方に対する絶対的敵である魔女」撲滅が国家主権擁護の論理と結びついた一方，正統的（エリート的）な文化とは異質な，民衆の日常に深く根づいた魔術的伝統が排除されたという。フランス王国の事例をもとに示されたこのモデルは，近世に進行した私的・公的領域における規律化という大きな枠組みに魔女迫害を位置づけた。しかし，魔女迫害がしばしば民衆側から要求されていたこと，犠牲者の多くはミュシャンブレッドが想定したような民衆魔術の担い手ではなかったことなど，その枠組みでは説明しきれない部分も残されている。

▷1　**害悪魔術**
様々な実害をもたらす魔術。悪天候，農作物の不作，人畜の病気，不妊や不能などは害悪魔術の結果と見なされた。神聖ローマ帝国のカロリナ刑事法典（1532年）は悪魔との契約など宗教的な逸脱ではなく，害悪魔術を犯罪と規定している。

▷2　**魔女集会**
魔女は集団をなし秘密裏に夜の集会を行うと考えられた。「魔女集会で誰を見たか」という尋問で多くの「共犯者」が名指しされた。こうした夜の集会をキリスト教以前の土着信仰の祭儀の残滓と見る説もあるが，史料的な裏づけは困難である。

▷3　**悪魔学**
悪魔についての学問というのが第一義的な定義。悪魔と契約を交わす魔女やその行いの神学的議論のみならず，魔女裁判の方法など法学者による実務的指南の書もその中に含まれる。

＊　**アナール派**
Ⅱ-18 側注１参照。

2. 下からの迫害 1970年代初めには人類学の手法を援用して迫害主体としての民衆の役割とその内的論理に着目する研究が生まれた。英国の歴史家マクファーレンは次のようなモデルを示した。私有財産意識の発達と並行して貧者救済が共同体の手から支配当局の管轄に移ると，人々は施しをしないことに良心の呵責を感じていた。彼らは貧者に恨まれていると感じ，その後何らかの不幸が生じると貧者（＝魔女）の復讐だと解釈された，というものだ。またK・トマスは魔女がもたらすとされた災いに対して，カトリック教会の提供する護符や祝福といった魔術的対抗策の有効性が宗教改革によって否定された結果，魔女とされた人間の排除がより切実に求められたとした。共同体内部の社会経済的あるいは心理的変化が魔女告発となって表れるという説明モデルの登場は，「下からの迫害」とその動機へと関心が向けられる契機となった。90年代以降のドイツでも，共同体内部での魔女告発を共同体内部のコミュニケーションの視点から分析するヴァルツやラブヴィーらによる研究がある。

3. 上下双方向からのコミュニケーション しかし，エリートの視点のみでは魔女迫害を説明しきれないように，民衆側の論理だけでは魔女迫害が「私刑」ではなく公的機構による「裁判」として行われたことを説明できない。従って今日の魔女迫害史研究の関心は，上下両方向の相互作用に集まっている。ドイツの地域史研究では，帝国西部地域で盛んに結成された民衆組織「委員会」が在地役人と結びつき裁判を主導したことがルンメル，フォルトマーらにより明らかにされた。民衆が魔女迫害に重要な役割を果たしたこと，また近世国家の司法機構がこうした民衆の働きかけに少なからぬ影響を受けていたことはもはや無視できない要素となった。他方で魔女像の形成に際してもエリートと民衆との文化的断絶という前提は否定された。悪魔学著作の内容は民衆文化に根差す魔術観と重なる部分も多いことが明らかにされ，魔女観念を一部の教会知識人の発明とする説明は成り立たなくなっている。悪魔学と民間信仰の交渉の中で魔女観念がどのように形成され視覚化されたのか。ジーカの研究に代表されるように，印刷メディア[4]を通じて流布し非識字層にも共有された木版画などの図像も，重要な分析対象とされている。

▷4 印刷メディア
版画入りの一枚刷りビラは比較的安価で入手しやすく，魔女裁判の報を含め各地の雑多な情報を伝えるニュースメディアとしても機能した。朗読を前提とした韻文が付されることが多く，音声情報と合わさった図像の視覚情報は，魔女実在のリアリティを幅広い層に訴えるのに一役買った。

参考文献

上山安敏・牟田和男編『魔女狩りと悪魔学』（人文書院，1993年）。
黒川正剛『図説魔女狩り』（河出書房新社，2011年）。
W・ベーリンガー『魔女と魔女狩り』（長谷川直子訳，刀水書房，2014年）。

歴史学的に考察するポイント

①異端審問と魔女裁判の共通点・相違点は何か。
②大規模魔女迫害を可能にした法的・文化的・社会的条件は何か。
③魔女像の形成・魔女迫害の展開・収束にあたって，エリートの文化・民衆の文化はどのように関わり影響を与えあったのか。

26 啓蒙主義

弓削尚子

【関連項目：人文主義／文芸共和国，科学革命，魔女迫害，啓蒙改革／啓蒙絶対主義，フランス革命，大西洋奴隷貿易，市民結社（ボランタリ・ソサエティ），19世紀のジェンダーと人種，植民地と近代／西洋，フェミニズムとジェンダー】

 史　実

　ヨーロッパの18世紀は「啓蒙の世紀」と呼ばれる。宗教動乱や経済停滞，社会の荒廃といった17世紀の危機的な状況を経験し，人々は神や自然，社会に対する新たな価値観を求めていた。啓蒙主義はこれに応えるように登場し，人間の理性を重んじ，偏見や無知，封建的で不条理な社会の仕組みから人々を解放する思想を生み出した。自然科学が発達し，神中心の自然観や世界観が相対化される一方で，人間を生まれながらにして自由で平等な存在と見なす**自然権思想**が醸成された。**ラテン語**[*]中心であった文字文化はフランス語や英語，ドイツ語などの「生きた言語」で読み書きする人々に広く開かれ，「知のカタログ」である『百科全書』も編まれた。出版メディアの発達により，「論議する公衆」が生まれ，既成権力を批判する「世論」が成立した。総じて啓蒙主義は，ヨーロッパ近代社会の幕開けを告げるものとして位置づけられている。

論　点

1．啓蒙主義という光
　「啓蒙の世紀」には綺羅星のように偉大な思想家が活躍した。正統な政府のあり方は政府と臣民との契約関係だと論じたロック，キリスト教の権威や専制政治を徹底的に批判したヴォルテール，特権的な商業のあり方に疑問を投じ，合理的思考に基づく自由な経済活動を提示したアダム・スミス，人間の理性とは何かを論じ，近代哲学の礎を築いたカント。

　しかし，啓蒙主義を彼ら「一握りの天才たち」の偉業とするのでは不十分だとする意見もある。社会史研究者は，コーヒーハウスやサロン，読書クラブといった新たな社交の場に職業や身分の違いを超えて集まり，「公共善」から自然科学まで，自由闊達な議論を繰り広げる「啓蒙主義者たち」に注目した。ダーントンのような歴史家は，「いかがわしい」哲学者や三文文士を啓蒙主義の表舞台に引き出し，革命前夜のフランス社会に肉薄した。

　とはいえ，啓蒙の光は社会の中・下層に届いたのだろうか。そもそも彼らの啓蒙は広く望まれたことなのだろうか。「民衆啓蒙」の意義を説く者はいたが，その一方でこれを危険視する風潮も見られた。自由・平等・博愛の理念に感銘を受けた啓蒙主義者が，特権身分を糾弾する民衆の行動には背を向けるといった事態も起こっていた。革命と啓蒙主義の関係性についても，議論の余地が残されている。

　フェミニズムの観点からも啓蒙主義の評価は分かれる。理性は迷信を退け，魔女裁判に終止符が打たれたことで，もはや多くの女性が火刑台へ送られることは

▷1　自然権思想
キリスト教的・社会的特権に先立つ「自然状態」が想定され，個人には生来，生命や自由など，何人にも侵されない権利が備わっているとする思想。17世紀のトマス・ホッブズらによって唱えられ，18世紀に発展した。

*　ラテン語
Ⅱ-28 側注1参照。

なくなった。文筆家やサロン主宰者など教養女性の活躍も華々しかった。だが，女性の人権を訴えるグージュやウルストンクラフトらの主張は受け入れられなかったことは，啓蒙主義の限界にほかならない。

2・世界を照らす啓蒙主義の光?

長らく啓蒙主義は，西洋史の枠組みの中でのみ論じられてきた。だが実のところ，啓蒙主義は，西洋の外の世界との接触なしにはありえなかった。モンテスキューが『法の精神』で世界の多様な風俗習慣に触れ，ルソーが『人間不平等起原論』の中で人間の自然状態について考察しえたのは，非西洋世界に関する豊かな情報ゆえであった。

この時代，世界各地への学術旅行が企画され，その記録や収集物をもとに，博物学的，人類学的な探究が盛んになった。肌の色や頭蓋骨の形状によって人間を分類する，近代的な「人種」概念も芽生えた。他方，自然権思想や人道的立場から，奴隷制を啓蒙の時代の汚点と見なし，これに反対する運動が起こった。「人権」の概念は普遍的なはずである。

果たして，啓蒙主義の光は世界を照らし，明るくしたのだろうか。外の世界を基点にすると，「啓蒙のヨーロッパ」はどう評価されるのだろう。

3・グローバル・ヒストリーにおける啓蒙主義

1990年代末以降，特にポストコロニアル[*]の観点から，啓蒙主義は激しい批判にさらされた。「啓蒙のヨーロッパ」は，進歩や文明の意義，人権思想を説きながら，植民地主義的な支配の論理やヨーロッパ優位主義，人権主義を育んだのではないかという批判である。インド出身の歴史家であるチャクラバルティなどは，啓蒙主義をヨーロッパ中心主義そのものと捉える。

こうした批判を真摯に受け止め，啓蒙主義の西洋中心的な解釈を再考し，グローバルな歴史の中で論じる動きが注目されている。コンラートのような歴史家は，啓蒙主義を18世紀ヨーロッパの枠組みから解き放ち，18世紀末以降，世界各地で見られた複数形の「啓蒙主義」を捉え，非西洋の主体性や行為者性を掬い上げながら，世界的な連関の産物として描く。

このようなアプローチは，啓蒙主義が世界各地へ伝播し，世界の近代化＝西洋化をもたらしたという旧来の見方とは袂を分かつ。とはいえ，西洋と非西洋の「相互的な連関」の強調は，西洋の拡張主義や植民地主義の罪過を後景へと退かせることにならないか。歴史家の立場性の問題も含め，論議を呼ぶものだ。

▷2 博物学
「自然についての記述」を意味する natural history が原語で，「自然史」「自然誌」とも訳される。ヒトを含めた動物，植物，鉱物など，自然界にあるものを収集・分類する学問で，18世紀にはリンネの『自然の体系』が代表的である。

* ポストコロニアル
Ⅴ-23 参照。

参考文献

弓削尚子『啓蒙の世紀と文明観』（山川出版社，2004年）。

ドリンダ・ウートラム『啓蒙』（田中秀夫監訳，法政大学出版局，2017年）。

ゼバスティアン・コンラート「グローバル・ヒストリーのなかの啓蒙」（上・下）（浅田進史訳）『思想』1132・1134号，2018年。

歴史学的に考察するポイント

①啓蒙主義はヨーロッパ社会をどう変えたのか。
②「人種」概念と「人権」概念を生み出した啓蒙主義をどう評価すべきか。
③啓蒙主義は帝国主義とどのようなつながりを持っているのだろうか。

27 財政軍事国家論

山本　浩司

【関連項目：近代国家生成論，主権／主権国家／主権国家体制，軍事革命，アメリカ革命】

▷1　九年戦争
領土拡大をもくろむフランス王ルイ14世に対してヨーロッパ諸国の大同盟が戦った戦争である。アウクスブルク同盟戦争とも大同盟戦争とも言う。ルイ14世が1688年9月に軍事介入したライン川地域は，神聖ローマ帝国領土であり，同時に川下に位置するオランダの通商・防衛上の要所でもあった。名誉革命を経てイングランド王ウィリアム3世となったオランダ総督オラニエ公ウィレムは英議会を説得，1689年5月にフランスに対して宣戦布告させた。イングランドからみれば王が複数国家の支配者であるために巻き込まれた戦争であるが，結果として戦費は歳出の74％にも迫り，イングランド銀行による国債発行のきっかけとなった。

▷2　四国同盟戦争
スペインと四国同盟（オーストリア，イギリス，フランス，オランダ）の間で行われた戦争。スペイン王フェリペ5世によるイタリア進出を阻止すべく1718年にオーストリア，イギリス，フランスが宣戦布告，翌1719年にはオランダも参戦した。莫大な戦費が参加各国財政を逼迫し，例えばイギリスの未償還国債は合計5000万ポンドに及んだ。こうした財政悪化を背景に各国は大胆な財政政策を講じるが，その中で起きたのがパリのミシシッピ・バブル（1719年）とロンドンの南海泡沫事件（1720年）である。

📖 史　実

　15～16世紀に隆盛を見たイタリア諸国，その後に栄えたポルトガル，スペインやオランダなどと比べたとき，イングランドは長らくヨーロッパ北部の後進国であった。しかし，1707年の合同法によりスコットランドを事実上併合しグレート・ブリテン（イギリス）となると，その地位は18世紀中葉までに劇的に変化する。1688～89年の「名誉革命」の頃から，**九年戦争**（1688～97年），スペイン継承戦争（1701～14年），**四国同盟戦争**（1718～20年等），オーストリア継承戦争（1740～48年），七年戦争（1756～63年）と断続的に戦争を遂行し，北アメリカおよびインドでフランスなど大陸諸国に対する優位を確立した。さらにフランス革命・ナポレオン戦争（1793～1802年，1803～15年）でも最終的に勝利を収め，ヨーロッパにおける軍事・政治・経済的覇権を確固たるものとした。「第二次百年戦争」ともいわれるこれらの度重なる戦争には，巨額の資金が必要であった。イギリス政府は安定した税収を基盤に，1694年に創設されたイングランド銀行を介し長期国債を発行，競合するフランスとスペインを資金力において大きく上回った。覇権国としてのイギリス台頭を理解する際の有力な分析枠組みの一つが，ブリュアが提起した「財政軍事国家論」である。

⚔️ 論　点

1. ブリュアの財政軍事国家論　従来，英国海軍の軍事的成功は海事史において，また歳入拡大を可能にした国債発行と徴税については金融・財政史において，それぞれ交わることなく研究が蓄積されていた。これに対し，ブリュアは両者を結びつけてダイナミックな歴史像を示した。九年戦争では3600万ポンドだった軍事費総計は，七年戦争では総計8200万ポンド以上に達した。それを支えたのが国債と間接税である。例えば，九年戦争終結時には1600万ポンドだった未償還国債（つまり国の借金残高）の総額は，アメリカ独立戦争（1775年～）が終結した1783年には2億4500万ポンドに激増している。戦争が歳入増を必要とし，そのための国債増発と官僚機構による効率的徴税が大規模な戦争を遂行可能とし，戦勝（通商網の確保）がさらなる経済活動の発展（関税，消費税の税源拡大）と国家の安定（国債信用力の向上）をもたらし，こうして来るべきより大きな戦費負担に応じられるようになるという，財政部門と軍事部門の相互依存的サイクルを端的に析出したのがブリュアの財政軍事国家論の最大の特徴といえる。

2. 帝国史的・比較史的視点　ブリュアの財政軍事国家論は，1989年の本の出版以来絶大な影響を誇っているが，その後，より広範な歴史学の潮流

に併せていくつかの重要な敷衍がなされている。その一つが帝国史的拡張である。ブリュアは，徴税の議論においてブリテン島（特にイングランド）内部での徴税能力に注目した。しかしこの視点を限定的と見たストーンらは，イギリス帝国と拡大する植民地における徴税とそれがもたらす政治・社会的軋轢に注目した。現に，北米植民地は本国議会で利害を代表する議員を送れなかったため，本国による度重なる増税に不満を募らせた。この背景を視野に収めないと，独立戦争勃発とアメリカ合衆国成立は理解できない。他方，ストールらは，フランス，オーストリア，プロイセンなど列強各国においても戦争継続を念頭においた歳入拡充の試みがあることに注目し，比較史的にイギリスの事例を相対化する必要を指摘する。

3. 国家形成論からの修正　議論の枠組みはさらに拡大している。ヒンドル，ブラディックらの国家形成論は，近世国家の機能が限定的で，多くの私的アクターとの協力・共生関係なくしては政策の立案も実施も不可能だったことを示した。ブリュアが想定した国家は，確定された一定の領域内で徴税等の政策を実行できる透明性と信頼性の高い官僚組織を前提にしていたが，国家形成論は，そのような近代的国家が17〜18世紀当時存在していなかった可能性を示唆している。この国家形成論をふまえたグラハムによれば，財政軍事国家における徴税や戦費・軍需品の配備は，有力者とその取り巻きの「持ちつ持たれつ」の関係の中で相互の私的便益を満たしつつ遂行されていた。透明性を担保すべき徹底した官僚制は不在だったにもかかわらず歳入は増え軍事的勝利が続いたという謎が残されているのである。

　国家形成論に依拠した以上の主張は，比較史的視点にも影響を及ぼすことになる。イギリスの事例においても私的紐帯が重要であったとすると，例えばジェノヴァ商人が政府への貸付を担っていたスペインや，有力貴族が徴税請負人となっていたフランスとの違いは，どのように評価すれば良いのだろうか。イギリスの財政軍事国家を例外とする議論には慎重な再検討が迫られている。

歴史学的に考察するポイント

①イギリスの台頭は，どこまで財政軍事国家論で説明できるのだろうか。
②列強諸国の歳入拡大・戦争継続の努力は，イギリスの解決策とどのように異なるのだろうか。
③イギリスの財政軍事国家の台頭には，文化・社会的要因もあるのだろうか。
④18世紀西洋における国家は，21世紀の国家と何が違うだろうか。

参考文献

Ｍ・Ｊ・ブラディック『イギリスにおける租税国家の成立』（酒井重喜訳，ミネルヴァ書房，2000年）。
ジョン・ブリュア『財政＝軍事国家の衝撃——戦争・カネ・イギリス国家1688-1783』（大久保桂子訳，名古屋大学出版会，2003年）。
坂本優一郎『投資社会の勃興——財政金融革命の波及とイギリス』（名古屋大学出版会，2015年）。

28 啓蒙改革／啓蒙絶対主義

岩﨑周一

【関連項目：東欧の辺境化・後進性，人文主義／文芸共和国，社会的規律化，エトノス論，複合国家／複合君主政／礫岩国家，アンシャン・レジーム論，啓蒙主義，財政軍事国家論，「ドイツ特有の道」】

📖 史　実

　18世紀，とりわけその後半のヨーロッパでは，様々な国政改革が試みられた。公益（公共の福祉）の増進を掲げる政府の主導のもと，殖産興業，法的平等，宗教的寛容の促進などによる強国化が目指されたのである。為政者たちは，ヴォルテールなどの啓蒙知識人たちと直接交流を持ったプロイセンのフリードリヒ2世やロシアのエカチェリーナ2世らの例が示すように，啓蒙思想から多くを学び，これを統治の指針とした。しかし一方で彼らは，臣民を教導する責務を負っているというパターナリズム[1]的な意識を強く抱き，封建的・身分制的な社会の維持に努めたため，その問題性に踏み込もうとはしなかった。

⚔️ 論　点

1．「啓蒙絶対（専制）主義」　1847年，ドイツの国民経済学（歴史派経済学）*者ロッシャーは，アリストテレス*以来の国家論や中近世における「絶対君主政 monarchia absoluta」をめぐる議論などを参照した上で，18世紀末から使われ始めていた「絶対主義」を（今日言うところの）近世ヨーロッパを特徴づける歴史概念として提起し，これに3つの段階を設けた。第一がスペインのフェリペ2世らに代表される宗派絶対主義，第二がフランスのルイ14世らに代表される宮廷絶対主義，そして第三が，フリードリヒ2世らに代表される啓蒙絶対主義である。この見解は，論争を惹起しつつも，次第に受け入れられていく。そして啓蒙絶対主義は，市民層が未成熟であったために君主・政府主導の「上からの近代化」が図られたという理解のもと，「後進的」な中欧・東欧・南欧の国々で主に展開されたと見なされるようになった。

　しかし第二次世界大戦後，ナチズムと絶対主義の関連の追究，そして社会史および地域史研究が進展したことなどにより，こうした従来の見解は大きな修正を余儀なくされた。絶対主義の規定に見合うだけの王権の拡充が実際にはあまり見られず，理念と現実の乖離が指摘されるようになったためである。こうして近世ヨーロッパ史研究においては，身分制議会，地方行政諸機関，社団，共同体といった「絶対主義の中の非絶対主義的なもの，つまり自律的領域」（エストライヒ）に注目が集まり，人々の心性や社会的規律化，そして社会的結合関係（「ソシアビリテ*」）の探究が活発化する。この結果，絶対主義は一つの傾向ないし志向にすぎず，支配の実態を示すものではないと捉えられるようになった。

2．「絶対主義」批判　しかしこうした状況は，ヘンシャルが絶対主義を「神話」と断じ，その歴史概念としての有効性を否定した著

▷1　パターナリズム
上の立場にある者が，下の立場にある者のためとして，その者の意思によることなく後見的に振る舞おうとする姿勢。

＊　国民経済学（歴史派経済学）
Ⅲ-7 側注1参照。

＊　アリストテレス
Ⅰ-29 側注1参照。

＊　ソシアビリテ
Ⅲ-19 側注2参照。

作を発表したことで，大きく変化した（1992年）。ヘンシャルの主張は既存の研究に依拠したもので，実はさほどの新味はなかったが，その反響は大きかった。冷戦の終結と欧州統合の進展，そして近代国民国家を規範化する見方が後退して国家の複合性に注目が集まるというパラダイムの転換も影響して，その後の論争では「否定派」が優勢となり，「（絶対主義という概念は）今日再構築不可能な形で解体されている」（ラインハルト）と評されるまでになる。ただ現在でも，近世後期に（程度はともかく）王権の強大化が多くの国で見られたこと，そしてフリードリヒ2世，エカチェリーナ2世，ハプスブルク君主国のヨーゼフ2世らが専制的な統治を実践したことなどから，「（啓蒙）絶対主義」（あるいは「改革絶対主義」「啓蒙専制」）を有用と考える研究者は，なお一定数存在している。

3.「啓蒙改革」へ　一方で近年，「啓蒙」を政治史上の概念として使用したり，「啓蒙」と「改革」を絡めた語を用いることで，（啓蒙）絶対主義をめぐる論争からは距離を置き，「啓蒙のヨーロッパ」における各国・各地域の政治社会の多彩なありように迫ろうとする研究者が増えつつある。実際，18世紀後半のヨーロッパには，例えばトスカーナ大公ピエトロ・レオポルド（後の神聖ローマ皇帝レーオポルト2世）のように，啓蒙思想の影響下に改革を図った為政者があまた存在した。フランス王ルイ16世がテュルゴらの補佐を得て進めた試みの数々も，啓蒙改革と呼ぶに値する。イギリスにおいても，アダム・スミスやベンサムなどの（後期）啓蒙主義の主張が，18世紀末から19世紀前半に至る「改革の時代」に影響を与えた。フランス皇帝ナポレオン1世やオランダ国王ウィレム1世，さらにはオスマン帝国のマフムト2世を啓蒙専制君主と捉える見方も，決して特異ではない。そしてこうした改革に関わった人々は，ヨーロッパにおいて近世に構築された「文芸共和国」と呼ばれる知のネットワークに身をおいて，互いの動向を把握し，多様な形で交流していたのである。18〜19世紀転換期における，このように汎欧的で相関的な啓蒙改革の諸事例から，近世と近代を架橋する手がかりを見出すことも可能だろう。

　また，フランクリン，トゥサン・ルヴェルチュール，そしてシモン・ボリバルの活動などにも，啓蒙思想の影響は色濃く見られる。一方で，非ヨーロッパ世界からもたらされた知見やアメリカ独立革命が，ヨーロッパにおける啓蒙改革運動に及ぼした影響も見逃せない。こうしたことから，啓蒙改革をめぐる議論を「（環）大西洋革命」と双方向的に関連づけ，南北アメリカ大陸にまで広げて考察する動きも現れている。

歴史学的に考察するポイント

①「啓蒙絶対（専制）主義」という概念の有効性と問題性を再考しよう。
②各国で実施された啓蒙改革の相関性について考えよう。
③19世紀以降の各国の動向は，啓蒙改革とどのように関係していただろうか。
④啓蒙改革が上げた成果と残した課題を，それぞれ整理してみよう。

参考文献

F・ハルトゥング，R・フィーアハウスほか『伝統社会と近代国家』（成瀬治編訳，岩波書店，1982年）。
ウルリヒ・イムホーフ『啓蒙のヨーロッパ』（成瀬治訳，平凡社，1998年）。
『岩波講座 世界歴史16 主権国家と啓蒙 16-18世紀』（岩波書店，1999年）。
ドリンダ・ウートラム『啓蒙』（田中秀夫監訳，逸見修二・吉岡亮訳，法政大学出版局，2017年）。

29 アメリカ革命

鰐　淵　秀　一

【関連項目：古代ギリシアの連邦とその受容，ローマ共和政の本質とアウグストゥス，レス・プブリカ，複合国家／複合君主政／礫岩国家，イギリス革命，啓蒙主義，財政軍事国家論，啓蒙改革／啓蒙絶対主義，フランス革命，南北戦争，ウィルソンとアメリカの国際主義】

📖 史　実

　1763年，七年戦争の勝者となり，フランスから北米大陸の広大な領土を獲得したイギリスは，膨張する戦費と新領土の維持費をアメリカ植民地への課税によってまかなうことを決定した。一連の課税政策に対する植民地の抵抗運動は，最終的に十三植民地によるイギリスからの独立運動へと発展し，1775年に始まる独立戦争を経て，1783年パリ条約におけるアメリカ諸邦独立の承認で決着する。この間，各邦では共和政の原理に基づく憲法制定の試みが進められていたが，十三の邦を束ねる連合会議は徴税，通商規制，常備軍の保持等の中央政府としての権限を持たなかった。この問題を解決すべく，1787年フィラデルフィアで連邦憲法案が起草され，各邦の批准を経て，1789年新憲法に基づく連邦政府が発足した。この合衆国建国に至る一連の経緯をアメリカ革命（the American Revolution）と呼ぶ。

⚔️ 論　点

1．アメリカ革命の性格

　アメリカ革命は日本語では独立革命と呼びならわされているが，どのような意味で革命なのか。この問いは一世紀以上にわたり様々な解釈の潮流（＝学派）を生み出してきたが，諸派は革命の性格をめぐって大きく2つの立場に分かれる。

　一方は，アメリカ革命を政治革命と見る立場である。本国議会の課税政策をめぐる国制論争や抵抗運動を通じた十三植民地のイギリス帝国からの分離独立，そして独立諸邦による連邦体制の確立という（二重の）政治体制の変革を重視する立場である。19世紀の**ホイッグ史家**は，独立の過程を本国の専制に対する植民地人の自由の追求の物語として称揚した。この見方に反対した**帝国学派**は，独立の原因を帝国の統治体制や主権の所在をめぐる本国政府と植民地の認識の乖離に求めた。第二次世界大戦後には，自由や専制といった国制をめぐる観念が革命の推進力であったと見る後述のネオ・ホイッグが強い影響力を持った。

　他方，社会革命の側面を重視する立場がある。**革新主義学派**は，植民地社会内部における商人ら特権層と農民・職人ら非特権層の対立抗争を通じた民主化にこそ革命の本質があると見た。この立場によれば，連邦憲法の制定は，ホイッグが主張したような自由な国制（＝憲法）の追求ではなく，抵抗運動や独立戦争の結果生じた各邦の民衆勢力の急進化に対する，エリート層による社会秩序や財産の維持のための保守的対応と解釈される。第二次世界大戦後，革新主義学派のテーゼは民衆を社会変革の主体として重視した**ニューレフト史学**や社会史学に継承され，革命の担い手を広範な非エリート層へと拡張してきた。

▷1　ホイッグ史家
バンクロフトに代表される，合衆国の独立と発展を自由の拡大と同一視する著作を残した歴史家たちを指す。彼らの歴史観は愛国史観やナショナリスト史観とも呼ばれる。

▷2　帝国学派
20世紀初頭の米英両国におけるアングロ・サクソン主義の高まりの中で，アメリカ革命をイギリス帝国史の文脈から考察した歴史家たちを指す。

▷3　革新主義学派
20世紀初頭の革新主義運動を背景に，アメリカ史を保守勢力と革新勢力の階級的対立の歴史として解釈する立場。革新勢力による社会改革を民主化の推進力として評価した。

▷4　ニューレフト史学
ヴェトナム反戦運動を背景に登場した急進的歴史家たちの著作を指す。「底辺からの歴史学」を標榜し，民衆生活史や民衆運動史への着目を特色とする。 Ⅴ-17 側注4も参照。

2．自由主義・共和主義論争

第二次世界大戦後，ネオ・ホイッグにより思想史アプローチの重要性が認識されると，革命の思想的原理をめぐる新たな論点が登場した。1950年代まで，革命を主導した支配的原理とされたのは，**自然権思想**と所有権の絶対視を核とするジョン・ロックの自由主義であった。これに対し，ベイリンらは，革命期の政治思想はイギリス本国の「急進的ホイッグ」の言説，つまり権力の腐敗や専制を警戒し，私益の追求よりも公共善や市民的徳を重んじる共和主義が主であったと論じ，「自由主義・共和主義論争」の口火を切った。この論争は1970～80年代にかけて支配的争点となり，革命期の政治思想の再検討が進められた。共和主義と自由主義の影響力をめぐる論争は政治思想の範疇を超えて，民衆の動向も含む革命期の政治文化や社会の性格をめぐる議論へと展開し，ウッドらは革命史の「共和主義的綜合」を目指した。しかし，自由主義テーゼを支持する立場も依然として根強く，論争は決着を見ないまま膠着状態に陥った。

3．アメリカ革命史研究の現在

1990年代に入ると，ウッドらネオ・ホイッグの革命史解釈は２つの立場から批判にさらされた。第一の批判は，**多文化主義**運動やアイデンティティ・ポリティクスの高まりの中，従来の革命史理解はあくまで白人男性を主体としたもので，社会の周縁に置かれた少数派の存在を十分に組み込めていないと主張した。これを受けて，ジェンダーや人種といった視角が導入され，革命期の女性が果たした役割や黒人奴隷や先住民の革命への関与の実態についてのさらなる解明が進められ，革命の主体の多様性が認識されることになった。

第二の批判は，大西洋史やグローバル史の隆盛の中で，既存の革命史研究に内在する一国史的・**例外主義**的傾向に向けられた。アメリカ革命を，フランス革命をはじめとする同時代のヨーロッパや中南米の革命や動乱との連続性や相互連関の中で捉える視角は，1960年代にパーマーによって提唱されていた。こうした環大西洋革命論は，アメリカ革命をヨーロッパ文明とは一線を画すアメリカ文明の成立の契機あるいは結果と見なす例外主義史観に対する有力な反論として今日ますます支持を得ている。同時に，革命の進展が十三植民地の外部へ及ぼした影響についての研究が進んでいる。大西洋地域のみならず，ハイチの黒人革命を含む西インド諸島の動向や，五大湖周辺や中西部，カナダの先住民世界への革命の波及や戦争の影響が検討され，いわばアメリカ革命史の空間的拡張が今日の研究の趨勢となっている。

歴史学的に考察するポイント

①今日，アメリカ革命の革命性をどのような観点から評価するべきか。
②十三植民地をイギリスから独立させた主要因は何であったのだろうか。
③アメリカ革命とヨーロッパや中南米の革命の間には連続性が見出せるか。

＊　自然権思想
Ⅲ-26 側注1参照。

＊　多文化主義
Ⅰ-30 側注5および Ⅴ-22 側注3参照。

▷5　例外主義
アメリカ例外論とも呼ばれる。狭義には，アメリカの歴史的発展が中世の封建制を経験しなかったため，自由主義の貫徹と階級闘争の不在という西洋諸国とは異なる特殊な経緯を辿ったとする歴史認識を指す。

参考文献

有賀貞「アメリカにおけるアメリカ革命史研究の展開」『アメリカ革命』（東京大学出版会，1988年）。
ゴードン・S・ウッド『アメリカ独立革命』（中野勝郎訳，岩波書店，2016年）。
イリジャ・H・グールド『アメリカ帝国の胎動──ヨーロッパ国際秩序とアメリカ独立』（森丈夫監訳，彩流社，2016年）。

Ⅳ　西洋近代史の論点

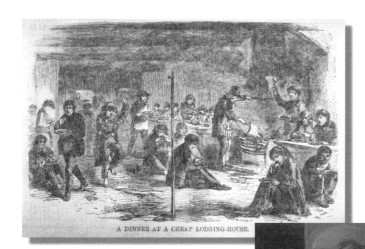

A DINNER AT A CHEAP LODGING-HOUSE.

ヘンリ・メイヒュー「安宿での夕食」（1861年）

ジュール＝アレクサンドル・グリュン
「晩餐の終わり」（1913年）

市民社会と格差社会（階級社会）

Introduction

　本章では，地域的なバランスを考慮しつつ18世紀末から20世紀初頭までの論点が示されます。そこに含まれるのは「フランス革命」，「（イギリス）産業革命」，「農奴解放（ロシア）」，「南北戦争」，「ドイツ特有の道」といった，各国史別の枠組みで長く議論されてきた伝統的な大論点だけではありません。「ナショナリズム論」や「帝国論」といったヨーロッパの複数の国家や地域が対象となる論点や，「大分岐」といった比較史的な視点につながる論点，「大西洋奴隷貿易」といった欧米社会の近代化を支えた負の側面もその対象となっています。また，この数十年間で著しい研究の進展を見せた社会史（「アリエス論争」など）やジェンダー史やセクシュアリティ史（「男女の領域分離」など）に関わる論点も，重点的に取り入れました。これら26の論点に触れることで，欧米の近代史でいったい何が議論されてきたのか，また，これから何を議論すべきであるのか，学べるでしょう（坂本優一郎）。

1 フランス革命

山中　聡

【関連項目：アンシャン・レジーム論，イギリス革命，啓蒙主義，アメリカ革命，ボナパルティスム（第二帝政），リソルジメント，第三共和政と改革，ロシア革命とソ連邦の成立】

▷1　憲法制定国民議会
全国三部会（1789年5月に開会）の第三身分（平民）代表が，議決方法をめぐり第一・第二身分（聖職者・貴族）代表と対立した結果，発足させた議会。当初は「国民議会」と名乗ったが，1789年7月に改称。

▷2　立法議会
憲法制定国民議会解散（1791年9月）後に発足した議会。1792年4月にオーストリアとの戦争を開始する。同年8月10日の王権停止を受け，解散。

▷3　国民公会
1792年8月10日のパリ民衆蜂起で王権が停止した後，同年9月に発足。初日の審議で王政廃止を決議した後，1791年憲法に代わる新憲法を制定した（1793年6月）。対外戦争と内乱への対応に明け暮れた後，1795年10月に解散。

▷4　山岳派
急進的な立場をとる議員集団で，1793年6月初めには穏健派のジロンド派議員を追放した。ロベスピエールやサン＝ジュストが指導的役割を担った。

▷5　総裁政府
国民公会解散（1795年10月）後に発足した政府。毎年の議会選挙で反政府勢力が増大する度に，クーデターを起こして反政府的議員を追放した。政権維持のために軍隊を利用したことでナポレオンの台頭を招き，彼の謀略によって崩壊した。

▷6　ブルジョワ革命論
この「ブルジョワ革命」を

📖　史　実

　1789年7月に勃発したフランス革命は，近代世界の幕を開いた一大事件であった。絶対王政下の身分制度や政治・経済上の桎梏（しっこく）を打破し，人権や自由を尊ぶ法治国家の樹立に向けて，**憲法制定国民議会**◁1・**立法議会**◁2主導の下，様々な政策が打ち出された。だが同時に，この革命をいかなる方向へ導くのかについて，激しい議論・混乱も巻き起こった。旧体制期の指導者層は，革命への幻滅と敵意を表明し，そのような反動勢力の首領と見なされた国王ルイ16世は1793年1月，断頭台の露と消えた。名実共に共和国に生まれ変わったフランスはこの後，革命の伝播を警戒するヨーロッパ諸国との戦争に突入した。一方，国内では王党派による反乱が深刻さを増した。こうした状況のもと，国防と共和政維持を最優先にする必要から，**国民公会**◁3の**山岳派**◁4は1793年10月，憲法の施行を延期して独裁を開始し，裏切り者は死をもって罰する「恐怖政治」も激化した。この独裁は，戦争の勝利が明白となった1794年7月末，クーデターの発生で崩壊する。約1年を経て発足した新政府＝**総裁政府**◁5は過熱した革命を冷却し，共和政を定着させるための施策を打ち出すが，反政府勢力との抗争で疲弊していった。そして1799年11月，将軍ナポレオンの謀略により，革命は終焉を迎える。

⚔️　論　点

1．「政治文化」の革命

　フランス革命勃発の背景に関して，1980年代までは「**ブルジョワ革命論**」◁6が主流であった。すなわち，封建制によって立つ貴族層の支配を，資本主義を志向するブルジョワジー（商工業者等の有産者階級）が打ち破ろうとした結果，この革命が勃発したという解釈である。そしてこの立場は，勃発以降の状況についても，ブルジョワジーを上層と中・下層に分けつつ，両者の立場を代弁する党派間の抗争によって捉えようとした。だが，すでに指摘があるように，この考え方には多くの問題があり，革命全体を見渡す視座としては，通用しなくなりつつある。代わって1980年代末から，いわゆる「政治文化」論が，重要な位置を占めるようになった。すでに1970年代末からフュレによって，社会・経済的な視点ではなく，革命家たちが発し，書き記した「言葉」こそが，山岳派の独裁に至る革命政治の急進化を説明するとの主張がなされていたが，「言葉」だけでなく，「儀礼」や「シンボル」にも政治を動かす力がある点を指摘し，これらが創り出す「政治文化＝人々が政治のあり方を規定する際に抱く思考や感情のセット」こそが，革命政治のあり様，およびそれを担った集団の登場・交代の仕組みを解き明かすと説いたのが，ハントであった。

2．「星雲状態」から「総合」へ

このハントによる提唱以降，「政治文化」論が革命史研究の主流になると同時に，経済史や社会史などの伝統的な分野でも，「政治」や「文化」と接合することで，見直しを進めようという声が上がった。また，特定の地域を細かく分析した研究も数多く生み出された。このように，従来の歴史像の再検討や，ケース・スタディが進展を見せた結果，現在では，革命全体を「統一的」に理解するような視座を提示することは，極めて難しくなっている。ある歴史家はそのような状況を「星雲状態」と呼んだ。しかし，それでも多様な研究が積み重ねられた先に，「フランス革命とは何か」という問いへの答えが存在することを，確信する人々は少なくないだろう。ここでは，そうした「総合」的な理解に資する視点を4つ挙げ，あわせて研究者の間で見解が異なり，論点となっている項目も示したい。

第一の視点は世論で，論点は次の通り。世論は革命を動かしたのか，動かさなかったのか。革命期に起きた事件が，逆に世論を形成したり，その性格を決めたりすることはあったのか，なかったのか。ジャーナリズムは世論と事件を媒介する上で，大きな役割を担ったのか，それとも担わなかったのか。

第二の視点はナショナリズム（「一つの民族が一つの国家を持つべき」という思想）で，論点は次の通り。革命期には国語（仏語）の普及や方言の根絶，メートル法などの度量衡統一や公教育の整備，愛国心を養うための**国民祭典**などの政策が推進された。このように思想や文化を画一化し，均質な民族・国民を生み出そうとする動きは，人々の意識を変えたのか，変えなかったのか。

第三の視点は宗教で，論点は次の通り。革命期にはカトリック教会財産の没収（1789年11月）や教会組織のリストラ（1790年7月）が行われ，さらに「**非キリスト教化運動**」（1793年秋）が巻き起こった。これらの事柄は，後の人々にとってのキリスト教信仰の価値を低下させたのか，させなかったのか。

第四はグローバルな視点で，論点は次の通り。フランス革命は一大事件であるが，それを無批判なまま特別視することは，認められるのか，それとも許されないのか。他の革命（イギリス革命，アメリカ革命，リソルジメント，明治維新，ロシア革命など）との類似性はあったのか，なかったのか。

いずれの視点・論点においても，研究者は独自の主張を提示し，様々な意見を戦わせているが，読者には自分なりの関心に従いつつ，現代，および将来の日本・世界を考える上で有益な革命像を探究していってほしい。

── 歴史学的に考察するポイント ──
　①フランス革命は，「革命」と名がつく他の事件と，どのように異なるか。
　②フランス革命は，当時を生きた人々の「心」をどのように変えたか。
　③フランス革命期に起こった事件や事象は，現代世界に何をもたらしたか。

徹底させたフランス・イギリス・アメリカと，不十分に終わったドイツ・イタリア・日本の対比が，20世紀前半における自由・民主主義陣営と，ファシズム陣営の対立を説明するとされた。Ⅲ-20 側注1も参照。

▷7　国民祭典
7月14日（1789年のバスティーユ監獄襲撃）や9月22日（1792年の共和国建国）などの革命記念日，および革命が奉じる理念や徳目を祝福するため，全国の都市で挙行された祭典。

▷8　非キリスト教化運動
1793年秋から翌年春にかけ，各地で展開した既存宗教への攻撃。カトリック教会施設の破壊や聖職者に対する聖職放棄・棄教・結婚の強制，およびキリスト教的な地名の変更が見られた。

（参考文献）
谷川稔『十字架と三色旗』（山川出版社，1997年）。
山﨑耕一・松浦義弘編『フランス革命史の現在』（山川出版社，2013年）。
山﨑耕一『フランス革命』（刀水書房，2018年）。

2 イギリス産業革命

坂本優一郎

【関連項目：世界システム論，資本主義論，17世紀の危機，財政軍事国家論，生活水準論争，大分岐】

▷1　トインビー

1852〜83年。イギリスの社会改良家であり経済学者。オックスフォード大学卒業後，同大学で経済学および経済史を講義する。「イギリス産業革命」概念を提唱するとともに，チャリティに献身し，労働組合や協同組合の普及にも尽力した。ロンドンの世界最初のセツルメントであるトインビー・ホールは，彼の死後に彼を記念して作られたもの。学生の講義ノートをもとに死後に編集された『18世紀イギリス産業革命講義』がある。『歴史の研究』の著者，アーノルド・ジョーゼフ・トインビーは，彼の甥。

▷2　ウェッブ夫妻

夫シドニー，1859〜1947年，妻ベアトリス，1858〜1943年。夫妻とも社会学者，フェビアン主義の指導者であり，漸進的な社会改良を目指した社会主義者。夫シドニーは，バーナード・ショウとともにフェビアン協会の設立に携わり，ロンドン・スクール・オブ・エコノミクスの創立にも深く関わった。労働党の政治家でもあり，党内閣僚を歴任。妻ベアトリスは，チャールズ・ブースのロンドンにおける貧民労働者の社会調査に従事したほか，フェビアン協会の会員も務めた。夫妻の共著として『労働組合運動史』（1894年）や『産業民主制論』（1897年），『イギリス救貧法史』（1927年）など多数。Ⅳ-26 側注3も参照。

📖 史　実

　17世紀の終わりから18世紀にかけてのイギリスでは，「財政軍事国家」によって私的所有権が確立された。これを背景として，大規模農場が出現して食糧の増産が可能となった。また，人口の増加に伴い都市化が進み，需要が喚起され国内市場が発展した。さらに，運河や有料道路が全国的に整備され，ヒトやモノの移動が容易となっていった。しかも，のちに主要なエネルギー源となる石炭に恵まれたことに加えて，蒸気機関のような発明が繊維・金属・化学工業の技術革新を導いた。他方，「財政軍事国家」の対外政策により，イギリス帝国が形成され，イギリスは，新大陸の植民地を中心に国外市場や原料供給地を得た。イギリスの外国貿易は拡大を遂げ，イギリスは大西洋経済圏から大きな利益を獲得するに至った。

　18世紀に起こったこれらの諸事象が組み合わさり，とりわけ19世紀初頭より化石燃料を動力源とする機械を用いた綿工業や製鉄業が著しく発展した。同時に，蒸気機関車や蒸気船によって，ヒトやモノの移動も促進された。こうしてイギリス経済は，18世紀までの有機資源に制約を受けた農業中心の経済から，19世紀以降の鉱物資源に基づく工業中心の経済へと根本的に変化した。その結果，構造的な変化を伴う持続的な経済成長が始まった影響は社会にも及び，女性や子供を含む多くの人々の労働や生活にも変化が訪れた。これらの動きの総体を通常「イギリス産業革命」と呼ぶ。

⚔️ 論　点

1．断絶説

　トインビーの「オックスフォード講義」（1884年）を契機として，「イギリス産業革命」という用語が人口に膾炙した。トインビーは，自然科学上の「発明」に端を発する急激な経済と社会の変化を切り離すことなく捉えようとした。彼によれば，1760年代に画期的な発明が起こったことを重視し，それがきっかけとなり旧来の経済秩序が打破されていく。その結果，近代工場制による生産が家内制を代替し，資本家に有利で労働者に不利なかたちで富の再分配が行われた。短期間の劇的な変化としての革命は1850年代には完了する。旧来の経済秩序との断絶性を強調するトインビーの見解は，ウェッブ夫妻やハモンド夫妻など，彼と同じ社会改良家たちの支持を集めた。

2．連続説

　20世紀に入ると，トインビーらの「断絶説」は厳しい批判に直面する。その急先鋒となったのが経済史家クラッパムである。クラッパムをはじめとする研究者たちは，統計による分析を進めつつ，綿工業以外

の産業にも目を向け，19世紀前半期でも機械化が不十分な産業が存在した事実や，トインビーらの綿工業中心の急激な機械化を主張する見解を鋭く批判した。クラッパムらによると，トインビーにより強調された機械化については，綿工業でさえ1850年以前は不徹底であった。また，「発明」の象徴である蒸気機関は1830年代まで広範に導入されたわけではない。経営史を見ると綿工業や製鉄業でも企業は小規模であったという。さらに，イギリスの経済成長は16世紀以降長期的に連続しているとされ，トインビー流の1760年代から1850年代に革命的な画期を求める見解は退けられた。加えて，「断絶説」の論者が注目したイングランド北西部の工業地帯ランカシア以外の地域も検討され，製造業の変化は地域的に限局されたものであったことが強調された。こうした「連続説」の論者として，ネフやリプソンがあげられる。

3. その後の展開
——成長論とその周辺　第二次世界大戦後の戦後復興や東西対立を背景として，産業革命は再び画期性で注目を浴びる。ロスト
◁3
ウは『経済成長の諸段階』（1960年）で，伝統社会から工業化への決定的な転換期を普遍的な概念として「テイク・オフ（離陸）」段階と規定した。イギリス産業革命は世界初の「テイク・オフ」とされ，18世紀末から19世紀初頭という短期間に起こったことで，産業革命の時代を画する断絶性が再度強調されることとなった。実際，ディーンとコールは，計量研究によって1740年代から1780年代にかけて経済成長率が上昇したことを確認した。

これに対して，同じく成長論の立場を採るクラフツは，ディーンとコールによる統計処理を再検討し，逆に近代イギリスの経済成長率の長期に及ぶ緩やかさと，イギリスの工業化の特殊性を見出した。こうしてクラフツは，近代イギリス経済は低成長が特徴であり，そこにイギリスの工業化を位置づける。クラフツの結論は社会史にも強い影響を及ぼした。

近年は，アレンに見られるように，イギリスの工業化の経験をイギリス一国を超えてヨーロッパ大陸（小分岐）や「グローバル・ヒストリー」に位置づけようとする動きが顕著となっている（大分岐）。つまり，イギリスの産業革命の経験はより広い空間の中で再定位されてその歴史的な意義が検討されているのである。

▷3　ロストウ
1916〜2000年。アメリカの経済学者。1960年代に大統領特別補佐官（国家安全保障担当）を務める。19世紀イギリス経済史を長期的な視点から研究。伝統的社会から高度大衆消費時代への重要な移行期を「離陸（テイク・オフ）」と見なす概念を提唱したことでも著名である。

（参考文献）

アーノルド・トインビー『英国産業革命史』（塚谷晃弘・永田正臣訳，邦光書房，1965年）。
T・S・アシュトン『産業革命』（中川敬一郎訳，岩波書店，1973年）。
W・W・ロストウ『経済成長の諸段階——一つの非共産主義宣言』（木村健康・久保まち子・村上泰亮訳，ダイヤモンド社，1974年）。
R・C・アレン『世界史のなかの産業革命——資源・人的資本・グローバル経済』（眞嶋史叙・中野忠・安元稔・湯沢威訳，名古屋大学出版会，2017年）。

┌─ 歴史学的に考察するポイント ─────
│ ①高校世界史でのイギリス産業革命と上記の各説との違いを説明してみよう。
│ ②各説の主張者が置かれた時代状況を整理し，主張内容との関係を考えよう。
│ ③アシュトンの産業革命論は上記のどこに位置づけることができるだろうか。
│ ④ロストウの書物のタイトルは，ある人物の著作を意識したものである。誰なのか，
│ 　なぜ意識したのか，両者のイギリス産業革命の位置づけの違いは何か考えよう。
└────────────────────

3 生活水準論争

坂本優一郎

【関連項目：イギリス産業革命，消費社会】

＊　トインビー
Ⅳ-2 側注1参照。

▷1 実質賃金

貨幣賃金（名目賃金，いわゆる通常用いられる「賃金」が指し示すもの）の金額を消費者物価指数にて調整したもの。基準時点から比較したある時点での貨幣の価値を考慮して，賃金の購買力を計測するために使用される。名目賃金を物価指数で除すことで示されるのが，実質賃金指数である。例えば，賃金，すなわち名目賃金が上昇したとしても，物価の上昇の度合いがそれを上回ると，賃金は実質的に減じるため，実質賃金指数は労働者の生活の実態を把握するために用いられる。

▷2 ホブズボーム

1917～2012年。歴史家。ポーランド系のユダヤ人を父とし，オーストリア人を母として，エジプト・アレキサンドリアに生まれる。オーストリア，ドイツを経て，イギリスに移住。イギリス共産党に入党し，ケンブリッジ大学卒業後，ロンドン大学教授を務める。マルクス主義知識人の立場から，経済史や社会史において大きな業績を残す。『革命の時代』（1962年），『市民革命と産業革命』（1962年），『イギリス労働史研究』（1964年），『革命家たち』（1973年）をはじめ，19世紀史の『資本の時代』や『帝国の時代』，20世紀史の『極端の時代』など，著書はきわめて多数にのぼる。ジャズ評論でも著名。

📖 史　実

18世紀後半から19世紀中頃にかけてのイギリスでは，経済が成長するとともに，経済構造の中心が農業から工業へと転換しつつあった。人口の大半を占める労働者の生活は，このような経済の変化によって改善されたのであろうか。

ユーア，エンゲルスなどの同時代人がすでにこの問いを論じていたが，その後トインビー＊やハモンド夫妻たちは眼前の社会問題である貧困の要因を「産業革命」に求め，労働者の生活水準は悪化したと主張した（「悲観論」）。一方，経済史家のクラッパムは，労働者の**実質賃金**◁1が1790年から1850年にかけて上昇して生活水準は改善されたと述べ，ハモンド夫妻の見解を真っ向から否定した（「楽観論」）。

第二次世界大戦後，冷戦下のイデオロギー対立の中，資本主義経済と生活水準の関係は多くの研究者の関心を引きつけた。アシュトンが実質賃金指数とマクロ指標に基づき生活水準の向上を主張すると，**ホブズボーム**◁2がそれを批判したことで，ホブズボームとハートウェルの間で論争が起こった。その後，議論は生活水準を推し量る指標としての実質賃金指数の計測に集中し，フリンなど多くの研究者は成人男性の実質賃金指数上昇の程度と時期をめぐり論争を繰り広げた。

その後，世帯所得の考え方が導入されたほか，賃金という指標から離れて，身長（栄養状態），労働時間，寿命，乳児死亡率，都市環境など，生物学的な視点を含む多様な手法で，生活の質を測る試みもなされている。それにもかかわらず，経済史で最も長く継続していると目されるこの論争は，未だ最終的な決着を見ていない。

⚔️ 論　点

1. ホブズボームとハートウェルの論争

アシュトンら楽観論者の多くは数量データに自説の根拠を求めていたが，**マルクス主義**＊系の歴史家であり代表的な悲観論者でもあるホブズボームもまた，数量データに基づいて楽観論を論駁しようとした。その結果，意味のある論争が成立しえることとなった。ホブズボームは，実質賃金指数や**国民所得**◁3などのマクロ指標は史料上の問題により信頼できないため生活水準を評価しえないと主張し，アシュトンを批判した。彼は，死亡率，失業率，（肉類や小麦・ジャガイモ他の）消費財の消費量といったデータから，労働者の生活水準が1790年から1850年にかけて上昇したとはいえないと述べた。それに対してハートウェルは，ホブズボームの数量データや解釈を批判し，国民所得から一人あたりの平均所得を導き，国民所得の分配の平等化，物価動向，一人あたりの消費を明らかにしつつ，生活水準は1800年から1850年にかけて上昇

したとする。両者の論争は，データに基づく論争の起点となるとともに，実質賃金の推計，国民所得と所得分配の平等性，生活の質の評価といった，生活水準論争における主要論点が導出される契機となった。

2. 実質賃金指数と生活水準論争　実質賃金指数をめぐる論争は，生活水準論争で中心的な位置を占めてきた。実質賃金指数は名目賃金（貨幣賃金）と物価指数（による生計費指数）から求められる。ところが，当時の名目賃金や各種物価データは，質・量とも不十分なため，各指数の当否が常に問題になった。中でも実質賃金指数の変動度と変動期が主要な論点となった。

アシュトンは，クラッパムの依拠する貨幣賃金や生計費用に関する研究を批判した上で，地域を限定した実証研究の必要性を唱える。彼は，マンチェスタと周辺地域の食料品の価格指数に基づき，実質賃金は1790年から1830年に上昇したことを示した。ニールはアシュトンの問題意識を継承してイングランド南部の都市バースの労働者賃金を調査し，実質賃金は1801年から1850年にかけて倍増したとする。

他方，特定の地域ではなく全国の動向に迫る研究では，フリンが1813年から1825年の実質賃金指数の上昇に注目し，この時期の変動が1750年から1850年までの実質賃金の動向において際立つ重要性を持つと評価した。それに対してフォン＝タンツェルマンは，実質賃金が1820年代から1850年に上昇した可能性を指摘すると，リンダートとウィリアムソンは，経済学の分析手法を本格的に導入し，成人男性の実質賃金は1820年から1850年に2倍に上昇したと主張した。

こうした楽観論の基調に対して，ファインスティーンが1780年から1850年にかけて成人男性の実質賃金の伸びが1.3倍，1820年から1850年にかけては1.2倍程度と推計し，リンダートとウィリアムソンの研究から大幅に下方修正した。それに対して，楽観論に立つG・クラークによる反論や，アレンによるクラーク説の修正案が提出されている。

---

*　**マルクス主義**
Ⅴ-24 側注2参照。
▷3　**国民所得**
ある一つの国家の地理的な境界内において，その居住者（国民）が一定の期間において最終的な有形の財（製品）と無形のサービスのすべての生産で稼いだ総所得。

(参考文献)
松村高夫「イギリス産業革命期の生活水準──ハートウェル・ホブズボーム論争を中心として」『三田学会雑誌』63巻2号，1970年。
T・S・アシュトン『イギリス産業革命と労働者の状態』（杉山忠平・松村高夫訳，未来社，1972年）。
原剛『19世紀末英国における労働者階級の生活状態』（勁草書房，1988年）。
A・ディグビー，C・ファインスティーン編『社会史と経済史──英国史の軌跡と新方位』（松村高夫・長谷川淳一・井哲彦・上田美枝子訳，北海道大学出版会，2007年）。

── 歴史学的に考察するポイント ──
①論争の結果，現在，どのような点で研究者の合意を見ているのだろうか。
②国民所得から一人あたりの平均所得を推計する研究手法では，イギリス産業革命期の所得分配の平等性は，どのように議論されているのであろうか。
③肉の消費量を生活水準の指標とする考え方には，他の食材と比較して，どのような長所があり，また，どのような短所があるのだろうか。
④世帯所得という考え方を導入すると，女性労働をどのように評価できるか。
⑤平均身長の動向や労働時間から生活水準の質的側面を捉えようとする研究では，生活水準の動向はどのように評価されているのだろうか。

4　大西洋奴隷貿易

小林和夫

【関連項目：世界システム論，啓蒙主義，イギリス産業革命，南北戦争，植民地と近代／西洋】

📖 史　実

　16世紀から19世紀にかけて，ヨーロッパ，アフリカ，「新大陸」の三地域からなる大西洋経済の興隆が見られた。その中核をなしたのは，アフリカから「新大陸」に黒人を強制的に運んだ大西洋奴隷貿易であった。その規模は，少なくとも1250万人に及んだと推計されている。1630年頃までの主な担い手はイベリア諸国であったが，その後，イギリス，オランダ，フランスの関与も増大し，18世紀後半にピークを迎えた頃には，北大西洋ではイギリスが，南大西洋ではポルトガルとブラジルが牽引していた。その一方で，18世紀後半から西ヨーロッパを中心にして奴隷貿易廃止の機運が高まり，19世紀後半にかけて奴隷制とともに漸次廃止されていった。

　「新大陸」に運ばれた奴隷とその子孫らは，北米南部植民地（独立後は合衆国の南部諸州）では，タバコ，コメ，藍，綿花などを，西インド諸島やブラジルなどでは砂糖やコーヒーなどを栽培した。これらの商品は，ヨーロッパの消費社会の形成に大きな影響を及ぼし，さらに近代世界経済の形成を促した。

論　点

1. ウィリアムズ・テーゼ

　1944年，ウィリアムズ[◁1]が『資本主義と奴隷制』を刊行した。その主要な論点は，現在では，「ウィリアムズ・テーゼ」として知られている。中でも最も有名なものは，「大西洋奴隷貿易と西インド諸島での奴隷制の利潤は，イギリス産業革命の経済的基盤になった」という主張である。大西洋経済の存在をイギリス産業革命の歴史的前提と見なす彼の議論は，19世紀以来イギリスの学界で支配的であった自己礼賛的な産業革命像（イギリス内部に産業革命の原因を見る解釈）と一線を画していた。このような解釈は，ウォーラーステインの近代世界システム論などに大きな影響を及ぼしたが，その解釈の妥当性については，1960年代以降，厳しい批判にさらされるようになった。

2. 奴隷貿易利潤論争

　1960年代は，アメリカの公民権運動やアフリカ諸国の独立を背景にして，植民地化以前のアフリカ史に対する研究関心が高まった時期であった。また当時，コンピューターの発達を背景にして，計量経済史研究が台頭していた。そのような時代状況の中で，ウィリアムズが強調した奴隷貿易の利潤規模をめぐる論争が行われた。この論争は，「奴隷貿易利潤論争」として知られている。論争の中で，奴隷貿易の利潤が産業革命の経済的基盤たりえたかどうか，といった点については，エンガーマンやアンスティなど

▷1　ウィリアムズ
1911〜81年。トリニダード島出身。オックスフォード大学で博士号を取得後，ハワード大学で教鞭をとる。西インド諸島の歴史に関する書物を多く発表する一方，政治家としても活躍し，1962年にトリニダード・トバゴ共和国の初代首相に就任した。

から否定的な見解が出されたが，最近のイニコリの研究では，奴隷貿易によって，イギリス経済の諸産業が発展したことが改めて強調されている。

この論争のポイントの一つは，奴隷貿易の利潤規模を推計するために，アフリカから連れ出された奴隷の輸送人数が重視されるようになったことである。この点については，エルティスらによって編纂された大西洋奴隷貿易のオンライン・データベース（Slave Voyages: the Transatlantic Slave Trade Database. www.slavevoyages. org）が，現時点での研究の最先端を示す。

3. 大西洋奴隷貿易とアフリカ　大西洋奴隷貿易の実証研究が進展するにつれて，奴隷貿易がアフリカ社会の人口構造に及ぼした影響や，今日のアフリカの経済的状況との関連を問う研究も多く出た。その一方で，ウィリアムズの研究以後，アフリカ——より具体的には，セネガルからアンゴラに至る大西洋岸諸地域——は，ヨーロッパ諸国によって搾取される「犠牲者」として位置づけられることが多かった。しかしながら，アフリカ沿岸部での奴隷購入は，現地の商人との交渉のもとに行われており，アフリカの人々が求める商品をヨーロッパから持ち込まない限り，取引が成立しなかった。つまり，アフリカ側の需要が奴隷取引に大きな影響を及ぼしていたのである。これは，大西洋奴隷貿易を理解する上で，見落としてはいけないポイントである。

実際にヨーロッパ諸国の貿易統計を分析すると，繊維製品，特にインド綿布に対する需要が最も大きかったことが読みとれる。当時のインド綿布は世界屈指の品質のよさで知られ，世界各地で引っ張りだこになっていた。イスラームの普及以来，細幅の織機を用いて良質の布を生産していた西アフリカでは，その生産物を通じて人々の布に対する嗜好は形成された。そうした嗜好にインド綿布は合致していたのである。ヨーロッパで生産された綿布は，品質の点でインド綿布に及ぶことはなかった。そのため，たとえば当時のイギリス東インド会社の史料には，大西洋奴隷貿易のために良質の綿布をインドから調達するように要請した書簡も含まれている。すなわち，同時代のアジア貿易が，大西洋奴隷貿易の拡大，さらには大西洋経済の成長に大きな役割を果たしていたわけである。従って，大西洋奴隷貿易の展開は，各地域のローカルな諸条件とグローバルな動きとの連関の中で初めて理解されるといえるだろう。

歴史学的に考察するポイント

①ウィリアムズ・テーゼは，現在もなお妥当な解釈といえるか。
②大西洋奴隷貿易は，各地域の経済にどのような影響を及ぼしたのだろうか。
③アメリカ大陸の奴隷制は，アフリカやインド洋世界など他地域の奴隷制と比べてどのような特徴が見られるのか。
④アフリカに持ち込まれた商品について，それぞれの商品に対する需要を決めた要因は何だろうか。

参考文献

エリック・ウィリアムズ『資本主義と奴隷制——ニグロ史とイギリス経済史』（中山毅訳，理論社，1968年）。

小林和夫「イギリスの大西洋奴隷貿易とインド産綿織物——トマス・ラムリー商会の事例を中心に」『社会経済史学』77巻3号，2011年。

デイヴィッド・エルティス，デイヴィッド・リチャードソン『環大西洋奴隷貿易歴史地図』（増井志津代訳，東洋書林，2012年）。

5 大分岐

村上　衛

【関連項目：世界システム論，コロンブス交換，資本主義論，17世紀の危機，イギリス産業革命，生活水準論争，新自由主義】

📖 史　実

18世紀末に始まる産業革命によって，イギリス，次いで大陸の西欧諸国は工業化を進展させ，経済的に大きく成長した。一方で，18世紀末まで世界最大の経済規模を有し繁栄していた中国は，19世紀になると，国内においては**未曾有の大動乱**があり，対外的には欧米諸国の圧力を受ける中，工業化は遅れ，西欧との経済的な格差が開いていく。こうした19世紀以降の西欧と中国（アジア）との経済的格差の拡大を，18世紀末までは西欧と中国（アジア）の経済水準に大差がなかったという立場から「大分岐」と呼ぶ。

 論　点

1. 比較史の手法の再検討と「カリフォルニア学派」

なぜヨーロッパは産業革命に成功し，中国は失敗したのかという議論は英語圏を中心にこれまで数多く行われてきた。しかし既存の研究の多くは，ヨーロッパ中心的な発想から，ヨーロッパの成功を基準として，中国の失敗の原因，すなわちヨーロッパにあって中国に不足しているものを探る傾向にあった。

このような議論に対して，ヨーロッパを基準としない比較史を提起したのが中国社会経済史家のビン・ウォンである。ウォンはヨーロッパと中国の歴史的径路について経済的な類似性と国家形成に見られる政治的な相違を指摘した。

同じく中国社会経済史家のポメランツは，ウォンによるヨーロッパを基準としない比較史の方法をふまえつつ，より刺激的な形で議論を展開した。まず，人口，資本蓄積，技術水準，市場経済，家内労働，奢侈的消費，資本主義などの論点から西欧とアジア（主に中国）の中核地域の比較を行い，18世紀末までは西欧が優位に立っていなかったと指摘した。そして18世紀末に西欧もアジアも生態環境的な制約に直面しており，イギリスをはじめとする西欧はアメリカ大陸と石炭資源へのアクセスによってその制約から抜け出すことができたとし，これを「大分岐」の原因と見なした。ポメランツに前後して，いわゆる「カリフォルニア学派」と言われるカリフォルニア大学を中心とするアメリカの中国（アジア）史研究者たちは，18世紀末までの中国（アジア）と西欧の類似性や中国の西欧に対する優位，そして「大分岐」の偶然性を主張した。

2. 計量的アプローチとその限界

ポメランツらの議論はそれまでの英語圏におけるヨーロッパ中心史観に衝撃を与え，大きな反響を巻き起こした。特に，興隆しつつあったグローバル・ヒストリー研究と連動し，世界的な比較史研究の進展に大きく貢献した。

▷1　未曾有の大動乱
19世紀中葉，中国では太平天国，華北の捻軍，西北と雲南のイスラーム教徒，西南の少数民族，沿海部の秘密結社による反乱が発生し，数千万人の死者を出す大動乱となった。

　そのうち、比較経済史では実質賃金・生活水準などの数量的比較が行われ、西欧と中国の格差は、ポメランツが推定していたよりもより早く、18世紀半ば以前の段階で開いていたという見方が主流となっている。

　しかし、西欧や日本とは異なり、統計をはじめとする計量的な分析に使用することができるデータがほとんどない前近代のアジアについて、計量的分析を進めれば進めるほど、断片的な数値や、信頼性の低いデータに依存することになっている。中国についても、統計のない19世紀中葉以前については、これ以上の計量的アプローチは困難であると見なされるようになった。現在は、経済史の分野でも、計量的な分析よりも、「法」・規範や慣習、常識や行動パターンを含めた、より広い意味での「制度」の比較が重要性を増している。

3. 日本における受容と課題　日本におけるグローバル・ヒストリーの提唱者たちは中国史以外を専門としていたこともあり、ポメランツらの著作については、その内容に立ち入ることなく、総じて肯定的に受け入れてきた。

　一方、日本の中国史研究者は、ヨーロッパ中心史観にとらわれずに前近代の中国経済を評価してきた上、1980年代以降には**アジア交易圏論**[2]の勃興により近代アジア経済の再評価が進んでいたこともあってポメランツの議論から衝撃を受けなかった。むしろ実証的には多々問題があり、無批判に依拠することは適切ではないと見なしている。

　また、ポメランツが従来ヨーロッパ経済史において議論されてきた論点について比較を行い、**新古典派的な市場観**[3]に基づいて分析していることに見られるように、グローバル・ヒストリー研究がヨーロッパ中心主義や欧米の学問的発想から脱却できていないことや、近年の中国の台頭という「既知の結果」から出発して原因を探るという点など、研究のスタンスそのものに対する批判もある。

　日本のアジア史研究は、英語圏とは異なる文脈で長い時間をかけて形成されてきており、ヨーロッパ中心史観を克服して久しい。日本においてグローバル・ヒストリーを唱えるならば、英語圏の議論を無批判に受容するのではなく、日本の既往の研究をふまえ、日本発の独自の比較史研究を発信していく必要がある。

▷2　**アジア交易圏論**
濱下武志・川勝平太・杉原薫らの問題提起を契機として進展した近代アジアの貿易を中心とする経済史研究。

▷3　**新古典派的市場観**
規制のない自由な市場における完全競争を理想とする見方。

参考文献
K・ポメランツ『大分岐——中国、ヨーロッパ、そして近代世界経済の形成』（川北稔監訳、名古屋大学出版会、2015年）。
村上衛「「大分岐」を超えて——K・ポメランツの議論をめぐって」『歴史学研究』949号、2016年。
岸本美緒「グローバル・ヒストリー論と「カリフォルニア学派」」『思想』1127号、2018年。

歴史学的に考察するポイント
①西欧と中国のような異なる背景を持つ地域の比較史はどのように行ったらよいのだろうか。
②信頼性のあるデータのない地域を比較史ではどう扱うべきだろうか。
③日本でグローバルな比較史研究をする意味はどこにあるのだろうか。

6 民衆運動, 民衆文化, モラル・エコノミー 山根徹也

【関連項目：アンシャン・レジーム論, フランス革命, アイルランド大飢饉, ロシア革命とソ連邦の成立】

 史 実

　非エリート階層の人々, すなわち民衆は, 蜂起や破壊行為, 示威行動などの行動を通じて, 歴史の中で決定的な役割を果たしてきた。中世・近世におけるワット・タイラーの乱やジャックリーの反乱, ドイツ農民戦争などの農民反乱は社会に大きな影響を与えた。フランス革命からロシア革命, ドイツ革命に至る近現代の諸革命の中で民衆の行動はその最も重要な部分となっていた。また, ラダイト運動や食糧暴動なども社会のあり方を規定する要因の一つであった。こうした現象を民衆運動と呼ぶ。20世紀半ば以降, 民衆運動はあまり目立たないように見える。しかし, 近年の「カセロラソ」◁1, 「インディグナドス」◁2, オキュパイ運動◁3, 「黄色いベスト」◁4 など, 民衆運動と呼びうるものの再活性化が認められる。

　民衆運動を見る場合, 政治状況や経済状況だけではなく, 民衆の価値規範などの意識と, シャリヴァリ◁5 のような彼らの固有の表現, 行動様式が決定的に重要である。そのような民衆の固有の意識, 行動様式を民衆文化と呼ぶ。

論 点

1. 民衆運動

　日本では, 柴田三千雄をはじめとする社会史研究の中で民衆運動という言葉も定着してきた。関連する概念として労働運動, 農民運動, 社会運動などがあるが, これらに対して民衆運動概念は, 第一に, 非エリート階層に着目する点, 第二に, 「労働運動」等とは異なり, 厳密な階級区分をあらかじめ前提としえないものや, フォーマルな組織を持たず, 明示的な綱領や行動計画, 目標を定めていないようないわば「自然発生的」な運動に着目する点に特徴がある。

　こうした着眼点から, 民衆運動研究は, 喜安朗の一連の仕事のように, 日常的な民衆の生活世界と社会的結合＊関係のありように目を向け, さらに, 生活世界における日常が蜂起のような非日常にどのようにして転換するのか, その場面で社会的結合関係はどのように作用するかといったダイナミズムの把握を課題としたりするなど, 社会史研究全体の進展を促してきた。

2. 民衆文化

　民衆運動と深く関わる民衆文化についても多くの論点がある。

　第一に, 固有性の問題。宗派所属の場合のように, エリートと民衆の間で文化が共有されている場合や局面は多い。エリート側からの民衆への影響は当然にいつの時代も認められる。しかし, バークが主張するように, 民衆はエリートの文化へアクセスしない, またはできない状況にあることが多いことなどから, エリートと民衆の間には相互浸透と同時に差異が常に生じている。そ

▷1 カセロラソ
「鍋」に由来するスペイン語。アルゼンチンでは2001年, 2012年に政府の通貨政策などに抗議する人々が鍋をたたいて音をたてる運動が高揚した。こうした運動がカセロラソと呼ばれる。他の中南米諸国においてもカセロラソは近年多数見られる。

▷2 インディグナドス
「怒れる者たち」という意味のスペイン語。2011年, 政府の緊縮財政に抗議する群衆がスペイン諸都市の広場を占拠した。彼らがインディグナドスと呼ばれ, その後も運動が続いた。

▷3 オキュパイ運動
2011年ニューヨークで, 富の分配の不平等に抗議する人々がウォールストリートの一角を占拠した運動。その後の世界各地の社会運動に大きな影響を与えている。この運動には知識人層も参加しているため以下の民衆運動定義の中の「ノンエリート」に含まれない, と感じられるむきもあろう。しかし本項では, 民衆運動を考える場合に階層規定はルーズでよいと, あえて捉えている。

▷4 黄色いベスト
フランスで2018年11月に始まった燃料価格値上げへの反対運動を出発点に, 格差拡大などに抗議する運動。参加者が運動のシンボルとして, 自動車運転者が携行を義務づけられている黄色いベストを着用していることからこの名称がついた。

の点を見る際, 人々が他者から借用した文化を自らの生活世界の文脈に応じて読み替える, アプロプリアシオン⁴⁶に着目することも有用であろう。第二に, 時代性の問題。民衆文化は特に近世史において研究され, 現代史ではあまり着目されてこなかった。しかし, カセロラソなど, 現代においてもアルカイックな民衆文化は形を変えながらも生き, あるいはときに復活する現象が見られるのであり, 古い時代に限定しない視点が必要となってきている。

3. モラル・エコノミー

民衆運動を支える民衆文化として最も典型的なのは「モラル・エコノミー」と呼ばれるものであろう。イギリスの社会史家Ｅ・Ｐ・トムスンは, 18世紀イングランドの食糧暴動において, 動機となっているのは, 新たな市場原理と対立的な, 伝統的な市場規制などの経済秩序を維持すべきであるとする, 共有された規範意識であったことを明らかにした。そのような秩序と意識のあり方をトムスンは「モラル・エコノミー」と呼んだ。この議論はその後の民衆運動研究, 社会史研究のみならず, 学際的に様々な分野で思考と研究を刺激している。

しかし, この概念については多くの問題が指摘され, 他方で, 概念の組み替えや, 適用範囲の大胆な拡張の試みもなされている。

近藤和彦はトムスンの議論に着目しつつも, 18世紀の言語コンテクストから離れてなされたトムスンの造語の仕方を批判する。他方, スコットらは, 農業経済のあり方に根ざす農民の規範意識の問題を扱うためにこの概念を転用して, 人類学や開発経済学における応用の道を開いた。また, トムスンが非資本主義的, 伝統的な経済秩序に関連づけてこの概念を用いたのに対して, 現代の資本主義理解に役立てようとする経済学の動きもある。さらには, 科学史, 科学論などにこの概念を適用するような試みすら登場している。

トムスンの概念は, たしかに多くの問題を含んではいる。しかし, ある概念が学術研究の場面である程度定着している場合, その使用の可否は, それが研究のために役に立つか否かにかかっている。モラル・エコノミー概念は近代社会の変動と民衆文化・民衆運動を結合させて理解しようとするところに長所があるので, 注意しながらも使用し続ける意義はなおもあろう。他方, モラル・エコノミー概念の内容の修正や適用範囲の拡張を模索することは, それ自体歓迎されるべきものではあるが, あまりに概念の意味内容を多様化させてしまうと, ことがらの歴史的な固有性を捉える視角が失われるおそれもある。学際的な議論の中で, 概念内容の意識化と再検討を続けていくことが必要であろう。

歴史学的に考察するポイント

①「民衆運動」という言葉は, どのように定義して用いると研究に有用であろうか。
②民衆文化とエリート文化の異質性と共通性は, どのように把握すべきであろうか。
③民衆文化は民衆運動などの局面で, どのような役割を果たすのだろうか。
④今後の歴史研究の中でモラル・エコノミー概念の使用はなおも有効であろうか。

▷5 シャリヴァリ

ヨーロッパで長い間維持されてきた制裁儀礼の慣行であり, 性的不品行などによって何らかの共同体規範に背いたとされる人物を制裁する目的で, 群衆が騒音をたてる行為である。民衆運動の中でシャリヴァリはしばしば見られ, また革命の中では政治的な攻撃対象に対してシャリヴァリがなされた。前記のカセロラソはその現代バージョンと見なすことができる。

＊ 社会的結合

Ⅲ-19 側注2参照。

▷6 アプロプリアシオン

他者から借用または横領したものを固有の仕方で, ときに換骨奪胎しつつ使用すること。領有。

参考文献

ピーター・バーク『ヨーロッパの民衆文化』(中村賢二郎・谷泰訳, 人文書院, 1988年)。

喜安朗『夢と反乱のフォブール――1848年パリの民衆運動』(山川出版社, 1994年)。

ジェームス・Ｃ・スコット『モーラル・エコノミー――東南アジアの農民叛乱と生存維持』(高橋彰訳, 勁草書房, 1999年)。

柴田三千雄『近代世界と民衆運動』(岩波書店, 2001年, 初版は1983年)。

近藤和彦『民のモラル――ホーガースと18世紀イギリス』(ちくま学芸文庫, 2014年)。

7 階級論(ジェントルマン論・ミドルクラス論) 岩間 俊彦

【関連項目：イギリス産業革命，市民結社（ボランタリ・ソサエティ），男女の領域分離，ボナパルティスム（第二帝政），帝国主義論】

史 実

　階級論を，階級（class）やジェントルマン（gentleman）という用語やそれらを基に構築された秩序意識や社会関係に注目することによって，近代社会の形成を考察する議論としてみよう。

　イギリスでは18世紀に地域社会における集団や階層，人々の関係を表す「階級」という新しい用語が使われ始めた。しかし，当時の人々は，都市化・産業化した斉一的な近代社会をイメージしてこの語を用いていたわけではなかった。階級は，1770～1830年にようやくイギリス全体の政治や社会や経済における集団・利害・関係を意味するようになった。キャナダインによれば，階級には，二分法（上－下，貴族－平民，資本－労働），三分法（支配者－中産層－労働者，上流－中流－下流），社会秩序，という三種類の記述が併存してきたとされる。20世紀に入ると，階級は職業・所得・価値観・政治選好に基づいて理解されるようになった。現在では，センサス（国勢調査）における職業等を示すカテゴリーとしても用いられている。

論 点

1．階級の定義をめぐって

　マルクス[1]によれば，生産活動を強化する資本[2]の所有の有無によって決定される資本家と労働者の経済関係から，二分法的な対抗的階級や階級闘争が生じるとされる。これに対して文化マルクス主義の立場をとるE・P・トムスンは，三分法に基づき，労働者は労資の関係だけでなく，これを基礎とした社会や文化を媒介して，階級を経験し，それを基礎に独自の階級意識を育むことで，歴史の主体となったことを示した。ニールは，二・三分法ではなく，五分法（支配層，中産層，中産下層，労働上層，労働下層）で階級を表した。

　最大公約数的に定義するならば，階級とは，経済的な労資関係に加え，社会や政治や文化の諸状況に規定された，近代的な関係・利害・意識と言えよう。実際，19世紀のイギリスでは，階級という言語や関連する表現は，社会を構成する諸集団の対立的側面だけでなく，それらが複雑に入り組む，ダイナミックだが安定した蜂の巣のような秩序体制を意味することもあった。

2．ジェントルマンをめぐって

　ジェントルマンという用語は，14世紀後半のワット・タイラーの反乱時には，支配者を意味した。その後近世から近代にかけて，支配者としてのジェントルマンは，然るべき出自，土地の所有，育ちの良さ，個人の資質を備えた「名望家*」と見なされた。20～21世紀には，政治・経済・社会のエスタブリッシュメント（卓越した地位にあ

▷1　マルクス
1818～83年，ドイツのジャーナリスト，社会運動家，哲学者，経済学者。代表著作として『ドイツ・イデオロギー』，『共産党宣言』，『資本論』。

▷2　資本
有形あるいは無形の価値を生むモノ，情報，関係を示す。例えば，カネ，財産，設備，資源，知識，縁故。

＊　名望家
Ⅲ-19 側注1参照。

る者）と理解された。理想像としてのジェントルマンの基準は，15世紀の騎士の鑑，16〜17世紀の宮廷人の理想，18世紀の礼儀正しい（polite）人間像，19世紀の「パブリック・スクール」で教育目標とされた人物像に見られるように，歴史上，様々に変化してきた。

　この語が示す価値観や理想像は，各時代の通念に合致していただけでなく，ときにこれを超え出る革新的な意味をも帯び，徐々に社会階層の上から下へと広がったとされる。こうしたジェントルマン理念は，近代社会への変化の原動力とされることもあれば，称号（爵位）の有無による社会的な分断を緩和したとも考えられた。トクヴィル[◁3]は「ジェントルマンの歴史は民主主義の歴史」であると評価した。ケインとホプキンズは，大地主層と結びついたシティの銀行家や大商人など金融業・商業の担い手たちによって支えられた近現代のイギリスの政治経済をジェントルマン資本主義（gentlemanly capitalism）と名づけた。他方で，P・アンダーソン，ウィーナ，R・J・モリスらは，ジェントルマンのエリート主義や実業におけるネガティヴな影響を指摘し，20世紀後半のイギリス経済の停滞を念頭に，これを批判的に評価した。

3．ミドルクラスをめぐって　何らかの資本を有し，それを活用する，社会階層の中間に位置する集団をミドルクラス（中産階級，中流階級）と定義しよう。イングランドでは，16世紀後半から18世紀中頃にかけて，ミドリングソート（middling sort）と呼ばれた中間層が，都市や地域社会における社会的，文化的，経済的活動の中心を占めるようになった。18世紀後半から19世紀前半にかけて，この人々はミドルクラスという全国的なアイデンティティを獲得するに至るが，ワーマンはこの過程における言説や表象の役割を再検討している。ミドルクラスは，商人，製造業者，銀行家，専門職（医者，法律家，聖職者，学者）など多様な人々からなり，経済活動だけでなく市民結社の中核をなし，男女の領域分離を支持・実践し，政治運動や都市の公共機関においても重要な役割を担うようになった。

　ブリッグズやサンプソンらによれば，ミドルクラスは，19〜21世紀を通じて，自由主義[◁4]を奉じ，資本の増殖に邁進しただけでなく，社会の分断を進める極端な主張や活動にブレーキをかける存在として，すなわち，民主主義や市民社会の鍵を握る存在として位置づけられてきた。それに対して，クロシックやマックキビンらの社会史研究によれば，19世紀末以降，ミドルクラスの下層は，熟練労働者との境界の曖昧さや，経済的，社会的な地位低下からくる危機感から，排外的な愛国主義（ジンゴイズム）や保守的な政策を支持する傾向を持ったという。

┌─ **歴史学的に考察するポイント** ─────────────
│ ①階級が，いかなる意味で用いられたか，その背景は何か，考えてみよう。
│ ②階級から西洋史を考える長所と短所について，考えてみよう。
│ ③あなたは，階級を意識しているだろうか，近代西洋の人々は，階級をどう意識し，
│ 　いかに考え，どのように記録していたのか，考えてみよう。
└──────────────────────────────

▷3　トクヴィル
1805〜59年。フランスの政治学者。代表著作として『アメリカの民主政治』，『フランス二月革命の日々』，『アンシャン・レジームと革命』。

▷4　自由主義
個人の自由や機会の平等を重視し，個の活動により調和的に政治，経済，社会の繁栄が生じることに信任をおく立場を指す。

（参考文献）
P・J・コーフィールド「イギリス・ジェントルマンの論争多き歴史」（松塚俊三・坂巻清訳）『思想』873号，1997年。
デヴィッド・キャナダイン『イギリスの階級社会』（平田雅博・吉田正広訳，日本経済評論社，2008年）。
G・ステッドマン・ジョーンズ『階級という言語』（長谷川貴彦訳，刀水書房，2010年）。

8 市民結社(ボランタリ・ソサエティ)　岩間俊彦

【関連項目：啓蒙主義，階級論（ジェントルマン論・ミドルクラス論），男女の領域分離，ナショナリズム論（東欧からのアプローチ）】

史　実

　市民結社とは，国家と個人の間にある任意団体（ボランタリ・ソサエティ）を指す。

　市民結社の起源は，イギリスの例によれば，中世の同職団体（クラフト・ギルド）や兄弟団（フラタニティ）にあった。16世紀後半における古物蒐集・研究協会という任意団体の結成を経て，17世紀後半から18世紀にかけて，政治上の交流や飲食などを通じて社交を行うクラブやロッジ（フリーメイソンの会所）が展開し始めた。18世紀を通じて，ヨーロッパの市民結社は，上流層またはエリートが主導し，より下層のブルジョワジーの一部もそこに加わった。これらの結社の結成には啓蒙主義が大きく影響した。

　19世紀前半には，市民結社の活動範囲も数も拡大傾向にあった。ミドルクラスが中心となって，同時期の社会・政治・経済の諸問題に対応しただけでなく，奴隷貿易や奴隷制度の廃止運動，または海外伝道のような，国境を越えた活動も行っていた。他方で，18世紀以来，社会階層や宗派，性別によって成員を限る排他性を示す結社も少なくなかった。1850～90年代にかけては，市民結社は社会の隅々にまで浸透し，その数も急増した。19世紀末から20世紀初めには，社交などを目的とした会員制のクラブも栄えた。これらの結社は総じて**自由主義**的傾向を持ち，組織の民主化も進んだ一方で，結社内外との軋轢や閉鎖性が当局や世論の懸念を掻き立てることもあった。さらに，ナショナリズムに依拠して民族ごとに展開する結社も現れた。市民結社は，自由主義をめぐる対立や民族意識の高揚と対峙せざるをえなかった。

　＊　**自由主義**
　Ⅳ-7 側注4参照。

⚔ 論　点

1．市民結社の特徴をめぐって

　市民結社には，特定の目的のもと，活動のための資金を集め，組織化するという一連の過程が見られ，まとまった規約，公開された目的，形式化された会員制度が具備された。例えば，18世紀中頃から19世紀中頃のイギリスには，キリスト教伝道団体，会員制図書館，哲学・文芸・科学に関する団体，慈善団体，治安維持に関する団体のほか，病院やアッセンブリールーム（社交場），市場といった都市の社会資本をなす公共的な施設の設置，運営を行う市民結社もあった。これらの団体では，会員や寄付者による民主的な運営がなされた。そのため，会員年次総会，年次報告だけでなく，規約や拠出者一覧の出版といった，説明責任（アカウンタビリティ）を果たす制度が整備された（R・J・モリスのいう拠出者民主主義〔subscriber

democracy]）。この制度が定着した背景として，都市間のつながりや競争意識の存在，複数の組織が地域社会で共存・競合していたこと，19世紀半ば以降に可処分所得の相対的に低い人も結社に積極的に関われるようになったことなどがあった。市民結社は，国家と個人の間に位置する市民社会の形成の核となっただけでなく，結社が基盤となって，階級，ジェンダー，ナショナリズムといった規範意識やその意識に基づく関係も展開された。他方で，拠出額や寄付額により，総会での投票数や投票権限を定めたり，行事の同伴者数や結社（例えば慈善団体）への紹介人数を決めたりする市民結社もあり，このような結社が社会における水平的関係と垂直的関係のどちらを促進したか，研究者の間で解釈が異なっている。

　また，イギリスやドイツをはじめ欧米では，拠出金や寄付金に立脚して活動する市民結社だけでなく，信託された土地や基金の運用益で公益事業を行う財団型の公共団体が，近世・近代を通じて，救貧，公共施設，教育や研究の機関を提供しており，西洋世界における公の組織や制度の多様性にも留意する必要がある。

2．市民結社の評価と盛衰をめぐって

　19世紀中頃に，トクヴィル*は，民主制が展開していたアメリカ合衆国の結社の事例から，市民結社は民主制の根幹であると主張した。また，20世紀後半にハーバーマス[1]は，18世紀イングランドの市民結社において，公に意見交換し，情報や意見を消費する人々が集う「公共圏」が形成されたと主張して，以来，西洋史研究者もこの概念を援用してきた。

　近年，パットナムによって，市民結社は，市民社会と民主主義を支える存在，すなわち人々の信頼を強化する社会関係資本（ソーシャル・キャピタル[2]）として評価される。他方で，スコチポルは，20世紀後半のアメリカ合衆国などでは，拠出者民主主義的な市民結社が衰退し，資本や政治権力を擁護する寡頭的な専門家集団の組織が勃興してきたことを指摘している。また，20世紀半ば以降に植民地支配を脱していったインドやアフリカ大陸では，市民結社は，これらの地域における民主的な政治制度や自由主義的な経済に敵対的に振る舞うこともしばしばあったのではないかと指摘する歴史家たちがいることにも留意すべきである。

＊　トクヴィル
Ⅳ-7 側注3参照。

▷1　ハーバーマス
1929年生まれ。ドイツの哲学者。代表著作として『公共性の構造転換』，『コミュニケイション的行為の理論』。

▷2　社会関係資本（ソーシャル・キャピタル）
地域社会や組織における人々の間の信頼や社会関係（またはネットワーク）を示す。

参考文献
岩間俊彦「イギリスのミドルクラスモデル」イギリス都市・農村共同体研究会他編『イギリス都市史研究』（日本経済評論社，2004年）。
シュテファン＝ルートヴィヒ・ホフマン『市民結社と民主主義　1750-1914』（山本秀行訳，岩波書店，2009年）。

歴史学的に考察するポイント

①市民結社の特徴，意義，問題について，結社が存在した時期，国家や地域の状況を調べながら，考えてみよう。

②市民結社は，他の機関と連携したのか，競合したのか，それはなぜか考えてみよう。

③あなたは，市民結社に参加してきたか，市民結社にどんな態度でいたか考えながら，西洋社会の人々が結社に参加した動機や活動内容を考えてみよう。

④市民結社の記録（史料）は，どのような形で残るか考えてみよう。もし，これらの記録が残っていない場合，いかなる形で把握すればよいか考えてみよう。

9 消費社会

真保晶子

【関連項目：古代経済史論争，資本主義論，イギリス産業革命，生活水準論争，階級論（ジェントルマン論・ミドルクラス論），男女の領域分離】

📖 史　実

　18世紀イングランドでは人口増加と都市の成長を背景に，都市文化が発達した。ボーゼイが示すように，街路の整備と並び，演劇，音楽，集会，クラブ，コーヒーハウス，遊歩道，スポーツなどの娯楽が提供された都市空間は，奢侈品の消費の舞台としての役割も担った。さらに，ポーターも概観するとおり，18世紀イングランドでは地方新聞や雑誌など印刷物の発行の拡大，中間層以上の消費者における購買力の増大，生活の洗練化，流行と競争への関心が高まり，家庭用品や調度品をはじめ，必需品を超えた多様な商品が広まったことが遺産目録や様々な記録からもわかる。そしてドーントンも概説するように，19世紀も後半になると，郊外の発展とともに，中産階級によるスポーツのクラブや音楽会が盛んに行われる一方，生活水準の上昇により，労働者階級もリゾート地での余暇，スポーツ，音楽を楽しむ余裕ができるようになった。大衆向け広告，新聞もより普及し，環境が改善された都市もショッピングと娯楽の空間として発展していった。

論　点

1．「社会的模倣」

　消費史の中で盛んに議論が交わされてきたのは18世紀イギリス消費社会への見方である。従来の経済に関わる歴史研究が「生産」中心に説明されてきたのに対し，産業革命の原動力としての消費社会の誕生へ注目を促したのがマッケンドリック，ブリュア，プラム『消費社会の誕生——18世紀イングランドの商業化』（1982年）であった。その第1章でマッケンドリックは，衣類，家具，銀製品，陶器など様々な領域において「伝染的に」広まった消費への欲求に消費者が感化され，デザイナーや製造業者も画一的なスタイルと目新しい流行を広めたと論じた。マッケンドリックは，富裕層の「衒示的消費（conspicuous consumption）」（富や地位を誇示するための消費）を模倣した中間層が「熱狂的に」消費を進め，その中間層をまたそれより下の層が模倣していく「社会的模倣（social emulation）」による消費の連鎖を強調した。

2．「社会的模倣」と異なる視点

　その後に続く様々な研究が「社会的模倣」とは異なる視点から消費社会を見ることを提示してきた。遺産目録などをもとに中間層の人々の所有物を分析したウェザリル『ブリテンの消費行動と物質文化1660-1760年』（1988年）は，消費者が上層を模倣し所有したとは必ずしもいえないこと，所有する家財には模倣論がいうような一つの機能でなく多くの機能があること，家財の所有には地域経済や職業も影響することを述べた。ブリュアとポーター編集による大規模な論文集『消費と財の世界』

▷1　衒示的消費

アメリカの経済学者ヴェブレン著『有閑階級の理論』（1899年）の中で分析された，有閑階級が名声を維持し，力を誇示する手段として示す閑暇と財の消費のあり方。「顕示的」あるいは「誇示的」消費とも訳される。

（1993年）の序論でも，18世紀イングランドに限定された「消費社会の誕生」が他の時期や場所に拡大可能かと問われるとともに，単なる商品の普及を超え，その社会のシステムや考えを特徴づけるより広い意味での消費社会の概念を学際的に捉えるべきだと指摘されている。同論文集で，ヴィッカリは，社会的模倣や衒示的消費は消費行動と物質文化を多面的に表せないと批判し，女性消費者が物に見出した価値や意味に注目した。ヴィッカリは，より近年では，ジョージ王朝時代の住宅に関する著書（2009年）で，中間層やジェントリの消費者が上位の階級や階層を模倣するよりも自らの地位に適したものを選ぶという規範に縛られて行動していたことを指摘する。『オックスフォードハンドブック・消費史』（2012年）の編者トレントマンも消費社会の多様性，例えば，個人的選択という前提に立つ消費に加え，社会慣習や贈与・交換が消費に果たした役割にも改めて注目を促している。

3.「流通革命」 ショッピング・店舗・都市空間が注目の対象となる19世紀後半以降のイギリス消費社会に関連した大きな論点はジェフリーズが『ブリテンにおける小売業1850-1950年』（1954年）で主張した「流通革命」である。これは，19世紀後半以降になって，固定店舗の普及，百貨店など大規模店の出現，新しい販売技術の導入，商品展示や広告宣伝の発展など革命的変化が見られたとする見方である。これに対し，18世紀に小売店が普及・発展し，マーケティング，販売技術，現金支払いなどが実践されていたことを論じたムイとムイ（1989年）の著作などが出た。ウォルシュは18世紀店舗デザインと店内ディスプレイ（1995年），17〜18世紀ショッピングギャラリーの社会的空間（2003年）などに関する論文を通し，ジェフリーズが分岐点とする19世紀後半より以前の時代の店舗がいかに工夫を凝らしたか，そしてショッピングという行動自体がいかに交流や娯楽など社会的意味をもたらしたかを，デザイン・文化・社会史からの視点も併せ，多面的に論じた。一方，J・ベンソンとウゴリニ（2003年）は，これらの「流通革命」批判の研究が，19世紀半ばよりも以前の時代のショッピングと店舗がいかに革新的であったかを強調する傾向があることを指摘している。ラパポート（2000年）も，19世紀イギリスの消費社会論が「流通革命」の時期と性質の議論に集中していること自体に疑問を投げかけている。

〔 歴史学的に考察するポイント 〕

①18〜19世紀消費社会の誕生と発展は，社会全体のどのような変化と関連し，それらを反映しているといえるか。

②その誕生と発展の時期，消費行動の要因に異なる見方が生じるのはなぜか。

③18〜19世紀消費社会はどのような領域，観点，階級・階層，地域，方法，史料から研究することが可能か考えてみよう。

〔参考文献〕

道重一郎「イギリス中産層の形成と消費文化」関口尚志・梅津順一・道重一郎編『中産層文化と近代──ダニエル・デフォーの世界から』（日本経済評論社，1999年）。

コリン・マシュー編『オックスフォード ブリテン諸島の歴史9 19世紀 1815年-1901年』（鶴島博和監修・君塚直隆監訳，慶應義塾大学出版会，2009年）。

草光俊雄「消費社会の成立と政治文化」草光俊雄・眞嶋史叙監修『欲望と消費の系譜』（NTT出版，2014年）。

10 男女の領域分離

山口みどり

【関連項目：アテナイの演劇と社会，啓蒙主義，階級論（ジェントルマン論・ミドルクラス論），セクシュアリティ，女性参政権，フェミニズムとジェンダー】

史　実

産業革命（産業化）期のヨーロッパやアメリカでは，啓蒙主義，福音主義[1]運動の高まりやフランス革命後の社会の保守化などによって女性の妻・母役割が重視され，家庭的で従順，純粋で信心深い女性を礼賛する説教や指南書が数多く書かれた（家庭重視イデオロギー）。宗教・思想・科学・医学等様々な文脈で男女の「生来的」な性質とはいかなるものなのかが追究され，男性は公的領域，女性は私的（家庭）領域で活動するのが本来の正しい姿だとする領域分離（separate spheres）の考えが盛んに唱えられた。女性は家庭内に留まる限り，道徳的な優位性を持つとする考えは，アメリカにおいては公徳心ある立派な男性市民を育てる「共和国の母」，イギリスにおいては家族を癒し，道徳的に導く専業主婦を指す「家庭の天使」という言葉に象徴される。

論　点

1.「断絶」説　1960年代の女性運動に影響を受けた英米の研究者たちは，19世紀の女性たちが，家父長的な領域分離イデオロギーによって生産活動から切り離されて家庭に囲い込まれたとし，これにより女性の地位が低下したと考えた。一方，1970年代半ば以降には，逆に私的な領域で育まれた女性の絆や文化に肯定的な目が向けられた。女性たちは自らに割り当てられた「道徳的優位性」を根拠に，家庭役割の延長として慈善事業や奴隷制廃止運動などの社会運動にも参加したのであり，そうして築かれた女性たちの連帯が，やがて公私の境界を崩そうとするフェミニズム運動の土台となったとするのである。

1980年代頃からは，この領域分離の概念を社会のより大きな流れと結びつけた歴史理解が発展した。例えばダヴィドフと C・ホールの『家族の命運』（1987年）は，産業革命期イングランドの商工業者にとって，職場とは切り離された郊外に専業主婦のいる邸宅を持つ夢が成功の原動力であったとし，領域分離というジェンダー・イデオロギーと「ミドルクラス」の階級形成との関係を論じた。アメリカやヨーロッパの他の国においても，このイデオロギーは，女性が公的な領域で政治に口を出す貴族階級に対する市民層の優越意識，あるいは他国民（他民族）に対する自国民（自民族）の国民（民族）意識との結びつきの点から分析された。領域分離イデオロギーは，さらに科学史・医学史へのジェンダー視点の拡大をももたらしている。特に，ラカーの『セックスの発明』（1990年）は身体についての考え方の変化を辿り，女性は不完全な男性だとする「ワン・セックス・モデル」に対し，男女の身体を全く異なるものと捉えその役割を固定した「ツー・セック

▷1　福音主義
キリスト教の中で，個人の回心やキリストを通じた罪の許し，聖書の権威を重視する立場。18世紀末から19世紀初頭の英米における福音主義運動は様々な社会改革の原動力となり，イギリス帝国では奴隷制度の廃止につながった。

ス・モデル」が18世紀に発展したとした。

2.「連続」説　一方，比較的上層の女性を対象とした研究からは，18世紀末から19世紀初頭にも，エリート層の女性たちが男性とさほど変わらず公的領域にアクセスできていたとする指摘が相次いだ。一部の上層専門職や政治家一族の女性たちは男性と遜色ないレベルの教育を受け，表には出ないものの，夫や父親の職業上のパートナーとして活躍していたという。中でも18世紀を中心とした（「長い18世紀」）ジェントリ層の女性を研究するヴィッカリは，19世紀初頭から慈善や宗教活動を通して逆に女性にも公的な活躍の場が開かれていったことを強調し，女性に家庭の義務を説く指南書が増えたことこそ，その証だとした。こうした立場に立つ研究者たちは，領域分離という枠組み（パラダイム）自体を否定し，女性たちの慈善等を通しての公領域への関与を，18世紀から19世紀後半のフェミニズム運動へと区切りなく続く「長い肯定的な物語」の一環だと捉えている（連続説）。

3.「公」「私」を超えて　その後の研究では，産業化の時期に公私の区分が――程度の差はあれ――強まったことを前提にしながらも，女性たちなりの「公」との関わり方に注意が向けられている。サマーズは，宗教，慈善活動などが「真の「公領域」」（true 'public'）の内部に，「民領域」（'civil spheres'）を形成したとする。また，グリードルとリチャードソンは，急進派一族の女性が家庭内で「3歳の姪」に穀物法への反対を教え込むといった，公私が複雑で微妙に入り混じった形での女性と政治との関わりを取り上げ，公の世界と私の世界のいくつもの境界が混ざり合い，重なり合っていたさまを描いた。一方ジョン・トッシュは家庭性と男性性との関係に注目し，ミドルクラスの男性が公私の双方の領域を自由に動く「特権」を持っていた点を強調した。また労働者階級の形成と領域分離論の関わりを論じたA・クラークは，産業革命期の庶民の私生活におけるジェンダー的側面の複雑な変化と階級政治とのつながりを探った。熟練工たちは家族賃金を求めることで，家族を扶養する自らの責任感をアピールし，女性を政治の場から退かせると同時に市民権を求めたのだった。

■ 歴史学的に考察するポイント

①女性が宗教や慈善事業を通じて「公的」な活動ができたことから，ジェンダーによる壁がなかったといえるだろうか。

②「連続」と「断絶」のどちらを強調して考えるのが妥当だろうか。

③「領域の分離」と類似した考えは，歴史上のどのようなときに強められただろうか。

参考文献

トマス・ラカー『セックスの発明――性差の観念史と解剖学のアポリア』（高井宏子・細谷等訳，工作舎，1998年）。

川本静子「清く正しく優しく――手引書の中の〈家庭の天使〉像」松村昌家ほか編『女王陛下の時代』（研究社，1996年）。

レオノーア・ダヴィドフ，キャサリン・ホール『家族の命運』（山口みどり・梅垣千尋・長谷川貴彦訳，名古屋大学出版会，2019年）。

11　19世紀のジェンダーと人種　　安武留美

【関連項目：啓蒙主義，男女の領域分離，セクシュアリティ，南北戦争，女性参政権，フェミニズムと
ジェンダー】

📖　史　実

　1848年アメリカ合衆国ニューヨーク州セネカフォールズで開かれた「女性の社会的，公民的，宗教的状況や権利を議論する会議」において女性の権利を求める「所感の宣言」が採択された。この女性会議を企画したのは奴隷制廃止運動に参加した少数の白人女性である。彼女らは，曖昧な身体的特徴に基づく「黒人」という「人種」区分と「黒人」を劣等に保つ社会システムが奴隷制を正当化するように，男女の身体的差異（性）を理由に構築された社会的差異（ジェンダー）が女性の男性への従属を正当化・自然化していること，つまり人種とジェンダーの類似性を問題視した。「所感の宣言」はアメリカ建国の理念を明言した「独立宣言」を模したもので，女性独自の権利を求める女性参政権運動の出発点となったといわれている。

　合衆国の建国に伴い，女性市民は将来の市民を生み育てる「共和国の母」という役割を担ったが，奴隷や未成年者同様に家父長（主人）への依存者として参政権など諸権利を剝奪されていた。そして，19世紀初頭に北部で産業化が始まると，「女性」は生得的に「敬虔，清廉，従順，家庭的」また「自己犠牲的」で「真の女性」にふさわしい領域は家庭であるとするジェンダー規範が出現した。男性は家庭外の賃金労働に従事したが，この規範が女性を賃金の伴わない家庭内労働に留め置いた。さらには，この規範を体現する女性の存在が中産階級や文明社会の象徴として労働者階級や非白人社会との差別化に寄与し始めると，規範は社会的上昇志向の人々にも広く影響力を発揮した。そんな時代に女性の領域や役割を踏み越えて女性自らの権利を求めることは，ジェンダー規範のみならず社会秩序に挑戦する過激な行動であった。それゆえセネカフォールズの女性会議に始まった女性参政権運動は，人間としての平等そして普遍的な「女性」の権利を求めるフェミニズム運動で，ジェンダー規範を順守しながら女性の地位向上，ひいては下層社会や非白人社会を改革し社会全体の改良を目指したソーシャル・フェミニズム運動と一線を画すと認識された。

⚔️　論　点

1.　黒人女性の視点から——白人女性運動家の人種差別

性差別と戦ってきた黒人女性の視座からすると，白人女性が奴隷制廃止を訴えたのは自分たちの良心を守るためで黒人を劣等人種と見なす差別意識を拭い去っていたからではない。また白人女性の求めた権利はあくまでも白人女性のための権

　そのような白人視点の解釈に異議を唱えたのはフックスやペンらである。人種および

▷1　ソーシャル・フェミニズム
　アメリカ女性史の分野では，ジェンダー規範にとらわれず女性を抑圧する性差別をなくして女性の権利回復を目的とする思想を意味するフェミニズムという用語に対して，ジェンダー規範の定める女性の特質を利用しながら女性の地位や生活向上のための社会改良・変革を図ろうとする思想を意味するソーシャル・フェミニズムという言葉を用いられることが多い。この2つの思想は対立する運動を生み出す場合もあり，1つの運動の中に融合される場合もあると理解できる。

利で，普遍化されたのは女性の権利ではなく彼女らが不満を感じた白人男性の性差別，つまり白人女性の被差別意識・社会観であった。その理由として①奴隷制廃止後憲法修正第15条が「人種」による差別を禁止し黒人男性のみの参政権を保証すると，白人女性運動家の多くは「性」ではなく「人種」が優先されたことに憤慨し，②参政権を保証されたはずの南部の黒人男性が投票税・資格審査・暴力などの手段でその権利を行使できなくなっても無関心で，③女性参政権獲得運動拡大のために人種隔離を支持する南部白人女性と連帯し黒人女性運動家との協働を拒んだことなどを挙げている。

2. 白人女性の視点から ——女性参政権運動の多元性と変遷

一方，白人女性活動家に関する研究は，一枚岩ではない女性参政権運動の歴史的変遷を強調する。例えば，デュボイスは，奴隷制廃止運動を土壌に北部で芽生えた女性参政権運動は参政権を男女平等の人権と認識し黒人および男性とも協働したが，憲法修正第15条をめぐって分裂，2つの相対立する運動そして全国組織を誕生させたことを明らかにした。また，クラディターらは19世紀終わりにこの2つの白人活動家の組織が女性独自の参政権運動推進のために一体化すると，南部白人の人種隔離政策や北西部白人労働者の排外主義に迎合しながら拡大していったことを明らかにした。そして，少数の白人女性が始めた男女平等の権利を求めるための参政権運動の急進性は，「真の女性」にふさわしい役割を担って社会進出・社会改良を目指した多様なソーシャル・フェミニストと協働する過程で失われ，参政権は男女平等の権利ではなく女性の社会的責務を果たすための手段となっていったとする。さらにL・M・ニューマンやスナイダーらが，白人女性の参政権運動は，合衆国西漸・拡大に伴い連邦に加入する地域の多様な住人の参政権をめぐる議論に関わるうちに，参政権は市民となるにふさわしい女性のみに許される特権を獲得するための運動となり，「英語も話せず」文明化の度合いが低いと見なされた先住民，非白人，移民に差別的であったことを明らかにした。

3. グローバルな視点から

近年，合衆国の西漸および太平洋への進出は一連の「白人定住者植民地主義」の成果として語られ始め，参政権・市民権をめぐる女性の活動や言説も人種や階級のみならず国家の枠組みを超えたグローバルな視点で研究されつつある。アメリカの女性は自国の植民地主義・帝国主義，また国内外の異人種・異文化の女性とどう関わっていたのか，女性の視座でグローバル・ヒストリーを構築する試みが進行中である。

歴史学的に考察するポイント

①「ジェンダー」また「人種」とは何だろうか。
②白人女性と黒人女性はそれぞれどのような差別を感じていたのだろうか。
③女性たちは，ジェンダー規範にどう対応してきたのだろうか。
④白人女性と黒人女性が一丸となり運動を推進しなかったのはなぜだろうか。

▷2　憲法修正第15条（1870年成立）
その第1節に「合衆国市民の投票権は，人種・皮膚の色あるいは過去における隷属状態に基づいて，合衆国あるいは各州により剝奪あるいは制限されてはならない」とある。白人および黒人女性参政権運動家は，ここに「性」という言葉を加えようと奮闘したが実現しなかった。

▷3　人種隔離政策
奴隷制廃止後，南部では州の法律や市の条例を制定して，公共施設での黒人と白人の隔離を行った。

▷4　排外主義
外国の人や物を排斥しようとする思想。アメリカでは，北部や西部で急速に産業化の進んだ19世紀終わりから20世紀の初めにかけて，東欧・南欧・アジアからの移民労働者の数が急増し，それに脅威を感じた古参の白人労働者が中心となって移民排斥運動を行った。

参考文献

有賀夏紀『アメリカ・フェミニズムの社会史』（勁草書房，1988年）。

ベス・ミルステイン・カバ，ジーン・ボーディン『われらアメリカの女たち』（宮城正枝・石田美栄訳，花伝社，1992年）。

エレン・キャロル・デュボイス，リン・デュメニル『女性の目からみたアメリカ史』（石井紀子ほか訳，明石書店，2009年）。

ベル・フックス『アメリカ黒人女性とフェミニズム』（大類久恵監訳，明石書店，2010年）。

12 セクシュアリティ

林田敏子

【関連項目：古代ローマの家族とセクシュアリティ，男女の領域分離，フェミニズムとジェンダー】

史　実

　セクシュアリティという概念を，近代が身体とそのエロティックな快楽の周りに打ち立てた「権力と知の戦略」と捉えたフーコー*は，それを自然かつ客観的な実体としてではなく，経験的な概念，すなわち言説によって構築された歴史的産物として提示した。19世紀後半に言語化された同性愛（Homosexuality）いう概念もまた，「セクシュアリティの近代」が生み出した歴史的構築物として捉えることができる。むろん近代以前にも同性間性交渉は存在した。古代から中世にかけてのヨーロッパでは，それは現代よりはるかにありふれたものであり，中世初期までは，性的な「罪」に関するキリスト教の考えは行為者の性別を問題としたものではなかった。同性愛は独立した性行動，ましてや異性愛に対置されるものとしてではなく，秩序を攪乱する逸脱行為と捉えられ，自然に反するあらゆる性行為の中に包含されていた。同性間の性交渉に比較的寛容であった中世初期には同性愛文学が開花したが，中世後期になると不寛容の時代が訪れる。同性愛は異端と結びつけて捉えられるようになり，ヨーロッパの広い地域で死刑に相当する大罪となった。近世以降も支配的な価値規範に抵触しない限り同性愛は大目に見られる傾向があった一方，激しい迫害にさらされた時代や地域もあった。

　19世紀後半に「同性愛」は言語として分節化されたが，その背景には**性科学**[1]という学知の形成が深く関わっていた。同性愛は厳罰の対象としてだけでなく，治療の対象として病理化された。処罰や医療の対象として可視化された同性愛者は，同時に性的マイノリティとしてのアイデンティティをも獲得した。20世紀半ば以降本格化した性の解放運動は，生殖と性的快楽の分離や，ジェンダー・システムに回収されない多様な性のあり方を模索する今日の **LGBT**[2] による運動へとつながっていく。

論　点

1．本質主義 vs 社会構築主義

　セクシュアリティを遺伝子・本能・ホルモンなどによって規定される自然の産物，すなわち非社会的で変更不可能なものと見る本質主義は，これを社会的・歴史的につくられたものと捉える**社会構築主義**＊としばしば対立してきた。しかし，社会構築主義が性的アイデンティティに注目するのに対し，本質主義が問題にしているのは性的指向であるとして，両者の論点のずれを指摘する研究もある。じっさい，両者の間に対立（論争）があるというよりは，フーコー的な社会構築主義の立場からセクシュアリティを探究する研究者たちが，それ以前の「性愛」の捉え方を本質主

＊　**フーコー**
Ⅰ-25 側注5参照。

▷1　**性科学**（Sexology）
19世紀後半，クラフト＝エビングやエリスらによって変態性欲論として提示された性倒錯に関する研究。精神分析学・心理学・病理学の要素を持っており，本質主義的セクシュアリティ観の形成に大きな影響を与えた。

▷2　**LGBT**
レズビアン・ゲイ・バイセクシュアル・トランスジェンダーを表す略語で，性的マイノリティの総称として用いられる。さらにT（トランスセクシュアル），Q（クエスチョン，クイア），I（インターセックス），A（アセクシュアル，LGBTの支援者という意味でのAllies）などが付け加えられることもある。

＊　**社会構築主義**（社会構成主義）
Ⅲ-16 側注3参照。

義的であると批判してきたといった方が適切であろう。また、セクシュアリティの構築性を過度に強調することが、究極的には同性愛の存在そのものを否定することにつながるとして、性的マイノリティのアイデンティティの存在を前提として出発する研究／運動もある。差別や抑圧と闘う「主体」の喪失を回避すべくとられるこうした手法を戦略的本質主義という。

2. 近代以前のセクシュアリティ ハルプリンは、古代ギリシアでは性行為は性的主体性を持つ成人男性と従属的な地位にある者との間で行われるべきもので、そこでは行為者の性別ではなく、性行為における能動性と受動性の区別が重視されたとしている。これに対しボズウェルは、ギリシアの性愛としてイメージされる成人男性と少年の組み合わせは「理想化された文化的慣習」であったとして、現代と古代の同性愛の相違を誇張すべきではないと主張する。またボズウェルは、近代以前には性的アイデンティティとしての同性愛は存在しなかったという考えに対し、古代から中世にかけてのヨーロッパにも同性への性的指向を自覚するゲイ・ピープルが存在したとの立場をとる。ハルプリンも、近代以前の性にまつわる主観性を近代の性的指向や性的アイデンティティと同等のものと捉えるべきではないとしながらも、近代とそれ以前の世界を峻別することが、（フーコーの意図に反して）知のフィールドを狭めているとして、「フーコーの呪縛からの解放」を唱えている。

3. フーコーを超えて セジウィックは、フーコーもハルプリンも進歩史観にとらわれているとしてセクシュアリティの脱物語化を志向し、バトラーは、ジェンダーの中に固定された強制的異性愛によって、人はジェンダーを絶対のものとして錯覚するとして、ジェンダーの構築性とセクシュアリティの構築性の関係を問うべきだとしている。また、セクシュアリティ研究におけるジェンダー不均衡を問題にしたリッチは、性的マイノリティという枠をも取り払った**レズビアン連続体**という概念を提示したが、レズビアンという枠組みを「無限に」拡大することには異論もある。さらに、従来のセクシュアリティ研究のあり方を、ヨーロッパ中心主義として批判する研究もある。セクシュアリティという概念を非西洋世界に適用することは可能かという問題から出発した脱ヨーロッパ主義を掲げる研究の進展は目覚ましく、非西洋世界の性文化や性規範の研究を通した「西洋のセクシュアリティの相対化」が進んでいる。

▷3 **レズビアン連続体**
(Lesbian Continuum)
アドリエンヌ・リッチが提唱した概念で、性的関係に限定されない女性同士の結びつき、連なりを指す。セクシュアリティ研究とフェミニズム研究の接点をつくるとともに、レズビアン・フェミニズムの形成に大きな影響を与えた。

（参考文献）

ジョン・ボズウェル『キリスト教と同性愛——1～14世紀西欧のゲイ・ピープル』（大越愛子・下田立行訳、国文社、1990年）。
デイヴィッド・ハルプリン『同性愛の百年間——ギリシア的愛について』（石塚浩司訳、法政大学出版会、1995年）。
三成美保編『同性愛をめぐる歴史と法——尊厳としてのセクシュアリティ』（明石書店、2015年）。

歴史学的に考察するポイント

①上記の論点を意識しながらフーコーの『性の歴史』を読んでみよう。
②セクシュアリティの歴史に、国や文化による違いや共通点はあるだろうか。
③ジェンダーだけでなく、年齢・階級・人種・宗教といった視点を加えると、セクシュアリティの歴史はどのように描けるだろうか。

13 アイルランド大飢饉

勝田　俊　輔

【関連項目：14世紀の危機，コロンブス交換，資本主義論，移民史論，スターリンと農業集団化・工業化，ホロコースト】

史　実

　アイルランド大飢饉（1845～50年）は，ジャガイモの連続大凶作を契機に発生した。ジャガイモは貧農層の主食であり，その生産指数が飢饉前の23.0から飢饉中の5.4に激減したため，彼らは深刻な窮地に陥った。この一方大飢饉中の政府は，貧農に購買力を与える目的の公共事業や，食糧の無償配給，困窮者の救貧院への収容などの救済策を展開した。だが結局，飢饉によって約100万人もの死者が出ただけでなく，100万人強の人間が国を出て世界各地に離散することになった。この飢饉は19世紀ヨーロッパ最大級の災害だったといえる。

論　点

1．飢饉理論　日本の西洋史学界では，飢饉の研究は盛んではない。だが英語圏では飢饉研究の蓄積があり，最も古典的なものとして，マルサスの『人口の原理』▷1（1798年）を挙げることができる。マルサスは，人口の増加率は食糧生産の拡大率を常に上回るため，貧困層が結婚を手控えるといった人口抑制のメカニズムが社会には備わっているのだが，これが機能しない場合，災害などの形での大規模な人口減少が起こってしまう，と論じた。大飢饉はマルサスの理論が的中した事例とされることがある。しかし，マルサス理論は，救済の問題を検討していない点で大きな難点がある。飢饉もしくはその危険性が生じた場合，国家もしくは民間団体によって何らかの救済努力がなされるのが通例であり，総じて飢饉は，食糧の欠乏と救済の効果の相殺作用の結果として生じる現象なのである。

　また食糧の「欠乏」も，実は単純な話ではない。この点で，近年とりわけ重要な貢献をなしてきたのがセンの飢饉理論（1981年）である。センによると，飢饉は，一国内で食糧の絶対的な欠乏がなくとも，その前段階で一部の社会層が食糧へのアクセスを何らかの形で失うことで発生しうる。この理論をアイルランド大飢饉に転用すると，以下のようになる。当時，ジャガイモは壊滅したにせよ，穀物や酪農・牧畜産品を含めた全体の食糧は人口全てを養いうる量が存在していた可能性があった。にもかかわらず，政府が食糧市場の自己調節機能を過信して，輸出禁止や価格調整の措置をとらなかったため，市場に食糧は存在するものの貧農にとっては手の届かない高価なものとなってしまった。それゆえ大飢饉は天災というより人災だったと見なしうる——。ただし，後にセンは，大飢饉には食糧の分配だけでなく供給（絶対量）の不足の問題もあったことから，自身の理論ではアイルランド大飢饉を説明しきれないことを認めている。

▷1　『人口の原理』
人間と社会の無限の進歩の可能性を唱える楽観論がフランス革命期に登場すると，これに反駁するために，人間社会に本源的に課せられている制約として食糧と人口の増加率の違いを指摘した。ただし第2版（1803年）では，教育の拡大を通じた進歩の可能性も認めている。Ⅱ-25 側注1も参照。

2．天災論と人災論

センも認めたように，アイルランド大飢饉には，全ての災害と同様，天災と人災の両側面を指摘できる。ジャガイモの凶作は当時原因不明で，直接の対応策はなかった。人口の大部分にとっての主食がほぼ消滅した場合，被害者が出るのは不可避であり，この意味で大飢饉は天災であった。この一方で，大飢饉中の政府が，上記のように食糧価格高騰を放置したこと，公共事業で無理な雇用方式をとったこと，そして一部の地域の救貧院の設備が不十分だったことが，被害の拡大を招いた。これらの失策の点で，大飢饉は人災でもあった。

3．大飢饉研究の広がり——歴史認識・ミクロ分析・マクロ分析

ここで，「人災」の内容にも注意すべきである。近年，アイルランド大飢饉には英語圏で多大な関心が寄せられているが，一部の文献は，大飢饉を政府によって意図的につくり出された人災，それもナチスのホロコーストにも比すべき大量虐殺（ジェノサイド）と解釈している。だがこれを裏づける証拠はない。ではなぜ，このような解釈が登場したのか。大飢饉時のアイルランドは英国と連合王国をなしており，当時の「政府」は，実質的にはロンドンの英国政府であった。すなわちこの大飢饉＝ジェノサイド説は，アイルランドの反英ナショナリズムに基づく歴史観の極端な一例である。

こうした無理な大飢饉解釈をとっているのは，実は歴史研究者ではない。このような解釈が広まったこと，それも1995年の大飢饉150周年の前後に，アイルランド共和国の他に，大飢饉時の移民を大量に受け入れたアメリカ合衆国やカナダ連邦でも広まったことは，歴史認識の問題としては研究の対象となりうる。だがこれは大飢饉自体の学術的な研究とは区別すべき問題である。

学術的な研究に限定したとしても，実は人災／天災論の観点からの大飢饉研究は，データの不足もあって行き詰まりつつある。だがアイルランド大飢饉は，その規模と影響の大きさからして，多面的な角度から研究が可能なはずである。近年の先駆的な業績として，ミクロな地域社会の次元で大飢饉の歴史人類学的な分析を行ったマクスイーニの研究や，逆にマクロ的な視点から，アイルランド大飢饉をアメリカ合衆国と連合王国の外交関係に位置づけようと試みたシムの議論もある。以下に，今後の大飢饉研究にとって有力と思われる論点を提示しよう。

歴史学的に考察するポイント

①未知の原因によって食糧が消滅し，死が迫った時に，人はどのような反応を示すのか。また，同胞が飢えている時，人はどこまで自己犠牲を払えるのか。
②アイルランド大飢饉は，19世紀の北大西洋世界にいかなる影響を与えたのか。
③大飢饉＝ジェノサイドのような解釈は，どのようにつくり出されるのか。

参考文献

勝田俊輔・高神信一編『アイルランド大飢饉——ジャガイモ・「ジェノサイド」・ジョンブル』（刀水書房，2016年）。

14 移民史論

中野耕太郎

【関連項目：「ローマ化」論争，アイルランド大飢饉，ナショナリズム論（南北アメリカ・西欧からのアプローチ）】

 史 実

近代の産業資本主義の勃興の過程で，無数の人々が故郷の村を離れ，仕事を求めて遠く異国の都市に旅立った。イギリスへは第二次世界大戦までにアイルランド人を中心に約230万人の欧州人が到来し，戦後は主として西インドや南アジア，アフリカ等から600万人超の移民があった。アメリカへの人口移動はさらに膨大で，1880年から1920年の期間に2300万人の欧州移民を受け入れた歴史を持つ。1960年代以降，その出身地は中南米やアジア，西インド，アフリカへと変化するが，現在も4000万人を超える外国生まれの人々がこの国に暮らしている。フランスの場合も規模こそ英米に比べて小さいものの，戦前よりイタリア，スペイン等から移民があり，近年では北アフリカの旧植民地の出身者が目立つ。この歴史的な移民現象が研究対象として重要なのは，パスポートやビザを通じて人の移動を制限し，移民と「国民」を差異化する国民国家の叢生と軌を一にしたからである。フランスの歴史家ノワリエルはいう。移民問題は「世界を揺り動かした二つの「革命」が交わる点に位置する。第一の革命，それはもちろんフランス革命であり，これによって人民主権の原則に基づき……国民と外国人を対立させる……国民国家の時代が始まった。第二の革命，それは産業革命で……大工場の登場とともに，人の移動は著しく加速」したと。移民史は工業化と国民化という近代史の二大テーマを結びつける論点なのである。

 論 点

1. 移民のコミュニティと同化

移民という存在を国民社会との関係で初めて学問的に分析したのは，1910〜30年代の**シカゴ学派社会学**[1]だった。パークらは，接触，競合，適応，同化という段階を経て外国人が移住先の国民に統合される過程を考察した。このとき彼らが注目したのは，新旧2つのコミュニティの解体だった。一つは，移民が故郷に残した村落や家族共同体で，工業化と人口流出による崩壊が前提とされた。その後，移民はしばしば移住先でエスニック集団を形成する。この新しい共同体は，彼らの異国の都市での「適応」を助けるが，個人としての同化（＝国民化）が進む中でその役目を終え，いずれ消えていく。かかるコミュニティの形成と解体の議論は，戦後本格化する歴史研究としての移民史に影響を残す。

1950年代のハンドリンによる先駆的業績は，シカゴ学派の影響を受けつつも，越境に伴う「疎外」の経験を強調するものだった。そして，移民たちが艱難辛苦の末に築き上げたエスニック・コミュニティは同化に向かう途上の一時的な避難

▷1　シカゴ学派社会学
1910〜30年代のシカゴ大学社会学部で隆盛であった都市社会学の学統。徹底した実地調査・エスノグラフィーに生態学の発想を組み入れた独創的な研究群を生み出した。主な研究者にザネツキ，E・バージェス，パーク等がいる。

212

所などではなく，そこでは主流文化とは対抗的な集団意識が再生産され続けたと
論じた。もっとも，ハンドリンは個々の移民の「適応」と社会的な包摂の意義を
否定するわけではない。彼の主著の表題（『根こそぎにされて』）が示すように，そ
もそも故国の第一次的集団は移住によって解体したと考えられており，移民はあ
くまで新しい環境を生き抜く存在なのだった。

　これに対して，1970年代の社会史の一翼を成した「新しい移民史」は，基本的
に旧来のコミュニティ生活と移住後に形成されるエスニック集団の間に断絶を認
めない。移民は故郷の信仰や慣習を持って越境し，これを新天地でも維持したの
だと。ハンドリン史学と「新しい移民史」はともに移民の疎外や孤立の実態を深
刻に捉えたが，時に「前近代的」とも見えるエスニック文化への理解，共感には
それなりの隔たりがあった。

2．トランスナショナル史

　「新しい移民史」による移民コミュニティの再評価
は，ひとまず同化論とは切り離された，よりローカ
ルで私的な領域やネットワークに注目する史潮を生み出していった。1990年代以
降，ガバチャラが提唱したトランスナショナル・ヒストリーとしての移民史は，
個々の移民の人生における帰郷や再移民，さらには他の国々への再移住といった
複雑な経験を発掘した。それは国境を越えた多様な「人の移動」の発見であり，
従来の移民史研究がいかに「ナショナルな歴史叙述によって支配」されてきたか
を問い直すものであった。今日，特にアメリカの移民史研究においては，このト
ランスナショナル・アプローチは一つのスタンダードとなっている。だがその一
方で，移民が同郷集団や親族ネットワークの中だけで生きているわけもなく，特
に国民国家による移民排斥に見られる権力行使の側面が等閑視されているという
批判も可能であろう。

3．移民の人種化・犯罪者化

　21世紀に入ってからの移民史研究には，移民法や
国境管理の歴史に注目するものが少なくない。例
えば，ナイの一連の研究は，アメリカの移民政策に含まれた人種規定や近年の非
合法移民問題が，ラテン・アメリカ系やアジア系の移民とその子孫に「外来市民
（alien citizen）」と呼ばれる劣者の烙印を押してきたと指摘する。これに西インド
からの黒人の移民を加えた非ヨーロッパ系は，歴史的に人種的他者とされ，長く
同化の対象ですらなかった。また，近年では入国管理の厳格化から，彼らはしば
しば刑法的な取り締まりのターゲットになっている。Crimigration という造語
が流行するように，移民の「犯罪者化」は現代の拘禁国家（carceral state）問題
とも密接に関わっており，楽観的な同化論や無邪気な越境論を越える歴史学の新
たな論点となろうとしている。

歴史学的に考察するポイント
　①移民のコミュニティ形成は，移住先での国民統合と相容れるだろうか。
　②越境的な同郷・親族ネットワーク論と国民形成史は対話可能か。
　③「非合法」な住民としての移民は，どのようにして生み出されてきたのか。

参考文献

ジェラール・ノワリエル
『フランスという坩堝
──19世紀から20世紀の移
民史』（大中一彌・川崎亜
紀子・太田悠介訳，法政大
学出版局，2015年）。
パニコス・パナイー『近現
代イギリス移民の歴史──
寛容と排除に揺れた200年
の歩み』（浜井祐三子・溝
上宏美訳，人文書院，2016
年）。
貴堂嘉之『移民国家アメリ
カの歴史』（岩波新書，
2018年）。

15 アリエス論争

岩下　誠

【関連項目：世界システム論，イギリス産業革命，男女の領域分離，セクシュアリティ，移民史論，フェミニズムとジェンダー】

 史　実

　子供期は労働や搾取，虐待から守られ，教育と発達を保障される，人生の中の特別な期間でなければならない。子供を保護の対象として理解するこうした考え方は，1959年に第14回国連総会で「児童権利宣言」として採択され，国際的な規範となった。現在の私たちに馴染みのこの「近代的子供期」がいつ，どのような過程で誕生し普及したのかをめぐる論争を，子供史の先鞭をつけた歴史家の名前にちなんで「アリエス論争」と呼ぶ。

論　点

1. アリエス説と子供史研究のファーストステージ

　中世ヨーロッパに「子供期（子供時代）」という概念は存在しなかった。7歳前後から子供は「小さな大人」として扱われ，社会へと自然に溶け込んでいった。しかし17世紀以降，子供は道徳化の対象として社会から隔離され始める。子供期は保護と教育が必要な時期として成人期と明確に区別され，子供の保護のための特別な場所として家庭と学校が再編されていった。こうした子供史を描いたアリエスの『〈子供〉の誕生』（1960年）が画期的だったのは，子供を社会史研究の正当な主題として取り上げたことだけではなかった。現代的な価値判断からすれば望ましい進歩と解すべき「近代的子供期の誕生」を，私的領域への抑圧的で不寛容な隔離とし，ひいては近代社会全般の権力性として否定的な評価を下したことこそが，この著作が議論を喚起した理由であった。こうして『〈子供〉の誕生』は歴史学のみならず，第二派フェミニズム運動や，**教育史における修正主義**[41]に大きな影響を与え，現代福祉国家における保護主義的な権力を問題視する近代家族批判や近代教育批判といった思想運動を牽引する重要な知的資源の一つとなった。

2. アリエス批判と子供史研究のセカンドステージ

　しかし1980年代以降，アリエスの提起した3つの命題，「中世における子供期の不在」，「近世における子供期の発見」，「近世における子供の家庭への閉じ込め」に対して，それぞれ厳しい批判が寄せられる。第一および第二の命題に関しては，シャーハーやオームが，中世も成人期と区別された子供期や若者期の概念を持っていたことを実証した。6世紀から18世紀に至るまで，複数の「子供期」の存在が提示された結果，「子供期の発見」を近世のモラリストの思想へと還元するアリエスの命題は一般化に堪えないと見なされるようになった。第三の命題に関しても，ポロクをはじめ一次史料に基づく実証研究が親子関係の情愛の存在を確認した。またケンブリッジ・グループ[42]の人口動態史研究は北西ヨーロッパにおいては近世

▷1　教育史における修正主義
1950年代のアメリカで始まり1970年代に隆盛する教育史の一潮流。学校教育はアメリカの民主主義的理想の進展に寄与し，社会的不平等を是正してきたとする進歩主義的でリベラルな歴史観を批判し，学校教育を資本主義的支配階級（ネオ・マルクス主義）あるいは専門職集団（ネオ・ヴェーバー主義）の社会的地位を再生産する機能であると理解する。この点で，これらはリベラルな教育史観に対する左派からの修正主義であり，ホロコーストを否定するような右派からの歴史修正主義とは別の潮流である。

▷2　ケンブリッジ・グループ
1964年にリグリーとラスレットが立ち上げた，歴史人口学研究プロジェクト。家族復元法と呼ばれる手法によって，工業化以前の北西ヨーロッパにおいてすでに核家族が支配的な家族形態であったことを明らかにした。

から核家族が存在していたことを実証し，核家族は近代の産物であるという想定を否定した。総じてこれらの研究は，子供の処遇に関してアリエスが主張した中世と近代の断絶を否定し，その連続面を強調するものであった。

3. 脱アリエス説と子供史研究のサードステージ　こうして，アリエスの問題提起を受けて開始された「近代的子供期の起源」探しは，1990年代までに暗礁に乗り上げた。しかし現在の子供史研究は，2つの点で新たな展開を遂げている。第一に，子供期の「起源」ではなく「普及」に視点が移されている。前世紀転換期の西ヨーロッパでは，就学強制や児童労働規制の全面的な展開によって，労働者階級子弟や女子にまで子供期が全般的に普及した。この普及の側面への注目は，アリエス路線の子供史研究が陥っていた中産階級白人男子中心史観を乗り越える可能性を持つ。とりわけ重要なのは，児童労働の減少と就学の普及を，経済成長と**第二次産業革命**[3]による児童労働の価値の減少，それに対応した家族戦略として説明する世帯経済史の成果であり，これは人口動態史と心性史を架橋する視点を有している。

　第二に，西ヨーロッパにおける近代的子供期の普及とそれを可能とした経済成長と表裏一体の過程として，非中核地域で子供期が剝奪される側面が明らかにされてきている。カニンガムによれば，西ヨーロッパで児童労働が減少し就学が普及していたまさに同時期に，西ヨーロッパからは，非行・浮浪少年，孤児を中心に大量の児童移民が安価な労働力として半ば強制的に植民地に送られた。他方で非ヨーロッパ地域では，工業化した中核地域に一次産品を輸出するために児童労働が存続し，増加する傾向すら見られた。こうした事実は，「近代的な子供期」の普及と剝奪の歴史を，単に西ヨーロッパ中産階級家族の親子関係や心性の発展としてではなく，近代世界システムがもたらす構造的な不平等の問題として理解する必要性を示唆している。

　さらに最新の子供史研究は，政治史の領域でなされている。第二次世界大戦後の児童救済運動を検討したザーラによれば，救済活動を通じて創出された「子供の最善の利益」という普遍主義的な理念は，家族と国民を再建するため子供を既存秩序への同化可能性として選別するという視点を内包し，この排除と包摂のメカニズムは，冷戦が本格化した1950年代以降にも，「児童の権利」をはじめとする普遍的権利に受け継がれたのだという。ヨーロッパ現代政治史との接合が，子供史研究の新たなフロンティアになりつつある。

▷3 **第二次産業革命**
19世紀後半から20世紀初頭にかけて展開した新技術の開発および新産業の興隆のこと。動力源には石炭に代わって石油や電力が用いられ，軽工業に代わって重化学工業が中心となる変化が生じた。重化学工業化は生産設備の巨大化を伴い，大企業による独占を進展させたほか，新しい原料や市場の必要性を高めることで，同時代の帝国主義や世界の再分割とも結びついた。

（参考文献）

フィリップ・アリエス『〈子供〉の誕生——アンシャン・レジーム期の子供と家族生活』（杉山光信・杉山恵美子訳，みすず書房，1980年）。
マイケル・アンダーソン『家族の構造・機能・感情——家族史研究の新展開』（北本正章訳，海鳴社，2000年）。
ヒュー・カニンガム『概説 子ども観の社会史——ヨーロッパとアメリカからみた教育・福祉・国家』（北本正章訳，新曜社，2013年）。
タラ・ザーラ『失われた子どもたち——第二次世界大戦後のヨーロッパの家族再建』（三時眞貴子・北村陽子監訳，みすず書房，2019年）。

歴史学的に考察するポイント
①子供史の動向と女性史・ジェンダー史の動向を比較してみよう。
②アリエス説はいつ，どのような観点から批判されたのか，まとめてみよう。
③なぜ前世紀転換点が子供史の新しい画期とされるのか，整理してみよう。
④近現代における非中核地域の児童労働の状況について，調べてみよう。

16 ボナパルティスム（第二帝政）　野村啓介

【関連項目：フランス革命，階級論（ジェントルマン論・ミドルクラス論），第三共和政と改革】

▷1　七月王政
ブルボン王朝を倒して，その分家筋にあたるオルレアン家のルイ＝フィリップ（1773〜1850年）を国王に迎えて成立した王政。「ブルジョワ王政」とも呼ばれ，一部の大ブルジョワによる寡頭支配を特徴とするとされる。Ⅳ-20 側注3も参照。

＊　1848年革命
Ⅳ-17 側注1参照。

▷2　ルイ＝ナポレオン・ボナパルト
1808〜73年。第一帝政崩壊によりスイスに亡命し，七月革命を機に政治活動を活発化させた。七月王政期に二度のクーデター未遂に失敗して投獄され，46年の脱獄後にイギリスに亡命していた。

▷3　ウィーン体制
ナポレオン没落後のヨーロッパ国際秩序を話し合ったウィーン会議により成立した体制であり，大国主義の立場から英・墺・普・露・仏の発言権が重視され，大国間の勢力均衡が目指された。各地のナショナリズムの伸張により動揺し，1848年革命によって決定的に崩壊した。

＊　普仏戦争
Ⅳ-20 側注1参照。

▷4　ルイ皇太子
1856〜79年。ナポレオン3世と皇妃ユジェニの一子で，唯一の直系皇位継承者であった。父帝の死後はボナパルト家当主として「ナポレオン4世」とも呼ばれ，亡父の遺志をうけつぎ帝政

📖 史　実

　19世紀フランスは相次ぐ革命の時代を迎えた。まず1830年には七月革命が勃発し七月王政が成立した。しかし，1840年代末に寡頭支配が批判され，参政権拡大を求める改革運動（「改革宴会」）が起こった。この運動は二月革命（1848年革命*）を誘発し，王政は打倒されて第二共和政が樹立された。これを機に帰仏したルイ＝ナポレオン・ボナパルトは，普通選挙に基づく同年11月の大統領選挙に大勝して初代大統領となり，1851年12月2日のクーデターにより独裁的な権力を掌握した。彼は翌年12月に広範な国民的支持のもと皇帝（ナポレオン3世）となり，第二帝政（1852〜70年）を樹立した。

　第二帝政下では，国内では鉄道網や信用制度の整備など積極的な経済政策により工業化が進展し経済的繁栄が現出されたが，60年代に労働運動が高まり自由主義派や共和派の議会への進出が目立つようになった。対外的にはウィーン体制の打破を目指し，アジア・太平洋地域などへの進出を強め，自国の国際的威信を追求した。しかし，メキシコ出兵などの外政に行き詰まり，ついには1870年9月に隣国プロイセンとの独仏戦争（普仏戦争*）に敗れ，帝政はあっけなく崩壊した。

　なお，「自由帝政」期の自由派（下記参照）は，第三共和政初期にもなお政界での勢力を維持し，ティエールとマク・マオンの両大統領期（1871〜79年）には，様々な改革をめぐって共和派との政治闘争を展開した。この過程で，ルイ皇太子の早世やボナパルト家当主争いなどをへて，ボナパルト派はしだいに弱体化し，19世紀末までには政治党派としての存在意義を失った。

　そもそも仏語の「ボナパルティスム（bonapartisme）」の原義は，ボナパルト支持派やボナパルト支配下の政治体制などを指す中立的ニュアンスを持つ。これが政治史研究においてはボナパルト体制の基盤をなす思想体系の意に転用され，他方では体制の独自性や歴史的位置づけの究明を目指す理論もその名（または「ボナパルティズム」）と呼ばれるようになった。

⚔️ 論　点

1. マルクス主義史学のボナパルティスム論　第二帝政樹立を受け，王政打倒により成立した共和政に後続する政治体制として帝政が出現したため，歴史の進歩に逆行するかに見えるこの事実をどう解釈すべきかという問題が焦眉の急となった。これにいち早く取り組んだのが，同時代人マルクスとそれに続くエンゲルスなどのマルクス主義*者である。

　マルクス主義史学は，封建制から近代資本制へという歴史の発展段階における

国家形態が，貴族階級から資本家（ブルジョワ）階級への力関係の逆転によって説明できるという階級史観を基礎とする。ついで台頭した労働者（プロレタリア）階級は，19世紀半ばに資本家階級と対峙しうる力をつけ，第二帝政は両階級の均衡の上に成立した，特定の階級的基礎を持たない「例外国家」であると考えられた。このような考え方は，帝政崩壊直後に勃発したパリ・コミューンの史的意義を説明するための理論的要請からも正当化され，その革命的市政体が史上初の労働者政権であり，のちのロシア社会主義革命の先駆に位置づけられるという歴史解釈にもつながった。

2．「名望家論」と多様な帝政像

マルクス主義史学はフランス本国ではほとんど受容されなかった。近代化の問題への強い関心のもと，帝政下の経済発展が重視され，これを歴史的進展に積極的に位置づける動きが優越した。これにより，帝政期を工業化や国民経済確立の画期と解釈し，帝政をブルジョワ国家と見る見方が一般化した。また，七月王政が金融資本（オート・バンク）の支配によって特徴づけられたのに対して，ここでは産業資本の優位性が強調されることにもなった。

これに対し，テュデスクらによって，ブルジョワ（富）のみならず，依然として貴族（生まれ）の強い存在感によっても特徴づけられる支配層の類型が注目され，両社会層からなる「名望家*（notable）」が重視されるようにもなった。この観点からすれば，第二帝政は名望家国家ということになる。この名望家論の系譜には，名望家を発展段階論に組み込んで貴族支配からブルジョワ支配への移行の過渡期に出現する支配層として把握しようとする向きもある。ただし，この名望家という概念は当初大変魅力的であったが，柴田三千雄などに見られるように，他の国・地域にも時代を超えて適用されるにつれ，概念の超歴史性という側面が強くならざるをえず，歴史分析のための概念としての有効性を問うことも，今後の課題とならざるをえないだろう。

他方，多くの研究者にとって，第二帝政をひとまとまりの体制と把握する難しさが痛感され，経済的政策・体制に着目して，1860年1月の英仏通商条約を境に前半期を「権威帝政」，後半期を「自由帝政」と見る理解が一般化した。政治（思想）史の分野では，レモンの右翼史研究など，中長期的スパンで観察される「政治的潮流」としてのボナパルティズムへの関心が高まった。これにより，ナポレオン3世の政治改革と自由派（またはオルレアン主義）勢力の関係に注目が集まり，議会政治を志向する後者の台頭が重視されて，1870年憲法下の帝政が特に「議会帝政」と呼ばれることもある。

歴史学的に考察するポイント
①ナポレオン3世の支配体制は，なぜ研究者に注目されたのだろうか。
②マルクス主義史学によるボナパルティズム論が下火になった背景には，どのような事情が関わっているのか考えてみよう。
③近代フランス史を理解する上で，名望家論の意義と限界を考察してみよう。

復活を夢みたが，イギリス軍の一員として滞在した南アフリカでズールー族に襲撃され落命した。

＊ **マルクス主義**
V-24 側注2参照。

＊ **名望家**
III-19 側注1参照。

（参考文献）
柴田三千雄『近代世界と民衆運動』（世界歴史叢書）（岩波書店，1983年）。
野村啓介『フランス第二帝制の構造』（九州大学出版会，2002年）。
小田中直樹『19世紀フランス社会政治史』（山川出版社，2013年）。
野村啓介『ナポレオン四代——二人のフランス皇帝と悲運の後継者たち』（中公新書，2019年）。

17 リソルジメント

濱口忠大

【関連項目：フランス革命，ナショナリズム論（南北アメリカ・西欧からのアプローチ），「ドイツ特有の道」，ファシズム論】

＊　ウィーン体制
Ⅳ-16 側注3参照。

▷1　1848年革命
パリの二月革命に始まるヨーロッパの同時多発革命。イタリアではウィーン三月革命を機にミラノとヴェネツィアで独立蜂起が発生し，翌年2月にはマッツィーニらがローマ共和国を樹立したが，各々外国軍に鎮圧されて旧に復した。

史 実

　リソルジメントは「再興」を意味するイタリア語である。ルネサンスの終焉後，イタリア半島は長くスペインやオーストリアの支配下で分断されたが，フランス革命を機に独立あるいは統一への機運が芽生えた。だが**ウィーン体制***の下では，秘密結社の活動は成果に乏しかった。マッツィーニを中心とする民主派も，「青年イタリア」を結成して統一共和国の建設を公然と呼びかけたものの，蜂起はことごとく鎮圧された。

　転機は1848年革命◁1の失敗後に訪れる。半島北西部に独立を保っていたサルデーニャ王国で，穏健自由主義的な貴族カヴールが首相に就任し，議会内の諸勢力を糾合して王国の近代化を進めた。さらにフランスと同盟して1859年にオーストリアと開戦し，イタリア半島北部の併合に成功した。対して青年イタリア出身のガリバルディは，義勇兵とともに南イタリアの征服に乗り出す。これを快く思わなかったカヴールは，進撃を阻止すべく国王ヴィットーリオ・エマヌエーレ2世の出馬を仰いだ。両者の衝突はガリバルディが占領地の国王への献上を決断したことで回避され，1861年に「イタリア王国」が成立した。だが統一が北部主導で進んだ結果，南部の貧困が加速して深刻な社会問題となった。

論 点

1. クローチェの自由主義史観
　リソルジメントをめぐる歴史記述は，統一当初は「建国の父」たちを讃える「聖者伝」が続いた。最初の画期を成したのは，20世紀前半のイタリア思想界に君臨したクローチェである。彼は『19世紀ヨーロッパ史』（1932年）において，リソルジメントを広く19世紀ヨーロッパの自由主義運動の展開に位置づけて考察した。イタリアが外国支配から独立して自由を獲得し，併せて国家統一を成し遂げた過程は，伝統と革新，政治家の聡明，慎重と革命家や義勇隊の情熱，豪胆が素晴らしく混ざり合った「自由主義・国民主義運動の傑作」と称えられた（対してドイツ統一は「政治術と軍事力の傑作」）。

　クローチェはまた，統一以来イタリアの指導者が自由主義的な議会制度を尊重し続けたことを評価する。その背景には，ファシズムをイタリア史の「挿話」，「逸脱」と見なし，リソルジメントの成果を擁護しようとする意図があった。

2. グラムシの「受動的革命」論
　第二次世界大戦の敗戦後，リソルジメントへの批判的考察が進展する。きっかけはイタリア共産党創設期の指導者で，ファシスト政権下で獄中死したグラムシの『獄中ノート』の出版であった。グラムシは，リソルジメントのブルジョワ的変革過程としての不完全性を究明し

ようとしていた。問題点は，フランス革命期のジャコバン派との比較を通して明らかにされる。ジャコバン派と違って，リソルジメント民主派の中小ブルジョワジーは，綱領に土地改革を盛り込んで大衆と同盟する発想を持たなかった。その結果，穏健自由主義派のブルジョワジーと貴族が形成する強力な同盟に対抗できず，彼らのヘゲモニー[2]の下での新国家形成を受け入れざるをえなくなった。このような認識から，グラムシはリソルジメントを「受動的革命」と評した。

グラムシの示唆は歴史にとどまらない。彼は，自分と同時代の穏健かつ保守的な自由主義の運動に対応するものがファシスト運動ではないか，とも指摘する。ファシズムは20世紀特有の受動的革命であり，リソルジメント以降の歴史からの逸脱ではなく，連続として捉えられるべきものと解釈された。

3. 「修正主義」による視点の転換　こうして第二次世界大戦後のリソルジメント史研究は，クローチェを祖とする自由主義と，グラムシを祖とするマルクス主義*という2つの史観の論戦を軸に展開することになった。デッラ＝ペルータはグラムシの議論を受けて，民主派が大衆運動の基盤を確立しえなかった理由を分析した。自由主義陣営のロメーオは，グラムシが言う南部の土地改革はかえって農業の商業化を妨げ，北イタリアの工業化を遅らせただろうと経済的な観点から批判した。

転換点は1980年代後半，「修正主義者」がもたらした。彼らは自由主義，マルクス主義の歴史観が，共に目的論的であることを批判する。翻って修正主義の研究は，政治文化史的な観点から文化人類学や言語学の成果を援用し，イデオロギーよりも言説を分析する。「自由」，「再生」，「リソルジメント」。付与した意味合いは異なるにせよ，穏健派も民主派も同じ言葉を訴えかけた。そこから両派が持つコンセプトや感情の共通性，さらには民族についてのある種の一貫した物語や単一的な思考様式の存在が見出される。

修正主義者は，民主派の活動の再評価にも取り組む。図像を用いた大衆の啓発（特にガリバルディの英雄像の創出）や，女性の参加についての研究は，グラムシが否定したリソルジメントの大衆運動としての側面を示す。また，従来はもっぱら否定的に捉えられてきた民主派の蜂起に関して，ライオールはマッツィーニが亡命先のロンドンでプレスに精力的に働きかけ，世論の共感を集めた意義を強調する。結果としてイギリス政府はイタリア統一戦争に干渉せず，それが統一成功の重要な背景となったのだ。このように民族運動への外交史と違ったトランスナショナルなアプローチが現れていることも特筆したい。

─ **歴史学的に考察するポイント** ─
①イタリアの「国家統一」がなぜ成立したのか，様々な観点から考えよう。
②イタリアの「国民形成」過程の特質を，他国と比較しながら考えてみよう。
③いまクローチェやグラムシの議論を，一つの歴史事象としてどのように考察することができるだろうか。

▷2　ヘゲモニー
指導権のこと。レーニンは「政治的指導」の意味合いで用いたが，グラムシはより広義に「文化的，道徳的，イデオロギー的指導」の意味合いも含ませた。この用語はグラムシの多用を機に一般に広まった。覇権と訳されることもある。

＊　マルクス主義
V-24 側注2参照。

（参考文献）
アントニオ・グラムシ『グラムシ選集1～6』（山崎功監修，合同出版，1978年）。
ベネデット・クローチェ『十九世紀ヨーロッパ史（増補版）』（坂井直芳訳，創文社，1982年）。
北原敦『イタリア現代史研究』（岩波書店，2002年）。

18 農奴解放

森永貴子

【関連項目：タタールのくびき，資本主義論，東欧の辺境化・後進性，社会主義，ロシア革命とソ連邦の成立，スターリンと農業集団化・工業化】

▷1　クリミア戦争
1852年，ルイ＝ナポレオン（後のナポレオン3世）がオスマン帝国領の聖地エルサレムの管理権をギリシア正教徒から取り上げてカトリック教徒に与え，正教徒の庇護者であるロシア皇帝と対立して起こったロシア対オスマン帝国・英仏連合軍の戦争。

▷2　アレクサンドル2世
クリミア戦争中のニコライ2世（在位：1825～55年）死去により即位し，敗戦処理後に大改革を行ったため「解放皇帝」とも評価されるが，近年の研究では彼自身は改革に消極的だったという指摘もある。

▷3　農村共同体
古代ルーシ時代から地縁血縁集団を起源とし，「ミール」と呼ばれた農村の共同体。農奴制成立期には重い世帯税負担を回避すべく世帯隠しを行ったり，共同体内部で土地割替制を実施したりするなど，その役割と結びつきが強化された。

▷4　ナロードニキ
農民の啓蒙を目的に，1870年代に農村へ入って活動した大学生や知識人を指す。大改革による教育改革と大学創設が新たな知識層の出現とナロードニキの活動を促したことも指摘される。

＊　マルクス主義
Ⅴ-24 側注2参照。

📖 史　実

　ロシアでは16世紀末頃，農奴制が生まれた。地主は，戦争などの災禍による逃散・人口減少対策として労働力確保のため農民を領地に縛りつけ，土地の売買・贈与も農奴つきで行った。こうした農奴つき土地売買は貴族地主にのみ許された。ピョートル1世（在位：1682～1725年）以降のロシアはヨーロッパ化（＝近代化）を進めたが，**クリミア戦争**◁1（1853～56年）でオスマン帝国と英仏連合軍に敗北したことで，ロシアの「後進性」は強く意識された。軍事，科学技術，商工業，教育などの改革を求める世論と政府の危機感から，**アレクサンドル2世**◁2（在位：1855～81年）の「大改革」は断行された。手始めとして，貴族・保守層の反発を受けつつ1861年2月に農奴解放令が発布され，農奴は人格的には無償解放された。しかし，土地については49年ローンで地主から有償で買い戻さねばならなかった。一方，**農村共同体**◁3（ミール）を理想化し，農民革命を夢見て「ヴ・ナロード（人民の中へ）運動」で農村に入った**ナロードニキ**◁4たちは，農民の不信に直面し，運動は失敗に終わった。絶望した過激派「人民の意志」党員がアレクサンドル2世を暗殺したため，「大改革」は停止した。ロシアの運動家はこの事件の後，**マルクス主義**＊を受け入れ，社会主義運動へ向かった。

論　点

1.　農奴制廃止の同時代評価

　帝政期の農奴解放評価は「肯定」と「否定」に二分される。ツァーリ政府とその意向を受けた学者は，肯定的評価をした。政府官僚には，改革を主導したサマーリンのようなリベラル思想の地主も存在し，解放令の作成過程で彼らの主張が一部反映された。農奴制を奴隷制と見なす立場から，農奴に市民権を与える「解放」に，人道的で進歩的な意義を認めたのである。逆に，リベラル思想家やナロードニキなどの社会運動家は農奴解放のやり方に否定的な評価を下した。彼らによると，農奴解放が多くの農奴に対し土地買戻しのために強制的にローンを負わせ，不当に高額の支払いを義務づけ，「一時的義務つき農民」となった彼らを窮乏化させて共同体を崩壊させた。しかも解放は農民からの税収確保という政府の財政目的で行われており，農民収奪構造は変わらないと考えた。

2.　産業資本主義論と革命的情勢論

　ロシア革命とソ連の成立，第二次世界大戦後の米ソ冷戦構造において農奴解放の歴史的評価は政治的影響を被った。ソ連では帝政時代の政府文書の整理とともに農奴解放研究も進んだ。この時期，農奴解放の原因と歴史的意義として主に次の3点が強調された。①クリミア

敗戦論，②産業資本主義論，③革命的情勢論である。①は，クリミア戦争で先進的な英仏に敗れた反省から農奴解放が実行されたと主張した。②は，解放後多くの農民が土地を取得したり地主領地の工場労働者となった事実――近代ヨーロッパ的な物差しで測ると「進歩」――を根拠に，解放が「後進性」から脱却するための資本主義的発展を目的としたと唱えた。他方で③は，農奴解放が結果的に農民窮乏とプロレタリアート創出を促し，ロシア革命を準備したという社会主義的な見方を採った。しかし，ソ連史家ザイオンチコフスキーはこれらの一面的な見解を退け，農奴解放の原因も意義も一つには特定できないとする慎重論を採用した。なお，ヨーロッパ，アメリカの研究者は，米ソ冷戦時代の亡命ロシア人研究者を中心に，上記の②に近い近代化論を提唱した。すなわち，ロシア革命と関係なく，農奴解放がロシアの工業化と近代化に寄与したというのである。

3. 農村共同体の再評価と新しい視点　ソ連崩壊による社会主義イデオロギーからの解放は，農奴解放史研究の評価に新しい視点を提供した。ペレストロイカ以降のロシアの歴史家はザイオンチコフスキー説を支持し，評価の見直しを行っている。その一つがロシア農業の弊害とされた「土地割替制」の再評価である。世帯税や人頭税への対処として17～18世紀に出てきた土地割替制は，より多くの労働者（耕作者）がいる世帯により多くの土地を農村共同体で再配分し，納税を行わせる慣習であり，合理的側面を持っていた。ツァーリ政府はヨーロッパ的な私的所有権に基づく独立農創出を目指したが，土地割替制の慣習よりも機能的な制度を創出できなかった。政府が抜本的な変革に踏み切れなかったのは，農民騒擾の頻発と帝国内の社会的対立を煽ることを恐れたためでもある。農民の「土地買戻し」の窓口として農村共同体＝村団を残し，自治を任せたのも，農村の実態に配慮した措置だったというのが近年の見方の一つである。また世界経済の観点から，クリミア戦争後の近代化が1858～59年にロシアの銀行危機をもたらし，ロシアに債権を持つプロイセンへの返済のため，農業合理化と農奴解放は避けられなかったことも指摘されている。

一方，ストルイピン内閣（1906～11年）による農業改革は農村の土地を整理し農村共同体を破壊したとされるが，共同体の構造はソ連時代も継承され，変化しなかったという意見もある。ロシア農村の強固な慣習とヨーロッパ的土地所有制度に違いがありつつも，社会的調整を図りながら近代化を目指したのが農奴解放の実態だったとも考えられる。

歴史学的に考察するポイント

①ロシアの政治体制と国際情勢の変化は農奴解放の評価にどのような影響を与えたのか。

②現在，農奴制廃止の要因はクリミア戦争，農民騒擾，資本主義経済の発展と近代化など複数挙げられるが，その世界史的意義とは何か。

③ヨーロッパより後進的と見なされる帝政ロシアについて，農村共同体と土地割替制を発展の障害とする見方と，再評価する見方がある。これはなぜか。

▷5　土地割替制

農村共同体は国や領主の税を連帯責任で支払い，定期集会で成員にこれを配分し，税負担に応じて共益地も配分した。ただしそれぞれの税負担は世帯や成人男子で必ずしも均等ではなく，共同体が負担能力，労働力に応じて調整した。労働力は年を経て変化するため，数年おきに土地の再配分（割替）を行い，貧農などにも配慮した。この制度が改革の弊害とされたのは，共同体の土地が個人財産ではなく，農業の経済的合理化を進めにくかったためである。

参考文献

菊池昌典『ロシア農奴解放の研究――ツァーリズムの危機とブルジョア的解放』（御茶の水書房，1964年）。

ペ・ア・ザイオンチコフスキー『ロシヤにおける農奴制の廃止』（増田冨壽・鈴木健夫共訳，早稲田大学出版部，1983年）。

鈴木健夫『帝政ロシアの共同体と農民』（早稲田大学出版部，1990年）。

竹中浩『近代ロシアへの転換――大改革時代の自由主義思想』（東京大学出版会，1999年）。

鈴木健夫『近代ロシアと農村共同体』（早稲田大学出版部，2004年）。

19 南北戦争

田中きく代

【関連項目：イギリス革命，アメリカ革命，19世紀のジェンダーと人種，革新主義とニューディール】

 史　実

　一般に，南北戦争の歴史的意義として挙げられるのは，①奴隷制の暴力的廃止，②北部主導の国家再統合，③急速な産業化による経済的転換，④新しい人種差別構造の出現である。しかし，戦争自体はこれらの諸変革の一要素にすぎない。より広く，アンテベラム期（南北戦争前）から再建期までを「南北戦争の時代」として見るのが有効である。

　「南北戦争の時代」は，1848年の米墨戦争の獲得地に奴隷制を持ち込むかどうかの懸案に始まった。その後，**フリーソイル党**▷1の出現，**カンザス・ネブラスカ法案**▷2可決，**共和党**▷3の成立，**カンザス闘争**▷4などを経て，1860年に共和党のリンカーンが大統領に選出される。これに対し，南部諸州が次々と離脱し，翌年2月に南部連合が結成され，同4月に南軍が連邦のサムター要塞を砲撃し戦争が勃発した。大方の予想に反して全面戦争化し，1865年の終戦調印までにアメリカ史上最大とされる62万人近い戦死者を出した。当初は北軍が不利であったが，1863年にリンカーンによって奴隷解放宣言が出されると，国際関係の変化もあり，戦局は北軍の有利に傾いた。奴隷制の廃止を伴う再建は戦時中の占領地から開始された。戦後は**憲法修正第13条**▷5成立の後，再建法・**憲法修正第14条**▷6を通した共和党急進派が黒人解放を進め，一時的だが南部で黒人の躍進的な政治進出を見た。ブラック・リコンストラクションである。しかし，南部を軍政下に置き懲罰的な傾向を帯びた急進派による再建は南部白人の反発を生み，やがてジム・クロー法の下で黒人は二級市民の位置に置かれることになった。

⚔🛡 **論　点**

1. 必然論 vs 不必要論——「なぜ」戦争は起きねばならなかったのか

多くの犠牲を払った南北戦争について，歴史家は政治的弁明をせざるをえなかった。戦地となった境界諸州から出た，戦争は不必要だったとする主張に対し，北部は南部による反逆（内戦），南部は二国家間の戦争という像を提示し，いずれも南北戦争は不可避，必然だったと唱えた。北部が南部を国内植民地化し全国統一を遂げた19世紀末から，マクロな枠組みの様々な原因論が提起され，国家統一を重視するナショナリスト史観，政治的な情況に重きを置く**ブルジョワ革命論***，経済的要因を強調する**革新主義史観***と，北部側からの必然論が目立った。大恐慌を経た1930年代になると，修正主義的解釈や，南部の反北部感情を下敷きにした不必要論も出たものの，それらも原因論の域を出なかった。第二次世界大戦直後から，**コンセンサス学派***により，単一の原因に還元しない融和的

▷1　**フリーソイル党**

奴隷制を西方に拡大させないとする第三政党（1848年）で，“Free Soil, Free Labor, Free Men”を旗印に，ホイッグ党と民主党の一部が結集したもので，民主党と共和党との第三次政党制度への再編の開始であった。

▷2　**カンザス・ネブラスカ法案**

大妥協（1850）の住民主権の概念に基づいて，カンザス・ネブラスカ準州を自由州にするか奴隷州にするかの決定に，住民投票を採用するとする法案（1854年）。

▷3　**共和党**

カンザス・ネブラスカ法案の反対勢力が奴隷制を北部に持ち込まないとし，1854年に生まれた政党。1860年には北部票を得てリンカーンを大統領に選出。

▷4　**カンザス闘争**

自由州派と奴隷州派とのカンザス各地での武力衝突のことで，南北の代理戦争となった。両者がそれぞれの住民をカンザスに移住させた結果である。

▷5　**憲法修正第13条**

1865年奴隷制の廃止を憲法に定めた。

▷6　**憲法修正第14条**

1868年市民権，法の適正な過程，平等権などを定め，解放黒人に適用した。

*　**ブルジョワ革命論**

Ⅲ-20 側注1および Ⅳ-1 側注6参照。

*　**革新主義史観**

Ⅲ-29 側注3参照。

ないし調停的要因を重視する見解が出され，ようやく「南北戦争の時代」全体への関心が広がったが，原因論に基づく必然論 vs 不必要論という構図に変わりはなかった。

2. ニュー・ヒストリーの登場 ——「なぜ」から「いかに」へ 1950年代に入り，公民権運動によって人種や民族の問題が問われると，黒人史に新たな光が当てられた。スタンプやエルキンズらは，「黒人は肌の黒い白人である」と黒人と白人との平等を主張し，奴隷制度の過酷さを強調した。しかし，黒人の主体性が重視されるのは，黒人自身が「黒人は肌の黒い黒人である」と主張し始めた1970年代からである。同じ頃，「普通の人々」に注目するニュー・ヒストリーも広まった。原因論にこだわる研究は不毛とされ，多岐にわたる史料分析によって，「南北戦争の時代」を通じた複層的で多様な諸相が究明された。家族史，労働史，コミュニティの歴史，都市史などの社会史的な分野が進展し，政治史でも人種，民族，女性，地域の諸問題を交錯させて捉える視点が提起された。例えば，選挙民の複雑な社会文化的ネットワークとは別に，この時代，老若男女問わず，日常的，地域的なものから全国的なものまで，おびただしい数の「仲間」の組織が作られていたことが明らかになってきた。奴隷制廃止運動，禁酒運動，女性解放運動，またネイティビズムまでも，こうした民衆自決を掲げる人々の連帯によるもので，19世紀民主主義の源泉であった。

3. 政治文化史的なアプローチ ——「いかに」の先へ 1980年代から，フランス史学の影響や多文化主義の風潮もあって，ハントのいう新しい文化史（政治文化史）の潮流が生じた。すでに，ニュー・ヒストリーの初期の研究者は，安息日順守など，民族文化的次元の問題を見出していたが，後期のフォルミサーノらは，参加的民主主義論に基づいて政治参加（あるいは国家への統合）の問題を文化の次元にまで拡げ，政治参加の概念を，社会的市民権しか持たない者や，そもそも市民権を持たない者にも適用した。こうした広義の市民参加に関する研究では，例えば，19世紀の「祝賀政治」に留意し，ライアンらの主張する社会の縮図としての祝祭空間やパレードの分析がある。公的祝祭への参加という，共通体験による集団記憶の具体化とともに，公共圏と階級を融和した多層的公共圏の概念の諸相が可視化され，この時代の複雑な社会的序列を文化的次元から見ることを可能にしている。

歴史学的に考察するポイント

①個別化した研究成果を総合するマクロな枠組みを再び描けるだろうか。
②変革の時期に，人々はいかに連帯し，歴史的役割を果たすのか。
③黒人はどのように解放されるべきだったのか。女性の役割をどう捉えるか。
④「南北戦争の時代」を国内の視点のみで考えられるだろうか。

---

* コンセンサス学派（史学）
Ⅴ-10 側注1参照。

* 多文化主義
Ⅰ-30 側注5および Ⅴ-22 側注3参照。

参考文献

山口房司『南北戦争研究』（啓文社，1985年）。
長田豊臣『南北戦争と国家』（東京大学出版会，1992年）。
リン・ハント編『文化の新しい歴史学』（岩波書店，1993年）。
田中きく代『南北戦争期の政治文化と移民——エスニシティが語る政党再編成と救貧』（明石書店，2000年）。
岡山裕『アメリカ二大政党制の確立』（東京大学出版会，2005年）。

20 第三共和政と改革

長井 伸仁

【関連項目：フランス革命，ボナパルティスム（第二帝政），ナショナリズム論（南北アメリカ，西欧からのアプローチ），「ドイツ特有の道」】

▷1　普仏戦争
プロイセンとフランスのあいだで起こった戦争（1870年7月〜1871年1月）。勝利したプロイセンはドイツ帝国を成立させた上で，フランス領だったアルザス・ロレーヌ地方を併合した。

史 実

　フランス第三共和政は，1870年，**普仏戦争**[◁1]のさなかに成立し，1940年，第二次世界大戦の緒戦でフランスがドイツに降伏したことに伴い廃止された。

　第三共和政は，立法府が執行府よりも優位に立ったため，内閣が頻繁に交代し，小規模な政変も絶えなかった。それでも，今のところフランスの共和政としては最も長く70年存続し，その間に，言論や集会の自由を保障し，労働組合を承認し，初等教育の義務化・無償化，結社の自由化，政教分離などを実現した。一方で，共和政として主権を国民においていたこと，男性限定とはいえ普通選挙を実質化したこと，大衆社会の到来と重なっていたことなどにより，第三共和政は，フランスの国民国家としての性格を強めたと考えられている。

論 点

1．共和主義史観とその亜種

　近代フランスの政治においては，革命に対してどう位置づくでおおよその立場が決まる。広義の共和派は，革命を基本的に肯定し，その継承者を自任していた。第三共和政下の共和派にとって，この体制は革命後70年以上を経てようやく実現した，「然るべき」体制であった。折から発展していた実証主義史学においても，こうした共和主義史観は垣間見えていた。

　このような目的論的な歴史観は今では影を潜めたものの，体制をめぐる一連の争いとしてフランス近代史を理解する見方，すなわちフランス革命によって火蓋が切られた政治闘争が幾度も体制交代を引き起こした末に第三共和政の成立によって決着したとする見方は，以後も少なからぬ歴史家が採ってきた。言説分析によってフランス革命研究に新境地を切り開いたフュレは，第三共和政の確立をもって「革命は港に着いた」と形容した。第三共和政の樹立は革命勃発以後のフランスにおける最大の画期と見なされてきたのである。

2．改革とその限界

　第三共和政がフランス革命の継承者を自任していたことは確かであるが，その成立によってどれほど大きな変化が生じたのかは，それ自体として研究される必要がある。

　第三共和政は，抑圧的な側面も持っており，それは同時代から明らかであった。ストライキに訴える労働者に軍隊の銃が向けられることは幾度もあり，植民地支配に至っては国是といってもよかった。こうした側面については，20世紀後半以降，数多くの研究も積み重ねられており，今や第三共和政の歴史像の一部をなしている。

これとは別に，従来の体制の支配層が第三共和政においても権力の座にとどまり長く影響力を保持したことも，1980年代以降に進められたエリート（支配層）研究によって明らかにされている。第三共和政を担った共和派たちは「新たな社会階層が政治の世界に到来する」ことをうたったが，現実には，そのような過程の進行は緩やかであった。政体は根本的に転換したものの，民衆の政治参画という意味での民主化の実現には時間を要したのである。

3．国民化の方向 第三共和政フランスの国民国家としての成り立ちや性格についても，新たな見方が有力になっている。長く支配的だったのは，国家が学校教育などを通じて社会の一体性を強化し，文化の均質化を進めたという見方であった。そのような「上から」の統合の結果，地域語をはじめとする文化的多様性が急速に失われたという批判も，しばしばなされてきた。しかし1990年代以降，第三共和政期の初等教育の実態について詳細な研究が公刊される中で，現場の教師たちは単に国家を体現していたわけではなく，地域に根ざした存在として行動していたこと，教科書に見られる「公式の歴史」は児童には断片的で曖昧な知識としてしか伝わらなかったことなどが明らかになっている。他方で，地域文化の中で生きる民衆自身が，社会的上昇を求めてフランス語の習得に熱心であったことも知られるようになった。国民国家フランスは，中央やエリートが地方や民衆を統合するかたちで一方向的に作り出したものではなかったのである。

4．新たなフランス近代史像 このように第三共和政の理解が修正されつつあることと並んで，それ以前の君主制，すなわち**復古王政**（1814〜30年），**七月王政**◀2（1830〜48年），**第二帝政**（1852〜70年）についての研究も21世紀に入って大きく進展し，その歴史像は刷新されている。復古王政や七月王政は，制限選挙ではあったが議会制を敷き，陳情書などを通じて民意をある程度まで汲み上げていたこと，第二帝政も，祝祭やシンボルの活用に積極的であり，その点では第三共和政の文化政策の先駆となっていたことなどが明らかになっている。

　19世紀のフランス史は複雑な流れの中で展開した。第三共和政の成立は，その分水嶺ではなかったのである。

─ 歴史学的に考察するポイント ─
①フランス革命以後の各体制の特徴を，革命をどのように評価していたかを中心に，調べてみよう。
②普通選挙が実現しても，議員になる機会や可能性はすべての人にとって同じように開かれるわけではない。何がその違いを生み出すのだろうか。
③ヨーロッパでは，国語や公用語はどのようなものだろうか。日本の事例とも比較しつつ調べてみよう。

▷2　復古王政
ナポレオンの退位に伴い，ブルボン家が王位に復帰して成立した体制。立憲君主制であり議会も設置したが，しだいに保守化し，七月革命（1830年）によって倒された。

▷3　七月王政
七月革命によって成立し，オルレアン家のルイ＝フィリップを国王とした体制。フランス革命の理念や成果をある程度まで認めていた。Ⅳ-16 側注1も参照。

参考文献
ピエール・ノラ編『記憶の場——フランス国民意識の文化＝社会史』（全3巻）（谷川稔監訳，岩波書店，2002〜03年）。
谷川稔『十字架と三色旗——近代フランスにおける政教分離』（岩波現代文庫，2015年）。

21 ナショナリズム論(東欧からのアプローチ) 桐生裕子

【関連項目：東欧の辺境化・後進性，エトノス論，市民結社（ボランタリ・ソサエティ），ナショナリズム論（南北アメリカ・西欧からのアプローチ），ハンガリー動乱と「プラハの春」】

📖 史　実

　フランス革命とナポレオン戦争以降，ナショナリズムは西欧のみならず，ハプスブルク帝国，オスマン帝国，ロシア帝国など中欧・東欧でも広まった。**ウィーン体制**下の1829年には，ギリシアがオスマン帝国から独立し，1830年にはロシアの勢力下にあったポーランドで蜂起が起こった。1848年のフランス二月革命は，とりわけハプスブルク帝国とドイツ諸邦に衝撃を与え，「**諸国民の春**」◁1と呼ばれる事態を惹起した。イタリアとドイツで統一国家が樹立された19世紀後半には，中欧・東欧の諸帝国でもナショナリズムがさらに高まり，自治権の強化や独立を求める運動が活発化した。第一次世界大戦を経て中欧・東欧の諸帝国は崩壊し，新たに「**民族自決**」の理念に基づいて国家が建設，再興された。しかし，諸国家は複数のナショナル・マイノリティを抱えることになった。

⚔ 論　点

1. 「原初主義」と「近代主義」　長くネイションは，自然な原初的絆に基づく集団であり，ネイションへの感情的結びつきは人類普遍の属性と考えられてきた（「原初主義」）。しかし，1960年代のフロホの研究を先駆けとして，1980年代にはゲルナー，**ホブズボーム**，B・アンダーソンらにより，ネイションは産業化・資本主義化・近代国家形成といった近代の政治的・経済的・社会的過程の中で形成された，という見方が提示された（「近代主義」）。「近代主義」は，中欧・東欧のナショナリズム研究に大きな影響を与えた。従来中欧・東欧でのナショナリズムの高揚は，帝国の支配下にあった所与の存在としての諸ネイションが「覚醒」してゆく過程として，「原初主義」的に捉えられてきた。しかし，「近代主義」的立場をとる研究者は，この過程を新たにネイションが形成される過程として捉え直そうとした。そして，ナショナル・アイデンティティがメディアや市民結社の普及，近代的な教育・政治制度の導入など，近代の社会変化の影響を受けて創出され，普及する過程を示し，ネイションの近代性を強調した。

2. ナショナリズムの類型論　ナショナリズムはしばしば類型化されてきた。中でもコーンが『ナショナリズムの理念』（1944年）で提示した「西のナショナリズム」と「西以外の世界（東）のナショナリズム」という類型論は，「シヴィック・ナショナリズム」と「エスニック・ナショナリズム」の類型論へと展開され，大きな影響を与えた。この二分法的類型論に対しては，近年，以下のような批判が寄せられている。①シヴィック／エスニックは単に分析的区別ではなく，前者を望ましいとする規範的判断を含んでおり，ナショナリズムの

側注：
※ ウィーン体制 Ⅳ-16 側注3参照。

▷1 **諸国民の春** フランス二月革命の影響を受け，ヨーロッパ各地で自由主義，ナショナリズムに基づいて，改革や国家統一などを求める運動が高揚した状況を指す。Ⅳ-17 側注1も参照。

※ 民族自決 Ⅳ-23 側注1参照。

※ ホブズボーム Ⅳ-3 側注2参照。

分析には不適切。②「近代主義」に基づく研究の進展により，中欧・東欧のナショナリズムもシヴィックな要素を含んだことが明らかとなり，西＝シヴィック／東＝エスニックというナショナリズムの二分法は不適切であり，中欧・東欧の歴史の理解を妨げる。

3. 近年の展開――「近代主義」への批判　「近代主義」は，中欧・東欧のネイション・ナショナリズム研究に大きな影響を与えたが，他方でA・D・スミスをはじめとする多くの研究者から批判も寄せられている。第一の批判は，「近代主義」がネイションの近代性を強調している点に向けられた。その主な批判としては以下が挙げられる。①ネイションの形成は中世または近世など，すでに近代以前に進展していた。②ネイションが近代に形成されたとしても，何もない状況から突如生じたとは考えられず，中・近世国家の国制，それを構成していた諸領域，身分集団や宗教集団などの諸集団，その文化が与えた影響等も検討する必要がある。第二の批判は，「近代主義」がネイションを実体として捉え，ナショナル・アイデンティティが全面的に共有されることで，いずれはネイションが完成すると想定している点に向けられた。この点についてブルーベイカーは，ネイションは実体として捉えられるべきではなく，「実践上のカテゴリー」，つまり人々が日常的実践の中で世界を把握する際の認識カテゴリーの一種として分析されるべきだと論じた。またザーラは，ナショナリズムが高まるとされる時期においても，人々の間で「ネイションへの無関心（national indifference）」が観察されることを指摘した。そして，ナショナル・アイデンティティの獲得は，「近代主義」が想定しているような近代化に伴う必然的過程ではないと主張した。さらにジャドソンは「ネイションへの無関心」の存在を指摘するにとどまらず，ナショナリズムは常に同じ強度で維持される固定的なものではなく，状況に左右されるとして，「状況的ナショナリズム（situational nationalism）」という見方を提唱した。彼の主張は「近代主義」への批判をこえて，従来ナショナリズムの影響が過大に評価されてきた可能性はないか，再検討することを促しつつ，ナショナリズムの機能の仕方に注目する必要を指摘している。

　今後のナショナリズム研究は，以上の新たな議論を踏まえつつ，近現代の中欧・東欧において，特定のネイションに帰属すると見なされることが生死を分かつような状況がいかに生じたのか，明らかにしてゆく必要があろう。

歴史学的に考察するポイント

①ナショナリズムが広まる上で諸帝国はいかなる役割を果たしたのだろうか。
②ネイションは身分集団など他の集団といかなる関係にあったのだろうか。
③ナショナリズムは諸帝国の崩壊にどのような影響を与えたのだろうか。
④新国家の形成はナショナリズムにどのような影響を与えたのだろうか。

参考文献

小沢弘明「東欧における地域とエトノス」歴史学研究会編『現代歴史学の成果と課題1980-2000年　Ⅱ』（青木書店，2003年）。
塩川伸明『民族とネイション』（岩波新書，2008年）。
O・ジマー『ナショナリズム――1890-1940』（福井憲彦訳，岩波書店，2009年）。
中澤達哉「国民国家論以後の国家史・社会史研究」歴史学研究会編『第4次現代歴史学の成果と課題　第2巻』（績文堂出版，2017年）。

22 ナショナリズム論(南北アメリカ・西欧からのアプローチ) 中野耕太郎

【関連項目：エトノス論，啓蒙主義，アメリカ革命，フランス革命，19世紀のジェンダーと人種，移民史論，リソルジメント，ナショナリズム論（東欧からのアプローチ）】

 ## 史　実

　ナショナリズムの波は，18世紀後半の南北アメリカ大陸の植民地と市民革命を経た英仏に到来し，19世紀を通じてヨーロッパ諸地域に広がっていった。なるほど19世紀初頭の段階で，ヨーロッパ諸国の中には，ハプスブルク帝国やロマノフ朝のように前近代的な多民族を擁する君主制国家が少なからず存在した。だが，その多くは第一次世界大戦が終わるまでに解体し，生き残った王朝はいずれも「国民化」した。そして，**民族自決**と「諸国民の連合」が20世紀の世界政治の規定枠組みとなっていく。「国民を構成するということは，我々の時代の政治生活における最も普遍的で正統的な価値」（B・アンダーソン）となるのである。

論　点

1．ナショナリズムの起源

　国民なるものは，明らかに対面的なコミュニケーションに依拠した「共同体」ではない。それは，通常マスコミや公教育のような媒体を介した抽象的な共同意識によって支えられている。その意味で，国民の創出は家族や村落のような第一次集団の衰退を背景に，総じて近代的な過程の中にある。それゆえ，国民の起源を「近代」に求める議論は有力で，例えばゲルナーは，「ナショナリズムは，そのルーツを……特定の種類の分業に持っている」と書いた。つまり，近代の産業化は「社会的流動性」を増幅し，これを維持する「標準化された訓練」（公教育）を必要としたのだと。また，B・アンダーソンは商業的な俗語メディアを国民意識の揺籃と考え，これを可能にした出版資本主義の出現を特に重視した。両者はともに，資本主義の勃興と国民の誕生を結びつける点で共通するが，ゲルナーの産業社会が，おそらく19世紀以降の現象だとすると，アンダーソンの俗語出版の始まりは17，18世紀まで遡り，想定される国民形成期にはやや違いがある。

　これに対して国民の起源を前近代に求める研究群もある。A・D・スミスはその代表格で，国民形成の前提として，古代まで遡る神話や「歴史」を共有する「エトニ」の重要性を論じた。ところで，このように国民を古く変わらぬものと考える視点は，**ホブズボーム**の「**伝統の創出**」という言葉が示す，ナショナリストの目的論と似ていなくもない。政治学者ドゥアラはいう。どの国民運動においても，「国民の中核は時間の経過によって影響を受けないものだとされ……他方，その歴史的な運命は民族の一体性と主権の成就」に向かわざるをえないと。国民を新しいと見るか，古いと見るかは，なお繊細な問題を含んでいる。

＊　**民族自決**
Ⅳ-23 側注1参照。

＊　**ホブズボーム**
Ⅳ-3 側注2参照。

▷1　伝統の創出（invention of tradition）
かつてアンダーソンは，「歴史家の客観的な目には国民が近代的現象とみえるのに，ナショナリストの主観的な目にはそれが旧い存在とみえる」と書いた。事実，多くの国民国家はその正統性の拠り所を，太古に遡る「民族の過去」との連続性に求めてきた。壮麗な君主王族の諸儀礼や古来より伝わる民族衣装，民族音楽などは，そうしたネイションの一体性と永続性を表象するものとして賞揚されてきた。しかし，こうした国民的伝統は本当に古いものなのか。ホブズボームとレンジャーは英国王室の戴冠ページェントやスコットランドのタータン柄のキルトが，実は18，19世紀に新しく創り出された「文化遺産」であることを示し，かかる「創られた伝統」の背後にあるナショナリストの政治的意図に注意を喚起した。

2. 民族的（ethnic）ナショナリズム vs 市民的ナショナリズム

国民の起源をめぐる論争が複雑なのは，実在するナショナリズムがそれぞれ固有の構造と異なった過去への想像力を持っているためである。それゆえ，早くは1940年代のコーンの研究以来，ナショナリズムをその性格に従って分類し，比較検討する議論がある。中でも重要なのは，国民国家をエスニックなものと市民的なものとに二分する見方だろう。前者の典型はおそらくドイツの例で，しばしばエスニックな有機体として国民（あるいは「血統の共同体」）の全体性が強調される。一方，後者には「革命」によって生まれた２つの共和国，フランスとアメリカが含まれよう。特にアメリカは，古い民族的な起源や聖なる「郷土」を見出すことはできず，国民的統合は個人の自由を柱とする啓蒙普遍の理想によらざるをえない。この民族的な国民観と市民的なそれの違いは，国籍法におけるドイツの血統主義と米仏の出生地主義（同化主義）の差異としても現れよう。しかし，ドイツにおいても国民内部の平等化や立憲主義の導入は，大きな政治課題であったし，逆にアメリカでも奴隷制に触れるまでもなく，人種・民族的属性が国民と他者とを分かち，あるいは国民内の下位集団を序列化する原理として参照されてきた。

3. 20世紀ナショナリズムの人種化

このように従来の二分法には限界があるが，さらに重要なのは，市民ナショナリズムが近代から現代への移行過程で，その性格を変容させていったことである。すなわち，20世紀の国民国家においては，「市民であること」はもはや単なる形式的な成員資格（国籍）にとどまらず，社会的な諸領域を含み持つようになった。アメリカでも，移民や黒人の市民的地位が貧困や公衆衛生と結びつけて考えられるようになり，国民形成は，いわば社会政策とも関連した政治課題となっていった。だが，バリバールが論じたように，市民（＝国民）として実質的な同質性を求めることは，これまで形式的には個人として市民社会に包摂されていたはずの人々が人種的な「他者」（＝偽の同国人）として炙り出されることでもあった。そして，国民の純化を目指して，そうした少数者を隔離し，排斥することで，ますますナショナリズムは強化され，さらなる他者が生み出されていった。それは，現代の市民的ナショナリズムに埋め込まれた人種主義であり，今日なお「貧困の文化」論や文化的人種主義の形をとって国民生活の中に分断を生み続けている。

（参考文献）

エリック・ホブズボーム，テレンス・レンジャー編『創られた伝統』（前川啓治・梶原景昭ほか訳，紀伊國屋書店，1992年）。

エティエンヌ・バリバール，イマニュエル・ウォーラーステイン『人種・国民・階級──揺らぐアイデンティティ』（若森章孝ほか訳，大村出版，1997年）。

アントニー・D・スミス『ネイションとエスニシティ──歴史社会学的考察』（巣山靖司・高城和義ほか訳，名古屋大学出版会，1999年）。

アーネスト・ゲルナー『民族とナショナリズム』（加藤節監訳，岩波書店，2000年）。

古矢旬『アメリカニズム──普遍国家のナショナリズム』（東京大学出版会，2002年）。

ロジャース・ブルーベイカー『フランスとドイツの国籍とネーション──国籍形成の比較歴史社会学』（佐藤成基・佐々木てる監訳，明石書店，2005年）。

ベネディクト・アンダーソン『定本　想像の共同体──ナショナリズムの起源と流行』（白石さや・白石隆訳，書籍工房早山，2007年）。

大澤真幸・姜尚中編『ナショナリズム論・入門』（有斐閣，2009年）。

歴史学的に考察するポイント

①「国民」はなぜ古くからあるものだと感じられるのか。

②ナショナリズムの流行は普遍的現象か。否，世界の分断，個別化の運動か。

③グローバル時代にナショナリズムは過去のものとなったか。なお健在か。

23 帝国論

篠原　琢

【関連項目：複合国家／複合君主政／礫岩国家，ナショナリズム論（東欧からのアプローチ），ナショナリズム論（南北アメリカ・西欧からのアプローチ），帝国主義論，欧州統合】

 ## 史　実

　第一次世界大戦中からその直後，ハプスブルク君主国，ロシア帝国，オスマン帝国といった長い歴史を持つ諸帝国が崩壊した。帝国崩壊は「民族自決」論▷1によって正当化されたが，現実にはヴェルサイユ講和会議の過程で独立を承認された国家群は，かつての帝国を縮小した多民族国家だった。そもそも中央・東ヨーロッパで「民族分布」を反映した国境線を設定することは不可能だったが，さらに原理的な問題は，国家を形成する「民族」の規定自体にある。チェコスロヴァキア，ユーゴスラヴィアという国家は，それぞれ単一の「チェコスロヴァキア民族」，「南スラヴ民族」が存在する，という政治的仮定の上に成立した。またイギリスやフランスといった植民地帝国が主導するヴェルサイユ体制*で，「民族自決」が一般的な原則として表明されることはありえなかった。逆に，旧ドイツ領植民地，旧オスマン帝国領の再編過程で，国際連盟*の「委任統治」という新たな植民地支配の制度が生み出された。

　帝国崩壊とその後の国民国家の形成は，民族自決権によって導かれたというよりは，総力戦*の経験がもたらしたものである。帝国は不均質で広大な統治空間を継承し，皇帝専制や王朝的正統主義に則ってこの空間を統治してきた。総力戦が，住民の動員と参加を必要とし，国家と国民の一体感を要求するならば，諸帝国は，その課題に応えられず，総力戦の中で崩壊しなければならなかった。

論　点

1. 「諸民族の牢獄」か，「共存の枠組み」か　ハプスブルク君主国や，ロシア帝国，およびその版図を受け継いだソ連は長らく諸民族を抑圧する「牢獄」として描かれてきた。チェコスロヴァキアの初代大統領マサリクにとって，第一次世界大戦は「神権的王朝国家」（神の意志の下，王朝や貴族が支配する国家）が解体し，「民主国家」が成立した「世界革命」であり，それは「抑圧された諸民族の政治的自立への努力」であった。他方，20世紀の数々の政治的暴力の経験から振り返って，ハプスブルク帝国を諸民族の共存を図った統治体制として積極的に評価しようという人々も多い。ヤーシは1920年代末に，君主国の連邦化や「帝国市民」意識の創出に君主国の失われた可能性を見ながら，帝国の前近代的性格を批判した。帝国に対する相反する政治的評価はしかし，帝国と諸民族の関係を二元的に捉える点で共通している。

　それに対して，1980年代に一般化した新たなアプローチは，社会史・文化史を中心に，ハプスブルク君主国において，諸国民の社会がダイナミックに発展した

▷1　民族自決論
「民族」Nation は，文化的，言語的，歴史的に個性を持つ集団で，政治的な主権を持ち，最終的には独自の国家を持つべきだ，とする主張。「民族」は，時代を超えて存在する固有の社会集団だとする前提があるが，実際にそのような思想や運動が広がるのは19世紀のことである。
*　ヴェルサイユ体制
Ⅴ-5 側注 3 参照。
*　国際連盟
Ⅴ-5 側注 2 参照。
*　総力戦
Ⅴ-12 側注 2 参照。

歴史を描き出した。ここでは従来,「民族」として考えられてきたものを,19世紀に成立する「国民の社会」として考える。この観点から,帝国の滅亡は,近代化の失敗ではなく,近代化に成功し,諸国民の社会が十分に発展した結果として考えられた。ネイションとナショナリズム研究の進展と歩調を合わせながら,帝国内で「諸国民の社会」が形成,構築される過程が解明されたのである。ただし,そこには近代化の中でそれぞれの「国民」Nation が成立し,やがて独立国家を求めるのは歴史的に当然の流れだとする考えが依然として残っていた。

ソ連崩壊後,「帝国」に対する関心が高まり,帝国的空間をめぐる研究は質的にも量的にも飛躍的に発展した。近年のロシア・ソ連史研究,ハプスブルク君主国史研究では,帝国は,多様な住民集団(宗派,身分・階級,言語・文化,地域)と帝国統治エリートとが多方向的に交渉,競合,抗争を繰り返す空間として把握される。そのような空間で,ネイション構築と当国統治システムの近代化とは双方向的な依存関係にあったことが強調される。マーチンは,スターリン期の「土着化政策」を検討しながら,ソ連期のネイション構築とボリシェヴィキによる帝国の再定義・再構築を明らかにした。

2．帝国から国民国家へ？

「ウィルソンの14カ条」には,現実には「民族自決」の原則は謳われていない。ハプスブルク君主国をめぐる文言は極めてあいまいである。それでもヴェルサイユ体制と「民族自決」が固く結びつけられているのは,20世紀が国民国家という運動の時代だったからである。第一次世界大戦による帝国の崩壊,第二次世界大戦後の植民地解放,20世紀末のソ連崩壊,そしてユーゴスラヴィア戦争に至る長い過程は,平等な諸国民からなる国際社会を実現する歴史と考えられ,諸帝国の歴史が,衰退と滅亡を必然として叙述されてきた。しかし,グローバル権力を帝国と考えるなら,国民や国民国家を規範とする歴史像そのものが問い直されなければならないし,また帝国史研究で得られた帝国像には21世紀のグローバル権力と相応する要素を観察することができる。山室信一は「国民帝国」という語によって,権力中枢において国民国家化しながら,周縁部(植民地)に帝国支配を及ぼすような統治体制を概念化しようとしたが,さらに進んで近代の諸帝国の観察を,国民国家を自任する体制に応用することもできる。近代歴史学の概念や叙述法は,国民国家の諸制度によって作られたため,帝国を語る用語や文体をまだ獲得していないのである。

歴史学的に考察するポイント

①20世紀にヨーロッパの諸帝国はなぜ崩壊したのだろうか。「高校世界史」の記述で確認しながら,さらに考えを進めてみよう。

②「帝国」の定義を教科書や辞書で探ってみよう。その定義が「帝国ではない」国家(国民国家？)にどの程度当てはまるか,考えてみよう。

③19世紀の「国民国家」形成の例として,イタリアやドイツがあげられるが,これらの国々は帝国的な性格と意志を持っていた。それは「典型的な国民国家」とされるフランスにも当てはまる。どのような点でそう言えるか,考えよう。

▷2 土着化政策(カレニザーツィア)
ソ連を構成する諸民族は,それぞれ民族的個性を発展させながら,社会主義建設に参加しなければならない,という考えに基づき,ソ連市民は「民族的帰属」を明らかにしなければならなかった。場合によっては,民族文化の形が創造され,人々に与えられた。ソ連における民族文化は,「形式的には民族的,内容的には社会主義的」と唱えられた。

参考文献

山室信一「国民帝国論の射程」山本有造編著『帝国の研究』(名古屋大学出版会,2003年)。

テリー・マーチン『アファーマティヴ・アクションの帝国——ソ連の民族とナショナリズム,1923年-1939年』(半谷史郎監修,荒井幸康ほか訳,明石書店,2011年)。

マーク・マゾワー『暗黒の大陸——ヨーロッパの20世紀』(中田瑞穂・網谷龍介訳,未来社,2015年)。

24 女性参政権

佐藤繭香

【関連項目：階級論（ジェントルマン論・ミドルクラス論），男女の領域分離，19世紀のジェンダーと人種，ナショナリズム論（南北アメリカ・西欧からのアプローチ），フェミニズムとジェンダー】

📖 史 実

　欧米では，19世紀半ばから20世紀初めにかけて，女性の権利を求める運動が盛んであった。教育や職での機会均等や財産権などの諸権利を求める運動の中で，最も大きな女性運動に発展したのが，女性が国の運営に関与することの是非を問う女性参政権の問題である。これは第一派フェミニズム運動と呼ばれる。女性参政権が最初に認められたのは1893年のニュージーランドであるが（被選挙権は認められなかった），多くの欧米諸国では20世紀に入って，それも第一次世界大戦前後に実現した。

　社会的・政治的・文化的事情によって女性参政権の獲得過程は国ごとに異なる特徴を帯びたが，一方で，国際的な女性の連帯も模索された。女性解放のための連帯の必要性については19世紀後半から認識されており，1888年に**国際女性会議**（ICW）がアメリカのワシントンDCで開催された。この会議から1902年には**国際女性参政権同盟**（IWSA）も派生している。しかしながら，戦争への反省から平和実現のために女性の連帯に重きが置かれ，IWSAの活動がより活発になるのは第一次世界大戦以後であった。

▷1　国際女性会議
（ICW）
1888年にアメリカの女性参政権活動家たちが中心となって設立された。平和，労働環境の改善，女子教育，刑務所や病院の改革など様々な課題について議論した。

▷2　国際女性参政権同盟
（IWSA）
女性参政権に特化した国際的な女性の連帯できる組織を求めて，ICWに参加していたキャリー・チャップマン・キャットによって1902年に設立された。

論 点

1. 女性参政権の獲得はフェミニズム運動なのか　女性参政権は，第一派フェミニズム運動のゴールと説明される。女性参政権運動は，男女平等を達成する通過点としてフェミニズム運動という枠組みで捉えられ，主体はミドルクラスの白人女性であった。イギリス女性参政権運動の思想的な基盤となったミルによる『女性の隷従』（1869年）は，法律における男女平等を主張し，女性史家河村貞枝の研究に見られるようにイギリスの運動はフェミニズム運動として記述されている。アメリカの女性参政権運動も栗原涼子に見られるようにフェミニズム運動として語られるが，実際の運動の中身はより複雑である。アメリカでは州レベルから連邦レベルの運動へと時代とともに移り変わった。全国アメリカ女性参政権協会（NAWSA，1890年設立）はミドルクラスの白人女性主導という性格がやはり強く，その成立初期において人種を超えた連帯に否定的であった。しかし，世紀転換期にはアフリカ系アメリカ人女性による運動も活発であり，さらに彼女らが女性よりも人種の権利を求めたことがペンらの研究で明らかにされた。また，ユタ準州では1870年に女性参政権が一度実現したが，女性参政権運動と全く関わりはないなど，運動とは関係なく女性参政権が認められた国や地域もあった。各国の状況によっては，女性参政権の実現またはその障害となっていた要因として，

人種以外にも階級，宗教，家父長的社会や女性の社会進出の程度なども考察する必要が指摘されている。

2. 第一次世界大戦の女性参政権実現への寄与　欧米諸国における女性参政権の実現は，第一次世界大戦前後に多い。1915年にデンマークとアイスランド，1917年にロシア，1918年にカナダ，オーストリア，ドイツ，ハンガリー，ラトヴィア，リトアニア，ポーランド，イギリス（一部の女性）で女性参政権が実現した。つまり，戦争やそれと同等の国家的危機という要因も合わせて考える必要がある。

　河村貞枝はイギリスにおいて第一次世界大戦前の女性参政権運動が果たした役割を評価するが，イギリス史家グラスは，第一次世界大戦前の運動の成果というよりも，ナショナリズムに後押しされた女性の戦争協力が参政権を引き寄せたと議論する。当時，女性は戦争に行かないことが市民権を得られない主要な要因の一つとして挙げられており，未曾有の大戦において女性は銃後で男性同様に国家に奉仕することによって市民としての価値を示した。女性参政権の問題は，市民としての資格とは何かを国家が問う問題でもある。

3. 女性参政権獲得後，何が変わったのか　欧米各国で女性参政権が実現しても，男女平等の実現とはならなかった。さらに，戦後は，女性運動へのバックラッシュも活発になり，中でも特にドイツでは女性運動への批判が，民族至上主義者やナショナリストらが提唱した反ユダヤ主義と結びついていった。こうした動きに対し，フェミニストたちは，国際連盟*，ICW や IWSA などの国際的組織を活用し連帯を結ぶことで平和維持と女性の権利の拡大を求めた。1915年の女性国際平和自由連盟（WILPF）[3]の設立に見られるように，この頃女性による国際的な平和運動が活発になったことも女性参政権運動から派生した流れの一つとして言及しておく必要があるだろう。

　これまで女性運動の研究は国単位が主流であったが，女性参政権獲得の成果を再検討する新たな研究動向として，反女性参政権運動に関する研究，さらに近年では，ハナムらに代表されるような国家の枠組みを超えた国際的な女性運動の研究が進められている。

*　国際連盟
Ⅴ-5 側注2参照。

▷3　女性国際平和自由連盟（WILPF）
1915年に設立された恒久平和を求める女性平和団体。初代会長はジェイン・アダムズであった。

― 歴史学的に考察するポイント ―
①どのような歴史的状況が女性参政権を実現させたのか，複数の国またはアメリカの複数の州（準州）を取り上げ比較してみよう。
②各国で女性参政権に賛成または反対した人はどのような階級，人種，社会的地位にいる人々で，それぞれどのような意見を持っていたのか。
③女性参政権の成立後，各国で女性の社会的地位向上や男女の役割分担に関する考え方に変化はあったのか。
④第一次世界大戦後，各国で女性運動に対してどのようなバックラッシュがあり，またどのような歴史的状況の中でそれが登場したのか。

（参考文献）
河村貞枝『イギリス近代フェミニズム運動の女性像』（明石書店，2001年）。
井上洋子・古賀邦子ほか『ジェンダーの西洋史』（法律文化社，2012年）。
栗原涼子『アメリカのフェミニズム運動史──女性参政権から平等憲法修正条項へ』（彩流社，2018年）。

25 「ドイツ特有の道」

西山暁義

【関連項目：三十年戦争，啓蒙改革／啓蒙絶対主義，第一次世界大戦原因論，ファシズム論，ナチズム，ホロコースト】

📖 史　実

　第一次世界大戦に敗れたドイツは，帝政から共和政へと移行した。しかしこの共和政はその成立から15年経たずして，ヒトラー率いるナチスの政権獲得によって崩壊する。ナチスは議会制民主主義を破壊し，人種主義，反共産主義に基づく「民族共同体」の構築を図るとともに，対外的にはヴェルサイユ体制*を否定する攻撃的な外交政策を展開し，1939年には第二次世界大戦を引き起こした。そこではユダヤ人絶滅政策（「ホロコースト」）をはじめとする非人道的な犯罪行為が実行されることになる。

　「特有の道」論は，こうした20世紀前半の破局へと至るドイツの歴史を民主主義の脆弱さに求め，その原因として，近代市民革命*による封建社会との政治的な断絶が起こらなかった点を強調する。この解釈では，イギリスやフランス，さらにアメリカ合衆国など「西欧」諸国が規範とされ，「遅れた」国民国家形成，封建制や旧エリートの「残存」，プロイセンに代表される軍国主義や啓蒙専制主義に見られる権威主義などが「逸脱」（＝「特有」，むしろ「特殊」と言ったほうがより正確）と見なされることになる。

⚔️ 論　点

1．ドイツ近現代史の連続性

　1973年，（西）ドイツの歴史家ヴェーラーが，「特有の道」論の綱領ともいえる『ドイツ帝国1871-1918年』を刊行した。1960年代における第一次世界大戦開戦をめぐるドイツの責任を問う論争や，社会学における近代化論をふまえ，ヴェーラーは，19世紀後半に急速な工業化を経験するドイツが，一方でユンカー◁1に代表される伝統的エリートの政治支配を維持したことが，20世紀における第一次世界大戦，議会制民主主義の短期間での崩壊と急進的ファシズムであるナチスの政権獲得，そして第二次世界大戦を可能にしたと論じた。そこで強調されるのは，ドイツの市民層（ブルジョワジー）が英仏米とは異なり，近代資本主義の発展とともに政治的な主導権を貴族層から奪取する市民革命に挫折したことであった。ドイツ帝国に焦点が当てられたのは，それが1848年革命の失敗の後，ビスマルクによって1871年に「遅れてきた国民」として「上から」建設されたためであり，急速に進む社会経済的近代化と政治的反動の間の構造的矛盾が一層激化した時期であると見なされたからである。こうした見方にはまた，従来のドイツの歴史研究において外政が重視されていたのに対し，逆に対立する社会利害からなる国内政治の矛盾のはけ口としての外政（例えば海軍艦隊増強政策）という，すでに戦間期に一部の歴史家

＊　ヴェルサイユ体制
Ⅴ-5 側注3参照。

＊　市民革命
Ⅲ-20 側注1および Ⅳ-1 側注6参照。

▷1　ユンカー
ドイツ北部，特にエルベ川以東のプロイセン王国の地主貴族を指す名称。国家の近代化が進む中でも，特に軍や一般行政で重要な地位を占めた。自らユンカーであったビスマルクによるドイツ統一後も，民主化への対抗，農業利害の擁護など，政治的な影響力を持ち続けた。

＊　1848年革命
Ⅳ-17 側注1参照。

たちによって主張された「内政優位論」が反映されていた。

2. 「特有の道」批判

ヴェーラーの「特有の道」論は，様々な批判を喚起した。一方で，ドイツ国内からは，ニッパーダイが，「特有の道」論は19世紀のドイツ史を1933年（ワイマール共和国崩壊）や1945年（ドイツ敗北，ホロコースト）に収斂する連続性，すなわち前史としてのみ見なす目的論であると批判し，特に帝政の後半期（皇帝の名をとって，「ヴィルヘルム期」と呼ばれる）を，矛盾を孕んだ近代として見るべきとした。他方，イギリスの歴史家イリーとブラックボーンは，「特有の道」論が英仏の近代を「規範」とする点を指摘した。彼らは市民革命を政治的断絶としてではなく，むしろ社会，文化における市民層の利害の貫徹であるとより広く定義し，その観点から，ドイツの市民層の「封建化」よりは，むしろ貴族の「市民化」というべきであり，また貴族の政治的な影響力も，イギリスやフランスとドイツの間には「特有の道」論が想定するような大きな違いはないと論じた。ただし，これらの批判は，近代＝進歩，伝統＝反動という見方を「特有の道」論と共有していたが，この点について，ドイツの歴史家ポイカートは，ワイマール期やナチズムが提起する問題は近代性の欠如ではなく，むしろ近代そのものの病理として理解すべきであると述べている。

3. ポスト「特有の道」のドイツ史？

「特有の道」をめぐる論争は多くの研究，特にドイツの市民層に関するより対称的な比較研究を生み出した。例えばドイツ帝国とフランス第三共和政の軍国主義の比較社会史研究は，相違点よりも共通点を強調しており，また民主主義の制度的前提である選挙の実践についての比較研究も，「特有の道」論の相対化を促している。近年では，19世紀後半以降の世界の結びつきに注目し，「内」と「外」の相互作用としてドイツ史を捉えようとする「グローバル・ヒストリー」のアプローチも盛んである。ただし，その一方で，「なぜナチズム（ホロコースト）はドイツにおいてのみ可能であったのか」という問いは，ヨーロッパの中の民主国家という今日のドイツの自己理解にとって依然重要な歴史的問いであり，「特有の道」論的視点から記述する教科書や概説は少なくない。

歴史学的に考察するポイント

① 「特有の道」論と日本の戦後歴史学を比較してみよう。

② ドイツ以外の国の「特有の道」，「例外論」にはどのようなものがあるか。

③ 「市民層の封建化」と「貴族の市民化」，それぞれの根底にある評価の基準はどのようなものか。

（参考文献）

ハンス＝ウルリヒ・ヴェーラー『ドイツ帝国 1871-1918年』（大野英二・肥前栄一訳，未来社，1983年）。

ジェフ・イリー，デーヴィッド・ブラックボーン『ドイツ歴史叙述の神話』（望田幸男訳，晃洋書房，1983年）。

デートレフ・ポイカート『ワイマル共和国——古典的近代の危機』（小野清美ほか訳，名古屋大学出版会，1993年）。

トーマス・ニッパーダイ『ドイツ史を考える』（坂井榮八郎訳，山川出版社，2008年）。

ハインリヒ・アウグスト・ヴィンクラー『自由と統一への長い道〈1〉——ドイツ近現代史 1789～1933年』（後藤俊明ほか訳，昭和堂，2008年）。

ハインリヒ・アウグスト・ヴィンクラー『自由と統一への長い道〈2〉——ドイツ近現代史 1933～1990年』（後藤俊明ほか訳，昭和堂，2008年）。

26 社会主義

福元 健之

【関連項目：資本主義論，ナショナリズム論（南北アメリカ・西欧からのアプローチ），帝国主義論，ロシア革命とソ連邦の成立，ハンガリー動乱と「プラハの春」】

＊　1848年革命
Ⅳ-17 側注1参照。

▷1　インターナショナル
社会主義者の国際組織。第一インターナショナルは，労働者の国際的な団結を定着させた。第二インターナショナルは，一日8時間労働制やメーデーの休日といった国際労働運動としての要求を広めた。

＊　普仏戦争
Ⅳ-20 側注1参照。

＊　マルクス主義
Ⅴ-24 側注2参照。

▷2　ドイツ社会民主党
ドイツ社会主義労働党（1875〜90年）を前身とする政党。同党は，マルクス主義的な革命を掲げつつも，日常的な漸進的活動を定めた行動規定を設定した。修正主義論争は，エドゥアルト・ベルンシュタインらが党の原則を議会制に基づく改良主義に修正すべきだとして発生したが，革命を支持したカール・カウツキーやローザ・ルクセンブルクら主流派が勝利した。

▷3　フェビアン協会
1884年に成立した穏健的社会主義団体。ウェッブ夫妻をはじめとする知識人が協会に所属し，イギリスの労働党（1900年〜）を理論的に支えた。同協会は，議会制を通じて，土地や資本の公有化，産業に対する法的規制などを進めることを主張した。Ⅳ-2 側注2も参照。

▷4　サンディカリスム
議会や政党による代理ではなく，労働者自身の闘争によってこそ変革は達成されるとの論理に基づき，ゼネ

📖　史　実

　産業革命や植民地支配などによってグローバル化された市場は，近世以前には不可能な規模と速度における富の蓄積とともに，貧困の増大をもたらした。この歴史的背景の下，社会主義は，貧富の階級差なき平等な世界を目指す理念，または運動として生じた。社会主義者の主要な主張となる生産手段の公有化は，経済構造のみならず，政治体制の変革をも射程に収めるものであった。

　社会主義という用語自体は，七月革命（1830年）に前後する時期から，サン＝シモンやオーウェンらの影響を受けた人々が使用し始めたとされる。歴史的転機は，**1848年革命**期に訪れた。マルクスとエンゲルスが，『共産党宣言』（1848年）において，オーウェンらを空想的社会主義者と批判したのである。その後，マルクスは，『資本論』（第一巻ドイツ語初版，1867年）に，自らの経済理論をまとめる。しかし，**第一インターナショナル**（正式名称「国際労働者協会」，1864〜76年）は，革命後の労働者階級による独裁を肯定するマルクスらと，それを否定するバクーニン率いるアナーキスト（無政府主義者）との対立を抱えたまま，**普仏戦争**に続いたパリ・コミューンの敗北をもって崩壊した。**マルクス主義**は第二インターナショナル（正式名称「国際社会主義者大会」，1889〜1914年）にて主流派を占めるも，その中心たる**ドイツ社会民主党**では，修正主義論争（1896〜1903年）が起きた。また，イギリスの**フェビアン協会**やフランスの**サンディカリスム**（労働組合主義）は，独自の路線を進んだ。ロシア帝国では，ナロードニキ運動の系譜をひく社会革命党（通称エスエル），マルクス主義に立つ**ロシア社会民主労働党**，在リトアニア・ポーランド・ロシア・ユダヤ人労働者総同盟（通称ブント）などが競合した。議会政治に参入した社会主義政党は，大衆化に成功した一方で，国民国家体制により深く埋めこまれる結果となる。第一次世界大戦をめぐっては，最も運動が発展していたはずのドイツにおけるように，多くの社会主義者がそれぞれのナショナリズムのために戦争を支持してしまい，ひとまず社会主義革命は，レーニンの下で政権が樹立されたロシアに留まった。

⚔️　論　点

1．21世紀に社会主義を研究する　史学史を俯瞰すれば，**スターリン批判**（1956年）や「プラハの春」（1968年）を経て，マルクス主義から，空想的社会主義やナロードニキ運動やサンディカリスムなどの非マルクス主義的潮流に，研究者の関心が移る。ポスト資本主義の未来を語るという目的論が社会主義に対する関心を支えており，東欧革命（1989年）やソヴィエト連邦解体

（1991年）による目的論の消滅は研究の衰退を招いた。しかし，社会主義が追求した平等は，21世紀の人類的課題である。目的論なき21世紀の人類が平等の実現を試行錯誤するように，19世紀の社会主義者たちも，預言者を装おうとも，特定の時代と社会に規定された人間であった。トラヴェルソによれば，実はマルクス主義者は，文明の進歩とそこからの逸脱という二項対比的な世界観を自由主義者と共有していた。また，マルクス主義の世界各地における受容と影響を再構成したホブズボーム*も，社会主義の歴史を問い直すために有効な知見を提示している。

2. 社会主義者とオリエンタリズム　オスマン帝国やロシア帝国について，多くの社会主義者は，西欧の「文化国家」と比べると後進的で「野蛮」であると考えた。そのため彼らは，例えば，第二次モロッコ事件の当事者である独仏には抗議をためらったが，同じ1911年に起きたトリポリタニア（今日のリビア）をめぐるイタリアとオスマンの戦争には，迅速にかつ力強く反対した。第二インターナショナルの組織構造を見ても，ヨーロッパおよび北米の外では日本，アルゼンチン，南アフリカにしか，代表を派遣する権利が認められなかった。このように，西欧を基準とした認識枠組みを持っていた当時の社会主義には，オリエンタリズム*の影が差していた。1908年にハプスブルク帝国が旧オスマン帝国領のボスニア・ヘルツェゴビナを併合したとき，オーストリアとセルビアの社会主義者の間に鋭い意見対立が発生したように，オリエンタリズムは社会主義内部の問題でもあったのである。

3. 社会主義と連帯主義――相互関係から考えるために　19世紀ヨーロッパでは，階級的平等という同じ目的を掲げつつも，階級間の闘争を先鋭化させる社会主義に対して，階級間の協調を志向した連帯主義が成立した。ドレフュスが論じたように，社会主義と連帯主義の緊張関係は，フランスの共済組合運動において大きな意味を持った。手工業職人の互助組織などに歴史的源流を持つ共済組合は，第二帝政期に帝政共済として勢力を伸ばした。国家権力やカトリック教会との妥協を重ね，女性をも包摂しようとした共済組合運動の歴史は，政治的社会的インパクトを持つに至った社会主義が，他の理念や運動を規定する契機ともなったことを示す。ここからは，では社会主義者には，いかなる外的勢力（連帯主義に限らず）がいかなる影響を及ぼしたのか，という問いが浮かんでくる。社会主義を自己完結したものとしてではなく，相互関係の中で捉える視点も，非常に重要である。

歴史学的に考察するポイント

①社会主義者は，いかなる論理によって革命あるいは改良を主張したか。
②社会主義者は，ユダヤ人問題や民族問題についていかに論じたか。
③社会主義者は，アジアやアフリカについていかなる認識を示したか。
④社会主義者は，国家や宗教や他の社会運動といかなる相互関係にあったか。

ラル・ストライキ，労働組合を通じた産業の管理を唱えた理念，または運動。フランスにおける労働組合の全国的組織である労働総同盟（1895年～）の理念に採用された。

＊　**ナロードニキ**
Ⅳ-18 側注4参照。

＊　**エスエル**
Ⅴ-6 側注2参照。

▷5　**ロシア社会民主労働党**
1898年に成立した政党。1903年，同党は，職業的革命家からなる前衛党を組織し，一挙に社会主義革命を牽引することを主張したボリシェヴィキ（「多数派」）と，大衆を緩やかに組織するとともに，ロシアの近代化を進めて社会主義革命のための諸条件を準備することを唱えたメンシェヴィキ（「少数派」）との二派に分かれた。レーニンは前者を代表した。Ⅴ-6 側注1も参照。

＊　**スターリン批判**
Ⅴ-16 側注1参照。

＊　**ホブズボーム**
Ⅳ-3 側注2参照。

＊　**オリエンタリズム**
Ⅴ-23 参照。

参考文献
エンツォ・トラヴェルソ『マルクス主義者とユダヤ問題――ある論争の歴史（1843-1943年）』（宇京頼三訳，人文書院，2000年）。
西川正雄『社会主義インターナショナルの群像 1914-1923』（岩波書店，2007年）。
ミシェル・ドレフュス『フランスの共済組合――今や接近可能な歴史』（深澤敦・小西洋平訳，晃洋書房，2017年）。
エリック・ホブズボーム『いかに世界を変革するか――マルクスとマルクス主義の200年』（水田洋監修，作品社，2017年）。

V　西洋現代史の論点

ヴェルダン戦没者記念墓地

ロンドン郊外のショッピングモール
(Richard Baker/Corbis Historical／ゲッティイメージズ)

大衆動員の時代——先進国間の総力戦に伴う大量死と先進国の経済を牽引する大衆消費

Introduction

　20世紀は「極端な時代」であったと言われます。2つの世界大戦やヴェトナム戦争など数多くの戦争が発生した「戦争の世紀」であった一方で，冷戦期の先進諸国は「長い平和」を享受しました。世界恐慌のもとで多くの国や地域が経済の奈落の底に突き落とされた後に，人類は未曾有の経済成長を実現しました。広大な領域を支配していた諸帝国が消え去り，地球上が主権国家に覆い尽くされる一方で，富める地域と貧しい地域の分布には大きな変化が生じませんでした。ホロコーストに代表される激烈な人種主義を経験する一方で，人種や性別などに基づく差別を不正と見なし，これらを撤廃していく流れも形成されました。自由主義，社会主義，全体主義，ナショナリズムなどの思想やイデオロギーが国家と社会を編成する基本原理の地位を競いあいましたが，世紀末までには新自由主義を内実とする自由主義的民主主義が事実上唯一のグローバルな規範と見なされるようになりました。

　これら様々な「極端」な動きは，なぜ，どのようにして生じ，どのように相互に関連しあっていたのでしょうか。そして，どのような点に近代までの歴史との連続と断絶を見出すことができるでしょうか。現代篇では，こうした問いに密接に関わる論点を選定しました。いずれも，複雑で多面的な現代史を理解する鍵になるでしょう（小野沢透）。

1 帝国主義論

山口育人

【関連項目：世界システム論，階級論（ジェントルマン論，ミドルクラス論），帝国論，植民地と近代／西洋，第一次世界大戦原因論，オリエンタリズムとポストコロニアリズム】

史　実

　19世紀中葉のイギリスは，大反乱（1857年）後のインドを直轄植民地としたものの，他の地域に対しては領土的拡大を行わずに経済的影響力を拡大した。投資を梃子にした南米への進出を皮切りに，中国，ペルシア（イラン），オスマン帝国などには不平等条約を受け入れさせることにより，経済面での勢力拡大を図った（中国には二度の戦争を通じて）。また，カナダやオーストラリアなど白人植民地には自治拡大を認める動きを示していた。これに対して，1870年代以降のいわゆる帝国主義の時代，イギリスは他の列強諸国との間で植民地争奪や勢力圏確保など世界分割競争を繰り広げることになった。この時期には，1875年のスエズ運河会社買収からエジプトの「事実上の」保護国化（1882年）への動き，「アフリカ分割」[1]とその最終局面である南アフリカ戦争（ボーア戦争）[2]，アフガニスタンやビルマの保護国化（1880年代），東南アジア・太平洋での植民地拡大などが見られたのである。

論　点

1．「自由貿易帝国主義」論

　1953年，ギャラハーとロビンソンが発表した論文「自由貿易の帝国主義」は，帝国拡張に関するそれまでの理解を大きく変えた。広く世界規模で経済進出を図ることがイギリスにとって重要であり，不平等条約，砲艦外交，貿易に必要な海上交通路維持のための戦略拠点併合などはすべて，帝国膨張の一環として理解すべきと主張したのである。そして，「公式帝国」だけでなく，中国や南米など「非公式帝国」[3]に注目しながら，19世紀を通じてイギリスの帝国建設は活発に継続したと指摘した。この結果，世紀中葉を自由貿易体制のもとで植民地拡大に消極的な「小英国主義」時代であったとする一方で世紀後半以降を帝国拡張時代とする，それまでの二分論的な理解は修正を迫られたのである。

　また，ギャラハー／ロビンソンは，国全体の戦略的必要や経済的利益を考える政策担当者の動向（「オフィシャル・マインド」）を重視した。「非公式帝国」から「公式帝国」への移行があった場合，それは，各地の情勢や国際関係がイギリスの戦略的・経済的必要に打撃を与えかねないと判断された時のものだとした。例えば，インドやオーストラリアとの海上連絡路にとって戦略的重要性を有したエジプトや南部アフリカ情勢の不安定化を受けて，エジプト保護国化や南アフリカ戦争が行われ，公式帝国は拡大した。このようなギャラハー／ロビンソンの議論は，「中核」たるイギリス本国よりも「周辺」[4]の情勢を帝国政策の決定要因とし

▷1　アフリカ分割

おおむね1880年代以降のヨーロッパ列強によるアフリカ大陸の植民地分割を指す。1880年頃から英仏による植民地拡大が本格化し，20世紀初頭までにエチオピアとリベリアを除く地域が列強諸国の間で分割された。

▷2　南アフリカ戦争（ボーア戦争）

オランダ系入植者の末裔ボーア人（アフリカーナ）が建て，世界有数のダイヤモンドと金の産地となった南部アフリカのトランスヴァール共和国とオレンジ自由国をイギリスが征服し，領有権を得た戦争（1899～1902年）。イギリスは，1910年，すでにイギリス領となっていたケープ植民地と併せて，白人自治領である南アフリカ連邦を成立させた。

▷3　「公式帝国」と「非公式帝国」

「公式帝国」とは，植民地や属領など法的に宗主国に従属した領域を指し，「非公式帝国」とは，名目上は独立国家であるが，経済面を中心に外国に支配されており，実質的な主権を制約されている領域・国家を指す。

▷4　「中核」と「周辺」

「中核」とは，世界規模に影響力を持つ帝国システムを運営・管理する国家を指し，「周辺」とは，帝国の「中核」に結びつけられた植民地や勢力圏とされた，従属的な領域・国家を指す。

て重視する見方とされる。これは，かつてホブソンが，帝国主義論の古典といえる『帝国主義』（1902年）において，当時の列強による植民地争奪競争の要因を過剰資本の輸出先を求める特定の経済利害に見出したのとは，大きく異なる理解であった。

2．「ジェントルマン資本主義」論 帝国膨張の動機を特定の社会集団に着目しつつ再解釈したのが，ケインとA・G・ホプキンズの「ジェントルマン資本主義」論である。大土地所有を基盤とした貴族・ジェントリと商業・金融資本家とが結びついた「ジェントルマン資本家エリート層」の利害が，帝国拡張に反映されたという議論である。彼らが国家機構に影響力を持つ中，基軸通貨ポンドと国際金融センター「ロンドン・シティ」を基盤とする投資・金融サーヴィスにおけるイギリスの優越的地位を保つことが帝国政策の基準になっていたと指摘された。一方，エジプト保護国化や南アフリカ戦争の説明としては「中核」の動きに注目した。ケイン／ホプキンズの議論は，「オフィシャル・マインド」よりも金融利害の影響力を重視する点で，ホブソンの議論を再興したとの指摘もある。一方で，「シティ」の金融力を通じた，白人自治領▷5，中国，オスマン帝国，南米への経済的影響力の重要性を指摘する点では，ギャラハー／ロビンソンの議論と共通するところもある。

3．グローバル・ヒストリーおよびヘゲモニー国家論 19世紀の世界は，工業化した西洋諸国が世界各地域との関係を深めることで，資本，食料・資源，工業製品の単一市場の出現，つまりある種のグローバル化を経験したとされる。グローバル・ヒストリーは，19世紀世界史の全体的展開において欧米帝国の膨張が果たした役割に着目する。さらに，国際経済の連関と開放性を軸に資本主義の拡張を図りながら海外膨張したイギリスを，「国際公共財」の提供や国際政治・経済関係の基本的枠組みやルール設定を行うヘゲモニー*国家として理解することがより重要である，との指摘も盛んになっている。こうした指摘をふまえると，イギリスの世界規模の地政学的，経済的，文化的影響力やネットワークに注目する「非公式帝国」論の再評価が求められているともいえよう。

歴史学的に考察するポイント
①「非公式帝国」に着目することで，19世紀中葉のイギリスの海外進出のあり方はどのように見直されることになったか。
②「アフリカ分割」の要因として，「自由貿易帝国主義」論と「ジェントルマン資本主義」論ではどのような解釈の違いがあるか。
③イギリスの「公式帝国」「非公式帝国」の拡大は，19世紀世界史の全体的展開にどのような影響を持ったか。

▷5 **白人自治領（ドミニオン）**
カナダ（1848年）を皮切りに，オーストラリア（1850年代）の各植民地，ニュージーランド（1852年）といった白人定住植民地に対してイギリスは責任政府を認め，自治権の委譲を進めた。1907年の帝国会議において自治権を改めて確認された白人植民地は，「ドミニオン」と呼ばれることになった。そして第一次世界大戦を経て独自の外交政策や国際機関での代表権を確実なものとした。1931年ウエストミンスター憲章において，カナダ，オーストラリア，ニュージーランド，南アフリカ連邦，ニューファンドランド，アイルランド自由国の6つの自治領（ドミニオン）は，「地位において平等であり……国内あるいは対外問題のあらゆる点において［イギリスに］従属しない」ことが法的に定められた。

* **ヘゲモニー**
IV-17 側注2参照。

参考文献

川北稔・木畑洋一編『イギリスの歴史——帝国＝コモンウェルスの歩み』（有斐閣，2000年）。

平田雅博『イギリス帝国と世界システム』（晃洋書房，2000年）。

木畑洋一『イギリス帝国と帝国主義——比較と関係の視座』（有志舎，2008年）。

秋田茂『イギリス帝国の歴史——アジアから考える』（中公新書，2012年）。

2 植民地と近代／西洋

堀内隆行

【関連項目：世界システム論，社会的規律化，帝国主義論，植民地と環境，オリエンタリズムとポストコロニアリズム】

📖 史　実

　19世紀末，イギリスやフランスに加えてドイツやアメリカ合衆国が台頭すると，各国は競って植民地を拡大し，世界分割が進んだ。南アジアや東南アジア大陸部では，イギリスがインド支配を確立した後ビルマに進出，フランスもヴェトナム・カンボジア・ラオスを領有した。また東南アジアの島嶼部では，イギリスやオランダが支配領域を拡大し，アメリカ合衆国もフィリピンを植民地化した。アフリカでも，英・仏にドイツ・イタリア・ベルギーなどが加わって内陸部への進出が相次ぎ，太平洋地域も英・仏・独・米に分割された。

　一方，東アジアに目を転じると，中国は独立を保ったものの，イギリス・フランス・ドイツ・ロシアによって勢力圏が設定された。このような中，日本は1895年の台湾に続き，1910年に韓国を併合する。オスマン帝国やカージャール朝下のイランも，列強の対立の場となった。さらに，南米諸国はなおイギリスへの経済的従属のもとにあったが，中米・カリブ海では合衆国の影響力が強まった。アジア・アフリカの植民地が政治的独立を果たすのは第二次世界大戦後のことである。

⚔️🛡️ 論　点

1．初期の研究と従属理論

　植民地化についての歴史研究は，それぞれの植民地の宗主国（イギリス領ならイギリス）で始まった。こうした研究は，植民地化を「未開」状態からの近代化と見なした（植民地近代化論）。これに対して，植民地の独立を主張するナショナリストたちは，植民地化を，現地の富が収奪される過程と断じた。だが，西洋式の教育を受けたナショナリストたちは，独立後，欧米諸国を見習って自国を近代化することを目指した。対立しあう宗主国と植民地ナショナリストたちは，西洋に起源を持つ近代を「よいもの」と考える点では共通していたといえる。

　このような見方は1960年代から70年代にかけて，従属理論[◁1]の立場の経済学者，社会学者たちによって風穴を開けられる。彼らは，植民地の貧しさは，偶然や不運の産物ではなく，近代／西洋によって構造的にもたらされた問題であるとした。従属理論は，ラテンアメリカやアフリカの歴史理解に影響を与える一方で，アジアの実例には即していないとの批判にもさらされた。

2．ポストモダンとポストコロニアルの影響

　その後，植民地化の歴史研究を変えたのは，近代の負の側面に目を向けて見直しを図るポストモダンや，植民地主義を批判するポストコロニアル[*]の思想だった。例えばフランスの哲学者フーコー[*]は，近代化を個人の自由の進展ではなく，司法・教育・医療など

▷1　従属理論
植民地の安価な労働力や一次産品はヨーロッパを中心とする近代資本主義の必要条件であり，それゆえ植民地地域の経済的従属は必然的に固定されると説く経済的および政治的立場。代表的な論者としては，チリなどで活躍した初期のアンドレ・グンダー・フランクやエジプトのサミール・アミンがいる。イマニュエル・ウォーラーステインの世界システム論も従属理論の一種と位置づけられることもある。
＊　ポストコロニアル
Ⅴ-23 参照。
＊　フーコー
Ⅰ-25 側注5参照。

をめぐる監視や規律化の拡大と捉え，植民地史の研究にも影響を及ぼした。またインドの民衆史研究サバルタン・スタディーズ[2]（サバルタン＝従属階級）は，1980年代末にポストコロニアルの理論家から批判を受けて新たな展開を見せた。

　フーコーの影響について，日本では朝鮮史の事例が知られている。1990年代後半以降，韓国の歴史学界を中心に**植民地近代性論**[3]が盛んになった。植民地近代性論は，日本統治期＝近代の朝鮮半島において，時間・衛生・効率の観念の徹底，団体・組織の一員としての訓練など民衆の規律化が拡大したことに着目する。ここで重要なのは，当局だけでなく朝鮮人知識層も規律化を希求したことである。植民地近代性論は，統治者による支配と現地人による抵抗という二項対立図式の克服を目指すものでもあった。

3．批判と植民地責任論

従属理論からポストモダン・ポストコロニアルに至る研究は，植民地化の意味を，近代／西洋自体の否定的側面を指摘することによって問い直すものだった。他方，最近では，以上のような研究に対する批判も提起されている。サバルタン・スタディーズは，ポストコロニアルの理論家による介入の結果，抽象的あるいは難解になり過ぎたと指摘された。植民地近代性論は，現地人エリート層の共犯関係を明るみに出した一方で，植民地当局や統治者の過酷さを見えにくくしたとも批判されている。

　こうした批判は，近年旧宗主国を中心に，植民地支配の過去を肯定する歴史修正主義が高まりを見せていることにも関係する。歴史修正主義に対抗するためには，ポストモダンやポストコロニアルの理論は力不足であり，植民地時代の過酷さに直接向き合う必要がある，と論じる研究者もいる。このような研究者たちは，**植民地責任論**[4]に関心を寄せる。日本やドイツの戦争責任論を拡大し，植民地支配に対する日独以外の旧宗主国の責任をも問う立場である。

東南アジアの植民地化（国名は独立後のもの）

凡例：
■ イギリス領　□ アメリカ領
■ フランス領　▨ ポルトガル領
□ オランダ領

ビルマ（ミャンマー）／ラオス／タイ／ヴェトナム／カンボジア／フィリピン／マレーシア／インドネシア／シンガポール

0　1000km

歴史学的に考察するポイント

①従属理論が歴史理解に影響を与えた南アフリカの事例を調べよう。
②植民地近代性論の具体的研究としては，他にどのようなものがあるか。
③ポストモダン・ポストコロニアル理論への批判に対して，これらの理論を擁護することはできるだろうか。

3 植民地と環境

水野祥子

【関連項目：コロンブス交換，大分岐，帝国主義論，植民地と近代／西洋，オリエンタリズムとポストコロニアリズム】

＊　ポメランツ
Ⅳ-5 参照。

▷1　保　全
保全（conservation）に関しては多くの議論がある。というのも，一般的に植民地において自然資源を管理する主体は植民地政府であり，資源の持続的な利用のために現地住民のアクセスを制限したからである。

 史　実

　近代ヨーロッパ諸帝国とグローバルな環境変化の歴史は深く結びついてきた。ヨーロッパ諸国は食料や原料を求めて植民地を開発した。ポメランツ*が主張するように，18世紀のイングランドが生態環境の制約から脱して大きく分岐したのは，アメリカという植民地があったからである。他方で，植民地の自然は大きく改変され，19世紀までに資源の恣意的な開発が及ぼす悪影響が認識されるようになった。こうして19世紀後半以降のヨーロッパ植民地では，自然資源を持続的かつ効率的に利用するために，近代科学に基づいてこれを保全する制度が発展した。例えば英領インドでは1864年に森林局が設立され，政府による森林管理が始まった。この森林政策によって住民の慣習的な森林利用はしばしば制限され，現地社会の抵抗を誘発することもあった。大戦間期のアフリカ南・東部では，野生生物の保護や土壌保全が提唱されるようになり，資源や土地利用をめぐる衝突が見られた。これらの植民地では，独立後も政府による資源の管理が継続・強化される場合が多く，自然の利用と保全をめぐり，政府，地域住民，NGO，国際援助機関などの間で議論が続いている。

論　点

1．自然と植民地主義
　1980〜90年代までのアジアやアフリカの環境史家の多くは，植民地期を自然環境の変化（悪化）の分水嶺と捉えており，自然資源を管理し，利用する主体や方法の変化を植民地政府と現地社会という二元論的な枠組みの中で分析してきた。例えば，グハは，インド政庁の意向に沿った森林局の商業的営林によってインドの森林が植民地期に急速に破壊されたと主張した。また，森林局は，科学的管理を口実に現地住民による森林利用を制限したため，住民の資源保全的な慣習は失われ，かれらは森林放火などの手段で森林政策に抵抗するようになったという。D・アンダーソンは，東アフリカで植民地政府が1930年代に導入した土壌保全政策によって住民の土地利用への介入が強まり，それに対する抵抗が第二次世界大戦後のナショナリズムの高揚につながったと説明している。このように，自然が資源として植民地政府に管理されるようになった結果，現地社会から切り離されていったとする見方が顕著であった。

2．環境保護主義の起源
　一方，1990年代後半以降，ヨーロッパの植民地で生まれた資源保全の思想や制度を今日の環境保護主義の起源の一つと位置づける研究が出てきた。グロウヴによれば，ヨーロッパ人の植物学者たちは，モーリシャス，セント・ヘレナ，西インド諸島などの熱帯の島々を

「楽園」と見なしていたが，18世紀までに森林破壊と土壌侵食や水源の枯渇，気候の悪化との関係性を指摘するようになり，植民地における恣意的な開発を批判するようになった。彼らはヨーロッパ，インド，オーストララシア，アフリカを含む広大なネットワークを通じて情報を交換し，水，土壌，植生，野生生物などの自然資源を保全する思想をつくりあげていった。こうして，19世紀半ばには，東インド会社の医務官（彼らは植物学者でもあった）を中心に，インドで木材の持続的産出と水源の保持などのために植林するよう求める動きが高まり，森林政策の始まりにつながったという。また，バートンは，インドで確立した森林保全制度が19〜20世紀転換期にアフリカやオーストララシア，カナダ，西インド諸島，東南アジアなどイギリス帝国各地へ広がり，さらにアメリカ合衆国にも影響を及ぼしたと主張する。彼らは，ヨーロッパの植民地で形作られた資源保全の思想や制度の世界的広がりを示すことにより，今日の環境保護主義の形成において，19世紀末の西ヨーロッパや北アメリカで展開した環境保護運動よりも重要な役割を果たしたと考えている。

3．その後の展開　バイナートとヒューズの『環境と帝国』（2007年）が指摘するように，植民地政策を自然資源の搾取と捉えるか保全の始まりと考えるかで研究が二分され，両者の間で建設的な議論がなされてこなかったことが問題視されている。近年では，両方の見方を包摂する歴史像が模索され始め，新たな視点を持つ研究が出てきた。一つは，植民地化以前の社会を自然と調和した共同体と見るグハらの見解を批判し，植民地期のインパクトを多角的に再検討する研究である。二つ目は，植民地政府と現地社会の二項対立の構図では捉えられない，それぞれの内部の多様性や変化，また，両者の複雑で動態的な相互作用に注目する研究である。例えば，シヴァラマクリシュナンは，インドの森林政策が各地で同じように実行されたわけではないと指摘する。たとえ一律の制度が導入されても，現地の生態環境や住民の抵抗，政策をめぐる収税局との対立等，様々な状況に適応するために，実際には管理の仕方を修正せざるをえなかったという。

一方，ウガンダの土壌保全政策を他の東アフリカ地域と比較しつつ検討したカースウェルの研究では，土壌保全に関わる主体——**植民地科学者**，行政官，現地の首長，農民——の関係性によって，政策の内容や結果が大きく異なることが明らかにされた。さらに，**ポストコロニアル**期における資源の開発・保全政策の連続性／非連続性の研究は，国際的な保全の関心，国家による管理と現地住民による利用の自決権の間に生じる矛盾という今日的課題を考える上で重要である。

歴史学的に考察するポイント
①自然と植民地主義やナショナリズムという政治性との関わりを考えてみよう。
②植民地政府と現地社会，搾取と保全，という二元的な分析の枠組みは有効か。
③自然の管理や利用をめぐる主体間の関係性とはどのようなものか。
④植民地政策について対立する見方を包摂する歴史像の構築は可能だろうか。

▷2　植民地科学者
主に植民地の森林局，農務局など専門的な科学知識を必要とする部局に所属するヨーロッパ人科学者／官僚および植民地開発に科学顧問として関与した研究教育機関の専門家を指す。
＊　ポストコロニアル
V-23参照。

（参考文献）
D・アーノルド『環境と人間の歴史——自然，文化，ヨーロッパの世界的拡張』（飯島昇蔵・川島耕司訳，新評論，1999年）。
柳澤悠「インドの環境問題の研究状況」長崎暢子編『現代南アジア1　地域研究への招待』（東京大学出版会，2002年）。
水野祥子「イギリス帝国の環境史」『歴史評論』799号，2016年。

4 第一次世界大戦原因論

小野塚知二

【関連項目：「ドイツ特有の道」，帝国主義論，植民地と近代／西洋，ウィルソンとアメリカの国際主義，第二次世界大戦原因論】

史　実

　1914年6月28日に，オーストリア＝ハンガリー帝国の皇位継承者**フランツ・フェルディナント**[▷1]とその妻ゾフィー・ホテクが，同国によって併合されていたボスニア＝ヘルツェゴヴィナを訪問した際に，ボスニア生まれのセルビア系（＝セルビア語を母語とする）住民によってサライェヴォで暗殺された。つまり，サライェヴォ事件とは，まずはオーストリア＝ハンガリー帝国の国内問題であった。この事件にセルビア王国が関与しているとしてオーストリアはセルビアに圧力を加え，7月28日に宣戦布告した。ロシアはこれに対抗して30日に総動員令を発し，8月1日にはドイツがロシアに対して，3日にはフランスがドイツに対して，それぞれ宣戦布告した。さらに，4日にはドイツがベルギーの中立を侵害したことを口実にイギリスがドイツに宣戦布告して，ヨーロッパの主要国が，独墺と英仏露（協商国）の対決という形で戦争状態に突入した。日本は日英同盟を口実にして早くも8月23日にドイツに宣戦布告して，中国・南洋諸島に進攻した。イタリアは三国同盟のパートナーであったドイツとオーストリアからの要請にもかかわらず参戦せず，二股外交の結果，1915年5月に，逆に協商国側で参戦した。アメリカは，1917年に協商国側で参戦した。こうして世界中を巻き込んだ史上最初の大戦争の結果，開戦前に世界中を結びつけていた循環的で円滑な「第一のグローバル経済」（後述）と**多角的決済機構**[▷2]は完全に破壊された。

論　点

1．ドイツ責任論

　第一次世界大戦の終戦処理をしたパリ講和会議（1919年）では，敗戦国ドイツとその同盟国によって大戦が惹起されたとの説が基調となり，その後，協商国（および連合国）側で長く通説となったドイツ責任論が構成された。ドイツの歴史家フィッシャーは『世界強国への道』（原書1961年）で，ドイツ帝国の「世界政策」と第一次世界大戦におけるドイツの戦争目的（1914年「九月綱領」）は密接に関連しているとした。ドイツはオーストリア・セルビア間の戦争を望み，それを支援し，さらに自国の軍事的優位を背景に露仏両国との戦争に乗り出したのだから，ドイツ帝国指導者には開戦についての責任があると主張したのである。これらはいずれもドイツに戦争責任の一端があったことは示しているが，他国に開戦原因がなかったことまで意味するものではない。

2．日本の通説とその改訂版

　日本では，帝国主義諸列強の対外膨張策の衝突が嵩じた結果，大戦に至ったとの説が流布しているが，ファショダ事

件やモロッコ事件等は外交的に解決されており，衝突は開戦に直結していない。また，いわゆる３Ｂ政策と３Ｃ政策[43]の対抗，三国同盟と三国協商の対抗，汎ゲルマン主義と汎スラヴ主義の対抗が原因であるとの説も，中等教育で用いられてきたが，いずれも容易に反証可能である。多角的決済機構と国際金融に潜む矛盾を精緻に分析して，ドイツの金融的脆弱性からの「決死の跳躍」が原因だとした吉岡昭彦は，通説を経済史的に洗練させたが，大戦によりドイツの金融的脆弱性がいかに解消されえたのかは不明である。

3．欧米の研究状況

ヨーロッパでは，第二次世界大戦後の独仏和解とヨーロッパ統合の結果，域内で戦争が勃発する可能性が極小化したため，開戦原因（why）はアクチュアルなテーマではなくなり，戦争の経験・記憶・顕彰のされ方などに研究の重点が移行した。また，各国の様々な外交的・軍事的行為と不作為の連鎖の複合に注目して，いかに（how）開戦に至ったのかを描く研究（Ｃ・クラークなど）が原因論の代替物の役割を果たしている。他方で，広範な民衆も含む社会的な雰囲気が，戦争へと傾斜したことに注目する研究も多く（ジョル，ベッケールとクルマイヒなど），第一次世界大戦の開戦原因論は一義的に明瞭ではなく，複雑化している。

4．各国に共通する民衆的な原因 ——「繁栄の中の苦難」

開戦前の四半世紀は，「第一のグローバル経済期」と呼ばれ，貿易，金融，人・情報・技術の移動の点で，世界は密接に結びついており，その中で世界は未曾有の「繁栄」を謳歌していた。しかし，国際分業の深化は，どの国にも必ず，比較劣位業種・地域の衰退という「苦難」をもたらした。「繁栄の中の苦難」は何らかの説明を要する。社会主義は資本主義の矛盾に原因を求め，自由貿易主義者は苦難への対処の必要性を認めなかったのに対し，最もわかりやすい説明を提示したのがナショナリズムである。自国が当然享受すべき利益が他国によって損なわれているという被害者意識と，そうした他国に内通する裏切り者が暗躍しているという猜疑心の複合心理が，この時期のナショナリズムの特徴であった。被害者意識と猜疑心を煽る政治家やメディアが伸張し，他国の経済的・文化的脅威への「敢然たる自衛・対抗」は，民衆に強く支持された。こうした民衆心理と，ポピュリズムに依存する政治と，ナショナリズムを鼓吹するメディアとの相互作用の結果，1910年頃までには民衆心理の中で敵は確定していた。ここに火を点けるできごとにより第一次世界大戦は始まり，その過程は，「いかに（how）」を説く研究によって解明されているが，サライェヴォ事件に直接的な関係のないイギリスや日本まで含めて，一斉に参戦したのは「なぜか（why）」を解明する課題は残されている。被害者意識的な民衆心理と好戦的な「自衛」論がその鍵となるだろう。

歴史学的に考察するポイント

①高校で学習した日本の通説を批判的に再検討してみよう。
②第一次世界大戦前と現在の各国のナショナリズムを比較してみよう。

▷3　３Ｂ政策と３Ｃ政策
３Ｂ（ベルリン，ビザンティウム〔イスタンブル〕，バグダード）のうち，ドイツ帝国が実効的に支配していたのはベルリンのみで，ビザンティウムもバグダードもヴィルヘルム２世の世界政策にとって願望の地であったにすぎない。この意味でイギリスが実効的に支配していた３Ｃ（カイロ，ケープタウン，コルカタ）と比較すべくもないし，また，３Ｂを結ぶ線と３Ｃを結ぶ三角形は地政学的にかすりもしないから，対抗のしようもない。さらに，ドイツはバグダード鉄道敷設計画に必要な資本を自力では準備できず，英仏の資本参加に期待しており，この点でも３Ｂ対３Ｃという図式で戦争原因を考えるのは不適切である。

（参考文献）
ジェームズ・ジョル『第一次世界大戦の起源』（池田清訳，みすず書房，1997年）。
小野塚知二編『第一次世界大戦開戦原因の再検討——国際分業と民衆心理』（岩波書店，2014年）。
奈良岡聰智『対華二十一ヶ条要求とは何だったのか——第一次世界大戦と日中対立の原点』（名古屋大学出版会，2015年）。
クリストファー・クラーク『夢遊病者たち——第一次世界大戦はいかにして始まったか』（1・2）（小原淳訳，みすず書房，2017年）。

5 ウィルソンとアメリカの国際主義 三牧聖子

【関連項目：主権／主権国家／主権国家体制，植民地と近代／西洋，第一次世界大戦原因論，第二次世界大戦原因論，オリエンタリズムとポストコロニアリズム】

▷1　孤立主義

孤立主義とは，諸国家と通商関係を緊密化させつつも，政治的な関わりは最小限度にとどめようとする外交方針である。その起源は初代大統領ジョージ・ワシントンの告別演説(1796)に遡る。ワシントンは世界のいずれの国とも永久的な同盟を結ぶことを回避し，無用な争いに巻き込まれないことを外交の基本とすべきだとした。

▷2　国際連盟

第一次世界大戦後に創設された平和のための国際組織。協議による紛争解決や集団安全保障システムを原則とし，大戦の原因と見なされた勢力均衡体制を乗り越えることを目指したが，アメリカとソ連の不参加など，前途多難な出発となった。

▷3　ヴェルサイユ条約

1919年6月28日，パリ郊外のヴェルサイユ宮殿鏡の間で調印された第一次世界大戦の講和条約。ウィルソンの悲願であった国際連盟規約が盛り込まれたが，ドイツに対し，莫大な賠償金の支払いや全海外植民地の放棄，大規模軍縮を命ずる懲罰的な規定が盛り込まれた。同条約への反感はドイツ国民の間にくすぶり続け，1930年代，ナチス政権は賠償支払いの拒否，再軍備宣言，オーストリア併合など，同条約を次々と破棄していった。

▷4　ワシントン会議

ハーディング米大統領の提唱により1921年から翌年にかけて開催された会議で，イギリス・日本・フラン

📖　史　実

　ヨーロッパで第一次世界大戦が勃発すると，ウッドロー・ウィルソン米大統領は，アメリカ建国以来の孤立主義^{◁1}の外交的伝統に従い，中立を宣言した。中立政策の転換の契機となったのは，ドイツによる無制限潜水艦作戦の遂行である。1915年2月，ドイツは敵国・中立国を問わず，イギリスへ物資を移送する船舶を潜水艦によって撃沈すると宣言し，同年5月にはイギリスの商船ルシタニア号が撃沈され，多数のアメリカ人も犠牲となった。1917年4月，ウィルソンは「世界を民主主義にとって安全なものとする」という大義を掲げ，対独参戦を宣言した。ウィルソンの対独参戦教書には，海洋は自由な航行に開かれていなければならないという原則をドイツが脅かしたことへの強い糾弾も盛り込まれた。

　1918年1月，ウィルソンは戦後の国際秩序についての14カ条の原則を発表する。この中でウィルソンは，平和は道義的な原則に基づくものでなければならないとして，秘密外交の廃止，公海の自由，通商障壁の撤廃，軍縮，被治者の合意に基づく統治，国際連盟^{◁2}の設立等を提唱した。とりわけウィルソンは国際連盟を新たな国際秩序の基盤として重視した。国際連盟は，大国間の勢力均衡に依拠する権力政治的な国際秩序に代えて，加盟国一国に対する侵略を連盟全体に対する侵略と見なしてこれに対処する集団安全保障体制の構築を目指すものであった。

　しかし，連盟規約を盛り込んだヴェルサイユ条約^{◁3}を米連邦議会が批准しなかったために，アメリカの連盟加盟は実現しなかった。批准失敗の主因は，共和党議員がアメリカを際限のない国際的関与へと導くとして連盟規約の修正を要求したのに対して，ウィルソンが非妥協的な姿勢を貫いたことにあった。アメリカという重要なメンバーを欠いたことが大きな原因となり，連盟は1930年代の国際危機に有効な対応を打ち出せなかった。このことへの反省から，第二次世界大戦後，米連邦議会は，ウィルソンの国際主義を受け継ぐ形で創設された国際連合への加盟を圧倒的多数で支持することとなる。

⚔️　論　点

1．国際主義は一つか──様々な世界関与

連盟加盟に反対した共和党議員たちも，世界からの孤立を志向していたわけではない。彼らは連盟の代替として，アメリカの防衛義務を明確かつ具体的に定めた協約をヨーロッパ諸国との間に成立させる可能性を模索していた。1920年代，アメリカの共和党政権は，アジア太平洋の国際秩序の安定を目指すワシントン会議^{◁4}を開催し，1928年にはパリ不戦条約^{◁5}の締結を主導した。長らく「孤立主義」と否定的に評価されてきた共和

党政権の外交は，ウィルソンが追求したのとは異なる「国際主義」外交として評価されるようになっている。

　一方で，ウィルソンの国際主義の不徹底への批判もある。ウィルソンが民族自決*を掲げながらパリ講和会議でヨーロッパの帝国主義諸国と妥協した結果，独立できたのはヨーロッパの一部の国家に限られた。このようなウィルソンの外交は，反帝国主義を掲げてアメリカに弱小国のリーダーたることを求めていた議員の批判を浴び，その後の歴史研究でも批判の対象となっている。

2. 民主主義と平和は不可分か　ウィルソンの国際主義は，後世に様々な評価を生み出してきた。戦争の根本原因を除去し，持続的な平和に向けた国際政治体制を構築しようとしたウィルソンの国際主義は，先見の明に満ちた「より高き現実主義」であったという肯定的な評価がある一方，諸国家の権力闘争の克服を安易に考えすぎていたという批判も根強い。

　最も評価が分かれてきたのは，民主主義と平和を結びつけるウィルソンの思想である。ウィルソンは，民主主義を最善の政治体制と見なし，民主主義的な国内体制を持つ国家を増やしていくことが，平和へとつながると信じていた。しかし，このようなウィルソンの信念は，ラテンアメリカ諸国に対する，武力行使を含む度重なる介入にも帰結した。民主主義という国内体制と国際平和とを不可分と見なすウィルソンの前提は正しいのか，仮に正しいとしても，武力を手段として他国を民主化することは許されるのか，そもそも可能なのか。今日に至るまで，様々な議論が展開され続けている。

3. 克服されなかった単独行動主義　ウィルソンの国際主義は，単独行動主義を克服してはいなかった。連盟によって世界は管理されねばならないが，連盟によってアメリカの主権や行動が管理されたり，制限されることがあってはならないということは，ウィルソンにとって当然の前提であった。

　主権への固執は，その後もアメリカ外交を連綿と特徴づけることとなった。アメリカは国連の創設には大きく貢献したが，加盟後は，国連での議論がアメリカに都合の悪い展開になると，拒否権をちらつかせるなど，問題の多い関わり合いを続けてきた。アメリカの多国間主義は，単独行動主義という批判を回避するためだけに多国間主義を利用する「偽装多国間主義」であるとの批判も後を絶たない。

歴史学的に考察するポイント

①ウィルソンの国際主義外交は，伝統的な孤立主義と完全に断絶していたか。その限界はどこにあったか。

②国際連盟に反対した人々も，様々な国際的関与を模索していた。彼らを視野に入れることで，国際主義の理解はいかに深まるだろうか。

③民主主義と平和との関係についてのウィルソンの考えは，どれほど妥当なものだろうか。

ス・イタリアなど9カ国が参加し，海軍軍縮と太平洋・中国問題が議論された。会議の結果，主力艦保有比率を米・英5，日本3，仏・伊1.67と定めた海軍軍縮条約，中国の主権尊重・領土保全・門戸開放を確認した九カ国条約，太平洋地域の現状維持と，紛争が生じた際の共同会議などを規定した米英日仏の四国条約が締結され，アジア太平洋地域の新たな国際秩序枠組みが構築された。ただし，ワシントン会議を通じて東アジアに新たな国際秩序が築かれたとする「新秩序」説に対しては，会議で打ち出された諸原則はスローガンにとどまり，英米日を中心的なアクターとする勢力圏外交に根本的な変化をもたらされなかったとする「旧秩序」説が唱えられている。

▷5　パリ不戦条約
イニシアティブをとった米国務長官と，仏外相の名前をとって，ケロッグ・ブリアン協定とも呼ばれる。1928年8月，米仏に加えてイギリス，ドイツ，イタリア，日本など当時の主要国を含む15カ国が調印し，国策の手段としての戦争の放棄と，平和的な紛争解決を盛り込んだ。第二次世界大戦の前夜には，当時の9割以上の国が署名あるいは批准を済ませていた。

*　民族自決
Ⅳ-23 側注1参照。

西崎文子『アメリカ外交とは何か』（岩波新書，2004年）。
最上敏樹『国連とアメリカ』（岩波新書，2005年）。
中野耕太郎『戦争のるつぼ——第一次世界大戦とアメリカニズム』（人文書院，2013年）。

6　ロシア革命とソ連邦の成立　　寺山恭輔

【関連項目：ナショナリズム論（東欧からのアプローチ），社会主義，スターリンと農業集団化・工業化，「短い20世紀」】

📖　史　実

　第一次世界大戦下のロシアでは，大衆が総力戦に疲弊し，開戦当初の挙国一致的雰囲気はまもなく消失した。1917年３月，大衆と兵士の不満が爆発した結果，皇帝ニコライ２世が退位し，ロマノフ朝は300年の歴史に終止符を打った（旧暦のロシアでは二月革命という）。約10年前の日露戦争を背景に生まれた諸政党（君主主義者，立憲主義者，社会主義者など）よりなる臨時政府が権力を握る一方，人口の８割を占める農民や労働者，兵士を代表するソヴィエト（会議，評議会を意味）が組織化され，臨時政府に対峙したため「二重権力」状態が生まれた。臨時政府に敵対的なレーニン率いる**ボリシェヴィキ**[▷1]は，ソヴィエトへの権力移譲を訴え，11月に武装蜂起して権力を奪取（同じく十月革命という），戦争からの離脱，土地の社会化を宣言する一方，選挙でボリシェヴィキが多数を占められなかった憲法制定会議を1918年１月に解散した。さらに３月にドイツ等交戦国とブレスト・リトフスク講和条約を単独で締結して戦争から離脱，それに反対する**エスエル**[▷2]左派との連立も解消して一党体制（1918年よりロシア共産党）を構築していく。1918年半ばにはボリシェヴィキ政権と反対諸派との内戦が勃発し，ロシアの単独講和に反発した英仏米日などの連合国はボリシェヴィキ政権の転覆を目指す干渉戦争を始めた。

　農民が地主所有地を奪取して耕作地を拡大し共同体内で分配する土地革命が農村で進行していたが，農村に基盤を持たないボリシェヴィキは暴力を伴う割当徴発により穀物を確保する一方，鉄道，銀行，大企業を国有化し商業も禁止した。資本主義的な市場原理を無視したこれらの急進的な政策を「戦時共産主義」という。ボリシェヴィキは1920年頃までに内戦や干渉戦争にほぼ勝利したが，強制的な穀物徴発に対して全国で頻発した農民反乱に対処することを迫られた。そのためボリシェヴィキは，現物税を導入して余剰生産物の自由販売を認め，中小企業には自由な生産や商業活動を認める「新経済政策」，通称ネップを1921年春までに導入した。1921年には大飢饉がロシアを襲うが，外国の支援を受けてそれを乗り切ると，農業生産も順調に回復していく。その後シベリアから日本が撤退したため，緩衝国家「極東共和国」を吸収し，ロシア帝国に近い領土を合わせて1922年末にソヴィエト社会主義共和国連邦（ソ連）が設立された。

⚔️　論　点

1.　二月革命・十月革命の捉え方

社会主義体制樹立に至る十月革命は二月革命とともに歴史の必然だったとするのがソ連の正統史学であった。

▷1　ボリシェヴィキ
ロシア共産党の前身。「多数派」を意味する。19世紀後半のロシアでは資本主義が徐々に発展して労働者が増大し，彼らを基盤にマルクス主義を信奉するロシア社会民主労働党が1898年に非合法に結成された。20世紀初頭，同党は，党員を職業革命家に限定するボリシェヴィキと，大衆的政党を目指すメンシェヴィキ（少数派）に分裂した。Ⅳ-26 側注５も参照。

▷2　エスエル
社会主義者革命家党の略称。ロシア帝国民の圧倒的多数を占める農民を基盤に置く。後進国ロシアが農村共同体的な伝統と西欧の社会主義思想を結合させ，資本主義を通過せずに社会主義社会を作るべきであるとする，19世紀後半に広まったナロードニキ思想を受け継ぐ。Ⅳ-18 側注３および５も参照。

これに対し，19世紀の大改革以来，帝政は順調に発展していたゆえに二月革命の必要はなかったとする王党派史観や，帝政の崩壊は必然だが臨時政府にこそロシア発展の可能性があったのであり，十月革命はその後のスターリン独裁体制に道を開く陰謀家集団によるクーデターであったとする，米国で主流となったリベラル派史観（またはソ連の統治体制を全体主義と見なす「全体主義」史観）が存在した。これらの歴史研究にはロシアから亡命した王党派，リベラル派知識人が影響を与えた。一方で西側には，ボリシェヴィキの行動は当時の状況に対応したものであるとして，十月革命を擁護するイギリスのＥ・Ｈ・カー◁3やドイッチャーの研究があらわれた。カーの『ソヴィエトロシア史』は，あまりにもソ連寄り過ぎるとして西側では批判され，ポーランド共産党出身のドイッチャーによるスターリンやトロツキーら革命家たちの伝記は，逆にリベラル過ぎるとしてマルクス主義＊者から批判されたが，その実証性によりともに高く評価されるに至った。

2. **レーニンのリーダーシップ，修正主義**

農民が大多数を占めるロシアにおいて，社会主義革命は時期尚早とするマルクス主義的解釈を無視して武装蜂起を主導したレーニンの強力なリーダーシップなくして十月革命はありえなかったという見方は，ソ連はもとよりリベラル派史観やカー，ドイッチャーらの著作に共通していた。一方で，社会史を重視し，諸派の指導層だけでなく労働者，兵士，農民，少数民族といった様々なグループの動向に下から光をあてる動きが1970年代以降の米国で広まった。修正主義と呼ばれるこれらの研究は，ソ連で地道に行われていた良質の歴史学の成果をも積極的に摂取して活用していく点に特徴があるが，大衆が求めていた過激な要求を浮き彫りにすることで，リベラル派史観が想定していた臨時政府のもとでの歴史的発展に疑問符を付すことになった。

3. **民族問題と国際的影響**

民族問題や国際関係からロシア革命を考察することも可能である。ロシア革命を機に，多民族国家のロシア帝国からはフィンランド，ポーランド，バルト三国◁4が独立を果たしたが，独立を志向していたその他の周辺地域は次々に併合された。アジアやアフリカに多数の植民地が存在していた当時の世界情勢においては，ボリシェヴィキが掲げる民族解放というスローガンが与える影響も大きかった。世界革命を志向して1919年3月に設立されたのがコミンテルン（共産主義インターナショナル。第三インターナショナルとも呼ばれる）であり，その影響下に1922年に設立された中国共産党が現在に至るまで一党体制を堅持して大きな政治的影響力を行使しているのがその一例である。

歴史学的に考察するポイント

①二月革命，十月革命の原因について，どのような見方があるか。
②戦時共産主義と新経済政策の違いは何か。
③ロシア革命の思想は世界各国にどのような影響を与えたのか。

▷3 Ｅ・Ｈ・カー
1892～1982年。イギリス外務省在勤中よりドストエフスキー，バクーニンらの伝記を執筆していたが，1936年に外務省を退職，自身も関与したヴェルサイユ講和条約締結交渉以降の国際関係を扱う『危機の二十年』（1939年）を執筆した。本書はその後の国際関係理論に大きな影響を与えた。戦後，ソ連史研究に専念し『ソヴィエトロシア史』14巻（1950～78年）を執筆した。『歴史とは何か』（1961年）は歴史に対する深い洞察に満ちている。
＊ マルクス主義
Ⅴ-24 側注2参照。

▷4 バルト三国
バルト海に面したエストニア，ラトヴィア，リトアニアの三国を指す。1939年独ソ不可侵条約の秘密協定により，ソ連に併合されるが，ソ連崩壊時に再度，独立した。

参考文献

アイザック・ドイッチャー『トロツキー』（伝三部作）（山西英一ほか訳，新潮社，1964年）。
Ｅ・Ｈ・カー『ロシア革命』（塩川伸明訳，岩波現代文庫，2000年）。
リチャード・パイプス『ロシア革命史』（西山克典訳，成文社，2000年）。

7 スターリンと農業集団化・工業化 寺山恭輔

【関連項目：アイルランド大飢饉，社会主義，ロシア革命とソ連邦の成立，世界恐慌，「短い20世紀」】

📖 史　実

　労働者政党を標榜し，人口で圧倒的多数を占める農村に基盤を持たなかったロシア共産党は，ネップによって農民に譲歩することで権力を維持できた。ネップを主導したレーニンの死（1924年1月）後，民族主義的感情に訴え，「**一国社会主義**」を唱えて党内闘争に勝利したのが**書記長**スターリンやブハーリンらのグループである。1920年代半ばまでにソ連の商工業，農業がともに大戦前の水準まで順調に回復したのがネップの成果だが，限界に達した工業の旧式設備の更新と社会主義体制の基盤整備には，工業へのさらなる投資が求められた。干渉戦争以来，敵対的な国家に包囲され外資に頼れない状況で，工業化の原資をどこに求めるべきなのかが問題となる。ロシア経済は一次産品の輸出に支えられており，21世紀ロシアの石油や天然ガスに当たるのが，当時は穀物や木材であった。強制的な穀物徴発を放棄した以上，国家は農業税や調達価格を梃子に農業に介入するしかなく，農民に求める負担の程度について意見が分かれた。この論争では，農業税の抑制や高い調達価格で農民に融和的な姿勢を取ることを主張した右派のスターリンやブハーリンらが，農民に厳しい左派に勝利した。

　しかし農民に自由を与え，農業生産が回復したにもかかわらず，20年代半ばの穀物調達量は当局の想定通りに増大しなかった。農民に穀物の供出を促す魅力的な工業製品がそもそも存在せず，逆に農民に譲歩して穀物の調達価格を引き上げれば工業化を遅らせて製品も提供できない，という窮地に当局は陥ることになった。穀物調達量が1927年に急減すると，当局は，ネップのもとで勢力を増大させていた富農層が故意に穀物を退蔵し，調達価格の引き上げを狙っている，資本主義の復活を企図していると見なし，1928年より戦時共産主義を想起させる穀物徴発，富農撲滅策（処刑や遠隔地への追放）を実施，農民を強制的に集団農場へ追い込んだ。この政策を主導したスターリンは，自分の立場を変えて農民に穏健な右派を切り捨て，かつて倒した左派的な政策を採用し，忠実な部下を集めて独裁的な権力を樹立したのである。さらにスターリンは1929年に第一次五カ年計画を策定して大々的な工業化に乗り出すが，世界経済から孤立していたソ連は，世界を覆う米国発の恐慌の影響を受けることなく発展し，米国に次ぐ工業国家へと変貌を遂げることになる。

⚔️ 論　点

1. ネップの継続は可能だったのか？ ──農 民・農 村 の 研 究

ソ連の正統史学は，スターリンの農業集団化・工業化を肯定的に叙述してきた。

一方西側では，ネップ時代とそれを主導したレーニンやブハーリンを肯定的に評価し，1920年代末の歴史的転換点にネップを放棄し，独裁体制を切り拓いたスターリンと彼らを区別する研究が存在した。これらの研究は，正統史学に反発するソ連国内の歴史家の著作も利用したが，ネップも評価しない全体主義論者にとっては，そもそもそのような区別は存在しない。穀物調達危機がなければ右派的な穏健的農政が継続し，戦時共産主義期の政策に訴えずに済んだのではないか，という問いも立てられることから，党の思惑通りに反応しなかった農村の実態，党と農民の関係についての研究も蓄積されている。

2. 国際状況——左旋回への支持 国際状況からネップの放棄を考察する議論もある。ネップの導入によってソ連の国際関係は徐々に改善したが，コミンテルンを通じて諸外国の共産主義勢力との連携を図ったため，英国や中華民国等との関係が悪化し，1927年には**戦争の脅威**[▷3]も噂された。それがソ連国内の農民たちにも伝わり，戦争に備えての穀物の退蔵を促し，ますます穀物調達を困難にしたという議論である。

内戦や干渉戦争は，多くの党員に戦闘的メンタリティを植え付けた。彼らにとって農民への行き過ぎた配慮や富農の繁栄を放置するネップは革命の後退，裏切りに思われた。国防のための工業化推進にはネップの放棄が必要だと主張する彼らの不満をスターリンがうまく掬い取って左に旋回したのだと，下からのスターリン支持の存在を重視する議論もある。

3. その他の問題 ネップの時代には，大衆が比較的自由な社会生活を享受したこと，国内の少数民族が民族言語による教育や様々な文化的な発展を遂げることができたこと（ソ連版のアファーマティブ・アクション政策），一党独裁体制下にありながら識字率が上昇し教育水準が向上したこと等から，1930年代以降のスターリン時代と対比して，ネップ時代の諸政策を評価する議論もある。一方で，スターリンは，暴力的で残酷な農政によって数百万の犠牲者を出す大飢饉を1932〜33年に引き起こし，労働者の生活水準も極度に低下させながらも，工業化を強力に推進し，最終的に独ソ戦を勝利に導くという肯定的な役割を果たしたのだという議論が，近年のロシアでは広く受け入れられており，スターリンは最も偉大な人物としてロシア国民に再評価されている。この現象は，プーチン政権下で行われている歴史の見直しの動きとも関係している。

▷3 （1927年の）**戦争の脅威**
1920年にソヴィエト・ロシアを攻撃したポーランドのユゼフ・ピウツキが1926年にクーデターで権力を握ったこと，英国内政治へのソ連の関与から英国がソ連と断交したこと，中華民国で1927年4月に蒋介石が中国共産党員を攻撃し（上海クーデター），北京では張作霖がソ連全権代表部（大使館）を襲撃したことなど，ソ連を取り巻く国際環境が悪化し，西側による対ソ攻撃の懸念が叫ばれたことをいう。

歴史学的に考察するポイント
①農民が多数を占める農業国家において工業化するにはどのような手法が考えられるだろうか。
②農業政策における右派と左派との違いは何だろうか。
③スターリンの政策はしばしば「上からの革命」と呼ばれるが，なぜだろうか。

参考文献
田中陽兒・倉持俊一・和田春樹『世界歴史体系ロシア史3——20世紀』（山川出版社，1997年）。
ロバート・サーヴィス『ロシア革命1900-1927』（中嶋毅訳，岩波書店，2005年）。
横手慎二『スターリン——非道の独裁者』（中公新書，2014年）。

8 世界恐慌

小野沢　透

【関連項目：スターリンと農業集団化・工業化，混合経済と福祉国家，革新主義とニューディール，ナチズム，新自由主義】

 史　実

　1929年10月のニューヨーク株式市場における株価暴落を機に始まったアメリカの経済恐慌は，1931年までに資本主義世界のほぼ全域を巻き込む世界恐慌に発展した。国によって程度の差はあったものの，商品価格と賃金の下落，生産の縮小，失業の増大，金融システムへの信頼の低下，という経済的な悪循環が，世界的規模で進行した。主要国の中で恐慌の影響を免れたのは，国際的孤立のもとで一国社会主義を追求していたソ連のみであった。

　国際協調によって恐慌の拡大を食い止めようとする様々な試みは効果を上げられなかったため，各国は自国の経済的利益を最優先するようになった。もともと高関税政策を取っていたアメリカは関税率をさらに引き上げ，19世紀以来自由貿易を標榜してきたイギリスは1932年のオタワ会議で帝国内を優遇する特恵関税制度を創設した。イギリスが1931年に，アメリカが1933年に，それぞれ金本位制から離脱したことで，国際的な**金本位制**◁1は崩壊した。多くの国が資本移動や貿易を制限し，ヒト，モノ，カネの国際的移動は大幅に縮小した。これらの結果，世界経済はいくつかの通貨圏や経済ブロックに分断されていった。

　世界恐慌は，多くの国々の国家のあり方に大きな影響を及ぼした。経済的自由放任主義への信頼は失墜し，国家の経済への介入が強まった。アメリカのニューディール，ドイツのナチズム，ソ連の一国社会主義は，国民の政治的・経済的自由や民主主義の存否や内容という点では著しく異なっていたものの，国家が巨大な経済主体や管理者として国民経済の運営に大きな役割を担うという方向性では一致していた。世界恐慌は，20世紀中葉の「大きな国家」の時代を準備したのである。

 論　点

1．経済学上の論争と歴史学　経済学の分野では，恐慌の原因について，需要の縮小（過小消費）を重視するアーントらケインズ主義者の見解と，貨幣供給量の縮小を重視する**フリードマン***ら貨幣主義者の見解とが，対立している。歴史研究においては，経済学上の対立をふまえつつも，恐慌の発生と拡大の原因や影響を複合的に考察すべきであろう。その出発点として役立つのは，ケインズ主義の観点に立ちつつ，大恐慌の発生から克服に向かうプロセスを歴史的に考察した，テミンの著作である。テミンによると，恐慌を拡大し継続させたのは，デフレ的性質を内包する金本位制という政策の枠組みであった。それゆえ，アメリカのニューディールやドイツのナチスの経済政策が，従来

▷1　金本位制
金を本位貨幣とする固定為替制の通貨制度。英国でナポレオン戦争後に法制化され，1870年代以降に欧州に，さらに世紀末までに南北アメリカ，日本を含む東アジア（中国は除く）に拡大。金と兌換される英ポンドを事実上の基軸通貨とし，英国の経済的優位とロンドンを中心とする多角的決済システムを基盤とした。国際的な金本位制は，第一次世界大戦により機能を停止し，戦後に部分的に復活したが，世界恐慌によって崩壊した。

*　ケインズ主義
Ⅴ-9 側注2参照。

*　フリードマン
Ⅴ-21 側注3参照。

▷2　国際通貨基金(IMF)と国際復興開発銀行(IBRD)
いずれも1944年のブレトン・ウッズ会議で設立された国際金融機関。IMF は自由な為替取引と通貨の安定を両立するための短期融資を，IBRD は戦後復興や開発のための長期融資を担うものとされた。IMF の融資対象は，戦後初期には主に先進国であったが，70年代以降は途上国が増加した。80年代以降，IMF と IBRD は，対外債務返済に窮した諸国に緊縮的な「構造調整」を強いることにより，新自由主義的な経済システムの拡大を主導した。

▷3　関税と貿易に関する一般協定（GATT）
1947年に署名された貿易自由化を目指す枠組み協定。元来は貿易自由化に向けたより包括的な権限を有する

とは異なる拡張主義的な経済政策の枠組みを導入したとき，人々の期待に変化が生じ，恐慌からの脱出の端緒が開かれることになったのである。

2．覇権移行論の視点　恐慌が拡大して持続した原因として，世界経済の構造的変化に着目する分析もある。キンドルバーガーは，世界経済の安定のためには恐慌時に「最後の貸し手」となる能力と意思を有する「覇権国」が必要であるとの前提に立つ「覇権安定論」の立場から，恐慌のメカニズムを分析した。19世紀の覇権国イギリスは，徐々に経済的競争力を失い，覇権国としての能力を低下させていた。一方，イギリスを凌駕する経済力を蓄え，第一次世界大戦を通じて債務国から債権国へと転じたアメリカは，新たな覇権国たる能力を備えながら，かかる役割を担う意思を欠いていた。それゆえアメリカは，大戦後のヨーロッパ経済の資金需要を賄い，その政治的・経済的な安定に寄与しながらも，高関税政策によって世界経済の不均衡を拡大し，1928〜29年には国内株式市場の好況に伴って海外から資金の引き揚げを開始した。恐慌が始まると，アメリカは，債務返済がいっそう困難になっていた海外の借り手を救うことなく，債権回収を強化した。覇権安定論によれば，覇権国としての自覚を欠くアメリカの行動が，恐慌を拡大し長期化させることとなったのである。

3．戦後世界への教訓　第二次世界大戦に伴う巨大な戦時需要によって，各国はようやく恐慌から脱却した。米英を中心とする連合国間では，戦時中から新たな国際経済制度の樹立に向けた交渉が進められた。1944年のブレトン・ウッズ会議で，国際通貨基金（IMF）と国際復興開発銀行（世界銀行，IBRD）が設立され，1947年には「関税と貿易に関する一般協定（GATT）」が合意された。ブレトン・ウッズ体制と通称される戦後国際経済の制度的な枠組みは，大恐慌期のような世界経済の分断を回避し，「自由で開かれた」世界を目指すものであった。しかし，それは同時に，各国の自律的な経済運営を認め，完全雇用と国民の経済的福祉の増進を目指す「大きな国家」を包摂する枠組みでもあった。このような国際的安定と国内的安定を両立させようとする枠組みを，国際政治学者のラギーは「埋め込まれた自由主義の妥協」と呼ぶ。かかる枠組みが存続した戦後四半世紀の間，世界経済は高度成長を遂げたが，経済全体に占める貿易と国際的資本移動の割合は第一次世界大戦前の水準を下回っていた。これらの割合が上昇し，各国の経済的な自律性を浸食する経済的グローバリゼーションが加速していくのは，世界的な経済成長が鈍化し「大きな国家」が解体していく1980年代以降のこととなる。

─ **歴史学的に考察するポイント** ─
①世界恐慌の原因については，どのような見方があるか。
②世界恐慌は，各国の政治や国家のあり方にどのような影響を及ぼしたのか。
③世界恐慌の教訓は，第二次世界大戦後の国際経済制度にどのような形で反映されたのか。

国際貿易機関（ITO）の一部と位置づけられていたが，米議会の反対などからITOが実現しなかったため，戦後の貿易自由化を推進する基本的な枠組みとなった。GATTの下では8次にわたる多角的貿易交渉が行われ，輸入制限の撤廃および工業製品を中心とする関税の引下げが進展した。1995年に世界貿易機関（WTO）に発展的に解消。

▷4　**ブレトン・ウッズ体制**　米ドルを基軸通貨とする戦後の国際通貨制度。各国通貨の価値が金と兌換されるドルに釘付け（ペグ）されたため，金・ドル本位制とも表現される。米国の経済的な地位の相対的低下に伴いドルの実質価値が低下していった1960年代には，通貨の安定維持に向けた先進諸国の協調や，ドルを補完する準備資産たる特別引出権（SDR）の創設等により，命脈を保ったが，1971年に米ニクソン政権がドルの兌換を一方的に停止したことにより崩壊した。国際通貨制度は1973年に変動相場制に事実上移行した。

参考文献
ピーター・テミン『大恐慌の教訓』（猪木武徳ほか訳，東洋経済新報社，1994年）。
石見徹『世界経済史──覇権国と経済体制』（東洋経済新報社，1999年）。
チャールズ・P・キンドルバーガー『大不況下の世界──1929-1939 改定増補版』（石崎昭彦・木村一朗訳，東京大学出版会，2009年）。
ジョン・ジェラルド・ラギー『平和を勝ち取る──アメリカはどのように戦後秩序を築いたか』（小野塚佳光・前田幸男訳，岩波書店，2009年）。

9　混合経済と福祉国家

坂出　健

【関連項目：資本主義論，財政軍事国家論，ロシア革命とソ連邦の成立，スターリンと農業集団化・工業化，世界恐慌，革新主義とニューディール，ナチズム，第二次世界大戦原因論，新自由主義】

📖 史　実

　ロシア革命と世界恐慌は，共産主義（計画経済）体制への期待感と資本主義（市場メカニズム）体制への不信感とを招いた。1930年代不況に見られる市場メカニズムの機能不全に対する危機意識を背景に，「混合経済」とも呼ばれる，財政・金融を通じた政府の経済介入が先進資本主義各国でも進められた。そうした経済政策体系は，ドイツでは軍事にポイントをおく「ナチス経済」，アメリカでは公共事業にポイントをおく「ニューディール経済」であり，また，イギリスでは「福祉国家」への道が準備されたとされている。

論　点

1. 混合経済── 福祉国家・戦争国家

　市場経済と計画経済の混合として理解されるところの混合経済とは，経済史的には，資本家が税金を国家に納める段階から，所得再分配メカニズムの構築を伴いながら労働者が税金を納める段階への変化を意味する。世紀転換期前後に，英米独仏など先進資本主義諸国の経済は，自由競争を原理とする様式から，独占を原理とする様式に転化した。一方で国家は経済への介入を拡大し，両大戦から冷戦期にかけて，軍事費などの国家安全保障予算と福祉・年金などの社会保障予算の増大がパラレルに進んだ。前者は戦争国家（ウォーフェア・ステイト）──「財政軍事国家」論の現代版といってもよい──，後者は福祉国家[▷1]（エスピン＝アンデルセンなど）と整理できる。経済史家は，欧米各国の国家介入のタイプが時期ごとに戦争国家と福祉国家のいずれを軸に編成されるか，各々の軍事的戦略環境と国内労働者の資本家・政府への賃上げ・社会給付などの要求のタイプと併せて分析しながら，論争を続けてきた。

2. 古典派経済学から ケインズ主義経済学へ

　アダム・スミスとデイヴィッド・リカード以来の古典派経済学者は，価格の自由な動きが，需要と供給のメカニズムを通じて，労働市場・貨幣市場を均衡させると考え，政府の経済介入は不要と考えていた。世界恐慌以降の資本主義の危機は，経済学者の予定調和的な信念を揺さぶり，新たな経済政策と理念が必要とされた。こうした状況において，マクロ経済学の開拓者ケインズは，『雇用・利子および貨幣の一般理論』で，総需要のシフトが総産出量に及ぼす短期的な効果に着目し，国家が公共事業などの経済への介入によって解決しなくてはならないとした。一方アメリカでは，経営学分野での「近代株式会社の所有と経営の分離」現象の発見者として著名な法学者バーリと経済学者ミーンズの国民計画派が，自由競争資本主義が少数の産業指導者による管理制度的資本主義へ移行した事実を認めた上で，独占に伴う所

▷1　福祉国家

エスピン＝アンデルセンは，福祉レジームを，第一に，個人あるいは家族が労働市場化の有無にかかわらず社会的一定水準の生活を維持することがどれだけできるか（参加支援指標），第二に，職種や社会的階層に応じた給付等の格差がどの程度か（平等化指標），第三に，家族支援がどの程度充実しているか（家族支援指標）の観点から測定される，自由主義レジーム（アメリカなどのアングロ・サクソン諸国）・社会民主主義レジーム（スウェーデン，デンマークなどの北欧諸国）・保守主義レジーム（ドイツ，フランスなどの大陸ヨーロッパ諸国）の3つに類型化した。

得分配の歪みを取り除くために有効需要を創出する経済運営を主張した。こうした主張に，ケインズ主義[12]経済学者が主張する不況克服の手段としての積極的財政支出政策は適合的であった。

3. 第二次世界大戦起源論争と「戦争国家」「福祉国家」

1930年代以降の政府の経済への関与は，国ごとにどのような特徴を持っているのだろうか。しばしば言及されるのは「ナチズム」と「ニューディール」の対比である。一方，エスピン＝アンデルセンは，政府が所得再分配に大きな力を持つようになった福祉国家（あるいは福祉レジーム）を3つのタイプに分類した。①市場を重視する自由主義（英米アングロサクソン）レジーム，②政府と労働組合を重視する社会民主主義（スカンディナヴィア諸国）レジーム，③カトリックなど宗教団体と家族を重視する保守主義（大陸ヨーロッパ）レジームの三類型である。こうした英米とドイツなど大陸ヨーロッパを類型論的に比較する視座は，第二次世界大戦起源論争とも重なり合っている。「正統派テーゼ」（ホーファーら）は，ヒトラーは第二次世界大戦以前から東方帝国構築に向けて計画したと考えていた。対して，テイラー[*]は，『第二次世界大戦の起源』で，ヒトラーは機会主義者であったと主張した。

それでは，「侵略的で強いドイツ」と「平和的で弱いイギリス」の対比に実はあるのだろうか。エジャトンは，この英独の対比を明確に否定する。彼は『戦争国家イギリス——反衰退と非福祉の現代史』において，戦間期におけるイギリス軍備縮小の「神話」を実証的に批判し，イギリスのリベラルは，平和主義的ではなく，必要に応じて軍事力を行使し，リベラルな国際秩序を支持するリベラル軍国主義であったと論じた。そして，現代イギリス史そのものも，「戦争国家」によって書き換えられなくてはならないと主張した。

エスピン＝アンデルセンは，1970年代のスタグフレーションにより「資本主義の黄金時代」が終わり，福祉国家が危機に瀕していると見ている。類型論を超え，「福祉国家」「戦争国家」の言説空間の絡み合いを解きほぐしつつ各国の実体を明らかにする作業が必要であろう。

歴史学的に考察するポイント
①福祉国家の3つの類型はどのようなものか。
②古典派経済学とケインズ主義経済学にはどのような市場観の違いがあるか。
③福祉国家はなぜ危機に陥ったのか。

▷2 ケインズ主義
イギリスの経済学者ジョン・M・ケインズの『雇用・利子および貨幣の一般理論』を嚆矢とするマクロ経済理論。恐慌からの脱出のためには政府による有効需要の創出が必要であるとの基本的な認識に立って，積極的な財政政策と緩和的な金融政策の必要性を説いた。これ以降，必ずしもケインズの理論に依拠せずとも，政治的自由主義を維持しつつ，「大きな政府」による積極的なマクロ経済の調整を指向する経済政策は，「ケインズ主義的」と形容されるようになった。累積的な恐慌対策を経て結果的に「大きな政府」を構築することになったアメリカのニューディールは，その典型例である。
＊ テイラー
V-14 側注4参照。

参考文献
伊東光晴『ケインズ』（岩波新書，1962年）。
G・エスピン＝アンデルセン『福祉資本主義の三つの世界——比較福祉国家の理論と動態』（岡沢憲芙・宮本太郎訳，ミネルヴァ書房，2001年）。
D・エジャトン『戦争国家イギリス——反衰退・非福祉の現代史』（坂出健監訳，名古屋大学出版会，2017年）。

10 革新主義とニューディール　　中野耕太郎

【関連項目：ナショナリズム論（南北アメリカ・西欧からのアプローチ），世界恐慌，混合経済と福祉国家】

📖 史　実

　アメリカの20世紀前半はしばしば「改革の時代」と呼ばれる。この歴史的な社会改良の盛期には，世紀転換期から第一次世界大戦にかけて台頭した「革新主義」と，1930年代の大恐慌期に現れる「ニューディール」という2つの頂点がある。前者は，アメリカが19世紀の農業的な社会から急激な工業化，都市化を経験した時期に符合する。新たに社会問題化した独占企業の規制や都市公衆衛生の改善，そして女性参政権を含む政治の民主化などが広く追求された。

　他方，後者のニューディールは1929年に始まる世界恐慌からの脱却を目指して敢行されたより中央集権的な政策群で，国家による労働組合の保護や失業保険，老齢年金を柱とする社会保障の導入などが進められた。第二次世界大戦期以降は，ケインズ主義*的な積極財政政策に重点が移ってゆくが，1970年代中葉に至るアメリカ福祉国家時代の基礎を作り出した。

　それでは，この2つの「改革」の山はどのような関係にあるのだろうか。改革政治が生成した史的文脈は同根のものと考えられるだろうか。思想的系譜はどうか。歴史学者は長くこの2つの「改革」の連続・非連続を論じてきた。その際，議論が集中したのは，「革新主義」の歴史的性格をどう見るかという点にあった。なぜなら，革新主義と呼ばれた広範な思潮の中には，禁酒主義に代表される道徳規範的な主張が含まれ，その歴史的な評価には大きな幅があったからである。

🛡 論　点

1．地位革命論
　革新主義の歴史研究は，1950年代，**コンセンサス史学**◁1によって大きく進展した。中でもホーフスタッターは，「革新主義者」の中に地方の名望家子弟が多く含まれたことに注目し，彼らが急激な工業化，大衆化の中で，社会的地位を失う不安を抱えていたと指摘した。つまり，中産階級の若者たちが「改革」へと向かったのは，20世紀の新時代への反動からであって，「心情的には農村の福音主義的プロテスタンティズムの伝統を継ぐ」ものだったという。それゆえに，この運動には旧い個人主義へのこだわりや道徳主義的な主張が遍在したのだとされる。他方，ホーフスタッターらにとってニューディールは，よりプラグマティックで「経済的実験作業」に近い政策群であり，2つの「改革」の間には大きな断層があったと見ていた。

2．組織史学の解釈
　これに対して，1960年代以降のウィービー等，**組織史学**◁2と呼ばれる研究群は，主要な「革新主義者」を新興の企業経営者や専門職人といった「新中産階級」に見定め，むしろ都市化，工業化の時代

---

*　ケインズ主義
Ⅴ-9側注2参照。

▷1　コンセンサス史学
アメリカ史を階級やセクション間の対立と紛争の連続と捉えるのではなく，経済的な利害や時代を越えて共有された，保守的な価値規範ないしは政治文化に注目して叙述する学派。リチャード・ホフスタッター，ダニエル・ブアスティンらが有名。

▷2　組織史学（organizational synthesis）
近代の大企業や行政機構の全国化，官僚制化を重視するアメリカ史叙述。特に高等教育を受けた専門職人や官僚テクノクラートといった新しいエリートと彼ら特有の技術や科学に基づく思考様式に注目する。アルフレッド・チャンドラーやロバート・ウィービーが代表的。

によく適応した存在だったと考えた。ウィービーによれば，革新主義は20世紀的な巨大組織や官僚主義への反動などではなく，逆にそうした新しい秩序形成に主体的な役割を果たしたという。それは，革新主義の現代的側面を重視した評価であり，ニューディールを含む後の世代の「改革」との連続説に道を開くものだった。

この組織史学の解釈は，1970年代末のホーリーや1990年代のザンズの1920年代論にも強い影響を残していく。彼らは革新主義に胚胎した科学的かつ技術的な問題解決への指向が，第一次世界大戦の総力戦で増幅し，20年代の専門家，テクノクラート主導の政治・経済体制を生み出したと論じている。この解釈は，革新主義のエトスは第一次世界大戦の国家動員と戦後の政治反動の中で死滅したとするホーフスタッターの見方とは著しく異なっており，むしろニューディール行政国家の先行者として，革新主義の「改革」の遺産を評価するものといえよう。

3. グローバルな思想移転　1980年代後半以降，アメリカの革新主義研究には新しいトレンドが加わった。やはり世紀転換期に隆盛した，西欧諸国の「社会的な政治」との相互交流を問うものである。例えば，クロッペンバーグは，大西洋の両岸でのプラグマティスト哲学の発展に注目し，アメリカと西欧の知識人が形成した環大西洋の「言説コミュニティ」を指摘した。またロジャーズは，革新主義左派とイギリス労働党系の知識人との人脈に注目して，アメリカの社会改良もまた「北大西洋世界全体の政治および思想運動の一部」だったと論じた。グローバルな歴史叙述を実践するロジャーズらの立場からすると，コンセンサス史学と組織史学の論争は，いずれも「国民国家の境界が分析の檻」となっていると批判されるだろう。だが，このグローバル派が前提としているのは，広義の社会民主主義の伝播と受容であり，その意味で革新主義とニューディールの連続性を強調する議論と相性が良い。

── 歴史学的に考察するポイント ──

①歴史の中の「革新」や「反動」とは何か。

②改革政治の担い手はどのような人々だったか。彼らはどのような階層の出身で，どのような職業生活を送り，どのような世界観を持ったか。

③歴史の中で，長期にわたって変わらない価値や習慣とは何か。逆にある時期に根本的な断絶があったとすれば，それは何か。

（参考文献）

R・ホーフスタッター『改革の時代──農民神話からニューディールへ』（清水知久ほか訳，みすず書房，1988年）。

オリヴィエ・ザンズ『アメリカの世紀──それはいかにして創られたか』（有賀貞・西崎文子共訳，刀水書房，2005年）。

エリック・フォーナー『アメリカ自由の物語──植民地時代から現代まで』（上・下）（横山良ほか訳，岩波書店，2008年）。

11 ファシズム論

石田　憲

【関連項目：リソルジメント，ナショナリズム論（南北アメリカ・西欧からのアプローチ），第一次世界大戦原因論，混合経済と福祉国家，ナチズム】

📖 史　実

　第一次世界大戦への参戦をめぐり，イタリアの世論は二分されていた。社会党に所属していたムッソリーニは積極的参戦論に転じ，戦後には復員軍人を中心としたファシズム運動を主導する。未来主義などの従来の伝統を覆すような芸術運動とも提携した新しい政治手法は，後に近代主義建築家などによる都市計画をも推進し，ファシズム近代化論などの端緒ともなった。後述するデ＝フェリーチェは，こうしたファシズムを「台頭しつつある中間層」が担ったと指摘している。1922年，政権奪取に成功したファシスト党は，社会主義と自由主義に対抗する第三の軸であると同時に，イタリア特殊の事象と自己規定したが，ファシスト・インターナショナルなどの国際的文脈を意識した動きも見せる。しかし，反ユダヤ主義を否定するなどドイツのナチズムと一線を画すような主張を見せたものの，1920年代後半の独裁制確立とともに膨張主義の志向を著しく強めていく。一方で社会参加や公共事業による包摂が試みられつつも，他方では暴力的な抑圧や動員を基調とする体制の引き締めが続けられた。

　1930年代には，後発帝国主義国としての劣位を覆そうとする軍事的冒険に乗り出し始め，全体主義体制化が図られる。そして，1935～36年のエチオピア戦争[◁1]，1936年のスペイン内戦[◁2]介入を機に，ナチ・ドイツとの提携を深め，反共主義・人種主義を共有しながら日独伊三国同盟への歩みを遂げていくことになる。また，ナチ・ドイツの経済・軍事的優越が高まるにつれ，ファシスト・イタリアはオーストリア，ハンガリーなどとの連携を強めるが，思想的な指導性を失っていく。これに伴い，革命的性格を強調していたファシズムも，スペインのフランコ体制のような権威主義と提携関係を築き，国内の君主制との併存関係を含め，イデオロギー的純化が困難になっていった。結局，「戦士の国家」を目指していたはずのイタリアは，第二次世界大戦への参戦後，敗退を続け，1943年にはファシスト体制内の造反から，ムッソリーニは宮廷グループに逮捕され，幽閉された。ヒトラーの派遣した特殊部隊により解放されたムッソリーニは，ドイツの傀儡としてサロ共和国を北部イタリアに打ち立てるが，1945年に彼の処刑とともにファシズムの時代も終焉を迎える。

論　点

1. 古典的解釈から修正主義的解釈へ　ノルテの『ファシズムの時代』は，ファシズムの運動としての側面に着目し，ヨーロッパ諸国で同時代に登場した政治現象を横断的に比較しようと試みた。デ＝フェリーチェの『ファシズム

▷1　エチオピア戦争
19世紀末に初めて欧米勢力がアフリカに敗北したという屈辱を晴らすべく，ムッソリーニは保守派の支持も受けて，ファシストの戦争としてエチオピアを侵略した。しかし，国際連盟による初の制裁を受け，イタリアは孤立を深めていった。

▷2　スペイン内戦
1936年7月に始まったスペイン内戦は，「民主主義対ファシズム」という様相を示し，国際的干渉を招いていく。イタリアはエチオピアをめぐる制裁が解除されて1週間と経たないうちに，反乱軍側へ支援を開始したが，国内の矛盾と不満を顕在化させた。

論』は，ノルテを含む従来のファシズム論を整理しつつ，マルクス主義[*]に代表される「反ファシズム」の視点からファシズムを捉えることに満足せず，一国史の枠組みを越えた歴史事象として論じた。しかし，独伊両国を代表する保守的歴史家の2人は，全体主義論の影響もあり，ナチズムやファシズムの「穏健的」諸相を強調する方向性を強めていく。両者とも比較の視座から出発しながら歴史的固有性に力点を置くようになり，他方でその政治的抑圧性を過小評価していったことから，修正主義の主唱者として知られるようになる。

2. 実証分析による克服の試み　「ファシズムを定義することは，何よりもまずファシズムの歴史を書くことである」とタスカが述べていたように，論争の隘路を脱する意味でも，より実証的な歴史研究の深化が続いている。邦語文献を概観した場合，例えばヴィッパーマン『議論された過去』の紹介するドイツにおけるナチス研究は，個別事象を取り上げたものであっても，当時の多様な実態を明らかにしてきた。イタリアに関しては，浩瀚なデ゠フェリーチェのムッソリーニ伝が独裁論に傾斜していったのに対し，ボッビオの『イタリア・イデオロギー』は，ファシズムを20世紀の政治思想として浮き彫りにして相対的な位置づけを図っている。また，北原敦『イタリア現代史研究』は，ファシズムの20年をレジスタンス運動とも対比しつつ多角的に分析した。

3. 日本を含めた比較の模索　これまでの欧米ファシズム論は，ヨーロッパ以外の「ファシズム」を括弧にくくったままにしていたが，日本との比較を加えることは可能なのであろうか。丸山眞男『現代政治の思想と行動』所収のファシズム論をめぐる諸論考は，日独比較から普遍的なファシズム論の構築を試みている点から，今日に至るまで重要な示唆を与えている。その後，山口定『ファシズム』のように，非欧米地域も含めた対象を思想・運動・体制といった形で類型化する研究も現れたが，政治学と歴史学の架橋を実現する研究はなお乏しい。石田憲『日独伊三国同盟の起源』は，従来論じられなかった日伊比較を念頭に置いた分析を目指している。実証研究が個別・専門化していく傾向の中で，図式的説明と特殊性論の溝を埋める努力が必要であろう。

＊　マルクス主義
V-24 側注2参照。

参考文献

丸山眞男『現代政治の思想と行動』（未来社，1964年）。

エルンスト・ノルテ『ファシズムの時代』（上・下）（ドイツ現代史研究会訳，福村出版，1972年）。

R・デ゠フェリーチェ『ファシズム論』（藤沢道郎・本川誠二訳，平凡社，1973年）。

山口定『ファシズム——その比較研究のために』（有斐閣選書，1979年）。

ノルベルト・ボッビオ『イタリア・イデオロギー』（馬場康雄・押場靖志訳，未来社，1993年）。

ホアン・リンス『全体主義体制と権威主義体制』（睦月規子ほか訳，法律文化社，1995年）。

北原敦『イタリア現代史研究』（岩波書店，2002年）。

ヴォルフガング・ヴィッパーマン『議論された過去——ナチズムに関する事実と論争』（林功三・柴田敬二訳，未来社，2005年）。

石田憲『日独伊三国同盟の起源——イタリア・日本から見た枢軸外交』（講談社選書メチエ，2013年）。

歴史学的に考察するポイント

①歴史と比較という縦軸・横軸の広がりを持ったファシズム論は，どのように展開できるか。

②歴史的特殊・固有性を強調することが，ともすると分析対象の正当化へつながっていくのはなぜだろうか。

③歴史学と政治学を架橋するとは，どのようなことを意味し，いかにしてそうした探究が可能となるか。

12 ナチズム

藤 原 辰 史

【関連項目：ナショナリズム論（東欧からのアプローチ），世界恐慌，混合経済と福祉国家，ファシズム論，ホロコースト】

 史　実

　1920年２月という戦後の混乱期に反ユダヤ主義・反共産主義・反ヴェルサイユ体制を掲げて，前身のドイツ労働者党から党名を変更して誕生した国民社会主義ドイツ労働者党（ナチ党）は，当初はドイツのナショナルな社会主義（**ナチズム**）[1] を目指す極小の政党にすぎなかった。ところが，1920年代後半の不況や1929年の世界恐慌で人々の政府への不満が高まる中で得票数を急速に伸ばし，1933年１月に党首のヒトラーは首相に任命された。民主的手続きに基づいて政権を獲得したヒトラーは，しかしその後，他の政党を弾圧し，全権委任法を制定することでナチ党による独裁国家を創出した。ナチ国家は，失業者対策として冬季救済事業などの福祉政策を進める一方で，雇用創出を図った。特に1935年３月の再軍備宣言以降は軍需産業を活発化させることで雇用を確保し，政権獲得時には600万人いたといわれる失業者をほぼゼロにまで減らした。

　1936年９月からは，準戦時体制の構築を目指した第二次四カ年計画を導入し，重工業から農業まで政府主導の経済運営がなされた。新技術の導入にも積極的で，安価な大量生産型のラジオや乗用車の普及が目指され，アウトバーンや新干拓地や大規模な党大会会場の建設も進められた。だが，トゥーズが明らかにしたように，ナチスの経済政策は付け焼き刃的なもので，その弱点を，反ユダヤ主義やプロパガンダ，そして戦争突入後は占領地の資源と労働力の収奪によって補うという綱わたりで運営されていた。

　1939年９月に第二次世界大戦に突入し，緒戦の勝利によって，国内を含むヨーロッパ全域の開発計画も議論された。その折には，都市や農村の融合的な開発構想やヨーロッパ圏内の広域経済圏構想など，英米型の植民地主義とは異なる秩序が目指された。しかし，敗色が濃厚になるにつれ，それまでずっとドイツ国内の経済を支えていた中東欧からの搾取はさらに激化し，多くの経済計画も挫折した。また，上記の構想は人種の移動および選別とセットであり，こうした人種主義はホロコーストへとつながった。

論　点

１．ナチスは近代化した　戦後，ナチスの起こした犯罪の凶悪さが明らかになると，ナチスは近代西欧の理念に反する野蛮な褐色のペストのようなものであったと捉える傾向が強まった。そうした現在とナチスを切り離そうとする議論への反動として，ドイツの歴史家ダーレンドルフは，1965年の著作で，ナチスは反動的な政治課題を達成するために「意図せざる近代化」を

▷１　ナチズム
国民社会主義 Nationalsozialismus の略称。ナチ（国民社会主義者）の主義のこと。インターナショナリズムに対抗し，国民の一体化を人種主義によって図りつつ，その枠内で人々の平等を目指す。

262

もたらし，それが西ドイツの民主主義の土台を形成したと論じた。さらに，アメリカの歴史家シェーンボウムは，1966年の著作の中で，ナチスの指導者たちは，社会的上昇の機会を与え，農業の集約化を目指し，合理的な雇用創出計画を実行するなど，社会のあらゆる領域において「意識的に」近代化を進めようとしたと述べ，それを「ヒトラーの社会革命」と名づけた。シェーンボウムは，ヒトラーは「近代ドイツ史の流れの真只中を泳いでいた」とさえ表現している。これは，日本やドイツの戦後は戦時中の「総力戦体制」[◁2]のもたらした変化の延長にあるという主張，いわゆる「総力戦体制論」と密接に関わってくる。

2. ナチスは近代化したとはいえない　近代化論に対する批判も相次いだ。マッツェラートやフォルクマンらの歴史家は，シェーンボウムらの「近代化」の定義が曖昧である上に，社会的流動性，賃金収入，法的安全性の領域では近代化は果たされていないと指摘した。ヴィッパーマンは，「ナチスのような犯罪的体制を「近代的」という，少なくともドイツ語の日常語において積極的な概念を持つ言葉で表現することには疑念を持たざるをえない」と述べており，ナチスを肯定することにつながるとして強い違和感を示している。

3. ナチスは近代の病理である　以上の論争に対し，ヴェーバー[◁3]研究者でもあり，また，ヴァイマル共和国やナチズムに関する思弁的な研究を残した歴史学者のポイカートは，『民族同胞と社会の異端分子』（邦訳『ナチス・ドイツ』）の中で，こう述べている。「ある社会が正常で近代的であることとファシズム的野蛮さとが密接に結びつきうるのであれば，当然のことながら，近代そのものの病理と歪みが問題になる」。つまり，ナチズムがはらむ近代性を認めるにとどまった近代化論を不十分だと見なし，近代批判の文脈からナチズムを捉え直そうとした。ナチスをめぐる論争には，その蛮行の比較可能性に関する歴史家論争があるが，近代合理主義の中に蛮行の萌芽があるとするポイカートの議論や，狂乱的に見える人種主義にも経済政策の杜撰さを補完するある種の合理性があったとするトゥーズの議論は，両論争をつなぐ意味もあるといえよう。

歴史学的に考察するポイント

①上記の議論を読んで，自分のナチス観とどう異なるかを整理してみよう。
②一つの国や社会の中で，「近代化されたこと」と「近代化されなかったこと」はどのように結びつくのか。
③イタリアや日本などの後発資本主義国の近代化とドイツの近代化はどのように異なるのか。
④戦後の経済復興との関わりはどのようなものか。ナチスはどこまで西ドイツの「経済の奇跡」の準備をしたと考えられるか。

▷2 総力戦
特に第一次世界大戦や第二次世界大戦を指す戦争の概念。戦場の兵士のみならず銃後の社会，とりわけ女性や老人も戦争を支え，その被害者であった。この現象を総力戦と呼ぶ。

▷3 ヴェーバー
1864〜1920年。主著に『経済と社会』や『プロテスタンティズムの倫理と資本主義の精神』など。近代社会の合理主義の基礎の発生を論じ，社会科学の方法論の基礎を打ち立て，後世の人文・社会学者に多大な影響を残した。I-23 側注3も参照。

参考文献

デイヴィッド・シェーンボウム『ヒトラーの社会革命——1933-39年のナチ・ドイツにおける階級とステイタス』（而立書房，1978年）。
デートレフ・ポイカート『ナチス・ドイツ——ある近代の社会史』（木村靖二・山本秀行訳，三元社，1997年）。
ヴォルフガング・ヴィッパーマン『議論された過去——ナチズムに関する事実と論争』（林功三・柴田敬二訳，未来社，2005年）。
アダム・トゥーズ『ナチス破壊の経済』（上・下）（山形浩生・森本正史訳，みすず書房，2019年）。

13 ホロコースト

藤 原 辰 史

【関連項目：迫害社会の形成，魔女迫害，アイルランド大飢饉，ナショナリズム論（東欧からのアプローチ），ファシズム論，ナチズム】

史　実

　ナチス・ドイツは，ドイツ人の平等を訴えつつ，「劣等民族」を基本的人権の保護対象から除外する考え方を抱き，それを公言して政権を獲得したが，1935年の一連のニュルンベルク法▷1によってその差別の法制化を果たした。さらに，ナチス・ドイツは，1939年夏に遺伝病を持つと見なされた知的・身体障害者や新生児を「安楽死」させる政策（T4作戦）▷2を実行したとき，個人をその人の犯した罪ゆえに処罰するのではなく，その生得の属性をほとんど唯一の理由として集団を根絶やしにするという前代未聞の蛮行に着手した。それは，1939年9月のポーランド侵攻以降，東方占領地域におけるユダヤ人やシンティ・ロマ▷3の殺害という形でも実行された。

　1942年1月20日のヴァンゼー湖畔で開催された会議では，親衛隊大将でヒムラーに次ぐ警察組織の権力者であったラインハルト・ハイドリヒが中心となって「1100万人のヨーロッパ・ユダヤ人の殺戮」が審議された。もともとは1940年6月のフランス降伏後に，仏領のマダガスカル島へ強制移住させる計画が検討されていたが，現実的な障害ゆえに放棄された。その後，ヨーロッパ各地でユダヤ人が焼殺されたり，銃殺されたりした。さらに，各地から追い立てられたユダヤ人は列車に詰め込まれ，ヘウムノ，トレブリンカ，ソビボル，アウシュヴィッツなどの収容所で膨大な数の人々がシンティ・ロマとともに殺害される。大量殺害の方法も歴史上想像すらできなかったほど，残虐なものであった。到着したばかりのユダヤ人のうち労働可能な人々は，貴重品を奪われたあと，使い捨ての労働力としてピックアップされたが，残りの人々は，裸にさせられて，髪を切られ，そのままガス室で数十分間かけて殺された後，その死体は焼却炉で焼かれ，灰は近くの林地や農地に撒かれた。なぜ，こんな蛮行が可能だったのか。世界各地の歴史家だけでなく，被害者やその家族，そしてその悲劇を利用したり追悼したりする政治家やイデオローグたちによって，今なお，その問いはアクチュアルであり続けている。

⚔ 論　点

1. 「予想外」説（構造派）vs 「ヒトラーの意図」説（意図派）　ナチスのホロコーストへの道はどう踏み固められていったのか。この問いは，歴史学界の内外を問わず，自己とホロコーストの距離の問題でもあった。西ドイツでは，それはナチスという集団の仕業であり自分たちとは無関係という雰囲気が一般的だった。歴史学界内でもホロコーストの主体をめぐって多くの論者が論戦を交わ

▷1　ニュルンベルク法
1935年9月15日に制定された「ドイツ人の血と名誉を守るための法律」と「帝国市民法」の総称。ユダヤ系ドイツ人から公民権を奪い，ユダヤ人迫害の法的根拠となった。

▷2　T4作戦
ベルリンのティーアガルテン（Tiergarten）通り四番地にあった全国治療・介護施設共同事業体が安楽死計画の中枢であったことからこの名前がつけられた。ここに送られた「遺伝病の患者」のデータを鑑定委員会が分析し，生死を決定した。

▷3　シンティ・ロマ
ヨーロッパで「ジプシー」という蔑称で呼ばれていた移動生活を送る人々の呼称。シンティは15世紀ドイツに定住していたロマニ系の人々のことを指し，ロマは東欧で奴隷として暮らしていた人々を指す。

した。一つは，ホロコーストは計画されたものではなく，意図せざる結果だったというものである。このテーゼは，ナチス・ドイツは一枚岩のヒトラー中心の国家だったという「意図派」とは異なり，「構造派」の歴史家たち（W・モムゼンやブロシャートら）に好意的に取り上げられた。意図派が，ヒトラーら指導者の意図とその実現の過程を重視するのに対し，構造派は，ナチ党内の多頭性を重視し，意思決定主体の並立や指導者たちの権力争いがナチスの政策に大きな影響を与えたことを強調する。例えば，ドイツの歴史家アリーは，ホロコーストはバルト地方やロシアに住む在外ドイツ人（民族ドイツ人と呼ばれた）たちがポーランドに移住する中で生まれた問題であると主張し，反ユダヤ主義とは関係のない「場当たり的なもの」だったと述べている。

　構造派に対し，意図派は猛烈な批判を浴びせた。例えば，ビュランは，『ヒトラーとユダヤ人』の中で，ヒトラーが政権を獲得する以前からずっとユダヤ人の絶滅を思い描いていたことを強調し，そのヒトラーの反ユダヤ主義に自分のそれを同一化させていく人々を，アイデンティティの空虚さという点で結びつけた。

2. 普通のドイツ人がホロコーストの担い手だった（ゴールドハーゲン）

意図派の議論をさらに先鋭化させ，構造派の議論に真っ向から対立したのがアメリカの歴史家ゴールドハーゲンが1996年に刊行した『ヒトラーの自発的死刑執行人』である。彼は，ホロコーストはヒトラーの意図であるより前に，「普通のドイツ人（ordinary Germans）」の歴史的かつ現実的なユダヤ人憎悪の結果であったとして，彼らがホロコーストに自発的に協力していたことを強調した。「挑発されずとも扇動されなくとも，自発的にその蛮行に参加した」1938年11月の「水晶の夜」を初期の迫害事例として挙げつつ，必ずしも熱心なナチスではなかった警察大隊が，任務を拒否できるにもかかわらず積極的におぞましい殺害に関わった事実を明らかにし，普通のドイツ人がホロコーストを生み出したことを，膨大な史料に基づき説明した。なお，ゴールドハーゲンは，残虐さを実態に即して描写する一方で，民族絶滅に関わっていた人々が子供や配偶者を愛したり，情事を起こしたり，休暇を取って旅行したり，スポーツに興じたりしていた点も指摘している。

▷4　水晶の夜
原語は Kristallnacht。全国各地のユダヤ人の住宅やシナゴーグが突撃隊のメンバーらによって襲撃された事件。

▷5　警察大隊
原語は Polizeibataillon。ナチスの大量虐殺に深く関わった治安警察の一組織。東部戦線後退のときには戦闘に巻き込まれた。

参考文献

ラウル・ヒルバーグ『ヨーロッパ・ユダヤ人の絶滅』（上・下）（望田幸男・原田一美・井上茂子訳，柏書房，1997年）。
ダニエル・J・ゴールドハーゲン『普通のドイツ人とホロコースト』（望田幸男監訳，ミネルヴァ書房，2007年）。

歴史学的に考察するポイント

①ヒトラー政権下で暮らしているとしたら，ナチスの暴力に対しどのように感じ，またどのように行動しただろうか。
②一つの体制の意思決定過程と民衆の生活，思想，運動とはどのように関連しているのか。
③ナチスによるユダヤ人迫害と他の人間集団の迫害の違いは何か。
④アジア・太平洋戦争期の日本の兵士の残虐性とドイツの場合とではどのような違いや類似点があるのだろうか。

14 第二次世界大戦原因論

山澄　亨

【関連項目：第一次世界大戦原因論，ウィルソンとアメリカの国際主義，世界恐慌，混合経済と福祉国家，ファシズム論，ナチズム，「短い20世紀」】

*　ヴェルサイユ体制
[Ⅴ-5] 側注 3 参照。

*　ワシントン体制
[Ⅴ-5] 側注 4 参照。

▷1　枢軸陣営
1936年11月，スペイン内戦の最中，イタリアのムッソリーニが独伊関係を「枢軸」と表現したことから，この名称が用いられることになった。同月，日独防共協定が結ばれ，これにイタリアが加わった。さらに，1940年には日独伊三国同盟が結ばれた。また，日独伊以外にも枢軸国との関係を強化した国々も，枢軸陣営と呼ばれる。

▷2　人民戦線
第 7 回コミンテルン大会（1935年）において，ファシズムの拡大に対抗するために，共産党が自由主義勢力や社会民主主義勢力と提携する方針が決定された。人民戦線戦術と呼ばれるこの方針により，フランスとスペインでは，人民戦線政府が誕生し，中国では第二次国共合作が成立した。

▷3　独ソ不可侵条約
1939年，ドイツのポーランドに対する軍事的威嚇が強まる状況で，一貫して反共産主義を訴えていたヒトラー政権と，人民戦線による反ファシズム政策を展開していたスターリン体制下のソ連が，一転して独ソ不可侵条約を結んで，同盟関係に入った。イデオロギーではなく，軍事行動の成功と安全保障といった現実的判断に基づいて政策が遂行された事例として挙げられる。

史　実

　世界恐慌下のドイツではヒトラー率いるナチスが1933年に政権を獲得し，以後，再軍備を行うなど，**ヴェルサイユ体制***を否定する行動をとった。一方，アジアでは，1931年に日本が満洲事変を起こし，**ワシントン体制***を揺さぶった。さらに，イタリアのエチオピア侵略，スペイン内戦，日中戦争といった軍事行動が続く状況で，日独伊が枢軸陣営を形成した。**枢軸陣営**▷1の台頭に対して，ソ連は**人民戦線**▷2戦術を採用し，反枢軸陣営の結集を目指したが，イギリス，フランス両政府はミュンヘン会談に代表される宥和的態度をとった。しかし，1939年，ドイツが**独ソ不可侵条約**▷3を結んだ後，ポーランドを攻撃すると，イギリス，フランスはポーランド支援のためにドイツに宣戦した。こうして第二次世界大戦が勃発した。ドイツは，ソ連とともにポーランドを制圧した後，1940年にフランスを降伏させた。さらにドイツは，イギリスへの攻撃を続ける一方で，1941年にソ連への侵攻を開始して東方に支配地域を拡げていった。こうした状況で，アメリカは対英支援を強化していたが，これと並行して日米間の対立も深刻化していった。1941年，日本が真珠湾を攻撃してアメリカに宣戦すると，ドイツも日本との同盟に基づいてアメリカに宣戦し，戦争は世界規模で行われることになった。

⚔ 論　点

1．ドイツ外交の連続性

　ヴェルサイユ条約締結直後から，莫大な賠償金やドイツの民族自決原則の要求の結果，再び戦争が起こる懸念が広まっていたことに着目し，第二次世界大戦勃発の原因をナチス体制の確立から切り離して理解しようとする研究潮流がある。その中には，東南欧への進出，あるいは全ヨーロッパの覇権奪取という第二帝政以来のドイツの伝統が両大戦に共通する目的であり，その実現のために対英戦争を指向したとするドイツ外交連続論がある。また，**マルクス主義***的観点に立つ諸研究は，両大戦を一括して帝国主義国間の抗争と説明している。

　以上のようなドイツ外交の連続性を強調するものとは対照的に，ヒトラーとナチス体制の重要性を強調する研究潮流もある。大戦の遂行が，ヒトラーの当初からの計画に基づいていたか否かについては，1960年代以降，**テイラー論争**▷4と呼ばれる論争が展開されたが，この論争の参加者に共通しているのは，ヒトラーの言動を戦争原因の中心と位置づける視点であった。その一方で，ヒトラーの役割を主導的なものとは捉えず，ナチス体制下のドイツ社会や軍部・官僚組織のあり方全体が，ドイツを戦争に導いていったと理解する研究も存在する。

2．国際秩序の不安定化

以上のような，ドイツの行動を大戦の主原因と見なす研究とは対照的に，1930年代の枢軸陣営の急速な軍事力強化による国際秩序の不安定化を重視する研究潮流もある。これらの研究は，民主主義諸国の側に軍備増強へのためらいがあったことが枢軸陣営の台頭の一因であったとして，民主主義や平和主義が持つ脆弱性を指摘する。一連の軍事行動の中で形成された枢軸陣営の実態は，決して強固な結束ではなかったが，反民主主義・反共産主義のイデオロギー的影響力は，世界恐慌を背景に世界各地に拡大した。これに対抗するソ連主導の人民戦線は一定の支持を集めたものの，民主主義陣営内の共産主義への不信もなお根強かった。ここに見られるようなイデオロギーによる国際社会の分断の結果として，協調に基づく秩序の維持が困難になったと論ずる研究もある。

しかしながら，当時の国際社会はイデオロギーだけで規定されていたわけではない。イデオロギーの役割以外にも，国際連盟[*]の問題点，世界恐慌下の経済的利害関係，各国の国内政治状況や指導者の個性などの多様な問題が，国際秩序の不安定化の要因として挙げられている。また，大戦を誘発したとして批判されてきた宥和政策[5]を再検討し，反枢軸陣営の最終的勝利の遠因は，宥和政策による大戦勃発の引き延ばしにあったと指摘する研究も出現している。

3．パクス・ブリタニカからパクス・アメリカーナへ

さらに，イギリスの衰退に伴うアメリカへの覇権の移行が大戦の一因として注目されている。実際，世界各地で局地的に展開されていた軍事行動が世界大戦となる過程で，アメリカは重要な役割を演じた。対米戦争を対英戦争勝利のための戦術として位置づけていたドイツに対して，アメリカは枢軸陣営が主導する国際秩序の形成を阻止することを目標としていた。それゆえアメリカは，参戦前から武器貸与法を制定してイギリスとソ連への大規模な援助を実施し，最終的にはみずからがドイツおよび日本との全面戦争を戦うことを受け入れた。日米対立の背景には，日米二国間の問題だけではなく，軍事行動を続ける枢軸陣営全体に対するアメリカの反発が存在した。アメリカにとって，第二次世界大戦の勃発は，世界規模の秩序の再編と深く関係していたのである。このような視点から見るならば，19世紀後半から続く，イギリスとドイツというヨーロッパの大国間の対立によって始まった第二次世界大戦の終結後に，ヨーロッパから見れば周辺にあたるアメリカとソ連の対立がグローバルな国際問題の焦点となる時代が到来することとなったのは，偶然ではない。

── 歴史学的に考察するポイント ──
① 第一次世界大戦と第二次世界大戦をひとまとめにして考えられるか。
② ヒトラーの役割はどのようなものであったか。
③ 1930年代の国際秩序の不安定化は阻止できたのか。
④ アメリカの参戦の意味はどのようなものか。

---

* **マルクス主義**
V-24 側注2参照。

▷4 **テイラー論争**
『第二次世界大戦の起源』（邦訳，1977年，*The Origins of the Second World War*, 1961）の中で，テイラーは，ヒトラーに当初からの戦争計画などなく，場当たり的な対応の結果，戦争に至ったと主張した。一方，ヒュー・トレヴァー゠ローパーは，テイラーに異議を唱え，『ヒトラーの作戦指令書』（邦訳，2000年，*Blitzkrieg to Defeat: Hitler's War Derectives, 1939-1945*, 1964）の中で，第二次世界大戦は，一貫したヒトラーの計画に基づいて遂行されたと主張した。

* **国際連盟**
V-5 側注2参照。

▷5 **宥和政策**
枢軸陣営の要求を受け入れることで，戦争を回避しようとする政策。宥和政策の代表として知られるミュンヘン会談（1938年）では，チェコスロヴァキア領であるズデーテン地方のドイツへの割譲を要求したヒトラーに対して，イギリスとフランスは対独戦回避のために，これを受け入れた。

参考文献

E・H・カー『両大戦間における国際関係史』（衛藤瀋吉・斎藤孝訳，清水弘文堂，1968年）。
入江昭『太平洋戦争の起源』（篠原初枝訳，東京大学出版会，1987年）。
栗原優『第二次世界大戦の勃発──ヒトラーとドイツ帝国主義』（名古屋大学出版会，1994年）。
松川克彦『ヨーロッパ1939』（昭和堂，1997年）。

15 冷戦の起源

小野沢　透

【関連項目：第二次世界大戦原因論，ヴェトナム戦争とその影響，デタント，冷戦の終結】

▷1　トルーマン・ドクトリン

1947年3月12日のハリー・S・トルーマン米大統領の米連邦議会における演説。トルーマンは，極端な善悪二元論の世界観を提示することにより，平時には東半球に政治的に関与しないという米国の外交的伝統を打破してトルコとギリシアに援助を提供するよう，連邦議会に要請した。これ以降，米国ではソ連に対する「封じ込め」政策が国民の広範な支持を獲得し，「冷戦コンセンサス」が成立していく。一方で，善悪二元論は，反共主義デマゴーグによる赤狩り（主導した上院議員の名を取って「マッカーシズム」と呼ばれる）の素地ともなった。

▷2　マーシャル・プラン

正式名称は欧州復興計画（ERP）。米国は，1948年から51年までに127億ドルあまりの当時としては破格の援助を提供し，西欧の経済復興を軌道に乗せた。米国はソ連・東欧諸国が拒否せざるをえないような形でERPを提起し，米国の思惑通りにソ連・東欧諸国がこれを拒否したため，ERPは欧州の東西分断を最終的に確定する効果も有した。

▷3　北大西洋条約機構（NATO）

1948年にブリュッセル条約を締結していた英・仏・ベネルクスが米国に参加を求め，米国がこれに応じる形で，1949年4月，前記5カ国に米・加・伊などを加えた12カ国で発足。冷戦期の

📖　史　実

　第二次世界大戦後の世界では，戦争で疲弊したヨーロッパに代わり，アメリカ合衆国とソ連という2つの超大国が国際政治における指導的な地位を獲得した。米ソはともに連合国として大戦を戦ったが，大戦末期から戦後初期にかけて，米ソ間では，①ソ連が大戦末期に占領下に置いた東欧から中欧にかけて衛星国を樹立したこと，②米国が実質的に自らの原爆独占を長期的に維持することを目指す姿勢を示したこと，③米英仏ソが分割占領したドイツの占領政策や賠償取り立てに関する方針の相違，④ソ連のトルコやイランへの勢力拡大の動き，等をめぐり，対立が目立つようになった。1947年以降，米国政府は，**トルーマン・ドクトリン**◁1を発表してソ連との対決姿勢を明確化し，**マーシャル・プラン**◁2を通じてドイツ西部以西の西欧を東欧から明確に切り離して米国と連携する形で経済復興を進め，**北大西洋条約機構（NATO）**◁3を結成して西欧を軍事的に防衛する構えを取った。これに対してソ連は，**コミンフォルム**◁4を設立して世界各国の共産党への支配を強化するとともに，**経済相互援助会議**（COMECON）および**ワルシャワ条約機構***◁5（WTO）を結成して東欧への支配を制度化した。この結果，ヨーロッパは，異なる政治・経済体制を有する東西2つの陣営に分断された。

　冷戦は，ヨーロッパにおける米ソの地政学的な対立にとどまらぬ，全世界的な政治・経済・生活様式をめぐるイデオロギー対立でもあり，また東西両陣営間の競争と共存の契機を含む動的な国際秩序であった。それにもかかわらず，東西に分裂したヨーロッパ，とりわけドイツが，国際秩序としての冷戦の最大の焦点であったことも間違いない。それゆえ，1989～90年にヨーロッパとドイツの分断が解消されたとき，冷戦は終結を迎えることになるのである。

⚔️　論　点

1. 冷戦の起源──政治的論争の時代

　冷戦を歴史的に把握しようとする試みは，早くも1950年代に現れた。アメリカの政治的主流派に近い歴史家たちは，冷戦を引き起こしたのはソ連の拡張的・侵略的な政策であり，アメリカを盟主とする西側陣営はそれに防御的に対応したにすぎないと主張した。このように，アメリカを善，ソ連を悪と措定する冷戦解釈は「正統派」と呼ばれ，アメリカのみならず西側陣営各国の政治的主流派に基本的に受け入れられた。これに対して，50年代末以降，アメリカ側の行動に冷戦の原因を見出す「修正派」と呼ばれる見解が提起されるようになった。「修正派」の論点は多様であったが，アメリカの行動を攻撃的・抑圧的なものと見なし，その背後に「帝国」的拡張を必要とする

アメリカの政治的・経済的構造を見出そうとする点で共通していた。1960～70年代には，ヴェトナム反戦運動や体制への異議申し立ての動きが高まる中で，「修正派」への支持が拡大した。

2. 実証分析と構造的把握――「ポスト修正派」

「正統派」と「修正派」の対立が激しかった1960～70年代には，冷戦期の外交文書は機密解除されておらず，従って両者間の対立は，歴史研究上の見解の相違という以上に，政治的な立場の違いを強く反映するものであった。1980年代以降，米国などで冷戦期の外交文書の公開が本格化したことで，冷戦史はようやく実証的歴史研究の対象となった。実証的な冷戦史研究は，冷戦の起源を米ソいずれかの責任に帰すことなく，お互いを脅威と認識する主体が自らの安全保障を向上させようと行動することで両者の行動がいっそうエスカレートしていく「安全保障のジレンマ」と呼ばれる構造を浮かび上がらせることとなった。また，実証研究により，米国のみならず西側陣営諸国の政策担当者たちの主たる関心が，ソ連を含む東側陣営との対立以上に，西側陣営内の様々な政治的・経済的な関係のありようにあったことが明らかになり，東西関係以上に，西側陣営内の「同盟内外交」が冷戦史の重要な研究対象となった。

1980年代以降の冷戦史研究は，しばしば「ポスト修正派」の研究と呼ばれるが，それらに共通するのは一次史料に基づく実証的な方法論のみであり，立場や結論に共通性があるわけではない。例えば，「正統派」と「修正派」を源流とする基本的な立場の違いは「ポスト修正派」の時代にも存続している。しかし，いずれの立場に立つ研究も，実証的な分析に依拠することで，より洗練された歴史像を提示するようになったのである。

3. 冷戦後の視点

ソ連の崩壊後，旧ソ連・東側諸国の一次史料が利用できるようになったことで，冷戦史研究の幅は広がった。しかし，概して東側の一次史料に基づく研究は，ソ連の対外政策が，共産主義イデオロギーよりも，自国の国益や安全保障にはるかに大きな関心を払って遂行されていたことに注目した。加えて，特に米国では，西側陣営が冷戦に勝利したとする冷戦勝利史観が強まった。これらの結果，「ポスト修正派」の旗手と目されていたギャディスらを含め，冷戦期の米国の対外政策を正当化する，いわば「正統派」への先祖返り的な潮流が出現した。一方で，主要国以外の一次史料を活用する研究は，冷戦の複雑さや多面性を明らかにしている。冷戦史研究は，一方向に収斂することなく，新たな可能性を模索し続けているといえる。

歴史学的に考察するポイント
①1970年代までの冷戦史研究および論争には，どのような背景や特徴があったか。
②「ポスト修正派」の時代の冷戦史研究にはどのような特徴があるか。
③冷戦の終結は，冷戦史研究にどのような影響を及ぼしたか。

西側陣営の最も重要な多国間同盟であり，加盟国は冷戦末までに16カ国に拡大した。冷戦後にも存続して，域外活動を拡大するとともに，旧東側陣営諸国にまで加盟国を拡大し，2018年時点で29カ国が参加している。

▷4 コミンフォルム
正式名称は，共産党・労働者党情報局。コミンテルン（第三インターナショナル，1919～43年）の後継団体として設立され，ソ連共産党が世界各地の共産主義政党に対する指導と統制を行うことを事実上の目的とした。ソ連の指導者ニキータ・フルシチョフによる1956年のスターリン批判ののち，解散した。

▷5 経済相互援助会議
1949年に設立された東側陣営の経済的相互援助組織。COMECONは西側での通称。当初，ソ連と東欧5カ国により設立され，後にモンゴル，キューバ，ヴェトナムなども参加した。参加国間の分業体制を目指したが，ソ連との連携強化を目指す国と自主路線を目指す国の対立から分業体制は構築されず，緩やかな経済協力組織にとどまった。1991年に解散。

＊ ワルシャワ条約機構
V-16 側注2参照。

参考文献
ヴォイチェフ・マストニー『冷戦とは何だったのか――戦後政治史とスターリン』（秋野豊・広瀬佳一訳，柏書房，2000年）。
ウォルター・ラフィーバー『アメリカvsロシア――冷戦時代とその遺産』（中嶋啓雄ほか訳，芦書房，2012年）。
ロバート・マクマン『冷戦史』（青野利彦訳，勁草書房，2018年）。

16 ハンガリー動乱と「プラハの春」 吉岡　潤

【関連項目：ナショナリズム論（東欧からのアプローチ），社会主義，ロシア革命とソ連邦の成立，スターリンと農業集団化・工業化，冷戦の起源，冷戦の終結】

史　実

　1956年２月にソ連の指導者フルシチョフが行ったスターリン批判[1]の余波は，スターリニズム下で閉塞状況にあった東欧社会主義諸国に及び，共産党政権下での秘密警察の越権行為，言論弾圧，重工業偏重の経済政策，強引な農業集団化などへの批判が加速した。６月に労働者による暴動が発生していたポーランドでは，10月に統一労働者党（共産）指導部の交代が実現した。同月，ハンガリーで，ポーランドの政変への連帯デモが暴動化した。改革に対する市民の期待を集めてハンガリー首相に就任した勤労者党（共産党）のナジ・イムレは，秘密警察機構の解体に続き，一党支配の放棄，ワルシャワ条約機構[2]からの脱退，ハンガリーの中立化などを表明した。これに対しソ連軍が軍事介入し，市民の抵抗を徹底鎮圧した。ナジは逮捕され，1958年に処刑された。蜂起鎮圧後は，ソ連の後ろ盾を得たカーダール・ヤーノシュが，社会主義労働者党と名を変えた共産党の第一書記として実権を掌握した。

　チェコスロヴァキアでは，1960年代になって非スターリン化の気運が高まった。1968年１月に共産党第一書記に就任したアレクサンデル・ドゥプチェクは，言論を自由化し，さらに共産党への権限集中の是正や市場機能の導入を含む経済改革を唱えた。自由化と民主化に向かう動きは市民にも歓迎され，「プラハの春」と呼ばれた。しかし，周辺諸国への改革の波及を警戒したソ連が８月に軍事介入に踏み切り，ワルシャワ条約機構軍がチェコスロヴァキア全土を制圧した。ドゥプチェクは翌年４月に失脚し，代わって第一書記となったグスタフ・フサークが「正常化」の名のもとに保守的な路線を堅持し続けた。

論　点

1. 社会主義体制下のハンガリー動乱とプラハの春

　両事件とも，両国の共産党とソ連の関係，共産党内部の動き，知識人の動向，街頭に出て声を上げた市民など，複数の要素が複合的に作用して起こった事件であり，どの要素に着眼するかで歴史像は異なってくる。スターリニズムが社会主義本来の姿からの逸脱だと捉える立場からは，社会主義改革論と名づけうる論点が提示された。労働者自主管理[3]の要求が掲げられたハンガリーや，「人間の顔をした社会主義」をスローガンとしたチェコスロヴァキアの試みは，社会主義を「本来の」，あるべき方向へと正す試みだったというのである。

　プラハの春をソ連がワルシャワ条約機構軍を用いて武力粉砕したことは，社会主義改革論に深刻な打撃を与えた。知識人は社会主義の改革から，党＝国家に窒

▷1　スターリン批判
ソ連共産党第20回大会で第一書記フルシチョフが行った，スターリン個人およびスターリンの思想・統治手法・政策全般（スターリニズム）に対する批判。個人崇拝を進めたこと，粛清で多くの無実の人々を処刑したこと，独ソ戦での誤った指導で重大な損害を与えたことなどが暴露され，ソ連内外の共産主義者に大きな衝撃を与えた。

▷2　ワルシャワ条約機構
ソ連を事実上の盟主とするソ連・東欧社会主義諸国の多国間軍事同盟。西ドイツのNATO加盟に対抗する形で1955年に創設。対外的にはNATOに対抗する機能を有したが，1968年のチェコスロヴァキアへの軍事介入に見られるように，東欧諸国へのソ連の支配を物理的に維持する枠組みとして機能した。1991年に解体。

▷3　労働者自主管理
労働者自身による企業の管理・経営のこと。経済領域での民主主義実現の鍵として社会主義思想において重視された。国家管理下での企業経営では労働者は依然として管理される側にとどまるとして，労働者自主管理の立場からはソ連型社会主義が批判された。

息させられた市民社会の再生へと力点を移し，人権や政治的自由の観点から反体制運動を展開するようになる。1980年代のポーランドにおける「連帯」[4]運動もその延長線上にあると言ってよい。もっとも，プラハの春がソ連で展開したペレストロイカの知的淵源であったとの指摘をふまえると，プラハの春への軍事介入で社会主義改革が断絶したのか，なお連続するのかということも論点となる。

2. 冷戦構造下のハンガリー動乱とプラハの春

軍事力とイデオロギーとによる「友好国」の支配は，米ソに共通する冷戦構造の特徴である。両事件は，この構造への挑戦でもあった。東欧諸国内では，多くの場合，共産党政権はソ連による押しつけと見なされており，政権への抗議行動が反ソ行動に連動する可能性を秘めていた。軍事介入を招いたハンガリーとは対照的に，同じく改革派への指導部交代があったポーランドでは，新指導部が共産党による統制堅持とソ連との友好関係維持を約し，介入を免れた。冷戦の東側陣営を率いるソ連にとって，越えてはならない一線がどこにあったのかを示している。もっとも，社会主義の改革よりも国家利害を優先した軍事介入が，中ソ対立や新左翼[*]の登場など国際共産主義運動の分裂を助長し，ソ連の権威を失墜させたという側面もある。

また，ソ連の軍事行動に対して，西側陣営がどう対応したのかも重要な論点となる。両事件とも，アメリカはソ連を非難する一方で，反ソ運動に対して具体的な支援を与えることはなかった。アメリカはソ連の東欧支配を事実上容認し，ソ連が打ち出したブレジネフ・ドクトリン[5]も黙認した。その後米ソが演出した東西両陣営間のデタントと国際関係の一時的安定は，ヨーロッパの東西分断を固定化し，その中に東欧を閉じ込めることで成り立つものだった。

3. 体制転換後の歴史叙述の中のハンガリー動乱とプラハの春

東欧諸国で共産党政権が崩壊した1989年は，歴史像の転換点でもあった。カーダール政権下で「反革命」と断定されていたハンガリー動乱は，体制転換後に評価が反転し，「1956年革命」と呼ばれるようになった。また，ハンガリー動乱にしてもプラハの春にしても，社会主義改革の側面よりも，1989年へとつながる，民主主義と政治的・市民的自由を追求した側面が強調されるようになった。他にも，例えば1968年という共時性の観点から，冷戦の枠組を外したところでプラハの春を位置づけようとする試みなどを挙げることができる。社会主義期を考察する際の立ち位置や着眼点が多様化する中で，論点1で述べた社会主義改革論の論点は歴史叙述において著しく希薄化している。

歴史学的に考察するポイント

①東欧の社会主義体制が崩壊した今，社会主義の変革の試みを論じる意味はあるのだろうか。
②ソ連の軍事介入は回避できただろうか。
③市民は何を求めて街頭に出，声を上げていたのだろうか。

▷4 「連帯」
1980年9月にポーランドで誕生した独立自治労働組合の名称。共産党政権下の建前では，共産党の政策は労働者の利害に沿っているはずであるとして，対抗的な労働組合の存在は認められなかった。1980年の経済危機に端を発するストライキで，労働者側が共産党政府と交渉して独立自治労働組合を公認させたことは，共産党一党支配体制に風穴を開ける画期的な出来事だった。

* 新左翼
V-17 側注4参照。

▷5 ブレジネフ・ドクトリン
ソ連がチェコスロヴァキアへの軍事介入を正当化するために用いた論理。一国の社会主義の危機は社会主義共同体全体にとっての危機であり，全体の利益は一国の主権に優位する，というもの。ブレジネフは当時のソ連共産党書記長。制限主権論ともいう。

（参考文献）
F・フェイト『スターリン以後の東欧』（熊田亨訳，岩波現代選書，1978年）。ジョゼフ・ロスチャイルド『現代東欧史——多様性への回帰』（羽場久㵎子・水谷驍訳，共同通信社，1999年）。

17 ヴェトナム戦争とその影響　　水本義彦

【関連項目：植民地と近代／西洋，冷戦の起源，デタント，冷戦の終結】

史　実

　第一次インドシナ戦争[1]後，旧仏領インドシナには敵対する2つのヴェトナム国家（北ヴェトナムと南ヴェトナム）が誕生した。東西冷戦の緊張が続く中，アメリカの歴代政権は，ソ連・中国の共産主義陣営に属する北ヴェトナムに対抗すべく，南ヴェトナムの防衛・経済発展を支援していった。1960年代初頭から南ヴェトナム内では，北ヴェトナムの支援を受ける解放民族戦線[2]による反政府武装闘争が激化した。南ヴェトナムの共産主義化を恐れたリンドン・ジョンソン政権は，1965年前半に北ヴェトナムへの爆撃と南ヴェトナムへの地上戦闘部隊の派兵を開始し，第二次インドシナ戦争とも称されるヴェトナム戦争が始まった。

　ジョンソンは最大時50万人を超える兵士を送って勝利を追求したものの，戦況は膠着し，米国内では学生・市民団体による大規模なヴェトナム反戦運動[3]が起きた。1969年に大統領に就任したリチャード・ニクソンは，南ヴェトナム軍の増強によって駐留米軍の段階的撤退を図る「ヴェトナム化」政策を推し進めるとともに，隣国カンボジア，ラオスへの空爆を拡大し，侵攻作戦を実施した。対する北ヴェトナムは，中ソから支援を得て南ヴェトナム全土でテト攻勢（1968年），春季大攻勢（1972年）を敢行した。1973年1月，停戦と米軍の全面撤退を規定したパリ和平協定が締結され，まもなく米軍は撤退したが，その後も戦争は継続し，北ヴェトナム側の支配地域が拡大していった。米軍撤退から2年後の1975年4月，北ヴェトナム軍の侵攻によって南ヴェトナム政府は崩壊し，翌年ヴェトナム社会主義共和国が誕生した。

論　点

1．批判的解釈

　ヴェトナム戦争をめぐる歴史論争は，戦争終結直後からアメリカ国内で活発に繰り広げられてきた。まず多数派を形成するのは，南ヴェトナムへのアメリカの軍事介入を「悲劇的な過ち」と捉える批判的解釈である。アメリカにとって死活的国益に関わらない南ヴェトナムへの介入は不要であり，ヴェトナム戦争は回避できたとされる。南ヴェトナムでの解放民族戦線による武力蜂起は民族の解放と独立を求めるナショナリズムの発現であったにもかかわらず，ジョン・ケネディ，ジョンソン，ニクソンの歴代政権は，第三世界地域での民族解放運動と革命をソ連・中国によって統制された国際共産主義運動の一端と誤解して軍事力で封じ込めようとした。さらに，ゲリラ戦が中心の南ヴェトナムでの非正規戦に空爆主体の通常戦争型の対応をとった米軍の戦略には重大な欠陥があり，ヴェトナム民衆の人心掌握にも失敗したアメリカは，も

▷1　第一次インドシナ戦争
第二次世界大戦後も植民地支配の継続を目指すフランスと，独立を求める仏領インドシナの現地勢力の間に起きた戦争。1946年12月に戦闘が本格化し，1954年7月のジュネーヴ協定で停戦を迎えた。

▷2　解放民族戦線
アメリカ帝国主義とゴ・ディン・ジエム親米傀儡政権の打倒，南北ヴェトナムの統一などを掲げて1960年12月に南ヴェトナムで設立された組織。ヴェトコンと通称される。北ヴェトナムと連携して米軍に対する武力闘争を展開した。

▷3　ヴェトナム反戦運動
1965年の北爆開始以来，米国内ではジョンソン政権のヴェトナム政策への抗議運動が高まった。当初学生組織による討論会や座り込みが中心であったが，戦争の長期化とともに，公民権運動や女性解放運動を展開する黒人・女性組織や宗教・労働団体，またニクソン政権期にはヴェトナム帰還兵団体も加わって大規模な反戦運動が実施された。

とより「勝てない戦争」を戦うことになった，と批判されたのである。

批判的解釈は，マルクス主義[*]の影響を受けた「ニュー・レフト[4]」史家からも提示された。ニュー・レフト史家にとってヴェトナム戦争は，第三世界諸国の市場と資源の支配を通じた資本主義システムの世界的拡大を目論むアメリカの帝国主義的な政策の必然的帰結であり，その試みの限界が露呈した出来事であった。このようにグローバルな経済覇権を狙うアメリカは，第三世界諸国の民族解放闘争や革命を反資本主義的で親共産主義的な運動と見なして打倒しようとしたが，その最たる例がヴェトナム戦争だった，とされたのである。

2．ヴェトナム修正主義　上記の批判的解釈に対し，1970年代末から軍の元高官やジャーナリスト，一部の歴史家によって正反対の解釈が提示されるようになった。この修正主義的解釈によれば，ヴェトナム戦争は南ヴェトナム内で生起した純然たる民族解放闘争ではなく，北ヴェトナムが中ソの支援を得て行った南ヴェトナムへの侵略戦争だった。また，南ヴェトナム政府が崩壊すれば東南アジア全域に共産主義が拡大する危険が存在していたのであり，アメリカにとって東西冷戦の焦点と化した南ヴェトナムは戦略的に極めて重要な地域であった。従って，ヴェトナム戦争は共産主義の拡大を阻止し，西側の自由民主主義を守るアメリカの確固たる決意を同盟国に示すために必要な戦争であり，大義のある「崇高」な戦争であった。にもかかわらず，国内の反戦運動やメディアの批判，また中ソとの全面戦争を恐れたジョンソン政権の文民指導者たちが軍事作戦の立案・遂行に過度な干渉を繰り返した結果，アメリカはヴェトナムでの勝利を逸することになった，と修正主義者は批判するのである。

3．ヴェトナム戦争の教訓　ヴェトナム戦争後，アメリカでは「二度とヴェトナムを繰り返すな」との教訓が語られてきたが，これには2つの意味がある。一つは，ヴェトナムの愚行を繰り返さないために他国への軍事介入には慎重であるべきであり，明確な国益判断と戦略目的，撤退戦略がない限り介入すべきでないとの見解である。もう一つは反対に，アメリカは正当な目的の介入を躊躇すべきではなく，効果的な軍事戦略を導入して勝利を追求すべきとの見解である。冷戦後の現在でもアメリカでは，2003年の**イラク戦争[5]**のように軍事介入の是非が問われるたびに，ヴェトナム戦争の教訓をめぐる論争が活発に繰り広げられている。

┌─ **歴史学的に考察するポイント** ─
│ ①ジョンソン，ニクソン両大統領の個性は，ヴェトナム戦争にいかなる影響を及ぼしたか。
│ ②ヴェトナム戦争とグローバルな冷戦はどのように関連していたか。
│ ③ヴェトナム戦争への評価やそこから得られる教訓をめぐって，これまでにどのような論争が展開してきたか。
└─

＊　マルクス主義
V-24 側注2参照。

▷4　「ニュー・レフト」
1950年代から60年代にかけて主に欧米諸国で興隆した新たな左翼的思想・運動。共産主義や社会（民主）主義などの既存の思想・組織を批判しつつ，人種平等，女性解放，環境保全，軍縮（反核），反戦，民族解放といった幅広い問題での社会変革を目指して学生，市民，知識人が急進的な言論・直接行動を展開した。Ⅲ-29 側注4も参照。

▷5　イラク戦争
2003年3月，アメリカ主導の有志連合軍がイラクに軍事介入し，サダム・フセイン政権を倒した戦争。

（参考文献）
松岡完『ベトナム戦争──誤算と誤解の戦場』（中央公論新社，2001年）。
ガブリエル・コルコ『ベトナム戦争全史──歴史的戦争の解剖』（陸井三郎監訳，藤田和子・藤本博・古田元夫訳，社会思想社，2001年）。
油井大三郎『ベトナム戦争に抗した人々』（山川出版社，2017年）。

18 デタント

青野利彦

【関連項目：冷戦の起源，ヴェトナム戦争とその影響，冷戦の終結】

▷1　台湾海峡危機
1954〜55年および1958〜59
年の二度にわたり，中華人
民共和国が中華民国（台
湾）の実効支配する島嶼な
どに軍事的圧力を加えたこ
とで発生した国際危機。中
国の人民解放軍が金門島に
砲撃を加えるなどしたのに
対して，アメリカ側が中華
民国を支援したため，台湾
海峡周辺地域で軍事的な緊
張が高まった。

▷2　ベルリン危機
1958〜59年，1961〜62年の
二度にわたる国際危機。ソ
連がドイツ平和条約の調印
と東西ベルリンの占領状態
の終結を要求し，これを米
英仏が拒否したことで開始
された。しかし危機によっ
て東ドイツ国民の流出が増
大したため，61年8月13日，
ソ連と東ドイツは東西ベル
リン市の境界を遮断した。
この「ベルリンの壁」の建
設後，情勢は安定化した。

▷3　キューバ・ミサイル
危機
1962年10月16日，ソ連が米
本土を攻撃可能な中距離核
ミサイルをキューバに配備
したことが発覚して勃発し
た国際危機。ソ連がミサイ
ルを配備した理由について
は，アメリカによるキュー
バ侵攻の抑止，米ソ間の核
戦力の不均衡の是正，ベル
リン問題に関する対米交渉
を有利に進めるため，など
諸説ある。ケネディ大統領
はキューバ周辺海域を封鎖
してソ連側に圧力をかけ，
基地の撤去を迫った。米ソ
間で最も核戦争の危険性が
高まったといわれた危機は，

📖 史実

　冷戦期の米ソ間もしくは東西間のデタント，すなわち緊張緩和は，ソ連の指導者スターリンの死去（1953年）を契機にその模索が始まり，1955年には戦後初の東西四カ国（米英仏ソ）首脳会談がジュネーヴで開催された。その後1950年代後半から60年代末にかけて，**台湾海峡危機**（第一次：1954年，第二次：1958年）やベルリン危機（1958〜61年），**キューバ・ミサイル危機**（1962年），ヴェトナム戦争の泥沼化（1965〜73年）といった国際危機を背景に，デタント状況が生じることになった。しかし，多くの人が「デタント」と聞いて想起するのは，米ソ間で戦略兵器制限条約などが締結され，ヨーロッパではベルリン問題が暫定的に解決された，1970年代前半の東西陣営間の緊張緩和のことであろう。

⚔️ 論点

1. 米ソ超大国間のデタント　米ソ・デタントについては，時期区分や，デタントの成立・崩壊要因をめぐって複数の見解がある。米ソ・デタントを初めて包括的に検討したスチーブンソンは，緊張緩和の雰囲気が醸成されたにとどまった①1955年および②1959年（いずれもアイゼンハワー期），③**部分的核実験禁止条約**（PTBT）など，具体的合意を生んだ1963〜64年（ケネディ，ジョンソン期），そして，④より広い争点に関する合意が追求された1972〜75年（ニクソン，フォード期）の時期区分を提示する。その上でスチーブンソンは，デタントの成立要因として（1）核戦争の脅威，（2）相手との相対的な軍事力の大きさに関する認識，（3）政治指導者の影響力，（4）米ソの特殊利益の一致を，またデタント崩壊の要因として（1）デタントと国益に関する認識の変化，（2）指導者個人の影響力，（3）デタントに関する共通基準の創出の失敗を挙げている。

　一方ホフマンは，ケネディおよびニクソン政権が対ソ・デタントを目指す戦略枠組みを持っていたのに対し，ジョンソン政権期のデタントは複数の政策が個別に追求された結果として生じた「事実上のデタント」だったと論じる。またホフマンは，ケネディ政権が核問題を米ソの合意が困難な他の争点から切り離す形でデタントを追求したのに対して，ニクソン政権は複数の争点間の連関（リンケージ）を創出することによりデタントを追求したとの分析を提示する。これとは対照的にトラクテンバーグは，ケネディ政権は争点間の連関によって PTBT を締結できたと指摘する。

2. ヨーロッパのデタント　こうした米ソ中心のデタント理解に対して，アメリカの西欧同盟諸国が独自のデタント政策を追求したことが，多く

の研究によって指摘されている。

　1950年代にデタントを推進しようとしたのはイギリスであった。1953年に東西首脳会談の開催を提唱したチャーチル首相は，対ソ交渉によって戦争の可能性を低下させると同時に，米ソ間の仲介役となることで「大国」イギリスの地位を誇示しようとしていた。1958〜63年にはマクミラン首相もベルリン危機やキューバ危機，核実験禁止条約交渉の際に米ソの仲介役を担おうとした。また1960年代半ばには，フランスのド・ゴール大統領が独自のデタント政策を追求している。ソ連とのデタントを模索するアメリカには西欧防衛を任せられないと考えたド・ゴールは，冷戦を終わらせて東西ヨーロッパ全体を対象とする安全保障体制を創設しようとしたのである。

　こうした英仏の動きが，それぞれの時期のデタントの直接的な原因になったとはいいがたい。しかし，PTBT が締結されたのは，米ソ交渉が難局に陥った際にマクミランがケネディに交渉の継続を説得し続けたからであるという見方や，ド・ゴール外交が1970年代の米独のデタント政策のモデルとなったという見解など，西欧諸国が超大国デタントの進展に及ぼした間接的な影響や役割を重視する研究も存在する。

　西欧諸国のうち，デタントに直接的な貢献をしたのは1970年代の西ドイツであった。ブラント首相の「東方政策」はドイツ分断を「暫定的」に承認することで東側との関係を改善し，長期的に再統一を目指すものであった。その結果，独ソ間のモスクワ条約とベルリンの現状維持に関する四カ国（米英仏ソ）協定が締結され，こうした西ドイツ外交の成果が全欧安保協力会議*（CSCE）開催への道を開いた。1975年に閉幕した CSCE では，第二次世界大戦後のヨーロッパ分断の現状が承認され，人権の原則や人・思想・情報の自由移動に関する規定を含むヘルシンキ最終議定書が採択された。

　ただし東方政策や CSCE については評価が分かれている。多くの歴史家は，CSCE 後に進んだ東西ヨーロッパ間の経済的・人的交流が拡大や東欧の民主化がドイツ再統一や欧州冷戦終結をもたらす重要な要因になったと議論する。しかしその一方で，東方政策や CSCE のヘルシンキ議定書は，抑圧的な東側の政治体制を容認することで東欧諸国民の自由や人権を侵害したという批判もある。

10月28日にソ連がミサイル撤去を表明したことで終息。

▷4　部分的核実験禁止条約
地下を除く，大気圏，水中，宇宙空間での核爆発実験を禁止する条約。1963年8月に核保有国である米英ソが締結し，他の諸国にも参加が認められた。その主目的は核実験で生じる放射性物質による汚染を減少させ，核軍拡競争に歯止めをかけることにあったが，同時に，核実験を禁止することで他の核兵器保有国が登場するのを防ぐことも意図されていた。

▷5　東方政策
1960年代後半から70年代前半にかけて，西ドイツが実施したソ連・東欧諸国との緊張緩和政策。社会民主党のブラントが，66年に成立した大連立政権下では外相として，また69年に成立した社会民主党政権下では首相としてこの政策方針を追求した。ドイツ分断の現状を「暫定的」に承認することでドイツ再統一を達成しようとする東方政策は，再統一まで緊張緩和は不可能であるとする，従来の方針を大きく変更するものであった。

*　全欧安保協力会議
V-20 側注3参照。

（参考文献）

R・W・スチーブンソン『デタントの成立と変容』（滝田賢治訳，中央大学出版部，1989年）。

ティモシー・ガートン・アッシュ『ヨーロッパに架ける橋』（上・下）（杉浦茂樹訳，みすず書房，2009年）。

山本健「ヨーロッパ冷戦史——ドイツ問題とヨーロッパ・デタント」李鍾元・細谷雄一・田中孝彦編『日本の国際政治学4　歴史の中の国際政治』（有斐閣，2009年）。

┌─ 歴史学的に考察するポイント ─

①デタントという用語を，どのように定義できるだろうか。

②米ソはそれぞれデタントに何を求めたのか。その共通点と相違点は何か。

③超大国と西欧のデタント政策にはどのような違いがあるだろうか。

④米ソ・デタントとヨーロッパ・デタントは，その後の冷戦の展開にどのような影響を与えただろうか。

19 欧州統合

能 勢 和 宏

【関連項目：主権／主権国家／主権国家体制，ナショナリズム論（南北アメリカ・西欧からのアプローチ），帝国論，冷戦の起源，デタント，冷戦の終結，新自由主義】

▷1　欧州石炭鉄鋼共同体（ECSC）

1952年に発足し，石炭・鉄鋼業への投資や加盟国間の貿易自由化等を遂行した。この枠組みの中で，フランスと西ドイツの和解が実現し，今日のEUにつながる諸制度が構築されたことから，欧州統合の原点と見なされる組織である。

▷2　欧州経済共同体（EEC）

1958年に発足し，全産業分野（ECSCとEURATOMが対象とする石炭・鉄鋼・原子力を除く）におけるヒト・モノ・カネの自由移動や，農業などの特定分野における共通政策の実施を実現させた。その活動は極めて多岐にわたり，EUが発足するまで欧州統合の中心を担った組織である。

▷3　欧州連合（EU）

1993年に発足し，今日の欧州統合を司る組織である。従来の経済面での統合をさらに前進させただけではなく，警察・刑事司法と外交・安全保障における加盟国間の協力も進め，あらゆる分野で大きな影響を及ぼしている。

▷4　ユーロ

2002年に流通を開始し，2019年現在25カ国で使用されている通貨である。西欧諸国は1970年代から為替変動を抑えるための協力を進め，1999年に為替レートを固定し，単一通貨の導入を実現させた。

▷5　主権国家体制

国内においても国外におい

📖 史 実

　第二次世界大戦終了後，欧州諸国は歴史上類を見ないような国際協力体制を構築し，発展させていった。1950年代，フランス・西ドイツ・イタリア・ベルギー・オランダ・ルクセンブルクの6カ国は，**欧州石炭鉄鋼共同体（ECSC）**◁1，**欧州経済共同体（EEC）**◁2，欧州原子力共同体（EURATOM）を創設した。これらの共同体はのちに欧州共同体（EC）と呼ばれるようになり，今日の**欧州連合（EU）**◁3へと発展していった。この過程でヨーロッパ諸国は，単一通貨**ユーロ**◁4に代表されるような，様々な政策・制度・法の統一を実現した。言い換えれば，ヨーロッパ諸国は政策などを自由に決定する権利を放棄し，共同体が定める共通ルールに従うようになっていった。こうした現在まで続く動きを「欧州統合」と呼ぶ。

⚔️ 論 点

1. 平和のための欧州統合　当初，欧州統合の進展は，当事者たちの回顧録やジャーナリスト，国際政治学者たちの同時代分析を通して説明されてきたが，1970年代に各国で戦後の一次史料が公開され始めると，歴史学者たちもその分析に取り組み始めた。そして1977年，欧州統合を扱った最初の本格的な歴史研究として発表されたのが，ドイツ人歴史家リプゲンスによる『欧州統合政策の始まり（1945〜1950）』であった。リプゲンスは二度の大戦を経験したヨーロッパの指導者たちの思想を分析し，第二次世界大戦後のヨーロッパでは**主権国家体制**◁5の克服という目標が広く共有されていたことを明らかにした。戦後のヨーロッパ人たちは，各国の好き勝手な振る舞いを制限するために，「ヨーロッパ合衆国」や「欧州連邦」と呼ばれるような連合体を創設することが，戦争という悲劇を二度と繰り返さぬために不可欠であると同時に，アメリカとソ連によるヨーロッパの支配を防ぐための唯一の手段であると考え始めた。リプゲンスは，このような平和を追い求める思想が欧州統合の源泉であると論じた。2012年にEUがノーベル平和賞を受賞したことからも窺われるように，リプゲンスが提示した欧州統合像は今も影響力を失っていない。

2. 「国民国家の救済」　1980年代に共同体の設立交渉に関する一次史料が公開され始めると，歴史学者たちはそれらを活用した研究を発表していった。その代表例といえるのが，イギリス人歴史家ミルワードの『国民国家のヨーロッパ的救済』である。ミルワードはECSCならびにEEC設立交渉の外交記録を分析し，これらの共同体がリプゲンスの説くような指導者たちの政治的な理念から生まれたものではなく，欧州各国それぞれの経済的な利益に基づ

いて設計されたものであったことを明らかにした。つまり欧州統合とは，主権国家体制の克服ではなく，むしろ反対に，国家の再建・強化を目指した企てであったと主張したのである。このように，欧州統合を特定の指導者の思想だけに基づいて理解するのではなく，政策や制度をめぐる具体的な交渉に基づいて理解することが，現在も欧州統合史研究の基本的な姿勢となっている。そのためミルワードの著作は，この分野において最も重要な研究モデルであり，最も言及される機会も多い金字塔的な研究である。

3．21世紀の欧州統合史　このように欧州統合史研究は，欧州統合が主権国家体制を弱めるものであったといえるのかどうかという論点を軸に発展してきた。しかし近年ではこうした問題設定にとどまらず，欧州統合をより多面的に捉えようとする研究が次々と発表されている。そうした研究を大きく分類すると，①欧州統合を政府間交渉の結果として捉えるのではなく，**欧州委員会**[6]を中心とする共同体機関や，ヨーロッパの指導者たちの非公式なつながり（トランスナショナル・ネットワーク）が果たした役割を強調する研究，②欧州統合全体ではなく，特定の共通政策（農業政策・通貨政策・移民政策・貿易政策・外交政策など）に焦点を絞った研究，③欧州統合をヨーロッパの中で完結した出来事としてではなく，冷戦・脱植民地化・**グローバリゼーション**[7]といった世界規模の動向と関連づける研究，となる。そして今日の統合史家たちは，欧州統合の歴史を様々な角度から精細に分析し，多様な統合史像を描き出すことで，欧州統合と主権国家体制の関係も一概には論じられないと理解する傾向が強い。ただしその反面，近年の研究は細分化が進み，欧州統合の中長期的な意義への関心が乏しいと批判されることもある。

こうした観点から直近の数年では，長期的な視点を取り入れ，ECSC から EU に至る統合史像を相対化するような研究の発表が目立っている。中でも，スホットとスクラントンという科学技術史家を中心に編まれた『ヨーロッパを創る』は画期的な論集である。この論集では，約150年という長いタイムスパンで，国境を越えた欧州規模の道路や鉄道網の建設から食文化や消費活動の均一化に至るまで，欧州統合の土台が形成されていく過程が語られている。21世紀の欧州統合史には，このような社会史としての欧州統合史という新たな流れも生まれつつある。

ても，それぞれの国家が持つ権威を最大限尊重する体制を指し，今日の国際関係の基礎をなす体制である。この体制の下では，ある国の振る舞いがどのようなものであれ，他国がその国に干渉することは基本的に認められない（Ⅲ-12 も参照）。

▷6　欧州委員会
EU を構成する一つの機関で，加盟国政府から独立した「EU の政府，内閣」とも称され，EU 行政の中心を担っている。各加盟国から選出された委員はそれぞれ担当政策を割り振られ，約３万人のスタッフ（「EU 官僚」）とともに，法案の提出や政策の遂行・運営にあたる。

▷7　グローバリゼーション
ヒト・モノ・カネ・情報の国境を越えた移動が拡大し，世界が相互依存を深め，一体化していく動きを指す。こうした動きそのものは長い歴史を持つが，特に20世紀後半以降は交通手段の高速化や情報通信技術の発展によって，その動きが加速した。

歴史学的に考察するポイント
①「欧州統合」の「統合」という表現の意味を考えてみよう。
②ECSC から EU に至る組織の改編は欧州統合にどのような変化をもたらしたのか，当時の新聞記事や条約文を調べて考えてみよう。
③欧州統合のような試みが，ヨーロッパで特に発展した理由を考えてみよう。

参考文献
遠藤乾編著『ヨーロッパ統合史』（名古屋大学出版会，2008年。増補版は2014年）。
遠藤乾・板橋拓己編著『複数のヨーロッパ』（北海道大学出版会，2011年）。
益田実・小川浩之編著『欧州統合史』（ミネルヴァ書房，2019年）。

20 冷戦の終結

森　聡

【関連項目：冷戦の起源，ヴェトナム戦争とその影響，デタント，欧州統合】

📖 史　実

　　1985年3月にミハイル・ゴルバチョフ[1]がソ連共産党書記長に就任すると，「新思考」と呼ばれた西側との協調を模索する外交路線をとり始めた。米国のロナルド・レーガン大統領は当初，ソ連を「悪の帝国」と呼んでいたが，政権2期目には，ゴルバチョフとの首脳会談を重ねていく中で，ソ連との関係改善を進めた。後任のジョージ・H・W・ブッシュ大統領は，89年12月2日と3日に地中海マルタ島でゴルバチョフと米ソ首脳会談を持った。両指導者は共同記者会見において，「世界は冷戦という時代を超えて，次の時代に入る」と互いに述べ合ったことを披露し，冷戦の終結を事実上宣言した。89年に東欧諸国で革命が起こり，90年10月にドイツ再統一が実現する過程において，米ソ対立は実質的に収束していった。91年7月にワルシャワ条約機構が廃止され，同年12月にはソ連が消滅するに至った。では，冷戦が終結する過程において決定的に重要だった要因とは何だったのか。ゴルバチョフの「新思考」外交[2]が重要な役割を果たした点について大きな論争はないが，それを生起させた要因，その推進を可能ならしめた要因とは何だったのか。こうした問題をめぐって様々な見解が提起されてきた。

⚔️ 論　点

1．米国の対ソ外交

　　一方には，レーガン政権1期目の強硬な対ソ政策が，ソ連を対決路線の放棄へと転換させたという見方がある。この見方によれば，1980年代のレーガン政権による核戦力の増強や戦略防衛構想（SDI）などをはじめとする軍拡競争の姿勢が，ソ連に対抗を断念させる上で重要だった。他方，レーガン政権1期目の対ソ強硬姿勢は，ゴルバチョフにほとんど影響を与えず，むしろレーガン政権2期目やブッシュ政権の協調的な外交姿勢こそが米ソ間の関係改善において重要な役割を果たしたとする見方もある。このような見方によると，ゴルバチョフが革命に見舞われる東欧諸国への武力介入を控える中，ブッシュ政権は，東欧への米国の積極的な関与を控えるとともに，ドイツ再統一に向けた外交が進展する過程でソ連向けに安心を供与する策を講じるなど，東側陣営の内発的な変革を側面から支援することを通じて，冷戦を平和裏に終結させる上で重要な役割を果たした。こうした見方は，レーガン政権やブッシュ政権の首脳陣など，米政府関係者の説明に多く見られる。

2．ソ連を取り巻く諸要因

　　ソ連の「新思考」外交は，米国外交への対応として生まれたり，推進されたりしたものではなく，ソ連自身を取り巻く諸事情に起因していたとする見方がある。まず，それまで改革に

▷1　ミハイル・ゴルバチョフ

1931年生まれ。スタヴロポリ地方出身で，52年にソ連共産党に入党。80年に政治局常務委員となり，85年に書記長に就任。情報公開や言論の自由を促進するグラスノスチや，複数候補者制度の導入など政治体制を改革するペレストロイカを推進。90年にソ連の初代大統領となり，ノーベル平和賞を受賞。91年12月に大統領を辞任。

▷2　「新思考」外交

西側との協調を基軸に据えた対外政策路線。米国との大胆な軍備管理・軍縮や，西側諸国との経済関係の拡大など，対外関係の改善・発展を柱とした。西側指導者らとの首脳外交を通じて信頼を培ったが，ソ連国内からは反発も生じた。

取り組んでこなかったために経済的苦境に陥ったソ連が，この苦境から脱するために対西側協調路線を追求し始めたという説明がある。また，ソ連がアフガニスタン介入などによって，いわゆる「過剰拡張」に陥り，そこから生じた戦費負担が，すでにかさんでいた軍事費とともにソ連財政を圧迫したために，ソ連指導部は協調路線への転換を余儀なくされたとする説明もある。さらに，ゴルバチョフの「欧州共通の家」といった理想主義的な概念に象徴される，イデオロギーないし対外観の大きな転換を見たことを重視する説明もある。特にゴルバチョフなどは，ソ連社会主義に好ましい新たな国際秩序を構築することは可能だと考える一方で，欧州の社会民主主義者たちからも思想的な影響を受け，ソ連自身を変化させる決断を下したとされる。この見方に立てば，ソ連が経済・財政上の危機に直面する中で，新しい対外観を有するゴルバチョフが登場し，対内的には経済・政治改革を進め，対外的には「新思考」を追求することになった，ということとなる。このほか，国際的な平和運動に関わっていた科学者たちが，ソ連指導部の交代を契機に指導者に重用され，その結果，核実験や弾道ミサイル迎撃システム，通常戦力削減などに関するソ連指導部の考え方に影響を及ぼしたという見方も存在する。

3．欧州を取り巻く国際環境 1980年代後半の東西ヨーロッパ諸国間の関係が比較的安定していたために，ソ連と東側陣営が西側から強い脅威を感じておらず，そこに各種の変革が進行する余地が生まれていたという説明もある。また，1975年に開催された**全欧安全保障協力会議**（CSCE）で合意されたヘルシンキ議定書において，東西の欧州諸国が人権を規範として受け入れたことが，東欧の民主化やドイツの再統一といった冷戦の終結過程に少なからぬ影響をもたらしたとの指摘もある。さらに，東欧諸国において「東欧革命」が同時に発生し，各国の当局が，統制のとれた平和的な抗議運動を鎮圧することができず，対話するしかなかったことが，冷戦を終結へと向かわせた要因として無視できないとする説明もある。

▷3 **全欧安全保障協力会議（CSCE）**
東西35カ国が，緊張緩和を目的として全欧安保会議協力会議（CSCE）で多国間外交を展開，75年にヘルシンキで開催された首脳会議で最終議定書を採択した。ヘルシンキ議定書は，既存国境の承認を含む国家の行動原則や信頼醸成措置，経済・科学技術・環境面での協力，人道・文化交流という3つのバスケットで相互の了解事項を文書化した。

参考文献
ミハイル・ゴルバチョフ『ゴルバチョフ回想録』（上・下）（工藤精一郎・鈴木康雄訳，新潮社，1996年）。
高橋進『歴史としてのドイツ統一』（岩波書店，1999年）。
ロバート・マクマン『冷戦史』（青野利彦監訳・平井和也訳，勁草書房，2018年）。

歴史学的に考察するポイント
① 米ソ冷戦は，なぜ1970年代でもなければ，1990年代でもなく，1980年代末に終結したのだろうか。
② ゴルバチョフの「新思考」は，旧来のソ連の対外関与路線を転換するものであったが，なぜゴルバチョフはソ連内の反発を抑え込んで米ソ関係を変質させることができたのだろうか。
③ レーガン・ブッシュ政権は，なぜ長らく対立してきたソ連の指導者ゴルバチョフとの協調路線を追求することができたのだろうか。

21 新自由主義

小野沢　透

【関連項目：資本主義論，世界恐慌，混合経済と福祉国家，欧州統合】

＊　ブレトン・ウッズ体制
Ⅴ-8 側注4参照。
▷1　石油輸出国機構
（OPEC）
国際石油産業を支配していた石油会社から生産・価格決定権を奪取することを目標に，サウジアラビアやベネズエラなど5カ国が1960年に設置した，石油を主たる輸出品とする諸国よりなる国際組織。1970年代初めに石油の需給関係の逼迫を背景に石油価格の大幅引き上げに成功するが，設立以来常に産油国間の利害調整の問題を抱え，加えて近年は非加盟国の石油生産が増大していることなどから，世界的な生産・価格決定権を掌握するには至っていない。2019年時点の加盟国は16カ国。
＊　IMF・世界銀行
Ⅴ-8 側注2参照。
▷2　フリードリヒ・ハイエク
1899～1992年。オーストリア生まれ，ウィーン大学で学問的研鑽を積み，英・米・独で活躍した経済学者にして思想家。社会主義のみならず福祉国家体制をも集産主義として一括し，それらを個人的自由の脅威として批判した思想で知られる。モン・ペルラン協会の会長として新自由主義運動を牽引した。著書に『隷従への道』，『市場・知識・自由──自由主義の経済思想』など。1974年にノーベル経済学賞を受賞。

📖 史　実

　第二次世界大戦後の四半世紀，先進国のみならず発展途上国の多くも急速な生産の増大と経済成長を遂げ，しかも生み出された富が比較的平等に分配されたことで，人類の大きな部分が生活水準の向上を経験した。このような状況が出現した背景には様々な要因があったが，国民経済の運営や国民の福祉に大きな役割を担う「大きな国家」が重要な役割を果たしたのはまちがいない。

　しかし，1960年代後半以降，西側先進国の経済成長は鈍化していった。70年代前半には，ブレトン・ウッズ体制＊の崩壊や石油輸出国機構（OPEC）▷1が主導する石油価格の大幅な上昇等の結果，西側先進国の高度成長は終了し，多くの国がインフレと不況が同時進行するスタグフレーションに陥った。各国は，経済的な停滞からの脱出を目指すとともに，活発化した国際的な資本移動に対応すべく，財政や金融を引き締める一方で，経済的な規制緩和を開始した。この過程で「大きな国家」は解体し始めた。英国のマーガレット・サッチャー政権や米国のロナルド・レーガン政権は，「大きな国家」が市場の正常な働きを阻害していることが経済的な停滞の原因であるとして，積極的にその解体を進めた。

　市場経済の領域を拡大することで，経済成長が実現され，個人の自由も保障されるとする考え方は，新自由主義（ネオリベラリズム）と呼ばれる。新自由主義の具体的な政策メニューは，インフレを抑制する金融政策，規制緩和，社会福祉の縮小，税の累進率の平坦化，労組の権利の剝奪，公営セクターの民営化などよりなるが，その組み合わせや実施の程度は国によって異なった。1980年代，新自由主義的な政策は，社会党が政権を担っていたフランスや高福祉制度を確立していた北欧諸国をも含む先進諸国で広く実施されるようになり，1990年代には先進諸国のほとんどの主要政党が新自由主義を政策の基礎として受け入れるに至った。さらに，IMFや世界銀行＊が，「構造調整」の名の下に，対外債務の返済に窮した国々への援助や債務軽減の条件として「大きな国家」の解体を強制したことが大きな契機となって，新自由主義は発展途上国にも拡大していった。

論　点

1．新自由主義の本質

　思想としての新自由主義は，1930年代後半，社会主義と全体主義（ファシズムやナチズム）に対抗しうる新たな自由主義が模索される中で徐々に形成され始め，戦後，フリードリヒ・ハイエク▷2らを中心にモン・ペルラン協会が設立されたことで運動として立ち現れた。新自由主義の運動には，ハイエクらオーストリア系の自由主義思想家，ミルトン・フ

リードマンらシカゴ学派の経済学者，ドイツのオルド自由主義者など，多様な潮流が流れ込んだ。いずれの潮流に注目するかによって，新自由主義の本質の捉え方は変わってくる。大きく分類すれば，1980年代以降に政策として採用されていくフリードマンらの自由市場至上主義的な経済学を重視する見方と，所有や契約に関する私法の領域を政治的民主主義から切り離すことを理想とするハイエクら独・墺系の思想を重視する見方がある。

　一方，エジプトのアンワル・サダト政権やチリのアウグスト・ピノチェト政権は，先進国で新自由主義が広く受け入れられる前の1970年代前半から，自発的に新自由主義を先取りするような政策を採用していた。これらの例に限らず，新自由主義が体制として定着していく過程には，内発的な動きと「構造調整」に代表されるような外発的な動きが交錯しており，これらの関係をいかに捉えるかによって新自由主義の世界的な拡大の理解は変わってくる。さらに，国民の自由を抑圧しつつ新自由主義的な経済政策を遂行したピノチェト政権などをハイエクら多くの新自由主義者たちが高く評価したことは，新自由主義を自由主義の思想的伝統に位置づけることの是非という本質的な問題を提起する。また，新自由主義のもとで確かに世界経済は拡大したが，同時に各国国内の貧富の差も拡大し，金融危機が頻発するようになっているなど，その功罪は幅広く議論されている。

2．新自由主義と国家　かつて新自由主義は，経済の「管制高地」の支配権を国家から市場に移行させる政策と捉えられていたが，今日では，このような単純な見方は不十分であると考えられている。フリードマンのような自由市場至上主義者も含めて，多くの新自由主義者たちは，市場の秩序を維持する意志と能力を有する強い国家を構築することを目指していた。そして実際，労組などの影響力を排除した新自由主義国家は，概して「強い国家」となった。それゆえ，今日の研究上の一つの焦点は，新自由主義体制における国家の役割に向けられている。新自由主義国家は，例えば，貨幣の健全性を維持し，私法の領域を保護し，国際的な経済制度を自らの領域内に浸透させる。さらに，競争の原理を規範として打ち立て，それを規律として社会と個々の国民に内在化させる役割を担っている，などと指摘されている。そして，先進国と発展途上国のいずれにも拡大している新自由主義国家は，経済的グローバリゼーションを促進する重要な役割を担っている。新自由主義国家を考察することは，今日のグローバリゼーション＊のありようを考察することにも直結しているのである。

▷3　ミルトン・フリードマン
1912〜2006年。新自由主義の有力な一潮流であるシカゴ学派を代表する米国の経済学者。通貨量の変動が経済変動の主たる要因であるとする貨幣数量説（マネタリズム）を唱え，ケインズ主義を批判した。レーガン政権などの経済政策ブレーンとしても活躍し，米国の新自由主義的経済政策に影響を与えた。著書に『資本主義と自由』，『選択の自由』（ローズ夫人と共著）など。1976年にノーベル経済学賞を受賞。

＊　グローバリゼーション
V-19 側注7参照。

参考文献
ダニエル・ヤーギン，ジョゼフ・スタニスロー『市場対国家——世界を作り変える歴史的攻防』（上・下）（山岡洋一訳，日本経済新聞社，1998年）。
アンドリュー・ギャンブル『自由経済と強い国家——サッチャリズムの政治学』（小笠原欣幸訳，みすず書房，1990年）。
ジョセフ・E・スティグリッツ『世界を不幸にしたグローバリズムの正体』（鈴木主税訳，徳間書店，2002年）。
デヴィッド・ハーヴェイ『新自由主義——その歴史的展開と現在』（渡辺治監訳，作品社，2007年）。
C・ラヴァル『経済人間——ネオリベラリズムの根底』（菊地昌夫訳，新評論，2015年）。

歴史学的に考察するポイント
①新自由主義とは，どのような思想や政策を指すのか。
②新自由主義が世界的に拡大した背景には，どのような要因があったか。
③新自由主義の導入後，国家のありようはどのように変化したか。

22 フェミニズムとジェンダー　　兼子　歩

【関連項目：男女の領域分離，19世紀のジェンダーと人種，女性参政権，ヴェトナム戦争とその影響，新自由主義】

📖 史　実

フェミニズムという語は使用者によって様々な意味で使われるが，女性に対する性差に基づいた不平等な扱いや抑圧を問題とし，その是正を目指す思想および運動を指すという点は共通している。1880年代のフランスで使用され始め，90年代にはイギリス等のヨーロッパ諸国に普及，そして20世紀初頭にはアメリカでも盛んに使用されるようになった。

欧米では社会・政治運動としてのフェミニズムは19世紀にその萌芽が見られるが，大規模な運動として組織化され法改正などの成果を生み出したのは，工業化の進展した20世紀への転換期である。各国で女性たちの全国的組織化が進み，主に法的不平等の是正が目指された（第一波フェミニズム）。中産階級女性が主導した運動だったが，特にイギリスでは労働運動，ドイツでは社会主義運動との関係も深かった。英米では女性参政権獲得に特化した組織的運動が広範に展開され，第一次世界大戦時に戦争協力を通じて参政権実現を促進した。

1960年代後半から70年代には再びフェミニズム運動が高揚した（第二波フェミニズム）。第二波は法的な同一権利の要求（リベラル・フェミニズム）にとどまらず，家庭から職場，教育，メディア，セックスと生殖，芸術や学問，国際政治や環境問題に至るまで，社会構造全域にわたる男性優位と女性の従属を「家父長制」として批判し是正を求めた（ラディカル・フェミニズム）。生物学的与件ではなく社会的に構築されたものとしての性差を意味する「ジェンダー」概念が，理論的武器として普及した。また，公民権運動，ヴェトナム反戦運動，学生運動，ゲイ・レズビアン解放運動▷1，環境保護運動など同時代の社会運動と相互に連携し影響を与え合った点にも特徴がある。

第二波フェミニズム運動は欧米各国で職場や教育における女性の不平等を改善し，大学に女性学・ジェンダー研究専攻を導入させ，メディア等の差別表現を是正するなど，様々な変化をもたらした。近年ではフェミニズム運動はその使命を果たし終えたとする論者もいる（ポストフェミニズム）。だが性差別はいまだに欧米社会に残っており，ゆえに大衆文化やSNSを舞台として，近年のMeToo運動▷2のような新たなフェミニズム運動が登場していると指摘する論者も多い。

⚔ 論　点

1. フェミニストとは誰のことか

女性解放運動とも呼ばれた第二波フェミニズム運動，特に英米では女性の個人としての平等や自由および自律性，家父長制からの解放を強調する傾向が強かったが，こうした思想のみをフェミニ

ズムと呼ぶことは英米中心的であるという指摘もある。特に仏独の女性運動には，男女の差異を前提とし，特に母親の社会的意義を強調することによって国家に権利や保護を求めるという流れもあったことが指摘される。こうした思想は母性主義フェミニズムや家庭的フェミニズムとも呼ばれ，20世紀初頭までの英米にも見られ，特にフランスなどでは第二波フェミニズム運動期においても一定の影響力をもった。しかし家父長制的社会の中で歴史的に生み出された男女の差異のあり方そのものを根本から批判しない思想をフェミニズムと呼ぶことはできない，という反論もある。

2. フェミニズムは誰のためのものか

1960年代以降に勃興した**多文化主義**[▷3]は，フェミニズム運動史をも批判の対象とした。第一波フェミニズムの運動家や思想家の主張がしばしば白人至上主義・植民地主義・**優生学**[▷4]などと積極的に同盟したことが批判的に検証されるようになった。アメリカで第二波のリーダーとなった白人中産階級女性の多くは「すべての女性」の解放を訴えたが，彼女たちの「女性の権利」理解は主に白人中産階級の女性の利害関心を女性全般の利益と同一視しがちで，非白人や労働者階級や第三世界女性に固有の利害を必ずしも反映せず，時に反することもあったことが批判された。他方，特にアメリカ黒人フェミニストが人種主義を含む社会構造への深く広い批判に基づく思想と運動を展開してきたことが注目されるようになった。こうした議論をふまえ，近年，人種や階級など不平等をもたらす他の社会的カテゴリーとジェンダーが結びついて生じる固有の差別や周縁化を，「インターセクショナリティ」という概念で表現することが増えてきている。さらに哲学者フレイザーは第二波フェミニズム運動の主流派の論理が**ポスト工業化**[▷5]に伴う新自由主義的グローバル資本主義の興隆に加担したと批判し，議論を呼んだ。

3. フェミニズムが歴史学に与えたインパクト

第二波フェミニズム運動は女性学やジェンダー学を誕生させたが，歴史学においても女性史研究が活発化し，多くの成果を生んだ。やがて，性差に基づく分業や権力関係の構築過程そのものを批判的に検討するジェンダー史や，これまで普遍的な「人間」であると仮定されてきた男性の歴史的経験をジェンダーの観点から分析する男性史も登場した。だが，女性史やジェンダー史がなお歴史学における周縁的地位に留められているという指摘もある。

▷3 **多文化主義**
特定の人種民族集団の文化を国民全体の文化と前提する考え方を批判し，社会を構成する諸文化の対等性を主張する思想。特に米国では，白人中心のアメリカの歴史・文化理解を批判し，非白人集団の文化や歴史的経験の尊重を訴えた。I-30 側注5も参照。

▷4 **優生学**
主に生殖の統制による遺伝構造の改変を通じて国民や特定人種などの人口集団全体の質を改良できると称する思想。20世紀前半には欧米等で先進的「学問」として流行し，多くの国で障害者などへの強制断種政策などの導入を促した。

▷5 **ポスト工業化**
脱工業化とも言う。工業を中心とした経済・社会から，知識・情報・サービスなどを中心とした経済・社会へと移行すること。工場の海外移転やオートメーション化などによる製造業雇用の縮小も意味する。

参考文献
荻野美穂『生殖の政治学——フェミニズムとバース・コントロール』（山川出版社，1994年）。
荻野美穂『女のからだ——フェミニズム以後』（岩波書店，2014年）。
ソニア・O・ローズ『ジェンダー史とは何か』（長谷川貴彦・兼子歩訳，法政大学出版局，2017年）。

歴史学的に考察するポイント
①フェミニズム運動は，その後の社会にどんな変化をもたらしただろうか。
②フェミニズム運動を盛んにさせた歴史的状況はどのようなものだったのか。
③フェミニズム運動の賛成者，反対者はそれぞれ，どんな人々だったのか。
④現在のフェミニズムは，過去の運動とどんな共通点や相違点があるのか。

23 オリエンタリズムとポストコロニアリズム　杉本淑彦

【関連項目：ヨーロッパとオスマン帝国，帝国主義論，植民地と近代／西洋，ウィルソンとアメリカの国際主義】

📖 史　実

　18世紀から19世紀にかけて，オスマン朝，カージャール朝，ムガル朝が衰退期を迎えると，西洋の列強は西・南アジア地域に影響力を拡大していった。第一次世界大戦後には，これらの地域は，トルコ共和国が成立したアナトリアを除き，英仏の公式・非公式の帝国支配に組み入れられていた。

　第二次世界大戦後，西・南アジア地域は，西洋の植民地支配下にあった他の地域とともに，政治的独立を遂げる。しかし，公式・非公式の帝国支配を経験した地域の多くは，経済的な従属的地位から脱却しきれずにおり，文化面でも旧宗主国を中心とする西洋世界の影響が残存している。

⚔️ 論　点

1．サイード『オリエンタリズム』

　オリエンタリズムという言葉の初出は，英語では1769年，フランス語では1799年のことである。いずれも，オリエント諸言語の研究を指していた。そして19世紀中葉になると，西欧諸国でオリエントを題材にする絵画や文学，さらにオリエント風の衣裳や建造物が流行した。フランスの『19世紀ラルース百科事典』（1866年版）は，こうした状況をふまえ，オリエンタリズムを「オリエントの言語，科学，風習，歴史についての知識」および「オリエントの風習の模倣」と定義したのであった。明治以降の日本でも，このような定義に倣い，オリエンタリズムは東方趣味と訳されるのが常であった。ようするに，元来の「オリエンタリズム」とは，絵画や文学でのロマン主義（Romanticism）や写実主義（Realism）などと同じく，単に流派を表す用語にすぎなかった。

　この用語法に大転換をもたらしたのが，サイードの『オリエンタリズム』（原書1978年）である。サイードは18世紀後半から1970年代までを射程に入れ，中近東イスラーム世界（オリエント）に対する西洋（オクシデント）の差別的眼差しこそが「オリエンタリズム」だと批判したのである。サイードはパレスチナに生まれたアラブ人で，第一次中東戦争（1948年）の難を逃れてカイロに移住した後，アメリカ合衆国へ留学。その地で比較文学の研究者となった人物である。

　サイードによれば「オリエンタリズムの本質は，優越するオクシデントと劣弱なオリエントとのあいだに区別を設けること」にあった。サイードはもっぱら文学作品と思想および言語学を分析するだけにとどまったが，この思考枠組みは，人文科学の他分野でも支持を集め，分析対象が中近東イスラーム世界外へも広げられつつ絵画や映画などへの批評にも使われるようになった。日本ではこれ以降，

▷1　オリエント
広義には中近東・インド・東南アジア・中国を中心に，日本まで含む東洋世界全体を指すが，狭義かつ18〜19世紀の西欧では，主に中近東イスラーム世界を意味していた。

▷2　第一次中東戦争
（1948年）
パレスチナ戦争ともいう。イギリスの委任統治領であったパレスチナの主権をめぐってアラブ人とユダヤ人が衝突した。アラブ側が敗北し，70万人以上の住民（パレスチナ人）が難民化した。

オリエンタリズムとカタカナ表記した場合は，この批評理論（オリエンタリズム批評，あるいはオリエンタリズム論とも呼ばれる）を意味することになる。

また日本では，この批評理論が，明治から現在に至るまで日本がアジアに注いできた眼差しにも適用された。西洋から見れば日本はオリエントだが，その日本は，西洋と同じ差別的眼差しを他のオリエント諸地域に向けてきた，という批判である。この眼差しは「日本的オリエンタリズム」と呼ばれる。

2. ポストコロニアリズムへの発展　サイードのオリエンタリズム論を受けて，1980年代以降，植民地研究の新潮流が生まれた。植民地主義（colonialism）の，経済的収奪面よりも文化的抑圧面（宗主国言語の強制など）に着目する研究である。こうした研究潮流は，コロニアリズムから脱するべきだという観点を強く有することから，ラテン語接頭辞の「ポスト」（〜後，という意味）を冠された。それと同時に，独立後も植民地支配起源の従属関係を持続させる「コロニアルな（colonial）」状況（旧植民地からの移民への差別問題など）をも視野に入れている研究であることから，ポストコロニアリズム，あるいはポストコロニアル・スタディーズ（研究）と称されている。

3. オリエンタリズム論への批判　新しい研究の道を拓いたとはいえ，サイードへの批判は少なくない。歴史研究者のマッケンジーは，西洋の絵画・建築・音楽などの諸芸術がオリエントからの刺激によって活性化した事実と，西洋とオリエントの優劣二項対立にとどまらない多様なオリエンタリズムが存在してきたことを強調する。さらに，差別的眼差しをどのように克服すべきかという点で，マッケンジーはつぎのように語る——「今日オリエンタリズムを批評する人々は，あまりに強引な画一化を冒しやすい。過去に関して一枚岩的で二項対立的なヴィジョンを創り上げることで，彼らが未来のより共感的な基盤に立とうとする，異文化間の関係にしばしば過度の損害を与えてきた。実際のところ，オリエンタリズムは，軽蔑と侮辱ばかりかしばしば賞賛と畏敬にも使われ，無限の多様性を持つものであった」。

サイードも，自身のオリエンタリズム論が未来志向の議論ではないかもしれないと，つぎのように自覚している——「……オリエンタリズムに代わる別の選択肢とは何なのだろうか。本書はただ何かに反対するばかりで，積極的に何かを主張する建設的な議論ではないのだろうか」。

歴史学的に考察するポイント
①今日でも他者（例えば旧植民地出身移民）に対する差別的眼差しは，至るところに見出される。それを払拭するためには，オリエントに対する差別的眼差しを発見しそれを批判することが最重要なのだろうか。あるいは，そのような眼差しから自由であった人たちの例を参照することも，同様に重要なのだろうか。
②今日の歴史研究では，文学研究など，人文科学の他分野への越境が珍しくなくなった。史料として文芸，映画，音楽，演劇，舞踊や，絵画・彫刻・建築などの造形芸術が使用されるようになったのである。身のまわりに見られるそうした作品を，オリエンタリズムという観点から考察してみよう。

参考文献

エドワード・W・サイード『オリエンタリズム』（今沢紀子訳，平凡社，1986年）。
木下卓・笹田直人・外岡尚美編著『多文化主義で読む英米文学』（ミネルヴァ書房，1999年）。
ジョン・M・マッケンジー『大英帝国のオリエンタリズム——歴史・理論・諸芸術』（平田雅博訳，ミネルヴァ書房，2001年）。

24 「短い20世紀」

小野沢　透

【関連項目：啓蒙改革／啓蒙絶対主義，フランス革命，イギリス産業革命，社会主義，ロシア革命とソ連邦の成立，スターリンと農業集団化・工業化，世界恐慌，混合経済と福祉国家，第二次世界大戦原因論，冷戦の終結，新自由主義】

史　実

　史家エリック・ホブズボーム[*]は，産業革命とフランス革命という二重革命に始まり第一次世界大戦で終わる「長い19世紀」を描く三部作に続いて，第一次世界大戦とロシア革命から始まりソ連崩壊で終わる時代を「短い20世紀」として描く『極端な時代』を上梓した。「短い20世紀」は，「破滅の時代」（1914〜45年），「黄金時代」（1945〜73年），「地すべりの時代」（1973〜91年）よりなる。

論　点

1．「旧左翼」の歴史か？　ホブズボームの近現代史四部作[◁1]は，政治，経済，文化に及ぶ極めて広範な歴史的事象を因果関係を有するひとつの歴史叙述にまとめ上げた比類なき歴史書として高く評価されている。一方で，『極端な時代』については，共産主義（および社会主義）を過度に高く評価しているとの批判が提起されている。たしかに，ホブズボームは共産党に参加していたことがあり，自らの左翼的立場を隠してもいない。ホブズボームがソ連に好意的な眼差しを持っているのも間違いない。彼は，社会主義の実験を初めて実行に移したソ連の歴史的重要性と，ソ連の指導者たちが後進国ロシアの急速な工業化と並行して社会主義化を模索せねばならなかった事情を強調し，その過程で発生した多くの犠牲を免罪する。これは，E・H・カー[*]以来の親ソ的な分析を踏襲する視点である。しかし一方で，ホブズボームの分析は，経済決定論からはほど遠く，また経済的事象を説明する際に生産と同程度あるいはそれ以上に消費という要因に注目するなど，古典的なマルクス主義[◁2]に立つ歴史分析とは一線を画している。さらにホブズボームは，ソ連をはじめとする「現存する社会主義」が，「よりよい社会」を建設するという理想と見通しを喪失したとき，その存在意義が失われたことをも容赦なく指摘する。『極端な時代』を親共的あるいはマルクス主義的であるとして切り捨てる批判は，表層的な読みに基づく批判といわざるをえない。

2．失われし啓蒙主義　ホブズボームは，人類に無限の富を創出する可能性をもたらした産業資本主義と，フランス革命が解き放った政治的理念としての啓蒙主義が，近現代史を突き動かしたという歴史観に立つ。ホブズボームにとって，啓蒙主義とは，「自由な人々が恐怖と物質的窮乏から解放され，善き社会で善き生活を共に営める世界を造り出すという希望」（『帝国の時代』234頁）である。政治的理念としての啓蒙主義は，産業資本主義の担い手であるブルジョワジーが奉じた自由主義を起点として，その左翼に民主主義を生成し，

＊　エリック・ホブズボーム
Ⅳ-3 側注2参照。

▷1　近現代史四部作
エリック・ホブズボーム『市民革命と産業革命』（安川悦子・水田洋訳，岩波書店，1968年），『資本の時代1848-1875』（柳父圀近ほか訳，みすず書房，1981年），『帝国の時代 1875-1914』（野口建彦・野口照子訳，みすず書房，1993年），『極端な時代——20世紀の歴史』（河合秀和訳，三省堂，1996年。新訳として，『20世紀の歴史——両極端の時代』（大井由紀訳，筑摩書房，2018年）。

＊　E・H・カー
Ⅴ-6 側注3参照。

▷2　マルクス主義
カール・マルクスとフリードリヒ・エンゲルスを起点とする，資本主義を批判する経済理論および社会思想。その内部には対立しあう様々な立場や見解が出現したが，生産様式と生産関係を基礎とする経済的機構（「下部構造」または「土台」）が，法律，政治，思想などを含む様々な社会制度（「上部構造」）を規定し，生産力の発展に伴ってこれらの間に生ずる矛盾によって歴史が進行する，とする唯物史観（史的唯物論）を基本的な視座とする点では，ほぼ共通する。

産業資本主義が新たな社会階層としての労働者を創出するのと並行して，民主主義のさらに左翼に社会主義を生成していった。ホブズボームは，このように発展してきた啓蒙主義を全体として支持する。それゆえ彼は，啓蒙主義の最先端としての社会主義を擁護する立場を取りながら，ソ連共産党がコミンテルンを通じて他の左派勢力を排除しようとする純化路線を取ったことなどを批判する。一方，これとは対照的に，共産主義者から自由主義者までを幅広く糾合した反ファシズム人民戦線[*]や第二次世界大戦期の連合国を高く評価する。そして，啓蒙主義の末裔である混合経済体制と社会主義体制が繁栄を競った結果，相対的に経済的平等が保たれた状態で人類史上未曾有の繁栄がもたらされた「黄金時代」を賞賛する。すなわちホブズボームは，幅広い啓蒙主義がもたらす人類の進歩という評価軸で歴史を記述するのである。

　かかる評価軸に基づいて，ホブズボームは「地すべりの時代」に人類の歴史が暗転したと看破する。この時代，効率と利益の最大化を目指す資本主義は，混合経済体制を行き詰まらせ，西側先進国は新自由主義を採用した。社会主義体制は，資本主義との競争に対応できず，逆に資本主義世界に依存したことで，崩壊した。かくして啓蒙主義による抑制から解き放たれた資本主義は，人類の貧困と格差を拡大しつつある。そればかりか，資本主義は，家族や地域など資本主義自体がよって立つ社会すらも破壊し続けている。このようなホブズボームの資本主義の将来への悲観を，フクヤマに代表される，新自由主義を是とする論者は批判した。一方で，ホブズボームの親ソ的観点を批判しつつも同じく左派の立場に立つ史家ジャットは，ホブズボームと同様に，新自由主義によって破壊された社会の再建や集団的な利益への関心の復活の必要性を訴えたのである。

3. 個別的論点と全体的論点　ナショナリズム，ファシズムとナチズム，新自由主義などについてのホブズボームの分析は，今日の水準から見ると素朴なところがある。これら個別的問題については，より新しい研究で補うことが可能であるし，そうすることはホブズボームの研究の価値を損なうことにはならないであろう。

　一方で，ホブズボームの歴史叙述は欧米中心主義であるという，より根本的な批判も提起されている。この批判は正当ではあるが，近現代史を欧米中心主義に陥らずに記述しようとする試みは，まだ始まったばかりである。ホブズボームの四部作は，様々な限界を有しながらも，なお最も包括的な近現代史分析であり，進歩という理想が忘れ去られてしまったかに見える今こそ読まれるべき歴史書である。

歴史学的に考察するポイント

①近現代において，政治，思想，経済，文化は，どのように連関しており，それらをどのように関連づけて記述すべきであろうか。

②欧米世界を中心に据えることなく，どのように近現代史を叙述することができるであろうか。

---

* 人民戦線
V-14 側注2参照。

参考文献

フランシス・フクヤマ『歴史の終わり』（上・中・下）（渡部昇一訳，三笠書房，1992年）。

トニー・ジャット『荒廃する世界のなかで——これからの「社会民主主義」を語ろう』（森本醇訳，みすず書房，2010年）。

羽田正『新しい世界史へ——地球市民のための構想』（岩波書店，2011年）。

木畑洋一『二〇世紀の歴史』（岩波書店，2014年）。

欧文参考文献

第 I 章

I-1　Ian Morris and Barry Powell (eds.), *A New Companion to Homer*, Leiden, 1996.

　　S. P. Morris and R. Laffineur (eds.), *EPOS: Reconsidering Greek Epic and Aegean Bronze Age Archaeology*, AEGAEUM 28. Eupen, 2007.

I-2　Mogens H. Hansen and Thomas H. Nielsen (eds.), *An Inventory of Archaic and Classical Poleis*, Oxford, 2004.

　　Anthony M. Snodgrass, *Archaic Greece: The Age of Experiment*, J. M. Dent. 1980.

　　François de Polignac; translated by Janet Lloyd, *Cults, Territory, and the Origins of the Greek City-state*, University of Chicago Press, 1995.

I-3　John Marincola (ed.), *A Companion to Greek and Roman Historiography*, Oxford: Blackwell, 2007.

　　Lin Foxhall, Hans-Joachim Gehrke and Nino Luraghi (eds.), *Intentional History: Spinning Time in Ancient Greece*, Stuttgart: Steiner, 2010.

　　Rosalind Thomas, *Polis Histories, Collective Memories and the Greek World*, Cambridge: Cambridge University Press, 2019.

I-4　Jacques Berlinerblau, *Heresy in the University: The Black Athena Controversy and the Responsibilities of American Intellectuals*, New Brunswick, N. J.: Rutgers University Press, 1999.

　　Wim van Binsbergen (ed.), *Black Athena Comes of Age: Towards a Constructive Re-assessment*, Berlin: LIT Verlag, 2011.

　　Mary R. Lefkowitz and Guy MacLean Rogers (eds.), *Black Athena Revisited*, Chapel Hill: University of North Carolina Press, 1996.

　　Daniel Orrells, Gurminder K. Bhambra and Tessa Ronyon (eds.), *African Athena: New Agendas*, Oxford: Oxford University Press, 2011.

I-5　Polly Low (ed.), *The Athenian Empire*, Edinburgh, 2008.

　　John Ma, Nikolaos Papazarkadas and Robert Parker (eds.), *Interpreting the Athenian Empire*, London, 2009.

　　Peter J. Rhodes, *Ancient Democracy and Modern Ideology*, London, 2003.

　　Peter J. Rhodes (ed.), *Athenian Democracy*, Edinburgh, 2004.

I-6　Edith Hall, *Inventing the Barbarian: Greek Self-Definition through Tragedy*, Oxford: Oxford University Press, 1989.

　　Margaret C. Miller, *Athens and Persia in the Fifth Century BC: A Study in Cultural Receptivity*, Cambridge Cambridge University Press, 1997.

I-7　Simon Goldhill and Robin Osborne (eds.), *Performance Culture and Athenian Democracy*, Cambridge: Cambridge University Press, 1999.

　　Peter Wilson, *The Athenian Institution of the Khoregia: The Chorus, the City and the Stage*, Cambridge: Cambridge University Press, 2003.

　　Eric Csapo, Hans Rupprecht Goette, J. Richard Green, and Peter Wilson (eds.), *Greek Theatre in the Fourth Century BC*, Berlin: De Gryter, 2014.

I-8　A. B. Bosworth, *Conquest and Empire: The Reign of Alexander the Great*, Cambridge, 1988.

I-9　A. Chaniotis, *Age of Conquests: The Greek World from Alexander to Hadrian*, Cambridge, Mass.: Harvard University Press, 2018.

A. Erskine (ed.), *A Companion to the Hellenistic World*, Paperback ed. Oxford: Blackwell, 2005.

P. Thonemann, *The Hellenistic Age*, Oxford: Oxford University Press, 2016.

I-10 Morgen Herman Hansen and Thomas Heine Nielsen (eds.), *An Inventory of Archaic and Classical Poleis*, Oxford, 2004.

Emily Mackil, *Creating a Common Polity. Religion, Economy, and Politics in the Making of the Greek Koinon*, Berkeley, 2013.

Hans Beck and Peter Funke (ed.), *Federalism in Greek Antiquity*, Cambridge, 2015.

I-11 J. G. Manning, *The Last Pharaohs: Egypt under the Ptolemies, 305-30 BC*, Princeton University Press, 2010.

I-12 F. Millar, *Crowd in Rome in the Late Republic*, Ann Arbor, 1998.

K. Galinsky, *Augustan Culture: An Interpretive Introduction*, Princeton, 1996.

M. Jehne, "From *Patronus* to *Pater*. The Changing Role of Patronage in the Period of Transition from Pompey to Augustus," M. Jehne and F. Pina Polo (eds.), *Foreign clientelae in the Roman Empire: A Reconsideration*, Stuttgart, 2015, pp. 297-319.

I-13 C. Ando, *Imperial Ideology and Provincial Loyalty in the Roman Empire*, Berkeley, 2000.

I-14 Martin Millett, *The Romanization of Britain: An Essay in Archaeological Interpretation*, Cambridge University Press, 1990.

Richard Hingley, *Roman Officers and English Gentlemen: The Imperial Origins of Roman Archaeology*, Routledge, 2000.

Martin Pitts and Miguel John Versluys (eds.), *Globalisation and the Roman World: World History, Connectivity and Material Culture*, Cambridge University Press, 2015.

I-15 G. Carr and S. Stoddart (eds.), *Celts from Antiquity*, Cambridge, 2002.

S. James, *The Atlantic Celts*, London, 1999.

I-16 S. E. Alcock, *Graecia Capta: the Landscapes of Roman Greece*, Cambridge, 1993.

F. G. B. Millar, *The Roman Near East, 31 BC-AD 337*, Cambridge Mass., 1993.

S. Swain, *Hellenism and Empire: Language, Classicism, and Power in the Greek World, AD 50-250*, Oxford, 1996.

I-17 C. Benjamin, *Empires of Ancient Eurasia: The First Silk Roads Era*, 100BCE-250CE, Cambridge, 2018.

O. Hekster, G. de Kleijn and D.Slootjes (eds.), *Crises and the Roman Empire*, Leiden and Boston, 2007.

C. Witschel, *Krise-Rezession-Stagnation?: Der Westen des römischen Reiches im 3. Jahrhundert n.Chr.*, Frankfurt am Main, 1999.

I-18 Georges Ville, *La Gladiature en Occident*, École française de Rome, 1981.

Konstantin Nossov, *Gladiator: Rome's Bloody Spectacle*, Osprey, 2009.

I-19 Keith Hopkins, "Christian Number and its Implications", *Journal of Early Christian Studies* 6-2, 1998, pp. 185-226.

Alan Cameron, *The Last Pagans of Rome*, Oxford University Press, 2010.

I-20 C. Lepelley, *Les cités de l'Afrique romaine au Bas-Empire*, 2 tomes, Paris, 1979/1981.

J.- M. Carrié, "Le 'colonat du Bas-Empire': un mythe historiographique?", *Opus*, 1, 1982, pp. 351-371.

C. Grey, "Contextualizing *Colonatus*: The *Origo* of the Late Roman Empire", *The Journal of Roman Studies*, 97, 2007, pp. 155-175.

I-21 P. Garnsey and C. Humfress, "Immoderate Greatness and the Ruin of Rome", P. Garnsey and C. Humfress, *The Evolution of Late Antique World*, Cambridge, 2001, pp. 216-227.

C. Ando, "Decline, Fall, and Transformation", *Journal of Late Antiquity* 1. 1, 2008, pp. 31-60.

R. Flower, "The Place of Heresiology and Technical Literature in Narratives of Roman Decline", T.

Minamikawa (ed.), *Decline and Decline-Narratives in the Greek and Roman World: Proceedings of a Conference held at the University of Oxford in March 2017*, Kyoto, 2017, pp. 29-38.

Ⅰ-22 C. Humfress, *Orthodoxy and the Courts in Late Antiquity*, Oxford, 2007.

D. Liebs, "Roman Law", Av. Cameron, B. Ward-Perkins and M. Whitby (eds.), *The Cambridge Ancient History, vol. 14. Late Antiquity: Empire and Successors, A.D. 425-600*, Cambridge, 2000, pp. 238-259.

B. W. Frier (ed.), *The Codex of Justinian*, 3 vols., Cambridge, 2016.

Ⅰ-23 M. I. Finley, *The Ancient Economy*, Cambridge, 1973.

W. Scheidel, I. Morris and R. Saller (eds.), *The Cambridge Economic History of the Greco-Roman World*, Cambridge, 2007.

A. K. Bowman and A. I. Wilson (eds), *Quantifying the Roman Economy: Methods and Problems*, Oxford, 2009.

Ⅰ-24 Keith Hopkins, *Conquerors and Slaves: Sociological Studies in Roman History*, Cambridge: Cambridge University Press, 1978.

Keith Bradley, *Slavery and Society at Rome*, Cambridge: Cambridge University Press, 1994.

Henrik Mouritsen, *The Freedman in the Roman World*, Cambridge: Cambridge University Press, 2011.

Ⅰ-25 Jane Rowlandson and Ryosuke Takahashi, "Brother-Sister Marriage and Inheritance Strategies in Greco-Roman Egypt", *Journal of Roman Studies* 99, 2009, pp. 104-139.

Beryl Rawson (ed.), *A Companion to Families in the Greek and Roman Worlds*, Chichester, 2011.

Ⅰ-26 Marcel Detienne, Jean-Pierre Vernant, *La Cuisine du sacrifice en pays grec*, Gallimard, 1979.

Folkert T. Van Straten, *Hierà kalá: Images of Animal Sacrifice in Archaic and Classical Greece*, E. J. Brill, 1995.

Gunnel Ekroth and Jenny Wallensten (eds.), *Bones, Behaviour and Belief: The Zooarchaeological Evidence as a Source for Ritual Practice in Ancient Greece and Beyond*, Svenska institutet i Athen, 2013.

Ⅰ-27 J. Burgess, *The Tradition of the Trojan War in Homer & the Epic Cycle*, Baltimore and London, 2001.

J. Boardman, "Herakles, Peisistratos and Sons", *Revue archéologique*, 1972, pp. 57-72.

Ⅰ-28 M. Price Beard and J. S. North, *Religions of Rome*, Volume 1 & 2, Cambridge, 1998.

Jörg Rüpke (ed.), *A Companion to Roman Religion*, Blackwell, 2007.

R. Parker, *On Greek Religion*, Cornell University Press, 2011.

Ⅰ-29 Liba Taub, *Science Writing in Greco-Roman Antiquity*, Cambridge University Press, 2017.

Owsei Temkin, *Galenism: Rise and Decline of a Medical Philosophy*, Cornell University Press, 1973.

Ⅰ-30 Glen Warren Bowersock, Peter Brown and Oleg Grabar (eds.), *Late Antiquity: A Guide to the Postclassical World*, Cambridge MA & London, 1999.

Rita Lizzi Testa (ed.), *Late Antiquity in Contemporary Debate*, Cambridge, 2017.

Oliver Nicholson (ed.), *The Oxford Dictionary of Late Antiquity*, 2 vols., Oxford, 2018.

Ⅰ-31 Warren Treadgold, *A History of the Byzantine State and Society*, Stanford, 1997.

Ⅰ-32 Gilbert Dagron and Jean Birrell (tr.), *Emperor and Priest: The Imperial Office in Byzantium*, Cambridge University Press, 2003.

Shaun Tougher (ed.), *The Emperor in the Byzantine World: Papers from the Forty-Seventh Spring Symposium of Byzantine Studies*, Routledge, 2019.

第Ⅱ章

Ⅱ-1 Rees Davies, "The medieval State, the Tyranny of a concept?", *Journal of Historical Sociology* 16, 2003, pp. 280-300.

Susan Reynolds, "Responses. There were States in Medieval Europe: A Response to Rees Davies", *Journal*

    of Historical Sociology 16, 2003, pp. 550–555.

  Mayke de Jong, *The Penitential State: Authority and Atonement in the Age of Louis the Pious, 814–840*, Cambridge, 2009.

Ⅱ-2 Richard E. Sullivan (ed.), *The Gentle Voices of Teachers: Aspects of Learning in the Carolingian Age*, Columbus: Ohio State University Press, 1995.

  Joanna Story (ed.), *Charlemagne: Empire and Society*, Manchester: Manchester University Press, 2005.

Ⅱ-3 Peter Spufford, *Money and its Use in Medieval Europe*, Cambridge University Press, 1988.

  Adriaan Verhulst, *The Carolingian Economy*, Cambridge University Press, 2002.

  Rory Naismith, *Money and Power in Anglo-Saxon England: The Southern English Kingdoms, 757–865*, Cambridge University Press, 2012.

Ⅱ-4 Elik Thoen and Tim Soens (eds.), *Struggling with the Environement: Land Use and Productivity* (*Rural Economy and Society in North-Western Europe, 500–2000*, Vol. 4), Brepols Publishers, Turnhout, 2015.

  Grenville Astill and John Langdon (eds.), *Medieval Farming and Technology: The Impact of agricultural Change in Northwest Europe*, Brill, Leiden/New York/Köln, 1997.

Ⅱ-5 E. Guidoni, *La ville européene. Formation et signification du quatrième au onzième siècle*, Pierre Mardaga, 1981.

  D. Nicholas, *The Growth of the Medieval City: From Late Antiquity to the Early Fourteenth Century*, Routledge, 1997.

Ⅱ-6 J. Jesch, *The Viking Diaspora*, London: Routledge, 2015.

  Ildar H. Garipzanov and P. Geary, P. Urbanczyk (eds.), *Franks, Northmen, and Slavs: Identities and State Formation in Early Medieval Europe*, Turnhout: Brepols, 2008.

  Michael H. Kater, *Das Ahnenerber der SS 1935–1945: Ein Beitrag Zur Kulturpolitik des Dritten Reiches*, München: R. Oldenbourg, 2006.

Ⅱ-7 David Bates, *William the Conqueror*, New Haven: Yale University Press, 2016.

  Cristopher Harper-Bill, Elisabeth van Houts (eds.), *A Companion to the Anglo-Norman World*, Woodbridge: Boydell, 2002.

Ⅱ-8 Georges Duby, *La société aux XIe et XIIe siècles dans la région mâconnaise*, Paris, 1953.

  Jean-Pierre Poly et Éric Bournazel, *La mutation féodale, Xe-XIIe siècles*, Paris, 1980.

  Dominique Barthélemy, *La mutation de l'an mil a-t-elle eu lieu?: servage et chevalerie dans la France des Xe et XIe siècles*, Paris, 1997.

Ⅱ-9 Suzan Reynolds, *Fiefs and Vassals: The Medieval Evidence Reinterpreted*, Oxford, 1994.

  Suzan Reynolds, *Kingdoms and Communities in Western Europe 900–1300*, Oxford, 1984.

Ⅱ-10 S. Gouguenheim, *La réforme grégorienne. De la lutte pour le sacré à la sécularisation du monde*, Paris, 2010.

  J. Laudage, *Gregorianische Reform und Investiturstreit*, Darmstadt, 1993.

  I. S. Robinson, *The papacy 1073–1198. Continuity and Innovation*, Cambridge, 1990.

Ⅱ-11 Constance Hoffman Berman, *The Cistercian Evolution: The Invention of a Religious Order in Twelfth-Centruy Europe*, Philadelphia, 2000.

  Brian Patrick McGuire, "Charity and Unanimity: The Invention of the Cistercian Order. A Review Article", *Cîteaux* 51, 2000, pp. 285–297.

  Emilia Jamroziak, *The Cistercian Order in Medieval Europe: 1090–1500*, London, 2013.

Ⅱ-12 Anna Sapir Abulafia, *Christians and Jews in the Twelfth-Century Renaissance*, London: Routledge, 1995.

  Robert L. Benson and Giles Constable (ed.), *Renaissance and Renewal in the Twelfth Century*, Cambridge, Mass: Harvard University Press, 1982.

  Alex J. Novikoff, *The Twelfth-Century Renaissance: A Reader*, Toronto: University of Toronto Press, 2016.

Ⅱ-13　Carl Erdmann, *Die Enstehung des Kreuzzugsgedanken*, Stuttgart, 1935 (*The Origin of the Idea of Crusade*, Marshall W. Baldwin and Walter GoffartEnglish (trans.), Princeton, 1977).

Jonathan Riley-Smith, *What were the Crusades?*, London, 1977, *4th ed.*, Basingstoke, 2009.

Ⅱ-14　Roger Collins, *Caliphs and Kings: Spain, 796-1031*, Blackwell, 2012.

Bernard F. Reilly, *The Contest of Christian and Muslim Spain, 1031-1157*, Blackwell, 1992.

Peter Linehan, *Spain, 1157-1300: A Partible Inheritance*, Blackwell, 2008.

Teofilo F. Ruiz, *Spain's Centuries of Crisis: 1300-1474*, Blackwell, 2007.

Ⅱ-15　R. I. Moore, *The Formation of a Persecuting Society: Authority and Deviance in Western Europe 950-1250*, Oxford, 1987.

M. Frasetto (ed.), *Heresy and the Persecuting Society in the Middle Ages: Essays on the Work of R.I. Moore*, Leiden, 2006.

A. Sennis (ed.), *Cathars in Question*, Woodbridge, 2016.

Ⅱ-16　Colin Morris, *The Papal Monarchy: The Western Church from 1050 to 1250*, Oxford/New York: Clarendon Press, 1989.

D. L. d'Avray, *The Preaching of the Friars: Sermons Diffused from Paris before 1300*, Oxford/New York: Clarendon Press, 1985.

William H. Campbell, *The Landscape of Pastoral Care in 13th-Century England*, Cambridge: Cambridge University Press, 2018.

Ⅱ-17　Raoul van Caenegem, "Methods of Proof in Western Medieval Law," *Legal History: A European Perspective*, London, 1991（原著は1983）, pp. 71-113.

Peter Brown, "Society and the Supernatural: A Medieval Change," *Society and the Holy in Late Antiquity*, Berkeley and Los Angeles, 1982（原著は1975）, pp. 302-332.

Ⅱ-18　Philippe Buc, *The Dangers of Ritual*, Princeton, 2001.

Ⅱ-19　B. Stock, *The Implications of Literacy: Written Language and Models of Interpretation in the Eleventh and Twelfth Centuries*, Princeton University Press, 1983.

M. T. Clanchy, *From Memory to Written Record: England 1066-1307*, Oxford, 1979 3rd ed., 2013.

Ⅱ-20　Paul Bertrand, *Les écritures ordinaires. Sociologie d'un temps de révolution documentaire, entre royaume de France et Empire, 1250-1350*, Paris: Publications de la Sorbonne, 2015.

Nicole Bériou, Jean-Patrice Boudet, et Irène Rosier-Catach (eds.), *Le pouvoir des mots au Moyen Âge*, Turnhout: Brepols, 2014.

Ⅱ-21　Jean-Philippe Genet, *La genèse de l'État moderne: culture et société politique en Angleterre*, Paris, 2003.

André Leguai, *Les ducs de Bourbon, le bourbonnais et le Royaume de France à la fin du Moyen Âge*, Yzeure, 2005.

Joseph Strayer, *On the Medieval Origins of the Modern State*, Princeton, 1970.

Ⅱ-22　Roger Sablonier, *Gründungszeit ohne Eidgenossen. Politik und Gesellschaft in der Innerschweiz um 1300*, Baden, 2008.

Ⅱ-23　Д. Г. Хрусталев, *Русь: от нашествия до «ига»* (30-40 гг. XIII в.). СПб., 2008.

Ю. В. Кривошеев, *Русь и Монголы исследование по истории северо-восточной Руси XII–XIV вв.* М., 2003.

D. Ostrowski, *Muscovy and the Mongols: Cross-Cultural Influences on the Steppe Frontier, 1304-1589*, Cambridge University Press, 1998.

Ⅱ-24　Emst Daenell, *Die Blütezeit der deutschen Hanse: Hansische Geschichte von der zweiten Hälfte des XIV. bis zum letzten Viertel des XV. Jahrhunderts*, 2 Bde. Berlin, 1905-1906.

Rolf Hammel-Kiesow, *Die Hanse*, 5., aktualisierte Aufgabe (C. H. Beck Wissen), München, 2014.

Donald J. Harreld (ed.), *A Companion to the Hanseatic League* (Brill's Companions to European History, Vol.

8), Leiden, 2015.

Ⅱ-25 Philippe Contamine, *L'économie médiévale*, 3ᵉ éd., Paris, 2003.

Laurent Feller, *Paysans et seigneurs au moyen âge: VIIIᵉ-XVᵉ siècles*, 2ᵉ éd., Paris, 2017.

John Lovett Watts, *The Making of Polities: Europe, 1300-1500*, Cambridge, 2009.

Ⅱ-26 Colette Beaune, *Jeanne d'Arc, vérités et légendes*, Paris, 2012.

Philippe Contamine, Olivier Bouzy et Xavier Hélary (éd.), *Jeanne d'Arc: histoire et dictionnaire*, Paris, 2012.

Gerd Krumeich, *Jeanne d'Arc en vérité*, Paris, 2012.

Ⅱ-27 Peter Arnade, Martha Howell, and Anton van der Lem (eds.), *Rereading Huizinga. Autumn of the Middle Ages, a Century Later*, Amsterdam: Amsterdam University Press, 2019.

Élodie Lecuppre-Desjardin (ed.), *L'odeur du sang et des roses. Relire Johan Huizinga aujourd'hui*, Villeneuve-d'Ascq: Presses universitaires du Septentrion, 2019.

Edward Tabri, *Political Culture in the Early Northern Renaissance: The Court of Charles the Bold, Duke of Burgundy 1467-1477*, Lewiston and Lampeter: The Edwin Mellen Press, 2005.

Ⅱ-28 John Stephens, *The Italian Renaissance: The Origins of Intellectual and Artistic Change before the Reformation*, Longman, 1990.

Paula Findlen (ed.), *The Italian Renaissance: The Essential Readings*, Blackwell, 2002.

Michael Wyatt (ed.), *The Cambridge Companion to the Italian Renaissance*, Cambridge University Press, 2014.

第Ⅲ章

Ⅲ-1 Andre Gunder Frank, *ReOrienting the 19th Century: Global Economy in the Continuing Asian Age*, Boulder: Paradigm, 2014.

Ⅲ-2 José Muñoz Pérez, "La 'frontera astromica' de Toesillas" *El Tratado de Tordesillas y su proyeccion*, II, Valladolid, 1973.

Juan Pérez de Tudela y Bueso, "Razon y Genesis del Tratado de Tordesillas", *Tratado de Tordesillas*, Madris, 1985.

Charles Ralph Boxer, *The Church Militant and Iberian Expansion, 1440-1770*, Baltimore, 1978.

Ⅲ-3 Elinor Melville, *A Plague of Sheep. Environmental Consequences of the Conquest of Mexico*, Cambridge University Press, 1994.

Charles H. Parker, *Global Interations in the Early Modern Age, 1400-1800*, Cambridge University Press, 2010.

Serge Gruzinski (translated by Jean Birrell), *What Time is It There? America and Islam at the Dawn of Modern Times*, Polity, 2010 (2008).

Ⅲ-4 John H. Elliott, *Empires of the Atlantic World: Britain and Spain in America, 1492-1830*, Yale University Press, 2006.

Henry Kamen, *Empire: How Spain Became a World Power, 1492-1763*, Harper-Collins, 2003.

Serge Gruzinski, *Les quatre parties du monde: histoire d'une mondialisation*, La Martinière, 2004.

Ⅲ-5 Herman de Jong and Jan Luiten van Zanden, "Debates on Industrialisation and Economic Growth in the Netherlands", *Tijdschrift voor Sociale en Economische Geschiedenis*, 2014, vol. 11, no. 2 (special issue: Economic History in the Netherlands 1914-2014. Trends and Debates), pp. 85-109.

Ⅲ-6 Pierre Deyon, *Le mercantilisme*, Paris, Flammarion, 1969.

Philippe Haudrère et Gérard Le Bouëdec, *Les Compagnies des Indes*, Rennes, Editions Ouest-France, 2001.

Ⅲ-7 Heinz Steinert, *Max Webers unwiderlegbare Fehlkonstruktionen: Die Protestantische Ethik und der Geist des Kapitalismus*, Frankfurt am Main/New York, 2010.

Jerry Z. Muller, *Capitalism and the Jews*, Princeton and Oxford, 2010.

Julie L. Mell, *The Myth of the Medieval Jewish Moneylender,* Vol. I and II, 2017 and 2018.

Ⅲ-8 Markus Cerman, *Villagers and Lords in Eastern Europe, 1300-1800*, Basingstoke/NY, 2012.

Larry Wolff, *Inventing Eastern Europe: The Map of Civilization on the Mind of the Enlightenment*, Stanford, 1994.

Maria Todorova, *Imaging the Balkans*, NY/Oxford, 1997.

Ⅲ-9 Baki Tezcan, *The Second Ottoman Empire, Political and Social Transformation in the Early Modern World,* Cambridge University Press, 2010.

Ⅲ-10 Hans Bots and Françoise Waquet (eds.), *Commercium Litterarium: La Communication dans la République des Lettres. Forms of Communications in the Republic of Letters, 1600-1750*, APA-Holland University Press: Amsterdam, 1994.

Charles G. Nauert, *Humanism and the Culture of Renaissance Europe*, Cambridge University Press: Cambridge, 2006.

Marc Fumaroli, *La République des Lettres*, Paris: Édition Gallimard, 2015.

Ⅲ-11 R. R. Palmer, *The Age of the Democratic Revolution: A Political History of Europe and America, 1760-1800,* Princeton University Press, Princeton-Oxford, 2014 (1959, 1964).

E. Opaliński, "Civic Humanism and Republican Citezenship in the Polish Renaissance", van M. Gelderen and Q. Skinner (eds.), *Republicanism: A Shared European Heritage,* vol. 1, Cambridge University Press, 2002, pp. 147-166.

Ⅲ-12 Stéphane Beaulac, *The Power of Language in the Making of International Law: The Word Sovereignty in Bodin and Vattel and the Myth of Westphalia*, Brill: Leiden, 2004.

Robert von Friedeburg, *Luther's Legacy: The Thirty Years War and the Modern Notion of 'State' in the Empire, 1530s to 1790s*, Cambridge University Press: Cambridge, 2016.

Hendrik Spruyt, *The Sovereign State and Its Competitors: An Analysis of Systems Change*, Princeton University Press: Princeton, 1996.

Charles Tilly, *Coercion, Capital and European States, A.D. 990-1992*, Wiley-Blackwell, 1993.

Ⅲ-13 E. W. Zeeden, *Konfessionsbildung: Studien zur Reformation, Gegenreformation und katholischen Reform*, Stuttgart, 1985.

Heinz Schilling, Konfessionalisierung im Reich. Religioser und gesellschaftlicher Wandel in Deutschland zwischen 1555 und 1620, in *Historische Zeitschrift* 246 (1988), S. 1-45.

S. Ehrenpreis and U. Lotz-Heumann, *Reformation und konfessionelles Zeitalter*, Darmstadt, 2002.

Ⅲ-14 Benjamin J. Kaplan, *Divided by Faith: Religious Conflict and the Practice of Toleration in Early Modern Europe*, The Belknap Press of Harvard University Press, 2007.

Heinz Schilling, Die Konfessionalisierung im Reich: Religiöser und gesellschaftlicher Wandel in Deutschland zwischen 1555 und 1620, in: *Historische Zeitschrift* Bd. 246 (1988), S. 1-45.

Ⅲ-15 Gerhard Oestreich, Strukturprobleme des europäischen Absolutismus, in: *Vierteljahrschrift für Sozial- und Wirtschaftsgeschichte,* Bd. 55, 1969.（邦訳「ヨーロッパ絶対主義の構造に関する諸問題」）

Heinz Schilling, Sündenzucht und frühneuzeitliche Sozialdisziplinierung. Die calvinistische, presbyteriale Kirchenzucht in Emden vom 16. bis 19. Jahrhundert, in: *Stände und Gesellschaft im Alten Reich*, hg. von G. Schmidt, Stuttgart, 1989.

Heinrich Richard Schmidt, Sozialdisziplinierung? Ein Plädoyer für das Ende des Etatismus in der Konfessionalisierungsforschung, in: *Historische Zeitschrift*, Bd. 265, 1997.

Martin Dinges, Frühneuzeitliche Armeefürsorge als Sozialdisziplinierung? Probleme mit einem Konzept, in: *Geschichte und Gesellschaft*, Bd.17, 1991.

Karl Härter, Soziale Disziplinierung durch Strafe? Intentionen frühneuzeitlicher Policeyordnungen und staatliche Sanktionspraxis, in: *Zeitschrift für historische Forschung*, Bd. 26, 1999.

Ⅲ-16 A. W. Marx, *Faith in Nation: Exclusionary Origins of Nationalism*, Oxford, New York, 2003.

P. v. d. Berghe, "Race and Ethnicity: A Sociobiological Perspective", *Ethnic and Racial Studies*, 1-4, 1978, pp. 401-411.

Ⅲ-17 Tonio Andrade and William Reger, *The Limits of Empire: European Imperial Formations in Early Modern World History*, London: Ashgate, 2012.

John H. Elliott, *Spain, Europe and the Wider World 1500-1800*, New Haven: Yale University Press, 2009.

Robert von Friedeburg and John Morrill (eds.), *Monarchy Transformed: Princes and their Elites in Early Modern Western Europe*, Cambridge: Cambridge University Press, 2017.

Helmut G. Koenigsberger, *Politicians and Virtuosi: Essays in Early Modern History*, London: A&C Black, 1986.

Victor Lieberman, *Strange Parallels: Volume 2, Mainland Mirrors: Europe, Japan, China, South Asia, and the Islands: Southeast Asia in Global Context, c.800-1830*, Cambridge: Cambridge University Press, 2009.

Ⅲ-18 Barbara Stollberg-Rilinger, *Das Heilige Römische Reich Deutscher Nation*, Beck C.H., 2018.

Joachim Whaley, *Germany and the Holy Roman Empire*, Volume 1/2, Oxford University Press, 2013.

Robert John Weston Evans and Peter Hamish Wilson (eds.), *The Holy Roman Empire, 1495-1806: A European Perspective*, Brill, 2012.

Ⅲ-19 Pierre Goubert, *L'Ancien Régime*, 2 vol., Paris, Armand Colin, 1969-73.

Ⅲ-20 "AHR Forum: The General Crisis of the Seventeenth Century Revisited", *American Historical Review*, vol. 113, no. 4, Oct. 2008.

"The Crisis of the Seventeenth Century: Interdisciplinary Perspectives", *Journal of Interdisciplinary History*, vol. 30, no. 2, 2009.

Geoffrey Parker, *Global Crisis: War, Climate Change and Catastrophe in the Seventeenth Century*, Yale University Press, 2013.

Ⅲ-21 Jeremy Black, *A Military Revolution?: Military Change and European Society, 1550-1800*, London: Palgrave, 1991.

Brian M. Downing, *The Military Revolution and Political Change: Origins of Democracy and Autocracy in Early Modern Europe*, Princeton: Princeton University Press, 1993.

Jan Glete, *War and the State in Early Modern Europe: Spain, the Dutch Republic and Sweden as Fiscal-Military States*, London: Routledge, 2002.

Clifford J. Rogers (ed.), *The Military Revolution Debate: Readings On The Military Transformation Of Early Modern Europe*, New York: Westview Press, 1995.

Ⅲ-22 Johannes Burkhardt, *Der Krieg der Kriege. Eine neue Geschichte des Dreißigjährigen Krieges*, Regensburg, 2018.

Georg Schmidt, *Die Reiter der Apokalypse. Geschichte des Dreißigjährigen Krieges*, München, 2018.

Peter H. Wilson, *Europe's Tragedy. A New History of the Thirty Years War* (paperback edition), London, 2010.

Ⅲ-23 Michael J. Braddick (ed.), *Oxford Handbook of the English Revolution*, Oxford: Oxford University Press, 2015.

Laura Lunger Knoppers (ed.), *The Oxford Handbook of Literature and the English Revolution*, Oxford: Oxford University Press, 2012.

Ⅲ-24 Wilbur Applebaum (ed.), *Encyclopedia of the Scientific Revolution: From Copernicus to Newton*, New York:

Garland, 2000.

[Ⅲ-25] Charles Zika, *The Appearance of Witchcraft: Print and Visual Culture in Sixteenth Century Europe*, Routledge, 2007.

Walter Rummel, Rita Voltmer, *Hexen und Hexenverfolgung in der Frühen Neuzeit*, Darmstadt, 2008.

[Ⅲ-26] Barbara Stollberg-Rilinger, *Europa im Jahrhundert der Aufklärung*, Philipp Reclam, 2000.

Daniel Carey and Lynn Festa (eds.), *Postcolonial Enlightenment*, Oxford University Press, 2009.

[Ⅲ-27] John Brewer, *The Sinews of Power: War, Money and the English State, 1688-1783*, London: Unwin Hyman, 1989.

Steve Hindle, *The State and Social Change in Early Modern England, 1550-1640*, Basingstoke: Palgrave, 2000.

Aaron Graham, *Corruption, Party, and Government in Britain, 1702-1713*, Oxford: Oxford University Press, 2015.

[Ⅲ-28] H. M. Scott (ed.), *Enlightened Absolutism: Reform and Reformer in Later Eighteenth-Century Europe*, Macmillan, 1990.

Helmut Reinalter (Hg.), *Lexikon zum Aufgeklärten Absolutismus in Europa*, Wien – Köln – Weimar 2005.

Gabriel Paquette (ed.), *Enlightened Reform in Southern Europe and its Atlantic Colonies, c. 1750-1830*, London – New York 2009.

[Ⅲ-29] Bernard Bailyn, *The Ideological Origins of the American Revolution*, Cambridge, Mass.: Belknap Press, 1967; 2017.

R. R. Palmer, *The Age of the Democratic Revolution: A Political History of Europe and America, 1760-1800*, Princeton: Princeton University Press, 1959, 1964; 2014.

Alan Taylor, *American Revolutions: A Continental History, 1750-1804*, New York: W.W. Norton, 2016.

第Ⅳ章

[Ⅳ-1] Jean-Clément Martin, *La Révolution française, 1789–1799: une histoire socio-politique*, Belin, 2004.

Annie Jourdan, *Nouvelle histoire de la Révolution*, Flammarion, 2018.

[Ⅳ-2] Arnold Toynbee, *Lectures on the Industrial Revolution in England*, London, 1884.

Nicholas Crafts, *British Economic Growth during the Industrial Revolution*, Oxford: Oxford University Press, 1985.

John Harold Clapham, *An Economic History of Modern Britain, Vol. 1: The Early Railway Age, 1820-1850*, Cambridge: Cambridge University Press, 1926.

[Ⅳ-3] A. J. Taylor, *The Standard of Living in Britain in the Industrial Revolution*, London: Methuen, 1975.

M. W. Flinn, "English Workers' Living Standards during the Industrial Revolution: a Comment", *Economic History Review*, 2nd ser., 37, 1984, pp. 88-92.

Nicholas Crafts, "Some Dimensions of the "Quality of Life" during the British Industrial Revolution", *Economic History Review*, 2nd ser., 50, 1997, pp. 617-639.

Charles Hilliard Feinstein, "Pessimism Perpetuated: Real Wages and the Standard of Living in Britain during and after the Industrial Revolution", *Journal of Economic History*, 58, 1998, pp. 625-658.

[Ⅳ-4] Joseph E. Inikori, *Africans and the Industrial Revolution in England: A Study in International Trade and Economic Development*, Cambridge: Cambridge University Press, 2002.

Kazuo Kobayashi, *Indian Cotton Textiles in West Africa: African Agency, Consumer Demand and the Making of the Global Economy, 1750-1850*, Cham: Palgrave Macmillan, 2019.

Kenneth Morgan, *Slavery, Atlantic Trade and the British Economy, 1660-1800*, Cambridge: Cambridge University Press, 2000.

Ⅳ-5   R. Bin Wong, *China Transformed: Historical Change and the Limits of European Experience*, Ithaca and London: Cornel University Press, 1997.

Kenneth Pomeranz, *The Great Divergence: China, Europe, and the Making of the Modern World Economy*, Princeton and Oxford: Princeton University Press, 2000.

Ⅳ-6   Fassin Didier, "Moral Economies Revisited," *Annales. Histoire, Sciences Sociales*, 2009/6 (64th Year), pp. 1237-1266. URL: https://www.cairn-int.info/article_p.php?ID_ARTICLE=E_ANNA_646_1237（最終閲覧2019年10月21日）

Ilaria Favretto and Xabier Itçaina (eds.), *Protest, Popular Culture and Tradition in Modern and Contemporary Western Europe*, London: Palgrave Macmillan, 2017.

Edward P. Thompson, "The Moral Economy of the English Crowd in the Eighteenth Century," *Past & Present* 50, 1971, pp. 76-136.

Ⅳ-7   Penelope J. Corfield (ed.), *Language, History and Class*, Oxford, 1991.

Rebert John Morris, *Class and Class Consciousness in the Industrial Revolution 1780-1850*, Basingstoke, 1979.

Ⅳ-8   Peter Clark (ed.), *The Oxford Handbook of Cities in World History*, Oxford, 2013.

Graeme Morton, Boudien de Vries and R. J. Morris (eds.), *Civil Society, Associations and Urban Places*, Aldershot, 2006.

Ⅳ-9   Neil McKendrick, John Brewer and J. H. Plumb, *The Birth of a Consumer Society: The Commercialization of Eighteenth-Century England*, London: Europa, 1982.

John Brewer and Roy Porter (eds.), *Consumption and the World of Goods*, London: Routledge, 1993.

James Jeffreys, *Retail Trading in Britain 1850-1950*, Cambridge: Cambridge University Press, 1954.

Ⅳ-10   Amanda Vickery, "Golden Age to Separate Spheres? A Review of the Categories and Chronology of English Women's History", *The Historical Journal*, Vol. 36, No. 2 (Jun., 1993), pp. 383-414.

Ann Summers, *Female Lives, Moral States: Women, Religion and Public Life in Britain, 1800-1930*, Threshold, 2000.

Kathryn Gleadle and Sarah Richardson (eds.), *Women in British Politics, 1760-1860: The Power of the Petticoat*, New York: Palgrave. 2000.

John Tosh, *A Man's Place: Masculinity and the Middle-Class Home in Victorian England*, New Haven: Yale University Press, 1999.

Ⅳ-11   Allison L. Sneider, *Suffragists in an Imperial Age: U.S. Expansion and the Woman Question, 1870-1929*, Oxford: Oxford University Press, 2008.

Louise Michele Newman, *White Women's Rights: The Racial Origins of Feminism in the United States*, Oxford University Press, 1999.

Ⅳ-12   Urmi E. Willoughby and Merry E. Wiesner-Hanks, *A Primer for Teaching Women, Gender, and Sexuality in World History*, Duke University Press, 2018.

Peter N. Stearns, *Sexuality in World History*, Routledge, 2017.

Mark D. Chapman and Dominic Janes, *New Approaches in History and Theology to Same-Sex Love and Desire*, Springer International Publishing, 2018.

Ⅳ-13   David Sim, *A Union Forever: The Irish Question and U. S. Foreign Relations in the Victorian Age*, Cornell University Press, 2013.

Breandán Mac Suibhne, *Subjects Lacking Words?: The Gray Zone of the Great Famine*, Quinnipiac University Press, 2017.

Ⅳ-14   Robert E. Park and Ernest W. Burgess, *Introduction to the Science of Sociology*, University of Chicago Press, 1921.

Oscar Handlin, *The Uprooted: The Epic Story of the Great Migrations that Made the American People*, Little, Brown, 1951.

Herbert Gutman, *Work, Culture, and Society in Industrializing America: Essays in American Working-Class and Social History*, Knopf, 1976.

Donna R. Gabaccia, "Is Everywhere Nowhere? Nomads, Nations, and the Immigrant Paradigm of United States History", *The Journal of American History*, Vol. 86, No. 3 (Dec., 1999), pp. 1115-1134.

Mae M. Ngai, *Impossible Subjects: Illegal Aliens and the Making of Modern America*, Princeton: Princeton University Press, 2004.

Ⅳ-15 Colin Heywood, "Centuries of Childhood: An Anniversary— and an Epitaph?", *Journal of the History of Childhood and Youth*, 3 (3), 2010.

Kristoffel Lieten and Elise van Nederveen Meerkerk (eds.), *Child Labour's Global Past, 1650-2000*, Peter Lang, 2011.

Peter Stearns, *Childhood in World History*, Routledge; 3rd edition, 2016.

Ⅳ-16 Éric Anceau, *L'Empire libéral* (Vol. 2), Paris: Éditions SPM, 2017.

Alain Plessis, *De la fête impériale au mur des Fédérés, 1852-1871*, Paris: Éditions du Seuil, 1973.

Roger Price, *The French Second Empire: an Anatomy of Political Power*, Cambridge University Press, 2001.

Ⅳ-17 Lucy Riall, *Risorgimento: The History of Italy from Napoleon to Nation State*, Basingstoke: Palgrave Macmillan, 2009.

Alberto Mario Banti, *Il Risorgimento italiano*, Roma-Bari: Laterza, 2009.

Ⅳ-18 Петр Андреевич Зайончковский, *Отмена крепостного права в России*, Москва: Госполитиздат, 1954.（邦訳：ペー・アー・ザイオンチコフスキー著，増田冨壽・鈴木健夫共訳『ロシヤにおける農奴制の廃止』早稲田大学出版部，1983年）

Лариса Георгиевна Захарова, *Александр II и отмена крепостного права в России*, Москва: Росспэн, 2011.（ラリサ・ゲオルギエヴナ・ザハロヴァ『アレクサンドル2世とロシアにおける農奴制の廃止』モスクワ：ロスペン，2011年）

Игорь Анатольевич Христофоров, *Судьба реформы: русское крестьянство в правительственной политике до и после отмены крепостного права (1830-1890-е гг.)*, Москва: Собрание, 2011.（イーゴリ・アナトリエヴィチ・フリストフォロフ『改革の運命——農奴制廃止前後の政策におけるロシア農民（1830年代—1890年代)』モスクワ：ソブラニエ，2011年）

David Moon, *The Abolition of Serfdom in Russia: 1762-1907*, Routledge, 2002.

Ⅳ-19 David H. Donald, *The Civil War and Reconstruction*, 2001 [1961].

Eric Foner, *Reconstruction: America's Unfinished Revolution, 1863-1877*, New York: Harper & Row, 1988.

Eric Foner, *Free Soil, Free Labor, Free Men: The Ideology of the Republican Party Before the Civil War*, New York: Oxford University Press, 1995 [1970].

Ⅳ-20 Marion Fontaine, Frédéric Monier, Christophe Prochasson (dir.), *Une contre-histoire de la Troisième République*, Paris, La Découverte, 2013.

Ⅳ-21 Rogers Brubaker, *Ethnicity without Groups*, Harvard University Press, 2004.

Tara Zahra, "Imagined Noncommunities: National Indifference as a Category of Analysis", *Slavic Review*, Vol. 69, No. 1 (Spring, 2010), pp. 93-119.

Pieter M. Judson, *The Habsburg Empire: A New History*, Harvard University Press, 2016.

Ⅳ-22 Prasenjit Duara, *Sovereignty and Authenticity: Manchuko and the East Asian Modern*, New York: Rowman & Littlefield Publishers, INC., 2003.

Hans Kohn, *The Idea of Nationalism: A Study in Its Origins and Background*, MacMillan, 1944.

Ⅳ-23　Stephan Berger and Alexei Miller, *Nationalizing Empires*, Central European University Press, 2015.

Pieter Judson, *Habsburg Empire: A New History*, Belknap Press, 2016.

Paul Miller and Claire Morelon, *EMBERS OF EMPIRE Continuity and Rupture in the Habsburg Successor States after 1918 (Austrian and Habsburg Studies)*, Berghahn Books, 2019.

Ⅳ-24　Julia Bush, *Women Against the Vote: Female Anti-Suffragism in Britain*, Oxford University Press, 2007.

Nicoletta F. Gullace, *"The Blood of Our Sons": Men, Women, and the Renegotiation of British Citizenship During the Great War*, Palgrave Macmillan, 2002.

Rosalyn Terborg-Penn, *African American Women in the Struggle for the Vote, 1850-1920*, Indiana University Press, 1998.

Ⅳ-25　Sven Oliver Müller and Cornelius Torp (eds.), Das deutsche Kaiserreich in der Kontroverse, Göttingen: Vandenhoeck & Ruprecht 2009（英訳：*Imperial Germany Revisited: Continuing Debates and New Perspectives*, New York: Berghahn, 2012）.

Ⅳ-26　Leszek Kołakowski, translated by P. S. Falla, *Main Currents of Marxism: The Founders – the Golden Age – the Breakdown*, New York: W. W. Norton, 2005.

第Ⅴ章

Ⅴ-1　Simon J. Potter, *British Imperial History: Theory and History*, London and New York, 2015.

Dane Kennedy, *The Imperial History Wars: Debating the British Empire*, London and New York, 2018.

Ⅴ-2　William Beinart and Saul Dubow (eds.), *Segregation and Apartheid in Twentieth-Century South Africa*, London: Routledge, 1995.

Ⅴ-3　Ramachandra Guha, *Environmentalism: A Global History*, New York: Longman, 2000.

William Beinart and Lotte Hughes, *Environment and Empire*, Oxford: Oxford University Press, 2007.

Ⅴ-4　John Horne (ed.), *A Companion to World War I*, Wiley-Blackwell, 2012.

Manfried Rauchensteiner, *Der erste Weltkrieg und das Ende der Habsburgermonarchie*, Böhlau Verlang, 2013.

Max Hastings, *Catastrophe: Europe Goes to War 1914*, William Collins, 2014.

Adrian Gregory, *A War of Peoples, 1914-1919*, Oxford University Press, 2014.

Ⅴ-5　Arthur S. Link, *The Higher Realism of Woodrow Wilson and Other Essays*, Nashville: Vanderbilt University Press, 1971.

Warren F. Kuehl and Lynne Dunn, *Keeping the Covenant: American Internationalists and the League of Nations, 1920-1939*, Kent: The Kent State Univetsity Press, 1997.

Lloyd E. Ambrosius, *Wilsonianism: Woodrow Wilson and His Legacy in American Foreign Relations*, New York: Palgrave Macmillan, 2002.

Ⅴ-6　E. H. Carr, *A History of Soviet Russia*, vol. 1-14, Macmillan, 1950-1969.

Ⅴ-7　R. W. Davies, *The Industrialization of Soviet Russia*, vol. 1-8, Macmillan, 1980-2018.

Ⅴ-8　Barry Eichengreen, *Globalizing Capital: A History of the International Monetary System*, second edition, Princeton: Princeton University Press, 2008.

Michael Graff, A. G. Kenwood and A. L. Lougheed, *Growth of the International Economy, 1820-2015*, fifth edition, New York: Routledge, 2014.

Ⅴ-9　Gøsta Esping-Andersen, *The Three Worlds of Welfare Capitalism*, Polity Press, 1990.

Alan John Percivale Taylor, *The Origins of the Second World War*, Hamish Hamilton, 1961.

Ⅴ-10　Robert H. Wiebe, *The Search for Order: 1877-1920*, Hill and Wang, 1967.

Ellis Hawley, *The Great War and the Search for a Modern Order: A History of American People and Their Institutions, 1917-1933*, New York: St. Martin's Press, 1979.

James Kloppenberg, *Uncertain Victory: Social Democracy and Progressivism in European and American Thought, 1870-1920*, Oxford: Oxford University Press, 1986.

Daniel T. Rodgers, *Atlantic Crossings: Social Politics in a Progressive Age*, Harvard University Press, 1998.

[V-11] Adrian Lyttelton, *The Seizure of Power: Fascism in Italy 1919-1929*, London: Weidenfeld & Nicolson, 1987.

Aristotle A. Kallis, *Fascist Ideology: Territory and Expansionism in Italy and Germany, 1922-1945*, London and New York: Routledge, 2000.

Ken Ishida, *Japan, Italy and the Road to the Tripartite Alliance*, London: Palgrave Macmillan, 2018.

[V-12] Rald Dahrendorf, *Gesellschaft und Demokratie in Deutschland*, Deutscher Taschenbuch Verlag: München, 1971.

[V-13] Robert Gerwarth, *Hitler's Hangman: The Life of Heydrich*, New Haven: Yale University Press, 2011.

[V-14] Gordon Martel (ed.), *The Origins of the Second World War Reconsidered*, London: Routledge, 1999.

[V-15] John Lewis Gaddis, *We Now Know: Rethinking Cold War History*, New York: Clarendon Press, 1997.

Melvyn P. Leffler, *A Preponderance of Power: National Security, the Truman Administration, and the Cold War*, Stanford: Stanford University Press, 1992.

Melvyn P. Leffler and David S. Painter (eds.), *Origins of the Cold War: An International History*, second edition, London: Routledge, 2005.

David S. Painter, *The Cold War: An International History*, London: Routledge, 1999.

Tony Smith, *America's Mission: The United States and the Worldwide Struggle for Democracy in the Twentieth Century*, Princeton: Princeton University Press, 1994.

[V-16] Csaba Békés, Malcolm Byrne and János M. Rainer (eds.), *The 1956 Hungarian Revolution: A History in Documents*, Central European University Press, 2002.

Kevin McDermott and Matthew Stibbe (eds.), *Eastern Europe in 1968: Responses to the Prague Spring and Warsaw Pact Invasion*, Palgrave Macmillan, 2018.

[V-17] Gary R. Hess, *Vietnam: Explaining America's Lost War*, Second Edition, Chichester: Wiley Blackwell, 2015.

Michael G. Kort, *The Vietnam War Reexamined*, New York: Cambridge University Press, 2018.

[V-18] Marc Trachtenberg, *A Constructed Peace: The Making of the European Settlement 1945-1963*, Princeton: Princeton University Press, 1999.

Stanley Hoffmann, "Détente," in Joseph S. Nye, Jr. (ed.), *The Making of America's Soviet Policy*, New Haven: Yale University Press, 1984.

Brian White, *Britain, Détente and Changing East-West Relations*, London: Routledge, 1992.

[V-19] Alan S. Milward, *The European Rescue of the Nation-State*, London: Routledge, 1992.

Wolfram Kaiser and Antonio Varsori (eds.), *European Union History: Themes and Debates*, London: Palgrave Macmillan, 2010.

Johan Schot and Philip Scranton (eds.), *Making Europe: Technology and Transformation, 1850-2000*, six volumes, London: Palgrave Macmillan, 2013-2019.

[V-20] Melvyn P. Leffler and Odd Arne Westad (eds.), *The Cambridge History of the Cold War Volume III: Endings*, Cambridge: Cambridge University Press, 2010.

Mary Elise Sarotte, *1989: The Struggle to Create Post-Cold War Europe*, Princeton: Princeton University Press, 2011.

[V-21] Pierre Dardot and Christian Laval, translated by Gregory Elliott, *The New Way of the World: On Neo-Liberal Society*, London: Verso, 2013.

Daniel Stedman Jones, *Masters of the Universe: Hayek, Friedman, and the Birth of Neoliberal Politics*, Princeton: Princeton University Press, 2012.

[V-22] Sara M. Evans, *Tidal Wave: How Women Changed America at Century's End*, New York: Free Press,

2003.

Nancy Fraser, *Fortunes of Feminism: From State-Managed Capitalism to Neoliberal Crisis*, London: Verso, 2013.

V-23 Christina Klein, *Cold War Orientalism*, University of California Press, 2003.

V-24 Akira Iriye (ed.), *Global Interdependence: The World after 1945*, Cambridge: Belknap Press of Harvard University Press, 2014.

Odd Arne Westad, *The Cold War: A World History*, London: Penguin, 2018.

おわりに

　世界史やグローバル・ヒストリー，ビッグ・ヒストリーといった大胆で「広い」構えが，中世日本の荘園経営や，近世ロンドンの貧者の生存戦術，近代ドイツの中等教育といった，日々実践されている通常の歴史学研究の慎重で「狭い」構えと比べて，面白そうで役に立ち，なにより退屈しないし輝いて見えるという人は多いと思います。この趨勢に対して，「狭い」研究をしている歴史家は，効果的に自己主張することが少なく，市場では総じて分が悪いようです。しかし，例えばイギリス稀代の論客 G・K・チェスタトンが1905年に書いた次の一節を読むとどうなるでしょうか。

　……探検，拡大は世界を小さくするのである。電報や汽船は世界を縮める。望遠鏡は世界を小さくする。顕微鏡だけが世界を大きくする。やがて世界は，望遠鏡派と顕微鏡派の争いで真っ二つに割れることだろう。前者は大きな物を研究して小さな世界に住み，後者は小さな物を研究して大きな世界に住む。（『異端者の群れ』別宮貞徳訳，春秋社，1975年，38頁）

俄然「狭い」分野の研究者（顕微鏡派）が勢いづきそうですし，「広い」構えの研究者（望遠鏡派）からは反発を招くでしょう。論点が生まれ，議論がはじまるのです。傍観者（一読者）にも自主的な判断が迫られます。顕微鏡派とも望遠鏡派とも異なる第三の立場が提唱されるかもしれません。

　ところで，西洋史学は複数のレベルで多義的です（すなわち，論争的になりやすい）。上の「広い」か「狭い」かで言えば，西洋史学は，適度に両方を兼ね備えた学問です。内部に古代から現代まで，しかも様々な地域単位に応じて，政治，経済から文化，思想，社会などに枝分かれする無数のサブジャンルを含むほどに広く，日本史や東洋史，西南アジア史やアフリカ史，世界史としての現代史などといった外部ないし重複領域を持つという意味で狭いと言えます。また，少しずらして，「遠い」か「近い」かで言えば，我々日本に生きる者にとって，西洋の歴史は十分に遠い対象ですが，他方で，西洋由来の権力（暴力）・文物・制度・思想に十分に影響を受けている点ではとても近い対象でもあります。さらに，「個性的」か「普遍的」かで言えば，西洋史学は，西洋という独特の時空間を，もっぱら西洋由来の歴史学の作法——史料批判に基づく実証——に拠って分析する点で個性的ですが，他方で，経済学，法学，文学，気候学，人口学，自然科学，哲学，社会学，人類学，心理学，地理学，考古学，政治学，美学など，あらゆる諸学の知見を総動員して人間存在を追究する点で普遍的でもあります。しかも，このような，ある意味「ちょうどよい」論争的な多義性を持っている西洋史学は，それ自体が極めて学際的な領域でもあります。本書の論点をいくつか拾い読みするだけでも，古代史と近代史，中世史と近世史，前近代史と現代史が響き合い，かけ離れた地域の歴史が期せずして結びついたり齟齬をきたしたりするさまを知ることができるでしょう。

　そんな西洋史学における主要論点をまとめた本書は，地理歴史や公民の科目が好きな高校生くらいから，大学の教養課程で人文社会科学や歴史学を教わる学生，大学院を含め専門課程で歴史学を主専攻にせよ副専攻にせよ，本格的に学びたい人，プロの歴史の研究者（「狭い」人も「広い」人も），高校や大学で歴史の教育に携わっている人，西洋の歴史や現在に関心のある一般の方々に至る，幅広い層の読者に，それぞれの境涯

に応じた見返りを約束できる書物です。「はじめに」にも書きましたが，複線的に立体的に歴史像を構築していくことができるようになればと願っています。一色で塗りつぶすのではなく，多色刷り，あるいは一色の背後に透かし見える別の色が構成要素になっているような歴史像です。これは大学で学ぶべき高度な歴史であり，一般的に言っても，健全な懐疑主義と寛容を育む「役に立つ」教養です。

　歴史学における論争は，ゆっくりとしたペース（せいぜい数年単位）でしか推移しません。通説をじっくり咀嚼しない限り異論は着想できませんし，異論を述べるにしても，相応の史料的根拠を揃えなければならないからです。また，異論を検証するのにも時間がかかるからです。本書にもしばしば出てくるように，ほとんど百年がかりの論争もあります。いずれも，しばらく経って，時間を圧縮して振り返るからこそ，そのエッセンスは熾烈な応酬として浮かび上がってくるのであり，それぞれの議論の説得力に圧倒されるのです。この緩慢さによって生み出される各議論の強靭さこそが，歴史学ならではの強み，深みでもありましょう。即応性・即興性を求められる（それ自体有意義な）ジャーナリズムや時事評論とは異なります。

　『論点・西洋史学』の構成はスムーズにでき上がりました。すぐに具体的な形が定まり，一緒に頑張ることになる5人の信頼する編者が集まってくれて，項目案を精選しました。そして，各項目の執筆を，これはと思う研究者に依頼しました。執筆者数は123人に及び，その多世代構成といい，専門分野の多様性といい，現時点での日本西洋史学界の層の厚さを体現しています。執筆者のみなさんは，私たちの趣旨を十分に理解し，一読しても二読，三読しても味わいのある素晴らしい項目を書いてくださいました。編集会議の結果をフィードバックして改稿する作業にも，熱心に協力していただきました。いずれの項目も，長年にわたる粘り強い研究動向との格闘の産物です。目次を見渡して，よくもこれだけたくさんの議論が戦わされていることか，よくもこれほど些末なあるいは縁遠い過去をめぐってああでもない，こうでもないと研究を続けていることか，なんと歴史家とは暇で退屈な人間か，と憤慨してあきれる人もいるかもしれません。しかし，私は歴史家が退屈な人間であってもいいと思っています。成果としての歴史叙述が，読むべき人にとって退屈でなければよいのです（難しいですが）。冒頭にあげたチェスタトンは，別の箇所で，「退屈な人間」を，低俗で散文的な「退屈した人間」と対比して，高尚で詩的な人物であると評価しています。

　　われわれは，たしかに，草の葉の数，木の葉の数を全部数えるのを面倒と思うだろう。しかし，それはわれわれが図太くて陽気だからではなく，我々に図太さと陽気さが欠けているからである。退屈な人間は，図太く陽気に出かけて行って，草の葉が軍隊の剣の列のようにすばらしいことを見つけてくる。（同上，28頁）

退屈な歴史家だけが，わざわざ誰も疑問に思っていなかったことを疑問に思い，誰も気づかなかった事柄の姿に気づき，通説とは全く異なる退屈とは程遠い説明を，十分な根拠を持って展開できるのです。ただし，もちろん，この主張に対する異論はありえますが。

　一人か数人で「世界史」や「西洋史」や「日本史」を描くことはできるかもしれませんが，『論点・西洋史学』の執筆は不可能でしょう。実に，我々編者こそが，読者に先立って，集合知の精華たる古代から現代にわたる139の論点の面白さに魅了され，何度も目からうろこが落ちる経験をし，何度も蒙を啓かれたのでした。それゆえ，本書は我々編者が自信をもって，どのようなタイプの読者にも勧められるものです。ぜひ長く座右に置いて参照していただきたいと念じています。

　最後に，本書の成り立ちを記させてください。2017年の7月末にミネルヴァ書房の岡崎麻優子さんから

メールがあり，すぐにお会いして，西洋史学に関する「よくわかる」教科書の企画の話をいただきました。この時私は，これに便乗する形で逆提案をしました。前任校，川村学園女子大学での西洋史演習で，17世紀危機論を読んで盛り上がり，本質的な議論をする学生たちの姿を見ていた頃からひそかにあたためていた，私自身が読みたい，使い続けたい，多くの人の手に届けたいと思う，「論点」だけで構成された西洋史本です。岡崎さんは興味を抱いてくださり，社内会議も通してくださいました。その後のかじ取りも含め，岡崎さんがいなければ実現しなかったでしょう。念願が結実する今，感謝の意を表します。

2020年2月

編者を代表して　金澤周作

研究者名一覧

＊ これは，本書で言及されている研究者の一覧です。原則的に，本文では姓のみ（姓が重複している場合はイニシャルを付加）をカタカナで記しているため，この一覧によって原語での同定ができるようにしました。したがって，フルネームで表記している日本人研究者はこの一覧には含まれません。項目を読み，そこで言及されている特定の研究者に関心を抱き，その論文や著作に実際に触れたいと思われたら，以下の一覧でアルファベット表記のフルネームを確認の上，ネットなどで検索をかけてみてください。

ア行

アーベル　Wilhelm Abel
アールベルク　Gudrun Ahlberg-Cornell
アーレント　Hannah Arendt
アーント　Heinz W. Arndt
アウエルバッハ　Erich Auerbach
アギュロン　Maurice Agulhon
アシュトン　Thomas Southcliffe Ashton
アスマン夫妻　Jan Assmann（夫），Aleida Assmann（妻）
アミン　Samir Amin
アリー　Götz Aly
アリエス　Philippe Ariès
アルヴァックス　Maurice Halbwachs
アルトホフ　Gerd Althoff
アレン　Robert Carson Allen
アンスティ　Roger Anstey
アンダーソン（B・）　Benedict Anderson
アンダーソン（D・）　David Anderson
アンダーソン（M・S・）　Matthew Smith Anderson
アンダーソン（P・）　Perry Anderson
アンドー　Clifford Ando
アンペール　Jean-Jacques Ampère
イエイツ　Frances Yates
イェーネ　Martin Jehne
イェディン　Hubert Jedin
イザク　Benjamin Isaac
イニコリ　Joseph E. Inikori
イネス　Matthew Innes
イム゠ホーフ　Ulrich Im Hof
イリー　Geoff Eley
ヴァルツ　Rainer Walz
ヴァン゠デン゠バーグ　Pierre van den Berghe
ヴィーアッカー　Franz Wieacker
ウィーナ　Martin Joel Wiener
ウィービー　Robert H. Wiebe
ウィッカム　Chris Wickham
ヴィッカリ　Amanda Vickery
ヴィッパーマン　Wolfgang Wippermann
ヴィトシェル　Christian Witschel

ヴィノック　Michel Winock
ヴィラモヴィッツ　Ulrich von Wilamowitz-Moellendorff
ウィリアムズ　Eric Williams
ウィリアムソン　Jeffrey G. Williamson
ウィルソン　Peter Wilson
ヴィローリ　Maurizio Viroli
ヴェーヌ　Paul Veyne
ヴェーバー　Max Weber
ヴェーラー　Hans-Ulrich Wehler
ウェザリル　Lorna Weatherill
ウェッブ夫妻　Sidney Webb（夫），Beatrice Webb（妻）
ヴェルナン　Jean-Pierre Vernant
ヴェントリス　Michael George Francis Ventris
ウォード゠パーキンズ　Bryan Ward-Perkins
ウォーラーステイン　Immanuel Wallerstein
ウォルシュ　Claire Walsh
ウォルタース　Oliver William Wolters
ヴォルフ　Philippe Wolff
ウゴリニ　Laura Ugolini
ウッド　Gordon S. Wood
ウルフ　Greg Woolf
エヴェリット　Alan Everitt
エクロス　Gunnel Ekroth
エジャトン　David Edgerton
エストライヒ　Gerhard Oestreich
エスピン゠アンデルセン　Gøsta Esping-Andersen
エドワーズ　Mike Edwards
エネン　Edit Ennen
エリオット　John Huxtable Elliott
エルキンズ　Stanley Elkins
エルティス　David Eltis
エルトマン　Carl Erdmann
エンガーマン　Stanley Engerman
オゥバ　Josiah Ober
オーム　Nicholas Orme
オズボン　Robin Osborne
オズィアンダー　Andreas Osiander
オットカール　Nicola Ottokar

オノレ　Tony Honoré
オパリンスキ　Edward Opaliński
オマリー　John William O'Malley
オリヴァ　James H. Oliver
オルコック　Susan E. Alcock

カ行

カー　Edward H. Carr
カーザー　Max Kaser
カースウェル　Grace Carswell
ガードナ　Samuel Rawson Gardiner
ガーンジィ　Peter Garnsey
カスパー　Erich Caspar
カニンガム　Hugh Cunningham
ガバチャ　Donna Gabaccia
カプラン　Benjamin J. Kaplan
カラムジン　Николай Карамзин
カリエ　Jean-Michel Carrié
ガリンスキー　Karl Galinsky
ガンスホーフ　François-Louis Ganshof
カントロヴィッチ　Ernst Hartwig Kantorowicz
ギアツ　Clifford Geertz
ギアリー　Patrick J. Geary
ギボン　Edward Gibbon
ギャディス　John Lewis Gaddis
キャナダイン　David Cannadine
キャメロン　Averil Millicent Cameron
ギャラハー　John Gallagher
キャンベル　William H. Campbell
キンドルバーガー　Charles P. Kindleberger
グーベール　Pierre Goubert
クールト　Amélie Kuhrt
グゲネム　Sylvain Gouguenheim
グスタフソン　Harald Gustafsson
グタス　Dimitri Gutas
クニース　Karl Gustav Adolf Knies
グネ　Bernard Guenée
グハ　Ramachandra Guha
クラーク（A・）　Anna Clark
クラーク（C・）　Christopher Clark
クラーク（G・）　Gregory Clark
クラウゼ　Wolfgang Krause
グラス　Nicoletta F. Gullace

クラッバム　John Clapham

クラディター　Aileen Kraditor

グラハム　Aaron Graham

クラフツ　Nicholas Francis Robert Crafts

グラフトン　Anthony Grafton

グラムシ　Antonio Gramsci

クランチー　Michael Clanchy

グリードル　Kathryn Gleadle

グリーン　Kevin Greene

グリュジンスキ　Serge Gruzinski

クルマイヒ　Gerd Krumeich

グロウヴ　Richard Grove

クローチェ　Benedetto Croce

クロシック　Geoffrey Crossick

クロスビー　Alfred Worcester Crosby Jr.

クロッペンバーグ　James Kloppenberg

ケイメン　Henry Kamen

ケイン　Peter J. Cain

ケーニヒスバーガー　Helmut Georg Koenigsberger

ゲールケ（C・）　Carsten Goehrke

ゲールケ（H・-J・）　Hans-Joachim Gehrke

ケタリング　Sharon Kettering

ケネディ（D・L・）　David L. Kennedy

ゲルツァー　Matthias Gelzer

ゲルナー　Ernest Gellner

コイレ　Alexandre Koyré

ゴヴァール　Claude Gauvard

ゴゥルドヒル　Simon Goldhill

コール　William Alan Cole

ゴールズワーシー　Adrian Keith Goldsworthy

コールドストリーム　John N. Coldstream

ゴールドハーゲン　Daniel Jonah Goldhagen

コーン　Hans Kohn

コジオル　Geoffrey Koziol

ゴティエ　Philippe Gauthier

コメ　Georges Comet

ゴリエ゠ブガサ　Catherine Gaullier-Bougassas

コリス　John Collis

コンスタブル　Giles Constable

コンスタンタコブル　Christy Constantakopoulou

コンタミーヌ　Philippe Contamine

コンツェ　Werner Conze

サ行

コンラート　Sebastian Conrad

ザーラ　Tara Zahra

サイード　Edward W. Said

ザイオンチコフスキー　Пётр Андреевич Зайончковский

サイム　Ronald Syme

サザーン　Richard William Southern

ザネツキ　Florian Witold Znaniecki

サブロニエ　Roger Sablonier

サマーズ　Ann Summers

ザルトリウス　Georg Friedrich Sartorius

サルトル　Maurice Sartre

ザンズ　Olivier Zunz

サンチェス゠アルボルノス　Claudio Sánchez-Albornoz

サンプソン　Anthony Sampson

ジーカ　Charles Zika

シヴァラマクリシュナン　K. Sivaramakrishnan

シェイピン　Steven Shapin

ジェームズ　Simon James

シェーンボウム　David Schoenbaum

ジェフリーズ　James Jefferys

シム　David Sim

シャイデル　Walter Scheidel

ジャット　Tony Judt

シャッファー　Simon Schaffer

ジャドソン　Pieter M. Judson

シャハー　Shulamith Shahar

シャボー　Federico Chabod

ジャルディナ　Andrea Giardina

シュタイン　Arthur Stein

シュナイヤー　Johann Baptist Schneyer

ジュネ　Jean-Phiippe Genet

シュミット（H・R・）　Heinrich Richard Schmidt

シュミット（J・-C・）　Jean-Claude Schmitt

シュモラー　Gustav von Schmoller

シュリーマン　Heinrich Schliemann

シュルツ　Knut Schulz

ジョーンズ　Arnold Hugh Martin Jones

ジョル　James Joll

シリンク　Heinz Schilling

シンメルペニッヒ　Bernhard Schimmelpfennig

スウェイン　Simon Swain

スキナー　Quentin Skinner

スクラントン　Phil Scranton

スコチポル　Theda Skocpol

スコット　James C. Scott

スターク　Rodney Stark

スタブズ　William Stubbs

スタンプ　Kenneth M. Stampp

スティーブンソン　Richard W. Stevenson

ステイン　Robert Stein

ステントン　Frank Stenton

ストール　Christopher Storrs

ストーン　Lawrence Stone

ストレイヤー　Joseph Strayer

スナイダー　Allison L. Sneider

スノドグラス　Anthony M. Snodgrass

スピーゲル　Gabrielle Spiegel

スホット　Johan Schot

スミス（A・D・）　Anthony D. Smith

スミス（アダム・）　Adam Smith

セジウィック　Eve K. Sedgwick

セッティス　Salvatore Settis

セドフ　Валентин Седов

セン　Amartya Sen

ソール　Samuel Berrick Saul

ソレル　Albert Sorel

ゾンバルト　Werner Sombart

タ行

ターナー　Victor Witter Turner

ダーレンドルフ　Ralf Darendolf

ターン　William Woodthorpe Tarn

ダーントン　Robert Darnton

タイセン　Gerd Theißen

ダイヤモンド　Jared Mason Diamond

ダヴィドフ　Leonore Davidoff

ダヴレイ　David d'Avray

ダグラス　David Charles Douglas

タスカ　Angelo Tasca

チェイエット　Fredric L. Cheyette

チャクラバルティ　Dipesh Chakrabarty

チャポ　Eric Csapo

チャンドラー　Alfred DuPont Chandler Jr.

ツィルゼル　Edgar Zilsel

ツェーデン　Ernst Walter Zeeden

デ゠フェリーチェ　Renzo De Felice

デ゠ヨング　Mayke de Jong

ディアー　Christopher Dyer

ディーバス　Allen G. Debus

ディーン　Phyllis Mary Deane

デイヴィース　Rees Davies

テイラー　Alan John Percivale Taylor

ディンゲス　Martin Dinges

ティンネフェルト　Franz Hermann Tinnefeld

デーネル　Ernst Daenell

デーマント　Alexander Demandt

テシィケ　Benno Gerhard Teschke

テズジャン　Baki Tezcan

デッラ゠ペルータ　Franco Della Peruta

テミン　Peter Temin

テュデスク　André-Jean Tudesq

デュビー　Georges Duby

デュボイス　Ellen Carol DuBois

デュルリア　Jean Durliat

ド゠フリース　Jan de Vries

ド・ポリニャック　François de Polignac

ドイッチャー　Isaac Deutscher

トインビー　Arnold Toynbee

ドゥアラ　Prasenjit Duara

トゥーズ　Adam Tooze

ドゥヴロワ　Jean-Pierre Devroey

トゥデラ゠イ゠ブエソ　Juan Pérez de Tudela y Bueso

ドゥラリュエル　Étienne Delaruelle

ドーントン　Martin James Daunton

トクヴィル　Alexis de Tocqueville

トッシュ　John Tosh

ドッズ　Eric Robertson Dodds

ドッブ　Maurice Dobb

トドロフ　Tzvetan Todorov

ドプシュ　Alfons Dopsch

トマス（K・）　Keith Vivian Thomas

トマス（R・）　Rosalind Thomas

トムスン（E.P.）　Edward Palmer Thompson

トムスン（I・A・A・）　Irving A. A. Thompson

トラヴェルソ　Enzo Traverso

トラクテンバーグ　Marc Trachtenberg

ドランジェ　Philippe Dollinger

ドリュモー　Jean Delumeau

トレヴァ゠ローパー　Hugh Trevor-Roper

ドレフュス　Michel Dreyfus

トレントマン　Frank Trentmann

ドロイゼン　Johann Gustav Bernhard Droysen

ナ行

ナイ　Mae M. Ngai

ニール　Ronald Stanley Neale

ニッパーダイ　Thomas Nipperdey

ニューマン（L・M・）　Louise Michele Newman

ニューマン（W・）　William Newman

ネイデン　Fred Naiden

ネフ　John Ulric Nef

ノウルズ　David Knowles

ノルテ　Ernst Nolte

ノワリエル　Gérard Noiriel

ハ行

パーカー（C・H・）　Charles H. Parker

パーカー（G・）　Geoffrey Parker

パーカー（R・C・T・）　Robert C. T. Parker

バーク　Peter Burke

パーク　Robert Ezra Park

バージェス（E・）　Ernest Burgess

バージェス（J・S・）　Jonathan S. Burgess

ハートウェル　Ronald Max Hartwell

バートレット　Robert Bartlett

バートン　Gregory Barton

バーネット　Charles Burnett

ハーバーマス　Jürgen Habermas

パーマー　Robert Roswell Palmer

バーマン　Constance Hoffman Berman

バーリ　Adolf A. Berle Jr.

バイナート　William Beinart

ハヴァフィールド　Francis Haverfield

ハウク　Albert Hauck

パグデン　Anthony Pagden

ハスキンズ　Charles Homer Haskins

バターフィールド　Herbert Butterfield

パットナム　Robert D. Putnam

バトラー　Judith Butler

バナール　Martin Bernal

ハナム　June Hannam

ハニオティス　Angelos Chaniotis

ハメル゠キーゾウ　Rolf Hammel-Kiesow

ハモンド夫妻　John Lawrence Hammond（夫），Barbara Hammond（妻）

バラクロウ　Geoffrey Barraclough

パラン　Charles Parain

ハリーズ　Jill Harries

ハリス（E・）　Edward Harris

ハリス（W・V・）　William Vernon Harris

バリバール　Étienne Balibar

ハルソール　Guy Halsall

バルテルミー　Dominique Barthélemy

ハルナック　Karl Gustav Adolf von Harnack

ハルプリン　David Halperin

バロン　Hans Baron

バワーソック　Glen Warren Bowersock

ハンスカ　Jussi Hanska

ハンセン　Mogens H. Hansen

ハント　Lynn Hunt

ハンドリン　Oscar Handlin

ハンフレス　Caroline Humfress

ピガニョル　André Piganiol

ビッソン　Thomas N. Bisson

ヒューズ　Lotte Hughes

ビュク　Philippe Buc

ビュッヒャー　Karl Bücher

ビュラン　Philippe Burrin

ヒライ　Hiro Hirai

ヒル（C・）　Christopher Hill

ヒル（J・D・）　J. D. Hill

ヒルシュフェルト　Otto Hirschfeld

ヒルトン　Rodney Howard Hilton

ピレンヌ　Henri Pirenne

ビン・ウォン　Roy Bin Wong

ヒンツェ　Otto Hintze

ヒンドル　Steve Hindle

ファインスティーン　Charles Hilliard Feinstein

ブアスティン　Daniel Joseph Boorstin

ファン゠ゲルデレン　Martin Van Gelderen

ファン゠デア゠ワウデ　Ad van der Woude

ファン゠へネップ　Arnold van Gennep

ファン・カネヘム　Raoul van Caenegem

ファン・ストラーテン　Folkert T. Van Straten

フィゲイラ　Thomas Figueira

フィスター　Christoph Pfister

フィッシャー　Fritz Fischer

フィッチェン　Klaus Fittschen

フィンリー　Moses Isaac Finley

フーコー　Michel Foucault

フェルメーシュ　Albert Vermeesch

フォシエ　Robert Fossier

フォルクマン　Heinrich Volkmann

フォルトマー　Rita Voltmer

フォルミサーノ　Ronald P. Formisano

フォン゠タンツェルマン　G. N. von Tunzelmann
フクヤマ　Francis Y. Fukuyama
フックス　bell hooks
プティ゠デュタイィ　Charles Petit-Dutaillis
フュレ　François Furet
プラーニッツ　Hans Planitz
ブラウン　Peter Robert Lamont Brown
フラック　Jacques Flach
ブラック　Jeremy Black
ブラックボーン　David Blackbourn
ブラッドレー　Keith Bradley
ブラディック　Michael J. Braddick
プラム　John Harold Plumb
フランク　Andre Gunder Frank
ブラント（A・）　Ahasver von Brandt
ブラント（P・A・）　Peter Astbury Brunt
ブリアン　Pierre Briant
フリードマン　Milton Friedman
フリシュ　Augustin Fliche
プリチャード　David Pritchard
ブリッグズ　Asa Briggs
ブリックレ　Peter Blickle
ブリットネル　Richard Britnell
ブリュア　John Brewer
フリン　Michael Walter Flinn
プリンチーペ　Lawrence Principe
ブルーベイカー　Rogers Brubaker
ブルクハルト　Jacob Christoph Burckhardt
ブルケルト　Walter Burkert
ブルナゼル　Éric Bournazel
フルヒュルスト　Adriaan Verhulst
ブルンナー　Otto Brunner
フレイザー　Nancy Fraser
プレヴニール　Walter Prevenier
プレマーシュタイン　Anton von Premerstein
ブローデル　Fernand Braudel
ブロシャート　Martin Broszat
ブロック　Marc Bloch
ブロックマンス　Wim Blockmans
フロホ　Miroslav Hroch
ベイツ　David Bates
ベイリン　Bernard Bailyn
ヘザー　Peter Heather
ベック　Hans-Georg Beck

ベッケール　Jean Jacques Becker
ヘルター　Karl Härter
ベルトラン　Paul Bertrand
ペルヌー　Régine Pernoud
ペレス　José Muñoz Pérez
ベロゼルスカヤ　Marina Belozerskaya
ベロッホ　Karl Julius Beloch
ペロワ　Édouard Perroy
ヘン　Volker Henn
ペン　Rosalyn Terborg-Penn
ヘンシャル　Nicholas Henshall
ベンソン（J・）　John Benson
ベンソン（R・L・）　Robert L. Benson
ポイカート　Detlev Peukert
ホイジンガ　Johan Huizinga
ボイル　Leonard Boyle
ポーコック　John Greville Agard Pocock
ボーゼイ　Peter Borsay
ポーター　Roy Porter
ボードマン　John Boardman
ボーヌ　Colette Beaune
ホーファー　Walther Hofer
ボーラック　Stéphane Beaulac
ホーリー　Ellis Hawley
ホール（C・）　Catherine Hall
ホール（E・）　Edith Hall
ホール（J・）　Jonathan Hall
ボールスドン　John Percy Vyvian Dacre Balsdon
ボクサー　Charles Ralph Boxer
ボズウェル　John Boswell
ポスタン　Michael Moissey Postan
ボッビオ　Norberto Bobbio
ホプキンズ（A・G・）　Anthony Gerald Hopkins
ホプキンス（K・）　Keith Hopkins
ホフスタッター　Richard Hofstadter
ホブズボーム　Eric John Ernest Hobsbawm
ホブソン　John A. Hobson
ホフマン　Stanley Hoffmann
ポミアン　Krzysztof Pomian
ポメランツ　Kenneth Pomeranz
ポランニー　Karl Polanyi
ポリー　Jean Pierre Poly
ポルシュネフ　Boris Porchnev
ポロク　Linda Pollock
ボワ　Guy Bois
ホワイト（L・）　Lynn White Jr.
ホワイト（S・D・）　Stephen D. White

マ行

マ　John Ma
マークス　Anthony Marx
マーチン　Terry Martin
マイヤー（E・）　Eduard Meyer
マイヤー（H・E・）　Hans Eberhard Mayer
マウレンブレッヒャ　Wilhelm Maurenbrecher
マクスイーニ　Breandán Mac Suibhne
マクニール　William Hardy McNeill
マクファーレン　Alan Donald James Macfarlane
マクマレン　Ramsay MacMullen
マグワイア　Brian Patrick McGuire
マコーリ　Thomas Babington Macaulay
マサリク　Tomáš Garrigue Masaryk
マックキビン　Ross Ian McKibbin
マッケンジー　John M. MacKenzie
マッケンドリック　Neil McKendrick
マッツァリーノ　Santo Mazzarino
マッツェラート　Horst Matzerath
マディソン　Angus Maddison
マティンリ　Harold Mattingly
マリオット　John Arthur Ransome Marriott
マルー　Henri-Irénée Marrou
マルクス　Karl Marx
マルサス　Robert Malthus
マルテンス　Wilhelm Martens
マンセッリ　Raoul Manselli
マンドルー　Robert Mandrou
マンロー　John H. A. Munro
ミークス　Wayne A. Meeks
ミーンズ　Gardiner C. Means
ミゴー夫妻　John Vincent Stanley Megaw（夫），Madeline Ruth Megaw（妻）
ミシュレ　Jules Michelet
ミュシャンブレッド　Robert Muchembled
ミラー（F・）　Fergus G. B. Millar
ミラー（M・）　Margaret C. Miller
ミュルダル　Janken Myrdal
ミルワード　Alan S. Milward
ムイ＆ムイ　Hoh-cheung Mui & Lorna H. Mui
ムーア　Robert Ian Moore
ムーニエ　Roland Mousnier

ムーリッツェン　Henrik Mouritsen
ムグラン　Jean-Marie Moeglin
メグズ　Russell Meiggs
メネンデス＝ピダル　Ramón Menéndez
　　Pidal
メラー　Bernd Möller
メルヴィル　Elinor G. K. Melville
メンガー　Carl Menger
モイリ　Karl Meuli
モーガン　Catherine Morgan
モミリアーノ　Arnaldo Dante
　　Momigliano
モムゼン（T・）　Theodor Mommsen
モムゼン（W・）　Wolfgang J.
　　Mommsen
モラ　Michel Mollat du Jourdin
モリス（C・）　Collin Morris
モリス（I・）　Ian Morris
モリス（R・J・）　Robert John
　　Morris
モリル　John Morrill

ヤ・ラ・ワ行

ヤーシ　Oszkár（または Oscar）Jászi
ヤコービ　Felix Jacoby
ライアン　Mary P. Ryan
ライオール　Lucy Riall
ライリー＝スミス　Jonathan Riley-
Smith
ラインハルト　Wolfgang Reinhard
ラカー　Thomas Walter Laqueur
ラギー　John Gerard Ruggie
ラスレット　Peter Laslett
ラッセル　Conrad Russell
ラパポート　Erika Diane Rappaport
ラブヴィー　Eva Labouvie
ラルセン　Jakob Aall Ottesen Larsen
ランケ　Leopold von Ranke
リーヴス　Andrew Reeves
リーグル　Alois Riegl
リーバーマン　Victor Lieberman
リープス　Detlef Liebs
リーベシュッツ　John Hugo Wolfgang
　　Gideon Liebeschuetz
リグリー　Edward Wrigley
リシェ　Denis Richet
リチャードソン　Sarah Richardson
リッダーボス　Bernhard Ridderbos
リッチ　Adrienne Rich
リプゲンス　Walter Lipgens
リプソン　Ephraim Lipson
リュジニャン　Serge Lusignan
リンダート　Peter H. Lindert
ル＝ゴフ　Jacques Le Goff
ル＝パトゥーレル　John Le Patourel

ルゲ　André Leguai
ルビンシュタイン　Lene Rubinstein
ルプレ　Claude Lepelley
ルンメル　Walter Rummel
レヴィ　Ernst Levy
レーマン　Paul Lehmann
レシノドルスキ　Bogusław
　　Leśnodorski
レッカイ　Louis J. Lekai
レナルズ　Susan Reynolds
レモン　René Rémond
ロウエ　Gregory Rowe
ローズ　Peter J. Rhodes
ロジエ＝カタシュ　Irène Rosier-
　　Catach
ロジャース　Clifford J. Rogers
ロジャーズ　Daniel T. Rodgers
ロストウ　Walt Whitman Rostow
ロストフツェフ　Michail Ivanovich
　　Rostovtzeff
ロッシャー　Wilhelm Roscher
ロバーツ　Michael Roberts
ロビンソン　Ronald Robinson
ロベール　Louis Robert
ロメーオ　Rosario Romeo
ロンバール　Maurice Lombard
ワーマン　Dror Wahrman

人名索引

ア行

アイスキュロス　*14*

アイゼンハワー　*274*

アリストテレス　*4,7,49,58,59,90,91,
173*

アリストファネス　*14,15*

アルクイン　*70*

アルフレッド（イングランド王）　*78*

アレクサンドル2世　*220*

アレクサンドロス　*7,16-18,22,33,
106,107*

アンティオコス3世　*19*

アントニウス　*24*

アントニウス・ピウス　*34*

イヴァン3世（モスクワ大公）　*112*

イエス　*38,39*

イサベル（カスティーリャ女王）　*132*

イソクラテス　*7,18*

インノケンティウス3世（教皇）　*63,
96,98*

ヴァザーリ　*123*

ヴァンサン・ド・ボーヴェ　*107*

ヴィットーリオ・エマヌエーレ2世
218

ウィリアム3世（オラニエ公ウィレ
ム）　*178*

ウィルソン（ウッドロー・）　*90,231,
248,249*

ヴィルヘルム2世　*235,247*

ウィレム1世（オランダ）　*181*

ヴェサリウス，アンドレアス　*59*

ヴォーバン　*166*

ヴォルテール　*125,151*

ウルストンクラフト　*177*

ウルバヌス2世（教皇）　*92,93*

エウリピデス　*14*

エカチェリーナ2世（ロシア）　*181*

エドワード（イングランド王）　*80*

エドワード3世（イングランド王）
118

エフォロス　*7*

エラシストラトス　*58*

エリザベス1世　*133*

エリス　*208*

エンゲルス　*190,216,236,286*

エンニウス　*21*

エンヤ　*30*

エンリケ親王（ポルトガル）　*v,129*

オーウェン　*236*

オクタウィアヌス，アウグストゥス
24-26,32,40,51

オットー・フォン・フライジング
106

オットー1世　*160*

カ行

カーダール　*270,271*

カール大帝（シャルルマーニュ）　*60,
68,70,71,77,147*

カヴール　*218*

カウツキー　*236*

カエサル　*24,25,60,70*

カブラル　*128*

ガリバルディ　*218,219*

ガリレイ，ガリレオ　*172,173*

カルロス1世（カール5世）　*132*

ガレノス　*58,59*

カント　*176*

キケロ　*50,146,147*

ギヨーム（ノルマンディ公，イングラ
ンド王ウィリアム）　*80*

グージュ　*177*

グーテンベルク　*145*

グスタヴ2世アドルフ　*166*

グスラム（ヴァイキング首領）　*78*

クセノフォン　*18*

クセルクセス　*12*

クラーナハ　*153*

グラックス兄弟　*24*

クラフト＝エビング　*208*

クリュソロラス　*122*

クレオパトラ（7世）　*24*

グレゴリウス7世（教皇）　*86,87,101*

クローヴィス　*68*

クロムウェル　*170*

ケインズ　*254,256-258,281*

ゲーテ　*110*

ケネディ（ジョン・）　*33,272,274,
275*

ケプラー　*172*

ゲミストス（プレトン），ゲオルギオ
ス　*122*

ゴ・ディン・ジエム　*272*

コペルニクス　*172*

ゴルバチョフ　*278,279*

コルベール　*136*

コロンブス　*iv-v,125,130-132*

コンスタンティヌス　*38-42,62,65,
147*

コンリンク　*161*

サ行

サダト　*281*

サッチャー　*280*

サマーリン　*220*

サン＝シモン　*236*

サン＝ジュスト　*186*

ジェイムズ6世／1世　*170*

シャトラン，ジョルジュ　*120*

シャルル6世（フランス王）　*118,119*

シャルル7世（フランス王）　*109*

ジャンヌ・ダルク　*118,119*

小プリニウス　*50*

ジョンソン（リンドン・）　*272-274*

シラー　*110*

スターリン　*231,236,251-253,266,
269,270,274*

ストルイピン　*221*

スパルタクス　*48*

スミス（アダム・）　*130,136,176,181,
256*

スレイマン1世　*142*

聖ベネディクトゥス　*98,99*

セネカ　*48,50*

ソフォクレス　*14*

タ行

ダーウィン　*156*

ダレイオス1世　*12*

チャーチル　*275*

チャールズ1世　*170,171*

チューディ，エギディウス　*110*

ツヴィングリ　*150*

ツェルティス　*161*

ディオニュシオス（ハリカルナソス
の）　*7*

ディオクレティアヌス　*38,40-42,62,
72*

ディオドロス（・シクロス）　*7,16*

デカルト　*172,173*

テュルゴ　*181*

テル，ヴィルヘルム　*110*

テルトゥリアヌス　38
ド・ゴール　275
ドゥゴシュ　113
トゥキュディデス　2, 5, 6, 10, 21
ドゥプチェク（アレクサンデル・）　270
トラヤヌス　34, 46
ドレーク　133
トロツキー　251

ナ行
ナジ　270
ナポレオン　92, 93, 119, 132, 181, 186, 216, 225
ニクソン　255, 272-274
ニコライ2世　220, 250
ニュートン　172
ネルウァ　34
ネフスキー，アレクサンドル　112

ハ行
ハーディング，スティーヴン　88
ハイエク　280, 281
ハイドリヒ　264
ハインリヒ3世（神聖ローマ皇帝）　86
ハインリヒ4世（ドイツ王）　86
パウロ　38
バクーニン　236, 251
バシレイオス2世　63
ハドリアヌス　34
ハロルド　80
ピエトロ・レオポルド（トスカーナ大公）　181
ビオンド　123
ヒトラー　25, 234, 257, 260, 262-267
ピノチェト　281
ピピン　68
ヒムラー　79, 264
ピョートル1世　220
ファン・エイク（ヤン・）　120, 121
ファン・ブラフト　153
フィリップ2世（フランス王）　81
フィリップ・ル・ボン（善良公・ブルゴーニュ公）　118, 120
フィリップ6世（フランス王）　118
フィリッポス2世　7, 16, 18
フィルマー　147
プーチン　253

プーレンドルフ　161
フェリペ2世　132, 180
フェルナンド（アラゴン王）　132
フォックス　153
ブキャナン　31
フサーク　270
ブツァー　150
ブッシュ（ジョージ・H・W・）　278, 279
プトレマイオス　18, 23, 59
ブハーリン　252, 253
ブラーエ，ティコ　172
プラトン　7, 122
ブラン，ルイ　138
フランクリン　181
フランコ　260
フランツ・フェルディナント　236
ブラント　275
フリードマン（ミルトン・）　254, 280, 281
フリードリヒ2世（プロイセン）　180, 181
プルードン　138
フルシチョフ　252, 269, 270
プルタルコス　32, 50
ブルーニ　144
ブレジネフ　271
ベアトゥス=レナヌス　161
ペイシストラトス　55
ベーベル　161
ペゾロン　31
ベッサリオン　122
ヘラクレイオス　63
ヘラクレス　7, 55
ペリクレス　13, 14
ベルナール（クレルヴォーの）　89
ベルンシュタイン　236
ヘロドトス　6-8, 106, 156
ヘロフィロス　58
ベンサム　181
ヘンリ5世（イングランド王）　118
ボイル　173
ボシュエ　147
ホスティエンシス　129
ボダン　147, 148
ホッブズ　147, 173, 176
ホメロス　2, 3, 6, 7, 46, 54

マ行
ホラティウス　51
ボリバル，シモン　181
ポリュビオス　7, 21
ポンペイウス　24, 25

マウリッツ　21, 166
マキァヴェッリ　21, 146
マクミラン　275
マゼラン　128
マッツィーニ　218, 219
マディソン　21
マフムト2世（オスマン帝国）　181
マルクス・アウレリウス・アントニヌス　34, 58
ミル（J・S・）　232
ムッソリーニ　25, 260, 261, 266
メナンドロス　15
メランヒトン　152
モンテスキュー　21, 177

ヤ・ラ行
ユーア　190
U2　30
ユウェナリス　51, 62
ユスティニアヌス　44, 62, 65
ヨーゼフ2世（ハプスブルク君主国）　181
ラインキンク　161
ラス・カサス　iv, 130
リシュリュー　136
リプシウス　154
リムネウス　161
リンカーン　222
ルイ=ナポレオン・ボナパルト（ナポレオン3世）　216, 217, 220
ルイ9世（フランス王）　107
ルイ16世　181, 186
ルヴェルチュール，トゥサン　181
ルーベンス　153
ルクセンブルク　236
ルソー　177
ルター　150-153
レーガン　278-281
レーニン　219, 236, 237, 250-253
レオ9世（教皇）　86
ロック　176, 183
ロベスピエール　186, 177

事 項 索 引

ア行

アーリア人　8, 79
アイデンティティ　5, 7, 13, 21-23, 31, 32, 76, 89, 133, 153, 156, 208, 209, 265
アイデンティティ・ポリティクス　183
アイトリア連邦　21
アイルランド大飢饉　210, 211
アヴァール（民族）　60
アウクスブルク宗教和議　150, 160
アウシュヴィッツ　264
アカイア連邦　20, 21
アカデミー　145
悪魔学　174, 175
アクロポリス　4, 13, 15, 55
アゴラ　4, 15
アジア交易圏論　195
アステカ　130, 132
アテナイ　4-6, 10-15, 18, 20, 32, 33, 46, 48, 52, 55, 56
アナール派　50, 52, 92, 102, 120, 134, 174
アフガニスタン介入（ソ連の）　279
アプロプリアシオン　197
アメリカ革命　148, 181-183, 187
アメリカ独立戦争　178, 179, 182
アラゴン（——王，——王位，——連合王国）　94, 128, 132
アラブ人　62, 63, 284
アルビジョワ十字軍　92, 96
アルマニャック派　119
アルミニウス主義　170
アンシャン・レジーム　162, 163
安全保障　75, 160, 189, 248, 256, 266, 269, 274-276, 279
アンティゴノス朝マケドニア　18
アンテベラム期　222
イエズス（——会，——会士）　95, 129, 133, 145
医学　58, 59, 90, 95, 204
イギリス東インド会社　193
イスラーム　16, 32, 35, 58-60, 62-64, 72, 73, 76, 91, 94, 95, 132, 166, 193, 194, 284
異性愛　15, 208, 209, 282
異端（審問）　60, 65, 87, 92, 96-98, 101, 118, 119, 140, 150, 153, 174, 175, 208
一国社会主義　252, 254
一神教　39, 56, 57
「イベリア・インパクト」論　129
移民　61, 207, 211-213, 215, 229, 277, 285
異民族　12, 18, 34, 35, 42, 43, 95
イラク戦争　173
イラン　12, 34, 35, 57, 60, 94, 240, 242, 268, 284
インカ　130, 132
印刷革命　145
インターセクショナリティ　283
インターナショナル（第一——，第二——，第三——）　236, 251
インディグナドス　196
インド　iv, 8, 28, 35, 94, 98, 127, 129, 177, 178, 193, 201, 212, 213, 240, 242, 245, 284
インド洋　193
ヴァイキング　78-80
ヴァンダル　42, 44, 68
ウィーン体制　216, 218, 226
ウィリアムズ・テーゼ　192, 193
ウィルソンの14カ条　231, 248
ウェストファリア（——条約，——体制）　148, 149, 152, 160, 168
ヴェトナム戦争　239, 272-274
ヴェトナム反戦運動　182, 269, 272, 273, 282
ヴェルサイユ条約　248, 251, 266
ヴェルサイユ体制　230, 231, 234, 246, 262, 266
ヴォルムス協約　86, 87
永久同盟（スイス）　110, 111
エヴェルジェティズム　27
疫病　34, 35, 69, 116, 131, 168
エスニシティ　20, 21, 78, 79, 156, 157
エスノ象徴主義　156, 157
エチオピア戦争　260, 266
エトニ（論）　156, 157, 228
エトノジェネシス　78, 79
エトノス　4, 20, 21, 156, 157
LGBT　208, 282
円形闘技場　28, 36

カ行

演劇　14, 15, 54, 121, 202, 285
王権　18, 19, 65, 69, 79, 81, 84, 85, 87, 109, 129, 137, 147, 148, 162-165, 174, 180, 181, 186
王権神授説　147, 163
王国年代記　106
欧州共同体（EC）　276
欧州経済共同体（EEC）　276
欧州石炭鉄鋼共同体（ECSC）　276, 277
欧州統合　181, 276, 277
欧州連合（EU）　30, 61, 159, 276, 277
大きな国家　254, 255, 280
オーストリア継承戦争　178
オキュパイ運動　196
オスマン帝国　62, 64, 91, 112, 122, 129, 132, 140-143, 169, 181, 220, 226, 230, 237, 240-242, 284
オランダ東インド会社　127, 134
オリエンタリズム　12, 237, 284, 285
オリエント　12, 16, 19, 22, 23, 52, 53, 57, 284, 285
恩貸地制度　84
カージャール朝　242, 284
階級　48, 85, 138, 157, 162-164, 171, 182, 183, 185, 186, 196, 198-200, 202-207, 209, 214, 215, 217, 223, 231, 233, 236, 237, 243, 258, 282, 283
解剖学　58, 59
解放奴隷　49
解放民族戦線　272
戒律　88, 99
科学　18, 46, 58-61, 67, 79, 84, 91, 108, 138, 145, 172, 173, 176, 188, 197, 200, 204, 220, 244, 245, 258, 259, 263, 277, 279, 284, 285
科学革命　59, 125, 145, 172-174
価格革命　143
核家族　50, 214, 215
革新主義　182, 222, 258, 259
革新主義学派　182
カスティーリャ王国　94, 95, 128, 129, 132
カセロラソ　196, 197

314

家族　15, 49-51, 79, 116, 149, 161, 204, 205, 212, 214, 215, 223, 228, 256

活版印刷（術）　99, 145, 150

家庭重視イデオロギー　204

家庭の天使　204

寡頭政　4, 216

カトリック　65, 86, 88, 95, 96, 99-101, 118, 119, 133, 140, 144, 150-153, 160, 170, 174, 175, 187, 220, 237, 259

カペー家（カペー朝）　83

「神の平和」運動　82

カリフォルニア学派　194

カルヴァン派　138, 139, 151, 153, 170

カルロヴィッツ条約　142

ガレオン船　166

カロリング　68-73, 77, 82, 84, 85, 90, 91, 102, 144, 147

漢　35, 106

環海峡世界　81

環境保護　244, 245, 273, 282

カンザス・ネブラスカ法　222

感情　31, 105, 138, 186, 219, 222, 226, 252

感性　51, 91

関税　86, 137, 178, 254, 255

関税と貿易に関する一般協定（GATT）　254, 255

環大西洋革命　146, 147, 183

寛容　153, 159, 180, 208, 214

官僚（制）　26, 40, 41, 63, 65, 97, 108, 109, 117, 136, 137, 152, 154, 155, 161, 163, 178, 179, 220, 245, 258, 259, 266, 277

黄色いベスト　196

記憶　7, 58, 71, 102, 103, 106, 107, 119, 130, 153, 156, 171, 223, 247

議会　14, 15, 108, 109, 141, 148, 158, 160, 170, 171, 178-180, 182, 186, 216-218, 225, 234, 236, 248, 255, 268

議会主権　148

紀元千年　82, 83

騎士　26, 27, 81, 82, 88, 92, 93, 95, 101-103, 120, 121, 129, 140, 143, 199

騎士叙任　102, 103

犠牲　19, 52-57, 148, 206, 211, 222, 248, 286

貴族　25, 26, 37, 50, 63, 80, 83, 86, 95, 102, 108, 109, 111, 117, 119, 120,

146, 147, 157, 160, 162-164, 168-170, 179, 186, 198, 204, 217-220, 230, 234, 235, 241

貴族共和政　147

貴族政　146, 147

北大西洋条約機構（NATO）　268

95カ条の論題　150, 152

宮廷　64, 69, 70, 83, 90, 91, 102, 120, 121, 143, 165, 171, 180, 199, 260

宮廷絶対主義　180

九年戦争　178

キューバ・ミサイル危機　274

『旧約聖書』　106, 147

キュチュク・カイナルジャ条約　143

ギュムナシオン　15

教会　38, 39, 45, 60, 64, 65, 67, 69, 70, 73, 77, 81, 82, 84, 86, 87, 90-103, 106, 109, 118, 119, 129, 131, 140, 144, 150-153, 155, 170, 174, 175, 187, 237

教会合同　65, 140

教区　99, 129, 155

教皇　62, 63, 65, 68, 86-88, 92, 93, 96, 98, 102, 128, 129, 140, 142, 147, 148, 150, 158, 160, 172

共食　52, 53

強制国家　27, 40-42

兄弟会　76, 98

恐怖政治　186

教理問答書　153

共和政　7, 24-26, 33, 46, 50, 51, 56, 57, 65, 146, 147, 157, 170, 182, 186, 216, 224, 225, 234, 235

共和党（アメリカ合衆国）　222, 248

漁業　134

拠出者民主主義　200, 201

ギリシア語　3, 8, 9, 12, 17, 20, 22, 23, 29, 53, 57-59, 62-64, 90, 91, 156

キリスト教　17, 26, 30, 32, 33, 37-40, 42, 43, 45, 51, 52, 56, 57, 60-62, 64, 65, 69-71, 78, 92-99, 106, 107, 117, 128-130, 140, 141, 144, 147, 150, 152, 153, 160, 161, 174, 176, 187, 200, 204, 208

ギルド　76, 200

儀礼　14, 15, 33, 37, 56, 57, 84, 102, 103, 121, 170, 186, 197

銀　46, 72, 73, 77, 78, 132, 133, 136, 173, 202

金印勅書　102

禁酒（――運動，――主義）　223, 258

近親婚　51

近代化　141, 142, 150, 151, 164, 177, 180, 185, 217, 218, 220, 221, 227, 231, 234, 237, 242, 243, 260, 262, 263

近代世界システム　126, 127, 135, 192, 215

金本位制　254

金羊毛騎士団　120

グーツヘルシャフト　141

クシャーナ朝　35

グラナダ王国　94, 132

クラブ　176, 200, 202

クリエンテラ　24, 25

クリミア戦争　220, 221

グルントヘルシャフト　141

クレオール（化）　29

グレゴリウス改革　86, 101

グローバル・ヒストリー　177, 183, 189, 194, 195, 207, 235, 241

軍事革命　166, 167

君主主義　250

君主政　18, 40-42, 62, 121, 146, 147, 158, 159, 171, 180

軍人皇帝時代　34

経済相互援助会議（COMECON）　268, 269

警察大隊　265

形質人類学　156

啓蒙絶対主義　180, 181

啓蒙専制君主　181

計量経済史　192

ゲイ・レズビアン解放運動　282

ケインズ主義　254, 256, 257, 281

毛織物業　134, 136, 137

劇場　4, 14, 15

劇場国家　102, 121

ケルト（――文化，――人）　30, 31

ゲルマン（――人，――民族，――諸王国，――法）　34, 35, 45, 60, 61, 68, 69, 71, 72, 79, 84, 161

限界リテラシー　105

衒示的消費　202, 203

元首政　34, 40, 65

憲章国家　159

原初三邦　110

ケンスアーレス　77

剣闘士　36, 37, 48, 58

ケンブリッジ学派　147

ケンブリッジ・グループ　214

憲法（アメリカ合衆国）　21, 182

憲法修正第13条　222
憲法修正第14条　222
憲法修正第15条　207
憲法制定国民会議　186
元老院　24, 25, 44, 56, 57, 62, 64
元老院議員　26, 34
元老院貴族　37
元老院決議　44, 57
コイネー　22, 23
公儀国家　159
工業化　127, 134, 138, 141, 189, 194,
　　212, 214–217, 219, 221, 234, 241,
　　252, 253, 258, 282, 283, 286
公共圏　147, 201, 223
公共事業　210, 211, 256, 260
公共善　146–148, 158, 176, 183
考古学　2, 3, 8, 10, 11, 13, 23, 28–31, 33,
　　35, 37, 46, 47, 53, 60, 61, 74, 78, 79,
　　83
公式帝国　240, 241
皇帝　17, 24, 25, 27, 28, 32–34, 37, 40,
　　41, 44, 58, 59, 62–65, 68, 71, 72, 86,
　　102, 106, 122, 132, 147, 148, 150,
　　158, 160, 161, 168, 169, 181, 216,
　　220, 230, 235, 246, 250
皇帝教皇主義　65
公民権運動　192, 223, 272, 282
ゴート　42, 44, 68, 94, 128
コーヒーハウス　176
国際主義　248, 249
国際女性会議　232
国際女性参政権同盟　232, 233
国際通貨基金（IMF）　254, 255
国際復興開発銀行（世界銀行，IBRD）
　　250, 255, 280
国際連盟　230, 233, 248, 249, 260, 267
国民公会　186
国民国家　20, 45, 136, 148, 156, 160,
　　161, 167, 181, 212, 213, 224, 225,
　　227, 229–231, 234, 236, 259, 276
国民祭典　187
国民所得　190, 191
国民帝国　231
五賢帝　26, 34, 35
五胡十六国　35
互酬，互恵（──性，──関係）　19,
　　24, 169
古代末期　1, 34, 37, 39, 40, 43–45, 51,
　　60, 61, 100, 156
国家法人　148
古典期　4, 5, 10, 11, 13, 14, 18–20, 32,

　　33, 44–46, 61
古典荘園制　77
子供　27, 119, 188, 214, 215, 265
コミューン（中世の）　76, 77
コミュニケーション　78, 102, 121, 155,
　　175, 228
コミンテルン　251, 253, 266, 269, 287
コミンフォルム　268, 269
孤立主義（アメリカ合衆国）　248, 249
コロナトゥス　40
コロヌス　40, 41
コロンブス交換　130, 131
混合経済　256, 287
混合政体（──論）　7, 24, 146, 147,
　　159
コンスル　24
コンセンサス学派（史学）　222, 258,
　　259

サ行

再建期　222
財政軍事国家　178, 179, 188, 256
再洗礼派　150, 153
再版農奴制　116, 126, 141
サトウキビ　130
サバルタン・スタディーズ　243
『ザ・フェデラリスト』　21
サロン　125, 176, 177
三王国（諸）戦争　171
山岳派　186
産業革命　126, 127, 134, 135, 164, 165,
　　188–192, 194, 202, 204, 205, 212–
　　215, 236, 286
サンディカリズム　236
3 B政策と3 C政策　247
三部会（フランスの）　109, 186
ジェノサイド　211
ジェンダー（規範）　14, 15, 119, 145,
　　171, 183, 185, 201, 204–209, 215,
　　232, 282, 283
ジェントルマン　198, 199
ジェントルマン資本主義　199, 141
シカゴ学派社会学　212
重金主義　136, 137
四国同盟戦争　178
市場　46, 73, 74, 86, 111, 116, 117, 134,
　　138, 139, 141, 188, 195, 197, 200,
　　210, 215, 236, 241, 250, 254, 255,
　　256, 257, 270, 273, 280, 281
市場経済　139, 194, 256, 280
シスマ　87, 129
慈善　150, 200, 201, 204, 205

自然権思想　176, 177, 183
自然選択　156
自治　4, 18, 19, 26, 27, 40, 41, 73, 76, 77,
　　146, 150, 221, 226, 240, 241, 271
七月王政　216, 217, 225
七月革命　216, 225, 236
七年戦争　178, 182
実質賃金　190, 191, 195
シティ　241
私的所有権　188, 221
シトー会　88, 89, 99, 106
支配の諸類型　84
資本主義　vi, 46, 47, 125, 126, 134, 135,
　　138, 139, 144, 157, 162, 186, 190,
　　192, 194, 197, 199, 212, 214, 220,
　　221, 226, 228, 234, 236, 241, 242,
　　247, 250, 252, 254, 256, 257, 263,
　　273, 281, 283, 286, 287
島原の乱　165
市民結社　199–201, 226
市民権　4, 28, 48, 51, 76, 205, 207, 220,
　　222, 223, 233
ジム・クロー法　222
シモニア（聖職売買）　86, 87
社会運動　9, 196, 198, 204, 220, 237,
　　282
社会革命党，社会主義者革命家党（エ
　　スエル）　236, 250
社会関係資本　201
社会契約論　148
社会主義　138, 140, 144, 188, 217, 220,
　　221, 231, 236, 237, 239, 247, 250–
　　252, 254, 260, 262, 270–272, 279,
　　280, 282, 286, 287
社会的規律化　154, 155, 180
社会的結合（ソシアビリテ）　149,
　　157, 163, 180, 196
社会的模倣　202, 203
ジャガイモ　130, 190, 210, 211
奢侈品　116, 117, 202
社団　149, 161, 163, 180
シャテルニー　75
写本　59, 70, 71, 79, 89, 90, 98, 99, 107
シャリヴァリ　196, 197
自由　18, 19, 48, 49, 51, 56, 76–78, 82,
　　101, 116, 126, 141, 146, 150, 152,
　　157, 170, 176, 182, 186, 187, 199,
　　216–219, 222, 224, 229, 240–242,
　　248, 250, 252, 254, 270, 271, 273,
　　275, 276, 278, 280–282, 285
シュヴァーベン戦争　110

自由学芸　71, 90

十月革命（ロシア）　250, 251

宗教改革　99, 140, 144, 150-154, 157, 160, 161, 170, 171, 174, 175

十三植民地　131, 179, 182, 183

修辞学，レトリック　7, 11, 18, 44, 45, 50, 71, 90, 93, 97, 122

十字軍　63, 64, 91-93, 96, 120, 128, 140

自由市場　46, 281

自由主義　28, 183, 199-201, 216, 218, 219, 226, 237, 239, 255-257, 260, 266, 280, 281, 286, 287

重商主義　136, 137

従属ポリス　18, 20

修道院　73, 74, 76, 82, 83, 87-91, 95, 99, 106, 107, 111, 129

修道会　86-89, 92, 93, 95, 98, 99, 120, 129, 140

宗派化　151-155

宗派絶対主義　180

自由貿易帝国主義　240, 241

祝祭　11, 102, 120, 121, 223, 225

主権　125, 147-149, 158, 161, 166, 174, 182, 212, 222, 224, 228, 230, 231, 240, 248, 249, 271, 284

主権国家　68, 108, 148, 149, 152, 153, 158-161, 169, 239, 248, 276, 277

受動革命　218, 219

殉教　38, 93, 119, 153

『殉教者列伝』（フォックス）　153

荘園　73, 77

蒸気機関　188, 189

商業革命　127

商業の復活　72, 76

象徴儀礼　102

消費　178, 189-192, 194, 201-203, 239, 254, 277, 286

常備軍　109, 154, 167, 183

消費社会　192, 202, 203

小氷期　165, 168

小分岐　135, 189

所感の宣言（1848年）　206

贖罪　92, 93

贖罪国家　69

植民市　4, 5, 33, 41

植民地　8, 9, 28, 29, 94, 132-134, 137, 156, 179, 182, 188, 192, 201, 212, 215, 222, 224, 228, 230, 231, 236, 240-245, 249, 251, 272, 284, 285

植民地科学者　245

植民地近代化論　242

植民地近代性論　243

植民地主義　29, 177, 207, 242, 244, 245, 262, 283, 285

植民地責任論　243

贖宥状　150

諸侯国家　109

諸国民の春　226

女性国際平和自由連盟　233

女性参政権　206, 207, 232, 233, 258, 282

ジョチ・ウルス　112

ショッピング　202, 203, 240

叙任権闘争　86, 87

城（主）　3, 4, 75, 82-84, 118, 153, 160, 166, 167

信仰義認　150

人口動態史　49, 214, 215

新ゴート主義　128

「新思考」外交　278, 279

人種　8, 9, 177, 206, 207, 209, 213, 222, 223, 239, 262, 273, 283

新自由主義（ネオリベラリズム）　239, 254, 280, 281, 283, 287

人種隔離政策（アメリカ合衆国）　207

人種主義　229, 234, 239, 262, 263, 283

新ストア主義　154

心性　27, 32, 37, 51, 52, 60, 92, 94, 119, 120, 149, 151, 154, 163, 180, 215

神聖同盟（対オスマン同盟）　142

神聖ローマ帝国　108, 110, 111, 152, 159-161, 168, 174, 178

神寵帝理念　147

シンティ・ロマ　264

人的紐帯　24, 49, 52

神殿　5, 25, 30, 54-57

神判　97, 100, 101

新プラトン主義　121, 122

人文主義　31, 122, 123, 133, 144-147, 158, 161

シンボル　156, 186, 196, 225

人民主権　148, 212

人民戦線　266, 267, 287

『新約聖書』　22, 38, 106, 147

森林　75, 244, 245

神話　3, 6-8, 10, 52, 54-56, 89, 106, 132, 149, 156, 168, 180, 228, 257

水晶の夜　265

スヴェーア人　78

枢軸陣営　266, 267

スターリン批判　236, 269, 270

スパルタ　3, 6, 10, 12, 20, 46, 147

スペイン王国　94, 132

スペイン継承戦争　178

スペイン内戦　260, 266

スラヴ（民族）　60, 78, 140, 230

税　26, 40, 41, 46, 68, 73, 76, 86, 109, 112, 113, 116, 117, 137, 143, 170, 178, 179, 182, 207, 220, 221, 245, 250, 252, 254-256, 280

性科学　208

生活水準　47, 190, 191, 195, 202, 253, 280

政治文化　14, 107, 120, 121, 183, 186, 187, 219, 223, 258

『聖書』　39, 71, 106, 107, 144, 145, 152, 204

聖書主義　150

聖人　60, 76, 153

聖像破壊（イコノクラスム）　65

製鉄業　188, 189

青年イタリア　218

西方十字軍　128

誓約団体（誓約共同体）　76

聖ヨハネ騎士修道会　93, 120

セウェルス朝　34

世界革命　171, 230, 251

世界恐慌　239, 254-256, 258, 262, 266, 267

世界貿易機関（WTO）　255

石炭　188, 194, 215, 276

石油輸出国機構（OPEC）　280

セクシュアリティ　185, 208

説教　71, 98, 99, 150, 204

絶対主義　141, 154, 155, 169, 174, 180, 181

セレウコス朝シリア　18, 19

世論　176, 187, 219, 220, 260

全欧安全保障協力会議（CSCE）　275, 279

選挙王政　146, 147

全国アメリカ婦人参政権協会　232

先住民　36, 130-133, 183, 207

僭主政　4, 55

専制君主政（ドミナートゥス）　40-42, 62

戦争国家　256, 257

戦争責任　243, 246

全体主義　92, 239, 251, 253, 260, 261, 280

選帝侯　160, 169

1848年革命　216, 218, 234, 236

線文字B　3

ソヴィエト（評議会）　250, 251
総裁政府　186
総主教（コンスタンティノープ
　ル──）　65
総力戦　230, 239, 250, 259, 263
ソーシャル・フェミニズム　206, 207
俗権（レガリア）　86
俗語　104, 105, 107, 120, 122, 228
属州　24-29, 32, 33, 40, 41, 50, 51
組織史学　258, 259
祖先の遺産　79
ゾロアスター教　57, 60, 122
ソ連（国家）　162, 220, 221, 230, 231,
　236, 250-254, 266-272, 274-279,
　286, 287

タ
行
第一次インドシナ戦争　272
第一次世界大戦　140, 142, 226, 228,
　230-234, 236, 241, 246-250, 254,
　255, 258-260, 263, 267, 282, 284,
　286
第一次中東戦争（パレスチナ戦争）
　284
第一波フェミニズム　282, 283
大学　1, 15, 18, 21, 27, 28, 46, 47, 60, 64,
　90, 97, 98, 119, 130, 131, 145, 152,
　188, 190, 192, 194, 212, 220, 280,
　282
大航海時代　95, 126-128, 136
対抗宗教改革　i, 150, 151
第三共和政　216, 224, 225, 235
第三世界　50, 272, 273, 283
対蹠分界線　128
大西洋　31, 127, 128, 137, 145-147, 181,
　183, 185, 188, 192, 193, 211, 259
第二次ウィーン包囲　142
第二次産業革命　215
第二次世界大戦　60, 96, 154, 180, 182,
　183, 189, 190, 212, 215, 218-220,
　222, 224, 231, 234, 242, 244, 247,
　248, 255, 257, 258, 260, 262, 263,
　266-268, 272, 275, 276, 280, 284,
　287
第二次ソフィスト運動　32, 59
第二次百年戦争　178
第二帝政　216, 217, 225, 237, 266
第二波フェミニズム　282, 283
大分岐　134, 139, 165, 185, 189, 194
太平洋　207, 216, 240, 242, 248, 249,
　265
台湾海峡危機　274

多角的決済機構　246, 247
托鉢修道会　88, 98, 99, 129
多神教　52, 53
タタール人　112, 113
タバコ　130, 137, 192
多文化（──主義，──性），文化多
　元主義　1, 23, 43, 61, 183, 223, 283
男女の領域分離　185, 204, 205
男性史　283
地中海　4, 7, 8, 11, 15-18, 22-24, 28, 32,
　36, 37, 39, 44, 51, 56, 63, 72, 74, 76,
　91, 95, 140, 164, 278
中央集権　63, 69, 97, 108, 109, 117, 121,
　133, 141, 162, 168, 169, 258
中国　35, 61, 76, 125, 127, 130, 131, 134,
　145, 159, 165-167, 171, 194, 195,
　240-242, 246, 249, 254, 266, 272,
　274, 284
中国共産党　251, 253
中産階級　199, 202, 206, 215, 258, 282,
　283
聴罪　98
長老派　170
通過儀礼　102
司牧　98, 99
DNA（──鑑定，──研究）　31, 79
T4作戦　264
帝国学派　182
帝国クライス　160
帝国公法学　161
帝国裁判所　160
帝国主義　18, 29, 177, 207, 215, 240,
　241, 246, 249, 260, 266, 272, 273
帝国等族　160
帝政　15, 19, 24-27, 32, 33, 40-42, 44,
　45, 47-51, 53, 57, 147, 216, 217, 220,
　221, 234, 235, 237, 251, 266
ティマール制　143
デーモス　15
デーンロー　78, 79
デーン人　78
『テオドシウス法典』　40
デタント　271, 274, 275
デナリウス銀貨　72, 73
テマ制度　63
デモティック（民衆文字）　23
デロス同盟　6, 10, 11, 14, 18, 46
伝統の創出　228
ドイツ社会民主党　236, 275
ドイツ騎士修道会　92, 120, 140
ドイツ特有の道　185, 234, 235

ドイツ農民戦争　150, 196
ドゥームズデー・ブック　80
東欧革命　236, 279
同化　28, 212, 213, 215, 229
同性愛　15, 16, 96, 208, 209, 282
統治章典　170
東方政策（西ドイツの）　275
東方問題　140, 142, 143
同盟内外交　269
トウモロコシ　130
徳　42, 51, 87, 106, 138, 139, 146, 183,
　187, 204, 214, 219, 258
独ソ戦　251, 253, 266, 267, 270, 275
独ソ不可侵条約　266
都市　4-6, 8, 10-12, 15, 18, 22-24, 26-
　30, 32, 33, 35, 37, 38, 40, 41, 46-48,
　56, 57, 59, 60, 62, 72-74, 76, 77, 95,
　98, 100-102, 104, 106, 108-112,
　114-116, 118, 121, 134, 141, 146,
　147, 149, 150, 152-155, 160, 161,
　164, 165, 168, 187, 188, 190, 191,
　196, 198-200, 202, 203, 212, 223,
　258, 260, 262
都市参事会（──員），ローマの　40,
　41
都市年代記　106
土着化政策（カレニザーツィア）　231
土地割替制（ロシア）　221
特権商事会社　136, 137
ドミニコ会　98, 174
トラフィーク　134
トランスナショナル史（トランスナ
　ショナル・ヒストリー）　213
トルーマン・ドクトリン　268
トルコ　6, 7, 62, 268, 284
トルコ人　63
トルデシリャス条約　128, 129
奴隷解放宣言（アメリカ合衆国）　222
奴隷制　40, 48, 49, 130, 177, 192, 193,
　204, 206, 207, 220, 222, 223, 229
奴隷貿易　129, 185, 192, 193, 200
奴隷貿易利潤論争　192
トレブリンカ　264
トレント（トリエント）公会議　150,
　152
トロイア戦争　2, 7, 54

ナ
行
内乱，内戦　10, 18, 24, 25, 35, 40, 63,
　119, 148, 168, 169, 171, 186, 222,
　250, 253
ナショナリスト　182, 222, 228, 233,

242

ナショナリズム　*79, 119, 140, 141, 157,*
185, 187, 200, 201, 211, 216, 226-
229, 231, 233, 236, 239, 244, 245,
247, 272, 287

ナショナル・アイデンティティ　*226,*
227

ナチス，ナチ党，ナチ・ドイツ　*79,*
92, 211, 234, 249, 254, 256, 260-266

ナチズム　*79, 180, 235, 254, 257, 260,*
263, 287

ナポレオン戦争　*178, 226, 254*

ナロードニキ　*220, 236, 250*

ナント王令　*152*

南北戦争　*222, 223*

二月革命（ロシア）　*250, 251*

ニケーア公会議　*65*

ニコデミズム　*153*

ニコライティズム（聖職者妻帯）　*86,*
87

西インド諸島　*29, 37, 183, 192, 244,*
245

西ゴート　*94, 128*

二重言語体制　*104, 105*

ニュー・ヒストリー　*223*

ニュー・レフト　*273*

ニューディール　*254, 256-259*

ニューレフト史学　*182, 273*

ニュルンベルク法　*264*

ネイションへの無関心　*227*

ネップ　*250, 252, 253*

農奴（制）　*82, 95, 101, 116, 126, 140,*
141, 220

農奴解放令（ロシア）　*185, 220, 221*

農民　*40, 73-75, 77, 78, 80, 82-84, 95,*
110, 111, 116-118, 141, 143, 150,
163, 164, 182, 196, 197, 220, 221,
245, 250-253

農民運動　*196*

ノビレス　*24, 25*

ノルウェー人　*78, 79*

ノルマン朝　*80*

八行

排外主義（アメリカ合衆国）　*207*

迫害　*38, 52, 79, 96, 97, 116, 150, 153,*
174, 175, 208, 264, 265

白人至上主義　*283*

白人自治領　*240, 241*

パスポート　*212*

バビロン，バビロニア　*17, 18, 22, 57*

ハプスブルク（――君主国，――帝
国）　*134, 142, 181, 226, 228, 230,*
231, 237

ハプスブルク家　*110, 111, 160, 168,*
169

パリ・コミューン　*217, 236*

パリ不戦条約　*248, 249*

ハルシュタット　*30*

パルティア（アルサケス朝――）　*32,*
35

バルト海　*92, 114, 134, 142, 251*

バルト三国　*251*

バルバロイ　*12, 13*

ハンガリー動乱　*270, 271*

ハンザ　*114, 115*

ハンセン病者　*96, 97*

「パンとサーカス」　*37, 62*

反ユダヤ主義　*97, 138, 233, 260, 262,*
265

バン領主権　*82, 83*

東インド会社　*137, 145, 245*

東ゴート　*90*

非キリスト教化運動　*187*

非公式帝国　*240, 241*

ビザ　*212*

ビザンツ（――帝国）　*21, 45, 62-65,*
73, 91, 122, 140

卑俗法　*44*

百年戦争（英仏の）　*108, 109, 116-119*

『百科全書』　*176*

百貨店　*203*

ヒューマニズム　*144*

ピューリタン革命（イギリス革命）
164, 165, 170, 171, 187

病原菌　*130, 131*

ピレンヌ・テーゼ　*63, 72*

貧者　*39, 175*

ファシスト（――運動，――党）
218, 219, 260

ファシズム　*187, 218, 219, 234, 260,*
261, 263, 266, 287

フェーデ　*116, 117*

賦役　*73, 77, 82, 116, 141*

フェニキア　*3, 8, 9*

フェビアン協会　*188, 236*

フェミニズム　*176, 204-206, 209, 214,*
232, 233, 282, 283

布教保護権　*129*

福音主義　*204, 258*

複合君主政　*121, 158, 171*

複合国家　*121, 158, 169*

福祉国家　*214, 256-258, 280*

福祉レジーム　*256, 257*

部族国家　*28*

「部族法典」　*45*

プトレマイオス朝エジプト　*18*

部分的核実験禁止条約（PTBT）　*274,*
275

普遍年代記　*106*

ブラック・アテナ　*8, 9*

プラハの春　*236, 270, 271*

フランク（――王国，――族，――
人）　*42, 68-70, 72, 73, 83, 94, 157*

フランシスコ会　*98*

フランス革命　*84, 147, 148, 162, 164,*
167, 178, 183, 185-187, 196, 204,
210, 212, 218, 219, 224-226, 286

フリーソイル党　*222*

ブルガール（民族）　*60*

ブルグンド　*68*

ブルゴーニュ（――公，――公国）
109, 118-121

ブルゴーニュ派　*119*

ブルジョワ革命　*164, 186, 222*

ブルターニュ公　*109*

ブルボン公　*109*

ブレジネフ・ドクトリン　*271*

ブレトン・ウッズ（――会議，――体
制）　*254, 255, 280*

プロソポグラフィ　*49, 60*

プロテスタント　*150, 152, 153, 168,*
170

フロンティア　*95, 128, 129, 215*

文化人類学　*60, 219*

文化変容　*22, 23, 174*

文芸共和国　*144-146, 181*

文献学　*60, 144, 154*

文法学　*71, 90*

文明化　*28, 29, 97, 207*

ヘイスティングスの戦い　*80*

米墨戦争　*222*

ヘゲモニー　*135, 219, 241*

ペスト（黒死病）　*108, 116, 148, 262*

ペルガモン（王国）　*18*

ペルシア（ササン朝――）　*32, 34, 35,*
60, 63, 64

ペルシア戦争　*2, 6, 12, 13, 46*

ペルシア帝国（アケメネス朝）　*6, 10,*
12, 13, 16-18

ベルリンの壁　*274*

ベルリン危機　*274, 275*

ペレストロイカ　*221, 271, 278*

ヘレニズム（――期，――時代）　*7,*

13, 15-23, 29, 32, 46, 57
ペロポネソス戦争　2, 5, 6, 10, 19
弁証法　71
ボイオティア連邦　20
ホイッグ（――史家，――史観）
　170, 182, 189
封建（制・社会）　63, 76, 80-85, 95,
　109, 116, 117, 119, 158, 160-164,
　167, 176, 180, 183, 186, 216, 234,
　235
封建制の危機　116
法廷決闘　100, 101
封土　84, 85, 118, 143
ポーランド分割　140, 143
ポーランド＝リトアニア共和国　142,
　147
保護国　240, 241
ポストコロニアリズム　12, 29, 32, 285
ポストコロニアル　22, 177, 242, 243,
　245, 285
ポストフェミニズム　282
ポストモダン　242, 243
ポスト工業化　283
ポスト・ローマ期　72
母性主義フェミニズム　283
保全　170, 244, 245, 249, 273
北海　73, 81, 114, 135, 137
ボナパルティスム　216, 217
ボリシェヴィキ　231, 237, 250, 251
ポリス　4-7, 10, 11, 14, 18-21, 46
ポリツァイ条令　154, 155
ホロコースト　96, 211, 214, 234, 235,
　239, 262, 264, 265
ポントゥス（王国）　18

マ行
マイノリティ　97, 208, 209, 226, 282
マケドニア王国　12, 14, 16, 17, 19, 20
魔女　119, 125, 174-176
マスケット銃　167
マスメディア　99
マニ教　60
マルクス主義　84, 85, 116, 117, 134,
　150, 162-164, 170, 190, 214, 216,
　217, 219, 220, 236, 237, 250-252,
　261, 266, 273, 286
マルサス主義　116, 117
マンダラ国家　159
万人祭司　150
MeToo運動　282
ミール（農村共同体，ロシア）　220,
　221, 250

ミケーネ文明　2, 3
短い20世紀　286
ミトラス教　53, 57
ミドリングソート，中間層　199, 202,
　203, 260
ミドルクラス　198, 199, 204, 205, 232
ミニステリアーレス　77
身分制議会　141, 180
ミュンヘン会談　266, 267
民会　4, 11, 14, 19, 24, 25, 28
民衆　37, 92, 93, 98, 104, 107, 116, 117,
　119, 140, 149, 157, 174-176, 182,
　183, 196, 223, 225, 243, 247, 265,
　272
民衆運動　116, 162, 163, 165, 182, 186,
　196, 197
民衆啓蒙　176
民衆政　146, 147
民衆文化　174, 175, 196, 197
民主主義　170, 187, 199-201, 214, 223,
　234, 235, 239, 248, 249, 254, 256,
　257, 259, 260, 262, 266, 267, 270,
　271, 273, 279, 281, 286
民主政　4, 10, 11, 14, 19, 56, 147
民主党（アメリカ合衆国）　222
民族移動　43, 79
民族自決　226, 228, 230, 231, 249, 266
ムガル朝　284
無制限潜水艦作戦　248
明治維新　187
名望家　26, 37, 163, 198, 217, 258
名目賃金　190, 191
盟約者団　110, 111
名誉革命　171, 178
メソポタミア　12, 16, 32, 34, 35
メトイコイ　48
メロヴィング　68, 69, 71, 72, 84
綿工業　188, 189
モース・マイヨールム　56
モスクワ公国　112
モラル・エコノミー　197
モルガルテン同盟　110, 111
モンゴル帝国　91
モン・ペルラン協会　280

ヤ行
優生学　283
郵便　145
ユーラシア　35, 78, 91, 112, 113, 159
ユーラシア学派　113
ユーロ　276
宥和政策　267

ユダヤ教　57, 60, 65, 122
ユダヤ人　94, 96, 101, 116, 138, 190,
　234, 236, 237, 264, 265, 284
ユンカー　234
傭兵　18, 19, 109, 117, 168
ヨーロッパ中心（――史観，――主
　義）　8, 9, 131, 159, 177, 194, 195,
　209, 287
横隊戦術　166, 167
予定説　139, 170

ラ・ワ行
ラ・テーヌ　30
ラテン語　8, 28, 31, 38, 50, 59, 63, 70,
　78, 79, 90, 91, 95, 104-107, 122, 144,
　145, 156, 176, 285
ラント平和同盟　110, 111
リソルジメント　187, 218, 219
立憲主義　229, 250
立法議会　186
リテラシー　102, 104, 105
流通革命　203
リュキア（連邦）　21
領域国家　56, 112, 147, 159
領主　68, 73, 75-77, 82-85, 95, 101, 116,
　117, 126, 141, 149, 158-161, 163,
　167, 221
稜堡式城郭　166, 167
離陸（テイクオフ）（ロストウ）　134,
　139, 189
ルーシ　78, 112, 113, 220
ルーン文字　79
ルター派　150-153
ルネサンス国家　122, 165, 166
冷戦　140, 181, 190, 215, 220, 221, 239,
　256, 268, 269, 271-275, 277-279
レーン制　84, 85
礫岩国家　158, 159, 161
歴史家論争　263
歴史叙述（記述）　6, 7, 9, 40, 78, 79, 88,
　90, 110, 120, 173, 213, 218, 259, 271,
　286, 287
歴史人口学　102, 131, 211, 214
レス・プブリカ　24, 146, 147
レパントの海戦　132, 142
煉獄　99
連帯（ポーランドの）　271
連邦（――制，――国家）　20, 21, 134,
　182, 207, 211, 222, 230, 232, 240,
　241
労働運動　196, 216, 236, 282
ローマ化　28, 29, 33

ローマ帝国　*19, 22, 26-29, 32-44, 46,*
　　48, 50, 51, 56, 58-60, 62-65, 68, 72,
　　76, 106, 123, 156, 160
『ローマ帝国衰亡史』　*26, 60*
ローマの平和　*26, 27, 36*

ローマ法　*28, 44, 45, 90, 156, 160*
『ローマ法大全』　*44*
ロシア革命　*187, 196, 220, 221, 251,*
　　256
ロシア社会民主労働党　*236, 237, 250*

ワイマール共和国　*235, 263*
ワシントン会議　*248, 249*
ワシントン体制　*266*
ワルシャワ条約機構（WTO）　*268-*
　　270, 278

執筆者紹介 （所属，専門，執筆順，◎は監修者，＊は編著者）

◎金澤周作（かなざわしゅうさく）　（監修者紹介欄参照）

＊藤井崇（ふじいたかし）　（編著者紹介欄参照）

周藤芳幸（すとうよしゆき）　（名古屋大学大学院人文学研究科教授，ギリシア考古学，地中海文化交流史）

竹尾美里（たけおみさと）　（中京大学・愛知大学非常勤講師，古代ギリシア史）

師尾晶子（もろおあきこ）　（千葉商科大学商経学部教授，古代ギリシア史）

庄子大亮（しょうじだいすけ）　（関西大学・神戸女学院大学等非常勤講師，古代ギリシア史，神話継承史）

佐藤昇（さとうのぼる）　（神戸大学大学院人文学研究科准教授，古代ギリシア史）

阿部拓児（あべたくじ）　（京都府立大学文学部歴史学科准教授，古代ギリシア・オリエント史）

栗原麻子（くりはらあさこ）　（大阪大学大学院人文学研究科教授，古代ギリシア史）

長谷川岳男（はせがわたけお）　（東洋大学文学部教授，古代ギリシア・ローマ史）

岸本廣大（きしもとこうだい）　（同志社大学文学部助教，古代ギリシア史）

石田真衣（いしだまい）　（近畿大学文芸学部講師，古代エジプト史，ヘレニズム史）

丸亀裕司（まるがめゆうじ）　（駒澤大学非常勤講師，古代ローマ史）

志内一興（しうちかずおき）　（流通経済大学経済学部准教授，古代地中海世界史）

南川高志（みなみかわたかし）　（京都大学名誉教授・佛教大学歴史学部特任教授，古代ローマ史）

疋田隆康（ひきだたかやす）　（京都女子大学非常勤講師，西洋古代史）

桑山由文（くわやまよしふみ）　（京都女子大学文学部教授，古代ローマ史）

井上文則（いのうえふみのり）　（早稲田大学文学学術院教授，古代ローマ史）

本村凌二（もとむらりょうじ）　（東京大学名誉教授，古代ローマ史）

大谷哲（おおたにさとし）　（東海大学文学部歴史学科准教授，初期キリスト教史）

大清水裕（おおしみずゆたか）　（滋賀大学教育学部教授，古代ローマ史）

西村昌洋（にしむらまさひろ）　（龍谷大学非常勤講師，古代ローマ史）

田中創（たなかはじめ）　（東京大学大学院総合文化研究科准教授，古代ローマ史）

池口守（いけぐちまもる）　（久留米大学文学部教授，古代ローマ史）

福山佑子（ふくやまゆうこ）　（早稲田大学国際学術院准教授，古代ローマ史）

髙橋亮介（たかはしりょうすけ）　（東京都立大学人文社会学部准教授，古代ローマ史）

山内暁子（やまうちあきこ）　（奈良大学・佛教大学非常勤講師，古代ギリシア史）

福本薫（ふくもとかおり）　（関西学院大学非常勤講師，古代ギリシア美術）

小堀馨子（こぼりけいこ）　（帝京科学大学総合教育センター准教授，古代ローマ宗教史）

澤井直（さわいただし）　（順天堂大学医学部助教，医学史）

南雲泰輔（なぐもたいすけ）　（山口大学人文学部准教授，後期ローマ・初期ビザンツ帝国史）

井上浩一（いのうえこういち）　（大阪市立大学名誉教授，ビザンツ帝国史）

中谷功治（なかたにこうじ）　（関西学院大学文学部教授，ビザンツ帝国史）

＊青谷秀紀（あおたにひでき）　（編著者紹介欄参照）

加納修（かのうおさむ）　（名古屋大学大学院人文学研究科教授，中世初期史）

多田　哲（中京大学教養教育研究院教授，フランク王国史）

山田雅彦（京都女子大学文学部教授，北フランス中世史）

丹下　栄（下関市立大学名誉教授，西欧中世史）

河原　温（放送大学教養学部教授，ネーデルラント中世史，都市史）

小澤　実（立教大学文学部教授，西洋中世史，北欧史，史学史）

中村敦子（愛知学院大学文学部歴史学科教授，イギリス中世史）

轟木広太郎（ノートルダム清心女子大学文学部現代社会学科教授，フランス中世史）

江川　温（大阪大学名誉教授，西欧中世史）

藤崎　衛（東京大学大学院総合文化研究科准教授，中世教会史）

大貫俊夫（東京都立大学人文社会学部准教授，中世修道会史，ドイツ中世史）

櫻井康人（東北学院大学文学部歴史学科教授，十字軍・十字軍国家史）

阿部俊大（同志社大学文学部教授，スペイン中世史）

図師宣忠（甲南大学文学部教授，フランス中世史）

赤江雄一（慶應義塾大学文学部教授，イギリス中世史，中世宗教史）

服部良久（京都大学名誉教授，ドイツ中世史）

大黒俊二（大阪市立大学名誉教授，イタリア中世史）

鈴木道也（東洋大学文学部教授，フランス中世史）

上田耕造（明星大学教育学部教授，フランス中近世史）

田中俊之（金沢大学歴史言語文化学系教授，ドイツ・スイス中世史）

宮野　裕（岐阜聖徳学園大学教育学部教授，ロシア中近世史）

小野寺利行（明治大学兼任講師，ハンザ史）

加藤　玄（日本女子大学文学部史学科教授，フランス中世史，英仏関係史）

徳橋　曜（富山大学人間発達科学部教授，イタリア中近世史）

＊古谷大輔（編著者紹介欄参照）

島田竜登（東京大学大学院人文社会系研究科准教授，海域アジア史，グローバル・ヒストリー）

合田昌史（京都大学大学院人間・環境学研究科教授，ポルトガル中近世史）

安村直己（青山学院大学文学部史学科教授，ラテンアメリカ史，スペイン帝国史）

大西吉之（聖心女子大学現代教養学部教授，オランダ近世史）

大峰真理（千葉大学大学院人文科学研究院教授，近世フランス国際商業史）

佐々木博光（大阪公立大学大学院現代システム科学研究科准教授，ドイツ史）

秋山晋吾（一橋大学大学院社会学研究科教授，東欧近世・近代史）

黛　秋津（東京大学大学院総合文化研究科教授，近世・近代バルカン史，黒海地域史）

小山　哲（京都大学大学院文学研究科教授，ポーランド近世史）

中澤達哉（早稲田大学文学学術院教授，東欧近世・近代史）

塚本栄美子（佛教大学歴史学部准教授，ドイツ近世史）

高津秀之（東京経済大学全学共通教育センター准教授，ドイツ近世史）

鈴木直志（中央大学文学部教授，ドイツ近世史）

皆川　卓（山梨大学総合研究部教育学域教授，近世神聖ローマ帝国史）

林田伸一（成城大学文芸学部教授，フランス近世史）

斉藤恵太（京都教育大学教育学部准教授，ドイツ近世史）

後藤はる美（東京大学大学院総合文化研究科准教授，イギリス近世史）

坂本邦暢（明治大学文学部准教授，近世哲学史・科学史）

小林繁子（新潟大学教育学部准教授，ドイツ近世史）

弓削尚子（早稲田大学法学学術院教授，ドイツ史，ジェンダー史）

山本浩司（東京大学大学院経済学研究科准教授，イギリス近世史・経済史）

岩﨑周一（京都産業大学外国語学部教授，近世ハプスブルク史）

鰐淵秀一（明治大学文学部准教授，初期アメリカ史）

＊坂本優一郎（編著者紹介欄参照）

山中聡（東京理科大学理学部第一部准教授，フランス近代史）

小林和夫（早稲田大学政治経済学術院准教授，グローバル経済史，アフリカ経済史）

村上衛（京都大学人文科学研究所教授，中国近代史）

山根徹也（横浜市立大学国際教養学部教授，ドイツ近現代史）

岩間俊彦（東京都立大学経済経営学部教授，イギリス近代社会経済史）

真保晶子（芝浦工業大学システム理工学部環境システム学科教授，イギリス近代史）

山口みどり（大東文化大学社会学部教授，イギリスジェンダー史・女性史）

安武留美（甲南大学文学部教授，アメリカ女性史）

林田敏子（奈良女子大学生活環境学部教授，イギリス近現代史）

勝田俊輔（東京大学大学院人文社会系研究科教授，ヨーロッパ近世・近代史）

中野耕太郎（東京大学大学院総合文化研究科教授，アメリカ現代史）

岩下誠（青山学院大学教育人間科学部教授，イギリス教育史，アイルランド教育史）

野村啓介（二松学舎大学文学部教授，フランス近代史）

濱口忠大（甲南高等学校・中学校教諭，イタリア近現代史）

森永貴子（立命館大学文学部教授，ロシア近代史）

田中きく代（関西学院大学名誉教授，アメリカ合衆国史）

長井伸仁（東京大学大学院人文社会系研究科教授，フランス近現代史）

桐生裕子（神戸女学院大学文学部准教授，中東欧近現代史）

篠原琢（東京外国語大学大学院総合国際学研究院教授，中央ヨーロッパ近代史）

佐藤繭香（武蔵大学人文学部教授，イギリス近現代史，女性参政権運動史）

西山暁義（共立女子大学国際学部教授，ドイツ近現代史）

福元健之（福岡大学人文学部歴史学科講師，ポーランド近現代史）

＊小野沢透（編著者紹介欄参照）

山口育人（奈良大学文学部教授，イギリス現代史）

堀内隆行（中央大学文学部教授，南アフリカ史，イギリス帝国史）

水野祥子（駒澤大学経済学部教授，イギリス近現代史）

小野塚知二（東京大学特命教授・東京大学名誉教授・放送大学客員教授，近現代西洋社会経済史）

三牧聖子（同志社大学大学院グローバル・スタディーズ研究科准教授，アメリカ外交史，国際関係思想史）

寺山恭輔 （東北大学東北アジア研究センター教授，ソ連史）

坂出健 （京都大学大学院経済学研究科教授，世界経済史，国際安全保障）

石田憲 （千葉大学大学院社会科学研究院教授，国際政治史）

藤原辰史 （京都大学人文科学研究所准教授，食の思想史，ドイツ現代史）

山澄亨 （椙山女学園大学現代マネジメント学部教授，アメリカ外交史）

吉岡潤 （津田塾大学学芸学部教授，ポーランド現代史）

水本義彦 （獨協大学外国語学部教授，国際政治史）

青野利彦 （一橋大学大学院法学研究科教授，アメリカ政治外交史，冷戦史）

能勢和宏 （帝京大学文学部史学科講師，フランス近現代史）

森聡 （法政大学法学部教授，現代アメリカ外交）

兼子歩 （明治大学政治経済学部准教授，アメリカ社会史）

杉本淑彦 （京都大学名誉教授，フランス近現代史）

《編著者紹介》

藤井　崇 （ふじい・たかし）
　現　在　京都大学大学院文学研究科准教授
　専　門　ヘレニズム史，ローマ史，ギリシア語銘文学
　主　著　*Imperial Cult and Imperial Representation in Roman Cyprus* (Franz Steiner Verlag, 2013)
　　　　　"A New Fragment of Diocletian's Currency Regulation from Aphrodisias", *Journal of Roman Studies*, vol. 105 (2015, with Angelos Chaniotis)
　　　　　『古代地中海の聖域と社会』（共著，勉誠出版，2017年）
　　　　　『B.C. 220年——帝国と世界史の誕生（歴史の転換期1）』（共著，山川出版社，2018年）

青谷　秀紀 （あおたに・ひでき）
　現　在　明治大学文学部教授
　専　門　ネーデルラント中世史，史学史
　主　著　『記憶のなかのベルギー中世——歴史叙述にみる領邦アイデンティティの生成』（京都大学学術出版会，2011年）
　　　　　Political Order and Forms of Communication in Medieval and Early Modern Europe, Roma : Viella, 2014（共著）
　　　　　「〈ブルゴーニュ公国〉をめぐる20世紀初頭ネーデルラントの史学史的風景——ピレンヌ，ホイジンガ，フィーレンス・ヘファールト」『思想』No. 1082（2014年6月号）
　　　　　『コミュニケーションから読む中近世ヨーロッパ史——紛争と秩序のタペストリー』（共著，ミネルヴァ書房，2015年）
　　　　　『ブルゴーニュ国家の形成と変容——権力・制度・文化』（共著，九州大学出版会，2016年）
　　　　　『〈帝国〉で読み解く中世ヨーロッパ』（共著，ミネルヴァ書房，2017年）

古谷　大輔 （ふるや・だいすけ）
　現　在　大阪大学大学院言語文化研究科教授
　専　門　北欧近世史
　主　著　"A Historiography in Modern Japan : the Laborious Quest for Identity", *Scandia : Tidskrift för historisk forskning*, vol. 67, no. 1 (2002)
　　　　　『歴史的ヨーロッパの政治社会』（共著，山川出版社，2008年）
　　　　　『スウェーデンを知るための60章』（共著，明石書店，2009年）
　　　　　『原文で読むスウェーデン社会——スウェーデン社会を学ぶ者のための資料集』（編著，渓水社，2013年）
　　　　　『グローバルヒストリーと戦争』（共著，大阪大学出版会，2016年）
　　　　　『礫岩のようなヨーロッパ』（共編著，山川出版社，2016年）

坂本　優一郎 （さかもと・ゆういちろう）
　現　在　関西学院大学文学部教授
　専　門　イギリス近世・近代史
　主　著　『現代の起点　第一次世界大戦　2総力戦』（共著，岩波書店，2014年）
　　　　　『投資社会の勃興——財政金融革命の波及とイギリス』（名古屋大学出版会，2015年）
　　　　　『歴史書の愉悦』（共著，ナカニシヤ出版，2019年）
　　　　　『われわれはどんな「世界」を生きているのか』（共著，ナカニシヤ出版，2019年）

小野沢　透 （おのざわ・とおる）
　現　在　京都大学大学院文学研究科教授
　専　門　国際関係史，アメリカ現代史
　主　著　"Formation of American Regional Policy for the Middle East, 1950-1952 : Middle East Command Concept and Its Legacy", *Diplomatic History*, vol. 29, no. 1 (Jan., 2005)
　　　　　"The Search for an American Way of Nuclear Peace : The Eisenhower Administration Confronts Mutual Atomic Plenty", *The Japanese Journal of American Studies*, no. 20 (2009)
　　　　　『アメリカ史のフロンティアⅡ　現代アメリカの政治文化と世界——20世紀初頭から現代まで』（共編，昭和堂，2010年）
　　　　　『幻の同盟——冷戦初期アメリカの中東政策』（名古屋大学出版会，2016年）
　　　　　"The United States and the British Withdrawal from South Arabia, 1962-1967", *The Japanese Journal of American Studies*, no. 28 (2017)
　　　　　「「同時代」と歴史的時代としての「現代」」『思想』No. 1149（2020年1月号）

《監修者紹介》

金澤　周作（かなざわ・しゅうさく）

現　在　京都大学大学院文学研究科教授
専　門　イギリス近代史
主　著　『チャリティとイギリス近代』（京都大学学術出版会，2008年）
　　　　『海のイギリス史——闘争と共生の世界史』（編著，昭和堂，2013年）
　　　　"'To vote or not to vote': Charity voting and the other side of subscriber democracy in Victorian England", *English Historical Review*, vol. 131, no. 549 (2016)
　　　　『痛みと感情のイギリス史』（共著，東京外国語大学出版会，2017年）
　　　　『チャリティの帝国——もうひとつのイギリス近現代史』（岩波新書，2021年）
　　　　『岩波講座世界歴史16　国民国家と帝国　一九世紀』（共著，岩波書店，2023年）

論点・西洋史学

2020年 4 月30日　初版第 1 刷発行　　　　　（検印省略）
2023年12月10日　初版第 8 刷発行

定価はカバーに
表示しています

　　　　　　　金　澤　周　作
監 修 者　　　　　　　　　　崇　紀　輔　郎
　　　　　　　藤　井　谷　秀　大
編 著 者　　　青　古　谷　本　優　一
　　　　　　　坂　小野沢　　　　　透

発 行 者　　　杉　田　啓　三
印 刷 者　　　坂　本　喜　杏

発行所　　株式会社　ミネルヴァ書房
　　　　607-8494　京都市山科区日ノ岡堤谷町 1
　　　　電話代表　（075）581-5191
　　　　振替口座　01020-0-8076

©金澤周作ほか，2020　　冨山房インターナショナル・新生製本

ISBN 978-4-623-08779-2
Printed in Japan

論点・東洋史学	吉澤誠一郎監修　石川博樹・太田　淳・太田信宏・小笠原弘幸・宮宅　潔・四日市康博編著	本体3600円
論点・日本史学	岩城卓二・上島　享・河西秀哉・塩出浩之・谷川　穣・告井幸男編著	本体3600円
論点・ジェンダー史学	山口みどり・弓削尚子・後藤絵美・長志珠絵・石川照子編著	本体3200円
新しく学ぶ西洋の歴史	南塚信吾・秋田　茂・高澤紀恵責任編集	本体3200円
教養のための西洋史入門	中井義明・佐藤専次・渋谷　聡・加藤克夫・小澤卓也著	本体2500円
教養のための現代史入門	小澤卓也・田中　聡・水野博子編著	本体3000円
大学で学ぶ西洋史［古代・中世］	服部良久・南川高志・山辺規子編著	本体2800円
大学で学ぶ西洋史［近現代］	小山　哲・上垣　豊・山田史郎・杉本淑彦編著	本体2800円
西洋の歴史［古代・中世編］	山本　茂・藤縄謙三・早川良弥・野口洋二・鈴木利章編	本体2400円
西洋の歴史［近現代編］増補版	大下尚一・西川正雄・服部春彦・望田幸男編	本体2400円
西洋の歴史　基本用語集［古代・中世編］	朝治啓三編	本体2200円
西洋の歴史　基本用語集［近現代編］	望田幸男編	本体2000円
はじめて学ぶイギリスの歴史と文化	指　昭博編著	本体2800円
はじめて学ぶフランスの歴史と文化	上垣　豊編著	本体3200円
はじめて学ぶドイツの歴史と文化	南　直人・谷口健治・北村昌史・進藤修一編著	本体3200円
はじめて学ぶイタリアの歴史と文化	藤内哲也編著	本体3200円
はじめて学ぶアメリカの歴史と文化	遠藤泰生・小田悠生編著	本体3500円
よくわかるイギリス近現代史	君塚直隆編著	本体2400円
よくわかるフランス近現代史	剣持久木編著	本体2600円
よくわかるアメリカの歴史	梅﨑　透・坂下史子・宮田伊知郎編著	本体2800円
大学で学ぶアメリカ史	和田光弘編著	本体3000円
歴史的に考えるとはどういうことか	南塚信吾・小谷汪之編著	本体2500円

ミネルヴァ書房

https://www.minervashobo.co.jp/